KB247379

떠오르는 세계

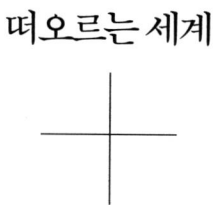

Welten im Aufbruch

Welten im Aufbruch

Eine Globalgeschichte der Antike

by Raimund Schulz

© 2025 Klett-Cotta—J. G. Cotta'sche Buchhandlung Nachfolger GmbH, Stuttgart

All rights reserved.

떠오르는 세계
고대의 지구사

초판 1쇄 인쇄일 2025년 12월 23일   **초판 1쇄 발행일** 2025년 12월 30일

지은이 라이문트 슐츠 | **옮긴이** 이신철
펴낸이 박재환 | **편집** 유은재 · 신기원 | **마케팅** 박용민 | **관리** 조영란
펴낸곳 에코리브르 | **주소** 서울시 마포구 동교로15길 34 3층(04003) | **전화** 702-2530 | **팩스** 702-2532
이메일 ecolivres@hanmail.net | **블로그** http://blog.naver.com/ecolivres | **인스타그램** @ecolivres_official
출판등록 2001년 5월 7일 제2001-000092호
종이 세종페이퍼 | **인쇄 · 제본** 상지사 P&B

ISBN 978-89-6263-330-6 93900

책값은 뒤표지에 있습니다.   잘못된 책은 구입한 곳에서 바꿔드립니다.

떠오르는 세계

고대의 지구사

라이문트 슐츠 지음 | 이신철 옮김

에코리브르

사랑하는 아내 수잔에게

차례

3 권력의 분만실에서: 제국은 어떻게 발생하는가

4 돈의 유혹: 지구화한 세계에서 경제와 교역

5 행복으로 가는 길: 기원후 2세기까지의 종교적·철학적 세계 해석

서론

마르쿠스 리키니우스 크라수스는 당대의 부유한 로마인 중 가장 강력하고 성공한 인물이었다. 하지만 그에게는 갈리아를 정복한 카이사르처럼 싸움터에서 얻은 큰 승리가 없었다. 그러나 갈리아는 이전에 알렉산드로스가 정복 원정을 시작한 동방에 비하면 아무것도 아니었다. 지금은 알렉산드로스를 모방할 좋은 기회로 보였고, 파르티아 제국은 가치 있는 먹잇감이었다. 그래서 기원전 53년 봄, 대부분이 로마 군단병이지만 제국 서부에서 온 켈트족과 그 밖의 증원군을 포함해 약 4만 명의 군대가 시리아 북부에서 적군을 향해 움직였다. 아르메니아 왕도 기병 6000명과 함께 참전했고, 4만 명의 병력을 추가 지원하기로 약속했다.[1]

파르티아군이 후퇴하자 크라수스는 조급해졌다. 적들이 흑해 북쪽에서 온 스키타이인과 함께 카스피해 동쪽에 있는 그들의 옛 고향으로 도망치고 있다고 주장한 아라비아 부족장의 조언에 따라 그는 사막을 통과해 행군하기로 했다. 한때 족장 아브라함이 건넜던 이 사막은 오늘날 아타튀르크(Atatürk) 댐의 물로 인해 인공 정원이 되었으나,

당시에는 (특히 여름이면) 모래와 돌로 이루어진 뜨거운 지옥이었다. 하란[Harran, 라틴어로는 카르하이(Carrhae)]에서 마침내 적군은 마치 다른 세계에서 온 악마처럼 모습을 드러냈다. 헝클어진 머리카락에 갑옷을 입고 반짝이는 철제 투구를 쓴 기병들은 눈부신 햇살에 기적처럼 투명하게 빛나는 비단 깃발을 들고 있었다.[2] 이 전투는 로마인에게 재앙이었다. 첫날 1만 명이 전사하고, 4000명이 부상을 당해 뒤에 남았다. 나머지는 사막을 힘들게 통과했다. 결국 또다시 1만 명이 사망하고, 그중에는 불운한 최고 지휘관도 있었다. 그리고 1만 명이 포로로 잡혔다. 로마는 한니발에게 당한 칸나에(Cannae)의 학살 이후 가장 큰 패배를 겪었다.

제국은 신음했지만 흔들리지 않았다. 카르하이 전투는 외교 정책이나 군사적으로 심각한 결과를 초래하지 않았다. 다만 한 세대 후 서쪽에서 바루스(Varus: 지금의 독일 지역을 점령하고 다스렸던 로마 총독―옮긴이)가 아르미니우스(Arminius)의 게르만족에게 당한 패배와 마찬가지로, 로마 제국의 유프라테스강 진격에 일시적인 마침표를 찍었을 뿐이다. 그렇지만 이 사건은 우리에게 고대를 익숙하지 않은 차원에서 보여주는 현상을 드러낸다. 카르하이는 전 세계 각지의 민족, 예컨대 알프스 넘어 유럽의 켈트족, 지중해 서부의 로마인, 뜨거운 남부의 아라비아인, 아시아 스텝 지대의 스키타이인과 밀접한 관계를 맺어온 메소포타미아―이란 동부의 파르티아인이 만난 곳이었다.

군사적 충돌과 정치적 접촉 배후에는 광범위한 경제적 결합이 놓여 있었다. 그리스의 믿을 만한 소식통에 따르면, 파르티아인의 반짝이는 철제 무기는 카스피해 동쪽(오늘날의 투르크메니스탄)의 마르기아나(Margiana)에서 생산되었다. 그것은 원래 깃발에 마법처럼 투명한 광채를 더해준 비단과 마찬가지로, 당시 품질 좋은 금속의 주요 생산지였던 중국에서 건너왔다. 1만 명의 로마 포로는 전투가 끝난 후 마르기아나로 이송되었고, 과거 알렉산드로스가 건설한 국경 요새이자 메르브(Merv)라는 이름으로 더 잘 알려진 곳에서 복무했다. 메르브는 시리아와 지중해권을 인도와 카스피해 북쪽의 스텝 지대 및 중국과 이어주는 이른바 '실크로드'의 중심지 중 한 곳이었다. 카르하이 전투 17년 후, 중국의 한나라를 대리하는 '서역 사령관'은 흉노의 거주지를 정복했다.[3] 흉노는 가장 강력한 고대 스텝 제국 중 하나로 아마도 훈족의 전신이었을 것이다. 중국 기록에 따르면, 그 사령관은 성문 앞에서 그때까지 알려지지 않은 '물고기 비늘 대형'으로 편성된 약 150명의 강력한 부대와 맞닥뜨렸다고 한다. 고대에 이런 전술을 수행할 수 있는 군대는 단 하나, 바로 로마 군대뿐이었다. 그들은 카르하이에서도 이 거북 전술, 즉 테스투도(testudo)를 펼친 적이 있었다. 이는 직사각형의 방패를 측면과 머리 위에서 서로 촘촘하게 연결해 '장갑 벽'을 만드는 전술을 말한다.

오늘날까지도 이들이 메르브에서 주둔하다 스텝 지대 유목민의 군대에 징집된 카르하이 전사들의 후손일 거라는 얘기가 전해지고 있다. 중국 사령관이 승리한 후 살아남은 '물고기 비늘' 전사들은 한나라의 서쪽 국경(현재의 간쑤성)에 새로운 주인을 위해 도시를 건설했다고 한다. 리첸(Liqian)이라는 이름으로 알려진 도시다. 리첸 주민들은 지금도 관광객을 끌어들이기 위해 기꺼이 로마 갑옷을 입는다.

우리는 리첸을 건설한 사람들이 실제로 로마인이었는지 알지 못하며(DNA 연구는 현지인에게서 적어도 유럽인의 흔적을 확인할 수 있었다), 크라수스 군대의 포로들이 중국까지 여행하는 오디세이를 체험했다는 것도 증명할 수 없지만, 어쨌든 그런 일은 가능하다. 그것은 그리스와 로마보다 훨씬 더 광범위했던 한 시대의 역사적·정치적·군사적 기본 조건, 즉 발트해에서 중국해에 이르기까지 그리고 타이가(Taiga) 북부에서 아라비아사막에 이르기까지 연결된 세계, 서로 소통하고 서로에 대해 알며 그 연결을 다양한 방식으로 이용한 세계, 유목민 전사(戰士)들의 거주지에 대한 중국 부대의 공격이 카이사르의 갈리아 정복 원정이나 카르하이 모래사막에서 겪은 크라수스의 패배와 적어도 같은 의미를 지닌 세계와 전혀 모순되지 않는다. 지난 50년 동안의 고고학, 문헌학, 역사학 연구는 더 이상 서구적 기원이라는 익숙하고 고립된 지식과 일치하지 않는다. 아울러 고대를 더 이상 로마와 그리스 또는 페르시아·카르타고·켈트 역사하고만 동일시하지 않고, 우리에게 친숙한 사건들을 유라시아 역사라는 훨씬 더 큰 차원에서 정돈해야만 한다. 이것이 바로 이 책의 목표다. 나는 고대를 유라시아 대륙 전체를 하나의 거대한 상호 작용 공간으로 포괄하는 중요한 역사적 시대로 묘사하며, 그 역사를 주도하고, 연결하고, 중요하게 만든 추동력을 규명하고자 한다. 이러한 상호 작용의 동역학이 당시에는 (아직) 대서양을 가로지르지 않은 까닭에 고대의 아메리카 문화는 나의 고찰 범위 밖에 있다.

하지만 사건들의 소용돌이 속에서 길을 잃지 않으려면 어떻게 해야 할까? 사건이라는 무성한 덤불숲이 역사적 인식의 빛을 너무 자주 가릴 때, 어떻게 본질적인 길을 찾을 수 있을까? 한 가지 확실한 것은 모든 걸 설명한다고 약속하는 연대기적 이야기, 즉 19세기와 20세기 방식의 '거대 서사'는 오늘날 풍부하고 새로운 통찰과 변화하는 질문이 넘쳐나는 상황에서 더 이상 가능하지 않다는 사실이다. (아마도 그런

게 가능했던 적은 없었을 것이다.)[4] 더욱이 그것은 세부적인 사항에서 길을 잃지 않도록 주의하고 본질적 구조와 연관성을 규명하고자 하는 역사가의 자기 이해와 모순된다. 또한 실제로 최근 자료의 간결한 전체적 서술도 본질적인 정치적·문화적 발전에 집중하며, 이를 "고대의 세계사 내지는 지구사"에 대한 간명한 개관으로 통합한다.[5] 그러나 이러한 설명은 대체로 구조적 현상에 대한 심층적이고 비교적인 분석을 제공하지 않는다.

종종 선택하는 대안은 전통적인 언어적·정치적·문화적 기준에 따라 표시된 중국, 인도, 근동, 로마, 그리스 같은 잘 알려진 문명 지역의 역사를 따로따로 이야기하고, 이를 어떻게든 하나로 꿰어 서로 결합하는 것이다. 하지만 이러한 접근법도 결함을 지닌다. 물론 개별적인 대규모 지역과 문명의 역사는 현대의 '세계사'라는 틀에서도 필수적이다.[6] 오로지 그러한 역사만이 각각의 지역과 문화에 대한 풍부한 최신 지식을 전달하고, 그것을 학문적으로 진지한 전체적 해석으로 통합할 수 있다. 그러나 이러한 관점은 여러 분야 사이의 경계를 통해 규정되는 각각의 고유한 대상(인도학＝인도, 중국학＝중국, 고전학＝그리스와 로마 등등)에 집중해야만 한다. 일반적으로 겹침과 얽힘, 외부 충격 그리고 스텝 지대와 아라비아사막의 반(半)유목/유목 문화 같은 다른 지역의 주요 참여자는 실제 연구 대상에 직접 영향을 미치거나, 그들과 중대한 접촉을 했을 때만 고려할 수 있다. 유라시아 지역에 아주 중요한 현상, 요컨대 주요 지역과 그 역사의 강렬한 결합은 몇 안 되는 접촉 지점에만 국한된다.[7]

반대로, 순수하고 거의 항상 모범적인 상호 작용, 전이 또는 얽힘의 역사(entangled history)만으로는 충분하지 않다. 그러한 것들도 무수한 접촉 시나리오를 정치적·경제적·문화적·종교적 기본 구도와 연결하고, 그 영향을 이해하기 위해서는 기초와 출발점, 구성 및 사건의 틀이 필요하다. 오늘날에는 역사 전체를 지역적, 초(超)지역적 연결망으로 통합하는 것이 유행하고 있다. 사람들은 점점 더 새로운 세분화와 그 영향을 입증할 수 있다는 사실에 도취해 있다. 아니, 때때로 현대의 고대 세계사란 '지구사'로서, 이를테면 현대 지구화의 선구자로서 무엇보다도 우선 (또는 심지어 배타적으로) 그러한 '상호 작용'과 그에 따른 응축을 서술하는 데 헌신해야만 한다고 생각한다. 그들은 세계사란 서로 얽혀 있는 공동체, 국가, 세계 지역들의 확장된 상호 작용의 역사라고 주장한다.

아무도 이러한 관점의 정당성을 부인하지 않을 것이다. 근대 발전의 분석을 통해 나온 그러한 관점은 고대에 대한 우리의 시각을 엄청나게 확장하고, 정신적 장벽을 제거했으며, 이전에는 거의 생각할 수 없었던 역사적 현상에 대한 놀라운 설명을 제공했다. 한 가지 예를 들면, 우리는 진시황의 유명한 병마용(兵馬俑) 앞에서 여전히 놀라움을 금치 못한다. 하지만 이처럼 완벽하게 조형된 인물들이 중국 역사상 처음으로 마치 무(無)에서 난데없이 나타났다는 점을 깨닫기까지는 오랜 시간이 걸렸다. 그러나 역사는 무에서 비롯된 것이 없다. 따라서 서양의 그리스 헬레니즘이 거기에 영향을 미쳤다는—그것도 중국의 철과 비단이 서양에 도달한 것과 똑같은 길을 거쳐 전달되었다는—추론이 쉽게 떠오른다. 메르브나 헬레니즘 시대 왕들이 세운 아프가니스탄 북부 도시 출신 그리스 조각가들이 중국으로 가지 못할 이유가 있을까? 진나라 황제의 고분 근처에서 발견된 15개의 해골은 서아시아 또는 유럽을 가리키는 서유라시아의 유전적 특징을 보여준다.[8] 크라수스 군대의 후손은 어떻게 되었을까? 그들과 그 가족도 계속해서 떠돌며 흔적을 남기지 않았을까? 그리고 이는 두 문화의 역사에서 무엇을 의미할까? 소식을 서로 교환했을까? 유사한 사례들이 존재할까, 아니면 고립되었을까? 실크로드 네트워크와 그 행위자들은 다른 지역에 지금까지 우리가 생각했던 것보다 더 깊고 더 장기적인 영향을 준 고유한 역사적 영역을 형성했을까?

그렇게 시선을 돌리면 많은 질문이 떠오르고, 그 질문은 대답을 요구한다. 물론 우리는 '지구적' 결합과 관점 변화가 지니는 그 모든 매혹에도 불구하고, 그 설명이 하나가 아니라 항상 두 가지 서로 얽힌 행동 패턴, 즉 낯선 것과 새로운 것을 받아들이고 개방하는 패턴, 그리고 자기 것과 오래된 것과 익숙한 것을 유지 및 보존하는 패턴을 고려해야 한다는 사실을 잊어버리기 쉽다. 고대에 모든 것이 다른 모든 것과 연관되었고, 모든 사람이 다른 모든 사람과 소통했다고 믿는 건 순진한 생각이다. 무엇보다도 항상 접촉을 회피하고 고독하게 머무르는 단계와 공동체가 존재했으며(아마도 대다수가 그랬을 것이다), 그런 상태에서는 연결이 끊어지고, 발전이 둔화하고, 얽힘이 '풀렸다'. 전 지구적 관점에서 역사는 두 가지, 즉 근접과 원격, 접촉과 고립, 지속과 변화를 통해 이뤄진다. 그런 까닭에 접촉과 연결을 기술하고 그 범위에 놀라는 것으로는 충분하지 않다. 더 깊은 통찰력을 얻는 것도 필요하다. 즉, 이러한 연결에서 무엇이 이뤄졌는지, 어떤 영향을 미쳤는지, 지체된 공동체와 어떤 관계를 맺었는지, 무엇보다도 행위자와 그들의 고향 역사에 어떤 영향을 주었는지, 근접과 접촉 그리고 고립의 상호작용이 개별 지역의 발전과 고대 유라시아 역사 전체에 어떤 영향을 미쳤는지 질문해야 한다. 독일과 유럽에서, 고대사는 여전히 그리스와 로마 문명에 집중되어 있다. 이제—다른 나라들에서 이미 그러고 있 듯[9]—이들 문명 자체뿐만 아니라, 고대의 다른 문화도 더 잘 이해하 기 위해 그 문명들을 유라시아 역사의 전체 맥락 안으로 들어올 때다. 개별적 현상과 구조 및 과정의 비교는 방법론적 선택지로서 역사적인 거시적 발전에 대한 분석을 보완하고 뒷받침하며, 앞으로도 계속해서 우리와 함께할 것이다.

하지만 우리는 아마도 고대마저도 넘어서는 전체적 윤곽을 얻기 위 해 어디서 시작하고, 어디서 사건들의 우거진 숲을 뚫고 길을 찾아야 할까? 카르하이 전투가 다시 한번 단서를 제공한다. 이 전투에서는— 이 책의 주제에 따르자면—유라시아의 고대사 전체를 기술하는 데 필 수적인 역사적 형성력이 작용했다.

우선 행위자들을 살펴보자. 크라수스의 군대와 그들의 적군은 실제 로는 서로 엇갈렸음에도 지속적인 상호 작용 속에서 유라시아의 역사 를 근본적으로 형성한 **두 가지 삶의 양식**을 대표한다. (1) **과거 유목민** 이었던 파르티아인은 지금의 이란 지역에 거대 집단으로 정착하는 과 정에서 자신들의 이동 생활 방식을 벗어났지만, 동족인 스키타이인과 마찬가지로 주로 목축에 의존하며 기마병 위주의 전통적인 전투 방식 을 이어갔다. (2) **도시** 거주자로서 로마인의 **기초는 농경**이었고, 그런 까닭에 그들은 보병을 자기 군대와 군사적·정치적 자기 이해의 결정 적 핵심으로 바라보았다. 파르티아인이나 로마인과는 별개로 여전히 스텝 지대와 사막을 돌아다니는 유목민 무리가 있었다. 알프스 건너편 의 켈트족 정착지와 아라비아 및 이란 북부의 오아시스와 캐러밴, 즉 대상들의 도시는 (공간적으로도) 둘 사이를 오가며 양쪽의 영향을 받는 중간 형태를 취했다.[10]

(3) 로마인과 파르티아인은 전쟁·정복·외교를 통해 더 넓은 영토를 하나의 권력정치 단위로 통합하는 데 성공했는데, 우리는 이를 일반적으로 **왕국** 또는—로마 모델에 따라—**제국**이라고 부른다. 그러한 거대 권력정치 구성체는 지중해 근동 지역 바깥에도 존재했다. 스키타이인은 흑해 북부 지역에서, 앞서 언급한 흉노는 아시아 내륙의 스텝과 초목 지대에서, 중국인은 타클라마칸(서역)부터 황토고원(黃土高原)을 거쳐 평원과 중국해에 이르는 넓은 지역에서 그러한 정치적 구성체를 만들어냈다. 이러한 제국들 사이에는 중소 규모의 나라가 많이 존재했다. 이들은 모두 한 가지 공통점을 가지고 있었다. 바로 도시 중심지와 통치의 연결 지점을 반드시 가지고 있었다는 점이다. 유목민인 흉노, 스키타이인, 파르티아인 역시 그러한 것들을 가지고 있었다. 반면, 로마인과 중국인의 도시화한 농경 제국과 근동의 유명한 제국들도 유목민 구성체와의 대결 및 협력 속에서 존재했으며, 그들의 업적 중 일부를 받아들였다. 어쨌든 그들은 서로가 없었다면 존재할 수 없었을 것이다. 이러한 제국들은 어떻게 성립되었으며, 켈트족 같은 다른 공동체는 왜 이런 단계를 밟지 못했을까? 제국이 고대 세계사의 목표와 본질은 아니지만, 그들이 존재하지 않았던 곳에서도 제국은 필수적인 요소였다.

(4) 유목민 집단과 오아시스, 요새와 도시, 그리고 이들을 기반으로 형성되었거나 이들을 통합한 제국들은 궁극적으로 상호 지속적인 **경제적 교류**를 했다. 그들은 **교역**을 통해 연결되었고, 교역을 주도했으며, 교역에서 이익을 얻었다. 이는 고대뿐만 아니라 전체 유라시아 역사에서 네 번째로 커다란 요소다. 파르티아는—카르하이 전투가 보여주듯—비단과 철을 아프가니스탄과 실크로드를 통해 중국에서 받아들였

다. 로마 제국도 마찬가지로 중국과 인도 북부에서 고품질의 철을 수입했다.[11] 이미 몇 세기 전에 켈트족의 무덤과 아테네에서 비단이 발견되었는데, '서양'도 자체 생산물을 그 반대쪽으로 보냈다. 여기에 더해 특히 유향, 모피, 금을 비롯한 (북쪽 끝부터 남쪽 끝의) 산물이 해로와 육로를 통해 유라시아 전역으로 유통되었다.

(5) 상품 및 생산물과 함께 도시 내지는 유목민의 생활 환경에서 발전해 제국과 그 통치자들이 수용한 사람, 기술 그리고 **종교적 사유와 제의 형식도** 이동했다. 고대인들의 삶에서 종교 의식은 오늘날보다 훨씬 강한 영향을 미쳤다. 종교적 행위로 시작과 끝을 알리지 않거나, 그것을 동반하지 않는 국가적 행동, 여행, 축제, 가족 행사, 전쟁은 거의 하나도 없었다. 플루타르코스는 크라수스가 사막을 행군하기 전에 관습적인 정화 제물을 바치고 점쟁이한테 제물의 내장을 보여줬다고 기록했다.[12] 그것은 군인은 물론 다른 곳에서도 친숙한 의식이었다. 신들에게 제물을 바치지 않거나 종교적 축제가 없는 고대 공동체는 없었다. 오늘날 대체로 세속적인 분위기에서 공연되는 그리스 비극도 그러한 것들 가운데 하나였지만, 그런 점이 비극의 내용이 널리 퍼지는 걸 막지는 못했다. 카르하이 전투의 승리 소식과 함께 크라수스의 머리를 전달받았을 때, 파르티아 왕은 아테네의 비극 작가 에우리피데스의 《박코스의 여신도들》을 듣고 있었다고 한다. 이 작품은 자신의 적 펜테우스(Pentheus)에 대한 디오니소스(Dionysos)의 승리를 다루는데, 신성에 도취한 여인들이 펜테우스를 갈기갈기 찢어 죽이고 그의 머리를 사냥의 전리품으로 내놓는다.[13]

파르티아 왕이 그러한—초문화적으로 이해할 수 있는(?)—이야기에 도취했다면(그는 동시에 크라수스의 머리를 전달받았다), 모든 상인과 군인 그리고 모든 식민지 개척자와 선장이 **자기만의** 신화와 신들을 가지고 다녔다는 것은 놀랍지도 않다. 그뿐만이 아니다. 야영지에서든, 주둔군으로 복무하는 곳에서든, 항구 선술집에서든, 또는 전장에서든 그 어디에서나 그들은 열심히 떠들어대는 동료와 여행자, 그리고 자신의 이야기와 성스러운 도구 및 놀라운 기예와 서약의 노래를 성심껏 제공하는 순회 설교자와 마술사들을 만났다. 종교는 도시에서 도시로, 오아시스에서 오아시스로, 야영지에서 야영지로 이동하는 생동감 넘치는 의식과 이야기의 집합체였으며, 계속해서 놀랍도록 평화로운 교류와 서로 연결되어 있었다.

그런 까닭에 다양한 관습과 표현 형식을 지닌 종교는 고대 세계사가 유목 및 도시적 생활 방식, 제국적 정치 그리고 광범위한 교역의 총체 속에서 설명해야 하는 다섯 번째 커다란 요소를 형성한다. 아마도 이게 가장 풍부한 결과를 가져온 요소일 것이다. 고대는 다양한 상호 관계와 변형으로 인해 기원후 7~8세기까지 이어졌으며, 이란의 조로아스터교부터 힌두교와 인도 불교, 유대교와 그리스도교를 거쳐 중국의 도교에 이르기까지 모든 강력한 '세계 종교'와 종교적 사상 체계가 등장했다. 아울러 당시 곳곳에서 이뤄지던 조상 숭배 형태가 오늘날에도 여전히 전 세계 여러 공동체의 삶을 이런저런 방식으로 규정하고 있다는 점을 잊어서는 안 된다. 뒤따르는 시대는 제도적 구조를 확장하고 교의와 교리를 세분화했으며, 변종과 분열(이 과정은 이미 고대에 시작되었다)을 산출하고 끊임없이 새로운 성인(聖人)을 배출했다. 그러나 고대 종교의 **핵심 구성 요소**에서 본질적인 것은 하나도 변화시키지 않았으며, 완전히 '새로운' 종교도 발전시키지 못했다. 가령 신(新)샤머니즘, 켈트족 신비주의 등과 같은 영적이고 비교(秘敎)적인 운동은 오늘날 새로운 것을 생각하기보다는 옛것을 되살리고자 하는 것으로 보인다. 악마와 천사, 그리고 예수의 죽음에 관한 가장 난해한 이론조차 오늘날까지 영화와 인쇄 매체에서 여전히 큰 매력을 발휘하고 있는데, 이는 문자 그대로 많은 것을 시사한다.

특히 이 분야에서 우리는 고대를 벗어나는 것이 불가능해 보인다. 비록 서구 사회가 스스로를 점점 더 비종교적으로 이해하고 있음에도 불구하고, 어쩌면 바로 그런 이유 때문일지도 모른다. 이는 놀라운 일이 아니다. 종교는 고대에 시작되었는데, 왜 그랬을까? 나로서는 오늘날까지 세계사적 맥락에서 고대 종교의 발생과 우위를 간결하고 설득력 있게 설명하는 이론을 알지 못한다. 최근 영미권에서는 제2차 세계대전 직후 독일 철학자 카를 야스퍼스가 전개한 이른바 '축의 시대(Axial Age)'가 자주 그리고 점점 더 많이 언급되고 있다. 이는 일찍이 계몽 시대 초기에 이루어진, 아주 오래된 관찰에 기반한 개념이다. 기원전 800년경에서 기원전 200년경 사이의 짧은 시기 동안, 아주 다양하고 서로 멀리 떨어져 있는 문화권의 개별적인 사람들이 초자연적 세계에 대한 전통적 견해를 비판하기 시작했다는 것이다. 그들은 과감하게 이성적이고 철학적으로 사유했고, 초월적인 것에 대한 새로운 개념을 정식화했고, 오늘날 우리가 즐겨 말하듯 '초월적 돌파구'를 이루어냈다. 중국에서는 공자와 노자가, 인도에서는 붓다가, 이른바 고대 오리엔트에서는 이란의 자라투스트라[14]와 고대 이스라엘의 예언자 같은 인물들이, 헬라스(Hellas: 그리스의 옛 이름—옮긴이)에서는 호메로스부터 아르키메데스까지 시인·철학자·학자들이 활동했다. '축의 시대' 모델은 그 이후 다양하게 수정 또는 비판받고 확장되었지만, 궁극적으로 그것이 설명하는 것보다 더 많은 걸 확언하고 기술한다. 그런 까닭에 최근의 출판물은 이 현상을 앞서 언급한 고대의 형성력, 특히 제국의 부상, 새로운 기술 및 경제적 기회와 더욱 밀접하게 결합하고, 그것을 도시와 유목민의 생활 방식, 제국의 정복, 교역 및 경제의 강화가 상호 작용해 출현한 동역학의 일부로 이해하고자 한다.[15]

앞에서 언급한 다섯 가지 영역은 그 자체로 각각 집중 연구되었고, 계속해서 연구가 이뤄지고 있다. 고대 유목민, 도시, 제국, 경제, 종교에 관한 문헌은 시간이 갈수록 늘어난다. 개별적인 '문명권'에 집중할 뿐만 아니라, 여러 문명권을 서로 비교하며 연결하는 중요한 연구들이 존재해왔고 앞으로도 존재할 것이다.[16] 그러나 다섯 가지 모든 영역에 대한 개별적 연구를 결합하고, 이를 유라시아 고대사의 중심적인 형성 동력으로 활용하려는 기획은 아직 부족하거나 지금까지 그저 초보적인 형태로만 시도되었을 뿐이다.[17] 여기서는 그것을 시도하고자 한다. 이 책은 고대 역사의 본질을 규명하기 위해 유목민과 도시의 영웅, 통치자, 상인, 성인들의 모험적인 여정을 따라간다. 그들의 이야기는 한편으로는 독자적인 역사적 형성과 '지구적' 결합이라는 현상을 통합하고, 이를 구체적인 역사적 사건과 연결한다. 다른 한편으로, 그들의 활동은 특정 문화와 지역의 공통성과 특수성을 비교 및 파악하는 데 활용할 수 있는데, 이는 분리된 분석만으로는 충분히 수행할 수 없다.[18] 유목민과 도시의 생활 방식, 제국의 정치·경제·교역·종교는 모두 전체적인 구조와 그 개별 요소를 설명할 수 있는 역사적 구축물의 토대와 기둥을 형성했다. 그렇다고 해서 이것으로 모든 역사적 현상을 밝혀낼 수 있다는 의미는 아니다. 하지만 중요한 시대의 본질적 성격을 규정하고 설명하며 조심스럽게 후대를 위한 결과를 도출하고자 하는 역사가는 여기에 만족할 수 없다.[19]

그러나 한 시대는 언제 시작되고 언제 끝나는 것일까? 시간은 그것이 포함하는 사건들만큼이나 깊은 소용돌이다. 역사에는 시작점도 종결점도 없다. 단계적으로 응축되고 가속화했다가 다시 분기해 새로운 추진력을 발산하는 발전이 있을 뿐이다. 그러한 단계 가운데 하나가 기원전 1200년경에서 기원전 1000년경까지의 시기로, 흔히 청동기 시대가 끝나고 철기 시대로 진입했다고 알려진 때다. 물론 이러한 명칭이 갑자기 모든 곳에서 사람들이 청동 대신 철을 사용했다는 걸 의미하는 것은 아니다. 그러나 유라시아의 많은 공동체가 점차 좀더 좋은 무기와 도구를 더 많이 제작하기 위해, 더 쉽게 조달 및 가공할 수 있고 생산 비용도 저렴한 철을 이용하는 방향으로 이행한 것은 맞다. 이는 삼림을 개간하고, 새로운 농지를 개발하고, 도시를 건설하고, 더 큰 군대를 무장시키고, 더욱 안정적으로 먼 거리를 항해할 수 있는 선박을 건조하는 데 중요한 전제 조건이었다. 물론 그 이전에도 이미 도시와 군대, 제국과 선박 그리고 교역은 존재했다. 하지만 이제 지금까지는 알 수 없었던 규모로 사람들이 오랜 중심지와 궁전을 벗어날 가능성과 기회가 많아졌다. 오래전에 시작된 발전이 추진력을 얻었으며, 더 큰 인간 집단이 더 먼 거리를 극복하며 변화를 추동했다. 그리고 다음 몇 세기 동안 종교 분야에서도 새로운 발전이 이뤄졌다. 사람들은 과감하게 신을 비판하고, 인간에게 새로운 책임과 행동의 여지를 열어주는 대안을 모색했다. 요컨대 낙관주의와 사려 깊은 성찰에 근거한 진정한 각성이 분출하며 새로운 영웅을 낳고, 유라시아 고대를 인류 역사의 가장 매혹적인 시기로 만든 시대가 열렸다. 그것은 사제와 서기관뿐만 아니라 시인들도 환상적인 이야기를 창조하고 세계와 그 변화를 성찰하며, 오늘날까지도 우리를 사로잡는 삶의 신비에 대한 해답을 제시한 시대였다.

바로 이 세계 안으로 들어가 그 추동력을 드러내는 것이 이 책의 목적이다. 나는 유라시아 고대에 독특한 면모를 부여한 현상을 규명하고자 한다. 그러한 면모는 또다시 그 역사의 끝과 새로운 것의 시작을 가리키는 역사적 분기점을 도출할 수 있을 정도로 뚜렷이 구별되는 것이어야 한다. 새로운 것은 특정한 핵심 요소가 붕괴하거나 급격하게 변화해 이전 시대의 전체 구조에 더 이상 제대로 통합될 수 없을 때 발생한다.

그러한 변화는 기원후 200년에서 300년 사이에 시작되었다.[20] 로마 제국의 경제적 전성기는 여러 지역에서 종말을 맞이하고 있었는데, 이는 아마도 기후 악화와 전염병의 기이한 집중, 즉 어느 정도는 전 지구적인 상호 결합의 영향으로 인해 가속화했을 것이다.[21] 동시에 유럽의 북서쪽과 북동쪽 주변부에서 뛰어난 기동력을 갖춘 전사 공동체가 육지와 바다를 통해 로마 제국의 지중해 핵심 지역으로 침투해 약탈을 감행했다. 그리고 극동에서는 두 번째 대제국이자 유라시아 세계의 중요한 안정 요소였던 후한 제국이 붕괴했다. 한 세기 전에는 아프가니스탄과 인도의 강력한 쿠샨 제국이 몰락했다.

로마 제국은 서쪽에서의 경제적 쇠퇴와 '야만적인' 침략자들의 대규모 공격, 그리고 최고 지휘관과 '군인 황제들'의 권력 투쟁으로 인해 혼란에 빠졌다. 비록 기적적으로 다시 한번 큰 위기를 벗어날 수 있었지만, 제국의 대내외적 구조가 크게 바뀌었고, 무엇보다도 곧바로 그리스도교라는 **단일** 종교와 동맹을 맺었다. 이러한 형식의 동맹은 이전까지 존재한 적이 없었다. 어떤 의미에서, 그것은 적어도 서유럽과 북동부 지중해 지역(훗날의 비잔티움)에서 그토록 자랑스러워하던 고대의 종교적 다양성이 국가에 의해 종말을 고하는 계기로 작용했으며, (흔히 중세라고 불리는) 다가오는 1000년을, 아니 오늘날을 특징짓기에 이르렀다.

물론 이런 구조적·정치적·종교적 변화도 새로운 전사 무리와 그 가족이 점점 더 큰 규모로 국경을 넘어 마침내 로마 제국의 서부를 정복하는 걸 막을 수는 없었다. 동쪽에서는 무함마드 추종자들이 아라비아로부터 근동 전체를 정복할 태세를 갖추고 있었다. 그리고 불과 한세대 후 베르베르족 장군 타리크(Tariq)가 북아프리카에서 에스파냐로 건너갔고, 지중해의 정치적·문화적 통일성은 산산이 부서졌다. 이로써 유목민과 반유목민 전사들의 시대가 시작되었다. 이들은 오랫동안옛 강대국들의 견제를 받고, 군사적으로 착취당하고, 종종 멸시를 받았지만 제대로 통합되지 못한 상태였다. 그러나 이제 지중해 지역뿐만아니라 극동과 중앙아시아의 역사에도 영향력을 행사하는 유목민과 반유목민 전사의 시대가 시작되었다.

1

이동하는 인간과 동물
유목민의 모험

1 주제와 현실

인류의 가장 오랜 서사시는 책략과 폭력으로 시작한다. 오만한 우루크 (Uruk)의 왕 길가메시를 제어하기 위해 신들은 엔키두(Enkidu)라는 '야생 인간'을 만들어낸다. 초원의 동물들 속에서 자란 그는 가젤처럼 풀을 뜯어 먹고 벌거벗은 채 온몸이 두터운 털로 뒤덮여 있었다. "그는 온종일 산을 돌아다닌다. 끊임없이 짐승 무리와 함께 물웅덩이로 뛰어든다." 이 괴물에 대해 들은 길가메시는 창녀 샴하트(Schamchat)에게 엔키두한테 접근해―사랑의 기술을 이용해서―그의 야성을 빼앗으라고 명령한다. 계획은 성공한다. 7일 밤낮의 결합 끝에 엔키두는 무리로부터 풀려난다. 이제 그는 지성을 갖고, 인간의 언어를 이해할 수 있다. 그리고 도시의 유혹에 굴복하고, 신의 계획에 따라 길가메시에게 결투를 요구한다. 하지만 둘은 똑같이 강력하다는 게 입증되어 친구가 된다─엔키두가 '문명화' 과정에서 자기의 원초적인 힘의 일부를 잃은 걸까? 엔키두는 원초적인 존재에서 왕의 전우(戰友)로 변신했고, 두 사람은 함께 엄청난 모험에 나선다. 하지만 그 여정에서 엔키두가 갑작스럽게 죽자, 충격을 받은 길가메시는 불멸성의 비밀을 찾아 길을 떠난다. 결국 두 사람 모두 변화를 겪는다. 너무 일찍 죽은 야생의 아들은 도시인으로 성숙했고, 반신반인의 왕은 필멸하는 인간의 운명을 받아들이는 법을 배운다.[1]

엔키두와 길가메시의 이야기는 수천 년 동안 사람들을 매료시켰다. 두 영웅은 결투를 거쳐 서로를 발견하고 엄청난 모험에 나선다. 그리고 한쪽이 다른 한쪽의 죽음을 슬퍼하는 모든 혈육〔엔키두는 여신 닌순 (Ninsun)에 의해 길가메시의 '형제'로 만들어졌다〕의 전형을 완성한다. 그러나 길가메시와 엔키두는 또한 유라시아 고대의 삶에 깊이 각인된 두 생활권, 즉 도시인의 세계와 (거주자가 엔키두처럼 가축 무리와 함께 자연 식수원을 찾아 방랑하는) 야생의 세계를 대표한다. 그리스인은 그런 사람들을 '노마데스(Nomades)'라고 불렀다─엔키두는 의심할 여지 없이 그런 사람이었다. 이로부터 지금의 '노매드(nomad, 유목민)' 개념이 유래했다. '노마스(Nomas)'는 가축 무리에게 방목지를 확보해주기 위해 돌아다니는 사람을 가리킨다. 대개 가축을 중심으로 자기의 삶을 조직하고, 가축을 돌보기 위해 끊임없이 이동하는 사람들의 집단이다.

그런데 위대한 서사시들은 항상 세계관을 과장된 형식으로 제시하고, 그 가르침은 양면적이다. 한편으로, 유목 생활은 선(善)은 너무 가깝고 악(惡)은 너무 멀어서 전혀 알 수 없었던 태고 시대를 상기시킨다. 이런 관점에서 벌거벗은 엔키두는 낙원의 아담처럼, 도시의 영향에서 벗어나 자연과 완전한 조화를 이루는 삶을 살아가는 고귀한 야만인이다. 무지하고 순진무구하지만, 만족하고 갈등이 없는 존재다. 초원은 은둔의 장소이자 자유로운 공간이며, 사막은—화려한 신전과 부패한 사치로 가득 찬 도시의 번잡함이 오래전에 잃어버린—정화(淨化) 또는 신과 친밀함을 나누는 장소다. 5세기에 시리아의 한 그리스도교인도 이렇게 노래했다. "바위틈과 동굴에 사는 너희 초원의 거주자는 복이 있다네. 너희는 도시에서 벌어지는 범죄로부터 멀리 있고, 너희가 사는 곳에서는 아무도 불의와 억압을 저지르지 않기 때문이라네."[2] 하지만 엔키두처럼 사막의 수도사들도 도시 죄악의 악령에 사로잡힐 위험에 부딪힌다. 도시 세계로 돌아온 그들은 길가메시와 함께 모험을 떠나는 동안 때때로 친구처럼 교만해지고 신을 경멸하는 행위로 인해—불명예스러운 침대에서 일찍 죽는 벌을 받는—엔키두와 마찬가지로 도시의 악덕에 굴복한다.

다른 극단은 야생을 위협으로 바라보았다. 여기서 사막과 초원은 악령과 유령, 무질서와 혼돈의 장소이며, 이는 도시의 정주화(定住化) 질서와 대립한다. 이것이 통치자와 영웅에게 최초의 위업, 즉 악에 맞서 싸우며 자기를 증명할 가능성을 열어준다. 하지만 항상 경멸과 경계 설정 그리고 혐오가 (특히 공식 문서에서) 도시인의 시각을 특징짓는다. 구속받지 않는 방랑은 짐승처럼 날고기를 먹고, 잔혹한 의식을 행하며, 갑자기 고삐 풀린 것처럼 나타나는 위험한 야만인의 예측 불가능성을 상징한다.[3] "'기병과 활 쏘는 자'의 함성으로 말미암아/모든 성읍 사람들이 도망하여/수풀에 들어가고/바위에 기어오르며/각 성읍이 버림을 당하여/거기 사는 사람이 없나니."—기원전 7세기의 선지자 예레미야(《예레미야서》 4:29)는 이렇게 말한다.

이 모든 것의 배후에는 태고의 극단적 경험들이 숨어 있으며, 이것들 사이에는 단계적인 변화가 있었다. 기원전 8세기부터 근동 지역은 캅카스산맥에서 메소포타미아로 진격하는 기병대의 위협을 받았다. 중국의 연대기 작가들도 그들의 제국 북쪽 국경에 대해 똑같은 것을 보고했다. 그들은 기마 유목민이 가축의 고기와 그 산물로 연명했지만, 두려운 전사일 뿐만 아니라 숙련된 금속 장인이기도 하다는 것을 알았다. 비슷한 점이 '야만적인' 산악 거주자에게도 적용되었다. 그들은 인육도 꺼리지 않고, 잘 먹인 양 떼를 소유했으며, 다른 버전에 따르면 신들에게 도움을 주는 대장장이, 즉 호메로스의 키클롭스(Cyclops) 이미지처럼 서사시적으로 양식화되었다. 유목민의 대장장이 기술은 히브리어《성경》에도 기록되어 있다. 아마도 야훼의 '불타오르는' 진노는 용광로 이미지와 관련이 있을 것이다.[4] 실제로 양과 염소를 몰고 자그로스(Zagros)산맥과 팔레스타인 산악 지대, 그리스와 이탈리아반도 및 중국 북부 평원의 언덕을 돌아다니던 유목민은 역사가 펼쳐지는 무대에 없어서는 안 될 존재였다. 천막에서 살며 낙타를 타고 도시로 이동해 자기의 생산물을 도구와 곡물로 교환하던 사막과 그 주변 지역의 거주자들도 마찬가지였다. 마지막으로, 남쪽의 에티오피아인과 북쪽의 히페르보레아인(Hyperborea)처럼 신들과 가까운 곳에서 순진무구한 삶을 누린다고 여겨진 먼 곳의 사람들도 있었다.

이 모든 것은 친숙한 것 저편의 다양한 세계를 체계화하고 이해하려는 조심스러운 시도였다. 엔키두 이야기가 이미 변화의 가능성을 보여주었다. 초기 메소포타미아의 한 텍스트에서는 도시 여성이 '야만적이고 상스러운' 유목민의 신과 결혼한다. 그러므로 아무리 야생적인 유목민이라도 도시 문화에 친숙해지면 '문명화'될 수 있었다. 도시 문화는 이성적인 언어, 앞을 내다보는 사고, 절제된 성생활을 포함했다.

반면, 유목민은 '가축처럼' 제멋대로 성관계를 갖는다고 여겨졌다.[5]

어쨌든 오늘날 우리는 기마 유목민도 사막의 낙타 기수(騎手)처럼 정주 생활 형식에서 발전했지만, 또다시 그런 생활 형식으로 다가갈 수 있었다는 걸 알고 있다. 도시의 작가들은 대개 대립을 강조했지만, 실제로 두 생활 양식은 거의 끊임없이 서로 영향을 미쳤고 때로는 공생하며 서로 결합했다. 유목민의 생활 방식이 도시 문명으로 가는 통과 단계였다고 믿는 사람은 오늘날 더 이상 없다. 오히려 정주화와 이동성은 서로 다른 집단이 각각의 정치적, 경제적, 자연·생태적 상황에 따라 그 사이를 오가야만 하는 극단을 형성했다.

그와 마찬가지로 논란의 여지가 없는 것은 가축 사육과 목축에 주력하는 어떤 사회도 최소한의 자체 농업 생산 없이는 살아갈 수 없었다는 점이다. 가축을 돌보는 일은 심지어 채광(採鑛)과 금속 가공 또는 도자기와 직물 생산에 전념할 수 있는 여유를 충분히 허락했다. 사람들이 계속 한곳에서 살아가든 가축의 이동을 따라가든, 그것은 변화하는 생태적 조건에서 삶의 기회를 이런저런 방식으로 이용하기로 한 결정의 결과였다. 이러한 결정들이 유라시아의 역사를 각인했다.

2 북방의 마법의 밤: 청동기 시대 신타슈타 문화

약 4000년 전 우랄산맥 남동쪽 기슭에 있던 사람들의 눈앞에 나타난 것은 인상적인 광경이었음이 틀림없다. 횃불이 유령 같은 분위기를 퍼뜨렸다. 신비로운 노래가 밤새 울려 퍼졌다. 공기는 말 여섯 마리, 소네 마리, 숫양 두 마리의 희생 제물에서 풍기는 피 냄새로 가득 찼다.

그 고기는 위대한 영주의 장례식에 참석하기 위해 온 1000명의 손님을 대접하기에 충분했다. 영주의 무덤방은 두 마리의 말과 말갖춤(말을 부릴 때 쓰는 연장이나 말에 딸린 꾸미개─옮긴이)의 일부, 전차의 바퀴와 전차 몰이꾼의 시체, 더 나아가 창과 투창 등 삶을 이루었던 모든 걸 보여주었다. 희생 제물의 고기를 먹은 후, 그들은 무덤 위에 불을 피웠다. 위풍당당한 구릉이 생겨날 때까지 흙이 쌓였다. 그에 더해 발효한 꿀로 만든 마두(madhu)라는 음료가 손님들에게 제공되었다. 그리스인은 그것을 신들의 음료인 암브로시아(Ambrosia)로 알고 있었다. 시인들은 죽은 자의 영광을 노래했다.[6]

오늘날의 도시 마그니토고르스크(Magnitogorsk)와 가깝고 신타슈타(Sintashta) 마을과 멀지 않은 이곳에서 여름밤에 벌어진 일은 목격자가 전해준 것이 아니다. 오로지 유적과 연구자들의 조합만이 유라시아 대륙에 혁명을 일으킨 문화를 이야기해준다. 우랄산맥과 토볼(Tobol)강 그리고 이심(Ishim)강 사이의 이 지역은 헝가리 평원에서 흑해와 카스피해 그리고 캅카스산맥 북쪽의 광활한 평원을 거쳐 카자흐스탄에서 아무르강의 몽골 동쪽 산줄기에 이르기까지 펼쳐지는 초원의 일부다. 사막과 산맥의 가장자리에 있는 이 지역은 바다에 접근할 수 없는 폐쇄적인 수리(水利) 시스템을 형성한다. 영상 35도에 이르는 뜨거운 여름과 영하 30도까지 떨어지는 겨울은 가을과 봄의 짧은 식물 생장 단계만 허용한다. 토양의 비옥함에도 불구하고 몇 안 되는 종류의 관목과 지피(地被) 식물만 자라고, 그것들로는 바람을 거의 막을 수 없었다. 러시아어로는 이러한 지대를 '평평한 초원'을 의미하는 **스테피**(stepj)라고 부르는데, 여기서 '스텝'이라는 개념이 파생했다.

농경은 신타슈타에서 그랬던 것처럼 산맥 가장자리와 저지대 하천 평야 그리고 습지 지역에 집중되었다. 그렇지만 물오른 새싹은 동물들에게 충분한 먹이를 제공했다. 신타슈타의 영주들은 그중 일부를 희생 제물로 바칠 수 있었다. 그러나 발굴단을 놀라게 한 것은 말의 뛰어난 중요성이었다. 기원전 4000년대에 가축화한 말은 그동안 식량으로, 때로는 물건을 운반하는 용도로, 가끔은 탈것으로 이용되었다. 신타슈타의 영주는 가벼운 전차 앞에 말을 붙들어 맸다. 이는 혁명적이고도 위협적인 일이었다.[7]

살을 붙인 수레바퀴는 소가 끄는 상자형 수레의 단단한 나무 바퀴보다 훨씬 빠른 속도를 낼 수 있었다. 전차는 보병을 향해 돌진하고, 전투대(戰鬪臺)에서 창을 던지는 병사들이 고삐를 허리에 차고 조종하면서 치명적인 무기가 되었다. 이 모든 것은 집중적인 훈련과 바로 이 놀라운 무기를 제작하고 유지·보수할 줄 아는 전문가들의 투입을 요구했다. 오직 소수의 엘리트만이 이러한 목적을 위해 인력과 자원을 동원할 수 있었다.

족장은 공식적인 제도, 관료 및 감독 기구, 성문법 없이도 명확한 권력 위계를 유지하는 부족의 우두머리로 흔히 거론된다. 일부 연구자는 '부족'이 유동적이고 모호한 데다 종종 소급적으로 구성되었으며, 국가 이전의 원시적인 조직이라는 경멸적인 개념과 결부된다는 점을 지적한다. 그들은 '귀족적' 엘리트라는 표현을 선호한다.[8] 논란의 여지가 없는 것은 말, 낙타, 목축을 기반으로 한 모든 유목 문화에서는 친족 관계가 공동체와 권력 구축의 토대를 형성했다는 점이다. 그 관계는 핵가족에서부터 결혼을 통해 이루어진 여러 가족의 결합을 거쳐 공동의 조상으로 거슬러 올라가고, 한 영토의 후손 집단으로 인정받는 더 큰 단위, 즉 씨족에까지 이르렀다. 친족 연합은 유사한 구조의 여러 부분, 즉 가족으로 구성된 사회의 일상생활을 영위했으며, 가족은 중앙의 정치권력 없이 친족이 조직하고 지휘했다.[9] 가장 부유한 친족의 우두머리들은 원로 회의를 차지하고 분쟁을 중재했으며, 혼인을 주선하고 종교 의식을 주관했다. 지위와 권위는 가령 직책의 배분을 통해서가 아니라, 가족의 소속 및 다른 가족들이 인정하는 특별한 행위를 통해 획득되었다. 개별 행위자가 지도권을 고지하고 주변에 추종자를 모아 씨족의 지도자(khan)로 부상할 때, 새로운 권력 지위를 정당화하기 위해 친족 구조를 유지하거나 사후적으로 재구성했다. 사람들은 'X의 가문' 또는 'X의 가족'이라는 말을 사용했는데, 이는 남성과 그 가족 또는 공동의 조상을 지칭했다.

그러한 상태는 확실히 신타슈타에서도 지배적이었다. 광활한 스텝 지대에서 친족 결합은 매장된 영주가 그랬듯이 수많은 일꾼과 추종자를 동원하고 통제하는 가장 효과적인 방법이었다. 그러나 그의 영향력은 화려한 장례식, 사제들의 노래, 수천 명의 하객이 먹는 희생 제물에서만 드러나는 것이 아니었다. 무덤의 출토 유물에서 알 수 있듯 신타슈타의 영주들은 전투에 적합한 전차와 더불어 평화로운 시기에도 자신을 전사(戰士) 사회의 지도자로 연출하기 위한 과시 목적으로 좀더 작은 모형을 사용했다.

이런 점은 북방에서는 상상조차 할 수 없었던 요새들에서도 여실히 드러났다. 벽돌과 흙, 돌로 쌓고 해자와 울타리로 보강한 지름 최대 140미터에 달하는 21개의 구조물이 강둑을 따라 약 3만 제곱미터의 면적에 걸쳐 마을을 둘러싸고 있었다.[10] 몇몇은 원형, 다른 몇몇은 타원형, 그리고 직사각형과 사다리꼴도 더러 있었다. 주거 영역과 작업 공간, 상수도 시설을 갖춘 고리 모양의 집들을 (안뜰을 중심으로) 동심원 형태로 배치했는데, 최대 1600명이 거주했을 것으로 추정된다. 표준화된 구조물은 눈이 녹는 동안에는 습지 한가운데에 있는 섬 같았다. 요새는 엘리트와 그 식솔들의 금속, 식물, 동물 같은 재산을 보호했다. 모든 집터에서 슬래그·가마·화덕 같은 야금 활동의 잔재가 발견되었는데, 아마도 알타이(Altai) 광산에서 나온 구리와 금을 가공해 거래했을 것이다.[11]

이러한 구조물은 전차와 말 한 마리를 희생 제물로 바치는 것과 마찬가지로 스텝 지대와 그 인근 지역에서는 새로운 것이었다. 그것들은 기후 변화로 인한 위기에 대응해 생겨났을 가능성이 높다.[12] 꽃가루 분석은 기원전 2500년경부터 유라시아의 기후가 더 추워지고 건조해졌다는 걸 보여준다. 이 같은 변화는 기원전 2200년에서 기원전 2000년 사이 정점에 다다랐고, 먹을 수 있는 식물의 현저한 감소로 이어졌다. 그 결과 유목민은 최고의 초지(草地)를 둘러싸고 점점 더 치열한 경쟁에 노출되었다. 다른 역사적인 지역들의 사례가 보여주듯 그러한 위기 상황에서는 군사적으로 가장 성공적인 집단이 전략적·생태적으로 중요한 위치를 확보하고, 그곳에 요새 같은 정착지를 건설해 방어하려 했다.

이것이 바로 신타슈타의 영주들이 이룬 성과였다. 그들은 우랄산맥 가장자리의―1미터 높이의 갈대와 부들로 덮여 있는―습지에서 겨울을 나기에 충분한 곡식과 얼음장 같은 겨울바람을 피할 수 있는 장소를 발견했다. 그들은 이곳에서 넓은 지역을 개척해 식량 자원을 확장하고 금속을 조달할 수 있었는데, 이 둘은 아시아 스텝 지대에서 성공적인 유목 문화를 구축하기 위한 핵심 요소였다. 야금은 엘리트들에게 부를 보장하고, 전차 같은 군사적 혁신도 가능케 했다.

신타슈타의 영주들은 다른 이웃 집단〔페트로프카(Petrovka)와 아르카임 (Arkaim)〕과 함께 거의 500년 동안 존립한 문화를 형성했다. 그렇지만 만약 고대의 가장 위대한 모험 가운데 하나의 출발점이 된 또 다른 특징이 없었더라면―그 밖의 많은 스텝 문화와 마찬가지로―그들은 아마도 그저 하나의 에피소드로 남아 역사의 소용돌이 속으로 사라졌을 것이다. 유전자 분석은 언어학적 연구와 고고학적 비교를 종합해 신타슈타 거주민이 원시인도이란어(IIr)라고 알려진 언어를 사용했다는 사실을 매우 개연적으로 보여준다. 그로부터 복잡한 경로를 거쳐 우리(독일―옮긴이) 언어와 문법의 기원이 된 동쪽의 인도이란어와 서쪽의 인도유럽어족이 형성되었다. 인도이란어의 가장 오래된 문헌적 증거는 기원전 1800년경 씨족 사제들이 수집하고 오랜 세월에 걸쳐 기록한 《아베스타》와 《리그베다》다. 이 두 경전은 모두 인도 북서부에서 편찬되었는데, 이들의 가장 오래된 관념은 아마도 신타슈타 문화의 마지막 단계로 거슬러 올라갈 것이다.

가령 《리그베다》는 신타슈타 문화와 유사한 일련의 개념·묘사·이야기를 포함하며, 전차 전사들이 누린 높은 숭배도 마찬가지다. 전차는 심지어 신과 태양 또는 태양신의 탈것으로도 쓰였다. 《리그베다》에는 말, 소, 양의 가축 희생에 대한 (고고학적으로 입증 가능한) 위계도 나와 있다.[13] 여기서는 아그니(Agni) 신에게 죽은 자를 불로 정화하도록 간청한다. 그런 다음 땅에 대해서는 영웅의 마지막 안식처가 될 무덤을 만들어달라고 기도한다.[14] 많은 연구자가 신타슈타의 무덤에 묻힌 족장이 우주의 질서를 보장하고 희생 제물을 통해 강력해져야만 했던 《리그베다》의 신 바루나(Varuna)로 상징되었다고 믿는다. 《아베스타》는 최고신 아후라 마즈다(Ahura Mazda)의 명령에 따라 겨울로부터 순수하고 건강한 자들을 보호하기 위해 원형 도시 바르[Var, 또는 바라(Vara)]를 건설한 (세계와 가축의 첫 번째 통치자) 이마(Yima)에 관해 이야기한다.[15] 이것은 신타슈타의 추위로부터 보호받는 원형 요새 정착지와 스텝 지대의 쿠르간(Kurgan, 古墳)에 대한 기억일까?

이란과 인도 북서부에 북쪽의 볼가(Wolga)강부터 우랄산맥에 이르는 먼 고향에 대한 기억이 있었다면, 더 나아가 유전자 분석이 남아시아에서 기원전 1350년으로 거슬러 올라가는 스텝-DNA의 첫 번째 흔적을 입증했다면, 청동기 시대에 스텝 지대 전사 집단이 어떻게 그리고 무슨 까닭에 이 지역에까지 이르는 길을 찾았는지 의문이 남는다. 이는 북방의 그 이전 역사 못지않게 매혹적인 이야기다. 그것은 아리아인(아리아족)이라는 이름으로 인도 북부에 정착해 세계 문화를 건설하기까지 아시아의 광활한 대지와 눈 덮인 산맥과 설원을 가로지른 전사 집단들의 이동에 관한 대서사시다.

3 길 위의 젊은 영웅

신타슈타의 정착지들은 내성(內城)이나 궁전 없이 평등한 주거 공동체를 지향했다. 따라서 계절이나 종교 행사, 피난처, 자원의 분배 및 수집 용도로만 쓰였을 가능성이 매우 크다. 요새 내부의 절반 정도는 텅 빈 상태였다.[16] 주택의 배열은 통치자의 거주지라기보다는 원형 방어진을 연상시킨다. 무덤을 통해 알 수 있는 엘리트 계층의 지도력은 아직 눈에 띄는 지역에서 드러날 정도로 확립되지 않았던 것으로 보인다. 마지막으로, 왕가(王家)를 가리키는 증거는 없었다. 예컨대 무덤은 가족묘로 사용되지 않았다. 대규모 가축과 전차의 소유주로서 사후에 큰 비용이 들어가는 장례식을 누리고, 이를 위해 수많은 친구와 권속을 동원할 수 있었던 개별 권력자를 가리키는 증거만 발견되었을 뿐이다. 이는 인도-유럽 사회의 전형적인 후원자-피보호자 관계를 보여주는 것으로, 선물을 통해 유지되고 희생 의식을 통해 강화되었다.[17]

이러한 시스템은 유목민의 생활 방식에 잘 들어맞고, 가족의 노동 기술적 분화에 적합하다. 그리고 엘리트들의 군사화를 설명해준다. 거의 모든 남성이 이전의 매장 방식과 달리 무기와 함께 매장되었다. 그럼에도 공동체는 구조적 문제로 어려움을 겪었고, 이 문제는 젊은이들에게 영향을 미쳤다. 소수의 가장(家長)이 제일 좋은 방목지와 기술적으로 정교한 전차를 독점하면서 젊은이들에게는 정해진 직업과 승진 경로가 존재하지 않았다. 권력자의 가문에 속하더라도 기존 시스템에 편입되어 족장의 호의를 바라는 것만이 남아 있는 유일한 선택지였다. 하지만 이것도 확실한 방법은 아니었다. 후계는 일반적으로 맏아들의 몫이었고, 그 동생들은 복종해야만 했다. 그들에게는 지도자 자리가 허용되지 않았다.

젊은이들에게—틀림없이 그 수가 상당히 많았을 것이다—남아 있는 유일한 선택지는 모험을 떠나는 것뿐이었다. 그들은 타지에서 같은 생각을 지닌 부류, 대개는 자기 가축을 잃었거나 지위 하락을 경험한 부류와 함께 대략 50명 정도의 전사 집단이나 형제 모임을 결성해 고향의 가족 및 후원 시스템이 거부한 상승 기회를 모색했다. 그러한 집단의 지도자는 특별한 의식(예를 들어, 주사위 던지기)을 통해 결정되고, 화려한 허리띠를 두르고, 집단을 보호하는 신[고대 인도의 루드라(Rudra)]의 대리인으로서 종교적 역할을 했을 것이다. 그들은 부계 가문 수호신이 맏아들에게만 계승되는 오랜 가족 구조에 맞서 대체 권위를 형성했다. 구성원들은 서로에게 맹세함으로써 조상 대대로 이어진 속박에서 자유로워졌다. 늑대나 개의 가죽으로 만든 의복, 헝클어진 머리카락, 문신, 그리고 자해(自害)나 서로에게 가한 상해로 인해 생긴 흉터는 자기 집단에 헌신하는 사람들로만 이루어진 운명 공동체의 탄생을 의미했다. 그들은 '옛' 가족보다 자기의 지도자와 훨씬 밀접하게 살아가고, 죽음에 이르기까지 그와 함께했으며, 다음 생에서도 완전히 무장한 채 싸움을 계속할 터였다.[18] 기분을 북돋우고 죽음의 공포를 완화하기 위해 사람은 '마법의 물약'을 마셨다. 처음에는 부계(父系) 잔치에서 제공하던 음료를 마셨는데, 얼마 지나지 않아 파미르고원의 경사지에서 나는 쓴맛의 물약에 익숙해졌다. 그것을 《리그베다》에서는 '소마[Soma, 혹은 사우마(Sauma)]', 《아베스타》에서는 '하오마(Haoma)'라고 기록했는데, 아마도 광대버섯이나 마황이라는 식물에서 짜낸 것으로 추정된다.[19] 이 음료는 사람들에게 행복감을 주고 피로를 해소하는 효과가 있었다. 정교한 준비 의식을 통해 전사들은 엑스터시에 빠졌다. 그렇게 신들과 더 가까워지고, 전투에서 막강해졌으며―《리그베다》(X, 83, 7)에서 언급했듯―움츠러든 용기를 북돋웠다.

많은 유목민 공동체는 부양(扶養)과 내부 경쟁의 압박에서 벗어나고 새로운 자원에 문호를 개방하기 위해 그러한 집단의 분열을 용인했다. 자신들만의 고유한 윤리와 연대를 지닌 전사 집단은 끓어오르는 역동성으로 거점을 형성했다―그들은 그야말로 끊임없이 대안을 찾아야만 했고, 성공할 수밖에 없는 운명이었다. 이러한 요소로부터 영웅들이 탄생했다. 그들의 모험과 전투, 그리고 서로에 대한 무조건적 충성(신의)은 모닥불에서 모닥불로 전해졌으며, 고대를 훨씬 뛰어넘어 위대한 영웅 서사시의 핵심을 이루었다. 물론 이 노래들은 과거로부터 멀어지면 멀어질수록 그 과거를 이상화한다. 하지만 그 이면에는 많은 중대한 역사적 현상이 숨어 있다. 전사 집단은 친족에 얽매이지 않는 구성, 약탈과 살육에 초점을 맞춘 호전적인 윤리를 토대로 모든 스텝 지대를 놀라운 속도로 횡단하는 기동력 있는 투사 집단의 선봉이 되었다. 이것이 바로 그들의 유령 같은 공포의 일부를 설명해준다. 원정을 감행하는 동안, 고향에서의 매장 방식을 일시적으로 포기했다는 사실은 그들의 새로운 면모를 보여준다.

그런데 이러한 전사 집단이 향한 곳은 어디였을까? 한편으로는 이웃 부족으로 향했다. 모든 인도-유럽 사회에서 가축 약탈은 젊은 영웅의 기개를 보여주는 칭송받는 입증 시험이었다. 이러한 약탈은 (헤라클레스 같은) 어른들도 위임 임무로 반복할 수 있었다. 《리그베다》에서는 젊은 전사들이 부족의 승인을 받아 이런 방식으로 창업 자본을 확보하거나 그 이상의 성공을 찾아 길을 나섰다. 신타슈타의 문화도 그 중심지를 요새화한 것에서 알 수 있듯 이러한 습격에 대비해야 했다. 스텝 지대에서 벌어진 많은 전투는 아마도 이 같은 습격에서 비롯되었을 것이다. 이는 끝없는 보복 공격으로 이어졌고, 부족 전체가 이주할 수밖에 없도록 만들었다.

4 근동에서의 성공

약탈은 영웅적인 방법이었고, 상업적 교역은 젊은 전사들만이 추구한 게 아니었다. 신타슈타 문화와 〔이른바 안드로노보(Andronovo) 문화의 유목민 같은) 그 주변의 영주들은 강과 사막 그리고 산맥의 방목지를 따라 다른 가축 유목민들하고만 긴밀한 교역 관계를 유지했던 게 아니라, 스텝 지대와 다뉴브강 지역의 도시 문화 사이에서 형성되고 있던 농업 공동체나 이란고원 북쪽 가장자리의 오아시스 문화들과도 활발히 접촉했다.[20]

가장 중요한 문명은 오늘날의 투르크메니스탄(아프가니스탄 북부) 지역에 있던 옥수스(Oxus) 문명인데, 이는 그곳을 지나는 가장 큰 강의 이름을 따서 붙인 이름이다. 이 문명의 중심지는 코페트-다그(Kopet-Dag)산맥 북쪽의 무르갑(Murghab) 삼각주에 있는 마르기아나(메르브) 오아시스였다. 그 정착지가 아프가니스탄 서부에서 북동부에 이르기까지 넓은 호를 그리며 뻗어 있는 까닭에 그것을 '박트리아-마르기아나 복합체'라고 부르기도 한다. 직사각형과 정사각형의 기념비적인 건축 형식과 외곽 정착지를 갖춘 요새 구조물이 사막 근처의 삼각주에 자리 잡고 있었다.

옥수스 문명은 신타슈타의 구조물과 마찬가지로 유라시아 역사에서 새로운 형태다. 그 전성기는 대략 기원전 2250년에서 기원전 1700년 사이였다. 이 문명은 인더스강·메소포타미아·이집트·에게해의 청동기 문명과 같은 수준이지만, 한 가지 차이점이 있다. 옥수스 문명은 실로 인상적인 건축과 예술 형식 그리고 정교한 관개 기술을 창출했지만, 문자를 만들지는 못했다. 그렇더라도 그 문명은 광범위한 경제적 접촉을 이뤄냈다. 특히 옥수스강으로 흘러드는 자라프샨(Zarafshan)강의 계곡은 사마르칸트(Samarkand) 오아시스와 함께 방목지뿐만 아니라 구리, 주석, 은, 납 금속이 풍부한 광산 지대도 제공했다. 그곳은 스텝 지대 민족들에게 '꿈의 땅'이 되었다. 이곳으로부터 세계 모든 지

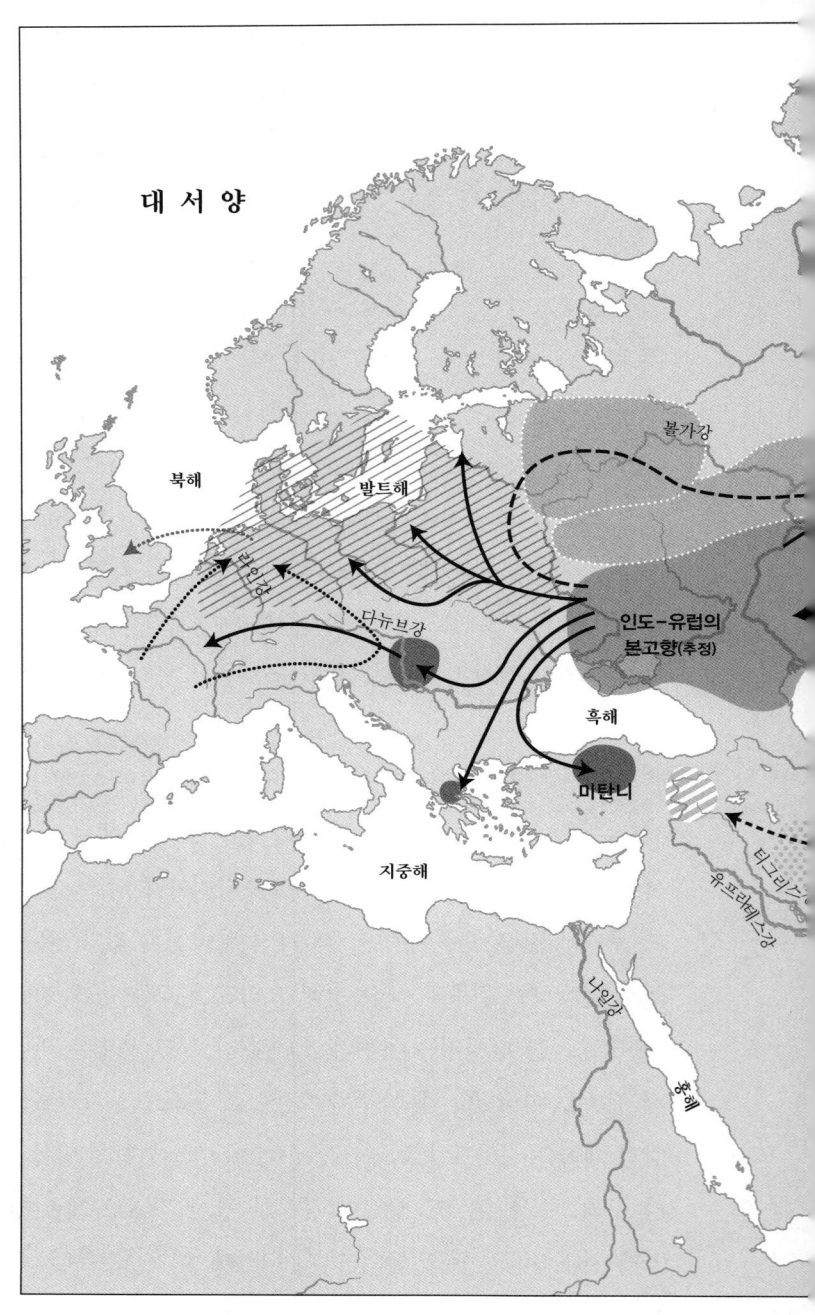

기원전 3000~기원전 2000년대 인도-유럽 부족과 동맹의 이동

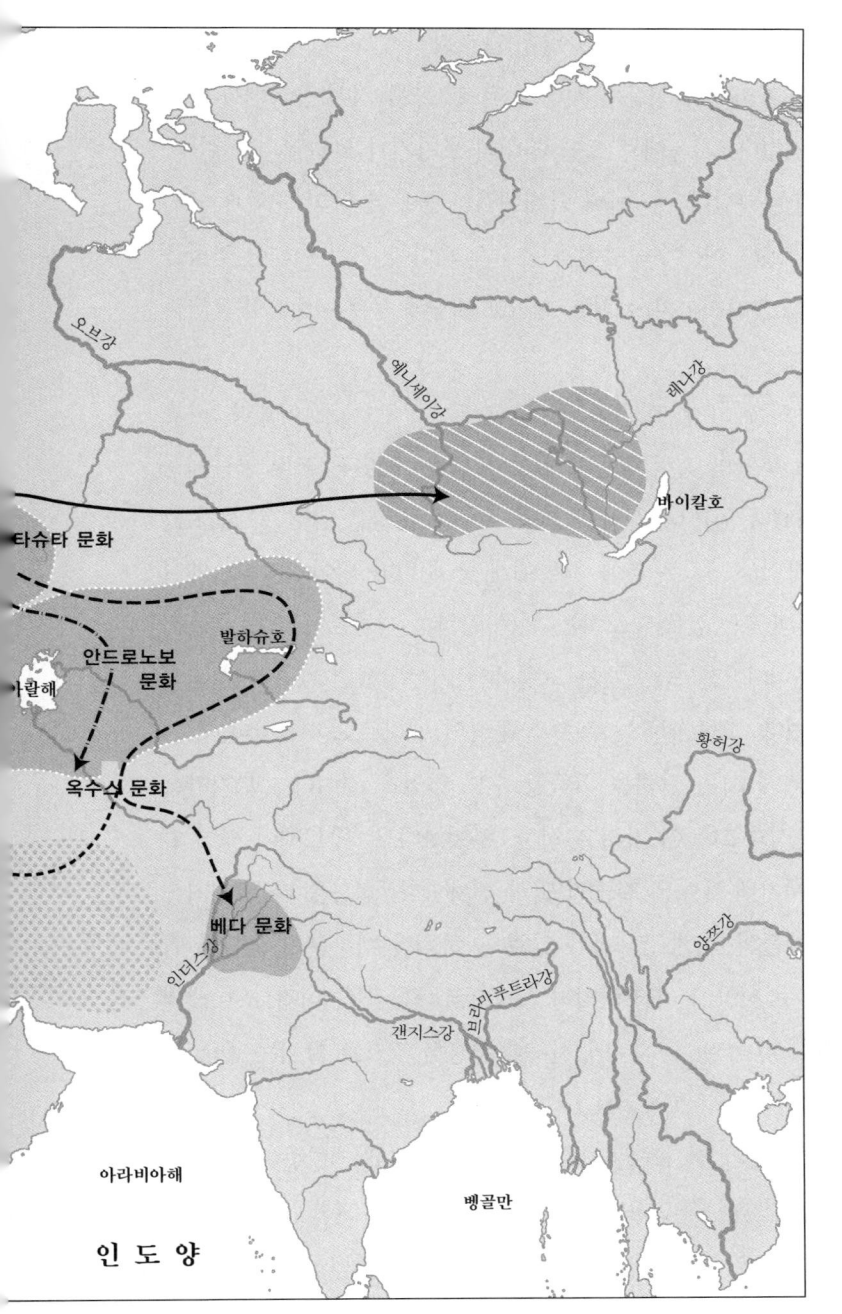

오브강

예니세이강

레나강

바이칼호

타슈타 문화

발하슈호

안드로노보
문화

아랄해

옥수스 문화

황허강

베다 문화

인더스강

양쯔강

갠지스강

브라마푸트라강

아라비아해

뱅골만

인 도 양

역에 이르는, 즉 이란 동부의 고원을 가로질러 인도와 아라비아만에 이르는, 그리고 아마도 청동기 시대의 실크로드를 거쳐 중국에까지 이르는 길이 열렸다. 처음에는 스텝 지대의 도자기가 오늘날의 이란 북서부 지역에 다다랐다. 두 번째 단계에서는 풍부한 양의 주석과 구리가 그 뒤를 따랐는데, 이는 북방의 옥수스 문화를 거쳐 이러한 광물을 갈망하는 메소포타미아와 이집트 그리고 지중해 동부(미케네)의 문화들로 전달되었다.[21]

옥수스 문화에 가장 절실히 필요한 것은 군사적 동맹이었다. 바로 이 부분에서 북방의 전사 공동체가 큰 도움을 주었다. 몇몇 공동체는 용병을 자처했다. 여러 공동체가 그곳 공주의 손길을 원했고, 적지 않은 잠재적 장인(丈人)들은 딸을 그들에게 줄 준비가 되어 있었다. 왜냐하면 전사들의 충성심을 확보하는 데는 일회성 지참금이 비용 효율적이었기 때문이다. 전사들에게는 고향에서 거부당했던 매혹적인 경력의 길이 열렸다. 그중 일부는 옥수스 문화의 엘리트로 떠올랐다. 심지어 가족들 위에 서는 권력을 획득할 수도 있었을 것이다. 그 기반은 군사적 전문성과 그들이 가져온 선물, 무엇보다도 '박트리아 낙타'와 거의 같은 시기에 들여온 길들인 말과 전차였다. 전차를 다루는 기술은 초기에 그들의 특권으로 남아 있었다. 하지만 대부분의 군사적 혁신이 그러하듯 시간이 지남에 따라 사방으로, 즉 근동·이집트·미케네뿐만 아니라 상(商) 왕조 때부터 전차를 활용한 것으로 보이는 중국 북부로 퍼져나갔다(175~176쪽 참조).[22]

그리하여 북방의 전사들은 처음으로 정착 농업에 기반한 통치의 달콤한 맛을 경험했다. 혼인을 통한 편입과 용병 복무 과정에서 '쟁기질' '씨앗' 또는 '다발' 같은 개념이 그들의 어휘에 유입되었다. 아이들은 양쪽 부모의 언어 전통을 받아들였고, 그래서 옥수스 문화에 머무는 동안 원시인도유럽어는 인도이란어의 주요 어파인 고대 인도아리아어파와 이란어파로 분화했다. 종교 분야에서는 흑마술이 등장했고, 훗날 이란의 베다 시대에 인드라(Indra)와 간다르바(Gandharva) 같은 신과 악마 관념이 생겨났다.[23] 그리고 사람들은 옥수스 문화에서 반신반인 왕이자 짐승의 주인으로 숭배받는 전설적인 길가메시처럼 두 세계를 결합하는 모델을 발견하기도 했다.[24] 길가메시는 혼자서 또는 동료들과 함께 자연의 괴물에 맞서 싸우고, 흔들리지 않는 기존의 가족과 후원자-피보호자 구조 바깥에서 이름을 떨친 모든 유라시아 영웅의 원형으로 자리 잡았다. 젊은 용 퇴치자는 뱀으로 상징되는 야만과 치명적인 지하 세계에 대한 승리를 대표했다. 동시에 야생 동물이나 용 같은 신화적 괴물과의 성공적인 싸움은 본격적인 전사들의 공동체에 발을 들이기 위해 극복해야 할 입문자의 통과 의례였다.

스파르타인과 (이베리아반도의) 루시타니아인(Lusitaner) 같은 산악 유목민의 부족 및 도시 사회는 나중에 이러한 시험을 일반화했다. 그들은 젊은이를 정기적으로 일정 기간 산속의 우거진 숲이나 외딴 농가로 보내 산적으로 살아남게 하고, 정복당했거나 경쟁하는 인구 집단의 구성원을 죽이게 했다. 비슷한 일이 인도 북부의 초기 베다 집단에서도 이루어졌다(57쪽 참조). 본격적인 무기(게르만족에게는 방패와 창, 켈트족에게는 때때로 말과 전차, 스파르타인에게는 무기와 중무장)를 승리의 보상으로 넘겨주는 것은 남성성을 획득하고 영웅의 지위로 옮겨가는 것을 의미했다. 이는 근동에서 왕이 즉위할 때 예식의 일부였다.[25]

유목민 전사 집단과 정주하는 삶의 방식이 교차하는 시점에 마침내 전사에게 남성성과 (아테나 같은) 여성 수호신 그리고 전차 조종사를 제공하는 개념이 탄생했다. 여성 수호신은 '어머니 여신'으로, 원래 농경 사회에서 생겨났으며 스텝 지대와의 동맹을 상징했다.[26] 크라스노다르 (Krasnodar)에서 발견된 황금 술잔(4세기?)은 화살통으로 무장한 기수가 왕좌에 앉은 여신에게 다가가는 모습이 그려져 있다. 이는 헤로도토스가 묘사한 마사게타이족(Massagetae)의 결혼식을 떠올리게 한다. 스키타이 파지리크(Pazyryk)의 쿠르간에서 나온 펠트 카펫에서도 비슷한 장면을 찾아볼 수 있다.[27]

이 모든 이야기가 현실을 직접적으로 모사한 것은 아니다. 대부분 오랜 전통을 이상화한 것이다. 사회는 현실적으로 전통에서 멀어지면 멀어질수록 더욱더 집요하게 전통에 집착한다. 그럼에도 이러한 이야기는 유라시아 역사의 핵심 현상, 요컨대 유목민 전사 집단과 농경 도시 사회 사이의 만남이 서로 협력하고, 그 주인공들이 결실 있는 통합에 도달했을지라도 폭력적일 수 있다는 사실을 다룬다. 수십 년에 걸쳐 심어진 호전적인 군사적 기동성에 대한 충동은 가족의 안락함과 충돌했다—이는 인도-유럽 영웅 서사시의 핵심이기도 하다. 오디세우스의 이른바 '거짓 이야기'에서 초기 그리스의 시인 호메로스는 자신의 영웅으로 하여금 "밭갈이도 전혀 마음에 들어 하지 않고/집안 살림살이도 좋아하지 않는다"고 자랑하게 한다. 오히려 그는 "전쟁과 화살, 번쩍이는 칼"에 매료된다.[28] 영웅이 손자들에게 둘러싸여 백발이 된 채 죽는 경우는 거의 없다. 오디세우스는 20년 만에 만난 아내가 놀랄 새도 없이 또다시 집을 떠나려고 한다. 구속받지 않는 전사 집단에서 황홀한 경험을 한 자는 거기서 벗어나기가 쉽지 않았다. (오늘날에도 우리는 용병이나 퇴역 군인들에게서 그런 현상을 볼 수 있다.) 특히 옛 동료들을 언제든지 동원할 수 있는 전투 집단을 보유하고 있다면 더더욱 그랬다.

옥수스 문화권에 자리 잡은 스텝 지대 아들들 가운데 일부에게도 비슷한 일이 벌어졌을 게 틀림없다. 그들의 성공은 계속해서 새로운 전사를 끌어들였다. 기원전 1700년경 옥수스 문화의 거주자들은 방어 시설을 강화하기 시작했는데, 그것만으로는 충분하지 않았다. 매우 중요한 대규모 정착지 중 하나인 고누르(Gonur)는 불에 타 잿더미로 변했고, 다른 요새들이 그랬던 것처럼 일시적으로 버려졌다. 곡물 창고와 수공업 작업장의 잔해는 주민들이 그곳에서 도망쳤음을 보여준다. 그 결과 정착지의 수가 줄어든 반면, 반유목민 안드로노보 문화의 조야한 도자기 비율은 늘어났다. 전쟁에 굶주린 새로운 물결의 전사 무리는 신타슈타의 아들들이 시작한 일, 요컨대 교역 상대방의 땅을 차지하는 일을 완성하고자 했다.[29]

언제나처럼 그러한 상황에는 도미노 효과가 있었다. 한 집단의 성공은 다른 집단의 이동을 가져왔다. 많은 전사 무리가 교역로와 목초지를 따라 이란고원을 가로질러 메소포타미아 지역으로, 심지어는 왕국이 확립된 이집트까지 이동했다. 새로 도착한 자들은 그곳에서 또다시 전차 전사로서 재능을 활용해 지배 엘리트 대열에 오르거나 권력을 장악했다. 가령 기원전 1650년경, 그러니까 옥수스 문화가 쇠퇴하고 불과 몇십 년 만에 힉소스(Hyksos)는 파라오가 지배하는 이집트의 권력 중심지를 장악했다. 물론 그들의 민족적 기원은 논란의 여지가 있지만 말이다.

인도유럽어족의 대표자들은 기원전 15세기에 북부 메소포타미아의 미탄니(Mitanni) 왕국에서 전사 귀족으로 자리 잡은 대초원 전사들이었다. 이들은 토착 후르리(Hurri) 부족과 도시 왕들의 연합체였으며, 최고 왕의 지휘를 받아 전쟁에 나갔다.[30] 전사 무리는 근위 기병대가 되거나 새로운 통치자에게 충성하는 특수 부대를 구성했다. 미탄니에서는 고대 인도어의 마리아(marya, 젊은이 또는 영웅)에서 파생한 것으로, 왕의 전차병 군단 소속 남성을 가리키는 (언어학적으로 후르리어에서 유래하는) 마리안니(maryanni)라는 용어가 처음으로 발견되었다. 한 미탄니 왕의 이름인 다사라타(Dasaratha)는 "전차 열 대를 소유한 자"를 의미한다.[31] 미탄니로부터 전차 전투 기술이 청동기 시대의 거의 모든 제국으로 확산했다. 기원전 1500년경 하티족(Hatti)의 수도에서는 전차용 말의 사육과 조련에 관한 기술 문서가 작성되었다. '경주로'와 훈련 횟수 같은 전문적인 개념은 이란 북서부에서 유래한 베다어 또는 인도아리아어다. 이러한 조련은 마리안누(Maryannu) 왕조에 의해 채택되었다. 미탄니와 외교적으로 긴밀한 관계를 맺었던 파라오들은 힉소스가 가져온, 차축 현가장치(懸架裝置: 차량의 바퀴와 차체를 연결하는 장치—옮긴이)를 갖춘 전차를 위해 승마 학교와 전차 공장을 세웠다.[32] 인도아리아 엘리트 가운데 일부는 팔레스타인으로도 이주했다(83~84쪽 참조).

5 인도의 모험

기원전 14세기 중반 미탄니 문화가 정점에 도달했을 때, 이란고원의 북부 경계 지역 출신으로 자칭 아리아인(아리아족)이라고 부르는 집단이 또다시 이동하기 시작했다. '이란'이라는 지명은 바로 이 이름으로 거슬러 올라간다. '아리아'는 원래 '낯선 사람' 또는 '나그네' 정도를 의미했을 것이다. 따라서 유동적이고 불안정한 삶의 방식을 가리키지만, 이주민 집단은 이 오랜 어원을 거의 의식하지 못했을 것으로 추정된다. 꽤 많은 집단이 미탄니 문화와 밀접한 관계를 유지했다. 기원전 14세기의 미탄니 왕 사티와자(Sattiwazza)와 히타이트 왕 사이에 맺은 조약에서는 《리그베다》의 인드라, 미트라(Mithra), 바루나, 나사티아(Nasatya)에 해당하는 4명의 신 이름으로 엄숙한 맹세를 한다.[33]

'다섯 강의 땅', 즉 편자브의 비옥한 지역과 오랜 교역망에 이끌린 이주민의 이동 경로는 힌두쿠시산맥의 고갯길을 따라 이어졌다. 이미 기원전 1800년경 하라파(Harappa) 문화 후기 단계에 북방으로부터 온 전차 전사들은—우타르프라데시주의 사나울리(Sanauli) 마을 인근에서 발견된 전차 유물이 시사하듯—틀림없이 인도 북서부에서 전쟁을 치렀을 것이다. 이 전차는 신타슈타 기술과의 유사성을 명백히 보여준다.[34] 아마도 전차병들은 용병으로 모집되어 옥수스에서와 비슷하게 하라파 문화의 전투에 참여했을 것이다. 이후 아리아 군대는 이러한 교류를 바탕으로 발전할 수 있었다. 그들은 이동하는 동안 돌과 구운 찰흙 벽돌로 만든, 수천 명의 방어군이 지키는 산악 도시와 요새(pur)를 정복했다. 《리그베다》는 심지어 아리아족과 동맹 부족이 늦어도 기원전 2000년대 중반에 하라파 문화의 '옛 일곱 도시'를 상대로 승리를 거둔 라비(Ravi)강에서의 대규모 전투('열 왕의 전투')에 대해서도 묘사한다.

이로써 그들에게는 동방으로 가는 길이 열렸다. 그들의 가장 중요한 전쟁 무기 가운데 하나는—세계에서 가장 오래된 장거리 무기인—돌 또는 납 투석기였다. 이는 근동 문화권에서도 도시 정복과 방어에 쓰였으며, 인도아리아인에게도 분명히 전파되었을 것이다. 그에 더해 하라파 문화의 보루(성벽 통로)에서는 바람에 말린 투석용 돌멩이(일종의 탄약)가 발견되었다. 인도 북서부 지역의 거주민도 매우 효과적이고 공격할 때 발생하는 소음으로 인해 공포를 불러일으키는 이 무기에 분

명 친숙했을 것이다.[35]

유라시아 역사에서 드물지 않게 그랬듯이 최초의 전사들을 다음 몇백 년 동안 더 큰 규모의 집단이 뒤따랐다. 그들은 정기적으로 이주 행렬을 이루었으며, 《리그베다》의 옛 기록에 따르면 100명 이하의 '부족(jana)'으로 나뉘었다.[36] 원로들이 선출한 지도자, 즉 라자(raja)들이 전차나 (아마도) 말을 타고 선두에 나섰지만, 그것들을 전투에 사용하지는 않았다. 지도자의 권위는 단순히 전투 능력뿐만 아니라 수사(修辭) 능력에도 의존했다. 그들은 같은 생각을 지닌 사람들 사이의 (말과 전차) 경쟁에서 자신의 우위를 증명하고, 많은 양의 '소마'를 마심으로써 이를 확보해야만 했다. 지도자들에 이어 소 떼와 소가 끄는 전차들이 따라갔고, 가족과 씨족의 구성원이 지휘하는 장인(匠人)과 노예 그리고 소들이 끄는 수레가 뒤를 이었다. 구리와 청동·납이 가공되었고, 지도자는 (훗날 호메로스의 그리스 영웅들과 마찬가지로) 아직 철제 무기와 도구를 사용하지는 않았을지라도 분명히 직접 현장 작업을 도왔을 것이다.[37] 하지만 라자의 가장 중요한 임무는 여전히 소규모 이동 전사 집단, 즉 그라마(grama)를 이끌며 싸우는 것이었다. 스텝 지대의 전사 무리와 달리 그들은 친족 관계로 얽혀 있었다. 그런 까닭에 신과 같은 지도자가 아닌 부족의 사제들에 의해 희생 의식을 거쳐 전투에 투입되었다. 노획물은 전사 집단 내에서 분배되지 않았다. 이에 대해서는 부족 회의〔사바(sabhā) 혹은 비다타(vidatha)〕에 결정권이 있었다. 여성도 전리품에 접근할 수 있었는데, 남성과 함께 심지어 공동 희생 의식을 치르는 경우도 있었다.[38] 원주민에 맞서 싸울 준비를 하며 방목지를 찾기 위해서는 지도자 선출과 가족 결속력이 한층 큰 역할을 했다. 아울러 여성에게 조력자로서 추가적인 영향력을 부여하는 조직이 필요했다.

특히 가축 사육에 적합한 강변에서, 침입자들의 삶은 단기간의 정착, 전투, 계속되는 이동이 번갈아가며 끊임없이 이루어지는 게 특징이었다. 이집트에서 팔레스타인으로 이주하는 히브리인에게 야훼가 불기둥으로 길을 내주었던 것처럼, 그들 역시 불의 신 아그니의 인도를 받았다(86~87쪽 참조).[39] 그리고 야훼가 이스라엘 백성이 가나안 도시를 정복하도록 도와준 것처럼, 인드라는 자신이 총애하는 디보다사(Divodasa)를 위해 90개의 성벽을 정복했다. 라자의 또 다른 중요한 임무는 그들이 데려온 가축에게 필요한 방목지를 찾고, 약탈을 통해 식량을 확보하고, 부족을 적의 습격으로부터 보호하는 것이었다. 내부 갈등은 늦어도 첫 번째 거점을 발견하고 젊은이들이 권력에 다가갈 때 위협적이었다. 《리그베다》에서 언급하고 있는 신성한 마루트족(Marut)은 음침한 신 루드라의 통제를 받는 동안에는 여전히 '자유로운' 약탈의 초기 단계에 있는 같은 연령대의 전사 집단을 반영한다. 그 후 인드라 신이 그들을 받아들였다면, 그 무리가 성인 전사 집단으로 전환되었다는 걸 시사하는 것일 수도 있다. 그러나 이는 또한 젊은 전사 집단을 통제하려는—확고하게 자리를 잡아가는—전사 계급(크샤트리아)의 노력을 반영하는 것이기도 하다.[40] 왜냐하면 씨족의 위계질서에 모두를 위한 자리는 없었기 때문이다. 성공한 자는 덜 성공한 자에 비해 두드러졌고, 열등한 자는 불안에 떨었다. 권력의 격차가 (아직) 통치의 중심에 반영되지 않고 기존의 군주제적 구조에 통합될 수 없었기 때문에 두 가지 결과만이 존재했다. 열등한 자들은 계속 이동해 다른 지역에서 자신의 운명을 개척해야 했다. 그들은 갠지스강을 따라 더 동쪽으로 이동했다. 아니면 강자의 권위에 굴복해 여러 부족에 대한 영향력을 확대하고 부족 연합의 일인자로 부상하는 경우도 있었다. 《베다》에서 언급했듯 라자는 누구에게도 종속되지 않고 여러 라자를 통제하는 삼라트(samrat)가 되었다.[41]

결국 바라타족(Bharata)의 '대(大)라자'가 성공해 편자브에서 일종의 패권을 쟁취할 수 있었다. 그의 씨족 이름은 인도 바라트주(Bharat州)에서 불멸의 이름으로 남아 있다. 2세대 후 바라타족은 그다음으로 강력한 부족이었던 푸루족(Puru)과 힘을 합쳐 쿠루(Kuru) 연맹체를 형성했다. 그들의 라자는 (델리 인근의) 쿠루크세트라(Kuruksetra) 평원에서 동족인 판다바족(Pandava)에 대항해 사라스바티(Sarasvati)강과 갠지스강 그리고 야무나(Yamuna)강이 합류하는 곳 사이의 쿠루-판칼라(Kuru-Pancala) 지역의 주권자로 자리 잡을 수 있었다. 전설적인 하스티나푸라(Hastinapura)가 그들의 거주지였다.[42]

이러한 집중화 과정의 한 가지 전제 조건은 많은 가족이 '원시 도시' 거주지와 마을에 정착하는 것이었다. 그렇게 해야 비로소 라자가 영토를 통치하기 위한 발판을 마련할 수 있었다. 이주 행렬의 지도자가 여러 부족의 최고 족장(삼라트)으로 올라서자, 그의 권력은 더 이상 가축 소유와 자기 씨족에 대한 보호 기능에만 국한되지 않았다. 전쟁에서 확보한 여러 정착지와 목초지에 대한 지도적 지위 또한 중요한 역할을 했다. 기원전 800년 이후부터 가문의 씨족이 지배하는 지역을 그들의 이름에 따라 명명한 것은 우연이 아니다. 《아타르바베다(Atharvaveda)》는 라시트라(rashtra)에 대해 말하는데, 이는 왕이 소유하고 신들이 보호하는 '영토'를 의미한다.[43]

라자는 자신의 중심지에서 여러 마을과 작은 라자들의 충성을 확보하기 위해 끊임없이 출정했다. 그는 더 이상 부족을 보호하고 방목지를 확보해주는 대가가 아니라, 자신의 통치에 대한 **정기적인** 인정으로서 공물을 기대했다. 그렇지만 이러한 중심지는 처음에는 여전히 아주 원시적이었다. 구운 벽돌은 나무가 적었던 근동이나 하라파 문화에서와 달리 (더는) 사용되지 않았다. 서사시에서 노래하는 하스티나푸라는 흙과 나무를 자연이 준 건축 자재로 사용한 대초원 지역에서처럼 나무와 흙벽으로 지어졌다. 왕국의 수도(마하나가라)와 거주지는 쿠루 연맹체가 카우샴비(Kaushambi, 오늘날의 프라야그라지)로 '이주'한 후 그랬듯 그 이후 좀더 유리한 상황에서 비로소 발전할 수 있었다. 이 시기에는 궁정 안팎에 전문적인 장인(대장장이, 금속 세공인)과 예술가들이 정착할 수 있었을 것이다.[44]

고정된 중심지를 선택하면서 지배 세력도 또다시 변했다. 전우들이 라자의 근위대나 호위병으로 신분이 상승했다. 친척들은 초보적인 '궁정 신료'의 자리를 차지하거나 마구간 감독관, 왕의 전차 제작자 및 조종사, 그리고 왕실 부엌을 책임지는 '고기 해체자'가 되었다. 그와 반대로 부족 회의와 전사들의 영향력은 줄어들었다. 그들은 원로들로 구성된 마을 의회와 '왕실 평의회'로 나뉘었다.[45]

이 모든 것이 변화 과정의 특징이었지만, 이것만으로는 새로운 '왕'이 직면한 결정적 문제, 요컨대 전장에서 쟁취한 더 넓은 지역에 대한 권력을 아리아인과 토착 부족 지도자들이 수용할 만한 지속적인 통치로 전환하는 문제를 해결할 수 없었다. 여기서 인도는 오늘날까지도 그 나라를 특징짓는 길을 따라갔다. 이는 아리아인이 자신들이 지향할 만한 모델을 발견하지 못했다는 사실을 고려할 때만 이해할 수 있다. 근동의 광대한 도시 왕권 모델을 적용하는 것은 가능하지 않았는데, 인도에는 도시나 신전 제도가 없었기 때문이다. 그래서 그들만의 고유한 전통을 상황에 맞추는 선택지만 남았다. 이는 고대 인도 문명이 고루해 보이는 이유의 많은 것을 설명해준다. 그러나 이는 또한—몇몇 경우를 제외하면—라자가 상대적으로 메소포타미아나 이집트의 왕들만큼 강력하지 못했다는 증거이기도 하다(191~194쪽 참조).

중심 역할을 한 것은 부족의 사제, 즉 브라만이었다. 그들은 쿠루 왕과 함께 '지도자'의 선출 및 임명이 복잡한 의식과 희생 제사 체계로 발전하도록 애썼다. 이 체계는 전사 가문, 즉 크샤트리아를 끌어들이고 경쟁을 장려했지만, 동시에 그들을 왕의 통제 아래 두었다. 다른 사회에서는 정치적·군사적 기량, 통치자와 공동체에 대한 '봉사', 또는 공식적인 시험(중국의 경우)을 통해 최고위직으로 승진했지만, 이곳에서는 야심 찬 전사들이 의례 행위를 통해서만 '출세'할 수 있었다. 우선은 전사 엘리트로 승진한 다음, 복잡한 여러 의례 행위를 통해 '족장'이나 라자 계층으로 올라갔다. 여기서부터는 부족 연합의 최고 왕으로 도약하는 것이 가능했다. 필요한 희생과 의례 행위는 너무나 정교하고 너무나 오래 걸렸으며, 그에 따른 비용 또한 엄청났다. '힘을 마시는' 의식, 즉 바자페야(vajapeya)에만 17일이 걸렸다. 전체 대관식, 즉 라자수야(rajasuya)는 최대 2년에 걸쳐 펼쳐졌다. 의식을 주재하는 사제에게 치러야 할 '사례금'은—전승을 믿을 수 있다면—소로 계산할 때 최대 24만 마리에 달했다![46]

옛것을 보존하고 새로운 것을 정당화하려는 압력이 어떤 기괴한 혼합을 낳았는지를 왕의 말 희생 제사[아슈바메다(ashvamedha)]가 보여준다. 이는 아마도 스텝 지대 전사들의 쿠르간에서 이미 행해졌던 것이지만, 이제는 '마법의 힘'을 전수함으로써 왕의 권력을 확보하기 위한 의식으로 확장되었다. 우선, 희생 제물로 선택된 종마를 '자유롭게 풀어준다'. 고삐가 제거된 말은 400명의 전사(군대)와 함께 새로운 최고 왕의 권력을 주장하고 그에 대한 인정을 얻어내기 위해 이웃한 라자들의 모든 영토를 시계 방향으로 돌았다. 이에 동의하길 거부하는 라자는 결투를 치러야 했다. 그리고 1년 후 '집으로 돌아온' 종마는 신타슈타에서 행해졌던 말 희생 의식에 따라 목이 졸려 죽었다. 말을 토막 내고 각 부위를 삶아 (다른 600마리의 동물과 함께!) 제물로 바치기 전, 종마의 힘과 다산 능력을 미래 왕의 가족과 자녀에게 이전하는 매혹적인 의식이 이어졌다. 왕의 아내는 죽은 종마와 함께 담요를 덮고 누워 종마의 음경이 자기 몸에 닿도록 했다. 그러면 3명의 다른 왕비를 비롯한 여자들이 정중하게 이렇게 물었다. "그게 움직이나요?"[47]

사제들은 이주 시대의 오랜 전통과 엘리트들의 새로운 통치권 요구를 결합하고 싶어 했던 게 분명하다. 마법적 행위와 의식은 자연의 힘, 승리, 다산 능력을 왕에게 전수하고, 그의 신성한 기원(起源)을 확증해 주었다. 그러나 왕조의 기초를 세우는 것은 간단하지 않았다. 왜냐하면 왕의 혈통을 통해 규정된 엘리트뿐만 아니라, (체력이나 미모 같은 신체적 자질을 포함한) 개인의 특성과 여러 단계의 의식 통과가 왕권에 다가가는 길을 열어주었기 때문이다.[48] 브라만은 종교적 봉헌을 담당했다. 사제 계급이 그와 같은 영향력을 획득한 곳은 다른 어디에도 없었다. 그들의 비호 아래 왕들은 기원전 1000년경 시적이고 의식적인 《베다》 텍스트를 수집 및 선택하도록 명령했고, 이는 개별적 시인(詩人)과 그들의 씨족이 지닌 중요성을 밀어냈다. 개인과 가족의 '비밀 지식'은 이제 권력을 위해 봉사하는 경전적인 '사제 지식'이 되었다. 그때부터는 오직 브라만만이 《베다》를 해석하고 적용하고 전승할 권한을 지닌다고 여겨졌고, 왕은 질서의 보증자로서 희생 제의를 수행했다.[49]

물론 그 이후 왕들은 브라만의 영향력을 제한하려 했고, 실제로 왕국은 전사들의 원로 회의가 지도자의 권력을 제약한 '공화-과두제'의 부족 제후국보다 더 강력한 것으로 입증되었다. 하지만 통치의 종교적 의식화는 군주의 권력 확대에 장애물이었다. 펀자브와 갠지스강 평원 동부의 라자들은 여러 부족과 '하위 왕'을 지배하는 도시 왕으로 남았지만, 전적으로 특수한 상황에서만 이러한 관계를 넘어서는 영토 통치를 발전시킬 수 있었다. 이는 낯선 정복자와 브라만의 권위가 낮은 곳에서만 가능했다.

왕의 거주지 건설은—언제나 그렇듯이—수공업과 상품 생산을 촉진했고, 왕국 간 그리고 왕국 내의 교역도 증가했다. 하지만 여전히 왕은 추종자와 정복한 라자들을 견제하기 위해 끊임없이 이동해야 했는데, 특히 조공을 요구할 때는 더욱 그랬다. 상황은 더욱 복잡해졌다. 왜냐하면 쿠루 왕국 시대에도 이란과 아프가니스탄으로부터 새로운 전사 집단과 부족 무리가 펀자브와 갠지스강 북서부 지역으로 밀려들었기 때문이다. 이들은 하루아침에 의례 체계로 통합될 수 없었는데, 이는 그 의례 체계에서 (예를 들어, 추종자를 너무 적게 모으거나 브라만을 충분히 자기와 묶을 수 없었던 까닭에) 실패한 젊은이들과 권력 다툼에서 배제되었다고 느낀 젊은이들도 마찬가지였다. 기후 변화로 인해 긴장이 더욱 강화되었을 수도 있는데, 왜냐하면 강물이 마르고 목초지가 사라졌기 때문이다. 서사시는 전설적인 싸움을 경쟁 씨족 간의 치명적인 전투로 양식화해 묘사한다. 쿠루 들판에서 18일 동안 벌어진 살육은 관련 씨족을 거의 절멸시켰다고 한다.[50] 돌이켜보면, 당시의 삶은 폭력의 과잉으로 가득했던 것 같다—이는 새로운 '왕'이 통제해야 할 재앙의 징후였다.

또다시 그들은 브라만에게 의지했다. 그들의 해결책은 독창적이면서도 일관된 것이었다. 그들은 권력의 정점으로 향하는 길을 열어준 의례적인 경쟁을 전사 집단 간의 전투로까지 확장했다. 싸움을 금지하거나 정치적으로 규제하는 대신, 그것 또한 상징적인 희생 의례로 전환하려 시도했다―이는 고대 역사에서 분명 유례없는 사건이었다. 그 전제 조건은 희생물을 바치는 자는 희생물과 동일하며, 전통적인 희생 공식(《베다》)의 정확한 표현을 빌리자면 신들의 불멸성과 같다는 생각이었다. 브라만의 희생 판타지에서는 소마 마시기를 포함해 전투와 습격 행위를 전례적으로 재연했다(39쪽 참조). 불을 운반하는 의식은 노략질하는 약탈자 무리를 모방했으며, 진영을 떠나 말안장에서 내려오는 것은 화덕을 높이 들어 올리고 세 걸음 옮긴 후 그걸 다시 내려놓고 특정 노래를 암송하는 것으로 대체되었다.[51]

이러한 행위는 왕위 계승의 위계적 의식과 함께 전체적으로 잘 형성되었다. 전투 대신 야심 있는 모든 전사가 직면해야 했던 특별한 희생 제의로 의식화된 경쟁이 치러졌다. 물론 현실에서는 싸움이 계속되었고, 전사 계층은 자기 행동의 이상(理想)을 간단히 포기하지 않았다. 그렇지만 브라만은 그 영향력을 **내부적으로는** 완화하고, **외부적으로는** 아직 개발되지 않은 남쪽과 동쪽 지역으로 돌리려 시도했다. 그러나 이런 의식화는 전사 계급에만 영향을 미쳤고, 라자 역시 전사 계급에서 선발되었다. 새로운 시스템은 사회의 나머지 구성원을 끌어들이지 못했다면 이질적인 존재로 남았을 것이다. 전사와 사제들은 이를 나머지 구성원에 대한 자신의 입지를 공고히 할 또 다른 기회로 여겼다.[52] 여기에서도 그들은 아주 시대와 연결되었다.

사회를 전사, 종교 또는 제의 전문가(사제, 샤먼), 노동하지만 자유로운 민중으로 나누는 것은 그 자체로 드문 일이 아니다. 스텝 지대 부족들에게도 이러한 구분이 있었을 것으로 추정할 수 있다. 크샤트리아와 브라만의 지도적 위치는 분명 그들이 더 많은 약탈물을 받은 결과일 것이다.[53] 쿠루 시대에는 왕이나 그의 최측근과 친척에게만 공물을 거두어들일 권한이 있었다. 공물을 바칠 의무가 있는 이주자는 바이샤로 분류되었다. 이들의 공통 분모는 네 가지 아리아 사회 계층〔카투르바르냐(caturvarnya) 체계〕 중 하나에 속한다는 것인데, 이는 출생과 그에 따른 입문, 《베다》에 기반한 교육, 그리고 만트라 암송을 통해서만 획득할 수 있었다. 모든 비(非)아리아계 주민은 다사〔(Dasa, 또는 다슈(Dasyu)〕에 속했으며, 《리그베다》에서는 '검은 피부'와 '희생을 바치지 않는' 사람으로 차별을 받았다. 그들은 다른 신을 숭배하고 흑마술을 행했으며, 가축 사육에 삶의 기반을 두지 않았다.[54] 이것만으로도 그들을 노예와 함께 수드라로 분류하기에 충분했다. 그들은 희생 의식에 참여하지는 않았지만, 아리아족을 부양해야 했다.

여성이 사회적으로 격하되었다는 사실은 정주화의 또 다른 징후다. 여성은 이동 중에나 전사들이 부재할 때 더 이상 무리를 방어할 필요가 없었다. 그럼에도 《리그베다》에서 이미 알려진 네 계급, 즉 바르나(varna, '피부' '색깔' '외모'에서 유래)로 사회를 구분하고 질서를 확립한 것은 각 개인의 출생 집단에 따른 의무와 권리를 규정한 위기 상황에서 비롯되었다. 크샤트리아의 엘리트들이 영향력을 지역적 통치로 전환하기 시작했을 때 브라만과 전사 귀족은 '민중'(바이샤)과 원주민(수드라)을 견제하기 위해 협력해야만 했다. 이제 사회 집단들 사이의 차이는 음식과 순결 규정에 따라 결정되었다. 그들은 분명 '오염'으로 인식되는 낯선 인구 집단과 함께 살아가는 데에서 오는 꺼림칙함에 대해서도 대응했을 것이다.[55] 이는 사회적 차별을 하는 기존 도시가 없고 대안도 없는 환경에서 이동성을 포기한 대가였다.

6 남방으로 향하는 기마 전사

아리아 집단이 펀자브에 자리를 잡은 것과 거의 같은 시기에 북방은 또다시 혁명적 발전의 출발점이 되었다. 시베리아 남부 아르잔(Arzan, 지금의 러시아 투바공화국) 지역의 몽골고원 가장자리에 있는 예니세이 (Jenissei) 계곡은 비옥한 습지대를 형성하며 좋은 여름 목초지가 있는 위압적인 산맥으로 둘러싸여 있다. 우유크(Uyuk) 계곡 상류에는 기원 전 900년경 지름이 최대 100미터에 달하는 원형 무덤들이 세워졌다. 발굴단은 무덤 중 하나(아르잔 1)의 돌로 된 받침대 아래에서 거대한 목 조 건축물을 발견했다. 중앙을 중심으로 공간을 배열하고 가운데로 갈 수록 약간 좁아지는, 수많은 방으로 이뤄진 건축물이었다. 중앙의 방 에는 나이 든 남성과 젊은 여성이 금박 장식과 청록색 상감 세공 천으 로 감싼 나무 관에 누워 있었다. 시신 아래에는 15~20개의 말꼬리가 놓였다. 무덤 주변에는 8개의 또 다른 나무 관이 있었다. 검은색 담비 모피와 금 장신구의 흔적은 그들이 무덤의 주인과 함께 죽음을 맞이 한 부유한 사람들이었음을 가리킨다.

이 모든 것이 신타슈타의 무덤을 떠올리게 하지만, 놀랍게도 권력 자의 지위를 상징했던 전차의 흔적은 어디에서도 발견되지 않았다. 그 대신 많은 방에 대부분 안장과 굴레를 갖춘 최대 200마리의 말이 있 었다. 신타슈타에서도 말을 매장했는데, 이제는 말의 희생이 극단적으 로 늘어나 거대한 무덤에 통합되었다. 말이 전차를 몰아냈고, 그와 더불어 무기도 바뀌었다. 투창과 창이 아닌 화살촉과 칼을 죽은 자들과 함께 묻었다. 투바(Tuva)에 있는 '왕들의 계곡'은 전차 전투를 뒤로하고 전문 기마 전사로 전향한 엘리트 집단의 첫 번째 증거다.[56] 또다시 기후 변화가 유목민 사회에 특별한 영향을 미치는 중요한 원동력이 되었을 수 있다. 기원전 2000년경 몽골과 남부 시베리아 대초원에 춥고 건조한 시기가 찾아왔다. 이로 인해 유목민은 목초지를 찾아 더 넓은 지역을 이동해야 했다. 이런 상황에서 겨울의 추위에 적응한 말은 전차가 아니라 동물을 통제하는 데 적합한 수단이었을 뿐만 아니라, 포식자에게서 가축을 보호하는 데에도 적합했다. 따라서 무장한 채 무리를 보호하던 것이 활과 화살을 사용하는 특수한 기마 전투 형태로 발전했다. 말 자체가 무기가 되었고, 이는 집중적인 훈련이 필요했기 때문에 권력자의 새로운 상징으로 자리 잡았다.[57]

일부 집단이 방목지를 찾아 투바 지역으로 들어왔다. 그곳에는 기원전 1000년대 초에 습한 기후가 지배적이었고, 풍부한 영양분을 지닌 비옥한 토양이 존재했다. 이 모든 것이 그들을 이곳에 머물도록 했다. 인구는 빠르게 증가하고 부유해졌을 것이다. 왜냐하면 이를 통해서만 여러 세대에 걸쳐 '왕들의 계곡'에 세워진 100개 넘는 봉분을 설명할 수 있기 때문이다. 그러나 그중 앞에서 언급한 돌 받침대가 있는 고분은 4개뿐이었다. 그 고분들은 서쪽에서 동쪽으로 이어지는 축을 따라 각각 3~4킬로미터 떨어져 자리하고 있다. 이는 왕조의 형성 시기를 가리킨다. 아마도 투바에 묻힌 전사들은 기원전 2000년대에 원시아리아어 복합체에서 분리해 나온 고대 이란어 방언을 사용했을 것이다. 부유한 전사 엘리트들은 대단히 가치 있는 무기를 넘쳐날 만큼 생산했다. 그들은 말을 이용해 대규모 가축뿐만 아니라 우유크 계곡

너머의 넓은 지역을 통제하고, 희생 제사와 장례식을 위해 수많은 추종자와 권속을 모을 수 있었다.[58] 목조 구조물에만 약 6000그루의 나무와 최대 1만에 달하는 노동일, 한 달에 최대 300명의 노동력이 필요했다![59]

많은 말을 희생시킨 것은 인도아리아 문화에서 말이 얼마나 중요한 존재였는지를 상기시켜준다. 그러나 투바의 영주들은 기술적으로 복잡하고 값비싼 전차가 아닌 말을 전쟁 무기로 사용했기 때문에 구리 채굴이나 철광석 산출에 신경 쓸 필요가 적었다.[60] 화살과 승마에 적합한 복합궁(複合弓)을 사용한 새로운 양식의 기마 전투는 더욱더 빠르게 확산했다. 그와 함께 말의 장식에서처럼 (시베리아) 동물 양식이라고 불리는 특수한 형태의 조형 예술이 퍼져나갔다. 즐겨 사용된 모티브는 스텝 지대의 동물, 즉 말과 더불어 사슴, 숫양, 늑대, 곰 그리고 이런 것들로부터 조합한 상상의 동물이었다. 어떤 사람은 이를 그들이 선호한 사냥 동물이나 부족과 씨족의 상징으로 보기도 한다. 다른 사람들은 그걸 예술의 담지자와 후원자가 숭배할 만한 가치가 있다고 여기고 주문(呪文)을 통해 자신에게 심어주려 한 특성으로 보기도 한다. 돌 비석에는 샤먼의 활동이 기록되어 있다. 그리고 초기 철기 시대의 암벽화에는 허리띠에 '꼬리'를 매단 전사가 그려져 있기도 하다. 사슴, 곰, 늑대는 젊은 전사 무리가 선호한 상징이었다. 이들은 아킬레우스(Achilleus)와 《베다》 신화의 마루트처럼 빠른 속도와 힘 그리고 성적인 힘을 자랑했을 뿐만 아니라, 그에 더해 결혼한 전사의 세계로 넘어가기 전 술을 마셔 고조된 전투적 열광과 '늑대 광란'으로 공포를 퍼뜨렸다.[61]

그들의 지도자는 영웅적인 젊은 시절의 기억을 다음 세대에 전달하고, 이를 씨족의 표지로 삼았음이 분명하다. 이런 점에서 그들이 얼마나 성공적이었는지는 투바 문화의 무덤 구조가 동물 양식과 함께 퍼졌다는 사실만으로도 알 수 있다. 최대 10미터 높이의 봉분(쿠르간)이 만들어졌고, 이 중 많은 고분이 합쳐져 거대한 공동묘지를 형성했다. 마치 그 크기를 헤아릴 수 없을 정도로 확대하려 한 듯 인접한 방과 측면 통로를 갖춘 무덤들을 지하 16미터까지 건설했고, 무기와 음식 그리고 사치품(금 장신구, 카펫, 직물, 거울)으로 그 공간을 채웠다. 무덤의 물품 목록은 거의 모든 대제국과의 관계를 가리키는데, 아마도 동물 양식은 중국에서 영향을 받았을 것이다.[62]

실제로 기사 무리의 지도자들은 정착 이후에도 우월한 지위를 유지했다. 오로지 그들만이 말의 사육과 훈련 그리고 이와 관련한 장비를 담당했다. 덜 성공한 부족원들은 가축을 돌보고 땅을 경작하는 일을 맡았다. 그러나 다시 한번 말하지만, 모든 사람이 권력자의 하급 추종자 역할에 만족한 것은 아니었다. 그들은 이제 기마 전투를 위해 훈련된 말과 함께 자신의 길을 개척할 더 큰 기회를 얻었다.[63]

얼마 후 시베리아 남부의 기후 변화(토양 건조화)로 방목지가 다시 줄어들자, 불과 몇 세대 만에 지중해 지역의 그리스 식민지화와 비슷한 상황이 발생했다(133~143쪽 참조). 많은 전사와 그들의 가족이 정착지를 버리고 강줄기를 따라 남쪽으로 향했다. 새로운 목초지와 고기를 저장하는 데 필요한 소금뿐만 아니라, 군사적 전문화 과정에서 더는 충분한 양을 확보할 수 없었던 약탈물과 농경 자원도 그들을 유혹했다.[64] 그리하여 기원전 8세기에 기마 궁수 무리가 캅카스산맥을 넘어 아시리아와 리디아 왕국으로 밀려들었다. 현대의 자료에서는 이들을 키메리아족(Kimmeria) 또는 스키타이인(사카족(Saka))이라고 부른다. 그들 가운데 일부는 시리아까지 나아갔고, 우라르투(Urartu)를 파괴하는 데 관여했다. 몇 세기 후 히브리어 《성경》의 저자들은 이들의 습격을 신의 궁극적인 형벌이라고 설명했다(29~30쪽 참조). 전쟁과 전투를 위해 태어난 듯한 스텝 지대 기마병의 끔찍한 이미지는 그 이후 남부 도시의 집단적 기억에 지울 수 없이 각인되었다.[65]

당시의 신타슈타 전사들처럼 일부 지도자는 위협받는 왕국의 엘리트로 올라서서 자신의 지배권을 확립할 수 있었다. 아시리아 왕 아사르하돈(Asarhaddon)은 '스키타이의 우두머리'와 자신의 딸을 결혼시켜 그와 그 기병들을 자기 소유로 만들었다. 비슷한 정책을 약 500년 후 중국의 한나라가 흉노 기마병에게 적용했다. 말을 타고 활을 쏘는 기술은 용병들을 통해 이를 이용할 준비가 되어 있던 열강들의 군사 목록에 들어갔다(196쪽 참조).[66]

7 흑해의 스키타이 왕

기원전 7세기에 스키타이 집단이 흑해 북쪽 지역에 등장했다. 이 지역은 그들에게 이전에도 약탈한 적이 있는 익숙한 곳이었다. 상황은 아리아족이 편자브로 돌진할 때와 비슷했다. 기후는 건조하고 추운 남부 시베리아의 스텝 지대보다 훨씬 더 온화하고 습했다. 또한 이곳을 흐르는 강도 꽤 넓었다. (무덤 구조물과 복합궁을 만드는 데 필요한) 고품질 목재가 있는 숲은 훌륭한 방목지를 제공할 뿐만 아니라, 곡물 경작도 가능한 비옥한 평원과 인접해 있었다. 오늘날에도 우크라이나 곡물은 전 세계 소비량의 절반을 공급하고 있다.

그리고 또 다른 공통점도 있었다. 흑해 북쪽의 대평원에는 대제국이 없었다. 흑해 북쪽 해안에 형성되고 있던 그리스 식민지들은 경쟁상대가 아니었다. 그들은 내륙으로 더 확장하려고도 생각하지 않았다. 그리하여 인도 북부에서와 마찬가지로 유목민 전사 집단은 어느 정도 자유롭게 발전할 수 있었다. 스키타이인이 폰토스(Pontos) 북부에 정착했을 때도 일이 비슷하게 전개되었을까?

유감스럽게도 그들은 이에 관해 글로 된 아무런 증거도 남기지 않았다. 그렇지만 그리스 저자들은 암말의 젖을 짜는 북방 사람들에 대해 알고 있었다. 대담한 그리스인들은 스키타이인과 교역하기 위해 강을 거슬러 올라갔다. 그중에는 항구 도시 프로콘네소스(Prokonnesos) 출신의 아리스테아스(Aristeas)가 있었다. 그는 기원전 600년경 북쪽의 경이로운 세계와 그에 못지않게 경이로운 그 거주민에 관한, 지금은 몇 개의 단편만이 남아 있는 거대한 시가(詩歌)를 썼다. 그로부터 150년 후 북쪽 해안을 방문한 역사가 헤로도토스는 올비아(Olbia)에서 스키타이의 통역자들을 인터뷰했다. 그는 이때 얻은 정보를 스키타이인과 그들의 나라에 대한 장문의 글로 요약했고, 그것을 페르시아 전쟁에 대한 자신의 역사책에 부록으로 덧붙였다. 헤로도토스는 정보원들이 해주는 얘기 중 많은 걸 올바르게 이해하지 못했고, 현장에서 직접 눈으로 확인할 수도 없었다. 그는 종종 자신이 들은 내용을 그리스 세계와 남쪽 세계의 엄격한 대립으로 구성함으로써 자신의 부족한 지식을 보완하려 했다. 그럼에도 고고학 및 비교 역사 연구는 그의 설명이 본질적으로 정확하고 일관성이 있다는 걸 입증했다.[67]

헤로도토스를 따르면 '왕령 스키타이인'은 가장 고귀하고 수가 가장 많았다. 그들은 게로스〔Gerrhos, 크림반도에서 돈/타나이스(Don/Tanais)에 이르는 지역)〕 저편의 '왕의 땅'에 살았고, 다른 모든 스키타이인이 자신의 노예라고 주장했다.

이주 과정에서 가장 성공적인 족장들이 엘리트('가장 고귀한 자') 집단을 형성하고 왕조의 통치를 수립한 것으로 보인다. 많은 연구자는 그들을 아리아의 왕족과 동일시하기도 한다. 그들의 권력은 많은 피보호자와 가족 구성원을 기반으로 했다—그런 까닭에 '가장 많은'이라는 수식어가 붙었다.

모든 왕조와 마찬가지로 그들도 건국 이야기를 발전시켰다. 헤로도토스에 따르면 그 이야기는 다음과 같다. 신성한 시조 타르기타오스 (Targitaos)의 후계와 관련해 "하늘에서 황금 도구들, 즉 쟁기, 멍에, 전투 도끼 그리고 사발이 내려왔다". 나이 많은 두 아들이 다가오자, 그것들은 불타기 시작했다. 막내만이 그것들을 가지고 집으로 갈 수 있었다. 그리하여 그는 형들의 동의를 받아 스키타이인의 첫 번째 왕이 되었다.[68] 세 아들(리폭사이스, 아르폭사이스, 콜락사이스)의 이름에 있는 어미(-xais)는 왕을 뜻하는 이란어(xsaya)와 관련이 있으며, 이야기의 다른 요소들도 인도–이란의 전통을 반영한다.[69] 이어서 참된 통치자로 선택된 자만이 통과할 수 있는 '왕의 시험'을 묘사한다. '황금 도구'에서 활활 타오르는 불꽃은 왕에게 신적인 힘과 인정(카리스마)을 부여하는 천상의 기원(起源)을 나타낸다. 막내아들은 이 불을 무사히 받아들임으로써 왕 그리고 왕조의 창시자로서 정통성을 인정받는다.

눈에 띄는 것은 막내가 인정을 얻는다는 점이다. 동생들은 종종 상속 청구에 대해 동등한 권리를 갖지 못했기 때문이다. 놀랍게도 형들은 막내를 왕으로 받아들인다. 아마도 이 전설은 6세기에 (몽골의 흉노족처럼) 폰토스 북부의 스키타이인들 사이에 실제로 '세 왕의 협의회'가

기원전 800~기원전 200년경 폰토스 북부 지역의 스키타이인

현대의
인공호

사우로마티아인/
사르마티아인

타나이스강
(돈강)

왕령-스키타이인

타나이스

마이오티아인

히파니스강
(쿠반강)

노이

이오티스호
(아조프해)

리카파이온
해)

파나고래이아

타만

보스포루스해협
(케르치해협)

칼카스산맥

콜키아인

■ 스키티아의 요새
▰ 쿠르간
◉ 고대 도시
○ 현대 도시
스키타이 민족

있었다는 걸 설명하기 위한 것일 터이다. 헤로도토스는 스키타이의 통치권이 셋으로 분할되어 있었다고 이야기한다.[70] 막내가 중앙인 왕의 땅에서 전체적인 통치를 행사하고, 형들은 각 속주〔아르카이(archai)〕를 지배하며 하위 부대를 지휘한 것으로 추정된다.[71] 베다 시대 후기 쿠루 통치의 경우처럼 왕조의 구조도 이주 시대의 가족적 유대를 중시했다. 그렇다면 여기서도 인도에서와 유사한 사회적·정치적 위계화가 발생했을까?

이에 대해서는 건국 전설도 단서를 제공한다.[72] 추측건대 하늘에서 떨어진 전투 도끼는 왕 자신이 속한 전사 엘리트, 멍에는 말 사육자, 쟁기는 농부, 사발은 상인과 장인을 나타낸다. 동시에 하늘에서, 즉 신의 명령에 따라 도구가 내려온 순서도 집단과 그들 활동의 위계질서를 반영한다. 모든 유목 사회에서와 마찬가지로 전사가 가장 높은 지위를 차지하고, 상인과 장인이 더 낮은 지위를 가졌다. 그 사이에는 전사는 아니지만 (왕의?) 말을 사육하고 땅을 일구는 사람들이 있었다.

역사적으로 이러한 등급화는 인도에서처럼 지역적으로 구분할 수도 있다. 헤로도토스는 밭에서 일하며(‘농민 스키타이인’) 드네프르강 왼쪽 하류의 히파니스(Hypanis) 동쪽에 사는 스키타이인과 곡물을 스스로 소비하지 않고 판매하는 ‘상인 스키타이인’에 관해 이야기한다. 곡물 수출은 늦어도 기원전 6세기에 시작되었다. 그리고 상인도 농부도 아닌, “씨를 뿌리지도 쟁기질도 하지 않는” 스키타이인이 존재했다. 그들은 “순수한” 유목민이자 분명 가축 사육에 헌신했을 것이다.[73] 헤로도토스는 또한 ‘점쟁이’로 묘사할 수 있는 집단, 그중에서도 특히 이른바 ‘에나레에(Enaree, 스키타이의 양성 샤먼)’에 대해서도 알고 있었다. 이들은 아마도 다른 고대 이란 사회와 인도 북부의 사제들이 그랬던

것처럼 왕에게 직속된 샤먼이었을 것이다.[74]

그 밖에 인도의 수드라와도 유사점이 존재한다. 헤로도토스에 따르면, 스키타이의 영주들은 (28년이라는) 오랜 전쟁 후 돌아올 때, 젊은이들의 공격을 받았다. 그들은 노예와 스키타이 여성 사이에서 태어난 젊은이였다. 전투는 치열했지만, 결국 채찍을 사용한 스키타이 전사들이 승리했다. 그 후 노예들은 스키타이인이 전투에서 물리친 모든 사람과 마찬가지로 눈이 멀게 되었다.[75]

전쟁 영웅의 귀환, 아내의 정절에 대한 관심, 거의 잃어버렸던 걸 되찾는 것은 인도-유럽 영웅 서사시의 주제이며 이타카(Ithaka)에 대한 오디세우스의 복수전에서 불멸의 경지로 나아간다. 이것과 (노예들이 전쟁에 나간 남자의 아내와 통정하는 이야기 같은) 그 밖의 다른 그리스적 요소를 스키타이 이야기로부터 분리하면 익숙한 사실이 드러난다. '눈멂'은 스키타이의 관념에 따르면 '어둠'을 나타낸다. 그리스인은 스키타이인에 앞서 폰토스 북쪽의 키메리아족이 영원한 어둠 속에서 살았다고 주장했다.[76] 흔히 극북 지역을 지칭하는 것으로 해석되는 이 용어는—아리아족이 어두운 피부색의 다슈족(또는 다사족)과 자신을 구별한 것처럼—스키타이족에게 정복당한 이전 거주민들의 어두운 피부색을 비하하는 표현이다(58쪽 참조). 그들이 주인의 아내와 관계를 맺는 것은 처벌받아야 마땅한 치명적인 죄악이었다.

눈에 띄는 점은 적대자들 사이의 싸움에서 채찍만이 성공적인 것으로 입증된 데 반해, 활과 화살을 사용한 '고귀한' 싸움은 승리로 이어지지 않았다는 것이다.[77] 그 이유는 명확하다. 전설은 특히 싸움이 불명예스러운 접촉을 배제하지 않기 때문에 수치스러운 토착민에게 같은 등급의 전사 지위를 인정하려 하지 않는다. 스키타이인의 무기는 일반적으로 활과 화살이었지만 칼과 단검도 사용했다. 반면, 채찍은 왕의 무기이자 지위의 상징이었다. 채찍은 지배와 거리를 상징한다. 그것은 식사 규정에서도 드러났다. 신성한 성장력이 깃든 우유를 마실 때 '노예'는 일정한 거리를 유지해야 했고, 가장 저급한 우유만 먹었다.[78]

그리하여 전사들의 28년 부재는 이주 시대에 대한 암호였다. '노예'는 정복당한 원주민을 나타낸다. 헤로도토스에 따르면, 그들은 스키타이인에 대항해 방어벽을 쌓았다고 한다. 정복당한 그들은 수드라와 비슷한 지위를 차지했다. 비슷한 과정을 스파르타의 펠로폰네소스 정복에서도 추적할 수 있으며(126쪽 참조), 캅카스산맥의 스키타이 왕국에서도 원주민 농민 인구를 엄격히 분리했다. 폰토스 북부에서는 왕실 감독관 아래 농민을 통제했다. 감독관은 매년 가장 많은 적을 죽인 자들에게 혼합용 항아리에 담긴 포도주를 보상으로 주었다. 포도주의 양은 희생자의 수에 따라 증가했다. '적'〔스파르타의 헬로트(Helot)와 비교. 126쪽 참조〕은 아마도 포로로 잡힌 사람, 다시 말하면 '눈이 멀게 된' 정복당한 자들을 의미했을 것이다.[79]

스키타이의 왕들은 사회와 그 구성원 위에 '군림'했으며, 다른 지배 엘리트들과 마찬가지로 이를 분명히 표현했다. 사람들은 헤로도토스가 그의 책에 있는 부록 시작 부분에서 스키타이인이 농경 민족이 아니라 유목민이라고 하면서도, 몇 쪽 뒤에서는 땅을 경작하는 스키타이인에 대해 언급하는 걸 거듭해서 조롱했다. 사실, 그는 '순수한' 유목민으로 계속 살아야 한다는 왕실 엘리트들의 배타적인 주장을 모든 스키타이인에게 적용해 오해의 소지를 남겼다.[80] 오직 왕실 스키타이인만이 밭일을 하며 자기 손에 흙을 묻히지 않았다. 그들은 크샤트리아와 스파르타인이 전쟁 기술에 종사하고 다른 모든 걸 하위 계층에게 맡겼던 것처럼 기마 전투와 말 훈련에 전념했다.

더 나아가 인도의 라자와 스키타이 왕도 말을 군주 권력의 상징으로 돌보았다. 다만 헤로도토스에 따르면, 왕실 스키타이인은 '포세이돈'에게 희생 제물을 바쳤다. 포세이돈은 말을 상징하며 전차를 타고 있는 모습으로 그려진다.[81] 폰토스 식민지의 그리스인은 건국 전설에 앞서 스키타이 왕의 시험에 대해 알고 있었다. 그 전설에 따르면 헤라클레스는 한때 전차를 타고 그 땅에 들어섰지만 '신의 섭리'에 의해 말을 잃어버렸다고 한다.[82] 말을 잃어버렸다는 것은 이주 생활 방식의 포기를 상징적으로 나타낸다. 헤라클레스는 말을 찾아 헤매다 동물들의 여주인인 암컷 뱀을 만난다. 그녀는 헤라클레스에게 자신과 동침하면 말을 돌려주겠다고 약속한다. 이러한 결합은 기마 전사와 농민의 어머니인 여신 사이의 동맹을 상징한다. 이로부터 세 아들이 태어난다. 막내는 땅에 머물 수 있었는데, 왜냐하면 헤라클레스의 활을 당기고 황금 사발로 장식한 그의 허리띠를 착용할 수 있었기 때문이다. 그는 모든 스키타이인의 시조가 되었으며, 쿠루 왕과 비슷한 신적인 존재를 주장할 수 있었다. 활을 당기는 것은 인도-유럽 영웅들의 통치권을 시험하는 것이고, 금으로 장식한 허리띠는 전사 무리의 지도자가 지닌 신적인 힘의 원천이었다. 그러한 허리띠가 스키타이 왕릉에서 발견된다. 이는 헤로도토스가 전해주고 고고학적으로도 확인된 관습, 즉 가장 뛰어난 전사들 사이의 혈맹과 맞아떨어진다. 알타이 스키타이인의 왕릉에서 발견된 대마초 흡입은 아리아 전사들의 소마 음용을 떠오르게 한다.[83]

마지막으로 큰 비용이 들어가는 장례식 또한 스키타이 왕들이 정착 이후에도 스스로를 기마 전사의 정당한 지도자로 이해했다는 것과 기마 전투가 그들을 통치자로 특징지었다는 사실을 보여준다. 이에 관한 헤로도토스의 설명은 스키타이에 대한 부록에서 가장 신뢰할 만한 부분 가운데 하나다. 이는 유목민의 쿠르간을 통해 자세히 확인할 수 있다.[84] 어쨌든 그의 보고에 따르면, 왕의 시신이 전차에 실려 피정복 민족의 영토를 돌아다닌 후, 왕의 말들도 마부와 함께 묻혔다. 이것은 베다 시대 후기, 말 희생 제사의 일부인 라자의 기마행렬에 상응한다. 왕의 시신을 매장하고 1년 후에는 또 다른 가장 아름다운 말 50마리가 죽임을 당했다. 이때 내장을 걷어낸 말의 사체는 막대기로 구멍이 뚫린 채 봉분 주위에 놓았다.

숫자 50은 인도아리아 전사 집단의 구성원 수를 나타낸다. 헤로도토스의 이야기에 따르면, 말의 시신 위에 50구의 젊은 남성 시체가 놓여 있었는데, 이들은 죽음에 이르기까지 주군을 따르겠다고 맹세한 왕의 부하들이었을 것이다.[85] 후계자는 장례 의식을 반복함으로써 자신을 새로운 통치자로 정당화했다. 이 과정에서 왕들은 장례식 때 부르는 노래의 초점을 자기한테 맞추고—쿠루 왕조와 마찬가지로—'설화'에 대한 전반적인 편집을 시작했을 것이다. 건국 전설이 그 핵심이다.[86]

헤로도토스에 따르면, 연례 희생 의식에서도 전쟁의 신을 상징하는 '오래된 철제 스키타이 검'에 가축과 말을 바쳤다. 봉분에서는 이러한 검을 고고학적으로 확인할 수 있다. 그에 더해 전쟁 포로 100명당 한 명씩을 '도살'하고 그 시신의 오른쪽 어깨와 팔을 잘라 공중에 던졌다.[87] 이러한 행동은 적에게 사후의 굴욕을 주고, (오른팔로 상징되는) 그의 힘을 승리자에게 전달하기 위한 것이다. 동시에 전사 집단의 잠재적 폭력성을 완화하기 위한 의식이기도 했다(100명당 한 명!). 이는 의례적 위계를 구축함으로써 야심가들의 폭력적 성향을 억제하려는 쿠루족의 노력과 흡사했다(53~55쪽 참조).

8 대기업가 유목민 왕

스키타이 왕들의 통치도 이렇게 의식과 위계질서에 얽매여 있었다. 하지만 그들은 사제들의 영향력을 허용 가능한 만큼 제한하고, 자기 추종자들에게 보상을 주고, 중요한 가문의 충성을 확보하는 데 성공했다. 이를 위해 불확실한 약탈물 대신 피정복민과 농민 집단의 공물인 정기적인 현물을 이용했다. 동시에 자기 지역의 자연 자원을 개발하고 상품 생산과 수공업 활동의 전문화를 촉진하기 시작했다.

그들은 여러 생태계와 오랜 기간 접촉해온 능력 덕분에 이득을 얻었을 뿐만 아니라 농부, 장인, 반유목민 집단이 뒤섞인 인구와 그리스화한 이주민을 지배할 수 있었다. 각 집단은 스키타이 왕들의 영토 내 강과 교역로를 따라 유통되는 방대한 상품과 기술의 흐름에 기여할 수 있었다. 아울러 무역상에게 관세를 요구하고 폴리스한테는 안보에 대한 대가로 공물을 강요함으로써 재정을 확보할 수 있었다. 그러나 각 집단에는 특수한 필수품도 있었다. 예컨대 그리스인은 곡물, 양모, 건어물, 우랄산맥의 귀금속과 노예를 획득했고 왕들에게 지중해의 '사치품', 특히 포도주를 조달했다.[88]

이렇게 스키타이 왕들은 새로운 역할을 맡기에 이르렀다. 그들은 전사의 지도자이자 집단의 주인으로서뿐만 아니라, 자신의 요구를 강조하기 위해 기마 전사의 명성을 언제든지 이용할 수 있는 생산자이자

도매상으로서 자신의 위치를 확인했다. 이를 위해서는 거점이 필요했다. 실제로 스키타이의 영주들은—헤로도토스의 판단과 달리[89]—고고학적으로 증명된 100개 이상의 정착지와 장벽 요새를 지배하고 있었다. 그것들은 대부분 드네프르강 중류 왼쪽 강변에 있는 카멘스코예(Kamenskoe) 요새처럼 전략적 요충지에 있었다.

드네프르강과 그 지류 그리고 소금 호수와 여러 개의 성벽 및 해자의 보호를 받는 정착 지역은 약 12제곱킬로미터에 달했다. 내부 한쪽 가장자리에는 햇볕에 구운 벽돌로 그리스 건축 양식에 따라 만든 성벽으로 둘러싸인 더 높은 지역이 두드러졌다. 여기서는 붉은색 그림이 그려진 많은 도자기와 포도주 암포라(amphora: 손잡이가 2개 달린 항아리—옮긴이)가 출토되었다.[90] 추정컨대 스키타이 영주는 성벽에서 금속을 생산 및 가공하는 복합 건물을 비롯해 여러 구조물을 감독했을 것이다. 철 생산에 사용된 면적만 900헥타르에 달했다. 그 원료는 분명히 60킬로미터 떨어진 크리보이로그(Krivoj Rog) 광산에서 가져왔을 테고, 정착지에서 제련한 후 원하는 최종 생산물, 예컨대 주로 무기·갑옷·말갖춤 등을 만들었을 것이다. 다른 전문가들은 구리·납·아연을 가공하고, 금은(金銀) 세공인도 함께 일했을 것이다. 요컨대 왕은 풍부한 철광석 산지와 (제련에 필요한) 목재의 근접성을 활용해 복합 금속 가공 단지를 설립했다. 최종 생산물은 왕과 그 추종자들의 필요를 충족했고, 일부는 가까운 그리스의 폴리스들, 특히 올비아로 수출했다.

비슷한 요새들이 교역 중심지와 강변 회랑에도 있었다. 정치권력, 기술 전문성, 경제적 계산은 기마 전사들을 성공적인 기업가로 만들어냈다. 그들의 영향력이 얼마나 멀리 미쳤는지는 헤로도토스가 묘사한 겔로노스(Gelonos) 요새가 잘 보여준다. 그것은 왕령 스키타이 정착지 외곽의 삼림 스텝 지대에 있는 드네프르강의 지류 가운데 하나, 곧 보르스클라(Vorskla)강에 인접해 있던 벨스크(Bel'sk) 요새를 가리킬 가능성이 높다.[91] 강물에서 60미터 높은 고원에 세워진 이 정착지는 약 4000헥타르의 총면적에 성벽의 길이는 5킬로미터가 넘었다고 전해진다. 그리고 34킬로미터에 달하는 성의 외벽이 (6세기에 하나로 통합된) 2개의 요새를 둘러싸고 있었다.

왕들은 이러한 요새를 통해 주변 지역을 통제했다. 정착지 내부에서는 무기와 말갖춤을 제작하고 곡물을 저장했다. 광물과 금속은 아마도 우랄과 극동, 투바, 미누신스크(Minusinsk) 분지의 광산에서 공급했을 것이다. 겔로노스는 생산 중심지이자 시장 중심지였다. 헤로도토스에 따르면, 이곳에는 스키타이어를 말하는 그리스인들도 거주했다.[92] 특히 겔로노스는 훨씬 더 광범위한 생산 중심지 내에서 **하나의** 거점에 불과했기 때문에, 통치자들은 이러한 방식으로 관세와 세금을 통해 막대한 이익을 얻었을 것이다. 이러한 점은 기마 전사로서 자기 정체성을 잊지 않았던 엘리트들의 부(富)를 설명해준다. 동물 양식과 희생 제식 및 망자 숭배와 더불어 귀족적인 생활 기예(사냥, 말 사육, 대마초 소비)는 전사들의 영웅시대에 대한 기억을 생생하게 유지했다. 이것이 그들의 통치가 인정받은 이유 중 하나다.

9 헝가리 평원에서 몽골까지의 요새 영주들

폰토스 북부에서 일어난 일은 다른 자연적 도전에 직면한 지역들에서 유사한 발전의 청사진 역할을 했다. 대표적인 예가 아랄해 남쪽 지역인데, 청동기 시대에 이미 아무다리야강 양안에서 옥수스 문명이 발전했던 곳이다(41~44쪽 참조). 고고학자들은 이 강의 삼각주에서 일련의 요새를 발견했는데, 기원전 7세기부터 주변 지역으로 접근할 수 있는 광범위한 운하가 있었다. 거의 모든 요새는 유사한 패턴의 직사각형 모양에 정교한 방어 시스템을 갖추고 있었다. 기원전 3세기 초에 세워진 악차칸칼라(Akchakhankala)의 가장 큰 요새는 다진 흙과 찰흙 벽돌로 만든 이중벽 주변에 궁수(弓手)를 위한 회랑이 있었다. 총면적은 42.6헥타르에 달했다. 북서쪽 모퉁이에는 12.4헥타르 면적의 높은 요새 구역이 있었는데, 마찬가지로 10~12미터 높이의 성벽과 중앙 통로, 궁수를 위한 2층 구조물과 흉벽을 갖추고 있었다. 출입은 남쪽, 서쪽, 동쪽의 중앙에 있는 3개의 웅장한 문을 통해 이루어졌다.

이 요새는 분명 유목민 엘리트도 사용했을 것이다. 찰흙 벽돌에는 부족의 상징인 이른바 탐가(tamga) 표시가 되어 있었다. 내부의 구조물에서는 구상적인 이미지와 초상화를 전시한 화랑이 발견되었다. 그림에 쓰인 텍스트에는 왕의 이름도 적혀 있었다. 그리고 말, 낙타 또는 다른 큰 가축에 올라탄 사람들의 행렬을 그린 그림도 있었다. 인물들의 머리 모양, 머리띠, 새의 형상을 본뜬 머리 장식은 알타이에서 발굴된 스키타이 무덤의 유물과 유사했다. 이란에서 유래한 것으로 보이는 꽃 장식도 있었다.[93] 중앙 안마당에는 화덕과 재로 채워진 쇠가죽 모양의 얕은 구덩이가 있었다. 이는 요새 북쪽의 쿠르간 인근에 있는 유목민의 제단과 비슷했다. 예를 들어, 자라프샨 계곡의 북쪽 산기슭에 있는 콕테페(Koktepe) 같은 요새에서는 정화 의식을 수행했던 것으로 보인다. 이런 의례는 아마도 왕실의 지시에 따라 이뤄졌을 것이다.[94]

고고학적 발굴엔 여전히 결함이 있긴 하지만, 관찰자는 지금으로부터 2700년 전 아랄해 남부에서 무슨 일이 벌어지고 있었는지 짐작할 수 있다. 유목민 영주들은 이곳에서 활동하며 토지와 그 거주민의 생태계에서 최대한의 이익을 끌어내려 했고, 그 과정에서 특수한 방식으로 통치자로서 입지를 다졌다. 이를 위해 그들은 한 장소에 영구적으로 거주할 필요가 없었다. 대부분의 유적지에서도 사람들이 지속적으로 거주하지 않은 것으로 나타났다. 의식을 거행하는 거주지 아래쪽의 넓은 지역은 개발되지 않은 채 남아 있었다. 주거용 건물, 작업장 또는 도로가 있었다는 증거도 없다. 외곽에는 농장들이 여기저기 흩어져 있었다. 이곳의 사회는 더 큰 정착지를 형성하는 데 전혀 관심이 없었던 게 분명하다. 그 대신 그들은 계절에 따라 가축 방목, 농경, 원예 그리고 금속과 도자기 생산에 가장 유리한 환경을 찾아 말과 낙타, 수레와 배를 타고 삼각주를 따라 이동했다. 이러한 혼합 경제는 자연적 위험을 완화하고 자연이 제공하는 것을 최대한 활용하기 위해 의도한 게 확실하다.[95]

이는 정주 생활과 유목 이동 사이의 모순이 얼마나 해소되고 유연한 삶의 모델에 자리를 내주었는지를 다시 한번 보여준다. 서로 다른 수입원과 식량원을 가진 여러 사회 및 민족 집단이 협력하는 경우가 많았다. 아무다리야강 하류 유역에서는 계절에 따라 산비탈과 계곡을 이용하는 유목민이 충적토에 물을 대는 마을 정착민, 그리고 산기슭에서 습지 농업을 하는 농부들과 함께 살았다. 협력을 위해서는 항상 활동을 조율할 중심이 필요했다. 공물 요구는 주민들이 삼각주 지역의 자원을 최대한 많이 착취하도록 부추겼다. 그 대가로 기마 엘리트들은 군사적 보호와 피난처뿐만 아니라 교환 장소도 제공했다. 통치자 구역 아래쪽에 있는 공터는 가축을 받아들이는 피난용 요새 역할을 했을 것이다.[96] 요새의 영주는 많은 주민을 끌어들이고 조밀하게 건설한 주거 도시를 개발할 의도가 없었다. 왜냐하면 그처럼 취약한 생태 환경에서는 도시 개발에 너무나 많은 자원이 필요했기 때문이다. 오히려 통치자에게는 주변 지역에 과도한 부담을 주지 않으면서 자신의 지배력을 과시할 거점이 필요했다. 계절에 따라 종교 축제를 기념하고, 공물을 받고, 경제 활동을 통제하기 위해 이곳을 찾는 것만으로도 통치권을 확보하기에 충분했다.

이는 1000년이 넘는 기간 동안 헝가리 평원에서 몽골까지, 아랄해의 시르다리야(Syr-Darya) 삼각주 유역부터 이란고원의 북쪽, 서쪽, 동쪽 가장자리에 이르기까지 유라시아 전역에 걸쳐 퍼져 있던 유사한 구조물들을 이해하는 열쇠다. 기예나 무기 기술 같은 다른 분야에서와 마찬가지로, 유목민의 전통을 스텝 지대 변방과 중간 지대에 적합한 통치 모델로 전환하는 데 도움을 준 광범위한 경험과 정보 교환이 있었을 것이다. 종종 빠르게 건설된 이런 요새에는 우리에게 이름이 알려지지 않은 인구 집단뿐만 아니라, 스키타이인처럼 여러 요새를 더 큰 집합체로 통합한 몽골의 흉노족이나 이란의 메디아인 같은 집단도 거주했다. 말은 항상 엘리트와 그들의 군사적 지배력을 상징했다. 하지만 요새 또는 요새 군집은 언제나 부와 기술 지식이 집중되는 경제 중심지이기도 했다.[97] 스키타이 왕들은 알타이와 시베리아 남부의 풍부한 금에 접근할 수 있었다. 아랄해 남쪽의 영주들은 시베리아의 광물을 이용할 수 있었다. 그리고 흉노족은 몽골 고비사막 주변의 광산에서 구리, 금, 은, 철을 채굴했다.[98] 기원전 6세기에 캅카스산맥을 거쳐 이란고원으로 이주한 메디아 기마 전사들은 자신의 거주지부터 서부 이란고원 대부분 지역과 동에서 서로 이어지는 교역로, 그리고 자그로스의 광물까지 통제했다.

　이 모든 것은 날고기를 먹고 농부들을 습격하며 그들의 가축을 약탈하고, 단순한 수레를 이용해 이리저리 돌아다니며 천막에서 지내는ー원시적 유목민이라는 친숙하지만 농경 사회에 의해 폭넓게 왜곡된ー이미지와는 거의 관련이 없다. 물론 그러한 이미지도 존재했지만, 그것은 특수한 시대와 특정한 집단이 수행한 유목민 사회의 여러 역할 중 **하나**일 뿐이다. 불안을 자아내는 무시무시한 공격의 배후에는 언제나 강력한 요새를 구축하고, 천연자원을 채굴하고, 문자적 소통 없이도 경제적·통치적 권력을 조직하는 능력이 있었다. 어느 쪽으로든 **빠르게** 역할을 전환하는 것은 유목민의 성공 비결 가운데 하나다. 계절적 지속성과 결합한 이동성은 약점이 아니라, 변화에 유연하게 대응하고 유목 생활의 가장 훌륭한 전통을 결합한 강점이다.

10 동요하는 산악 유목민: 히브리인

이 모든 것은 특히 스텝 지대와 그 훨씬 남쪽의 산악 및 고원과 접촉하는 지대에도 적용된다. 인도 북부에서는 유목민의 이동과 농경 생활 방식의 결합으로 마을-도시 문화가 형성되었다(165~167쪽 참조). 이 문화는 이동성이라는 자신의 뿌리를 벗어던졌지만, 여전히 지역적 가축 사육에 굳건히 뿌리를 내렸다. 비슷한 혼합 형태를 유라시아 세계 전역, 특히 바닷가나 사막 인근의 남쪽 산악 및 구릉 지대, 그리고 좀 더 큰 강의 계곡 문화에서 발견할 수 있다. 대표적인 예가 오늘날의 이라크에서 시리아 북부를 가로질러 레반트 남부까지 사막과 산악 지대를 따라 뻗어 있는—자연의 축복을 받은—이른바 비옥한 초승달 지역이다.

주변 지역에서는 이미 청동기 시대에 멀리 북방에서 그랬던 것처럼 부족 영주들이 요새화한 중심지에서 목축 집단과 정주 농경 공동체를 통제했다. 그에 반해 메소포타미아는 역사적 기억에서 거대한 신전, 화려한 궁전 그리고 대도시로 각인되어 있는 듯하다. 스텝 지대와 달리 이곳에서는 밀집한 인구, 정교한 하천 정비 조치, (인구 조사를 통한) 군사력 등록, 다른 통치자들과의 소통으로 인한 기록 형태의 행정과 문서가 생겨났다.[99]

그렇지만 근동의 도시 왕들은—스텝 지대의 족장들과 달리—가족 간 결속과 후원자 관계에 의존하는 세습적 통치자였고, 지금도 그렇다.[100] 이는 스텝 지대의 영주들과 다를 바 없었다. 메디아 왕조의 권력이 그들만의 이해에 따라 부(富), 가족 관계 그리고 군사적 성공의 카리스마에 기반했다면, 더 남쪽의 도시 영주들도 마찬가지였다.[101] 또한 그들은 왕조 교체기의 악명 높은 권력 투쟁은 말할 것도 없고, 모든 가족 구성원을 적절한 자리에 앉힐 수 없다는 사실과도 싸워야 했다. 패배한 자들은 자신의 통치권에 대한 요구를 관철하기 위해 멀리 떨어진 곳에서 자기를 증명해야만 했다. 왕실 엘리트의 어린 아들들은 종종 우방의 궁정에서 '켈툼(keltum)'이라는 이름으로 기회를 기다리거나, 힘과 보상을 약속하는 신의 축복을 찾기 위해 '사막'으로 여행을 떠났다. 인도-유럽의 설화에는 왕의 아들들이 들판으로 도망했다가 동물이나 미개인의 도움을 받아 권력을 되찾는 이야기가 자주 등장한다.[102] 마찬가지로 말 역시 성공의 개척자이자 상징으로서 중요한 역

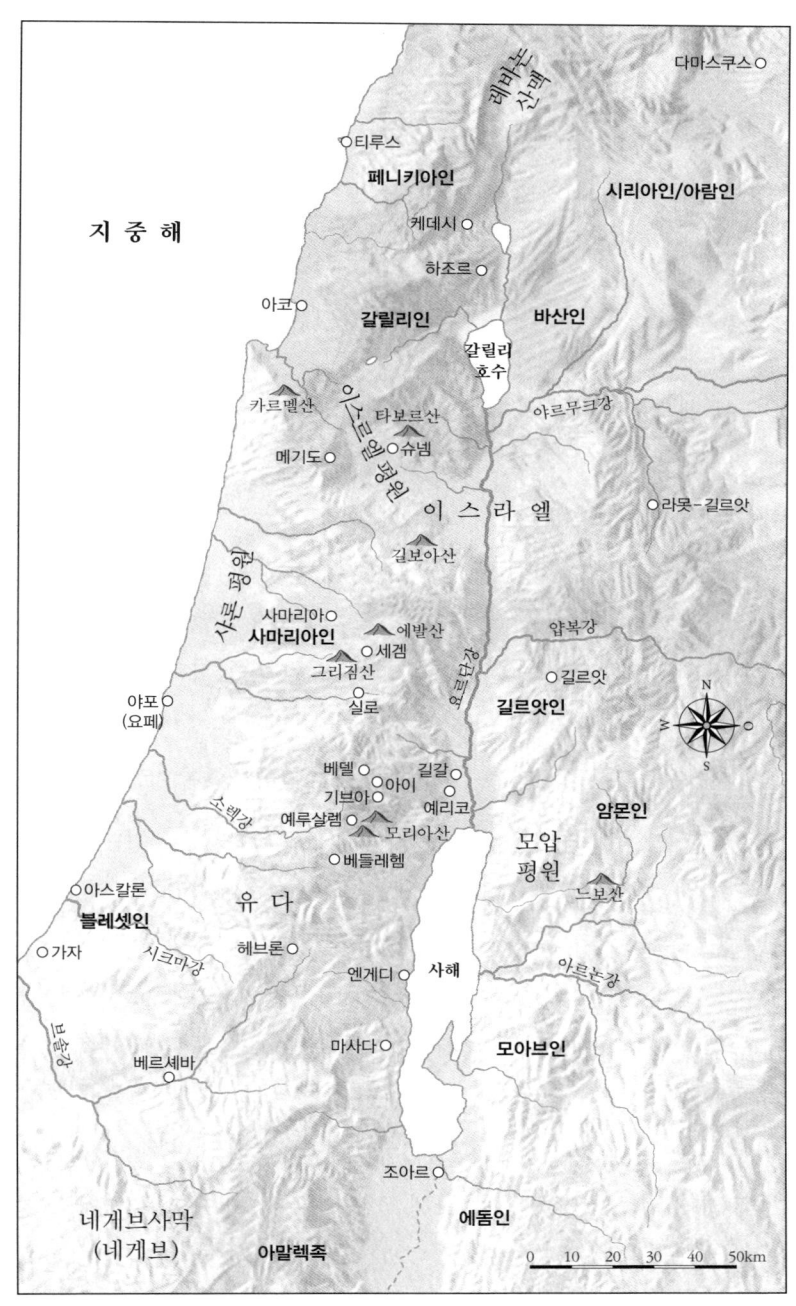

기원전 1000~기원전 100년경 팔레스타인의 히브리인과 아랍 부족들

할을 했다. 기원전 15세기에 망명했다가 시리아 지역에 있는 작은 왕국의 통치권을 쟁취한 이드리미(Idrimi)는 '자신의 말'을 열렬히 찬양한다. "내가 사막에 들어와 유목민 무리와 살며 대초원의 바위투성이 노두 아래에서 밤을 지새울 때 나의 말, 나의 갑옷, 나의 아내여!"[103]

조력자들은 빠르게 찾아낼 수 있었다. 스텝 지대에서와 마찬가지로 산악 지역과 사막 변두리에는 불만을 품은 무법자들이 상인을 괴롭히고 마을과 도시를 습격하거나 용병으로 고용되었다. 그들은 항상—자신들이 메시아라고 부르는—지도자가 쿠데타를 일으켜주길, 다시 말해 멸시받는 세상에서 자신들을 영광스러운 통치로 이끌어주길 간절히 바랐다. 이러한 기대는 권력을 되찾거나 새로운 권력을 수립한다는 본래 목표를 전혀 놓치지 않으면서도 영웅적이고 영구적인 이주라는 느낌을 불러일으켰다. 사료에서는 이들을 하비루(Habiru)라고 부른다. 아마도 이로부터 고대의 가장 수수께끼 같은 민족 가운데 하나인 히브리인이라는 집합 명사가 파생했을 것이다.[104]

히브리인은 남서쪽으로는 오늘날의 가자 지구, 동쪽으로는 시리아 사막, 남쪽으로는 시나이산에서 네게브사막, 북쪽으로는 지금의 요르단 사이에 펼쳐진 팔레스타인 땅에서 살았다. 요르단강의 계곡과 거기에서 서쪽과 남쪽으로 산악 지대가 가로지르는 지역이다. 이 지역은 동쪽(트란스요르단)과 서쪽으로 반건조 초원 지대와 접해 있다. 북쪽과 서쪽의 강우량이 남쪽보다 많지만, 지역 전체적으로는 생태학적 중간 지대를 형성한다. 토양 품질이 중간 이하로 낮은 경작지가 몇 곳 있고, 수확량은 이집트나 메소포타미아보다 현저히 낮다. 메소포타미아가 위기와 기근이 닥쳤을 때 팔레스타인 사람들의 피난처가 된 것은 우연이 아니다. 더 큰 정착지와 도시는 해안과 적당한 크기의 하천이 있는 동쪽 언덕, 더 나아가 요르단강 북쪽의 지중해와 산맥으로 분리되지 않은 유일한 곳, 즉 이스르엘(Jesreel) 평원과 요르단강 중하류 계곡에 집중되어 있었다.

북에서 남으로 이어지는 갈릴리, 사마리아, 에브라임, 유다의 산악 지역은 소규모 가축 사육자와 양치기들이 거주하는 고립된 세계였다. 이들은 여름에는 산등성이를 방목지로 이용하고, 겨울에는 작은 밭을 경작해 가축을 계곡과 사막 가장자리로 이끌었다. 양치기와 농부들은 종종 같은 가문 출신으로 작은 야영지와 마을에서 살았다. 이처럼 밀접하게 연관된 목축과 농업을 '이형(dual-form)' 생활 방식이라고 한다. 이는 권력 정치의 큰 도약을 허용하지 않고, 어떤 호황을 예고할 만한 부(富)도 없었다.[105]

그렇지만 몇몇 가문은 틀림없이―그 방법이나 이유는 알 수 없지만―마을 씨족들의 지도자 역할을 맡는 데 성공했다. 아마도 그들은 팔레스타인까지 진출한 아리아 전사 엘리트들의 도움을 받았을 것이다(48쪽 참조). 초기에 히브리인의 사회 구조는 미탄니 왕의 궁전 기록 보관소에서 나온 결혼 및 입양 관련 정보와 일정한 유사성을 보여준다.[106] 이집트인도 유다 산악 지대를 일시적으로 자신들의 영향권 아래 두었다. 이집트의 아르마나(Armana) 총리대신이 보낸 편지에서는 하비루 외에 예루살렘의 '도시 제후' 압두-헤바(Abdu-Heba)를 언급하고 있는데, 그는 14세기에 경쟁자인 북쪽의 세겜(Shechem)과 게셀(Gezer)의 도시 영주들과 싸워줄 군사를 파라오에게 요청하기도 했다.

작은 신전과 족장들이 살던 집 몇 채가 있는 예루살렘의 거주지는 당시 아주 보잘것없었다. 스텝 지대 유목민의 정착지와 마찬가지로 진짜 도시가 아니라, 무엇보다도 전략적·상업적으로 유리한 위치에 있는 요새였다. 그럼에도 이는 산악 유목민의 세계에서조차 한 곳에 정착한 권력을 형성하고 영향력을 행사할 수 있었음을 보여준다. '예루살렘 영주'의 세력권은 베델에서 남쪽의 베르셰바(Beersheba) 계곡에 이르기까지, 그리고 동쪽의 유다사막을 거쳐 셰팔라(Schefala) 구릉에 이르기까지 뻗어 있었다. 아마도 압두-헤바는 토착 주민의 '지배층'으로 자리 잡은 후르리족 출신이었을 것이다. 일부 증거는 예루살렘 도시 왕권의 확립과 함께 인도아리아 기마 전사의 종교적 요소가 팔레스타인 산악 지대로 유입되었음을 말해준다(48쪽 참조).[107]

북방에서 온 영주들은 마을의 원로이자 큰 양 떼의 소유자라는 지위에 만족하지 않고 하비루의 지도자로서 지역의 불안을 조장하거나 더 큰 이익을 위해 싸우려는 일부 남성들의 야심을 부추겼을 수도 있다. 하지만 이러한 과정을 강요한 것은 일차적으로 기후 변화가 아니었다. 이번엔 권력과 정치적 상황이 문제였다. 이것이 근동 지역 전체에 영향을 미쳤는데, 대체로 기원전 2000년대 후반의 '청동기 시대 위기'와 관련이 있다. 이런 위기는 지중해에서 유입된 이동 집단에 의해 촉발되었는데, 처음에는 용병과 해적, 그리고 나중에는 그 가족이 함께 들어왔다. 이들은 특히 해안 지역의 대제국과 도시 국가를 괴롭히고 그들의 몰락에 일조했다. 오직 이집트만이 버텨낼 수 있었다.

궁전의 몰락과 해안 도시에 대한 압력은 새로운 열린 공간을 만들어냈다. 이런 공간의 출현은 시간적으로 근동 지역에서 낙타와 말이 가축화한 것과 일치했다. 그것은 메소포타미아 남부와 북동부의 유목민 문화에 유리했고, 지중해 동부 해안의 도시 인간 집단을 동쪽의 구릉과 산악 지대로 밀어붙였다.[108] 그들은 유다 지역에서도 마을 연합이 더 큰 공동체로 응집되는 데 크게 기여했다. 아울러 마을을 천막촌 방식에 따라 고리 모양으로 요새화하고, 이전에 작은 마을들이 있던 지역으로 밀고 들어갔다. 그들은 그리 큰 잉여물을 얻지는 못했지만 계단식 농업, 포도원, 올리브유 생산, 가축 사육에 종사했다. 고지대에서는 염소를 방목했는데, 양을 키우지 않아 직물 생산에 어려움을 겪었다. 그리고 돼지를 기르기에는 곡물이 충분하지 않았다.

더 큰 마을 공동체는 가장들로 이뤄진 평의회가 이끌었고, 아주 부유한 사람들은 지역 경계를 넘어 외부와 접촉했다. 그들은 대부분 마을 외부에서 배우자를 찾았다. 이로부터 씨족, 혈족, 대가족이 생겨났다. 몇몇 무리는 자신들을 일반적으로 공통된 허구적 조상이나 시조(始祖)로 소급되는 부족에 소속되어 있다고 여겼다. 예를 들어, 스스로를 야곱의 아들이라고 부르거나 베냐민('남방의 아들'), 에브라임('번성하는 땅')같이 자신이 거주하는 지역에서 이름을 끌어냈다. 각 부족은 자기 고유의 신을 믿었다. 헤브론과 예루살렘 사이에 살던 부족은 대체로 아라비아 북서부 또는 트란스요르단에서 이주해온 폭풍과 전쟁의 신 야훼를 숭배했고, 처음에는 그 아내 아세라도 섬겼다.[109]

인구 증가에도 불구하고 세계는 여전히 잠재적인 에너지를 분출할 방법을 모색하는 분열된 상태였다. 초지역적 통치나 병역 의무 및 강제 징집도 없었다. 블레셋이나 남쪽과 동쪽 유목민의 공격을 막아야 할 때면 원로들의 주도로 제한적이고 소박한 전투 공동체(에브라임은 2000명, 베냐민은 1000명의 전사를 제공했다고 전해진다)를 형성한 지역 씨족과 부족 집단이 있었을 뿐이다. 아마도 이러한 전투 공동체 중 하나가 '이스라엘' 또는 '야훼의 백성'이라고 불렸을 것이며, 이는 전쟁에서 지도자로서 야훼의 역할을 강조한 것이었다. 싸움터에서 존재감을 드러내고 적에게 깊은 인상을 남기기 위해 그들은 일종의 군기(軍旗)로서

신의 형상을 지닌 상자, 이른바 '궤'를 가지고 다녔다.[110]

물론 히브리인의 회상에서, 야훼는 상황에 따라 동원할 수 있는 전쟁의 신 그 이상이었다. 언약궤는 기원전 8세기 또는 기원전 7세기에 히브리 제사장들에 의해 형성된 신화를 상징했다. 그 신화에 따르면 야훼는 이집트의 노예살이에서 해방된 백성에게 그들의 조상 아브라함이 양 떼를 이끌고 여행했던 가나안 땅으로 돌려보내겠다고 약속했다. 사막을 행진하는 동안 시나이산에서 쌍방의 의무를 담은 언약이 맺어졌다. 여기서 야훼는 승리의 귀환을 보장하는 후원자이자 보증자가 되었고, 유목민 전사 집단도 카리스마 넘치는 신성한 지도자에게 복종했다. 이 지도자는 최고의 권위를 지녔고, 그래서 이스라엘 백성도 야훼가 제공하는 보호의 대가로 그의 계명('율법')에 순종해야 했다.

'이스라엘'은 이집트 문헌에서, 팔레스타인 남부에 거주하는 한 집단을 지칭하는 것으로 나온다. 그 집단은 아마도 청동기 시대 후기에 세겜 주변 산악 지대에 정착한 인구의 일부일 텐데, 이것이 훗날 《성경》의 '땅 정복'으로 재해석되었다. 이들이 원래 이집트를 오갔는지는 확실하지 않다. 청동기 시대부터 나일강 유역에는 더 나은 임금과 안정적인 식량을 바라는 팔레스타인 산악 지대의 주민들이 용병이나 건설 노동자로 끊임없이 유입되었다. 그중 일부는 파라오 군대의 전쟁 포로와 노동자로서 '부역'을 수행해야만 했고, 출신과 언어 때문에 아마도 하나의 민족 집단(이스라엘)으로 여겨졌을 테고,[111] 그 가운데 일부가 귀환에 성공해 세겜 인근의 '이스라엘 집단'과 섞였을 것으로 추정된다. 다른 사람들은 전사 집단과 힘을 합쳐 하비루를 형성했다. 그들은 비를 내리는 뇌우의 신이자 승리를 약속하는―전쟁의 신 '아그니'로서―인드라가 자신의 전차를 타고 아리아족이 인도 북부로 진격할 때 그들을 도왔던 것과 마찬가지로 야훼에게서 사막(＝스텝 지대)을 가로지르는 길에서 불기둥처럼 그들을 앞서 인도한 수호신을 발견했을 것이다(51쪽 참조). 야훼는 **홀로** 이집트와의 전쟁을 이끌었으며, 전차를 타고 자기의 우주와 지상의 적을 물리친 '전쟁 영웅'으로 칭송받았다.[112] 이러한 역할과 관련해 하비루의 지도자로서 그는 인드라처럼 신적인 동반자가 없는 외톨이였다. 그는 밭의 생산력을 보장하기 위해 가나안에서 여신이 필요할 때 비로소 동반자를 얻는다.〔헤라클레스도 낯선 스키타이인의 땅에서 토착 뱀 여신을 임신시킨다(71쪽 참조)〕. 이는 결혼하지 않은 남성들로 구성된 전사 집단이나 식민지 지도자들이 낯선 지역의 토착 왕조에 진출해 자신의 무리에게 장기적이고 영구적인 안전을 제공하고자 할 대야 비로소 그곳 여성하고 결혼했던 것과 유사하다. 일반적으로 토착민은 이런 합의를 통해 이득을 볼 수 있을 때 이를 받아들였다. 따라서 이동하는 전사 지도자들의 부상에 매우 중요했던 "성적 환대"[113]는 그들의 여정을 뒷받침해준 신에게도 적용되었다(44쪽 참조).

전사 집단이 스스로를 증명하고 낯선 땅의 정복이라는 목표를 달성하자 언제나 그렇듯 이동하는 생활 방식에서 고정된 생활 방식으로의 이행이 이뤄졌다. 이 과정에서 통치 체계를 어떻게 조직할 것인가 하는 문제가 제기되었다. 우리는 인도의 아리아족 사례에서 라자가 좀더 넓은 영토의 통치자로서 자리 잡기까지 얼마나 오랜 시간이 필요했으며, 그렇게 하는 데서 브라만이 어떤 역할을 했는지 살펴봤다(50~54쪽 참조). 히브리어 《성경》은 비슷한 모델을 제공한다. 우선 카리스마 넘치는 지도자(판관)—아리아 가문 씨족의 족장에 해당—들은 이스라엘 자손이 야훼에 대한 배타적 숭배를 지키지 않을 때 발생한 혼돈을 다스리려 시도한다. 인도 북부의 아리아 이주자들도 비슷한 '유혹'에 노출되었는데, 이때 브라만들은 순결 계명과 '검둥이'에 대한 민족적 거리 두기로 대응했다. 지속되는 위기에 깨달음을 얻은 히브리인은 마침내 왕을 원했다. "이스라엘 백성은 모든 이방 나라들처럼 되고자 했다. '우리도 모든 이방 나라들처럼, 우리의 왕이 우리를 다스리며, 그 왕이 우리를 이끌고 나아가, 전쟁에서 싸워야 할 것입니다.'"[114] 야훼는 그들의 소원을 들어주기로 하고, 카리스마 넘치는 제사장이자 기적을 일으키는 선지자 사무엘한테 베냐민 지파의 사울에게 왕의 기름을 부을 것을 허락한다. 기름 부음은 사울이 겪어야 했던 제의적 증명의 긴 여정 끝에 이루어진다. 요컨대 최초의 왕 후보자는 목표에 도달할 때까지—라자와 비슷하지만 그만큼 정교하지는 않은— 일련의 의식 행위를 통해 자신의 길을 간다. 무엇보다도 달아난 당나귀들(헤라클레스도 스키타이에서 말을 잃지 않았던가?)을 찾아 떠나고, 또 다른 많은 시련 끝에 훨씬 더 큰 일, 즉 왕으로 임명되기에 이른다.[115] 그는 지배자로서 성공했으나 약점도 있었다. 그리하여 궁정으로 불려온 양치기의 아들 다윗이 용기와 고결한 성품을 여러 차례 증명한 후 새로운 왕이 되고, '다윗의 집'이라는 왕조를 세우는 데 성공한다.

이러한 사건들은 스키타이 왕들이 그들의 통치를 정당화하기 위해 만들어낸 신화와 비슷한 건국 신화를 형성한다(65쪽 참조). 그들은 세겜과 예루살렘 주변의 팔레스타인 산악 지대 마을들이 북쪽의 블레셋인과 아람인의 세력 강화에 직면해 더욱 엄격한 지도력('족장국')을 갖춰야 했다는 어렴풋한 기억을 간직하고 있었을 것이다. 사울과 다윗을 둘러싼 이야기는 두 주인공의 예를 통해 그러한 히브리 족장 또는 '왕'의 긍정적이면서도 부정적인 특성을 설명한다. 특히 그 이야기는 '실패한' 사울의 부정적인 면을 배경으로 다윗 왕조를 정당화하고, 또한 북방에 대한 유다의 우선권을 정당화한 것일 수도 있다. 기원전 9세기의 비문에 유다를 '다윗의 집'으로 표현하고 있긴 하지만, 사울이나 다윗 '왕'이 실제로 존재했는지는 확실하지 않다.[116] 어쨌든 한 가지 확실한 것은 〈사무엘서〉와 〈열왕기서〉의 저자들이 여러 세대에 걸쳐 가족과 씨족에 의해 전해 내려오는 이야기를 다듬어냈다는 점이다. 많은 학자는 이 두 주인공을 추종자들의 선두에 서서 권력을 쟁취하기 위해 싸우는 전형적인 족장으로 본다. 따라서 사울과 다윗의 갈등은 북방 유목민과 베다 시기 인도에서 비슷하게 널리 퍼져 있던 씨족 지도자 또는 족장 간의 경쟁을 반영한 것일 수 있다.

여기서 결정적인 것은 두 주인공 모두가 청동기 시대 후기의 전사 지도자와 그의 전투 공동체 이미지에 부합하는 특성을 갖고 있다는 점이다. 그러한 전사 집단은 항상 종교적 요소를 가지고 있었으며, 이는 수호신(야훼, 인드라, 오딘)과의 배타적 관계, 그리고 언제든 죽음에 노출되는 ('검은') 영웅으로서 죽은 자의 세계에 대한 배타적 관계로 형성되었다. 지도자 자신이 중개자로서 등장하며 종종 사제, '의식 전문가' 또는 마술사의 도움을 받기도 한다. 사울이 처음 군사 지도자로 선택되었을 때 신의 영이 그에게 임해 소 떼를 도살하게 하는데, 이는 소마에 의해 풀려난 인드라가 전사들을 이끌고 전투에 나서는 것과 유사하다. 경력 초기에 사울은 목초지에 사는 예언자 집단 50명(!)의 도움을 받아 황홀경에 드는 법을 배우고, 한 무당을 영매로 이용한다.[117] 다윗은 예언자 또는 선견자 갓(Gad)을 자신의 고문으로 삼고,[118] 비파 연주로 자기 주인의 나쁜 기운, 좀더 정확히 말하자면 야훼가 보낸 악령을 쫓아내고 사울을 황홀경에 빠뜨린다.[119]

이렇게 사울과 다윗은 영적인 힘을 활용해 지도자로서 자신을 과시한다. 하지만 이 모든 것은 그들이 전사 무리를 이끌고 전투에서 더 큰 일을 수행할 능력을 증명하지 못한다면 아무런 소용이 없다. 두 경우 모두―고대 근동의 왕에 대한 관점이 그렇듯―체질과 외모가 이러한 능력에 상응해야만 한다. 사울은 가장 잘생겼고 이스라엘의 다른 남자들보다 머리 하나가 더 컸다. 다윗은 '아름다운 눈과 잘생긴 몸매'에 능변을 구사했다. 능변은 인도 라자의 전형적인 리더십 자질이었다. 두 사람 모두 야훼의 '신성한 영'의 보호를 받았지만, 이를 얻기 위해 언제나 노력하고 의식을 통해 미래의 영향력을 행사하며 지역을 돌아다녀야 했다. 그들은 표면적으로는 마지못해 왕위에 오른다. 사심 없는 성품을 지닌 다윗은 처음엔 사울의 핍박에 맞서 왕위에 오를 모든 기회를 포기한다.[120]

이 모든 것은 이상적인 통치 모범을 제시하고 다윗이 더 나은 왕임을 증명하기 위해 훗날 작성되었다. 하지만 이런 모티브는 팔레스타인 산악 지대, 요컨대 씨족과 마을 공동체가 방목지를 보호하기 위해 군사적으로 활동하고 상황에 따라서만 함께 대규모 전투 공동체를 형성한 매우 현실적인 배경에서 펼쳐진다. 이것이 좀더 작은 전투 집단을 위한 공간을 만들어냈고, 작은 부분으로 나뉜 군사적 방어는 바로 이러한 그림에 들어맞는다. 따라서 사울 이전에도 히브리어 《성경》의 무대에 젊은 전쟁 영웅들이 등장하는 것은 우연이 아니다. 가장 유명한 것은 히브리의 헤라클레스, 곧 삼손이다. 물결치는 머리카락(자유롭고 신에게 헌신하는 전사의 전형적 모습)과 초인적 힘을 갖춘 그는 놀라운 활약을 펼치지만, 결국 한 여인의 꾐에 빠져―어떻게 그러지 않을 수 있겠는가?―머리카락(따라서 힘)을 빼앗겨 사로잡힘에도 영웅적인 죽음을

맞이한다.[121]

삼손은 자기의 고삐 풀린 힘을 모두의 이익을 위해 사용하지 않았고, 그런 까닭에 지속적인 정치적 인정을 받지 못한 위대한 영웅 가운데 한 명이다. 그런 만큼 다윗이 권력을 잡기 위해 모험을 감행한 모습은 정치적 성공에 군사적 기량이 얼마나 중요한지를 더욱 잘 보여준다.[122] 우리는 다윗을 돌팔매로 블레셋의 (용과 같은) 전사 골리앗을 물리침으로써 그의 영웅적 행위의 비어 있는 페이지에 첫 줄을 새겨 넣은 젊은 영웅으로 알고 있다. 아마도 그는—미래의 다른 전사들처럼—훈련을 받기 위해 사울의 궁정으로 보내졌을 것이다. 하지만 다윗 또한 다른 영웅들과 같은 운명을 겪는다. 그는 궁정에서 많은 것을 배우고, 사울의 공격을 피해 유다 산악 지대로 피신한다. 그리고 이곳에서 추종자들을 모아 피난민, 빚진 자, 절박한 자들의 지도자가 된다. 그중 몇몇은 다윗의 씨족 출신이고, 다른 몇몇은 낙오자이며, 일부는 정착민 출신이고, 많은 이는 이주민 출신이다. 다윗의 전우 중 한 명인 우리아는 히타이트인으로 알려졌다. 어쩌면 그는 한때 히타이트 왕을 섬겼던 마리안니 전사 가운데 한 명이었을 수도 있다.[123]

그들은 다윗의 통치 아래 하비루 공동체를 이루었다.[124] 카리스마 넘치고 '샤머니즘적' 능력을 갖춘 지도자 아래—신의 영이 '엑스터시 촉진제'로서 이란-인도의 하오마/소마를 대체했다—그들은 아리아 전사 집단처럼 마을과 씨족 공동체에 대한 대항 모델을 형성했다. 50명의 예언자 집단(위 참조)과 똑같이 그들은 대부분 양치기 출신이며, 양치기와 마찬가지로 가족과 헤어져 지냈다.[125] 양치기로서 고된 삶은 근동의 전통에 따르면, 언제나 미래의 통치자와 그의 전사들에게 최선의 훈련이었다.[126] 다윗은 척박한 산악 지대와 스텝 지대, 그리고 사막 가장자리에서 미래의 메시아처럼 자신에게 충성을 맹세하고 주저 없이 지도자를 위해 목숨을 거는 군대를 모았다.[127] 그리고 비밀결사처럼 영적·물질적 힘을 모아 공격하고 보복했다—이는 오늘날까지 영화와 TV에서 다양한 방식으로 살아 있지만, 유라시아 영웅 이야기의 실제적인 전형을 많이 담고 있다. 일부 정예 부대를 포함해 400~600명으로 구성된 다윗의 강력한 부대는 인도-유럽의 전사 집단처럼 끊임없이 전쟁에 몰두했다. 그들에게는 다른 선택지가 없었다. 때로는 외국 '왕'의 용병을 자처했다. 때로는 거꾸로 다윗이 블레셋인으로부터 마을을 해방시키기도 했다. 다윗은 약탈 행위와 용병 복무를 조합하고, 드물지 않게 부족 구성원의 양 떼를 보호해준 대가를 요구했다. '피보호민'이 그 대가를 거부하면 부대를 보내 자신의 요구에 힘을 실었다. 반항적인 양 떼 주인이 감사할 줄 모르면 곧바로 죽임을 당했다. 그리고 다윗은 그 미망인을 아내로 취했다.[128]

이와 같은 방식으로 다윗 집단의 재산은 꾸준히 증가했을 뿐만 아니라, 효율적인 개입 세력이라는 명성도 널리 퍼졌음이 틀림없다. 그들의 지도자는 당시 두려움 없는 '로빈 후드'로서 자기 이미지를 구축했다. 블레셋인으로부터 '해방'된 많은 마을이 그를 응징자로 환영했다고 전해진다. 유목민인 아말렉 족속과의 전쟁에서 승리한 후, 다윗은 유다 원로 회의에 전리품 일부를 나눠주고, 캐러밴 무역과 남부 구리 광산을 장악해 더 많은 이익을 얻을 것이라고 약속하며 그들의 마음을 사로잡았다. 하지만 사울이 블레셋과의 전투에서 패배한 후 칼에 몸을 던져 죽고, 그를 애도하는 기간이 지난 후에야 비로소 다윗은—〈사무엘서〉에 따르면—헤브론에서 '이스라엘'의 왕위에 오른다.[129]

다윗 설화에서 '이스라엘 백성'이 원하고 야훼가 승인한 군주제의 건국 신화라는 의도적인 부속물을 제거하면, 이 역시 약탈, 습격, 보호, 용병 활동과 추종 세력의 확장을 통해 부와 명성 그리고 권력에 다가가는 유일한 길을 인식하고 그 행위자에 맞춰 의미를 찾는 양치기 유목민의 세계상과 일치한다. 기원전 8세기와 기원전 7세기에 티그리스 북부 지역에 침입한 스키타이인과 자그로스의 메디아 '왕들'도 비슷하게 생각했을 것이다. 미래 왕들의 수호신으로서 야훼의 역할은 전차 전사들을 앞장서 이끌고 모든 약탈 행위 이전에 호출되는 인드라나 아그니에 상응하며(51쪽 참조), 그와 마찬가지로 다윗도 모든 전투를 하기 전에 야훼의 조언을 구하고 공격에 앞서 그의 축복을 얻었다.[130]

하지만 본질적인 차이가 존재했다. 히브리 족장들의 활동은 공간적으로 훨씬 더 제한적이고 수익성도 떨어졌다. 스키타이인과 아리아인이 기마 전사로서 존경을 받았지만, 다윗과 그의 부하들은 산악 지대 목축의 세계에 사로잡혀 있었다. 돌팔매를 들고 싸우는 가벼운 무장의 남자가 그 상징이다. 초기 히브리 '왕'은 말이 아니라 당나귀(또는 노새)를 탔으며, 금으로 된 부장품으로 가득 차고 수백 마리의 말과 소를 희생 제물로 바친 거대한 봉분은 존재하지 않는다. 그 대신 얼마 안 되는 양과 염소를 희생했다. 그런 상황에서 한 족장이 여러 씨족과 부족에 의해 받아들여지기까지는 오랜 시간이 걸렸다.[131]

이를 달성하기 위해서는 단 한 가지 방법만이 존재했다. 그들은 구성원이 더는 강탈과 습격을 통해 끊임없이 지위를 다투지 않아도 되는 왕조를 세워야 했다. 다윗은—〈사무엘서〉에 따르면—유다의 중심지 헤브론에서 기름 부음을 받은 후 청동기 시대에 이미 통치자의 거처로 알려진 예루살렘을 자신의 거주지로 삼았다. 그리고 기원전

10세기 중반경 아들 솔로몬에게 '다윗의 집' 통치를 이양할 때 팔레스타인의 작은 왕들, 예를 들어 다마스쿠스의 아람인을 모범으로 삼았을 수도 있다. 궁정의 구성원은 친위대와 전사 집단의 후계자에 용병 몇 명('그렛 족속'과 '블렛 족속'), 한두 명의 사제 및 신전의 서기와 비서로 이뤄졌다. 이는 베다 시기 후반 라자의 관료들과 다름없다(53쪽 참조). 서기관은 기초적인 부기 업무를 담당하며, 인구 2000명이 넘지 않는 거주 도시의 자원에 관한 개요를 왕에게 제공했다.[132] 아마도 그 땅에 퍼져 있는 '관리인'은 적당한 공물을 징수해야 했을 것이다. '다윗의 집'의 영향력이 미치는 지역을 통제하기 위해 왕은 아마도 청동기 시대의 선행자와 마찬가지로 50명 이상의 병사가 필요하지는 않았을 것이다. 그들은 영토 통치와는 거리가 멀었다. 본질적으로 왕의 영향력은 왕이 자기의 피보호자를 확대하고 가족적 결합을 지닌 결혼 정책을 통해 예루살렘 중심의 네트워크에 연결하는 데 기반을 두고 있었다.[133]

그에 더해 다윗은 자기의 새로운—인도의 라자 수장에 비교할 수 있는—'상위 족장'으로서 지위를 종교적으로 뒷받침했다. 그래서 아마도 실로에 보관하던 언약궤를 예루살렘의 성전으로 가져오게 했을 것이다. 그렇게 함으로써 이동하는 전사의 시대가 지나갔음을 보여주었다. 또한 다윗은 자기에게 마을 전체를 학살하도록 주문한 야훼를 예루살렘의 지역 신들 목록에 끼워 넣었다. 어쩌면 그는 여러 부족에게 혈통과 **공통의** 신에 대한 숭배 원칙을 확장하려고 시도했을 가능성이 있다. 가장 중요한 의식적·종교적 장소는 에브라임 지역에, 중요한 정치적 중심지는 베냐민 지역에 있었다. **여러** 씨족과 부족이 **하나의** 전쟁 신에 의해 인도받을 뿐만 아니라, **하나의** 조상으로 거슬러 올라가는 그러한 '통합' 과정은 동시에 남동부 사막 변두리 거주민들 사이에서도 시작되었다.

　다윗의 후계자 솔로몬은 잔인한 수단으로 권력을 잡은 많은 왕과 마찬가지로 《성경》의 전승과 달리 영향력이 미치는 지역을 크게 확장하지 못했고, 이집트로 향하는 주요 교역로와 직접적인 연결을 발견하지도 못한 것으로 보인다. 그와 마찬가지로 거대한 예루살렘 성전을 건설했다는 것도 비역사적이다. 이는 그 나라의 경제력을 넘어서는 일이었을 것이다. 유다의 왕들은 강우량이 더 많고 다윗 왕조의 영향권 밖에 있는 북부보다 자기 영토가 더 보잘것없다는 사실과 항상 싸워야 했다. 그에 반해 북부는 민족적으로 더 이질적이었다. 페니키아계 사람들이 이곳에서 마을 주민 및 산악 유목민과 함께 살았고, 이집트계 집단은 요르단 계곡에 정착했다. 이러한 세력들을 하나로 모으는 데는 섬세한 감각이 필요했다. 당연히 기원전 10세기와 기원전 9세기 초의 시기는 패권을 둘러싼 갈등으로 특징지어졌다. 반란을 일으켜 북부에 자신의 왕조를 세우려고 한 것은 언제나 군사 지도자들이었다.

　가장 중요한 지배 왕조는 기원전 9세기 중반에 오므리(Omri)라는 이름의 장군이 세웠다. 그는 나라 이름을 '이스라엘'이라고 지었는데, 아마도 지배층이 같은 이름의 부족 출신이고 왕권을 잡는 데 백성의 역할을 강조하려고 했기 때문일 것이다. 야훼는 여기서도 '왕조와 국가의 신'이 되었다. 새로운 수도 사마리아는 세력의 확실한 징표였다. 다윗 가문의 많은 업적은 오므리 왕조와 결부되었으며, 티루스 왕하고의 협력과 오피르를 향한 교역 항해도 마찬가지였다. 다마스쿠스의 아람인과 전쟁 도중 오므리 왕조가 한 장교에 의해 교체될 무렵, 사마리아는 7000명의 거주민을 가진 원시 대도시로 변모했다. 그러나 예루살렘도 놀랄 만한 번성을 누렸다. 기원전 8세기 말, 이전까지 작은 산악

요새에 불과했던 예루살렘은 거의 1만 5000명의 주민이 거주했다.[134]

11 사막의 영주들: 아라비아의 부족과 그들의 족장

오므리 왕조는 권력이 정점에 달했을 때 유다의 산악 지대 남쪽에서 다윗이 아말렉 족속과 전투를 벌였던 것으로 알려진 곳에 요새를 건설했다. 아말렉 족속은 끊임없이 약탈물과 여름 목초지를 찾아 네게브 사막에서 산악 지대로 침입했다. 그러나 유다의 목자들과 평화로운 교류를 하기도 했다. 이것만이 종교적 의미(미디안의 폭풍이나 전쟁의 신으로서 야훼, 부족의 이동식 성소로서 언약궤)와 유다 산악 지방에서는 거의 알려지지 않았던 교역품과 가축의 형태로 일부 혁신이 북부에 어떻게 전파되었는지를 유일하게 설명해준다.

실제로 사막의 생태적·지리적 조건은 근동 및 북부 스텝 지대의 산이나 강의 계곡과 상당히 달랐다. 이 지역들 역시 극도로 더운 기후의 건조 지대와 접해 있었지만, 산과 강에서 물을 끌어와 초원을 이룬 바닷속의 섬 같았다. 고대 작가들은 추위와 얼음 같은 바람 때문에 그곳을 두려워했다. 그와 반대로 남쪽은 뜨겁고 건조한 지역으로 여겼는데, 그건 당연한 일이었다. 팔레스타인 산악 지대를 중심으로 동쪽과 남쪽으로 뻗어 있는 시리아사막과 네게브사막은 강우량이 극히 적었다. 아라비아의 엘나푸프(El Nafuf)와 알다나(Al Dahna)의 암석 및 모래사막, 루브알칼리(Rub'al Khali)의 광활한 평지도 마찬가지다. 고대인들이 '행복한 아라비아(아라비아 펠릭스)'라고 부른 아라비아반도 남서쪽에서만 농경을 할 수 있었는데, 이곳에서는 그 지역의 가장 유명한 재화인 유향과 몰약이 풍성했다. 페르시아만 쪽으로 기울어진 해안은 충분한 지하수를 이용할 수 있었으며 해상 교역과 연결되었다. 그에 반해 서쪽의 홍해는 접근하기가 어렵고, 나머지 지역은 내륙이 발달해 있었다.

사막 가장자리에 살던 사람들은 유목민의 삶을 영위했다. 양과 염소가 그들의 가장 중요한 가축이었다. 아라비아에는 남서부 지역을 제외하고 네게브에 이르기까지 큰 강이나 녹지가 없는 까닭에 말은 아시아 북부에서보다 훨씬 작은 역할을 했다. 말은 산발적으로만 위신과 지위의 상징으로 등장했다. 모래로 뒤덮인 대지는 수레를 사용하기에 부적합했다. 수레와 말이 아니라 낙타와 텐트가 유목민의 표지였다.[135]

언제나 그렇듯 정치적 특수성은 그 땅의 생태와 결부되었다. 혹이 하나 있는 단봉낙타는 팔레스타인에서와 달리 정치권력이나 좁은 지리적 경계에 얽매이지 않는 사막 같은 환경에서 물품을 운반하는 데 아주 적합했다. 단봉낙타는 기원전 9세기부터 아라비아 남부에서 네게브와 시리아사막을 가로질러 팔레스타인과 레반트로 향하는 교역로에서 가장 중요한 짐꾼이자 탈것으로 이용되었다. 가장 가치 있는 생산물은 아라비아 남부와 소말리아에서 재배하는 향료인 몰약, 유향 및 다양한 계피 제품이었다. 유향의 주요 생산지였던 사바 왕국은 아마도 기원전 600년경에야 비로소 유다 지배자들에게 알려졌을 것이다.[136]

메디아인이 메소포타미아 세력에 말을 공급하고 아프가니스탄에서 서쪽으로 향하는 무역로 교통을 통제했던 것과 유사하게 유목민은 아라비아의 장거리 교역로에서 이익을 얻었다. 그들은 직접 사육한 낙타를 수출하고, 길잡이 또는 호송 부대를 자처했다. 몇몇 부족은 시나이반도와 오만반도의 구리, 금, 은 광산에서 채굴한 금속을 공급했다. 청동기 시대 후기에 이집트가 시나이산 남쪽〔특히 아카바만 인근의 팀나(Timna)〕의 광산과 북쪽으로 통하는 대상로(隊商路)에 대한 통제력을 잃자, 유목민들은 그 틈새를 파고들어 지금까지 농업 제국이 독점하던 활동을 이어받았다.

물론 그들은 스키타이인과 달리 금세공 기술을 스스로 발전시키지 않은 것으로 보인다. 하지만 네게브와 아라바(Araba) 서부의 구리 광석을 채굴하고 가공(제련) 및 판매하는 데는 북방의 유목민-도시 변두리 지역에서처럼 한 장소에 붙박인 조직이 필요했다. 지역의 족장들은 기원전 11세기와 기원전 10세기 사이에 자신의 영향권을 더 잘 방어하고 대상로를 차지하기 위해 네게브 고지대에 요새를 건설했다. 아라비아 북서부와 에돔에서도 비슷한 발전이 이뤄졌다. 바로 이 시기에 낙타가 탈 수 있는 짐승 및 운송 동물로 널리 퍼졌다는 사실이 이러한 과정을 뒷받침한다. 아마도 사막 유목민은 아라비아 남부에서 팔레스타인과 레반트에 이르는 교역을 독점할 수 있었을 것이다.[137]

그러나 이들의 지배력은 오래가지 못했다. 파라오와 아시리아가 세력을 회복해 자기 지위를 되찾자 사막 유목민의 부상을 가능하게 만든 권력의 공백이 사라졌다. 여기에 더해 그들에게는 유다 왕국에서 네게브 고지대와 〔텔마소스(Tel Masos)와 아라드(Arad)의 교역 중심지가 있는〕 베르셰바 평원의 운송로에 대한 통제로부터 생겨나는 기회를 포착한 경쟁자가 등장했다. 오므리 왕조가 에시온-게베르(Ezjon-Geber)에서 남쪽으로 해상 원정을 시도하고 아라비아 교역에 끼어들면서 텔마소스의 유목민 중심지가 파괴되고, 그 대신 히브리인 정착지의 수가 늘어났다. 유목민은 사막으로, 그리고 요새화한 거주지 없이 가축을 키우

는 생활 방식으로 돌아갔다.[138]

이러한 권력 정치적 변화 과정에서 강대국과의 접촉도 또다시 바뀌었다. 기원전 9세기부터 국경 지역에 부족 연합이 등장했는데, 아시리아 자료에서는 그들을 '아랍인' '아라비'(Arabi)' '아르바야(arbbaya)'라고 불렀다. 그들이 근동 역사의 빛 가운데로 부상한 것은 히브리 공동체의 발전과 마찬가지로 청동기 시대 후기 격변의 늦은 결과이며, 이는 '해양 민족'의 침략으로 촉발 및 초래되었다(111쪽 참조).[139] '아르바야'라는 용어는 남쪽, 북쪽(시리아), 동쪽(트란스요르단)의 팔레스타인 산악 지대에 인접한 스텝 지대와 사막〔마트 아라비(Mat Arabi)〕의 양치기와 낙타 기수를 지칭한다. 히브리어《성경》에서는 그들을 천막에서 살고 가축의 목초지를 찾아다니는 황야의 거주민으로 묘사한다.[140] 기원전 8세기에 그중 일부 무리가 신전에 양을 공급하는 역할을 하며 바빌로니아 메소포타미아의 마을과 도시 생활에 적응했다. 다른 무리는 왕에게 식량, 의복, 낙타 때로는 노예도 공급했다. 어쩌면 오므리 왕조의 창시자는 오론테스(Orontes)강 유역 쿠아르카르〔Quarqar, 또는 카르카르(Qarqar)〕의 아라비와 친족 관계를 맺었을 것이다. 기원전 700년 이후 팔레스타인 남부의 텔젬메(Tell Jemmeh)에는 낙타 사육 센터가 있었다. 아라비아의 낙타 사육자들은 유다에서 환영받는 손님이었다.[141]

그러나 손쉬운 약탈물을 찾아 도시 지역으로 진입한 아라비아인 무리도 있었다. 그들은 스키타이와 히브리의 전사 집단과 비슷했지만, 그들이 유사한 부족 내 경쟁 상황에서 생겨났는지는 정확히 알 수 없다. 이에 관해 말해주는 역사 기록은 없다. 강대국들의 반격은 종종 무위로 돌아갔다. 그들은 이동하는 무리를 포로로 잡으면, 그들을 통합하려고 시도했다. 아라비아 세계에서는 여성 부족 지도자가 드물지 않았기 때문에(불후의 명작 〈시바의 여왕〉으로 남아 있다), 추방된 아라비아 공주들은 일정 기간 훈련을 받은 후 아수르(Assur)의 이익을 위해 부족을 이끌 수 있도록 돌려보내졌다. 여러 부족이 하나의 왕 아래 연합할 경우, 아시리아인은 자신의 후보를 관철하기 위해 노력했다.[142]

이와 마찬가지로 전사 집단의 군사적 가치는 그들을 영속적으로 붙잡아두거나 절멸시키기에는 너무나 중요했다. 그 대신 농업 제국들이 언제나 그렇게 했던 것처럼 그들의 전문성을 이용했다. '아라비'는 아시리아, 나중에는 페르시아의 깃발 아래에서 찾아볼 수 있다. 그들의 전투 방식은 특히 국경 지역에서 다른 유목민 집단을 기습하거나, 자신들의 영향력하에 있는 지역으로 끌어들이는 데 아주 적합했다. 그 보상으로 지도자들은 아시리아의 직책을 받았고, 인구가 밀집한 지역에서 자신의 가축을 방목할 수 있었다. 다른 족장들은 아시리아의 지원을 받으며 캐러밴 무역에서 이익을 확보할 수 있었다.[143] 그 대가로 왕들은 공물, 즉 향신료·보석·금 때로는 낙타나 작은 가축을 기대했다.[144] 이러한 물건들이 정기적으로 북쪽 지방으로 운송되었다는 사실은 비옥한 초승달 지역의 대규모 거주지와 사막 가장자리 지역의 캠프 중간 위치, 요컨대 오아시스의 출현으로 이어졌다. 이 오아시스 개념은 그리스어에서 유래했으며, '사람이 거주하는 장소' 정도를 의미한다. 안전한 수원(水源)을 갖고 있어 황량한 바다에 녹색 섬처럼 자리 잡은 정착지를 말한다.

그런 장소는 대상로가 아랄해와 타클라마칸사막 가장자리를 포함한 사막 지대를 가로지르는 곳 어디서나 만날 수 있었다(75~77쪽 참조). 그러나 이러한 장소는 산에서 녹은 눈뿐만 아니라 큰 호수(아랄해, 카스피해)와 습지로 스며드는 개울의 물을 이용할 수 있었다. 그로 인해 관개 시설을 갖춘 목축과 농경의 혼합 생활 방식이 가능했다.[145] 남쪽 사막 지역에는 그러한 조건이 부족했다. 카라 벤 넴지〔Kara Ben Nemsi: 19세기 독일 작가 카를 프리드리히 마이(Karl Friedrich May)가 쓴 소설의 등장인물―옮긴이〕 모험담의 독자라면 누구나 몇 안 되는 강 계곡(Wadi)의 물 공급이 얼마나 불확실한지 알고 있을 것이다. 그곳엔 하천의 수원 대신 우물이 있었다―때로는 불모지인 산비탈 가장자리에 우물이 있었다. 그것들은 조심스럽게 보호 및 관리되었으며, 더 큰 농경지의 개발을 거의 허용하지 않았다. 그럼에도 그중 몇몇은 때때로 최대 5000명을 수용하는 사막 대도시로 발전했다. 이는 역사의 위대한 기적 가운데 하나다. 《성경》의 낙원은 신의 통치 아래 있는 오아시스다.

하지만 실제로 신들은 사막 정원을 가꾸는 걸 거의 도와주지 않았고, 그럴 시간도 거의 없었다. 사람들은 서로 다른 전문성과 출신의 집단들이 함께 일할 때만 성공할 수 있었다. 일부는 수원을 확보하고 피난처와 방어 시설을 정비했다. 다른 사람들은 식량을 제공했고, 또 다른 사람들은 옷이나 무기와 동물의 생산물을 교환하는 사막 유목민과의 사업을 감독했다. 소박하고 신성한 장소와 그곳의 사제들은 종교적 핵심 정체성과 신들의 보호를 제공했고, 습격과 사막의 위협에 시달리던 상인들은 그것을 기꺼이 받아들였다.[146]

오아시스를 먼 곳에서 통제하는 데는 비용이 많이 들었기 때문에 대제국들은 그것을 주위 부족의 통제에 맡겼다. 그들은 캐러밴을 호위하며 그 대가를 받고, 귀금속과 향료 보급에 의존하는 도시의 교역 상대방과의 관계를 구축했다.[147] 따라서 오아시스는 어떤 의미에서 대제국에 금속을 공급하고 항해 전문 지식을 지원한 지중해 동부 지역의 항구 도시와 짝을 이루는 역할을 했다. 몇몇 오아시스가 전략적으로 매우 중요한 부(富)의 중심지이자 사막 남쪽에서 가장 안정적인 유목민 권력 형성의 출발점이 된 것은 놀라운 일이 아니다.

가장 유명한 것은 아라비아 나바테아인(Nabatäer)의 오아시스다. 그들의 주요 정착지는 요르단강 남서쪽 히스마(Hisma)사막 지역의 에돔 산악 지대에 있는 '바위 도시' 페트라(Petra)였는데, 그곳에는 가자로 향하는 '유향 길'이 지나고 있었다. 페트라는 기원전 3세기에 유향과 몰약의 집산지가 되었고, 나바테아의 부족 지도자들은 관세와 보호금을 통해 남부 아라비아의 부의 흐름에서 이익을 얻었다. 그들은 수익 일부를 도로 체계 확장과 캐러밴의 숙소 및 요새화한 초소 건립에 투자했으며, 그 가운데 몇몇은 작은 도시로 번성했다. 늦어도 기원전 마지막 세기에는 나바테아 왕국이 수립되었다. 지배자들은 자신의 이름을 새긴 조상(彫像) 형식으로 자기를 불멸의 존재로 만들고, 페트라를 도시 거주지로 확장했다.[148]

사막의 유목민들은 이렇게 남쪽의 데단(Dedan) 오아시스에서 다마스쿠스로 이어지는 대상로에 이르기까지 넓은 지역을 지배하는 정착형 통치자가 되었다. 그들의 거주지는 다른 환경에서 성립한(41, 75~77쪽 참조) 아랄해와 타클라마칸사막 가장자리 또는 아프가니스탄 북부의 요새들과 비슷했다. 그들로부터 사마르칸트, 이스파한(Isfahan) 또는 탁실라(Taxila) 같은 유명한 오아시스 도시가 발전했다. 이 도시들은 우리가 일반적으로 '도시'라고 부르는 것과 거의 다르지 않았다.

집적된 에너지
도시의 부상

1 우루크와 메소포타미아의 도시 국가

서사시의 시작 부분에서 말하듯 길가메시는 "우루크의 성벽을 지었다. 양 떼 우리의 도시를……. 우루크의 성벽으로 올라가 둘러보아라!/ 기초를 살펴보고 벽돌이 쌓인 모습을 자세히 살펴보아라!/구운 벽돌로 이루어져 있지 않은가?/일곱 현자가 (직접) 그 기반을 놓지 않았는가?/1제곱마일은 도시이고/1제곱마일은 정원이며/1제곱마일은 초지이고/1제곱마일은 이슈타르의 신전이다./3제곱마일 반, 그것이 바로 우루크의 크기다!".[1]

  작품 마지막에서 시인은 다음과 같은 메시지를 되풀이한다. 길가메시는 더는 동료인 엔키두와 함께 모험을 떠나고, 불멸의 비밀을 찾기 위해 큰물을 건너는 단순한 영웅이 아니라는 것이다. 그는 무엇보다도 먼저 영광스러운 도시의 통치자이며, 양치기가 우리에 모인 양을 돌보는 것처럼 도시의 안녕을 보장해야 한다. 이는 새로운 영웅의 이상이다. 고대 말기, 그리고 그 이후에도 도시를 건설하고 통치하는 것은 신적인 행위로 여겨졌다.

시인이 말하듯 우루크는 주거 지역과 정원으로 가득한 지역, (아마도 목초지 역할을 했을) 강가의 범람원 지역, 그리고 도시 여신의 신전 구역으로 잘 조직되어 있었다. 그러한 구조물은 스텝 지대 거주자의 정착지에는 없었다. 실제로 이 신전은 유프라테스강이 비옥한 충적토를 실어 나른 메소포타미아 남부에서 기원전 3000년경에 펼쳐진 도시 생활 방식의 중심지였다. 우루크 인근의 우르(Ur), 라가시(Lagasch) 또는 니푸르(Nippur)에도 다른 도시 국가가 생겨났는데, 이곳들에는 이미 청동기 시대 초기에 1000명 이상의 인구가 거주하고 있었다. 메소포타미아 도시들을 유목민 문화와 구별해주는 세 번째 요소가 없었다면, 이것만으로는 주목받을 일이 없었을 것이다. 요컨대 이 도시들은 기원전 2500년경 처음엔 행정 목적으로 쓰였지만 곧바로 신전 찬송가와 영웅 이야기를 기록하는 데 사용한 문자를 개발했다. 우리는 그 문자를 수메르 설형문자라고 부르며, 그 발명자를 수메르인이라고 부른다. 《길가메시 서사시》는 그들의 가장 위대한 작품이다.

길가메시 같은 통치자 아래 복잡한 중심지에서 일궈낸 문자, 분화된 건축물과 공적 공간, 그리고 노동 분업을 통한 지속적인 생활 조직은 비옥한 초승달 지대에서 3000년 넘게 성공 신화를 누렸던 역사적 집단의 여러 구성 요소 중 일부다.[2] 그 기초를 형성한 것은 농경이었다. 메소포타미아 북부는 강수량이 충분했지만, 바그다드 남쪽 충적지에서 풍성한 수확을 하기 위해서는 인위적인 관개 시설이 필요했다. 처음에는 작은 저수지를 만들어 그곳에 약간의 물을 가두었다. 이 작업은 한 가족이 해결할 수 있었다. 고랑을 통해 물을 흐르게 하고 수평 여과('체질')를 통해 토지에 물을 대면 많은 품이 들지만, 수확을 더 많이 할 수 있었다. 이를 위해서는 수로 양쪽으로 길게 펼쳐진 경작지가 필요했다. 상단부로 유입된 물은 정확하게 계산된 기울기에 따라 고랑을 통해 하단부로 고르게 흘렀으며, 대개 배수로와 습지로 이어졌다. 사람들은 곧이어 수백 미터 길이의 고랑을 파기 위해 소를 이용하기 시작했다. 이 모든 조치를 결합하면 아마도 500~1000퍼센트의 수확 증대를 기대할 수 있었을 것이다![3]

물론 시설의 유지 및 관리는 한 가족이 감당하기엔 너무 벅찼다. 중앙의 지도와 감독이 필요했고, 특히 토지를 관개하고 경작하는 것만으로 끝나지 않았다. 곡물(90퍼센트가 보리였다)을 탈곡하기 위해서는 바닥을 고른 창고와 당나귀가 끄는 탈곡기가 필요했다. 탈곡한 보리는 상하지 않고 분배할 수 있도록 수집 장소로 가져가야 했다. 대개 신전에서 이러한 과업을 조정했다. 신전의 신들은 보호와 공정한 분배를 약속했고, 신전 지도부는 수하들과 함께 그 같은 작업을 감독하는 데 익숙했다. 제방을 쌓고 파종 쟁기와 기타 경작 도구를 제작하기 위해 전문가들이 추가로 투입되었는데, 이는 모든 주민에게 자연스러운 과정이었을 것이다. 왜냐하면 그렇게 해야만 자연의 변덕과 역경에 끊임없이 위협받는 세계에서 식량 공급의 안전성을 높일 수 있었기 때문이다. 오직 사제들만이 신들과 자연을 자비롭게 조율할 수 있다고 믿었으며, 신전 지도부는 자신들의 지도 기능과 필요한 작업 단계를 종교적으로 연출하기 위해 가능한 모든 것을 다했다. 사람들은 농경과 관개를 발명한 것은 인간이 아니라 신들이라고 믿었다. 따라서 제사와 추수 감사 축제는 곡식을 신전 근처의 창고로 가져오는 일과 더불어 이루어졌다. 현물 급부는 문서로 기록되었다. 사제들은 농사에 중요한 (반복되는) 생태적·천문학적 현상을 기록한 자료를 보관했다. 이를 통해 사제들은 귀중한 지식을 획득하고 수학적 능력을 발휘했으며, 이 두 가지 모두 사제가 갖춰야 할 지혜의 중요한 원천이 되었다. 신전과 그 내부를 일반 대중에게 공개하지 않았다는 사실은 비교(祕敎) 지식의 중심으로서 그들의 권위를 더욱 공고히 했다.

그러나 신전은 또한 마을의 경제적 생산을 촉진하고 주변 지역을 통합했다. 도자기는 곡물의 분배에 이바지했고, 산양의 털에서 직물을 만들었다.[4] 물레는 녹로와 마찬가지로 거의 모든 가정의 표준 설비가 되었다. 마을의 가족 구조는 사람들이 신전에 가까워지면 질수록 분업에 기반한 생산 체계의 일부로서 새로운 사회 단위로 대체되었다. 사원 경제가 다양한 활동을 하는 점점 더 많은 사람을 집중시키고, 이러한 중심지를 성벽으로 경계 지음으로써 도시가 발생했다.

경험에서 알 수 있듯 경제적 성공은 시기심을 불러일으킨다. 이런 점에서 메소포타미아의 도시들은 스텝 지대 유목민의 요새와 다르지 않았다(74~76쪽 참조). 신전은 스스로를 방어하기 위해 처음에는 강인한 농부들의 아들로 이뤄진 무장 전투 병력을 조직했을 수 있다. 하지만 소집된 그들은 곧이어 정기적으로 임무를 수행해야만 했다. 그들에겐 지휘관이 필요했고, 이 지휘관은 농업 생산에서 분리되어 자신을 증명함으로써 여러 곳에서 자기를 '도시 왕'으로 자리매김할 수 있었다. 그 주둔지는 대개 도시를 더 잘 방어할 수 있는 외곽에 있었다. 여기에서 궁전이 발전했다. 신전은 '신의 집'으로서, 궁전은 '왕의 집'으로서 궁궐이 최대 지분을 갖고 있었다. 둘 다 농촌 생산물의 수집과 재분배를 조직했다. 곧이어 두 가지 유형의 찬가 문학이 형성되었는데, 하나는

신전을 주요 모티브로 한 것이고, 다른 하나는 왕실을 찬양하는 것이었다.[5]

어쩌면 궁전 도시 왕국으로의 발전은 이동하는 전사 사회들에 의해 간접적으로 추동되었을 것이다.[6] 이러한 사회는 군사적 전문성, 길가메시의 특징이기도 한 영웅 이데올로기, 새로운 고향에서 경쟁자들에 맞서 입지를 다져야 하는 강력한 지도자를 필요로 했다. 《길가메시 서사시》와 시간적으로 가까운 한 이야기는 우루크의 왕이 전사 회의의 동의는 얻었지만 노인들의 조언을 거슬러 자기에게 복종하라는 이웃 왕의 요구를 어떻게 거부했는지 알려준다. 분명히 장로 회의는 도시에서 가장 중요한 가문들의 수장을 대표했다. 그들은 왕의 결정에 대해 논의했지만, 원칙적으로 그것에 의문을 제기할 수는 없었다. 왜냐하면 모든 사람의 의견에 따르면, 도시의 신이 그 왕을 공동체의 지도자로 선택했기 때문이다. 그런 까닭에 통치자는 신전 없이는 결코 존재할 수 없었다. 그는 도시를 보호하고 신성한 전투 도우미로서 승리를 약속하는 도시 신의 대리인이었다. 하지만 역사에서 자주 그러하듯 사람들은 기도를 드리는 사제보다는 오히려 육신으로 전투에서 승리하는 사람을 신뢰한다. 그리하여 승리한 왕은 기원전 3000년대가 지나는 동안 점차 자신의 관할 영역을 확대할 수 있었다. 그는 이제 목자처럼 도시의 안녕을 보장하고, 판관이자 입법자로서 내부 분쟁을 중재했다. 동시에 도시 신의 대리인이자 사랑받는 자로서 제사 의식을 통해 신과 접촉함으로써 스스로 사제의 기능을 떠맡기도 했다. 그에 더해 필요한 건설 공사를 조직하고, 그에 필요한 자금을 조달했으며, 성벽을 수리하거나 신전의 단을 쌓아 올렸다. 왕의 건축 활동만큼 영광스러운 것은 아무것도 없었다.[7]

이것은 유라시아 세계의 다른 지역에서도 비슷하게 펼쳐진 상황이었다. 그렇지만 기원전 2000년대에 또다시 상황이 바뀌었다. 여기서도 결정적인 것은 정치적이고 경제적인 변화였다. 농부와 장인, 건축가들은 도시 지배자의 요구와 과업을 수행하기 위해 더 나은 도구가 필요했다. 왕과 그 협력자들은 권력을 쥐게 되었다. 그들은 (흑요석 같은) 이국적인 상품을 요구했고, 유목민 족장들이 그렇게 했던 것처럼 농민 대중과 차별화되는 사치스러운 생활 양식을 추구했다. 메소포타미아처럼 원자재가 부족한 지역에서 멀리 떨어진 생산물에 접근하기 위해 그들은 이동 상인, 장인, 소규모 사업가들의 도움에 의존했다. 그에 대한 보상으로 그들은 세금을 현물로 징수할 권리를 부여받는 일이 드물지 않았고, 그 현물은 다시 은으로 교환되었다. 이러한 방식으로 상인과 장인은 왕에 대한 경제적 견제 세력을 형성해 때때로 왕의 권위를 피할 수 있었다. 그들은 부유한 토지 소유자와 함께 도시 평의회에서 영향력 있는 목소리를 냈다.

이와 함께 외부 상황도 바뀌었다. 기원전 3000년대에 아카드[Akkad, 또는 아가데(Agade)]의 통치자들은 처음으로 메소포타미아의 거의 모든 지역을 아우르고 지중해까지 이르는 영향권을 확보하는 데 성공했다. 거의 같은 시기에 이집트 파라오 제국이 나일강 삼각주에 등장했다. 약 500년 후 히타이트인들은 아나톨리아 대부분을 장악할 수 있었고, 아카드 제국은 바빌로니아 왕들(그중 함무라비 왕이 가장 유명하다)의 통치와 북쪽의 아시리아 제국, 이란 남서부의 엘람(Elam) 제국에 영토를 양보해야만 했다.

이러한 발전으로 군주제의 도시 중심지는 두 가지 유형으로 나뉘었다. 한편으로는 각각의 제국뿐만 아니라 우주의 중심지로 이해되었던 바빌론과 아수르 또는 하투샤(Hattusa) 같은 팽창하는 제국의 화려한 수도들이 있었고, 다른 한편으로는 제국의 경제적 호황으로부터 이익을 얻으면서도 이 거대한 수도에 종속되었던 오래된 도시 국가들이 있었다. 이들은 대제국의 행정 네트워크에 '구역 도시'로 편입되거나 심지어 파괴당하기도 했다. 이 과정에서 근동은 도시적 성격을 유지했지만, 자부심 있는 왕이 이끄는 독립적인 도시 국가 모델은 점점 더 해체되었다. 대제국의 통치자들은 경쟁하는 군주 권력을 허용할 수 없었기 때문에 선물, 세금 특권, 신전 건립을 통해 도시 엘리트를 자신에게 묶어두려고 했다. 이로 인해 원래는 도시 왕에게 조언만 하던 도시 평의회가 새로운 활동 영역을 획득하게 되었다. 일부는 심지어 외국 통치자들과 연락을 주고받았다.[8]

이러한 추세는 기원전 2000년대 후반의 청동기 시대 위기로 인해 새로운 방향으로 나아갔다. 아시리아와 바빌로니아 같은 몇몇 제국은 회복되어 또다시 팽창 에너지를 발산했지만, 내륙에 있는 소규모 왕국은 상황을 개선하지 못했다. 그중에서도 히브리 왕국은 제국 **부활**의 희생양이 되었다. 그에 반해 상인과 무역상들은 오랜 궁전의 몰락과 새로운 활동 공간 및 고객을 제공하는 낯선 인구 집단의 유입으로부터 이익을 얻었다. 이는 특히 레반트 해안 지방에서 두드러졌다.

2 돈과 바다: 페니키아의 항구 도시

레반트는 오론테스강 하구에서 오늘날의 가자 지구까지 이어진 폭이 좁은 지역이다. 그곳은 오늘날까지 근동에서 가장 비옥하고 편리한 입지를 자랑하지만, 동시에 가장 분쟁이 많은 교통 요지이기도 하다. 북쪽에서 남쪽으로 뻗어 있는 레바논-안티레바논산맥은 내륙으로부터 이 지역을 보호하고 습한 기단이 정기적으로 비를 뿌리게끔 해준다. 그와 더불어 동쪽에서 서쪽으로 흐르는 몇몇 강 덕분에 관개 없이도 보리와 밀, 그리고 과일·채소·올리브·야자수 등 원예 작물을 재배할 수 있다. 레바논-안티레바논산맥의 경사면에서는 오리엔트 전역과 이집트에서 수요가 많은 삼나무 외에 사이프러스나무, 참나무, 가문비나무, 노간주나무, 소나무 등 고품질의 목재가 자랐다. 이 나무들은 배를 만들기 위해서뿐만 아니라 이집트, 이스라엘, 메소포타미아에서 생산된 자연 산물의 교역품으로도 쓰였다. 그에 더해 연안 해역은 풍부한 어장과 뿔소라 속(屬)의 달팽이 두 종류를 제공했다. 달팽이의 분비물에서는 자주색 염료를 얻었다. 곶과 해변 앞 바위섬에 건설된 항구는 시리아 북부에서 시나이반도, 더 나아가 이집트로 이어지는 교역로의 중계지였다. 게다가 동쪽과 아라비아로 향하는 환승 노선도 있었다.

이미 청동기 시대에 많은 도시 국가는 이러한 조건을 활용해 내륙의 통치자들을 위한 중간 공급자로서 없어서는 안 될 존재로 자리 잡았다. 가장 유명한 도시는 우가리트(Ugarit)였다. 이 도시의 문자 문화는 히브리 왕국에도 영향을 미쳤다. 해안 지방의 다른 곳들과 마찬가지로 우가리트의 왕들은 제사장과 통치자의 기능을 결합했다. 신전은 도시 왕에게 직접 예속되어 궁전에 통합되었다. 메소포타미아나 이집트에서와 달리 우가리트에서 일차적인 관건은 사원 경제의 도움을 받아 큰 하천 체계가 관통하는 토지의 농업적 이용을 최적화하는 것이 아니었다. 오히려 중요한 것은 다양한 재화의 교차점이자 유통 중심지로서 자리 잡는 것이었다.

이러한 전략은 아주 오랫동안 잘 작동했지만, 에게해에서 온 '해양 민족'이 지중해 동부 교역 시스템을 뒤흔드는 과정에서 소아시아와 시리아 북부 평원의 기존 권력이 몰락했다. 우가리트도 파괴되었다. 따라서 군주(와 그의 가족)에게 정치적, 경제적, 종교적 권력을 집중시키는 모델은 일단은 쓸모없는 것이 되었다. 우가리트나 다른 항구 도시를 모범 삼아 뒤따르려는 자는 대안을 제시해야만 했다. 그리고 새로운 도전, 특히 해양 민족 집단이 해안에 정착하고 기존 주민이 산악 지역으로 이주하고 있는 현실에 대처하기 위해서는 지혜가 필요했다(99쪽 참조).[9]

남쪽의 항구 도시 비블로스, 시돈, 티루스는 특히 성공적이었다. 그들은 '해양 민족'의 공격에서 벗어나 있었고, 심지어 그들의 지식으로부터 이익을 얻었다. 이 도시의 사람들은 스스로를 가나안 또는 키나후(Kinahhu) 사람이라고 불렀다. 그리스인은 자기 고향의 가장 유명한 생산물인 자주색 달팽이의 붉은색을 떠올리며 그들을 페니키아인이라고 불렀다. 페니키아인은 히브리어와 같은 계열의 언어를 말하고 셈어 문자를 사용했으며 그 지역의 영주('왕') 밑에서 살았다.[10] 기원전 10세기에는 왕의 역할과 지도적인 가문들에 대한 그들의 관계가 새롭게 조정되었다. 이들 가문은 후기 청동기 시대의 위기 속에서 (아마도 이주해 오는 가문들에 자극받아) 권력을 요구하는 주장을 펼쳤다. 그러한 관점에서 히람(Hiram)의 새로운 왕조는 (유대인 작가 플라비우스 요세푸스에 따르면) 오래된 신전을 파괴하도록 했다. 수많은 신들 대신 **하나의** 신, 멜카르트(Melqart)가 들어섰다! 기원전 622년경 야훼 유일신 숭배를 관철하기 위해 고향의 신전을 파괴했다고 전해지는 유다 요시야 왕의 개혁

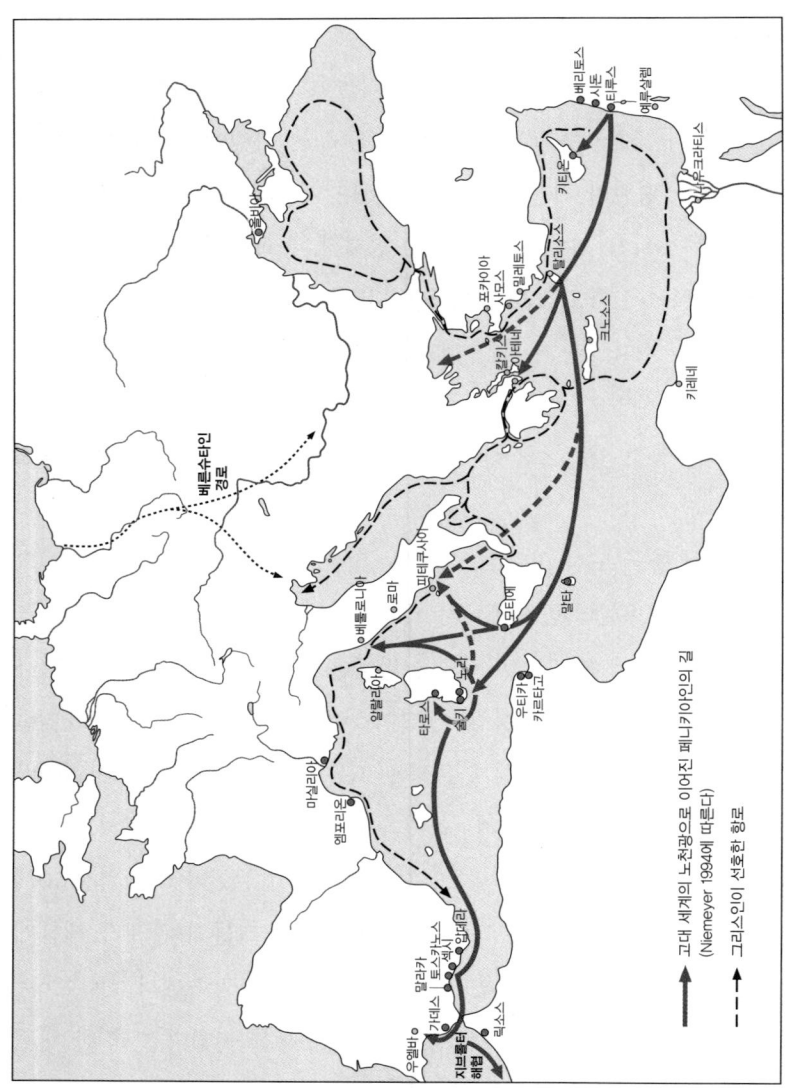

지중해에서 페니키아인과 그리스인의 발견 및 교역 항해

근저에도 아마 비슷한 사건들이 놓여 있었을 것이다.[11]

멜카르트는 기원전 9세기에 처음 등장하는데, 청동기 시대의 신들을 조상으로 숭배하고 도시의 번영을 보장하는 통치자(mlk, mlkm)로 묘사되었다. 그는 이제 배타적인 도시 신(mel qart)이자 왕조의 유일한 조상이 되었다.[12] 그러나 히람은 큰 대가를 치러야 했다. 일반적으로 레반트 교역 도시에서는 아무것도 공짜는 아니었기 때문이다. 자기의 왕조를 신성화한 것에 대한 대가로 히람은 이전까지 도시 평의회에서 정치에 상당한 영향력을 행사하던 유력 가문들에 중요한 권한을 넘겨주었다. 그 이후 그의 역할은 군사적 보호와 외교적 접촉으로 제한되었다. 왕은 특히 외국 통치자들과 주요한 교역 거래를 체결할 때 모습을 드러냈다. 예컨대 히람은 솔로몬 왕에게 예루살렘 성전 건축과 그의 왕좌 장식에 필요한 목재와 원자재 및 기술자를 보냈다고 전해진다. 티루스의 기술자들은 에시온-게베르(홍해의 아카바)에서 오피르(아라비아 남부 또는 동아프리카)까지 항해하면서 금, 백단향 목재, 계피, 보석을 실어 나르는 배를 건조했다.[13]

이 모든 것은 왕과 멜카르트 신전의 보호 아래 있었다. 하지만 실행은 영향력 있는 가문과 장인들이 맡았는데, 그들은 자비로 궁전 직원들의 기능을 떠맡고 자신들만의 교역 컨소시엄을 형성했다. 이런 통상(通商) 가문은 '도시의 사람들' 또는 '티루스 땅의 사람들'이라고 불렸다. 히브리어 《성경》에서는 그들을 '상인 영주'라고 부른다. 그들은 새로운 기술(철제 기구와 관개)을 사용해 농지를 확장하고, 도시의 영향력을 남쪽으로 아코(Akko) 평야까지 확대했다. 그렇게 함으로써 그들은 티루스 사람들을 유명하게 만든 조선업과 원거리 교역의 기반을 마련했다.[14]

이전에는 목재와 올리브기름 같은 자연 생산물을 왕과 그를 돕는 자들의 감독 아래 운송했지만, 10세기 말부터는 티루스의 가문들이 직물, 섬유, 가죽 매트, 상아, 금속 그릇 및 특수한 운송용 도기에 담은 포도주를 자체 선박에 실어 수출했다. 반대로, 이런 기술에는 원자재가 필요했고, 이는 안전한 무역로를 통해서만 얻을 수 있었다. 〈에스겔서〉(기원전 6세기)의 '티루스 애가'에서는 다마스쿠스, 이스라엘, 유다 같은 내륙의 왕국뿐만 아니라 키프로스와 로도스를 교역 상대방으로 열거하지만, 향신료와 금은을 공급한 아라비아 남부의 상인들도 언급한다. 그리고 에스파냐에까지 이르는 접촉도 있었다. 이 지역들은 고대에 알려진 가장 놀라운 도시화 물결의 목표가 되었다.[15]

기원전 9세기에 티루스의 기술자들은 왕의 전투함보다 더 안정적이고, 그에 더해 돛으로 추진되는 배를 개발했다. 이 배는 왕의 지원 없이도 항해를 시작하고, 사업에 전념하는 기업가 가문 계층의 '승합차' 역할을 했다. 대략 같은 시기에 페니키아인은 훈련된 서기관에게서 배우는 것이 아니라, 누구나 익힐 수 있고 가족의 사업 사무를 정리하는 데 가장 적합한 자음 문자를 만들었다.

새로운 획득물을 통해 페니키아인 선장과 상인들은 엄청난 경험을 지닌 존경받는 전문가로 빠르게 변모했다. 파라오조차 지중해 항로의 대안으로, 에스파냐 남부 타르테소스의 금과 은 광산에 도달하기 위해 아프리카를 남쪽으로 우회해달라고 티루스의 선장에게 부탁했다. 페니키아인은 오래전부터 지중해에서 원거리 무역 상인으로 자리를 잡았으며, (과거의 우가리트와 마찬가지로) 근동의 제국들과 계약을 체결하기도 했다. 이미 기원전 9세기에 티루스와 시돈의 선박은 구리와 철이 풍부한 키프로스로 항해했다. 이곳의 새로운 이주자들은 도시화가 일반적인 삶의 방식이자 표상이었던 키티온(Kition)에 작은 식민지를 건설했다. 페니키아인은 상아 조각과 사치스러운 그릇 그리고 도자기를 소중히 여기는 부유한 구매자를 발견했고, 그 대가로 광물 채굴과 관리 가능한 규모의 풍부한 수목(樹木)을 확보할 수 있었다.[16]

미케네 궁전 문화가 몰락한 후 불안정한 초기 정치 형성 단계에 있던 에게해에서는 상황이 달랐다. 흩어져 있는 정착지와 영주의 저택들이 취약한 생활 조건 아래 있는 지역적 갈등의 세계를 특징지었다. 여기서도 페니키아인은 먼저 에게해 북부의 타소스(Thasos)섬에서 몇 안 되는 귀금속 채굴 지역을, 이어서 아테네의 라우레이온(Laureion) 은광을 찾았을 것이다.[17] 그들은 아마도 금속 획득과 노예 및 포도주 판매를 결합했을 것이다. 그러나 키프로스인과 달리 페니키아인은 '식민지'를 건설하지 않았다. 그들은 거의 도시화하지 않은 귀족 세계에서 낯선 존재였을 것이다. 페니키아인은 잡화상처럼 행동하며 전혀 뭉치지 않았고, 예를 들어 금속 수공업자나 금세공 장인으로 따로따로 활동했다.

이러한 준칙은 매우 큰 성공을 거두었고, 곧이어 에우보이아(Eúboia) 섬 출신 상인들과 공동 항해를 시작했다. 각 지역의 선원들이 뒤섞인 선박은 시칠리아와 티레노(Tirreno)해로 나섰다. 이탈리아 서부 해안에서는 피테쿠사이[Pithekussai, 또는 이스키아(Ischia)]가 수익성 있는 사업의 중심지로 떠올랐는데, 그 해안의 광석이 동양의 명품(고급 도자기와 상아 조각) 재료로 사용되었기 때문이다. 그리스인은 아마도 창고 관리나 교역을 위한 항해에서 페니키아 음절 문자를 채택했을 것이다. 피테쿠사이에서는 티레노해에서 가장 광석이 풍부한 사르디니아 섬으로 향했다. 어쩌면 페니키아인은 키프로스 항해자들의 이야기를 통해 이곳에 대해 알고 있었을 것이다. 그들이 남쪽 해안에 도착했을 때, 그곳엔 인상적인 '거석 구조물(Nuraghe)'을 건축한 토착민들이 살고 있었다. 그들의 호전적인 태도를 통해 페니키아인은 강하고 잘 조직된 모습을 보이는 게 존중을 끌어내는 유일한 방법이라는 결론에 도달했을 것이다. 남해안과 서해안에 자리한 그들의 거점은 내륙의 납, 주석, 구리 그리고 은 매장지에 접근할 수 있는 도시 단지로 발전했다.[18]

3 에스파냐의 낙원과 카르타고

토착 엘리트와의 협력은 그리스에서와 마찬가지로 잘 작동했을 것이다. 사르디니아 사람들은 사르디니아보다 훨씬 더 많은 광물이 매장된 이베리아반도와 좋은 관계를 유지하고 있었다. 페니키아의 배들은 처음엔 에스파냐의 지중해 해안으로 접근했다. 오늘날의 말라가, 그라나다, 알메리아 지방은 레반트와 놀라울 정도로 유사했다. 레반트와 마찬가지로 이곳도 폭 20킬로미터 이하의 아주 좁은 해안 지대가 길게 뻗은 페니베티코산맥과 베티코산맥으로 내륙과 분리되어 있었다. 해안은 산악 지대에 의해 형성된 좁은 충적 계곡으로 나뉘었고, 진주 목걸이처럼 얽힌 페니키아의 정착지들은 각각 걸어서 갈 수 있을 만큼 떨어져 있었다(800미터).[19] 정착지는 해상 교역이나 금속 획득을 위한 중간 기지 역할을 하지 않았다. 전자를 위해서는 서로 가깝다는 점이 비효율적이었을 테고, 후자를 위해서는 자연조건이 좋지 않았을 것이다. 페니키아인을 매료시킨 것은 오늘날보다 더 습한 기후와 비옥한 토지, 그리고 그들의 토지 이용에 이의를 제기할 세력이 없었다는 점이다.

새 이주민은 지중해 지역에서는 드물게 이 기회를 잘 활용했다. 그들은 다양한 곡물과 채소, 올리브나무와 포도나무 등을 재배하기 위해 그 땅을 개발했다. 에스파냐 포도주는 페니키아에서 유래했다! 그와 더불어 가축 사육도 이뤄졌는데, 특히 돼지는 에스파냐에 그때까지 잘 알려지지 않은 동물이었다—오디세우스의 부하들을 돼지로 변신시킨 마법사 키르케(Kirke)의 이야기도 여기서 유래했다. 소는 쟁기질하는 동물로 사용되었고, 그 배설물은 수확량을 증대시켰다. 양과 염소는 산비탈에서 풀을 뜯었다. 숲은 선박과 가구용 목재는 물론 농기구 생산에 필요한 광석, 더 나아가 사냥감을 제공했다. 해안에는 풍부한 어장과 섬유 염료를 얻을 수 있는 자주색 달팽이가 서식했다. 한마디로 말해, 그곳은 분업에 기반한 고도로 생산적인 사회를 육성한 농업 낙원이었다.[20] 아마도 의로운 자의 영혼이 떠도는 행복한 낙원의 신화는 코스타델솔(Costa del sol: '태양의 해안'이라는 뜻)에서 탄생했을 것이다. 북쪽 지방에서 온 오늘날의 휴가 여행자들도 그것을 이해할 수 있을 것이다.

하지만 위험 없는 풍요는 없다. 따뜻하고 습한 기후는 식물 생장과 가축 사육에 유리했지만, 남은 생산물을 보존하는 데 어려움이 있었다. 그래서 인근 지역 주민들은 내륙의 산물과 그 생산 방법을 조언해주는 대가로 와인, 농산물, 고기를 특수 용기에 담아 제공받았다. 결혼은 이런 관계를 더욱 강화했고, 일부 이베리아 남성은 페니키아 정착지에서 일했다.[21] 이런 방식으로 그들은 채굴, 철제 도구 및 특수한 도자기 제작 같은 기술을 배웠다. 페니키아인은 그 대가로 정보와 노동력을 제공받았다.

페니키아 선원들은 토착민의 도움을 받아 또 다른 해안을 탐험하고 지브롤터해협을 통과했다. 그리고 시에라마드레(Sierra Madre)의 은과 금 매장지를 발견해 더 큰 부에 접근할 수 있었다. 이 매장지는 지역 족장들의 통제 아래 있었다. 근동의 전통은 타르테소스 왕국에 관해 이야기한다. 그 왕국의 힘은 무엇보다도 대서양의 청동과 주석 교역에 기반했다. 그에 반해 매장된 귀금속은 여전히 고갈되지 않은 상태였다. 그리하여 페니키아 선장들은 기회를 찾아냈다. 그들은 일찍이 타르테소스 남쪽 과달키비르(Guadalquivir)강 어귀의 교통 요지인 가디르/가데스(카디스)섬에 거점을 마련했다. 이곳은 대서양 해역에서 가장 중요한 티루스의 식민지로 발전했다. 그 뒤로 강어귀에 좀더 작은 요새들의 건설이 이어졌다. 한편 토착민과 거래를 트기 위해 그들에게 포도주와 돼지고기부터 '동방의' 삼발이와 향로, 자주색 옷과 철제 도구에 이르기까지 그들이 알지 못하는 물품을 제공했다. 그 대가로 티루스인은 귀금속과 그 매장지의 채굴권을 얻었다. 한편, 토착민은 땅속에서 은을 채굴하는 새로운 기술과 저급한 광석에서 은과 금을 분리하는 방법(회취법)을 배웠다. 티루스인은 그것의 가공과 판매를 담당했다.[22]

이런 방식으로 목재 같은 천연자원의 수확을 촉진했을 뿐만 아니라, 과달키비르강과 과달레테(Guadalete)강을 따라 다른 경제 분야의 번영을 가능케 한 특화된 정착지를 갖춘 '광물 산업'이 생겨났다. 내륙의 귀금속은 강을 통해 해안으로 운반되어 티루스의 거점으로 유입되었다. 가데스는 교역의 중심지였다. 이 도시는 주괴(鑄塊) 형태의 귀금속 외에 아프리카의 상아와 타조알, 바다 동물 그리고 이를 재료로 만든

소스를 지중해 지역으로 수출했다.

후발 주자들은 해안 시설 및 이베리아와 페니키아 거점을 통합해 (0.02~0.08제곱킬로미터 크기의) 작은 마을이 성장하도록 했다. 그들은 적절한 부지를 찾으면, 예를 들어 언덕 같은 노출된 곳에 신전이나 제단을 세웠다. 대도시 가데스만이 여러 신전을 보유했는데, 그중엔 아스타르테(Astarte: 다산, 사랑, 전쟁을 관장하는 여신-옮긴이)와 멜카르트를 모신 신전이 있었다. 그와 같은 신전 시설은 단지 종교적 보호 기능만 지녔던 것이 아니다. 그것들은 천문·항해·지리 정보의 저장소이자, 획득한 이익을 일시적으로 보관하는 '외국 은행'의 역할도 했다. 신전의 영주들은 때때로 채광과 해운에 투자했을 수도 있다.[23] 하지만 다른 곳, 특히 해안의 소규모 농경 식민지에서는 그런 시설이 필요하지 않았다. 제단과 신전이 이정표이자 종교적 정체성을 나타내는 장소로 충분했다. 그것들은 티루스인이 교역 상대방을 찾고 있다는 신호를 보내고, 이베리아의 족장들도 믿고 맡길 수 있는 공정한 교환의 장을 제공했다.

그에 따라 요새 시설은 거의 세워지지 않았다. 무덤의 발견 목록에서도 무기는 없었지만, 귀족 연회용 도자기와 그릇은 나왔다. 정착지 내부는 직사각형의 주거용 집과 저장 창고가 특징이었고, 작은 수공업 및 생산 구역으로 나뉘어 있었다. 더 큰 집들은 창고로 사용되었다. 이베리아 '식민지'에 있는 약 50개의 무덤에는―다른 곳에서는 왕을 위해 사용된―이집트 설화 석고(雪花石膏: 주로 장식용 조각재로 사용하는, 흰 알맹이의 치밀한 덩어리로 이뤄진 석고-옮긴이)로 만든 유골 단지가 들어 있었다. 이는 도시의 경제 부문을 조정하고 이베리아 족장들하고의 관계를 발전시킨 지배 엘리트가 있었다는 증거다. 그들은 대부분 당시 서쪽으로 향하는 장거리 원정대에 자금을 지원하고 이끌었던 가족들로부터 모집했을 것이다. 고향에서 멀어지면 멀어질수록 그들은 더욱더 자신감과 독립심이 강해졌다. 이들과 그 친척의 후속 이주를 통해 '식민지' 귀족제가 발전했고, 그들은 죽은 자를 왕의 모범에 따라 화장하고 그 유골을 단지에 넣어 묻었다.[24] 그렇게 죽어서도 먼 땅의 영웅으로 자신을 드러냈다. 그들이 잔치에서 들려준 이야기 가운데 일부는 그리스까지 전해져 지중해 영웅 이야기의 구성 요소가 되었다.

이 모든 것이 경쟁을 배제하지는 않았다. 그 경쟁은 티루스에서 많은 상인을 먼 곳으로 내몬 이유였고, 또한 가데스(가디르)와 더불어 북아프리카에서 가장 유명한 티루스인의 정착지인 카르타고의 출발점이었을 것이다. 전해지기로 카르타고는 엘리사(Elisa)라는 이름의 티루스 공주가 가족의 승계 투쟁을 피해 충성스러운 추종자와 지도층 대표자들 및 아스타르테 성소의 사제와 함께 키프로스에서 서쪽으로 항해해 튀니스만(Tunis灣) 연안의 토착민 제후로부터 땅을 받아 세웠다고 한다. 한 여성이 식민자들의 행렬을 이끌었다는 것은 그리스-로마 전설로 거슬러 올라간다. 그러나―이름 자체가 시사하듯이('카르타고=새로운 도시')―카르타고가 처음부터 티루스 평의회에 의해 도시 중심지로 계획되었으며, 여기에 가데스에서와 마찬가지로 멜카르트 신전과 키티온에서 얻은 경험이 중요한 역할을 했으리라는 것은 의심할 여지가 없다.[25]

실제로 카르타고는 기원전 9세기에 정착지 면적이 다른 거점들의 크기를 넘어서는 지역에 세워졌다. 단지는 직사각형의 배치를 따랐다. 집을 짓는 데는 돌 기초 위에 진흙 벽돌을 쌓는, 근동에서 잘 알려진 건축법을 사용했다. 무덤 시설은 정착지의 북쪽을 중심으로 1350×

700미터의 면적에 걸쳐 펼쳐졌다. 기원전 7세기에는 엘리트 상류층이 있는 사회적 계층화가 이루어졌다는 흔적이 있다. 그에 따르면, 도시는 처음부터 부유한 가문으로 구성된 귀족 정부를 가졌던 것으로 보인다. 그리고 (키프로스에서 알려진) 매장부터 화장에 이르기까지 다양한 형식의 장례법이 있었다. 사람이 드나들 수 있는 무덤방은 아마도 키프로스를 통해 전해진 이집트와 아나톨리아의 전통을 보여준다.[26] 그에 따르면, 카르타고는 가데스와 마찬가지로—그러나 에스파냐, 사르디니아 또는 시칠리아의 다른 거점들과 달리—티루스의 공동체 프로젝트 일환으로 구축되었고, 그런 까닭에 새로 건설된 도시와 모(母)도시는 항상 밀접한 관계를 유지했던 게 분명하다. 카르타고의 배는 매년 교역 수익의 10분의 1을 티루스의 멜카르트 성전으로 가져왔다. 아마도 키티온 출신의 사제들도 그러한 절차가 의식적으로 어떻게 수행되는지 알고 있었던 까닭에 건설에 참여했을 것이다.

카르타고의 교역 상황을 고려할 때, 원활한 정착을 위한 노력은 그만큼 더 이해할 수 있는 일이었다. 가장 먼 서부에서 레반트로 돌아오는 선박의 모든 선장은 일반적으로 여름철 서풍의 도움을 받아 북아프리카 해안을 따라 항해하는 항로를 선택했다. 그들은 튀니스만에서 다시 한번 사르디니아와 이탈리아로 향하거나, 북쪽으로 시칠리아와 몰타(Malta)를 거쳐 시드라만(Sidra灣)을 우회하고 크레타섬과 이집트를 거쳐 레반트에 도착할 수 있었다. 이에 더해 그들은 카르타고에서 보내는 시간을 그 도시의 생산물과 내륙 및 서아프리카의 캐러밴이 해안으로 가져온 노예, 상아, 준보석(準寶石: 보석보다는 가치가 떨어지지만 이에 버금가는 수정, 마노 따위의 보석—옮긴이), 금을 비축하는 데도 활용할 수 있었다.

이러한 중심지 기능은 카르타고를 곧바로 타의 추종을 불허하는 대도시로 만들었다. 그곳의 거주민은 기원전 7세기에 이미 다른 정착지의 인구를 넘어섰다. 아마도 카르타고의 성공에 대한 지식이 있었기 때문에 다른 식민지들, 예를 들어 남부 사르디니아도 세워졌을 것이다. 이러한 배경을 고려할 때, 바빌로니아 군대의 포위 공격으로 티루스의 영향력이 약해진 후 카르타고가 빠르게 서부 지중해 거점들에 대한 통제권을 확대하고 단일한 영향권으로 통합하려 했던 것은 놀라운 일이 아니다. 그 영향권은 지브롤터해협을 거쳐 타르테소스 지역에까지 이르렀지만, 이곳에는 곧바로 쓰나미가 덮쳤다. 카르타고 함대는 서아프리카 해안에서 쇠락한 페니키아 거점을 되살리고 새로운 거점을 건설했다. 그들은 모가도르(Mogador)에서 세네갈강의 귀금속 매장지를 탐색하고, 심지어 서쪽에서 해안을 따라 아프리카 일주를 시도하기도 했다. 이는 일정 부분 과거 이집트에서 출발한 티루스인의 아프리카를 우회한 항해의 연장선이기도 했다.[27]

4 주변인에서 야심 찬 공동 행위자로: 그리스인

에게해도 교역의 중심지 기능을 수행할 잠재력을 가지고 있었다. 페니키아 항해자들이 아주 일찍부터 이곳을 찾아오고, 거기서 크레타섬을 거쳐 서쪽으로 계속 이동한 것은 우연이 아니었다. 내륙으로 들어가면 우리는 대부분 언덕으로 둘러싸여 있고 몇 안 되는 하천이 가로지르며 비옥한 계곡과 충적 지형의 혜택을 거의 받지 못하는 작은 정착 마을을 만날 수 있다. 그런 조건이 레반트에서와 마찬가지로 사람들을 바다로 이끌었다. 오늘날에도 그렇듯 배를 타고 해안에서 해안으로, 섬에서 섬으로 이동하는 것은 일상생활의 일부였다. 페니키아에서와 마찬가지로 조선(造船)과 항해는 엘리트들에게 삶의 중심적 구성 요소였다. 하지만 눈에 띄는 차이도 있었다. 레반트의 해안과 달리 에게해는 청동기 시대에 그리스반도에서 미케네 문화를 창시한 인도-유럽 전사 집단의 활동 영역에 속했으며, 펠로폰네소스에서 가장 유명한 요새의 이름을 따서 명명되었다.

미케네 사람들은 고대 '원시그리스어'를 사용하고, 가장 오래된 인도유럽어 문자인 '선문자-B'를 만들어냈다. 그리스 구릉지에 적합하지 않은 전차는 위신의 상징 역할을 했고, 미케네 사람들은 쿠르간 대신 수직갱 무덤을 만들었다. 어쨌든 미케네인은 세계 다른 지역에 있는 그들의 모든 동료와 마찬가지로 한 가지를 유지했다. 그것은 바로 약탈하기 좋아하는 전투 집단을 이끄는 데서 보여준 전사적 용맹과 젊은 영웅주의를 향한 존경심이었다. 미케네의 영주들은 권력이 절정에 달했을 때, 크레타섬의 지진으로 약해진 미노아 궁전을 정복하고 소아시아 해안에 자리를 잡았다. 그렇지만 미케네인의 경탄할 만한 성공도 지중해 북동부 세계의 다른 세력들처럼 청동기 시대 위기의 소용돌이와 이른바 해양 민족의 공격 와중에 몰락하는 걸 막을 수는 없었다 (111쪽 참조).

에게해 동쪽, 옛 제국의 핵심 지역은 곧바로 근동의 전통에 여전히 사로잡혀 있는 새로운 정치 구성체에 점령당했다. 그래서 유목민-농민의 생활 방식이 변화할 수밖에 없었는데, 새로운 권력은 재빨리 근동에 친숙한 형태로 그 공백을 메웠다. 그리스에서는 달랐다. 물론 미케네 문화의 쇠퇴는 (오랫동안 믿어왔던 만큼) 근본적이고 급격하게 진행되지 않았다. 그럼에도 일반적인 약점을 이용해 미케네 영주들이 통제했던 지역을 차지할 강력한 세력은 없었다. 그리스반도는 군주제 질서의 부활 대신, 동방의 도시 왕보다는 인도-유럽의 **족장** 같은 사람들이 이끄는 소규모 정착지와 이동 집단의 영역으로 변모했다.

그들의 이상은 기원전 7세기 소아시아 해안에서 활동한 시인 호메로스의 서사시에 보존되어 있다. 히브리 《토라》의 저자들처럼 호메로스는 수 세기 동안 이어진 구전 전통을 활용했다. 그의 영웅들은 도시 및 대제국의 세계와는 여전히 거리가 멀었다. 오디세우스는 해양 유목민이고, 아킬레우스는 전투 유목민이다. 이타카 출신의 해적 제후에게 전설적인 스케리아(Scheria)—아마도 페니키아의 가데스—같은 '현대적' 도시는 먼 서쪽의 경이로운 장소다. 반면, 위대한 전사는 동쪽의 트로야를 단지 개인의 영웅적 행위를 위한 배경으로만 여긴다. 둘다 유목민 전사 집단과 비교할 수 있는 이동 전투 부대, 곧 헤타이로이(hetairoi)를 이끌고 있다. 둘 다 해안 도시를 약탈하고 싶어 하지만 점령하지는 않는다. 트로야의 경우, 이는 왕령 스키타이인들도 숭배하는 포세이돈의 문장(紋章) 동물인 '인공' 말을 통해 달성된다. 인도-유럽 영웅 문화의 궁극적 상징인 전차는 물론 현실에서는 군사적으로 사용되지 않았지만, 시인들에 의해 인간적이고 신적인 엘리트(아테나, 포세이돈, 헬리오스)의 영웅적이고 멋진 전투용 및 대표 탈것으로 보존되었으며, 훗날 철학에 의해 '인지적 사고의 수단'으로 발견된다. 아테나는 영웅들의 전차 조종사이자 보호자, 조언자다. 그녀는 인도 서사시의 신적인 전차 조종사(크리슈나)에 대응하는 (토착민에게서 통합된) 여신이다. 오디세우스는 유목민 왕가의 고전적 시험인 활쏘기로 왕궁 탈환을 시작한다. 그리하여 오디세우스와 아킬레우스는 삶의 마지막에 또는 죽은 자로서 그곳으로 돌아간다. 오디세우스는 선견자 테이레시아스(Teiresias)의 지시에 따라 항해에 대해 전혀 알지 못하는 사람들을 만나 북쪽으로 여행을 계속한다. 아킬레우스는 스키타이인의 땅 다뉴브강 어귀에 있는 '하얀 섬'으로 옮겨져 그들의 보호자로 선택받는다.[28]

이 모든 것은 지중해 세계의 조건에 서서히 적응한 이동 생활에 대한 기억이다. 북부 인도에서와 마찬가지로(165~167쪽 참조), 가축 몰이와 육식은 영웅들의 자기 이해에 커다란 역할을 했다. 베다 시기 인도와 마찬가지로 가축 약탈과 영웅적 사냥에 관한 수많은 이야기는 젊은 전사 집단의 시련과 입문 의식을 보여준다.[29] 하지만 사람들은 곧이어 정주 생활 방식의 안정성을 추구했다. 외부의 영향이나 역할 모델이 없었기 때문에 이 단계는 자유롭게 전개되었고, 각각의 생태적·지리적 환경에 따라 서로 다른 방향으로 발전할 수 있었다.

펠로폰네소스반도와 그리스 북서부 및 북동부 산악 지역에서는 히브리 고원 지대(83~85쪽 참조)에서처럼 마을이나 좀더 작은 정착지에서 농부와 목부(牧夫)로 함께 사는 가족과 씨족 무리가 지배적이었다. 더 큰 단위는 부족(ethnos) 형태로 나타났는데, 이들은 지역명에 따라 불리거나〔엘리스(Elis)에서 이름을 딴 엘레인(Eleer)〕 지역명을 집단 이름에 붙였으며〔보이오티아(Boeotia) = 보이오티아인〕, 팔레스타인에서처럼 지역의 성소와 예배 장소 주변에 모여 살았다. 히브리인의 경우와 마찬가지로 대규모 군대는 상황에 의해서만 구성되었고, 따라서 개별 족장들이 지역의 권력을 차지하기 위해 움직일 여지가 있었다.

이런 복잡한 상황에서 북쪽에서는 팔레스타인의 히브리 '왕조'보다 조금 늦게 소규모 '왕가'들이 출현했다. 가장 잘 알려진 것은 마케도니아 북부 산맥에서 남부 평야로 이주해 곧바로 마케도니아의 역사에 발자취를 남긴 아르게아드(Argead) 왕조다. 펠로폰네소스에서는 두 씨족이 북쪽에서 라코니아(Lakonia)로 이주해온 집단의 왕가로 자리 잡는데 성공했다. 두 씨족 모두의 혈통은 스키타이인이 그랬던 것처럼 헤라클레스로 거슬러 올라간다. 바로 스파르타의 탄생 순간이다. 그들은 남성 젊은이를 연령대별로 나누거나 머리를 길게 기르도록 했다. 그리고 15명으로 이루어진 식사 공동체〔시스시티아(Syssitia)〕와 캠프를 조직해 만든 (동등한 전사들로 구성된) 전투 남성 집단〔호모이오이(Homoioi)〕 등 많은 인도-유럽 전통을 보존했다. 왕령 스키타이인들이 피정복민에게 밭을 경작하도록 했다면, 스파르타인은 '헬로트'에게도 같은 일을 시켰다. 젊은 남성들이 1년에 한 번씩 도둑질로 삶을 유지하고 헬로트를 죽이기 위해 공동체를 떠났다는 사실은 스키타이인뿐만 아니라 유목민 출신 또는 그러한 출신임을 내세우는 다른 인도-유럽 민족들이 행한 입문 의식을 떠올리게 한다. 스파르타는 도시로 여겨지지 않는 4개의 마을로 구성되었는데, 그들이 도시 성벽 뒤에 숨는 것을 '여자 같은' 짓으로 받아들였기 때문이다. 이는 전형적인 유목민의 이데올로기다. 스파르타인은 스키타이인이나 히브리인과 공통점을 가지고 있었는데, 스스로를 그들의 조상(헤라클레스)이 약속하고 가로질렀던 약속의 땅으로 이주한 자들로 이해했다는 것이다. 카르네이아(Karneia) 축제 때 오두막에서 생활하는 것은 히브리의 장막절에 상응한다. 그리고 스키타이와 히브리 왕들의 경우와 마찬가지로, 스파르타인은 펠로폰네소스반도 대부분을 아우르는 확장적인 역동성을 발휘했다. 그리스 기준에서는 이례적으로 같은 종족에 속하는 '페리오이코이(Perioikoi)'를 분리한 것은 왕의 지배 구역 외곽에 살았던 대규모 스키타이 집단과 유사하다.[30]

에게해 해안 지역과 섬들의 상황은 달랐다. 이곳에서는 농장, 즉 오이코스(oikos)가 지배적이었는데, 핵가족과 그 친척 그리고 하인들이 농사를 짓고 다른 농장들과 작은 마을을 형성했다. 하지만 이들은 부족과 씨족 또는 친족 무리로 통합되지는 않았다. 눈에 띄는 것은 가족 구성원이 그러한 친족 무리를 지칭하는 이름이나 별명을 포기했다는 점이다. 그와 마찬가지로 후원자-피보호자 관계를 맺어야 한다는 압력도 없었다. 이웃 간 연대가 그 대안을 이뤘고, 마을의 규범에 얽매이고 싶지 않은 부유한 지주는 친구 및 손님과 배타적인 관계를 유지했다.

친족 관계에 기반하지 않은 오이코스 소유자들의 **자발적** 협동은 특별한 사고방식을 만들어냈다. 성공은 개인의 용기 그리고 성과와 설득의 힘을 통해 같은 생각을 지닌 사람들을 공동의 목표를 위해 동원하고, 약탈물과 선물을 통해 그들을 자신에게 묶어두는 능력에 기반했다. 가장 성공한 사람들은 스스로를 바실레이스(basileis), 즉 '왕족'이라고 불렀다. 그중 일부는 이미 기원전 1000년경 동료들과 함께 에게해를 건너 소아시아 해안에 정착지를 세웠다. 그 정착지들로부터 내륙에 있는 리디아 왕의 승인을 받아 중요한 항구 도시가 발전했고, 이주한 전사들은 바다를 자신의 고유한 활동 영역으로 삼아 미케네인의 영광스러운 시대를 이어가려는 도시 귀족으로 변신했다. 그들은 다른 주민과 자신을 차별화하기 위해, 그러나 또한 자신에게 동양의 왕들과 대조적인 개성을 부여하기 위해 호메로스 서사시의 구성에 영감을 주었다. 호메로스가 근동으로부터 많은 모티브를 받아들였지만, 그의 작품 세계와 초점은 지금까지 그곳에 있었던 모든 것과는 분명히 구별된다. 선형적인 줄거리를 묘사하는 대신 사건들은 51일(《일리아드》)이나 40일

《오디세이》이라는 짧은 기간에 집중된다. 아울러 각각의 기간은 청중에게 친숙한 긴 사건들이 연쇄적으로 일어나는 마지막 해에 해당한다.

이것은 시인에게 시간적인 회상 장면에서도 다면적 행위를 결합하고, 그에 따라 주인공들을 다층적으로 묘사할 수 있는 가능성을 부여했다. 그리고 시인은 예를 들어, 가장 강력한 전사(아킬레우스)와 공식적으로 군대를 이끄는 왕(아가멤논), 또는 지휘자(오디세우스)와 선원 사이의 긴장으로 가득 찬 관계와 이로부터 생겨나는 결과처럼 현실적 관심의 대상인 주제 및 갈등을 전면적으로 탐색할 수 있었다. 그러한 결과는 항상 자유로운 사람들의 더 큰 공동체, 즉 《일리아드》의 경우에는 그리스 군대, 《오디세이》의 경우에는 헤타이로이(기병대)와 오디세우스가 그에 맞서 자신의 농장을 되찾아야 했던 오이코이(oikoi) 구성원들과 관련이 있다. 이러한 것들은 군주제나 신정 정치 체제에서는 흥미롭지 않은 주제이지만, 일반적으로 정치적 위계가 공고해져야만 하고, 권력자가 자신을 증명해야만 하며, 공동체가 규칙에 동의해야만 하는 세상에서는 그렇지 않았다. 여기서 독립적이고 자치적인 시민 공동체인 폴리스가 출발했다.

폴리스의 기본 조건은 소아시아 해안뿐만 아니라 여러 섬과 그리스에도 적용되었으며, 이것이 바로 호메로스의 이야기가 그토록 빠르게 퍼져나간 이유다. 에우보이아섬, 본토 등 거의 모든 곳에서 바실레이스는 배를 이용해 평화롭게, 그러나 흔히 무력으로 본국에서 구할 수 없는 재화를 획득했다. 귀국 후 그들은 다른 바실레이스를 연회에 초대하고 고대 종교 중심지에서 같은 생각을 지닌 사람들을 만나 '상류층', 즉 아리스토이(aristoi)로서 자신의 지위를 재확인했다. 이런 방식으로 아테네에는 옛 미케네성 인근에 새로운 정착지가 형성되었음이 틀림없다. 이 정착지는 아주 매력적이어서 멀리 떨어져 사는 아티카 주변 지역의 오이코스 소유자들에게도 중심지로 받아들여졌다.

다른 곳에서는 족장들이 해상 교역과 철 생산이 제공하는 기회를 더 잘 이용하기 위해 함께 모여 더 큰 공동체를 형성했다. 이전에는 오이코스에서 오이코스로 떠돌던 장인과 상인들이 이제는 바다로 쉽게 접근할 수 있는 중심지에 정착하게 되었다. 해안 가까이나 강어귀에 자리한 폴리스는―페니키아의 도시들과 마찬가지로―해상 교역, (도자기, 올리브유, 포도주 같은) 지역 생산물의 수출, 그리고 수공업적 기능을 통해 귀금속 자원의 부족이라는 단점을 보완한 경제 단위로 번성했다. 이 모든 것 덕분에 기원전 9세기 이후부터는 인구가 지속적으로 증가했다.

육지와 바다로부터의 습격에 대비해 폴리스 주민들은 집을 더 가깝게 짓고 성벽으로 둘러쌌다. 농경지는 주거 지역 바깥에 있었다. 이로 인해 정착 중심지와 교외 지역으로 나뉘는 그리스 도시의 전형적 구도가 만들어졌다. 또 다른 도전은 내부에서 제기되었다. 인구가 증가함에 따라―기름과 곡물 저장을 위해 대형 사일로를 사용한 것에서 확인할 수 있듯―농경과 원예가 점점 더 중요한 역할을 하게 되었다. 비옥한 토지를 둘러싼 분쟁은 피할 수 없었다. 분쟁을 중재하고, 그에 더해 도로와 보급소 그리고 토지 경계를 확정해야만 했다. 모든 사람이 그 지도력을 받아들이는 군주나 사제 제도가 없었기 때문에 바실레이스가 나머지 주민들과 협의해 이 과제를 떠맡았다.

특히 바실레이스가 피지배층이나 친족 집단의 지지를 받지 못했기 때문에 이는 어려운 문제였다. 더욱이 이러한 과제는 그로부터 어떤 독립적인 권력도 형성될 수 없도록 배분해야만 했다. 이는 우리가 '정치'라고 부르는— 다른 어떤 곳과 비교할 수 없을 정도로 그리스 세계를 사로잡았던—창조적이지만 또한 갈등으로 가득 찬 권력 균형의 장을 열어주었다. 폴리스에서 정치권력의 공정한 분배 문제는 그리스 사상가와 시인들의 주요 관심사였다. 명확한 위계질서와 명령이 존재하지 않는 상황에서 웅변술(훗날의 '수사학')은 성공한 사람들의 기술로 여겨졌으며, 다른 어떤 분야보다도 높은 평가를 받았다. '왕조' 지배의 모든 위험을 방지하기 위해 가문의 수장들은 자신의 관할 영역을 일시적으로 제한하는 데 동의했고, 이는 군주제의 공식 기구를 명백히 거부하는 것이었다. 많은 폴리스에서 전쟁이나 종교 의식 수행 같은 공공 업무를 위한 연례 직책을 설치했다. 이런 직책은 일반적으로 주요 가문의 구성원이 맡았고, 그들은 임기 동안 자신을 아르콘(archon)이라 칭했다. 우리는 이를 흔히 '관리'라고 번역하지만, 아르콘은 급여도 연금도 받지 않았다.

모든 지중해 도시 국가에서와 마찬가지로 이들은 '장로 회의'의 통제와 지원을 받았으며, 아르콘도 임무를 마친 후에는 분명히 평의회에 소속되었을 것이다. 평의회와 '관리'는 적의 공격이 예상되는 경우와 같은 특정한 상황에서 방어 능력이 있는 인구를 '인민 회의'에 소집했다. 아울러 그러한 결의의 결과는 문서로 작성되었고, 거기에는 "폴리스가 이렇게 말했다"라는 문구를 덧붙였다.[31] 이는 시민들의 주권적 의지의 표현이라기보다 지도적 가문뿐만 아니라 **모든** 주민이 집단적으로 책임감을 느끼고 결정에 참여해야 한다는 주장을 문서로 뒷받침하는 것이었다. 근동의 도시 국가와 제국들에도 '인민', 농민 또는 '자유인'을 대표하는 평의회와 대표 기관이 있었다.[32] 하지만 그것들은 그 공동체의 '법률적' 질서에서 중요한 역할을 하지 못했다. 그런 곳에서는 일반적으로 왕이 도시의 신으로부터 규칙 및 법의 제정과 그걸 공포할 권한을 부여받았다. "법은 왕에게서 구현되어 있다"〔얀 아스만(Jan Assmann): 독일의 이집트학자, 문화사학자, 종교학자―옮긴이〕.[33]

페니키아의 항구 도시나 카르타고처럼 왕권이 억압되었거나 전혀 존재하지 않았던 도시 공동체에서만 지도적인 가문과 그들의 협의회 및 민회에 더 큰 주도권이나 단독 관할권을 인정하는 법 제정 및 입법 절차가 있었음에 틀림없다. 그리스의 폴리스는 극단적 변형을 이루었다. 그들은 공적인 법률을 제정하고 공포하는 신적 또는 군주적 권위를 알지 못했다. 그 대신 남성 시민 내지는 그 대표들이 이러한 까다로운 임무를 맡아 스스로 옳다고 생각하는 바를 결정했다―이는 용기와 자신감을 요구하지만, 무엇보다도 우선 지역적 시야의 경계를 넘어선 집중적인 의사소통과 끊임없는 경험의 교환을 요구했다.[34]

이러한 자기 이해는 도시의 건축 형태에도 반영되었다. 중앙에는 공공 건축물에 둘러싸인 열린 회의 공간(아고라)이 있었고, 귀족들은 이곳에서 법을 집행하고 군대를 소집하고 시민과 폴리스의 업무에 대해 협의했다. 종교 구역은 '정치적' 공간과 분리되었지만, 서로 가까운 곳에 있었다. 처음에는 (페니키아 식민지처럼) 석조 제단을 세웠지만, 곧바로 도시의 신을 위한 최초의 예배당을 건축했다. 이것들로부터 기원전 6세기 이후 석조 신전이 등장했다. 근동의 수도들에 비하면 소박했지만, 그것들은 모든 시민의 자기 이해에 중요했다. 왜냐하면 신전의 건설과 관리는 시민들의 뒷받침이 있어야만 가능했기 때문이다. 도시의 신상과 다른 신성한 물건의 저장소로서 신전은 **공동의** 종교 행사를 펼치는 중심지였다. 지금까지 귀족들에게만 주어졌던 값비싼 부장품이 이제 폴리스의 성스러운 구역에 전시되었다. 그래서 신전은 **모든** 주민의 기준점이자 폴리스 사회의 정체성을 형성하는 중심지로 자리 잡았다. 아고라나 신전과 더불어 제3의 구역으로 매장지가 좁은 정착 공간을 나눔으로써, 폴리스에서 활동하는 자의 세계가 망자의 세계와 분리되었다. 공적 공간의 삼분법은 시민과 신 그리고 망자라는 세계의 이데올로기적 분할에 상응했다.

5 이동하는 도시 건설과 정치: 폴리스의 확산

폴리스의 전체적인 모습이 초기에 아무리 조화롭게 보이고 주민이 아무리 집단으로서 등장하더라도, 역사에서 언제나 그렇듯이 대규모 집단이 공동의 규칙에 동의하는 곳에서도 규칙을 지키지 않거나 자신에게 유리하게 악용하는 사람은 있게 마련이다. '조작'의 관문은 부동산과 재판을 둘러싼 분쟁이었다. 고대의 문학 작품은 법정에서 사기를 당하거나, 채무자로서 부자에게 재정적으로 의존하게 되거나, 재산을 잃거나, 심지어 노예로 전락할 위험에 처하는 등 강자의 횡포 앞에 선 약자의 무력함에 관해 이야기한다.[35]

하지만 폴리스의 직책을 1년 동안만 유지할 수 있었다는 사실만으로도 엘리트 내부에 경쟁이 있었음을 알 수 있다. 참여자들이 아무리 그 절차를 공들여 다듬더라도 중앙 정치 지도부의 사임과 안정적인 피지배층 및 씨족 관계의 부재는 분쟁이 발생해도 규제 수단을 찾을 수 없다는 걸 의미했다. 법적 원칙은 아직 개발되지도, 실행되지도 않았다. 스스로 선택한 제도는 대체로 대안을 제시하기에는 너무 약했다. 아테네나 코린토스 같은 일부 대규모 폴리스에서는 야심 찬 귀족들이 자기 가문의 구성원을 반복적으로 공직에 앉힘으로써—가족 통치를 구축하기 위해—이를 악용하기도 했다. 그들의 '통치'는 물론 왕정은 아니었지만, 적어도 한두 세대 동안은 안정적이었다. 왜냐하면 다른 귀족들의 자의적인 통치로부터 약하고 불우한 시민을 보호할 것을 약속하고 도시 경제를 활성화하는 데 크게 기여했기 때문이다.

자료에 따르면, 참주 정치로 묘사되는 이 정권도 잠재적인 갈등의 토대 위에 세워졌다. 경쟁하는 귀족 가문들은 권력에서 배제당했다고 느꼈고, 모든 농민이 경제적 호황의 혜택을 누릴 수 있었던 것은 아니다. 이 두 계층은 종종 자신의 폴리스에 등을 돌리는 것 외에 그야말로 다른 선택의 여지가 없었다. 폴리스 또한 폭력의 발발을 막을 수 없는 경우가 많았기 때문에 이를 부추기기 위해 온갖 수단을 동원했다. 불만을 품은 사람들의 이탈은 내전의 독을 풀어 외부로 확산하는 밸브 역할을 했다.

오늘날에도 종교 공동체는 불만을 품은 구성원이 새로운 공동체를 설립하도록 함으로써 내적 평화의 계율을 고수한다. 고대에도 다르지 않았다. 젊은 전사 집단은 씨족 조직을 떠났다(38~39쪽 참조). 산악 유목민과 도시 국가의 경계에 있던 스파르타에서는 기원전 6세기에 왕의 아들 도리에우스(Dorieus)가 왕위 계승을 둘러싼 싸움에서 패배한 후 몇 명의 동료와 함께 낯선 곳에서 자기의 운명을 탐색했다. 이러한 내분은 다른 폴리스에서도 발생했고, 여러 가문의 소속원이 낯선 해안을 식민지로 삼는 경우도 더러 있었다. 예를 들어, 소아시아의 포카이아(Phokaia)에서는 젊은이들이 거의 정기적으로 전함에 승선해 지중해 서부의 안전을 위협하고 외국의 제후를 위해 용병 또는 해적으로 봉사했다. 선수에 충돌 뿔을 갖추고 빠르게 달리는 이 해적선들이 인도—

유럽 전사 집단의 전형인 50명의 노 젓는 사람에 의해 추진된 것은 과연 우연일까?

여기서도 그곳에서와 마찬가지로, 지도력은 귀족의 손에 달려 있었다. 성공하면 영웅으로 추앙받고 거의 신과 같은 영예를 누렸다. 그는 오디세우스처럼 모든 해안을 항해할 수 있는 기술, 인맥 그리고 자신감을 갖추고 있었다. 그리고 강력한 선원이 필요했다. 그런 까닭에 배에 모인 사람들은 결코 쇠약하고 굶주리며 절망하고 실망한 사람들만 있었던 게 아니다. 일찍이 많은 사람이 용병과 상인으로서 항로를 개척했고, 이주를 원하는 사람들을 태운 선장이 이 항로를 이용했다. 일부는 낯선 땅에서 부자가 되어 돌아왔고, 다른 일부는 외국의 왕을 섬기며 경력을 쌓았고, 또 다른 일부는 상인이나 장인으로서 새로운 고객을 확보하기 위해 계절마다 배에 올랐다. 따라서 바다로 향하는 것은 단순히 사회적·농업적 곤경으로부터의 도피가 아니라, 자원이 풍부한 동역학 관계, 특히 인구 증가의 결과이기도 했다. 이러한 요소가 없었다면 지중해를 가로지르는 수많은 항해는 불가능했을 것이다. 이주자를 받아들인 항구가 에게해에서 가장 부유하고 경제적으로 가장 성공한 폴리스였던 것은 우연이 아니다. 밀레투스·로도스·코린토스든 에우보이아섬의 폴리스든 모두 식민지 개척자와 그들의 선장이 활용할 수 있는 지역 간 연결과 접촉을 갖추고 있었다. 새로운 것의 마법은 이미 입증된 경험으로 뒷받침되었고, 이것이 새로운 정착지의 성공을 좌우했다.

이러한 정착지는 여러 측면에서 페니키아의 구조와 달랐는데, 이는 초기의 조건과 관련이 있었다. 서부의 거의 모든 페니키아 식민지가 티루스나 시돈에서 유래한 반면, 에게해의 더 많은 항구 도시들은 다양한 출신의 이주민을 서쪽뿐만 아니라 흑해와 북아프리카 해안에서 대량 받아들였다. 따라서 새로운 정착지는 민족적으로 이질적이었고, (카르타고나 가데스와 달리) **하나의** 모(母)도시와 특별한 종교적 유대 관계를 유지하지 않았다. 더 중요한 것은 페니키아의 새로운 도시 건설이 레반트의 초기 도시들이 확고하게 자리 잡은 시점에 이루어져 오랜 전통을 되돌아볼 수 있었다는 점이다. 그에 반해 그리스인의 이주는 폴리스 제도가 아직 확고하지 않았던 단계에 이루어졌다. 따라서 그리스인은 자신들의 해외 정착지를 폴리스가 아니라 '파견한 오이코이'를 의미하는 아포이키아(Apoikia)라고 불렀다.

하지만 이는 장점이기도 했다. 그들은 고정된 정착 모델을 가지고 출발한 것이 아니었다. 그래서 서로 다른 지역에서 온 선원들과 서로 다른 직업을 가진 사람들이 합류하는 방식으로, 오디세우스가 가르쳤듯 낯선 땅에서 실험하고 유연하게 행동할 수 있었다. 바뀐 환경에 적응하는 것은 새로운 정착민의 사고방식과도 일치했는데, 그들은 특정한 근본적인 신념과는 별개로 더 큰 자유를 추구했다. 그들이 수출한 것은 기존의 정치 질서가 아니라, 그것을 만들어내려는 의지였다.

이 모든 것은 도시 건설이 왜 그렇게 다른 과정을 밟았는지 설명해준다. '그리스 식민지'라는 명칭으로 너무나 무분별하게 요약되는 새로운 정착지의 설계는 정착민들의 기대와 고향에서 겪은 경험뿐만 아니라, 그 지역의 정치적·지리적·생태적 조건에 의해 형성되었다. 키레네에서는 바티아드(Battiad) 가문이 기원전 630년부터 도시 왕조로 자리 잡았다. 그들은 도시 왕권이 존재했던 고향, 즉 테라(Thera)섬의 폴리스를 모델로 삼은 것이 분명하다. 그에 더해 '군주제' 통치는 귀족적 질서보다 리비아 부족들로부터 더 큰 존경을 받았다. 그리고 마침내 내전으로 폭발할 위험이 있던 테라의 농업 위기로부터 새로운 정착지가 출현했다. 식민지 지도자들은 낯선 땅에서 안정적인 지도적 지위를 유지할 수 있었고, 새로운 시민들이 이를 받아들였다. 이집트에서 파라오는 밀레투스 출신 상인들에게 나우크라티스에 정착해 교역할 수 있는 장소를 제공했고, 정착민들은 여기서 이집트 환경에 적응해야만 했다. 그에 반해 흑해 북쪽 해안에 있는 밀레투스인의 초기 아포이키아는 원시적인 금 채굴자들의 정착지라는 인상을 준다.

지중해 서부의 상황은 또 달랐다. 에스파냐가 페니키아인에게 궁극적인 이상향이었던 반면, 남부 이탈리아와 시칠리아는 그리스 이주자들에게 꿈의 목적지였다. 새로운 정착지가 많이 생겨나면서 그곳은 곧 '대(大)그리스', 곧 메갈레 헬라스(Megále Hellas)라고 불리게 되었다. 새로 건설된 정착지들은 통행이 빈번한 해상 교역로와 해협에 자리했으며, 토지는 대단히 비옥했다. 시칠리아는 에트나(Ätna)산의 비옥한 화산 토양으로 인해 이집트와 더불어 지중해에서 가장 곡물이 풍부한 땅으로 여겨졌다. 비옥한 토지 덕분에 새로운 정착민은 일찍부터 필요한 경우에는 무력을 동원해 북부와 동부 해안에 최고의 영토를 확보할 수 있었다. 이런 방식으로 성립한 가장 중요한 폴리스는 기원전 8세기 중반 코린토스 정착민이 건설한 시라쿠사(Siracusa)였다. 초기 정착지는 약 40헥타르 크기의 섬〔오르티기아(Ortygia)〕에서 인근 본토로까지 뻗어나갔다. 두 지역은 거의 반도를 형성했고, 양쪽에 2개의 항구가 들어섰다. 이런 광범위한 토지 점유는 카르타고를 제외하고는 페니키아인의 조심스러운 초기 정착지와 분명히 달랐는데, 카르타고가 빠르게 시칠리아와 인근 해역에서 패권을 둘러싸고 시라쿠사의 커다란 경쟁자가 된 데는 그럴 만한 이유가 있었다.[36]

시라쿠사에서는 처음부터 거센 반발이 일어나는 듯했다. 이주민 가족들은 대지주로 자리매김하면서 스스로를 '가모로이(gamóroi)'라고 불렀는데, 이는 '땅을 나누어 갖는 자'라는 뜻이다. 스파르타의 헬로트와 유사한 지역 주민들은 어쩔 수 없이 강제적으로 토지를 경작해야만 했다. 불과 몇 세대 후 새로운 영주들은 섬의 내륙으로 세력을 확장했고, 요새와 식민지〔기원전 559/기원전 558년경 카마리나(Kamarina), 기원전 566년경 모르간티나(Morgantina)〕로 안전한 수익을 확보했다. 늦어도 이 시기에 시라쿠사는 곡물 잉여분을 수출할 수 있었다. 이로 인해 도시는 놀라운 경제적 도약을 이룰 수 있었지만, 정치적으로는 오랜 권력 구조를 견지했다. 에게해에서와 달리 유력자들은 자신감을 지닌 중간층의 형성과 중무장한 민병대의 출현을 막는 데 성공했다. 그 대신 그들은 필요에 따라—아마도 카르타고의 모범에 따라—세계 각지에서 시칠리아로 몰려든 용병을 모집했다. 시라쿠사의 영주들은 기마 엘리트로서 직접 전장에 나섰다. 이는 어느 정도 그리스 중부 및 북부의 상황(테살리아)과 비슷했지만, 본고장인 코린토스와는 그렇지 않았다.

다른 측면에서도 발전은 잘 알려진 패턴에 따라 이뤄졌다. 시민적인 중간층과 그에 상응하는 정치 제도가 없는 데 반해 정치적 목표를 관철하기 위한 용병이 있는 곳에서는 정치적 목표를 폭력적으로 관철하려는 유혹이 컸다. 경쟁자들은 가모로이에 의해 추방당했다가 용병과 함께 돌아와 옛 영주의 권력을 박탈하고 민중에게 더 큰 정치적 권리를 약속했다. 하지만 얼마 지나지 않아 코린토스에서와 마찬가지로 새로운 왕조가 수립되었다. 그들은 또다시 용병의 도움으로 도시를 통치하고 최초 정착민들의 외교 정책을 고수했다. 심지어 카르타고와의 전쟁도 꺼리지 않았다. 시라쿠사는—어떤 정권 아래에서도 언제나 그랬듯―이러한 준칙에서 결코 벗어나지 않았다. 이로 인해 이 도시는 지중해 역사의 무대에서 가장 중요하면서도 가장 위험한 세력 가운데 하나로 떠올랐다.

프로방스 해안에서 가장 유명한 아포이키아인 마실리아(Massilia)의 발전은 다른 형태로 진행되었다. 이곳에서는 단순히 땅을 차지하고 농지를 정복하며 권력욕에 불타오르는 것만으로는 부족했다. 토착민 족장과 상인 집단의 기존 구조에 자신을 끼워 맞춰야 했고, 그런 후에야 그들의 요구를 제시할 수 있었다. 기원전 600년경 소아시아의 항구 도시 포카이아에서 출발한 배들이 론강 하구에서 동쪽으로 약 43킬로미터 떨어진 교역 장소에 나타났다. 지도자들은 토착 제후에게 그리스인을 유명하게 만든 것, 즉 용병과 해적으로부터의 보호를 제안했다. 그렇게 포카이아인은 페니키아인이 열어놓은 시장의 틈새로 밀고 들어갔고, 상대방은 그걸 받아들이며 새로운 파트너에게 정착지를 약속했다. 이 계약은―전설에 따르면―그리스 지도자와 왕의 딸이 결혼하는 것으로 확정되었다.

초기 정착지에는 미스트랄(Mistral: 프랑스의 론강을 따라 리옹만으로 부는 강한 북풍―옮긴이)로부터 보호받는 훌륭한 항구가 있었다. 하지만 시칠리아나 남부 이탈리아와 달리 이 지역은 포도와 올리브 재배만 가능할 뿐 폭넓은 농업 용도로는 사용할 수 없었다. 따라서 정착은 토착 엘리트의 지원에 의존할 수밖에 없었다. 새로 도착한 사람들이 켈트족과 리구리아(Liguria) 부족과의 전투에서 자신들의 능력을 입증한 후에야 좋은 우연이 찾아왔다. 상륙하고 약 2세대가 지난 후, 고향인 포카이아가 페르시아의 강한 압박을 받았다. 그래서 주민 대부분이 고향을 떠나 여러 우회로를 거쳐 마실리아에 도착했다. 그제야 비로소 그들은 시라쿠사와 유사한 방식으로 폴리스의 정착 지역과 경제적 기초를 확장할 수 있었다. 기원전 6세기 중엽, 마실리아인은 위본(Huveaune)강 계곡 대부분을 정복하고 자신들의 운송용 단지와 주화를 사용해 켈트족 및 이베리아인과의 지역 간 교역에 본격적으로 참여하기 시작했다. 지중해의 경쟁자들은 축출당했고, 론강을 따라 이어지는 교역로의 안전은 요새를 통해 확보되었다. 아울러 지브롤터해협 방향으로 해안 식민지들이 들어섰다. 기원전 6세기 말에는 탐험대가 주석이 풍부한 브르타뉴와 브리타니아 남부 해안 및 서아프리카 세네갈의 금 매장지로 향하는 바닷길을 개척했다.

이러한 성공은 군사력과 경제력을 조정해 목표에 맞게 배치할 수 있도록 해준 안정적인 질서가 있었기에 가능했다. 시라쿠사와 달리 이 도시는 가장 부유한 가문으로 이뤄진 '상인 과두제'가 통치했다. 그들은 600명으로 구성된 '평의회'의 다수를 차지했고, 그로부터 15명의 영주로 이루어진 집행위원회를 뽑았다. 총인구는 약 5000명에 달했다. 그리스 세계의 변두리에서 지속적으로 성장하려면 자기의 경험을 실천 계획으로 전환할 수 있는 광범위한 지도력이 필요했다. 오늘날 그리스인과 우리가 그 도시의 내부 사정에 대해 거의 알지 못하는 이유는 그곳 영주들이 원거리 항로와 교역품에 대한 지식을 비밀로 유지했기 때문이다. 시민들의 안녕과 생존은 여기에 달려 있었다.

마실리아와 시라쿠사는 기원전 800~기원전 550년 지중해와 흑해 연안에 세워진 약 140개의 크고 작은 폴리스 가운데 가장 유명한 예에 지나지 않는다. 같은 시기에 그리스반도와 에게해 지역의 폴리스도 증가했다. 이들은 모두 하나의 문화적 유대로 엮여 있었다. 주민 다수는 서로 다른 방언의 그리스어를 사용하고 같은 신을 숭배했다. 이에 더해 신전이나 아고라 같은 도시 건축 요소와 평의회, 민회, 집행 직책 같은 제도의 기본 구성 요소도 비슷했다. 이러한 제도는 매우 유연해서 구성 요소에 다양한 가중치를 부여하더라도 자유로운 시민 공동체라는 폴리스의 핵심 특징을 잃지 않았다.

물론 다른 지역에도 도시 국가가 존재했고, 이러한 유형의 공동체는 지중해 지역에서 일반적이었다. 하지만 기원전 6세기에 도시가 공고해지기까지 정치적·사회적 질서를 갖춘 도시의 발전이 이처럼 광범위한 공간적 확장과 동시에 이루어진 곳은 없었다. 해외에서 겪은 경험이 그렇게 오랜 기간에 걸쳐 정치 구조에 통합된 사례는 다른 어디에서도 찾아볼 수 없다. 폴리스는 확산 과정에서 비로소 성립했지만, 그 밖의 경우에는 일반적으로 두 가지 발전이 시간적으로 뒤따랐다. 페니키아에서 그랬던 것처럼 식민지화는 이미 확립된 도시에서 생겨났다.

이러한 상황은 중요한 결과를 가져왔다. 아포이키아의 해상 네트워크와 새로운 정착민 유입, 상인의 교류와 용병의 이동은 낯선 곳에서의 경험이 다시 본국의 항구로 돌아오는 데 이바지했다. 그래서 정치적 질서를 시험하고 토론하며 수정할 수 있는 거대한 의사소통 공간이 형성되었다. 많은 식민지는 토지와 정치적 권리의 분배에 긴장을 유발하지 않으면서 뒤따라온 새로운 정착민을 통합하는 문제에 직면했다. 지도적인 가문들이 좀더 가난한 가문들과 부동산 분할 원칙에 따라 부담을 안고 있는 농민의 채무를 면제하고 그들에게 더 큰 발언권을 인정할 준비가 되어 있지 않는 한 비슷한 문제들이 고향에서도 갈등을 부추겼다. 널리 여행하는 '중재자'와 학자들은 엘리트의 지도권 요구와 경제적·정치적으로 의존적인 중간층 사이에서 타협을 이뤄내 위협적인 정체(停滯)를 제거함으로써 질서를 안정시키려고 노력했다.

아테네의 솔론(Solon) 같은 사람들은 그렇게 하는 데서 **모든** 시민의 책임을 호소했다. 야심 있는 사람들이 불안정한 과도기를 이용해 일정 기간 참주로 군림했을지라도 그들의 개혁은 성공했다. '중재자'들의 노력에서 결정적인 측면은 여전히 남아 있었다. 그들은 시민과 엘리트에게 정치 질서가 폭력 없이도 형성될 수 있으며, 그 특질은 개인의 권력이나 재량, 심지어 신들의 헤아릴 수 없는 변덕이 아니라 모두의 선의에 달려 있다는 생각을 심어주었다. 인간 이해관계의 균형을 통해 좋은 질서, 즉 에우노미아(eunomia)를 추구하는 것은 실현 가능한 선택지가 되었고, 이는 고려할 만한 가치가 있었다.

물론 그러한 논의는 개별 폴리스의 현실과 전통에 비추어 검증해야만 했다. 해외에서는 일반적으로 가장 부유한 가문이 도시의 중요한 관심사를 결정했다. 그에 반해 에게해 지역의 아테네, 에레트리아(Eretria), 낙소스(Naxos)처럼 인구가 많은 폴리스는 시민에게 더 큰 정치적 발언권을 부여했다. 그 대가로 (예를 들어, 최고 지휘관 직책을 맡은) 유력 가문은 영원한 명예와 시민의 지지를 기대할 수 있었다. 이러한 방식으로 종종 외국 폴리스의 개입 시도에 대응해 시민의 발언권과 법안 제안권에 높은 가치를 부여하고 귀족 평의회의 권위를 경쟁 기관에 유리하게끔 제한하는 질서가 확립되었다. 이런 질서를 '정치적 권리의 평등한 분배'를 의미하는 이소노미아(isonomia)라고 불렀다. 이로부터 고대 세계에서 가장 이례적인 정치 질서인 민주주의가 아테네에서 탄생했다.

폴리스의 정치적 완성은 고대의 모든 도시 사회에 원칙적으로 적용되었던 두 번째 현상, 즉 교역과 경제의 비약적 성장에 의해 이뤄졌다. 경제적·무역적 이해관계는 이런저런 방식으로 해외의 모든 폴리스 건설에 영향을 미쳤으며, 교역 접촉과 수익에 대한 전망이 없었다면 많은 식민지 건설은 전혀 가능하지 않았을 것이다. 가장 넓은 의미에서 무역은 가치 있는 광물, 잉여 곡물, 포도주, 은, 모피 등 중부 유럽의 전형적인 상품 같은 천연물뿐만 아니라, 용병 복무부터 도자기와 식기의 고객 밀착 생산, 방어벽 건설 기술 제공에 이르기까지 다양한 서비스도 포함했다. 켈트족 지역 경계에 위치한 시칠리아와 폰토스 북부에서 토착 족장들과의 접촉은 노예 무역 증가로 이어졌다. 그 덕분에 그리스의 포도주와 잔치용 그릇이 해외 시장에 넘쳐났다. 노예 무역과 용병 복무는 리디아의 주화가 그리스인이 정착한 지역 전체로 확산하는 데 이바지했다.

우선은 이로부터 에게해의 폴리스들이 이익을 얻었다. 에게해의 폴리스들이 이러한 혜택의 첫 번째 수혜자였다. 키오스(Chios)는 에게해 노예 무역의 중심지였으며, 트라키아(Thracia)와 프리기아(Phrygia)에서 노예와 고급 매춘부를 리디아, 이집트, 레반트로 실어 나르곤 했다. 동시에 키오스 상인들은 나일강 지역에 트라키아의 은을, 동지중해 폴리스에 식기를 공급했다. 사모스는 포도주와 대리석 조각품을 수출하고 이집트로 출발하는 용병들에게 셔틀 서비스를 제공했으며 귀환하는 길에 곡물을 실어 날랐다. 아이기나는 노예를 거래하고 서부 지중해와 이집트에 이오니아, 코린토스, 아테네의 도자기를 공급한 반면, 코린토스는 자체 도자기, 기름, 포도주를 서부 식민지로 실어 나르는 등 동부 생산물의 주요 운송업자 역할을 했다.[37] 그와 반대로 마그나그라이키아(Magna Graecia)는 동쪽으로 향하는 곡물의 주요 공급자였다. 메가라히블라이아(Megara Hyblaia)의 사일로는 기원전 700년경부터 과잉 생산을 시작해 그리스반도로 수출할 역량이 있었음을 추론할 수 있게끔 해준다. 이탈리아 남부의 메타폰툼(Metapontum)도 마찬가지였다.[38] 수출용 곡물의 흐름은 늘어나는 인구를 위해 충분한 곡물을 스스로 생산하지 못하던 반도와 아르고스의 여러 폴리스에 중요한 역할을 했다. 솔론이 고위직을 통해 정치적 영향력을 행사할 가능성을 더 이상 출신지가 아닌 부(富)와 연결한 것은 우연이 아니었으며, 이는 특히 교역에서 큰 성공을 거둔 시민들에게 완전히 새로운 기회를 열어주었다. 내부 갈등과 대외 전쟁뿐만 아니라 교역 또한—유라시아 세계의 거의 모든 곳, 아주 특별하게는 지중해 지역에서와 마찬가지로—적어도 좀더 큰 도시들의 정치적 발전에 영향을 미쳤다.

6 에트루리아의 수수께끼

폴리스 세계의 경제적 성공은 그들이 접촉한 외국 공동체에도 영향을 미쳤다. 하지만 자신감과 번영을 누리면서 협력은 경쟁으로 변질되는 경우가 많았다. 카르타고인 외에 오늘날까지도 수수께끼로 남아 있는 민족 공동체, 즉 에트루리아인(Etrurian)도 있었다.

그리스인이 티르세노이(Tyrsenoi) 또는 티레노이(Tyrrhenoi)라고 부른 에트루리아인은 자연의 축복을 받은 이탈리아 북부와 중부의 아르노〔Arno, 또는 아르누스(Arnus)〕강과 티베르강 유역에 정착했다. 오늘날에도 이곳은 이탈리아반도에서 가장 비옥한 지역 중 하나로 손꼽힌다. 수많은 샘, 작은 강, 담수호가 있는 남부의 화산 지형은 집약적인 곡물 경작에 이상적 환경을 제공했다. 인근 언덕에서 채굴한 구리와 철광석은 강과 짧은 육로를 통해 바다로 운반할 수 있었고, 에우보이아섬 사람들은 기원전 8세기에 이미 피테쿠사이에 교역 기지를 설립해 본토와의 광석 무역으로 이익을 얻었다(115~116쪽 참조).

페니키아 정착지 및 그리스 아포이키아의 확산과 거의 같은 시기에 이 지역에서 왜 그리고 어떤 방식으로 도시 문화가 번영했는지는 논쟁의 여지가 있다. 여기서도 유리한 생태적 상황과 교역의 상호 작용이 필수적이었다는 점은 많은 것을 시사한다. 첫 번째 단계는 잘 알려진 패턴을 따랐다. 즉, 기원전 10세기에서 기원전 8세기 사이에 마을을 버리거나 합병했다. 거주민들은 높은 곳에 자리한 네 곳의 정착 중심지 또는 [베이이(Veii)에서처럼] 여러 강으로 둘러싸인 응회암 고원으로 모여들었다. 그들은 이곳에서 관개 시설의 도움을 받아 더 쉽게 농업 수확량을 늘리고 농산물과 금속의 교환을 조직할 수 있었다. 수공업과 교역이 번성했고, 그리스 장인들도 정착지에 자리를 잡았다. 몇 세대 만에 베이이, 카에레(Caere), 타르퀴니아(Tarquinia), 불키(Vulci) 같은 주요 도시와 내륙의 볼시니이[Volsinii, 또는 오르비에토(Orvieto)]와 비센치오(Bisenzio)가 생겨났다. 이탈리아에서 가장 유명한 도시, 곧 로마는 에트루리아 도시들의 부상(浮上)이 없었다면 생각할 수도 없었을 것이다.[39]

마을 문화에서 도시 문화로 넘어가는 과도기에 새로운 기회를 올바르게 인식하고, 그로부터 가장 많은 이익을 얻어낸 것은 이번에도 뛰어난 가문의 엘리트였던 것으로 보인다. 그들은 매우 광대한 소유지를 경작하고 호화롭게 장식한 무덤[톰바(Tomba)]으로 자신의 지위를 표현했다. 그들은 부유했고 청동 갑옷과 철제 무기를 갖춘 전사로서 자신을 과시했다. 몇몇은 심지어 소규모 거주지를 건설함으로써 도시의 성

장을 촉진할 수 있었다.[40]

그런데 이러한 발전을 내부 상황만으로 설명할 수 있는 경우는 거의 없다. 항상 외부의 영향이 더해진다. 대외 교역의 강화 없이 지중해 도시의 형성은 불가능했다—이러한 원칙은 에트루리아인에게도 적용된다. 1980년대 초 이탈리아 해안에서 15킬로미터 떨어진 질리오(Giglio)섬 북쪽 해안 근처에서, 그러니까 2012년 언론의 큰 이목을 끈 코스타-콩코르디아(Costa-Concordia) 페리 사고 현장에서 멀지 않은 곳에서 발견된 난파선은 이러한 접촉이 얼마나 멀리까지 미쳤는지를 잘 보여준다. 전문가들은 그 배가 난파한 것을 기원전 600년에서 기원전 580년 사이로 추정한다. 이 배에는 사모스섬에서 만든 포도주 암포라, 이오니아-소아시아 작업장에서 만든 80개의 그릇, 코린토스에서 만든 28개의 향유용 그릇, 그리고 스파르타에서 만든 8개의 또 다른 향유용 그릇이 실려 있었다. 그에 더해 페니키아, 코린토스, 소아시아에서 온 암포라와 인근 에트루리아의 도시에서 소나무 목재, 포도주 또는 올리브를 운반하는 데 사용한 그릇, 채석장의 화강암으로 만든 닻돌과 아마도 질리오섬에서 나왔을 타원형의 얇은 구리와 납덩어리도 있었다. 사모스섬의 식기, 코린토스식 청동 투구, 이오니아 화살촉도 부분적으로는 아마도 선원들 소유였을 것이다.[41]

이 상선은 분명히 사모스섬에서 출발해 에게해와 코린토스만을 거쳐 서쪽의 이탈리아로 항해하다가 에트루리아의 항구 중 한 곳에 정박했고, 질리오섬에서 서쪽을 향해 더 멀리, 아마도 마실리아로 항해하려 했을 것이다. 배에 실렸던 상품과 경로가 입증해주듯, 에트루리아의 도시들은 지중해를 가로지르는 무역 네트워크에서 필수적인 역할을 했으며, 여러 도시의 유통 중심지로 상품과 자연 생산물을 공급했다. 에트루리아의 금속과 광석은 가장 가치 있는 생산물이었으며 목재, 올리브, 포도주가 그 뒤를 이었다. 에트루리아의 지도적인 가문들은 수출에서 이익을 얻었을 뿐만 아니라 동쪽의 향유, 식기, 도자기를 비축할 기회도 이용했다. 머나먼 (이탈리아) 서부에서 트로야 영웅들의 모험에 관한 이야기는 생산물이나 그 형상들과 함께 이동하면서 어느 곳에서나 통용되는 '권력의 언어'로 응축되었다.[42]

하지만 위험 없는 호황은 없다. 해외 교역은 큰 가문의 영향력에서 벗어나 독립적으로 사업하는 사람들, 즉 장인과 선주 또는 도매상을 점점 더 많이 끌어들였다. 그들은 기존 엘리트 계층으로 침투해 그들의 권력을 약화시키려 했다. 동시에 경제 호황과 수익 기회를 더는 따라잡을 수 없었던 농민과의 격차도 벌렸다. 이러한 상황은 거의 같은 시기에 아테네에서 솔론이 귀족의 질서를 재산에 따라 차등화한 위계적 관직으로 보완하고, 경제적으로 성공한 사람에게 상승 기회를 열어줌으로써 갈등에 대응하려 했던 것과 유사했다(143쪽 참조). 티루스에서는 도시 왕과 상인 가문 사이에 타협이 이루어졌다. 왕은 성스러운 왕조를 세울 수 있었지만, 그 대가로 자신의 독점권과 정치적 권한을 포기하고 더 많은 가문에 독자적인 교역의 가능성을 열어주어야 했다(113쪽 참조).

에트루리아의 도시들에서도 비슷한 일이 발생했을 것으로 추정할 수 있다. 귀족 가문도 종교적 의례 행위를 통해 지도권을 공고히 하려 했다. 몇몇은 기원전 7세기에 자신의 건축물을 소유했고, 곧바로 석조 신전을 추가했다. 그래서 유서 깊은 가문의 수장들은 교역과 금속 채굴에 대한 통제력을 유지하기 위해서라도 도시 사제의 역할을 수행했다. 그런 까닭에 그들은 또한 금속의 거래 및 가공을 위한 보호 장소로 사용할 수 있는―(아프로디테와 헤라 같은) '외래' 신을 위한― 성소의 건축을 지원했다. 그에 반해 기원전 7세기에 많은 에트루리아 도시가 도로 및 관개 시스템의 확장, 성벽 건설, 전선(戰船) 건조를 위한 조선소 건설에 투자한 막대한 자금은 기존 엘리트 외에 새로 부를 축적한 가문의 참여 없이는 거의 생각할 수 없다. 그리하여 아마도 결국 페니키아 도시들에서와 비슷한 타협이 이루어졌을 것이다. '왕', 즉 질라트 (zilath)는 유서 깊은 가문들의 대표자로서 군사 지휘권을 행사하고, 도시의 수장으로서 기능했으며, 최고 사제 직책을 맡았을 것이다. 많은 에트루리아 도시의 최고 직책, 즉 루쿠모(lucumo, 페니키아어로는 mlk)는 사제적–종교적 과업을 수행했다. 그러나 이제 그들은 도시의 다른 수장들과 정기적으로 협의하고, 그들에게 더 큰 활동 공간을 승인해야만 했다. 로마에서는 도시 귀족들의 평의회를 세나투스(senatus, 원로원)라고 불렀다.[43]

이러한 타협으로 기존 엘리트와 새롭게 부를 쌓은 신분 상승자들 사이에 균형이 이루어졌다. 하지만 둘 모두 하층 계급에 대해서는 스스로를 차단했다. 그로 인해 또다시 민병대에서 복무한 경험을 가진 상당히 부유한 시민들로 구성된 중간층이 형성될 수 있었다. 그렇지만 정치는 시칠리아 및 남부 이탈리아 폴리스들에서와 마찬가지로 귀족적 성격을 유지했다. 새로운 영주들은 광범위한 농민 인구를 오랫동안 비교적 안정적인 의존 상태에 붙들어두었다. 그와 동시에 엘리트 **내부의** 경쟁은 더욱더 첨예화했다. 기원전 7세기 이후 도시의 수가 더는 두드러지게 증가하지 않고, 오히려 12개의 대도시라는 관리 가능한 규모로 정착하면서, 새로운 질서와 타협하지 않고 무력으로 자신의 이익을 관철하려는 젊은이들이 항상 존재했다. 베이이 같은 일부 도시에 나온 고고학적 증거는 파괴, 또는 적어도 내부 불안이 있었음을 시사한다. 몇몇은 심지어 버려지기까지 했다.[44]

이런 상황은 그리스 폴리스들에서도 낯설지 않았다. 하지만 이들과 달리 에트루리아 도시들은 긴장을 완화하고 야심가들에게 새로운 기회를 열어주기 위해 해상 식민지가 아닌 육지에서 출구를 모색했다. 에트루리아인은 해적으로서 두려움의 대상이었지만, 용병과 식민지 개척자로서는 상대적으로 저평가되었다. 의미심장하게도 육지에 건설한 단 하나의 식민지만이 알려져 있는데, 아드리아가 바로 그곳이다. (이탈리아 동부의 아드리아해가 이 이름에서 유래했다.) 그 이유는 부분적으로 오래된 이탈리아 전통(ver sacrum, '신성한 봄'이라는 뜻)에 기인하며, 이탈리아 북부와 중부의 뛰어난 생태적 조건 때문에 이주 또는 심지어 육로를 확장하는 데 에게해나 레반트 지역보다 더 매력적이었기 때문일 것이다. 게다가 근동에서와 달리 이탈리아 중부에는 이를 저지할 강대국이 없었다. 반대로, 신흥 세력으로 자리 잡을 기회는 충분했다. 그리하여 '공화주의적' 도시 정권으로의 이행기에 (아직 발전이 그리 진행되지 않아 자기 자신에게 유리한 방향으로 도시를 형성할 수 있었던 곳에서) 도시 영주가 되려 했던 에트루리아의 장군도 있었다. 로마 역시 기원전 600년경에 에트루리아의 도시 섭정(rex)이 지배했다.

교역은 성공으로 가는 또 다른 길을 제공했다. 여기서도 대부분의 접촉은 육로를 통해 이뤄졌다. 요컨대 기원전 8세기에 '식민화'된 포(Po) 평원을 거쳐 북쪽으로 리구리아까지, 더 나아가 프랑스 지중해 연안을 따라 론강까지, 그리고 거기서 또 내륙으로 향했다. 여기서 활동한 에트루리아 상인과 모험가들은 아마도 대부분 도시 엘리트 출신이었을 것이다. 운송용 암포라와 고고학적 유물에 따르면, 포도주와 장신구(장식용 편) 그리고 청동 그릇이 주요 수출품이었다.[45] 그들의 가장 충성스러운 고객은 대부분 이탈리아 북부, 즉 알프스 너머에 정착한 부족—그리스인은 그들을 '켈트족'이라고 불렀다—의 **족장들**이었다. 그들 역시 도시의 생활 방식을 발전시켰다. 이러한 발전을 촉진한 것은 남쪽으로부터의 영향이었을까, 아니면 내부적 요인이었을까? 그리고 여기서도 교역이 마찬가지로 중요한 역할을 했을까?

7 지중해 도시 문화와 기마 유목민 사이의 켈트족

대서양에서 알프스 북쪽과 동쪽으로 다뉴브강 중류에 이르는 광활한 지역은 특별한 세계였다. 울창한 숲이 우거진 언덕과 이리저리 뻗은 계곡, 호수와 강, 작은 정착지 덕분에 범람원의 습한 초원, 경사면의 녹지 그리고 휴경지에서 (귀리와 호밀을 제외한) 농경 및 목축이 가능했다. 그에 더해 산악 지대의 자연 재화도 이용했다. 오스트리아 잘츠카머구트의 암염 광산이 있던 할슈타트는 기원전 450년경까지 이 시대(할슈타트 시대—옮긴이)를 지칭하는 이름이었다.

접근하기 어려운 이 고산 지대(오늘날에는 케이블카가 방문자를 두메산골까지 데려다준다)에서 200~400명이 극한의 기후 조건은 말할 것도 없고 농사를 짓거나 장기적으로 가축도 사육할 수 없는 매우 어려운 환경에서 일했다. 그럼에도 그들은 여러 세대에 걸쳐 이곳에서 뼈 빠지게 노동한 후 죽어서는 일터 가까이에 묻혔다.

광산에 대한 엄청난 노동력과 에너지 투입은—'죽음의' 갱도는 통과하는 데 많은 시간이 걸렸고, 양쪽에서 접근해야 했다—사람들이 외부의 지원을 받았다고 가정할 때만 설명이 가능하다. 귀족 엘리트('제후')가 이를 책임졌는데, 그들은 언덕 위의 성(城)에서 지역을 넘어서는 연결 시스템을 조정하고, 이를 위해 바다·강·육로 운송의 모든 가능성을 활용했다. 그들은 광부들이 채굴한 소금을 식량, 의복, 도구, 광물 및 그 밖의 생산물과 교환할 수 있도록 보장했다. 소금은 알프스산맥을 넘어 이탈리아까지 운송되었다.[46]

교역로와 강변을 따라 자리 잡은 대규모 정착지는 알프스 북쪽 도시 생활의 새로운 국면을 보여준다. 이전까지 도시 생활은 대개 농장과 100명이 겨우 넘는 주민들로 이루어졌다. 가장 잘 알려진 정착지는 지금의 바덴뷔르템베르크(Baden-Württemberg)주에 있는 훈더징겐(Hunder-singen) 인근의 호이네부르크(Heuneburg)다. 헤로도토스는 이곳을 아마도 폴리스 피레네(Polis Pyrene)라는 이름으로 알고 있었을 것이다. 길이 330미터, 너비 150미터의 호이네부르크는 다뉴브강 쪽으로 튀어나온 계곡 끝에 있으며, 산악 고원의 지형에 맞추어 지어졌다. 성 언덕의 중앙 요새는 약 3헥타르에 달하며, 목조 주택이 들어서 있고 여러 갈래의 길이 뻗어 있다. 관개 시설, 우물, 물통 대신 도랑을 통해 빗물을 모았다. 이와 별도로 고고학자들에 의해 길이 약 16미터에 달하는 관문(關門)이 있는 바깥 성채와 마지막으로 약 100헥타르에 달하는 외부 정착지가 드러났다. 이곳은 광범위한 방벽과 무덤 단지로 보호를 받았다. 따라서 전체 규모는 폰토스 북부의 스키타이 삼림 스텝 지대에 있는 대규모 겔로노스/벨스크 단지보다 훨씬 작았다(74~75쪽 참조).

외부 정착지와 함께 호이네부르크에는 전성기에 최소 5000명의 주민이 거주했을 것으로 추정된다. 이는 지중해 폴리스의 일반적인 인구를 초과하는 수치다. 호이네부르크의 생계는 개간된 땅에서 생산한—

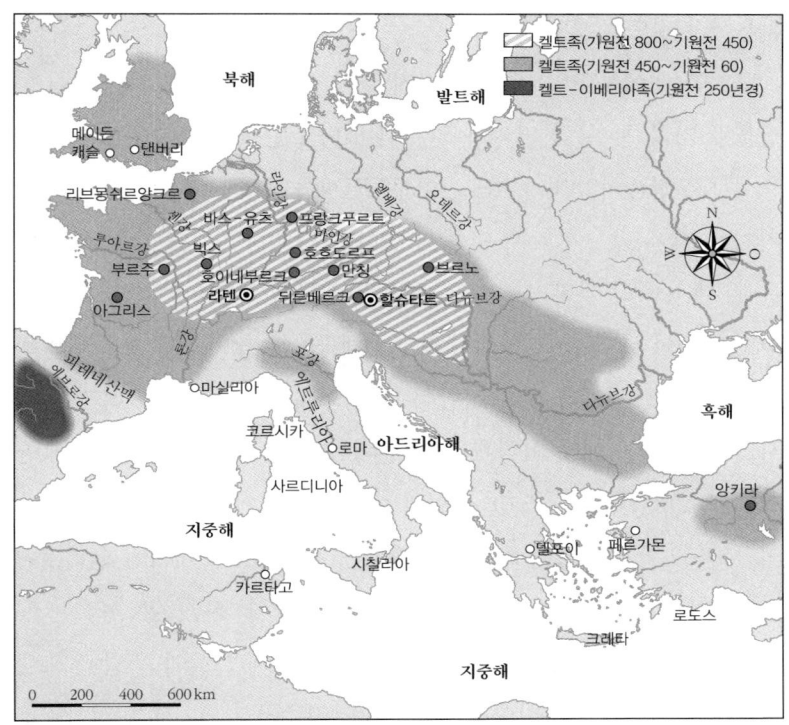

켈트족(기원전 800~기원전 450)
켈트족(기원전 450~기원전 60)
켈트-이베리아족(기원전 250년경)

북해
발트해

메이든
캐슬
댄버리

리브몽쉬르앙크르
바스-유츠
프랑크푸르트
루아르강
빅스
비앙상
호흐도르프
부르주
호이네부르크
만칭
브르노
아그리스
라텐
뒤른베르크
할슈타트
다뉴브강

마실리아
피레네산맥
에브로강
코르시카
로마
아드리아해
흑해

잉키라

사르디니아
지중해
델포이
페르가몬

카르타고
시칠리아
크레타
로도스

지중해

0   200   400   600 km

할슈타트 시대에서 라텐 시대까지의 켈트족 지역

중세 후기의 생산량을 능가하는—잉여 농산물 덕분에 가능했다. 그러나 유목민의 요새처럼(75~79쪽 참조) 궁궐이나 섭정 또는 그의 가족이 거주했을 만한 거주지는 아직까지 확인되지 않았다. 호이네부르크 자체에는 북쪽에만 포석을 깐 주택들이 있을 뿐이다. (남동쪽 모서리는 수공업자들이 차지했다.)[47] 그러나 더 나중의 건축 단계에서는 성 언덕에 바닥면적 400제곱미터 이상의 대형 건물—이른바 영주의 저택—이 들어섰다. 라수아(Lassois)산의 생마르셀(Saint-Marcel) 고원에 있는 벽감 건물 같은 (다른 요새의) 기념비적 건물은 성채가 아니라 예배와 집회 장소로

사용했던 것으로 보인다.[48]

　하지만 성에서 멀리 떨어져 있지 않은 곳에 거대하고 호화로운 부장물로 가득 찬 무덤 단지가 일부 있었다―알프스 북쪽에서는 가장 풍성한 부장품이었다. 아마도 이 무덤들에는 성 내부에 궁전 같은 주거지를 갖지 않고서도 무덤을 조성하고 장식품을 갖춤으로써 권력을 과시한 여러 가문의 지배층 후손들이 묻혔을 것이다. 호흐도르프(Hochdorf)의 한 무덤방 옆에는 약 600제곱미터 크기의 무대를 마련해 두었는데, 아마도 더 많은 사람이 매장 의식을 지켜보도록 하기 위해서였을 것이다. 매장 의식에서는 네 바퀴 달린 의식용 수레가 중요한 역할을 했다. 아마도 스키타이인과 아리아 인도인의 경우처럼 통치자의 시신을 거기에 실어 이곳저곳 다녔을 수도 있고, 어쩌면 엘리트에 속한 이들이 사제 역할을 맡았을 것이다.[49] 성의 영주들은 이러한 행사를 반복하고, 선대(先代)와 같은 장소를 선택해 그들과 똑같은 노력을 기울임으로써 거주민의 지지를 얻고, 거주민은 거기에 참석함으로써 그의 후계자 승계를 받아들였다. 나머지는 유라시아의 다른 곳에서와 마찬가지로 구전으로 전승되는 영웅 신화가 담당했다.[50]

　함께 매장된 무기가 군사적 지도권을 강조하고 '칼을 든' 가문을 그 밖의 주민과 구별했을지라도, 그들의 권위는 일차적으로 군사적 우세나 요새의 보호에 토대를 둔 것이 아니었다. 사람과 가축이 자유롭게 이용할 수 있는 열린 공간은 거의 없었다. 이는 아일랜드의 켈트 전통에 인도의 말 희생 제의와 거의 같은 것이 있었다는 사실과 일치한다. 물론 켈트 전통에서는 여왕이 아니라 미래의 왕이 상징적으로 암말과 결합하지만 말이다. 더 나아가 필링겐(Villingen) 근처 마그달레넨베르크(Magdalenenberg)에서 발견된 제후 무덤의 장대 틀은 헤로도토스가 묘사한—박제한 말 사체로 장식한—스키타이 왕릉의 기둥 틀과 놀랍도록 유사하다. 하지만 켈트족 무덤에는 아시아에서 유래한 말갖춤과 굴레는 있어도 말 자체는 없었다. 그 대체물로 사슴을 사용했다.[51]

지중해식 그릇을 포함해 각종 부장품은 해당 가문이 부를 기반으로 지위를 유지했고, 종교적 축제를 수행함으로써, 그리고 공동체의 '주인'으로서 자신의 지도적 위치를 강조했음을 시사한다.[52] 그러나 이는 그들이 오랜 기간 주변 지역의 자원을 끌어안고 금속 가공 기술에 집중할 수 있을 때만 가능했다. 잉여 곡물은 저장 건물에 비축했다. 인근 지역에서 들여온 도축용 가축(돼지, 소, 양, 염소)은 소금에 절인 고기의 공급을 보장했고, 성 내부의 대형 가축우리를 불필요하게 만들었다. 호이네부르크와 그 밖의 언덕 요새들은 분명 식료품의 생산 및 유통 중심지였을 뿐만 아니라 호박, 소금, 도자기, 직물, 철기도 생산했다. 이러한 생산물은 큰 강이 중요한 역할을 하는 정교한 교역망을 통해 유통되었다. 다뉴브강은 호이네부르크에서 항해를 시작할 수 있었고, 거기에서 그로센라우터(Großen Lauter) 계곡을 거쳐 적어도 네카어(Neckar)강 유역까지 도달할 수 있었다.[53]

따라서 켈트 언덕 요새는 지중해 도시와 흑해 북부의 대규모 정착지를 절충한 것으로 보인다. 실제로 엘리트들은 두 지역 모두와 긴밀히 접촉했다. 돌 기초 위에 세운 호이네부르크의 진흙 벽돌 성벽은 지중해 방어물에 친숙한 페니키아 건축 장인이나 기술자의 존재 또는 그에게서 전수받은 지식을 보여준다. 대형 무덤들에는 그리스와 에트루리아에서 생산한 예술품과 일상용품이 부장되어 있었다. 그 대가로 할슈타트의 제후들은 고기, 꿀, 철, 그리고 아마도 곡물과 그에 더해저 멀리 북쪽의 호전적인 켈트 집단에서 데려온 노예를 공급했을 것

이다. 노예들은 그 후 계속해서 마실리아를 거쳐 지중해 멀리까지 거래되었다.[54]

그와 더불어 다른 환경에서 온 물건, 요컨대 기원전 5세기의 제후 부인이 입었던 의상의 비단 자수와 인도의 수놓은 비단도 발견되었다.[55] 그것들은 대부분 육로를 통해 수입되었을 것이다. 실제로 할슈타트 엘리트들은 이미 기원전 7세기에 헝가리 평원에 성을 건설했고, 몇 세대 전에는 다뉴브강 중류까지 진출한 기마 전사와 접촉했다.[56] 그들은 또한 기마 전사들에게서 말을 지위의 상징으로 소중히 여기는 걸 배웠을 것이다. 아울러 수입된 청동 항아리가 시사하듯 지중해의 영향도 있었다. 그러나 켈트족이 이곳을 활용한 방식은 당시로서는 매우 독특했다. 호이네부르크 인근의 (계곡 바닥에서 100미터 높이에 있는) '옛 성' 외벽과 커다란 층계참으로 둘러싸인 혀 모양의 고원을 일부 연구자들은 고대(기원전 7~기원전 6세기)의 가장 오래된 경마장—젊은 귀족들이 신분에 걸맞게 경쟁하던 의식용 전차 및 승마 대회 장소—으로 해석한다. 일부는 "켈트족의 올림피아"라고 부르기도 한다.[57]

이러한 해석이 과장된 것일 수도 있지만, 할슈타트의 제후들이 많은 비용을 투자한 건축과 의식의 틀 안에서 엘리트의 삶을 보여주기 위해 아주 많은 에너지를 투자했다는 점은 논란의 여지가 없다. 옛 성의 건축물과 평탄화 작업은 그것들을 어떻게 해석하든 권력의 과시였다. 부장품으로서 청동 기마상과 전차 유물은—다른 유라시아 엘리트 문화와 마찬가지로—사냥이나 행진 방식에서 승마에 커다란 의미를 부여하는 눈에 띄는 특징이 있었다는 점을 보여준다. 그것들은 실제 군사적 기능을 갖고 있지 않았다. 죽은 자 옆에 놓인 단도와 긴 칼은 군사적으로 사용하기엔 너무 다루기 힘들었고, 활과 화살은 전사보다는 사냥꾼(또는 운동선수) 역할에 이바지했을 것이다.[58] 분명히 그럴 필요가 없었고, 자연환경도 그에 적합하지 않았다.

그렇지만 바로 이것이 중요한 문제를 시사한다. 할슈타트 엘리트들은 많은 사람을 예속시키고 막대한 비용을 들여 힘을 과시했지만, 자신의 통치 방식으로 요새 넘어 반경 20킬로미터 밖의 영토까지 진출하는 데는 결코 성공하지 못했던 것으로 보인다. 건축적 업적, 경제적 성공, 잉여 생산, 교역 네트워크, 귀족적 생활 방식 같은 명성에 의지하는 권력은 대체로 통치를 위한 군사적·기술적 토대가 부족하고 촘촘하게 짜인 관계망에 틈이 생기거나 저항이 발생하면 이내 취약해질 수 있다. 바로 이런 일이 기원전 5세기 중반에 발생해 파괴적인 결과를 초래했다. 많은 언덕 위 요새가 방치되었거나 이미 그 이전에 버려진 상태였다. 호이네부르크는 재앙적인 화재로 소실되었고, 풍부한 부장품으로 가득한 핵심 지역의 무덤들은 점점 줄어들었다. 할슈타트의 소금 채굴은 오스트리아 할라인(Hallein)의 잘차흐(Salzach)강 유역에 있는—좀더 쉽게 접근 가능한—뒤른베르크(Dürrnberg) 광산 지역으로 옮겨갔다.[59]

이러한 위기는 그 자체로 드문 일이 아니다. 거의 같은 시기에 에트루리아와 이탈리아 중부의 공동체들에도 그러한 위기가 닥쳤다. 경제적 요인의 변화와 함께 할슈타트 엘리트의 몰락을 촉발한 것은 그곳에서와 마찬가지로 내부의 권력 이동과 외부 관계망의 변화였음이 틀림없다. 기원전 5세기 초반, 에트루리아인과 그들의 여러 해안 도시(특히 불키)는 그리스 식민지와의 해상 교역 분야에서 입은 손실에 대한 보상으로 이탈리아 북부를 경유하는 알프스 횡단로를 장악하고, 론강 계곡을 통한 마실리아 교역망의 일부를 장악하는 데 성공했다. 그 후 마실리아는 해상로를 통해 에스파냐로 더욱 강하게 방향을 틀었다.[60] 아마도 거의 같은 시기에 기온이 약간 낮아진 기후 변화는 켈트 지역 내의 경작지 이동으로 이어졌을 것이다. 만약 곡물과 그 밖에 자연 산물의 생산이 감소했다면, 이는 자원과 상품 축적의 중심지로서 대규모 정착지의 기능을 틀림없이 심각하게 방해했을 것이다. 엘리트들의 지위는 무엇보다도 이에 기반했기 때문에 기존 고객과 교역 네트워크의 상실은 재앙적 결과를 초래했을 것이다.

하지만 이것은 이야기의 한 측면일 뿐이다. 서부 할슈타트 문화의 거대한 언덕 요새들이 사라진 것과 거의 같은 시기에 그 북쪽의 마른 (Marne)강과 보헤미아에 이르는 지역에 새로운 무덤들이 형성되었다. 이 무덤들은 과거 할슈타트 영주들에게 노예를 공급하거나 용병 역할을 했던 지배 계급의 형성을 시사한다. (아마도 그들은 교역 및 공급 경로를 보호해야 할 의무가 있었을 것이다.) 새로운 엘리트는 더 이상 옛 엘리트가 필요하지 않았고, 남쪽에서 밀고 들어오는 에트루리아인이나 다른 남부 해안 도시들과 직접 접촉할 수 있었다.[61] 분명히 신흥 엘리트들은 선임자들이 채우지 못하고 남겨둔 군사적 빈틈을 메웠을 뿐만 아니라, 이전에는 얻지 못했던 큰 몫을 차지하고 싶어 했을 것이다. 그들은 유명한 출토지의 이름을 따서 라텐(La Tène)이라고 부르는 켈트족 역사의 한 시기를 대표한다. 새로운 영주들은 서부 할슈타트 제후들의 생활 방식을 (세부 사항만 수정한 채) 받아들였다. 하지만 그들은 무엇보다도 더는 스스로를 대규모 생산 및 유통 중심지의 조직자로 이해하지 않았다. 왜냐하면 수입하는 재화들이 훨씬 폭넓게 분산되어 있었기 때문이다.[62] 그 대신 용병 서비스 및 노예 교역과 더불어 무기 제조를 위한 철 생산에 대한 통제가 더 큰 역할을 했으며, 이것이 실제로 그들이 부상하는 기반을 형성했다. 라텐 켈트족의 철제 단조(鍛造) 검은 당시 첨단 생산물이자 전 세계적으로 최고의 무기였다. 새로운 켈트족 제후들은 전쟁 전문가가 되었고, 아마도 그들은 이를 위해 새로운 사제 엘리트인 드루이드(Druid: 고대 켈트족이 신봉한 드루이드교의 성직자—옮긴이)의 지원을 받았을 것이다. 이는 다시 한번 종교 영역과 군사 영역이 긴밀하게 상호 작용했음을 가리킨다.[63]

전쟁에서 승리하면 강해질 뿐만 아니라 부유해지기도 한다. 전사(戰士) 제후들은 가장 귀중한 금 장신구, 고급스럽고 화려하게 장식한 칼·창·투구, 그리고 종교 의식에 사용하는 사륜 전차 대신 이륜 전차와 함께 묻혔다.[64] 아마도 그들의 성공은 옛 권력자들을 위기에 빠뜨린 약점뿐만 아니라 남방과의 직접적인 교역, 개선된 쟁기날, 돌투성이 산악 지역 경작을 통해 가능해진 자기 집단의 인구 증가에 기반했을 것이다. 비록 곡물 다양성이 줄어들고 기장(볏과의 한해살이풀—옮긴이)에 집중되었지만, 새로운 전사 제후들의 요새는 종종 할슈타트 엘리트들의 그것보다 더 컸다.[65] 중무장한 기마 전사와 전차 전사도 포함한 그들의 군사적 습성은 외부로부터 영향을 받았을 수 있다. 이미 남동부 지역, 즉 지리적으로 에트루리아인이나 스키타이인과 공간적으로 더 가까운 할슈타트 권역에서 매장된 인물의 전사 역할을 훨씬 더 강조하고 엘리트의 장례를 위해 여성을 살해했을 가능성이 아주 높은 것은 분명 우연이 아니다. 라텐 전사들이 장식된 뿔잔으로 집단 갈증을 해소하는 풍습은 유목민의 전통을 시사하며, 초기 라텐 시대의 식물 묘사와 신화 속 생물 그리고 바지 착용 방식 또한 마찬가지다.[66] 켈트족이 패배한 적군의 머리를 보관하거나 매달거나 술잔으로 사용한 관습은 스키타이 기병들이 적의 머리 가죽을 말고삐에 매달아 왕에게 바치던 특이한 방식을 상기시킨다. 기다란 철제 칼은 말 위에서 싸우기 위해 고안한 것이었다. 그 이후로 켈트족은 기마병으로도 유명했는데, 이는 스텝과 인접한 지역에서 영감을 받은 게 분명하다. 그곳에서와 마찬가지로 켈트족의 땅에서도 역시 기마 전사로서 존경받는 여성이 있었다.[67]

군사적 생활과 함께 권력으로 향하는 길도 바뀌었다. 전쟁에서 자신의 능력을 증명하고 전리품을 획득하는 것은 그때까지 호전적이지 않았던 영주를 섬기던 많은 사람이 사회의 정상으로 올라가는 발판이 되었다. 나중의 켈트족 전설, 청소년 집단에 맞춰진 군사 교육, 더 나아가 남성성을 시험하는 데 있어 과도한 음주가 갖는 중요성, 그리고 켈트 정예 전사들의 동물적인 나체 등은 모두 유목민 사회에서 그랬던 것처럼 젊은 귀족들이 함께 모여 남성 또는 늑대 동맹을 형성했음을 시사한다. 켈트족의 전통에는 '소년기'에 (가족 밖에서) 방랑 생활을 하며 완전한 전사로 입문하는 '젊은 영웅'이 있었다. 젊은 전사들은 '부족 외부의 영웅'으로서 자기 이미지를 키웠다. 가축 습격의 아름다움과 마법적 힘, 그리고 알프스 너머에서의 어려운 임무 완수는 켈트족 전설에서 칭송을 받았다.[68]

물론 이러한 이야기는 현실을 이상화한다. 그럼에도 이는 라텐 켈트족의 확립과 더불어 생겨난 관점의 확장을 반영한다. 지중해 지역은 새로운 전사 사회에 (특히 노예와 전리품에 대한) 능력 있는 교역 파트너뿐만 아니라, 그리스의 바실레이스(왕족)나 스키타이의 스텝 전사들과 비슷한 부의 축적 가능성도 제공했다. 가령 자기 부족에게서 추방당한 갈리아 사람들은 (1차 포에니 전쟁 때) 카르타고인과 로마인 편에서 용병으로 복무했다고 전해진다.[69] 동료들과 함께 부를 가득 안고 고향으로 돌아온 모든 지도자는 추종자를 늘리고, 다른 이들도 비슷한 길을 걸어가도록 고무했다.

이 모든 것은 인구 증가를 배경으로 전개되었는데, 많은 지역에서 인구는 이미 농업 식량 공급의 한계를 넘어섰을 가능성이 높다. 홍수로 인한 수확량 감소는 이주를 더욱 촉진했을 수 있다. 그에 더해 켈트족 내부의 권력 투쟁으로 인해 노예 교역이 번성하고, 패배한 자들은 먼 곳으로 쫓겨났다. 그런 까닭에 기원전 5세기 말 무렵에는 스스로 무기를 든 여성들과 함께 잘 조직된 켈트족 전사 무리와 (무기를 제작하는) 장인들이 이전 세대의 다른 기마 전사들이 그랬던 것처럼 다뉴브강을 따라 남쪽과 동쪽으로 카르파티아산맥과 발칸반도 지역으로 점점 더 자주 이동했다. 가장 용감한 자들은 과거 스키타이인과 마사게타이족이 밀고 들어간 곳, 즉 소아시아에 도착하기도 했다. 다른 이들은 그리스로 향했고, 또 다른 이들은 햇빛이 내리쬐는 에트루리아에 정착하거나 더 남쪽으로 이동해 로마 같은 신생 도시를 약탈하거나 시칠리아 참주의 용병으로 고용살이를 했다. 켈트족은 거의 모든 헬레니즘 군대에서 주로 돌격대로 복무했다.[70]

기원전 2세기와 기원전 1세기에 켈트족 전사의 위대한 확장 시대는 끝이 났다. 로마의 패권으로 인해 용병 시장과 약탈 행각의 기회가 줄어든 것이다. 로마는 값싼 노예를 대부분 동방에서 확보했다. 소아시아에서 켈트족은 내륙 지역(갈라디아)으로 밀려났다. 많은 지도자가 자기 식술들과 함께 고향으로 돌아왔다. 그들은 새로운 도시 정착지를 개척했고, 로마인은 그것을 오피다(oppida)라고 불렀다. 우리는 그것들을 '도시'라고 부를 수도 있다.[71] 모든 오피다는 계획적으로 그리고 대개 높은 지대에 건설되었으며, 요새로 둘러싸여 있었다. 또한 계곡,

마을, 연못에는 개방된 정착지와 더불어 눈에 잘 띄는 위치에 건설한—성벽과 해자의 보호를 받는—더 작은 정사각형 및 직사각형 형태의 정착지가 있었다. 여기엔 성소와 농장도 포함되었다. 이 모든 작은 정착지들은 중앙의 오피다와 연결되어 있었다. 그것들은 할슈타트 시대의 호이네부르크 주변 지역과 유사한 (위계적) 네트워크를 형성했으며, 본래 유라시아 지역의 모든 도시 발전과 마찬가지로 오피다의 발생도 인구 증가라는 배경하에서만 이루어질 수 있었다는 걸 보여준다.

오피다는 형태와 기능 면에서 거의 구별되지 않지만—많은 오피다가 강력한 요새와 위압적인 관문(이른바 집게 문)을 갖추고 있었다—그 크기에서는 차이가 있었다. 몇몇 오피다는 두 자릿수 헥타르의 작은 구역을 차지했지만, 일부는 최대 150헥타르에 이르는 면적에 펼쳐졌다. 대부분의 오피다가 약 2000명에게 주거지를 제공했다. (이는 '정상적인 폴리스'의 주민 수와 거의 같다.) 만칭(Manching)에는 노예를 포함해 심지어 1만 명이 살았다고 한다. 집들은 때때로 직사각형 형태로 배치되었고, 때로는 무작위로 짓기도 했다. 오피다의 내부와 외부에는 건축물이 밀집된 지역과 함께 공터 혹은 광장도 있었다. 그것들은 인근에 사는 주민들이 주기적인 모임을 하는 장소나 시장터로 사용되었을 것이다. 다른 구역은 가축을 방목하거나 농사를 짓기 위해 남겨두었다. 일부 대형 건물은 공동체의 기능을 가졌을 수도 있다. 그리고 일부 종교 부지에는 그리스 양식을 본떠 만든 영웅과 신들의 동상이 있었다. 만칭 같은 더 큰 오피다에는 심지어 노출된 형태의 목조 신전도 있었고, 유라시아 도시 문화의 중요한 특징인 문자를 사용하기도 했다. 분명히 지중해의 도시 생활 경험이 오피다의 발전에 영향을 미쳤을 것이다.[72]

물론 한 가지 근본적인 측면에서 새로운 도시의 영주들은 오래된 전통을 고수했다. 오피다 또한 무엇보다 (요새화한) 교역과 생산의 중심지로서 번성했다. 이를 위해 주민들은 지중해에서 용병과 상인으로 활약하며 배운 기술을 통합했다. 많은 오피다가 자체 주화 제도를 개발했고, 로젤도르프(Roseldorf)와 노바체레크비차〔Nowa Cerekvica, 또는 노이키르히(Neukirch)〕 같은 몇몇 중요한 오피다는 심지어 표준화한 무게 체계와 (은화로 만든) 공동 화폐를 소유하고 있었다. 다른 오피다는 현지에서 금화를 주조하기도 했다. 그리하여 이들은 다뉴브강과 모라비아(Moravia) 관문 사이의 구역에서 상품과 생산물을 유통하는 공동 경제권을 구축했다. 적지 않은 족장들이 추가로 관세를 부과하기도 했다.[73] 그래서 기원전 100년경에는 할슈타트와 라이헨할(Reichenhall)에서 소금 채굴을 다시 시작했고, 그 대부분을 남쪽으로 수출했다. 노예, 철, 가죽은 로마 군대와 기원전 1세기에 번영하는 이탈리아 경제의 성장 수요를 충족시켰다.

켈트족의 사례는 (1) 유리한 생태적 조건, (2) 초지역적 무역, (3) 귀족 엘리트의 활동이라는 세 가지 요소가 북부 알프스 지역에서도 도시 정착 문화를 형성할 수 있었음을 보여준다. 단, 그러려면 통치자들이 무역과 천연자원 개발의 기회를 포착해야 했다. 오피다 문화가 정점에 달했을 때, 중부 유럽 지역에는 총면적 약 100만 제곱킬로미터에 달하는 약 164개의 서로 연결된 도시가 존재했다. 이는 에트루리아나 페니키아 도시들의 면적을 몇 배나 뛰어넘는 규모였으며, 그토록 자랑스러워하는 그리스의 '식민지화'에도 뒤지지 않았다. 하지만 후자와 달리 그 도시들의 수명은 100년이 채 되지 않을 만큼 비교적 짧았고, 그에 따라 중부 유럽은 그 이상의 도시화를 거의 촉진하지 못했다. 이는 또다시 두 가지 본질적인 차이점과 관련이 있다.

할슈타트의 정착지, 특히 라텐 시대 후기의 오피다는 끊임없는 잉여 생산과 성공적인 대외 무역에 극도로 의존했다. 금속 가공(그리고 기타 천연 제품)은 북부 알프스 도시들의 근간을 이루었다. 이는 한편으로는 스키타이 요새에 더 가까웠지만, 다른 한편으로는 그리스의 폴리스와도 구별되는 특징이었다. 이와 대조적으로 오피다에서는 강력한 중산층이 형성될 수 없었으며, 정치적 지도력과는 별개로 무역과 공예 분야에서도 성공을 거두었다. 그런 까닭에 그리스와 에트루리아 그리고 나중에는 로마-이탈리아 상인들이 이러한 격차를 메우기가 매우 쉬웠다. 카이사르가 묘사한 '기사(equites)'는 인도의 크샤트리아와 비슷하지만, 그들은 일반적으로 교역을 통한 성공이 아니라 전쟁과 부를 통해 자신을 정의했다.[74] 그들은 스스로를 귀족적 엘리트의 일부로 이해했고, 새로운 중산층에 문을 열 준비가 되어 있지 않았다. 자신의 권력을 지나치게 확장하려는―유명한 오르게토릭스(Orgetorix) 같은―벼락부자와 신흥 부호들은 폭력적으로 억압당하거나 죽음으로 내몰렸다.

그래서 스키타이의 언덕 요새와 마찬가지로 켈트족의 도시들은―상품 생산 및 농산물 공급과는 별도로―나머지 인구가 문화적·경제적 목적을 위해 주기적으로 모이긴 했지만, 도시의 행정과 통치에는 기껏해야 선택적·간접적으로만 참여했다. 이것은 정착지 구조에도 반영되었다. 그리스, 페니키아, 에트루리아의 도시 발전은 필연적으로 좁은 공간에 주거·업무 공간과 종교적·공동체적 건물 및 광장의 밀집과 결부되어 있었다. 오늘날 우리는 도시 교외 지역이 그 자체로 풍요롭고 다양하게 상호 연결된 삶을 발전시켰다는 걸 알고 있지만, 폴리스와 그 도시 시설은 정치적 집회와 결정의 중심지였다. 엘리트와 시민은 함께 일하고 **공동으로** 방어할 준비가 되어 있었으며, 이는 지중해 공동체의 자아상을 규정하는 측면이었다.

일정한 부분에서 오피다는 이 모델에 근접했지만, 할슈타트 시대의 요새들은 종교적·공동체적 모임 장소를 언덕 위 정착지의 중심부에서 비교적 떨어진 먼 곳으로 옮겼다(4~8킬로미터).[75] 사각형 울타리는 집회소와 성소를 도시로 옮겼음에도 불구하고 이러한 것이 라텐 시대에도 여전히 통례적이었음을 보여준다. 하지만 도시 내부에는 여전히 주기적으로만, 그리고 엘리트 계층의 허가를 받아야만 이용할 수 있는 넓은 공터와 (더 나아가서는) 부족의 수장들이 모이는 장소가 있었는데, 이는 도시의 관할 범위를 벗어난 것이었다. 그 밖에 최근 연구에 따르면 라텐 시대에도 많은 족장이 오피다에 지속적으로 거주한 것이 아니라, 대규모 묘지 근처의 요새화한 영지에서 대부분의 시간을 보내며, 거기서 잉여물의 생산, 상품과 생산물의 유통을 조정한 것으로 보인다.[76]

따라서 여기서도 오피다 형태의 구조적 도시화 과정은 작지만 정교하게 요새화한 여러 개의 농장, 즉 사실상 시골의 소형 요새로 이어지는 분권화와 연관이 있었던 것 같다.[77] 지중해의 발전과 상반되는 주목할 만한 실태다. 아마도 이는 엘리트들의 호전적인 자아상과도 관련이 있을 텐데, 이 자아상은 대체로 폴리스에 길들여지고 통합된 것이었다. 많은 오피다가 스키타이의 요새와 비슷하게 상주하는 통치 당국 없이 엘리트들이 통제하고 대표하며, 종교적 목적을 위해 주기적으로 방문하는 도시일 뿐이었다. 지중해 도시들은 도시 활동과 정치 활동이 치열하게 경쟁하는 게 특징이었지만, 오피다는 다양한 정착지와 종교적 장소로 확장되는 네트워크의 기능적 중심지였으며, 주로 엘리트들이 인도-유럽 전통에 따라 자신의 시골 영지에서 아이들을 다른 가정과 농장에 맡겨 양육함으로써 유지했다. 은화와 금화는 있었지만 '모든 사람'을 위한 구리 주화는 없었다는 사실에서도 알 수 있듯이 엘리트들은 나머지 인구를 협력자로서보다는 조력자로서 더 많이 활용했다.

그래서 궁극적으로 모든 것은 족장의 정책과 교역 및 상품 생산의 성공에 달려 있었다. 당연히 이러한 기반은 아주 불안정하고 위기에 취약했다. 기원전 1세기에 라텐의 엘리트들은 모든 농민을 종속적인 피보호자로 만들고 자유민의 결집을 약화시켜 귀족 내부의 권력 투쟁이 더 이상 존재하지 않게 만들었다. 가장 먼저 주변 전사 집단들의 참여 부족으로 인해 할슈타트 제후들의 교체가 이루어졌지만, 새로운 전사 엘리트의 부상은 몰락의 핵심을 품고 있었다(이른바 '갈리아 혁명'). 오피다의 지원을 받는 안정적인 군주제는 더 이상 발전할 수 없었다. 내부 경쟁과 사제(드루이드)ー인도아리아족의 경우처럼 족장들의 야망을 어느 정도 견제할 수 있는 유일한 기관ー의 영향력이라는 소용돌이 속에서 이런저런 시도가 실패로 돌아갔다.[78] 그러고 나서 군사적·외교적 위협이 우선은 프랑스 남부 오피다의 마살리아인 편에서, 그다음에는 게르만 무리에 의해, 마지막으로는 중요한 교역 네트워크를 파괴하거나 장악한 로마 침략자(카이사르)에 의해 다가오자 이 세계는 자신의 모든 힘을 투입했음에도 마을과 부락, 농장의 정착지 수준으로 후퇴했다. 많은 오피다가 로마인이 도착하기 전에 이미 버려졌다. 이 것도 근동과 지중해의 본질적 차이점이었다. 근동에서는 도시 클러스터가 등장했고, 그 인구 전체가 도시를 훨씬 더 오랜 기간에 걸쳐 성공의 기반으로 받아들였다. 그리고 상황이 급격히 악화했을 때만 아주 드물게 도시를 완전히 포기했다. 알프스 북쪽에 이러한 조건이 존재하지 않는 한 도시 발전을 모든 위기에서 구해줄 안정화 요소는 없었다.

8 도시로 향하는 인도의 길

켈트 지역처럼 도시와 유목민 문화의 경계에 놓여 있지만, 알프스 고산 지역의 풍요로움을 큰 강 유역의 장점과 결합한 공간, 즉 인더스강과 갠지스강 체계에도 이러한 조건을 적용할 수 있을까? 정치적 관점에서, 몇 가지는 그리스반도의 출발 조건을 연상케 한다. 그곳에서와 마찬가지로 여기서도 청동기 시대 문화―그리스의 미케네 문화, 인더스 지역의 하라파 문화―의 붕괴 후, 문자 없이 살아가는 마을 인구가 형성되었다. 그곳에서와 마찬가지로 여기서도 같은 인도-유럽어족 공동체 출신 전사 엘리트들이 주도권을 잡고, 얼마 후 새로운 정착지 건설에 착수했다. 그리스에서는 미케네 문명 이후 그들의 가문 우두머리들이 이러한 주도권을 잡았는데, 이들은 그리스 중부를 거쳐 펠로폰네소스반도로, 이어서 에게해를 건너 소아시아 해안으로 진출했다. 인도 북부에서는 아리아족이 펀자브로 진출해 기원전 8세기부터 갠지스강과 야무나강 유역에 거주지를 세우기 시작했다(52쪽 참조). 약 200년 후, 인도 북부는 16개의 제후령, 즉 마하자나파다(mahajanapada)로 나뉘었다. 기원전 450년부터는 정착지 중심에서 또다시 벽돌로 덮인 성벽과 해자 그리고 최대 3000명이 살 수 있는 주거지, 집회장, 전문 수공업 시설을 갖춘 도시들이 성립했다. 갠지스강 중류 계곡에도 비슷한 단지들이 일찌감치 건설되었다.[79]

이 도시들 모두에 공통적인 것은 기원전 5세기에 이르기까지 **외부**

강대국의 공격을 받지 않았다는 점이다. 인도의 도시들은 폴리스와 마찬가지로 (성벽 시설이 보여주듯) 서로 격렬한 경쟁에 휘말렸지만, 무엇보다 외부 침략자의 야욕에 방해받지 않고 발전할 수 있었다. 근동의 제국들은 인도 북부에 대해서와 마찬가지로 에게해 지역에도 관심이 없었다. 기원전 500년경 들어서야 비로소 페르시아는 더는 참지 못하고 두 지역 모두에 개입했다.

하지만 이와 더불어 유사점이 끝나고 차이점이 시작된다. 인도 북부에는 수량(水量)이 가장 풍부한 곳 중 하나인 인더스-갠지스강 체계가 존재하며, 오늘날에도 이곳은 지구상에서 인구 밀도가 가장 높은 지역 중 하나다. 에게해 지역보다 밀과 쌀을 재배할 수 있는 면적이 훨씬 넓다. 물론 메소포타미아와 마찬가지로 대평원도 지하자원도 빈약하지만, 북쪽 산비탈의 귀금속 및 철 매장지가 있고, 근동과 이란의 대제국으로 수출하기도 했던 귀중한 목재가 있는 거대한 삼림 지대도 있었다. 그러나 알프스 북부와 폰토스 북부 지역에서와 마찬가지로 금속 도구를 투입해야만 이러한 보물을 추출하고 더 넓은 면적을 개간할 수 있었다. 언덕의 계단식 경작과 광범위한 배수 시스템 덕분에 갠지스 평야에서는 비로소 2배의 수확이 가능한 논농사도 할 수 있었다. 잉여 농산물, 철에 기반한 농경의 '기계화'와 더불어 기원전 400년 이후 도자기의 비약적인 보급과 주화 도입에서 읽어낼 수 있듯 교역과 수공업 또한 번성했다.[80]

비옥한 토지와 그것을 이용하는 성공적인 방법은 지중해의 상황과 구별되는 또 다른 차이점도 설명해준다. 인도는 내륙 지향적이다. 바다가 그리스 해적들의 고향인 것처럼 정글은 약탈적인 전사들의 안식처로 여겨졌다. 그에 따라 인도의 엘리트 구성원들은 권력 투쟁에서 패배하거나—인도 서사시의 중심 주제인—가족 간 음모의 희생양이 될 때면 숲으로 후퇴한 후 유리한 기회를 노려 반격했다. 인도의 오디세우스인 라마는 왕권을 되찾기 위해 끝없이 펼쳐진 바다로 모험을 떠나는 대신 마을에서 마을로, 도시에서 도시로 숲을 누비고 다닌다. 비옥한 토지와 멀리 떨어진 해안은 해양 식민지 개척을 허용하지 않았다. 엘리트들은 새로운 공동체를 설립하는 대신 주로 **기존** 도시로 통합해 들어가 잃어버린 권력을 되찾으려 했다. 도시 건설은 내륙에서 일어난 현상이었으며, 이는 두 가지 중요한 결과를 가져왔다.

첫째, 인도 북부의 도시는 지중해 지역의 공동체와 비교해 그 수가 현저히 적었다. 기원전 600년에서 기원전 300년 사이에 60개에 지나지 않았고, 고고학과 문학적 전승에 따르면 갠지스강 중류 유역에는 도시 중심지가 10개 미만이었던 것으로 추정된다! 그리스나 지중해에서와 달리 주거지를 동심원처럼 위계적으로 구축한 마을(grama)은 인구의 상당수를 지배하는 이질적인 민족 집단 공동체로 남아 있었다. 마을과 부족 공동체(vis)는 자체적으로 지도자를 선출할 수 있었다. 폴리스 세계가 오랜 기간에 걸쳐 정치 질서를 실험하면서 활기찬 항구 도시에서 토지 중심의 공동체를 거쳐 이탈리아 남부의 농업 대도시에 이르기까지 다양한 형태를 만들어낸 데 반해, 인도의 도시 대부분은 왕의 거주지로 계획 및 건설되었다. 그것은 이상적으로는 라자를 지배자로 하는 우주의 모상(模像)이었다.[81] 물론 공화주의적으로 조직된 공동체와 부족 연합도 있었지만, 이들은 라자의 '궁정' 거주지에서 발전한 도시 중심지에 의해 빠르게 추월당했다(52~53쪽 참조). 막스 베버가 지적했듯이 "도시는 철두철미한 통치의 요새였다".[82]

라자는 평등한 시민이나 적어도 정치적으로 영향력 있는 가문의 원칙에 기반한 정치 제도의 발전에 저항했고, 그 대신 꽤 오랫동안 이주 시대의 오래된 전통을 고수했다. 거주지 도시는 유목민 요새와 비슷하게 계절에 따라 또는 전쟁 시 가축과 사람들을 수용하는 역할을 하는 열린 공간을 갖추고 있었다.[83] 기원전 5세기에 이르기까지 도시 왕은 지속적으로 종교인의 조언과 동의에 훨씬 더 의존했다. 가령 북서쪽에서는 브라만, 갠지스강 중류 지역에서는 불교도와 자이나교도 같은 다른 집단에 의존했다. 왕은 가정을 돌보고 도시의 행정과 방어를 돕는 관리들을 두었다. 그러나 이들 역시 공개적인 선거나 (나중의 아테네에서처럼) 제비뽑기로 고른 것이 아니라 라자가 전사 집단에서 선택했다. 그런 까닭에—특히 부, 고귀한 출생, 아름다움, 위대한 전사 등—이상적인 왕의 특성은 어느 정도 유목민 지도자나 페르시아-메디아의 지배자에 상응하지만, 폴리스 정치가의 특성에는 부합하지 않았다. 웅변술은 인도 영웅의 탁월함 가운데 하나였지만, 그는 이것을 시민 모임에서가 아니라 다른 전사와 통치자를 설득하기 위해 사용했다.[84]

따라서—브라만교의 가르침과 달리 크샤트리아만이 전쟁에 나선 것은 아닐지라도—**민병대**의 책임이라는 개념뿐만 아니라 주민들의 관심사를 협상하고 해결책을 제시하며 결정을 내릴 수 있는 아고라나 극장 같은 형식의 공적인 공간도 없었다. 정치적 토론과 공적인 법률이 아니라, 기원과 의례가 통치에 대한 접근을 가로막았다. 그와 마찬가지로 **모든** '시민'이 공동의 제의에 참여할 수 있는 명확한 종교 중심지나 도시의 신에 봉헌한 신전도 없었다. 브라만 종교는 신전이 필요하지 않았다. 성소는 곳곳에 흩어져 있었고, 그래서 도시는 왕의 '궁전'으로 이어지는 거리로 특징지어졌다.[85]

그렇다면 기원전 5세기 이후 인도 도시들이 정치적으로 완전히 다른 구조를 가졌지만, 동시에 다른 생태적·지리적 조건하에서 발전해 과학과 예술·공예의 중심지가 된 폴리스처럼 유사한 경제적·문화적 호황을 누렸다는 사실을 어떻게 설명할 수 있을까? 그 대답은 바로 이러한 조건 자체에서 찾을 수 있다. 도시의 통치 궁전에는 많은 양의 생산물과 도구가 필요했다. 숲을 개간하기 위해서는 주변 마을을 농업에 이용하고 군대를 무장하고 유지하는 것과 마찬가지로 수많은 철제품이 필요했다. 인도의 모든 도시가 주요 강, 육로 및 대상로에 위치했던 데는 이유가 있었다. 지중해 연안 도시들과 마찬가지로 인도의 도시들도 갠지스 평원을 통해 아프가니스탄 북서부에서 인도 아대륙 북부 대부분을 연결하는 상품과 재화의 활발한 유통 중심지였다.[86] 서방에서와 비슷하게 (검은 광택이 나는) 도자기는 철광석과 철제품 및 곡물과 함께 가장 중요한 교역품 가운데 하나였지만, 이것들이 바다가 아니라 강과 육로를 통해 운송되었다는 점이 달랐다.

고대에 언제나 그랬듯 교역과 도시 발전은 상호 자극을 주는 관계였다. 점점 더 다양해지는 경제는 인도 사회의 전형적인 모습이 된 새로운 형태의 조직, 즉 동업조합(길드)을 탄생시켰다. 거의 모든 도시에서 길드는 경제적 이익을 대변했지만, 도시나 국가의 지도자인 왕과 정치적으로 경쟁하지는 않았다. 이는 근동과 지중해 도시 국가들의 내부 권력관계와 비교할 때 중요한 차이점이었다. 라자는 길드가 통치자로서 자신에게 위협이 되지 않는다는 걸 확신할 수 있었기 때문에 더욱 쉽게 길드를 자문 기관으로 활용할 수 있었다.

그래서 도시 길드의 지도자들은 라자를 중심으로 형성된 인도의 도시 구조가 남긴 공백을 메웠고, 이는 인도의 도시에 특별한 성격을 부여했다. 도시의 삶은 언제나 왕궁과 다양한 상인 계층 출신의 부유한 엘리트, 그리고 번잡한 시장에서 크고 작은 사업을 추구하는 다른 행위자들 사이에서 어떤 식으로든 펼쳐졌다. 길드는 하위 바르나 집단에도 기회를 열어주는 개방적인 사회로 나아가는 데 이바지했다.[87] 그러나 도시 생활이라는 무대에서 그들은 자신의 길을 찾아내기가 쉽지 않았다. 왜냐하면 오랜 씨족 구조의 네트워크가 없는 곳에서는 새로운 출세 기회와 더불어 실패의 위험도 증가했기 때문이다. 새로운 삶을 실천하기 위해서는 가르침이 필요했다. 그래서 크샤트리아 사이에서도 시인과 외교관의 언어인 산스크리트어를 기반으로 '아름답고' 과학적인 문학을 산출하는 "궁정 살롱 문화"(막스 베버)가 등장했다. 인도 서부에서 북부로 이어지는 교통로의 유리한 위치에 자리한 탁샤실라〔Takshashila, 그리스어로는 탁실라(Taxila)〕는 중동의 가장 유명한 학문 도시로서 인도와 이란 전역에서 학생들을 끌어들였다.

하지만 이것은 인도 도시 사회의 한 면모일 뿐이었다. 도시들의 세계가 다양한 종교 집단에 의해 그토록 강하게 각인되었던 곳은 어디에도 없었다. 모든 도시에서는 성자와 고행자가 거리를 따라 걸으며 성문을 통과해 다음 도시로 이동하거나 정글의 고독 속으로 사라졌다. 고타마라는 사람의 추종자들도 그렇게 이동하곤 했는데, 그는 아마도 갠지스강 동쪽에 있는 마가다 왕국의 도시 엘리트 출신이었을 것이다.[88] 믿을 만한 전승에 따르면, 고타마는 기원전 5세기 후반에 옛삶을 포기하고 '깨달은 자(붓다)'로서 인간 존재의 참된 연관을 발견했다고 한다. 그를 추종하는 사람은 꾸준히 증가했고, 그들과 함께 그의 가르침도 인도 북서부 지역으로 퍼져나갔다.

불교의 부상은 (예를 들어, 자이나교 같은) 다른 많은 수행 집단에서와 마찬가지로 시간적으로 도시의 발전이나 마가다 왕 같은 야심 찬 도시 왕들의 등장과 동시에 이뤄졌다. 일반적인 설명에 따르면, 고타마는 자신의 가르침을 무엇보다 농경 지향적인 브라만의 타고난 신분 사회 질서와 교리적 규범에 반대해 발전시켰는데, 이는 나중에 예수가 유대교의 경직된 형태에 반대했던 것과 유사하다(437~439쪽 참조).[89] 브라만 사제들은 도시의 불결함, 상인들의 번잡함, 바르나 집단의 혼합을 손가락질했지만, 실제로는 스스로 장사를 하거나, 왕의 기부를 통해 부유한 지주가 되거나, 희생 제의 전문가로 권력에 접근하는 등 바로 이러한 삶의 영역에서 많은 이득을 얻었다.

물론 브라만과의 대결만으로는 붓다의 부상을 설명할 수 없다. 붓다가 그들을 전면적으로 적대했다고는 말할 수 없다는 점에서 특히 그렇다. 붓다를 추종하는 브라만도 있었다. 붓다의 가르침은 사회적, 경제적, 정치적으로 복잡한 변화가 일어나던 시기에 이루어졌다. 도시의 발흥은 도시의 재가(在家) 불교도들이 주도하는 교역과 상업의 호황을 동반했지만, 언제나 그렇듯 모든 사람이 그로부터 이익을 얻는 것은 아니었다. 인도 북부에서는 무엇보다도 전사와 브라만 계층이, 더 나아가 교역과 수공업 그리고 농업에 종사하는 (세 번째 바르나 계급인) 바이샤가 가장 큰 혜택을 누렸다. 크샤트리아는 또한 마을과 농부들을 희생시키면서 자신의 토지 소유를 확장했다. 그들은 수드라 계층과 부자들의 밭에서 일하는 (점점 더 증가하는) 노예들의 반대에 부딪혔다. 그와 마찬가지로 여성의 지위도 유라시아의 (예를 들어, 그리스 같은) 다른 지역에서처럼 부족 구조가 도시 사회로 바뀌면서 악화한 것으로 보인다.[90] 이에 더해 군사적으로 성공한 도시 왕에게 패배하거나 정복당한 부족과 공동체는 자신의 정체성을 빼앗긴 채 더 많은 세금을 부과받았다. 일반적으로 군대 규모가 커지고, 전쟁이 길어지고, 왕실 살림이 사치스러워지면서 세금 부담도 꾸준히 증가했다. 브라만을 위해 수백 마리의 소를 제공하는 것은 귀족 지주들에게만 부담을 안겨주었던 게 아니다. 그것은 장기적으로 권력을 유지하기 위해 거주 도시와 궁정 관리 그리고 군대를 부양해야만 하는 왕의 필요와도 모순되는 일이었다.[91]

시골에서 자원을 공급받는 도시 생활은 이처럼 여러 가지 모순된 발전 양상을 보였다. 아울러 이러한 발전은 역동성을 자극하고 기회를 열어주었지만, 동시에 고난과 혼란 그리고 불안감을 야기했다. 이러한 불균형은 브라만이나 극단적 고행 운동이 제공할 수 없는 방향의 대답을 요구했다. 이에 고타마 붓다는 마음속으로 불편함을 느꼈다. 그는 브라만교의 제약에서 벗어나 사제들의 규칙에 의존하지 않고 경제적·정치적 권력이 개인의 행복과 사회적 인정의 유일한 기준이 되지 않는 삶의 방식을 보여주었다. 이런 측면에서 자이나교 같은 다른 집단이 그를 뒤따르거나 앞서나갔다. 그들 모두가 번영할 수 있었던 것은 도시 경제가 경제적 긴장에도 불구하고 적어도 상류층 내부에서 자선과 기부를 창출하기에 충분한 잉여를 산출했기 때문이다. 이것이 곧이어 설립되는 불교 수도원(sanghas)에도 도움을 주었다.[92]

불교의 카르마(업) 교리는―선하든 악하든―인간의 모든 행동이 윤회에 영향을 미친다는 생각에 기반한다. 좋은 업은 천상계와 인간 영역으로, 나쁜 업은 지옥과 동물이나 걸신의 존재로 이어진다. 이러한 교리의 회계 담당자 같은 일관성은 도시에 퍼져 있던 상인적 사고를 연상케 한다. 물론 우리는 생각을 바꾸고 욕망('갈망')에서 벗어나면 자기의 업과는 별개로 윤회로부터 구원을 얻을 수 있다. (업은 구원을 돕지만 방해하지는 않는다.) 붓다는 모든 사람을 위한 **윤리적** 가르침을 제공했다. 그 규칙과 목표는 매우 단순해서 붓다가 확언했듯 어린이도 이해할 수 있었는데, 이는 상업적 거래가 모든 사람이 따를 수 있는 규칙에 의거해 이루어지는 것과 마찬가지다. 그를 추종하는 사람들은 부를 개인의 성공에 대한 증거로 받아들였다. 불교 승려는 은둔 생활을 하지 않았고, 무엇보다도 도시의 제후로부터 장인과 마을의 원로와 농부에 이르기까지 많은 사람과 접촉하는 재가 불교 신자들이 있었다.[93]

바르나 체계가 경계 설정에 근거해 부족이 아닌 사람들을 야만인으로 격하시켰다면, 붓다는 다른 사람들을 파트너로 받아들이는 방법을 가르쳤다. 이는 바르나의 차이가 시골보다 더 적은 역할을 하고, 출신과 직업이 다른 사람들이 서로 어울려 사는 도시 환경에 상응했다.[94] 이러한 점 또한 불교를 권력자들이 흥미롭게 받아들이도록 만들었다. 《자타카(Jataka: 붓다가 전생에 겪은 삶의 이야기—옮긴이)》의 불교 전승을 상대화하더라도 라자들이 윤리적인 삶의 지침을 받기 위해 불교 승려의 조언을 구했다는 것은 의심할 여지가 없다. 불교도는 도시, 마을, 숲, 산의 아주 이질적인 지형에 침투해 모든 인구와 접촉할 수 있는 거의 유일한 중재자였다. 이러한 방식으로 그들은 신뢰와 정보를 얻었는데, 이는 통치자가 최고 재판관으로서 자문단의 정기적인 알현 등을 통해 얻는 것을 보완하는 중요한 요소였다. 이 모든 것이 인도 도시의 특징을 설명해준다. 인도의 도시는 수가 적었지만, 종교적·과학적 지혜의 활기찬 중심지이자 교역과 수공업 및 궁전이 역동적으로 발달한 장소이기도 했다.[95]

9 권력자들의 거주지: 중국 도시의 시작

그리하여 정교한 정치 제도, 공동체의 법규, 그리고 시민적 견제 없이
도 자신감 넘치고 경제적으로 번영하는 도시들이 탄생할 수 있었다.
이는 서구의 견해에서는 생소하지만, 그럼에도 유익한 인식이다. 인도
에서처럼 도시 통치자가 정기적인 의회나 민회(民會) 형태로 주민들의
협조를 받지 않을 때, 종교적 조력자나 무역업자가 주민들과 접촉함으
로써 통치자에게 정보를 제공했다. 이러한 조건들이 훨씬 더 멀리 떨
어진 중국에서도 적용되었을까?

　인도에서와 마찬가지로 도시적 생활 방식을 향한 본질적 추동력은
농업 경제에 점차 익숙해진 이주 인구 집단과 전사 사회에서 비롯되
었다. 그들은 전쟁을 벌이고, 도시 신들의 지시를 받아서가 아니라 조
상을 위한 '의례'로서 제사를 수행했다. 이러한 발전은 황하의 큰 굽
이와 위하(渭河) 계곡의 고원 지대에서 이뤄졌다. 그들은 강변의 황토
덕분에 나무 도구로 기장과 밀을 재배할 수 있었다. 사람들이 제방을
쌓아 홍수를 조절하면서 마을은 강에 더 가까이 다가설 수 있었고, 농
민의 생활 방식은 이상적인 지대를 넘어 황하의 대평원을 따라 확산
했다.[96]

　이러한 조건은 기원전 2000년대 초, 언덕에 대규모 제례 중심지가
성립하기 위한 전제였다. 이 같은 발전의 기반을 이룬 것은 씨족 가문
의 우두머리들이었다. 그들의 지위는 거의 같은 시기 또는 몇 세기 전
아시아의 다른 지역에서 스텝 지대와 습지 사이 경계에 옥수스 문명
같은 중요한 지배권을 구축한 족장들과 비슷했다(41, 44쪽 참조). 중국
북부의 정착지들도 그에 못지않은 위용을 자랑했다. 기원전 15세기

중엽 환하(洹河)를 이용해 관개하는 평야의 서쪽 가장자리〔지금의 환베이 (環北) 근처〕에 다져진 흙으로 성벽을 쌓은 470헥타르 규모의 도시가 건설되었다. 공동묘지가 있는 인근의 다른 대규모 정착지 유적을 보면, 이곳이 한 씨족의 거주지였음을 추정할 수 있다. 이 씨족은 오늘날 상나라 왕실과 동일시되고 있다.

상나라 시대의 정주(鄭州)는 고대 세계에서 가장 큰 성벽으로 둘러싸인 제례 중심지 가운데 하나였다. 1928년 최대 13미터 깊이에 설치된 거대한 무덤방과 그에 못지않게 큰 이목을 끌 만한 부장품을 갖춘 거대한 거주 도시 안양(安陽)이 발굴되면서 고고학계에 센세이션을 일으켰다. 한 무덤은 다른 귀중품과 더불어 지금까지 발견된 가장 많은 옥(玉) 제품과 총무게 1600킬로그램이 넘는 청동 공예품 468점을 포함하고 있었다. 이렇게 정교한 물품을 이렇게 많은 양의 금속으로 주조한 적은 이전에도 이후에도 전혀 없었다.

그러나 근동의 통치자들과 달리 상나라 사람들은 신전의 건축 자재로 나무만 사용했다. 그들은 관개 시설을 구축하는 데 큰 노력을 기울이지 않았다. 인구 집중과 주거 설계의 주된 목적은 사회와 엘리트 계층의 생계유지를 위한 게 아니었던 것으로 보인다. 따라서 대규모 저장 공간에 대한 증거는 없다. 토지는 주로 왕의 사냥터와 소, 양, 돼지, 말의 목초지로 사용되었다. 안양의 거주지에서는 사냥용 전차에 투입하거나 의식과 신분 과시에 필요한 말을 조련했다. 일부 연구자는 상나라의 왕이 북부 유목민 지역 출신 아내의 지참금 명목으로 전차 기술을 획득했다고 생각한다. 이는 멀리 서쪽의 다른 접촉 지대(44쪽 참조)에서와 마찬가지로 결혼을 통한 기술 이전이 이루어졌음을 보여주는 사례다. 다만 성(性) 역할이 바뀌었을 뿐이다. 상나라에는 확실히

(외지에서 온?) 말 조련사가 있었다. 이러한 배경을 고려할 때 상나라 제후의 장례식에서 말이 희생된 것은 놀라운 일이 아니다.[97] 모든 것이 제식적 목적을 지향했다. 상업적 필요나 넓은 지역에 걸쳐 통치권을 조직하려는 의지보다는 종교가 중국 도시 발전의 기원이었다.[98] 무슨 까닭에 그러했을까?

가족 및 친족 관계를 기반으로 한 모든 통치 체제와 마찬가지로 상나라는 조상 숭배를 집중적으로 발전시켰다. 그러나 인도의 브라만이 라자가 참석한 가운데 희생 제의를 통해 신들에게 **직접** 영향을 미치고 스스로 힘을 획득하려 했다면, 상나라의 왕들은 '점쟁이'를 통해 조상들의 영혼에 의지했다. 오직 그들만이 비와 구름 같은 자연의 힘을 관장하고, 최고의 부족 신으로서 뭇신〔衆神〕의 정점에 있는 상제(上帝)와 결합을 이루어낼 수 있으며, '하위의 신들'로서 희생 제물을 받을 수 있었다. 그들의 지식을 엿보기 위해 사람들은 소의 어깨뼈와 거북의 등딱지를 가열하고, 그 결과로 생긴 균열에서 예측을 도출했다. 그에 따른 해석은 가열한 재료에 왕의 이름과 함께 기록하고, 아마도 대중에게 공개했을 것이다. 따라서 이를테면 조상에 대한 탐구의 부산물로 (가장 오래된) 중국 문자가 만들어졌다.[99]

오로지 왕만이 조상들을 통해 부족 신과 접촉할 수 있었다. 왜냐하면 조상의 영혼은 오직 그 혈통의 장자 후손이 바치는 희생 제물만 받아들였기 때문이다. 씨족의 장자가 통치를 계승할 권리를 가졌으므로 종교적 정당성과 가족적 정당성이 결합해 제정일치에 대한 이해가 형성되었고, 왕의 다른 활동, 요컨대 사냥과 전쟁 수행도 조상에 대한 제의적 봉사로 받아들여졌다. 상나라의 종교가 사회생활의 모든 영역과 연결되어 있었기 때문에 조상에 대한 왕의 배타적이고 지속적인 연결은 설득력이 있었다. 신탁은 군사적 결정의 틀에서든, 건축 기획에서든, 무엇보다도 날씨와 수확을 예측하기 위한 것이든 모든 사람이 그 의미를 명백히 알 수 있는 문제와 상황에 집중되었다.[100]

그래서 왕이 다른 자연 신이나 정령들과도 결합을 유지하는 것은 매우 자연스러웠다. 어떤 이들은 왕의 조력자를 샤먼과 동일시하고, 어떤 이들은 그들을 이란의 마기(magi)와 가깝게 묘사했으며, 또 다른 이들은 의식에서 영적 조력자를 언급했다. 항상 마법이 영향을 미쳤고, 갑골문자의 해석이 거의 사무적이고 일상적인 것처럼 보일 때조차 조상과 영혼을 불러내는 일은 종종 '도취적이고 황홀한 의식'으로 고양되었을 것이다. 이것 역시 상나라 왕들의 장례식에서 행해진 인신 공양과 마찬가지로 유목민의 맥락을 연상케 한다. 이때 바친 사람은 대부분 '야만적인 동물'로서 이전까지 알려지지 않은 규모로 살육한 포로들이었다. 왕의 희생 제사를 위해서는 수백 명이 죽임을 당했다고 전해진다. 아마도 스키타이인의 경우와 마찬가지로 추종자들도 왕과 그의 아내를 따라 죽음을 맞이했을 것이다.[101]

고대에는 언제나 그랬듯 비용이 많이 들어가는 종교적 관습은 경제적 효과도 지녔다. 거주지의 장인 구역에서는 희생 의식에 필요한 청동 무기와 청동 그릇을 생산했다. 비단 생산을 위한 작업장도 존재했다. 그와 더불어 전차의 제작과 사용에는 금속과 더 나아가서는 말의 사육과 조련사가 필요했다. 특히 거북 등딱지의 대량 소비를 위해서는 남방과의 교역이 전제되어야 했다. 여기에 중앙아시아의 옥과 인도양의 소라껍데기 같은 사치품도 더해졌다. 그러나—북방의 유목민 중심지에서와 비슷하게—지역을 넘어선 물자의 이동은 '궁정 관리들'의 작은 규모와 주목할 만한 대조를 이뤘다. 상나라 왕조의 제의(祭儀)

도시들은 경제적 고려로 인해 세워진 게 아니면서도 경제 활동을 주도했다.

왕은 일족의 우두머리로 대가족과 함께 자신의 거주지에서 살았다. 왕의 협력자들은 그의 군대를 이끌고, 기록물을 관리하고, 포로를 감독했다. 그들은 대부분 친족 관계와 종교적 관습을 통해 중앙에 편입된 동맹 씨족 출신이었다. 그들의 충성심을 확보하기 위해 상나라 왕조는 그들을 어떻게든 (아마도 거주지를 짓는 걸 허용함으로써) 통치에 참여시켰을 것이다. '하위 거주지'를 통해 통치를 위임하는 이러한 원칙도 우리가 아시아의 다른 지역에서 알고 있는 상황과 일치한다. 스키타이의 왕들도 자신의 형제와 가까운 친척에게 그들 자신의 거주지와 통치 구역을 부여했다(65, 68쪽 참조). 중국의 도시 영주들은 새로운 이름을 부여받고, 국경 지역을 지키며 필요할 때 왕에게 제공할 군대를 지휘했다. 심지어 왕의 아내들도 군대를 이끌 수 있었다.[102]

이러한 방식으로 친족적 유대는 군사적 지휘 체계와 얽혀 있었다. 그리하여 획일적 형태의 엘리트 집단을 가진 도시들의 클러스터가 생겨났는데, 이는 아마도 중국에서만 나타난 현상이었을 것이다. 하지만 모든 통치 체제와 마찬가지로 이것 역시 약점이 있었다. 점술과 제의적 지배에 기반한 권력은 쇠퇴할 위험이 있다. 끊임없는 반복은 내용 없는 일상이 되고, 특히 질문이 그저 원하는 대답만을 낳을 때, 다시 말하면 의례로 굳어질 때 설득력을 상실한다.[103] 이에 대응하기 위해 상나라는 친족 관계나 왕실 조상과의 협의 없이 충성심을 유지하는 행정 체계를 구축해야 했다. 하지만 이는 상나라의 자기 이해와 모순되는 일이었다. 식민 도시와의 관계가 행정적·정치적 구조에 의해 안전하게 보장되지 않았던 까닭에 왕은 "여러 지역을 자신의 통치 영역에 영적으로 통합하는"(마크 에드워드 루이스(Mark Edward Lewis)) 희생 의식과 의례를 수행하기 위해 끊임없이 이동해야 했다. 수도의 지속적 이전(移轉) 역시 통제할 수 있는 위치를 황토고원 서쪽 가장자리에 있는 오늘날의 허난성 북쪽에서 발견했다고 믿을 때까지 계속해서 이동했음을 시사한다.[104]

하지만 그러한 가정은 틀렸다. 자주 그랬듯이 주변부에서는 저항이 일어났다. 기원전 11세기 중반, 동맹 관계에 있던 주(周)나라의 한 제후가 수도 외곽의 평원에서 마지막 상나라 왕을 물리쳤다. 주나라 왕의 거주지는 황하 서쪽의 위하 계곡에 있었고, 승자는 지금까지 광범위하게 독립적이었던 두 지역을 서로 결합해야 하는 어려운 과제에 직면했다. 그 역시 요새화한 도시에 의존했지만, 동맹 제후들과 협력함으로써 친척의 파견을 보완했다. 그 이후 왕족의 구성원과 반(半)자치 도시 국가 출신 동맹군은 상나라 지역에 집중함으로써 더 멀리 있는 지역의 통제권을 공유했다.

주나라는 이러한 방식으로 확장된 통치 지역에 대한 추가적인 지원을 끌어들이기 위해 그 지역의 종교적 기초도 개혁했다. 이를테면 장례 의식의 일부로 행해지던 인신 공양을 줄였다. 기원전 850년경에는 상나라의 제례 때 사용하던 사치스러운 청동 그릇을 사회적 지위에 상응하는 표준적인 것들로 대체했다. 예컨대 궁정 엘리트는 9개의 솥(鼎)과 8개의 그릇(簋)을 받았다. 그리고 하위 관리들은 솥과 그릇을 각각 7개와 6개, 지방 통치자는 5개와 4개 받았다.[105] 이로써 희생 제사와 점술 의식은 상나라 가문의 핵심 집단과 '가문 사제'에서 분리되어 새로운 정부의 중심에 동심원 형태로 자리 잡은 더 큰 집단으로 확장되었다. 그들은 공적 기능이나 왕과의 친밀함을 통해 스스로를 정의했다. 아울러 친족적 유대나 점술 또는 샤머니즘의 특수한 '종교적' 능력을 통해 자신을 드러내지 않았다. 희생은 이러한 방식으로 합리화되었고, 통치자들은 이를 더욱 쉽게 통제할 수 있었다. 동시에 그들은 자신이 통제할 수 없는 모든 것, 즉 신·영혼·조상으로부터 거리를 두었다. 샤머니즘적 관습(황홀경)과 과도한 행위(도취와 엑스터시)를 제한하고, 이를 희생 **의식**으로 대체했다. 이러한 의식은 이제 씨족 구성원이 아니라, 지위에 따라 편제된 좀더 커다란 엘리트 집단에 의해 수행되었다. 이는 인도의 쿠루 왕들이 브라만교 희생 의식을 이주 시대의 가족 및 부족적 맥락에서 분리하고 새로운 거주지의 공적 영역에 집중시킨 개혁과 비슷하다(54~56쪽 참조).[106]

이러한 배경에서 주나라가 **한** 가문 왕조의 오래된 점술 의식과 조상 숭배로부터 인간 세계와 거리를 둔 신적인 하늘(天)에 대한 숭배로 전환한 것은 그야말로 당연한 일이었다. '하늘'은 상나라의 최고신과 달리 하나의 왕조에 매여 있지 않았다. 하늘이 주나라를 뒷받침한 까닭은 그가 최고의 부족 신이었기 때문이 아니라, 우주적인 신으로서 덕을 쌓은 자에게 '하늘의 명령(天命)'으로서 통치권을 부여하고 그렇지 못한 자에게 벌을 내렸기 때문이다.[107] 통치에 대한 이러한 이해는 주나라가 상나라를 대체하는 걸 정당화했지만, 새로운 엘리트 역시 하늘이 정한 도덕적 기준에 따라 평가받아야만 했다. 이와 더불어 이러한 도덕적 통치 개념이 필요하지 않았던 씨족 사회의 제약이 마침내 해소되고, 더 넓은 지역에 대한 통치 가능성이 본질적으로 확대되었다. 도시는 더 이상 씨족 구조의 확장된 기반이 아니었다. 이제 도시는 친척**과** 동맹국에 '토지와 신민(臣民)'을 공급하는 주나라의 능력에 의해 결집되는 반(半)자치적 소국(小國) 네트워크의 일부를 형성했다.[108]

중국 역사에서 결정적인 현상은 이에 영향을 받지 않고 오히려 더욱 견고해졌다. 도시는 독립적인 농민 공동체와 마을의 응집 및 합병을 통해 유기적으로 발전한 것이 아니다. 오히려 인도 북부에서와 비슷한 방식으로 계획되었고, 막스 베버가 (황제 시대에 대해) 정식화했듯 "자치권 없는 관직"인 군주적 통치의 도구로 남아 있었다.[109] 변화는 오직 이러한 통치 내부에서만, 그리고 그와 더불어서만 생각할 수 있었다. 그러나 청동기 시대의 위기가 진행되는 동안 서구에서와 같은 급격한 단절이 없었기 때문에 변화는 서서히 이루어졌고, 군주제 정부에 의해 정립된 틀을 결코 벗어나지 않았다. 주민이나 주민의 대표자가 아니라, 오로지 군주제만이 변화의 속도와 범위를 결정했다. 그에 따라 주나라의 왕들이 친족 관계에서 좀더 독립적인 위계질서에 의례적인 교류를 도입하고, 더 나아가 자신의 정통성을 하늘에 의한 (도덕적) 평가와 연결했을 때, 이는 친족적 원리만으로는 더 이상 넓은 지역을 지배하기에 충분하지 않다는 올바른 통찰을 반영한 것이었다.

그리하여 주나라와 지역 제후들의 거주지에는 점차 신하와 관료 계층이 자리를 잡았고, 이들은 자신의 업적과 통치자하고의 친분을 통해 자신의 정체성을 확인하고 이러한 자기 이해를 다른 도시의 권력자들과 공유했다.[110] 그들은 건축 프로젝트를 짜고 군대를 공급했으며 광산, 산림, 토지 소유 및 가축 사육에 대한 세금 징수를 규제했다. 그에 더해 훈련된 서기관을 임명함으로써, 이전까지 씨족과 점쟁이들의 주술적 의례에만 사용되던 문자를 활용했다. 지역 제후들의 엘리트도 마찬가지였다.

역사에서 언제나 그렇듯이 마을들만은 자기의 옛 구조를 유지했다. 지방 도시들에서도 상부 및 중간 관리층 수준에서는 계속해서 토착 가문들이 지배권을 행사했다. 그런 까닭에 주나라의 왕도 제후들의 충성심을 확인하기 위해 돌아다녀야만 했다. 이러한 시찰 여행이 정복을 동반하고, 정복을 통해 얻은 것을 동맹국과 '식민지 주민'에게 분배할 수 있는 한 이 시스템은 효과적으로 기능했다. 그러나 새로운 정복지가 늘어나지 않자 동맹국에 보상할 수 있는 물질적 기초가 없었다. 이에 주나라 왕은 자신의 자원과 병력을 떼어주어야만 했고, 이로 인해 입지가 약화했다. 또다시 권력이 중앙에서 주변으로 옮겨갔다. 지방 도시의 지배자들은 독립적인 제후로 부상했다.[111] 동시에 주나라는 북서쪽에서 전차 전사보다 뛰어난 '야만적인' 기마 민족의 공격에 직면했다. 기원전 771년, 융족(戎族)은 주나라의 수도를 정복하고 마지막 왕을 죽였다. 지역 제후들은 아무런 도움도 주지 않았다. 야만족이 물러난 후, 진(秦)나라 제후가 주나라 영토 대부분을 차지했다.

그러나 하늘이 임명한 첫 번째 왕들의 기억은 살아남았다. 어떤 제후국도 기마 민족과 남쪽에서 온 또 다른 세력(초나라)의 공격에 맞서 혼자 자신을 방어할 수 없었다. 다른 한편, 이러한 군사적 도전은 제후국들이 패권을 놓고 사력을 다해 싸우는 지역 국가로 발전하는 자극제가 되었다. 춘추 시대(기원전 722~기원전 481)가 열린 것이다.

10 지역 국가들의 부상

제후들은 주나라의 약점을 극복하고 자기의 권력 토대를 확장하기 위해 온갖 노력을 기울였다. 그들의 조치는 각기 다른 속도로 진행되었지만, 성공할 때마다 모방자들이 생겨났기 때문에 서로를 자극했다.

기원전 7세기부터 몇몇 도시 제후가 농민을 지주에 대한 의존에서 해방시키기 시작했다. 그 대가로 농민은 나라의 중앙에 정기적으로 세금〔기원전 594년 노(魯)나라에서 처음 부과〕을 납부하고 군 복무를 해야만 했다. (귀족 중간층에게 불규칙적으로 납부하는 대신) 세금을 도입한 것은 인구와 농업 수확량을 더 정확히 파악할 기회를 주었다. 철제 도구와 멍에 달린 소가 끄는 쟁기를 도입하면서 수확량이 적어도 2배가량 증가했다.[112]

그러나 세금 징수는 언제나 **정치적** 통제를 의미했으며 신병 징집의 기반을 넓혔다. 군대는 보병 군대로 변모했다. 철제 칼뿐만 아니라 석궁과 금속판 갑옷으로 무장한 그들은 이제 북쪽의 야만인들과도 맞서 싸울 수 있었다. 그리고 이러한 통치의 강도가 높아짐에 따라 도시의 수도 증가했다. 북동쪽의 진(晉)나라, 서쪽의 진(秦), 남쪽의 초(楚)나라 제후들은 특히 국경 지대와 정복한 영토에 새로운 도시 중심지를 건설하고 이것들을 자신의 거주지와 연결하기 위해 도로를 구축했다.

진(秦)나라에만 최대 1만 명의 인구가 거주하는 여러 도시가 있었다. 노나라, 정(鄭)나라, 조(趙)나라, 초나라의 수도는 수십 제곱킬로미터에 걸쳐 뻗어 있었다. 도시들 사이의 거리는 (아테네와 코린토스 사이의 거리보다 약간 더 긴) 90~100킬로미터였다. 대부분의 도시는 성벽으로 둘러싸여 있었으며, 성곽의 기본 형태를 반영하는 직사각형 건물들을 갖추었다. 또 튼튼한 성문과 탑은 제후들의 자신감과 부 그리고 경계심을 보여주었다. 두 번째 성벽은 궁전 및 신전의 의식 중심지와 외곽 지역을 분리했다. 사람들은 바깥 구역과 안 구역 중간에 거주했다. 장인들은 여기서 일했고, 상인들이 요금을 받고 상품을 판매하는 별도의 시장 구역도 있었다. 수도 중앙에 있는 높은 탑은 적어도 통치자의 귀와 눈을 피할 수 있는 것은 아무것도 없다는 걸 보여주었다.[113]

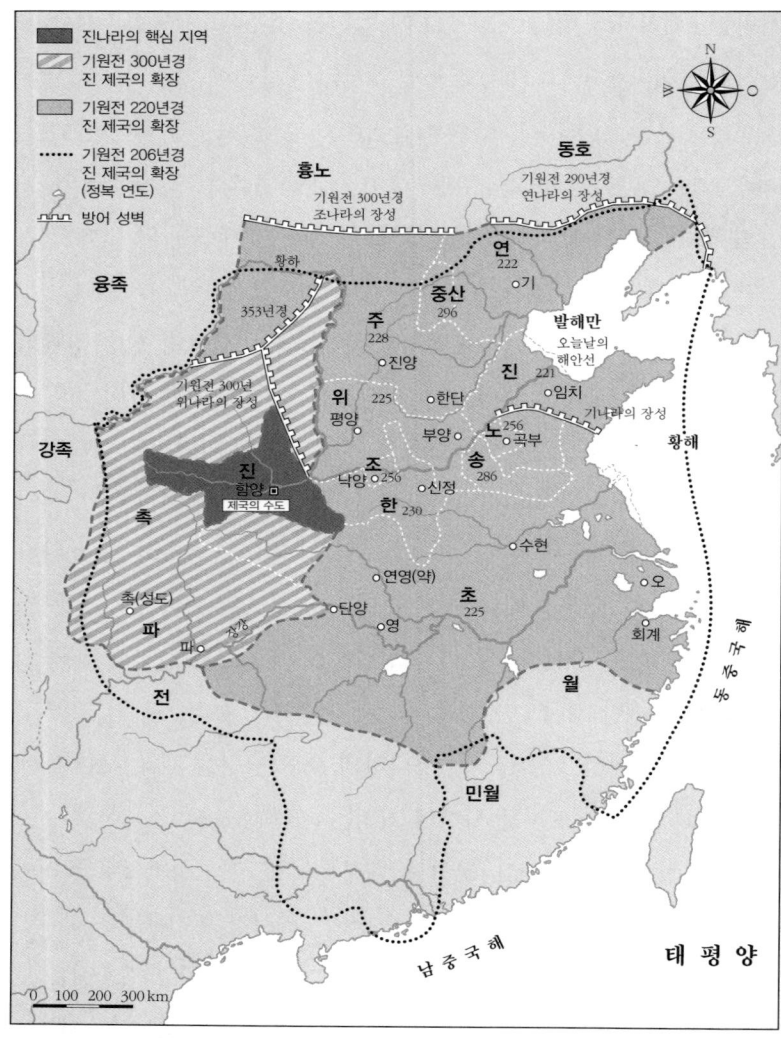

기원전 300~기원전 200년경 전국 시대의 중국

다른 역사적 맥락에서도 통치 중심지의 확장은 교역 및 수공업의 강화와 도시 엘리트 구성의 변화로 이어졌다. 이 두 가지는 중국 도시들에도 마찬가지로 적용된다. 통치자들은 친족 후원을 통해 관직을 물려받는 것이 아니라, 세금이나 군사 행정 분야의 특정 업무에 대한 능력을 기준으로 관직을 획득한 사람들을 의도적으로 유치함으로써 차별화된 엘리트 관료 집단을 육성했다. 고도로 군사화한 제후 국가는 또한 교육을 잘 받은 귀족 계층의 아들들에게 궁정이나 군대에서 경력을 쌓을 기회를 열어줌으로써 새로운 체제에 적응할 수 있도록 했다. 이렇게 해서 통치 체제의 많은 핵심 문제, 요컨대 통제할 수 없는 전사 집단의 형성을 해소했다. 그러나 관직에서 활동할 기회는 귀족 가문 바깥에 있던 사람들에게도 주어졌다. 많은 사람이 외교관, 전략가, 군대 조직가로서 자신의 능력을 입증했다. 이들은 자신을 난민으로 받아들인 다른 지역의 하급 귀족과 함께 국가의 '위대한 봉사'에 참여함으로써 자기의 정체성을 확인하는 전사 귀족을 형성했다.[114]

이 새로운 도시 엘리트는 토지 대신 현금이나 현물로 받은 보수를 숙련된 상인과 장인 가족이 조달하고 제조해 국가가 통제하는 시장에서 제공하는 재화와 생산물에 투자했다. 가장 성공한 사람들은 고객과 함께 재정적으로 강력한 중간층을 형성했고, 이들은 개인적 성공을 위한 수단으로 '우정'을 가꾸어갔다. 사료에서는 이 계층을 '사(士)'라고 부른다. 그들은 정치 엘리트의 '전문적이고 기술적인' 요구에 부응하는 국가 관료, 귀족의 자제, 경제적 상류층으로 구성되었다. 어떤 의미에서 그들은 단체로서 조직되지는 않았지만, 인도의 동업조합, 즉 길드와 비슷했다. 적지 않은 사람이 대금업에서 지식과 능력을 쌓았고, 몇몇은 군대에 물자를 공급해 돈을 벌었다. 아울러 도로와 운하 시스템의 확장, 도시 국가들이 관세 장벽이 낮은 번성하는 경제 중심지로 발전한 덕분에 이익을 얻었다.[115]

하지만 또다시 모든 사람이 이런 기회를 이용할 수 있었던 것은 아니다. 특히 농촌의 세금 압박을 피해 도시로 이주한 사람들은 그때그때의 막노동과 권력자의 선의에 의존하며 낮은 수준의 삶을 살았다. 그러나 이들에게도 씨족 가문의 일상에서 계층화한 도시 사회로의 생활 변화는 강력한 도전을 의미했다. 이런 상황은 북인도 도시의 상태와 비슷했다(171~172쪽 참조). 여기서도 그곳에서와 마찬가지로 신분 상승 기회는 불안감으로 가득 찼다. 더 이상 가족의 친밀 관계에만 의존할 수 없고, 귀족 사회와 시장의 소용돌이 속에서 다양한 역할을 해야만 했다. 이를 위해서는 마을에서의 관계와는 다른 능력과 교제 형식이 요구되었다. 세상은 더욱 복잡해졌고, 그런 세상을 헤쳐나가는 방법을 아는 사람들에게 유리했다.

인도에서는 승려와 그 밖의 카리스마적인 인물들이 도전에 대처할 수 있는 삶의 나침반을 제공했고, 기원전 5세기 그리스의 폴리스에서는 이른바 소피스트들이 새로운 성공 비법을 제시했다. 중국에서는 학자들이 이러한 기능을 맡았다. 그들은—승려나 소피스트와 마찬가지로—도시에서 도시로, 궁정에서 궁정으로 옮겨 다녔지만, 주로 엘리트층에 초점을 맞췄다. 지도력을 발휘하려면 특별한 교육이 필요하고 엘리트만이 그럴 만한 지적·도덕적 자질을 갖추고 있다고 확신했기 때문이다.[116] 일찍이 제후국들 가운데 하나, 즉 노나라의 관직에 진출한 공자(기원전 551~기원전 479년경)는 아마도 20년 넘게 재직했을 것이다. 그 후 관직을 내려놓고 생애 말년에 고향으로 돌아올 때까지 그는 제자들과 함께 여러 도시 국가를 주유하며 '자유로운' 고문 역할을 했다.

공론장에서 삶의 도전에 대한 그의 대답은 놀라울 만큼 일관성이 있었다. 다양한 상황에서 자신을 증명하는 유일한 방법은 적절한 의례를 준수하는 것이었다. 씨족 가문의 세계에서 이러한 의례는 조상·영혼 그리고 신을 대할 때만 필요했고, 가족 구성원들과 일상적으로 접촉할 때는 필요하지 않았다. 왜냐하면 모두가 자신이 어디에 속하고 서로에게 어떻게 행동해야 하는지 알고 있었기 때문이다. 그러나 이제 거주지의 새로운 조건이 가족 간 유대를 깨뜨리고 가족의 친밀함이 부족해지면서 이러한 의례는 도시로 옮겨갔다. 의례는 지침을 제공하며—공자에 따르면—복잡한 삶을 도덕적 행위 규범으로 환원하고 행동을 학습할 수 있는 규칙에 따르게 함으로써 공적인 삶의 이질적인 부분을 조화시킬 수 있었다.[117]

지역 국가들은 온갖 경쟁에도 불구하고 공통된 문화로 결합해 있었던 까닭에 불교국 인도에서와 마찬가지로 보편적 삶의 방식이 형성되었고, 이는 그런 삶의 방식을 대표하는 학자들의 이동성도 설명해준다. 그러나 의례에 관한 가르침이 도시 사람들을 약삭빠른 로봇으로 만든 것은 아니다. 그들의 행동은 예를 들어, 동료 인간과 낯선 사람에 대한 존중·호의·친절 같은 기본적인 도덕적 신념에 묶여 있었다. 이러한 도덕적 기초 부여는 '기술적으로' 올바른 행동의 개별 요소를 하나로 묶어주는 접착제와 윤활유 역할을 했다. 이는 급변하는 사회에서도 대중적 공론의 장에서 학자들에게 흔들리지 않는 기본적 태도〔인(仁)=인간다움〕를 제공했다.

물론 이를 위해서는 연습과 교육, 지식이 필요했다. 학교 제도가 없는 사회에서 이를 보장하기 위해 공자는 교육에 나섰다. 교육도 이제 가족 영역에서 도시의 공론장으로 옮겨갔다. 마을 어른들의 가르침뿐만 아니라 문자로 된 텍스트가 그 매개 역할을 했다. 그리고 공자를 비롯한 많은 학자가 관직에 종사하거나 종사한 적이 있기 때문에 대중의 문해력이 그들의 가르침을 문서화하는 일과 연결되었다. 그래서 중국에서는 도시의 발달과 함께 철학적 글쓰기 문화가 생겨났다.[118]

그러나 도시의 발전도 한 가지는 전혀 바꾸지 못했다. 요컨대 학자들조차도 통치 형식으로서 군주제를 흔들지 않았다. 그들은 과거의 씨족 가문 통치에서 군주와 관리들이 군사적 성공을 위해 모든 자원을 동원하는 방식으로 권력이 가변적이며, 또 그래야만 한다는 사실에 감탄하면서 그것을 문서로 기록했다. 정치는 변화하는 상황에 맞게 통치를 조정하고 행동의 선택지를 확보하는 능력을 의미했다. 하지만 전국시대 통치자들이 아무리 사회 구조를 바꾸고, 농민을 지주에게서 해방하고, 강력한 보병 군대를 만들고, 계층화한 사회를 촉진했다고 하더라도, 이러한 계층에 참정권을 인정해야 한다거나 그 계층이 해당 제도를 포함해 정치적 의사 표현을 위한 의지 같은 것을 발전시키게끔 할 수 있다고 생각하는 사람은 아무도 없었다. 물론 귀족 가문 밑에는 '수도의 백성'이라고 부르는 집단이 있었는데, 어쩌면 그들은 위기 때 국가의 제단(祭壇)이나 광장에서 의식을 치르기 위해 모였을 것이다. 때때로 제후들은 도시 인구 일부를 정부로 끌어들이고 맹세 협정을 통해 그들을 자신에게 묶어둠으로써 권력을 확장하려 했다. 반면, 하위 귀족들은 민중의 지원을 받으며 지도적 귀족 가문과 대립하기도 했다.[119]

하지만 폴리스의 세계와 달리 주민이나 적어도 그 일부가 정부의 수장을 **정기적으로 임명**하거나 심지어 그들 자신의 계급에서 채우려 시도한 적은 결코 없었다. 이를 위한 절차와 제도적 논의가 부족했다. 눈에 띄는 것은 그러한 공동 논의가 마을 단위에서, 요컨대 통치자의 통제와 합리화 방법이 거의 통하지 않는 곳에서만 발전할 수 있었다는 점이다. 근동의 왕국들에서와 마찬가지로 그곳에는 시민과 **함께** 기획하고 시민이 담보하는 규칙과 결정의 집합체로서 '공적인' 법률 같은 관념이나 개념이 없었다. 아니, 일반적으로 그러한 '시민 계층'이 전혀 존재하지 않았다. '법(法)'은 국가의 질서를 확립하고 통치 행위를 좀더 효과적으로 수행하기 위한 포고령과 훈령에서 생겨났다. 이를 위해 민중의 목소리나 동의는 필요하지 않았다. 왜냐하면 나중에 이른바 법가(法家)—좀더 정확하게는 '정치적 현실주의자'—의 위대한 조언자 가운데 한 사람인 상앙(商鞅)이 강조했듯이 백성의 '지혜는 어린아이의 지성과 같기' 때문이다. 공자가 부모에 대한 자녀의 효도를 최고 덕목으로 꼽은 것은 우연이 아니다.[120]

그에 따라 중국 도시의 주민들은 정치적으로 자율적인 '시민'으로 발전하지 못했다. 그들은 대체로 수동적인 상태에 머물렀고—때로는 스스로 활동하긴 했지만—엘리트의 목표와 이익에 의존하는 존재로 남았다. 그리스 세계에서는 가정과 가족이 개인에게 안정된 기반을 제공했지만, 본질적인 사회적·정치적 활동은 이웃이나 시민의 지역 조직 같은 **비(非)친족적 공간**에서, 의회와 인민 회의뿐만 아니라 시장과 거리에서 이루어졌다. 이상적으로는 사람들이 정치가 무엇인지를 함께 정의하는 곳이 여기였다. 그와 반대로 중국에서 공자는 가족의 교육 준칙과 윤리적 지침을 공적인 공간으로 옮기려 노력했는데, 이는 그러한 공간을 민중의 자발적 결정을 위한 자율적인 정치적 영역으로 형태화하기 위해서가 아니라, 도시의 복잡한 삶을 통제하고 엘리트에게 행동 지침을 제공하기 위해서였다. 폴리스에서는 '우정'이 정치의 자산으로서 친족적 유대를 대체했던 데 반해, 공자에게서 그것은 '단

지' 윤리에 근거한 **사적** 학문 생활의 수단일 뿐이었다.[121]

중국에서는 자유가 부족했을 뿐만 아니라, 비(非)군주적 요소를 실험할 기회도 없었다. 제도는 귀족 내부의 권력 투쟁을 규제하기 위해 설계한 것이 아니라, 주로 백성을 통제하기 위한 것이었다.[122] 이는 근동의 상황과 유사하다. 하나의 제국이 쇠퇴한 후 다른 제국이 그 공백을 메울 준비를 마쳤지만, 군주제 정부 체제에서 집단 정부 형태로의 근본적 변화는 거의 논의되지 않았다. 따라서 중국에서도 청동기 시대 왕들이 발전시킨 정통성의 기준 중 일부는 변화된 상황에 맞게 조정되었다. 주나라 왕조의 통일 같은 오래된 이상(理想)은 전국 시대의 권력 기반이 오래전에 변화했음에도 불구하고 유지되며 지침으로 활용되었다. 그러나 아마도 이런 특이한 연속성 때문에 중국은 다른 군주제 정권과 마찬가지로 대제국을 건설하고, 다른 곳에서 해외 식민지와 시민 공동체의 정치적 해방에 흘러들었던 도시 자원을 자신의 정치권력 목표를 위해 사용하는 게 더 쉬웠을 것이다.

3

권력의 분만실에서
제국은 어떻게 발생하는가

1 근동과 아시리아의 세계 제국

길가메시는 대도시의 왕이었지만, 비슷한 거주지를 가진 다른 지배자들에 맞서야만 했다. 많은 통치자가 이웃을 희생해서라도 자신의 권력을 확장하려 했다. 기원전 3000년대에 우루크에서 멀지 않은 아카드(아가데)의 영주들은 여러 도시 국가를 통합해 메소포타미아 대부분 지역을 아우르고 지중해까지 이르는 제국을 건설하는 데 성공했다. 거의 같은 시기에 나일강 삼각주에서 파라오의 이집트 제국이 등장했다. 오래전부터 사람들은 인도와 중국에서도—비록 훨씬 더 늦긴 했지만—마찬가지로 큰 강과 비옥한 환경에서 군주제 및 도시 통치의 비슷한 확장이 있었다는 것을 알고 있었다. 그 이유는 무엇일까?

그리스인은 근동을 염두에 두고 두 가지 요인, 즉 통치자들의 타고난 정복 욕구와 자연의 풍요로움을 언급했다. 실제로 그곳의 왕들은 그리스 도시 국가보다 훨씬 많은 인구와 대규모 군대를 지휘했고, 심지어 강 유역의 곡물 자원을 장악해 수출할 수도 있었다. 낙원이 메소포타미아에 있었던 것은 우연이 아니다. 이집트는 시리아와 팔레스타인의 많은 사람이 흉작과 기근에 시달릴 때 마지막 피난처였다. 그러나 사람들은 농업 자원을 얻기 위해 열심히 일해야 했다. 농부들은 많은 고생 끝에 홍수 조절법을 배움으로써 정착지를 위험에 빠뜨리지 않고 토지를 관개할 수 있었다. 그들은 운하를 건설하고, 파종과 수확을 하천 리듬에 맞게 조정했으며, 주거지를 더 높은 지대로 옮기고 제방을 쌓아 보호했다. 이로 인해 나일강 유역에 마을 같은 정착지가 형성되었고, 처음에는 북쪽의 중앙 권력이 이곳을 통치했다. 메소포타미아 남쪽의 생태적 환경은 대도시 건설을 가능하게끔 했고, 이는 가장 강력한 세력에 다른 세력을 지배할 기회를 제공했다. 이러한 발전의 정점은 이집트의 파라오 제국과 메소포타미아의 바빌론 제국으로, 약 70년 동안 시리아와 레반트까지 지배권을 확장하는 찬란한 통치의 시대를 열었다.

두 제국에는 한 가지 공통점이 있었다. 그들은 하천 유역의 핵심 지역에 계속해서 묶여 있었고 귀중한 광물 탐사, 약탈 가능성 또는 외부 위협이 있을 때만 그 지역 너머로 확장했다. 그래서 기원전 2000년대에 파라오들은 구리와 은 광산을 확보하기 위해 리비아사막과 시나이반도로 원정대를 이끌었고, 누비아(Nubia)의 금을 손에 넣기 위해 남쪽으로 진출했다. 또한 레반트로 향하는 장거리 교역로를 장악하려 했다.[1] 하지만 그들은 오래 버틸 수 없었다. 힉소스의 전차 전사들에 대항한 전투(47쪽 참조)가 비로소 전환점을 가져왔다. 이 전투는 파라오들이 시나이반도 너머로 영토를 확장하고 팔레스타인에 속주를 건설하도록 이끌었지만, 그곳은 군사적으로 다소 취약했다. 남쪽의 레반트만이 기원전 13세기부터 수비대 도시와 속국 왕들의 보호를 받으며 안전을 확보한 중요한 통치 지역을 대표했다. 바빌로니아의 통치자들도 기원전 1000년대 후반에 이르러서야 비로소 아시리아와의 전투로 인해 어쩔 수 없이 시리아로 진출했다. 이때 그들은 도시를 고수하며 속국 왕들의 충성을 바랐다. 때때로 식민지를 세우기도 했지만, 그들이 그 지역을 영구적으로 통치하려 했는지는 의문이다.[2]

그들이 이렇게 자제한 이유는 본국의 생태적 조건 때문이기도 하다. 관개 시스템과 농작물 경작을 유지하기 위해서는 국가와 지방의 막대한 에너지와 많은 인력이 필요했다. 인공 관개를 이용한 농경은 매우 노동 집약적이다. 더 나아가 왕은 종종 신민들에게 신전과 궁전을 짓도록 의무화했다. 그 경우 전쟁을 위해 정기적으로 병사를 모집하는 것이 대단히 어려웠다. 그래서 원정을 갈 때마다 도시의 분견대, 엘리트 부대 그리고 변방과 속국에서 용병들을 불러 모아야만 했다.

이에 더해 태곳적부터 왕들은 강 유역의 규제, 경작, 통제에 집중해 왔다. 핵심 지역을 넘어서는 통치 방법을 개발하기는 어려웠고, 의존적인 작은 제후국들을 지속해서 통합할 만한 수단도 없었다. 외국의 부족 지도자들이 이집트 국가 행정에 참여하는 경우는 거의 없었다. 힉소스를 몰아낸 이후 태양신 아문-레(Amun-Re)의 권력이 공식적으로는 유프라테스강부터 나일강의 네 번째 폭포에까지 미쳤지만, 핵심 영토 밖의 모든 지역은 여전히 '야만족의 낯선 땅'으로 남아 있었다![3]

메소포타미아 북부에서 아시리아의 성공 이야기는 놀라울 정도로 달랐다. 이곳의 농경지는 인공 관개가 필요하지 않았다. 산비탈에서는 소와 말을 사육할 수 있었고, 포도 재배도 가능했다. 그리고 거의 모든 방향으로 교역이 연결되었다. 천혜의 자연환경을 갖춘 이 지역에서는 이미 청동기 시대부터 수많은 제후국이 등장해 패권을 놓고 경쟁함과 동시에 침략자와 약탈자도 막아내야 했다. 티그리스강 우안(右岸)에 자리한 도시 국가 아수르는 이런 상황을 최대한 활용하는 방법을 일찍이 터득했다. 아수르는 세습 지배자가 가장 부유한 상업 가문으로 구성된 평의회나 도시 의회와 권력을 공유하는 '혼합 헌법'을 채택하고 있었다. 이는 교역 도시에서 볼 수 있는 전형적인 구조였다. 〔페니키아인도 약 400년 후 비슷한 헌법을 가지고 있었다(113쪽 참조).〕 실제로 아시리아는 자그로스에서 서쪽의 지중해와 소아시아로 향하는 교역을 통해 많은 수익을 올렸다. 이러한 교역은 아시리아의 영주들이 통제하던 티그리스강의 여울을 건너 이뤄졌다. 도시 평의회, 곧 베트 알림(bet alim)과 1년 임기의 제비뽑기로 선출된 지도자들은 곡물을 비축하고, 국가 재정을 관리하고, 계량법을 감시하는 중앙의 행정 및 경제 기구를 구축했다.[4]

이러한 효율적인 제도를 바탕으로 아시리아인은 기원전 2000년대에 영향력을 확장하고 거점을 통해 안전을 확보할 수 있었다. 물론 이런 교역 도시는 지역의 정치적 강국으로 이행하는 과정에서 저항에 부딪혔다. 공격과 방어가 번갈아 이루어졌고, 수 세기 동안 가깝고 먼 이웃들과의 전투, 그리고 무엇보다도 지속적인 좌절 속에서 아시리아 엘리트는 전쟁을 당연한 것으로, 또 큰 희생을 치르며 얻은 성공을 신의 섭리의 증거로 여기는 생존 본능을 키워나갔다. 하지만 아시리아인도 새로운 민족(해양 민족)이 지중해 동부로 침입함으로써 초래된 청동기 시대 후기의 격변을 피할 수 없었다(111쪽 참조). 기원전 11세기에 시리아-아라비아 사막의 아람인은 아시리아의 영향권을 아수르, 니네베,

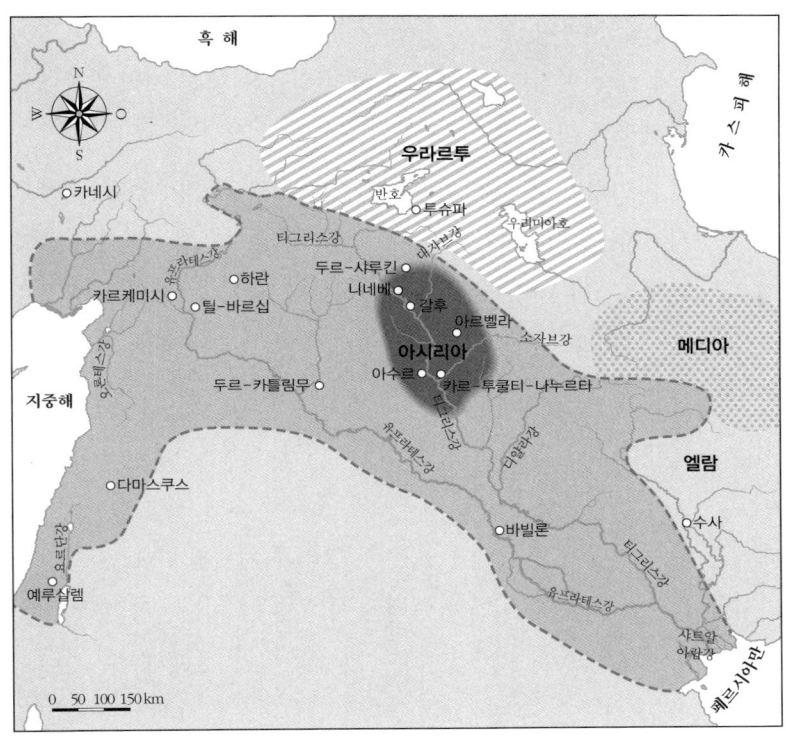

아시리아 제국, 기원전 1200년~기원전 8세기 말경

아르벨라(Arbela), 킬리주(Kilizu) 인근의 핵심 지역으로 거의 완전히 밀어냈다.[5] 잃어버린 것을 되찾는 것이 국가의 존재 이유가 되었고, 그러한 실존적 재앙이 다시는 일어나지 않도록 하겠다는 의지가 뒤따르는 확장 노력에 역동성을 부여했다. 세계 제국은 근본적인 위기 경험에서 탄생했다. 기원전 2000년대의 마지막 세기에 아시리아 왕이 바빌로니아·시리아·아나톨리아로 진격해 아시리아를 근동의 주요 강국으로 만들었을 때, 제국 이데올로기가 굳건히 자리 잡았다. 그 후계자들은―영토 일부를 상실했음에도 불구하고―뒤로 물러설 수 없었다.

정복은 혼돈을 제국의 질서로 통합하기 위해 신의 위임을 받아 이뤄졌다.[6] 그에 반해 이집트와 바빌로니아의 왕들은 핵심 지역의 방어를 넘어서는 '제국적 이데올로기'를 알지 못했다.

두 번째 차이점은 생태적-지리적 출발 상황과 관련이 있다. 경쟁으로 특징지어지는 넓은 지역에서는—경험적으로 볼 때—역사가 플라비우스 요세푸스가 이집트에 대해 정식화했듯이[7] '자연적 요새', 즉 북쪽으로는 나일강 삼각주와 시나이반도, 서쪽으로는 홍해, 남쪽으로는 나일강의 폭포들, 서쪽으로로는 사막을 포함하는 정치 조직으로 확장되는 경향이 있었다. 청동기 시대에는 누비아의 케르마(kerma) 왕국이 목축민을 거느린 경쟁자였다. 리비아와 동쪽의 스텝 지대 및 사막 지대에는 부족 연합이 형성되어 있었다. 그러나 기원전 1000년경 사하라사막이 건조해지면서 이러한 연맹은 사라졌다.[8] 이는 나일강 지역을 위협할 만한 대제국이 더는 없었다는 걸 의미했고, 그래서 이집트인은 아무것도 정복할 필요가 없었다.

아수르 땅에는 그러한 방어선이 없었다. 그런 까닭에 아시리아는 앞마당과 그 자원을 확보하기 위해 계속해서 공격적으로 나서지 않을 수 없었다. 일찍부터 아시리아 상인들은 자그로스산맥과 타우루스산맥으로 나아가 은과 그 밖의 원재료 그리고 군마를 획득했다. 기원전 8세기〔이른바 신(新)아시리아 시대〕에는 군대가 우라르투 왕국의 경쟁 세력을 밀어내기 위해 뒤따라가 용병과 기사 집단을 모집했다.[9] 이러한 병력을 바탕으로 왕들은 오랜 강대국의 전차 전사보다 뛰어난 전문 기병대를 편성했다. 아시리아 궁수들은 '스키타이식 화살촉', 즉 소켓형 깃대 받침이 달린 발사물을 개량했다.[10] 또 다른 특수 부대는 무시무시한 아수르의 공성(攻城) 무기를 운용했다. 이를 위한 물자와 사람은 충분히 준비되어 있었다. 왜냐하면 비를 이용한 농경은 남쪽의 인공 관개보다 인력이 덜 필요했기 때문이다. 그리하여 기원전 8세기가 지나면서는 어떤 적도 두려워할 필요가 없는, 조직적인 병과를 갖춘 상비군이 발전했다. 아시리아 왕 티글라트-필레세르(Tiglath-Pileser)는 바빌론의 왕으로 즉위한 기원전 731년 지중해와 페르시아만까지 제국을 확장했다. 60년 후 아수르바니팔(Assurbanipal)은 이집트를 정복했다. 아시리아는 고대의 관점에서 볼 때, 역사상 최초의 '세계 제국'이었다.

그러한 제국을 완성하는 것도 하나의 과제였지만, 그걸 지키는 일도 그에 못지않게 어려운 과제였다. 여기에서도 아시리아인에게는 오랜 경험이 도움을 주었다. 일찍부터 아시리아인은—자신들의 통치자 가운데 한 사람으로부터—정복한 영토를 패배한 통치자 대신 아시리아의 관료가 통치하는 영토로 세분하는 아이디어를 받아들였다.[11] 이것이 바로 지방 통치의 탄생 순간이다. 이는 기원전 8세기에 마침내 거의 모든 '속주(屬州) 왕'을 대체할 때까지 중앙 정부에 의해 계속 확장되었다. 총독들은 아시리아 통치자가 임명(및 교체)했다. 가장 중요한 총독은 통치자와 친척이거나 결혼으로 맺어진 관계였다. 아울러 거의 모든 총독이 아시리아의 지도적 가문 출신이었다. 그중 많은 사람이 자신의 왕조를 세울 수 없는 환관이었다. 속주에서 그들은 군사 **및** 민사 행정을 통할했다. 이를 위해 중앙 정부와 서면으로 소통하고, 효율적인 통신 및 도로 체계로 중앙과 연결된 기능적인 조직의 지원을 받았다. 19세기에 전신 시스템이 등장하기 전까지 그 속도가 타의 추종을 불허했는데, 이는 아마도 상인 조직의 오랜 유산이었을 것이다. 이를 통해 지역들에 좀더 균등하게 세금을 부과할 수 있었다—연간 징수액은 모든 지방에서 똑같이 높았다. 징수한 세금은 지원이 필요한 인근 군대나 행정 단위에 할당했다.[12] 아시리아 통치 지역의 남서쪽과 동쪽(이란) 경계에 여전히 남아 있던 소왕국과 도시 국가들도 아시리아 관리의 통제를 받았는데, 그들은 공물과 '선물'을 통해 자신의 충성심을 입증하고 서비스와 노동력 그리고 전투 병력을 제공할 의무가 있었다. 이때 많은 사람이 아시리아식 이름을 채택했다.[13]

그에 더해 통합된 민족들이 아시리아 전통을 접할 수 있게끔 전체 인구 집단을 통치자의 관점에서 가장 시급하다고 판단한 곳, 특히 아시리아의 핵심 지역으로 이주하도록 했다. 여기서 그들은 아시리아 원주민처럼 대우받았고, 그에 대한 대응책으로 아시리아 집단을 유배된 자들의 고향이나 위험에 처한 국경 지역으로 옮겼다. 그래서 더는 저항할 수 없는 새로운 사회가 등장했다. 가장 잘 알려진 예가 이스라엘과 유다에서 잡혀온—약 24만 명으로 추정되는—추방자들인데, 이들은 역사상 더 이상 독자적인 집단으로 나타나지 않았다. 그중 아주 소수만이 '바빌론 유수' 기간 동안 비로소 자신의 종교적 정체성을 확립했다.[14]

인구의 집단 이동은 근동 통치 정책의 특징이었다. 하지만 아시리아인은 전쟁에서 패하거나 신뢰할 수 없는 인구 집단을 자신들에게 동화시키고 지정학적 빈틈을 메우며 경제적 동력을 제공하기 위해 선대(先代)보다 훨씬 더 계획적인 노력을 기울였다. 이들은 왕의 권력을 강조했다. 아울러 군사적 성공을 통해 세계에서 가장 강력한 신으로 부상한 도시 신 '아수르'와의 독점적인 관계에 기반을 두었다. 신의 대리인으로서 왕은 '정의의 홀을 들고 자신의 땅'을 통치했다. 그들의 수도 '아수르'에서는 신아시리아 시대 초기의 전쟁 이후 옛 혼합 헌법이 군주제적 중앙 집권 체제로 변모했다. 왕은 거물 상인들을 밀어내고 가장 큰 영지를 소유했으며 민간과 군사 고위직을 의도적으로 기존 엘리트 외부의 사람들로 채웠다. 법률과 대표 회의 그리고―바빌로니아의 통치자처럼―종교적 권위에 구애받지 않은 그는 스스로 최고 사제 역할을 하고 필요에 따라서는 국가 종교에 영향을 미칠 수 있었다.[15] 왕은 아수르에서 70킬로미터 떨어진 칼후(Kalchu, 또는 님루드(Nimrud))와 니네베 같은 새로운 거주지를 건설했다. 기원전 701년에 세워진 니네베는 750헥타르 면적의 거대한 도시로 제국 전역에서 온 정착민이 거주했다. 이런 대도시는 전례 없는 권력 확장의 움직일 수 없는 증거였으며, 나아가 궁정에서의 출세와 보상 기회를 노리는 전 세계의 학자와 전문가를 끌어모으는 자석과 같았다.

하지만 아시리아 제국은 파라오의 이집트에 승리를 거두고 약 한 세대가 지난 후 권력이 절정에 달했을 때 무너졌다. 왕들은 부분적으로 자기 자신을 탓할 수밖에 없었다. 제국 확장의 주요 목표 가운데 하나는 점점 더 많은 지역을 정복함으로써 핵심 영토를 보호하는 것이었다. 모든 적군은 제국의 심장부를 공격하려면 먼저 여러 지방을 통과하며 싸워야 했다. 이러한 역동적인 전방(前方) 방어는 오랫동안 성공적이었다. 하지만 그로 인해 기원전 8세기 이후 아시리아 통치자들은 수도 방어를 신전과 궁전 그리고 대표적 건축물의 건설에 비해 소홀히 여겼다. 성문의 크기와 니네베의 거대한 규모만으로는 대도시를 효과적으로 보호하는 것이 사실상 불가능했다. 건설에 필요한 자금을 조달하고 끊임없이 성장하면서도 비생산적인 중심지에 식량을 공급하기 위해서는 농업 인프라에 투자하고 주변 지역을 개발해야 했다. 그에 더해 점점 더 많은 이방인 군대를 통합함으로써, 착취당하는 주변 지역에 대한 경제적 의존뿐만 아니라 군사적 의존도 증가했다.

주변 지역들은 최고 통치자의 약점이 어디에 있는지 알게 되었다. 아시리아인이 아수르바니팔(재위: 기원전 668~기원전 627) 치하에서 왕조 내전에 휘말리자 마침내 공격할 기회가 왔다.[16] 이제 군주제의 전형적인 약점이 드러났다. 통치자가 성공을 거두는 과정에서 공동체 협의회와 경험 많은 관료(원로 평의회)의 협력을 배제하고 고립된 궁정 분위기에서 선택한 측근에 의존한 것이다. 왕조가 무능한 통치자를 집권시키고 왕위 계승이 적자(嫡子) 투쟁으로 인해 중단되면, 그러한 정부는 위기를 헤쳐나가기 위해 그 체제와 제국을 이끌어갈 전문적인 토대를 잃을 수밖에 없다.

바로 이러한 문제가 기원전 7세기 중반, 내외부의 위협이 치명적인 한 묶음으로 응축된 시기에 아시리아인에게 닥쳤다. 겉보기에 지도력 위기는 긴 우기가 끝나고 뚜렷한 건기가 시작되는 시기와 일치했다. 이는 강우에 거의 의존하지 않는 바빌로니아의 인공 관개보다, 비를 이용하는 아시리아의 경작에 훨씬 더 심각한 영향을 미쳤다. 또한 기후 변화는—근동의 역사에서 종종 그랬듯—특별히 아시리아를 항상 위협해 온 유목민 집단의 이동을 촉진했을 것이다.[17] 헤로도토스에 따르면, 이란고원 서부에서 온 마디에스(Madyes) 왕이 이끄는 스키타이 기마 전사가 시리아와 레반트를 약탈했다. 틀림없이 이 일은 기원전 7세기 중반경에 일어났을 테고, 그리하여 아시리아는 전략적·정치적·경제적으로 가장 중요한 지역과 수입원 가운데 하나를 빼앗겼을 것이다.[18]

그로부터 약 30년 뒤 서로 다른 방향에서 침입한 두 적, 즉 바빌론과 이란고원 서부의 기마 유목민인 메디아(77~78쪽 참조)가 협력해 아수르를 공격하고, 이어서 2년 후에는 니네베를 공격했다. 약해진 제국은 기원전 612년에 무너졌다. 결정적인 공격은 아마도 메디아가 주도

했을 것이다. 기원전 8세기 이후 아시리아의 확장 세력권에서 이란고원으로 이주한 메디아 족장들은 처음에는 호라산(Khorasan) 대로를 따라 요새화한 정착지의 영주로 자리 잡았다. 몇몇 족장은 아시리아인에게 말과 낙타를 팔기도 했다. 메디아 병사들은 아시리아의 궁전 경비대 또는 군대 기병으로도 복무했다.[19]

이 모든 것이 메디아인에게 세계 제국의 군사적 구조에 대한 중요한 통찰을 제공했다. 그들은 제국의 약점을 파악했고, 어디를 공격해야 하는지 알았으며, 유용해 보이는 것들을 모방했다. 헤로도토스에 따르면, 메디아의 가장 성공적인 지도자 가운데 한 명인 키악사레스(Kyaxares)는 "아시아에서 최초로 군대를 여러 부대로 나누고, 창병과 궁병 그리고 기병의 개별적 병과로 편제했다". 동시에 그는 스키타이 군대와의 접촉 및 전투를 통해 많은 이득을 얻었다. 헤로도토스에 따르면, 그는 아들들을 스키타이로 보내 활쏘기와 언어를 배우게 했는데, 이는 인도–유럽 엘리트들 사이에서 흔한 일이었다.[20] '왕 중의 왕'으로서 그는 마침내 아시리아에 맞서 나머지 족장들을 하나로 묶어 강력한 연합을 구축했는데, 바빌로니아의 자료는 이들을 아시리아 제국 파괴의 주역으로 평가한다.[21]

2 저항에서 초강대국으로: 페르시아의 세계 제국

그 후 어떤 일이 일어났는지는 자세히 알 수 없지만, 확실해 보이는 한 가지는 제국적 통치의 몰락에 대해서뿐만 아니라 그 발생에 대해서도 아주 교훈적이다. 메디아 왕 아스티아게스(Astyages)는 아버지의 성공에 힘입어 자그로스산맥을 넘어 남동쪽으로 영향력을 확장하려 했지만, 여러 왕국과 마주쳤다. 이들 왕국은 서부에서 메디아의 성공을 발판 삼아 이득을 취하려 했다. 이 왕국들 가운데 하나가 파에르사〔Paersa, 그리스어로는 페르시스(Persis)〕지역에 있는 안샨(Anschan)의 테이스피드(Teispid) 왕국이었다. 우리가 '페르시아'라고 부르는 용어는 이 이름에서 유래했다. 페르시아인의 선조도 메디아인과 마찬가지로 북쪽의 스텝 지대에서 이란고원으로 이주했을 가능성이 크다. 말을 타고 활과 화살로 싸우는 것은 왕 같은 전사의 상징이었으며, 지금도 여전히 그렇다. 기원전 1000년대 초 그들은 자그로스산맥 남동쪽 산기슭에 있는 엘람 제국의 지배하에 정착했지만, 그 후 기원전 7세기 중반부터 독립을 이룩했다.[22]

메디아의 통치자가 안샨 왕국을 공격했을 때, 예상치 못한 일이 일어났다. 테이스피드 왕조의 키로스(Kyros)가 침입자들을 물리치고 스스로 공세로 나선 것이다. 그는 메디아 군대 내의 반란을 이용해 그들의 여름 거주지 엑바타나〔Ekbatana, 또는 하마단(Hamadan)〕를 정복하고 왕좌를 차지했다. 그 당시 이 사건의 파괴력을 깨달은 사람은 소수에 지나지 않았다. 이는 세계 역사상 가장 큰 제국이 탄생하는 순간이었다. 고국의 군사적·물적 자원과 메디아의 기병대로 무장한 키로스는 숨막히는 정복 행렬에 착수해 가장 먼저 아나톨리아 동부의 우라르투 제국을 점령한 후 소아시아의 리디아 제국을 희생 제물로 삼았다.

키로스는 바로 이어서 신바빌로니아 제국을 겨냥했다. 페르시아의 초기 공격이 성공을 거둔 후 신바빌로니아 제국의 성문이 열렸다. 페르시아는 바빌론과 함께 팔레스타인 영토도 획득했다. 키로스가 죽은 후 그의 아들 캄비세스(Kambyses)는 키프로스와 이집트를 정복하고 북

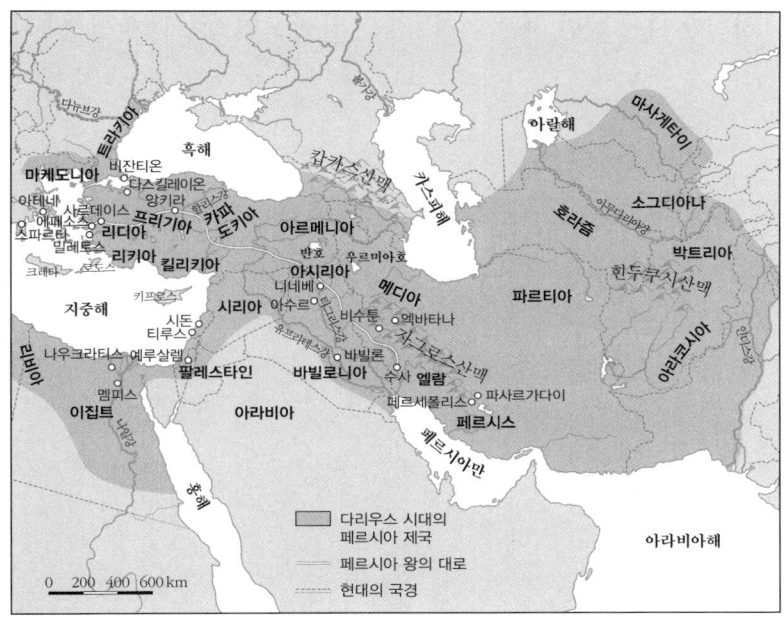

페르시아 제국

아프리카 해안에서 키레네의 굴복을 강요했다. 이어 페르시아의 영향력을 아라비아 북부와 수단에 이르기까지 확장했다.

'안샨의 왕들'은 근동의 모든 영역을 지배하는 제국을 정복했고, 이집트 원정 이후에는 해상 강국으로 발돋움했다. 40년이 채 되지 않는 그토록 짧은 시간에 이 정도 규모의 영토를 차지한 것은 전례 없는 일이었다. (아시리아는 자신의 영토 확장을 위해 적어도 2배 이상의 시간이 필요했다.) 아마도 이러한 정복이 폭풍우처럼 빠르게 근동의 제국을 휩쓴 것은 유목민 생활 방식의 이동성과도 연관이 있을 터이다. 이런 점에서 이는 아틸라(Attila: 5세기 중반에 활약한 훈족의 왕—옮긴이)와 칭기즈칸 치하 아시아 기마 민족의 영토 확장과 유사하다.

하지만 다시 한번 제국의 역동성은 외부 요인으로 인해 활성화되었다. 즉, 메디아의 공격이라는 외부 충격이 이 지역 강대국의 반격을 촉발한 것이다. 또한 페르시아는 메디아가 그랬듯 지리적 이점도 누렸다. 키로스 2세는 아시아 내륙에서 자그로스산맥을 거치는 교역로와 아시리아인이 탐냈던 말 방목지를 장악했다. 이란 북부 유목민과의 긴밀한 접촉은—메디아인의 경우가 그러했듯—페르시아의 전투력을 증가시켰다. 짧은 칼을 든 스키타이 기사(騎士)들은 기병 부대(asabari)를 보완했다. 어린 키로스는 장인 아스티아게스의 궁전에서 여러 해 동안 '왕과 같은' 인질로 지냈다고 전해진다. 이러한 수년간의 학습 기간에는 항상 군사 훈련이 포함되어 있었다.[23] 엑바타나를 접수한 후 키로스는 메디아 왕의 보화를 창업 자본으로 사용할 수 있었고, 그러한 자본은 계속해서 리디아 제국, 바빌론, 박트리아의 부를 통해 늘어났다. 자금 유입은 근동 최고의 군사적 전통을 채택하는 데 도움을 주었다. '만인의 불사 부대'라는 정예 군대는 아시리아 보병을 모델로 한 것이었고, 아시리아의 공성(攻城) 전차는 페르시아로 하여금 놀라울 정도로 빠르게 적의 도시 핵심 지역을 정복할 수 있게끔 해주었다.

새로운 초강대국은 내부적 위협에 직면했다. 이는 이집트와 바빌로니아처럼 자신의 통치 전통을 자랑스럽게 되돌아볼 수 있는 제국 일부 지역에서 일어난 반란, 왕위 계승 경쟁, 그리고 테이스피드 왕조의 정복으로 인해 내부를 공고화할 시간이 부족했던 데서 비롯되었다. 이러한 위협은 기원전 529년 이집트 정복 이후 더욱 심화했다. 캄비세스 왕이 현지 공주와의 결혼을 통해 그 땅을 제국의 중심에 묶어두려는 와중에 중부 지역에서 왕위 찬탈 시도가 발생했다. 서둘러 귀환하던 캄비세스의 갑작스러운 죽음으로 제국은 내전에 휩쓸렸고, 메디아와 바빌론 같은 몇몇 지역은 이를 이용해 독립을 꾀했다. 캄비세스와 키로스는 제국의 엘리트를 국가의 목표에 충분히 통합하거나 원정에 대한 부담을 해소하는 데 소홀했을 가능성이 크다. 아시리아의 군사적 성공이 장기간에 걸친 통합 과정으로 인해 방해를 받았다면, 페르시아 제국의 내부 발전은 그 확장 속도를 따라잡지 못했다.

아케메네스(Achaemenes) 가문 출신의 창병(槍兵) 다리우스가 자신의 입지를 굳건히 하고 제국을 고통에서 해방하기까지는 여러 해가 걸렸다. 다리우스는 통치를 공고히 하기 위해 적대자들을 불법적인 왕위 계승 후보자로 낙인찍었다. 그리고 키로스의 두 딸과 결혼해 자신의 가계도를 테이스피드 왕조와 연결하려 했다. 그리하여 다리우스는 페르시아 제국이 무너질 때까지 통치한 아케메네스 왕조를 세우는 데 성공했다. 이후 그는 흔들리는 제국을 내부적으로 탄탄히 세우는 일에 착수했다.

유목민 정복자들은 새로운 구조물을 세울 시간이 거의 없고 하루하루를 근근이 살아갔다. 하지만 다리우스는 장기적으로 생각했다. 조상들이 이미 존재하는 것에 만족했던 데 반해, 이 새로운 통치자는 말 그대로 페르세폴리스(Persepolis)처럼 토대부터 다진 기념비적인 주거지를 건설하고 확장하기 시작했다. 이러한 주거지는 거대한 유목민 요새와 메소포타미아 왕들이 건설한 대도시를 절충한 형태였다. 동시에 이는 아시리아 이념의 공격적인 묘사와는 거리를 둔 제국의 개념을 냉정하게 표현한 것이기도 했다. 비문의 필치와 형상은 도시나 민족 전체를 정복하고 모욕하고 처벌했다는 승리의 자부심을 드러내지 않았다. 오히려 페르시아 왕의 통치가 제국 민족들의 지지와 사랑을 받았다는 인상을 전달하는 데 주력했다. 다리우스는 자신을 '왕 중의 왕'

이라고 부르며 바빌론, 아수르, 우라르투, 메디아의 군주들보다 우월하다는 걸 표현했다. 이에 따라 그는 정복을 위해 자신을 대신하는 도시의 신을 부르지 않았다. 그리고 아후라 마즈다〔고대 페르시아어로는 아우라마즈다(Auramazda)〕를 비롯한 다른 모든 신이 자신에게 제국을 위임했으며, 그가 아후라 마즈다의 은총으로 지상을 통치한다고 선언했다. 아후라 마즈다는 고대 이란고원의 종교에서 유래했으며, 자라투스트라가 기원전 1000년대 말에 자신의 적 앙그라 마이뉴〔Angra Mainyu, 또는 아흐리만(Ahriman)〕에 맞서 선(善)을 수호하는 최고의 창조신으로 구상한 존재다.

다리우스는 아후라 마즈다의 옹호자이자 대표자로서, 거짓과 혼돈으로부터 자신의 창조물을 수호하는 걸 자신의 임무로 여겼다. 신민들은 이를 지지했고, 그의 가문에 충성할 의무가 있었다. 왜냐하면 그 가문만이 조상인 아케메네스까지 거슬러 올라갈 수 있고, 다리우스만이 고귀한 아리아 혈통으로서 선한 질서를 확립하는 데 필요한 통치자의 자질을 갖추고 있었기 때문이다. 따라서 이란-인도의 왕족 계보의 원리는 세계를 페르시아식 평화 질서로 이끌겠다는 이상과 연결되었다. 아울러 근동에서는 모든 법이 신에 의해 정당화되었으므로 이러한 세계 질서 역시 아후라 마즈다의 창조 행위와 연결되고, 왕의 법〔다타(data)〕을 통해 보장받는 법질서〔아사/아르타(asa/arta)〕로 이해되었다.[24]

다리우스는 토착 귀족과의 긴장을 피하기 위해 페르시아 제국의 귀족을 중용하고—아시리아의 지방 제도를 기반으로—제국을 왕이 임명하는 각각의 총독〔사트라프(Satrap)〕이 있는 통치 구역〔사트라피(Satrapi)〕으로 나누었다. 아시리아 확장의 중간 단계와 마찬가지로 사트라피 시스템은 '속국'과 동맹국에 의해 보완되었다. 하지만 신민들에 대한 대우가 달랐다. 신민들은 법적 보호와 종교적 자유를 누렸고, 더 나아가 꽤 높은 지방 자치권을 누렸다. 각 지역은 자기의 고유한 신을 숭배하고 고유한 언어를 가꾸어나갈 수 있었다. 이것 역시 광대한 제국의 놀라운 안정성과 지속성을 뒷받침했으며, 일부에서는 이를 '제국의 정신'이라고 말하기도 한다.[25] 엘리트들은 통치자와의 친밀함을 과시하기 위해 자발적으로 예술이나 의복 분야에서 페르시아 관습을 따랐다

세금 체계도 마찬가지로 유연했다. 아시리아에서는 모든 속주가 동일한 세금을 납부했지만(197~198쪽 참조), 다리우스는 토지 소유권과 농업 수확량을 체계적으로 기록해 세금을 재계산했다. 세금 징수는 지역의 필요와 전통을 고려했다. 가령 바빌로니아 사람들은 지역의 생태 조건에 맞는 노동 서비스와 부과금을 바쳐야 했다. 소아시아와 레반트의 해안 지역 공동체는 전함과 선원을 제공해야 했다. 그리고 남쪽의 동맹자들은 궁정에서 귀하게 여기는 유향 같은 현물을 공급했다. 사트라프는 세금 징수를 맡았으며, 중앙 정부와 협의해 왕궁에 전달할 몫을 결정했다.

이런 시스템은 정치적으로 통합된 광대한 지역의 경제 활성화에 크게 이바지했으며, 페르시아 왕은 이러한 발전을 가속화하기 위해 큰 노력을 기울였다. 자그로스산맥 지역의 관개 시스템에 대한 투자는 농업 생산을 촉진하고 세수 증대에 대한 기대를 높였으며, 제국 북동부 지역에 도시를 건설하고 확장하는 것도 마찬가지였다.[26] 아시리아의 숙원 사업이던 도로망 확장과 휴게소 및 경비 초소 건설은 수송로의 개선을 가져왔다. 그리고 무역 호황은 관세 수입과 공물의 증가를 약속해주었다.

아시리아인은 일찍이 서아시아와 레반트로 진출하는 과정에서 교역

로와 항구 도시를 통제하고 싶어 했다. 물질적·전략적·재정적 동기 또한 다리우스의 외교 정책에서 마찬가지로 중요한 역할을 했다. 목재와 인구가 풍부한 인더스강 계곡을 정복함으로써 공물과 병력을 보강할 수 있었다. 인더스강에서 페르시아만으로, 그리고 아라비아를 돌아 홍해로 이어지는 바닷길이 열리면서 아라비아 남부의 풍부한 자원에 접근할 수 있었다. 왕은 북서쪽에서도 비슷한 확장 정책을 추구했다. 에게해는 거의 모든 방향과 연결되는 요충지였다. 남쪽으로는 키클라데스제도와 크레타섬을 따라 지중해 서부로 항해할 수 있었다. 북쪽으로는 헬레스폰투스해협을 지나 곡물이 풍부한 해안과 물고기가 풍부한 강줄기와 연결된 흑해에 도달할 수 있었다. 에게해로 다시 돌아오면 북동쪽 해안에서 멀지 않은 곳에 트라키아의 금광과 은광이 있었다. 마케도니아는 귀중한 나무를 제공했고, 페니키아 사람들은 이미 아티카에 은이 풍부하게 매장되어 있다는 사실을 알고 있었을 것이다. 그런 점에서 다리우스가 기원전 513~기원전 512년에 소아시아에서 헬레스폰투스해협을 건너 트라키아를 정복한 것은 놀라운 일이 아니다. 얼마 후 그들은 마케도니아 왕실과 결혼 동맹을 맺고 왕을 공식적으로 페르시아의 신하로 삼았는데, 이는 아시리아가 자그로스 지역의 제후들에게 제공했던 것과 유사한 형태였다.

3 페르시아인 그늘 밑의 제국 건설: 아테네인, 스키타이인, 마케도니아인

소아시아에서 페르시아 왕들은 리디아 통치자들의 유산을 이어받았다. 리디아인은 에게해로 진출하기 위해 소아시아 연안 폴리스들의 해양 잠재력을 활용할 계획을 세웠던 것으로 추정된다. 다리우스도 같은 것, 아니 더 많은 것을 추구했다. 에게해와 흑해를 **페르시아의 바다**로 만들면 상당한 관세 수입을 창출할 수 있을 뿐만 아니라, 북쪽과 동쪽에서 시작한 영토 확장을 전략적으로 의미 있게 보완할 수 있었다. 그러나 이러한 목표는 아시리아인이 자그로스산맥으로 진출할 때와 비슷한 문제에 직면했다.

기원전 513~기원전 512년 다리우스는 스키타이 정착지를 공격하기 위해 군대와 함대를 이끌고 헬레스폰투스해협을 지나 다뉴브강 하구까지 밀고 들어갔다. 제국의 창시자 키로스 2세가 캅카스산맥의 기마 유목민을 상대로 벌였던 전쟁을 계속한 셈이다. 다리우스는 또한 카스피해 동쪽의 스키타이인(사카족)과도 싸웠다. 이제 목표는 다뉴브강부터 흑해의 핵심 영토를 정복하는 것이었다. 아마도 다리우스는 북부 폰토스 지역과 카스피해를 연결할 계획도 세웠을 것이다.[27] 이때의 원정이 그 목표를 달성하지는 못했을지라도 최근에 발견된 비문은 기원전 6세기 말 북부 폰토스 해안의 일부 도시가 페르시아의 지배 아래 있었음을 보여준다![28] 그러나 다리우스의 진격은 우리가 비슷한 상황에서 다른 행위자들에게서 관찰할 수 있는 것과 비슷하게 스키타이인의 반발을 불러일으켰을 것이다. '왕령 스키타이'(64~65쪽 참조)는 페르시아의 위험을 이용해 자신들의 영향력을 '속주(아르카이)'로 재편하고 이를 위계적 질서로 통합한 것이 분명하다. 따라서 다리우스의 원정은 스키타이인의 기본 요소에 내재해 있던 제국 건설에 상당한 원동력을 제공했다.[29] 그 후 여러 세대에 걸쳐 왕령 스키타이는 그리스 식민 도시에 대한 지배력을 강화했으며, 그리스 식민 도시들은 아마도 보호비 명목으로 조공을 바쳤을 것이다.

반도의 폴리스 지역은 이에 영향을 받지 않았지만, 이제 그 자신이 페르시아의 공격 대상이 되었다. 그러나 여기서도 비슷한 문제가 발생했다. 소아시아의 해안 도시들은 이미 정치적으로 예측할 수 없는 상황이었고, 대부분 귀족 엘리트('참주')가 통치하고 있었다. 이들은 페르시아의 명령을 거부했고 기원전 5세기 초에는 키프로스의 그리스인과 더불어 반란을 일으켰다. 다리우스는 매우 어렵게 반란군을 진압하고 제국의 서쪽 측면을 안정시킬 수 있었다.

에게해 맞은편도 마찬가지로 긴장 상태에 있었다. 기원전 5세기 말, 페르시아의 에게해 북부 진출과 같은 시기에 아테네 시민은 스파르타인에 대한 의존에서 벗어나 그들의 주둔군을 추방했다. 도시를 탈환하려는 스파르타의 시도는 실패했고, 아테네인은 다른 두 이웃 국가의 공격을 격퇴하는 데도 성공했다. 이러한 성공은 아테네가 자신의 정치 질서(이소노미아)와 관련해 반드시 통과해야만 했던 힘든 과제였을 뿐만 아니라, 외교 정책 능력의 가속화에도 일조했다. 그들은 곧이어 페르시아인이 관심을 갖고 있던 지역, 요컨대 에게해 북부에 초점을 맞췄다. 아테네가 이오니아의 반란에 개입한 것은 전적으로 이러한 맥락에 따른 것이었다.

아테네가 반(反)페르시아 전선에 가담하면서 이미 오래전부터 예상되었던 페르시아의 반격이 시작되었다. 그러나 페르시아의 침공은 과거 아시리아가 자그로스산맥을 넘어 거점을 확보하지 못한 것과 마찬가지로, 아테네의 저항과 스파르타가 이끄는 그리스 도시들의 연합으로 인해 실패했다. 페르시아에 대항하기 위해 형성된 '헬라스 동맹'은 아시리아의 공격에 대응하기 위해 결성된 '메디아 연맹'에 해당한다

(200~201쪽 참조). 페르시아는 제국의 공격 실패가 반격의 힘을 어떻게 불러일으키는지 직접 보여주었다. 그들의 성공 비결 가운데 하나는 패배로부터 배우는 능력이었다. 이는 아테네도 마찬가지였다. 그들은 강력한 적과의 전투에서 비롯되고, 그로부터 간접적으로 촉진된 2차 제국 건설의 좋은 사례다.

또다시 반란을 일으킨 소아시아의 도시들을 보호하고 페르시아를 막기 위해 아테네는 무엇보다도 강력한 해군이 필요했다. 오로지 그것만이 에게해 반대편에 있는 그리스인의 안전을 보장하고 페르시아의 복수심에 맞서 군사적 억지력을 발휘할 수 있었기 때문이다. 그러나 그리스 지역에는 이를 위한 그 어떤 모델도 없었다. 시칠리아에서 시라쿠사의 참주들이 비슷한 시도를 했지만, 이는 좀더 약한 적에 맞서 짧은 기간 동안만 이뤄졌을 뿐이다. 아테네인은 라우레이온의 은광 덕분에 삼단노(三段櫓)를 장착한 전투 함대를 건조할 수 있었고, 인구 또한 고용 노잡이와 함께 승무원으로 배치할 만큼 충분했다.

테미스토클레스(Themistocles) 주도로 확장된 함대는 에게해에서 가장 강력한 해군으로 빠르게 성장했다. 그들은 살라미스 해전에서 페르시아군을 상대로 맹활약을 펼쳤다. 후퇴하는 적을 추격하고 공격에 나서겠다는 시민들의 의지는 내부 질서를 민주주의로 발전시키는 데 기여했을 뿐만 아니라, 아테네를 주요 해상 강국으로 탈바꿈시켰다. 공세적인 해군 정책은 정치 기관에 새로운 과제를 요구했고, 광범위한 지지를 필요로 했다. 페르시아의 패배 이후 소아시아 폴리스들은 페르시아의 패권에서 벗어나고자 그 어느 때보다 결의를 다졌고, 이는 아테네에도 유리했다. 아테네는 기회를 포착해 살라미스 해전 이후 3년 만에 새로운 형태의 함대 정책을 가능케 하는 동맹 체제를 구축했다.

여기서 그들은 대규모 함대를 조직하는 데 유일하게 존재했던 모델, 즉 페르시아의 지침을 따랐다. 이전의 관행과 달리, 아테네의 아리스테이데스(Aristeides)는 협력할 의향이 있는 폴리스들과 무기한의 개별적 계약을 맺었는데, 이는 장기적인 통치의 씨앗을 품고 있었다. 각각의 도시는 전함, 병사 또는 그에 상응하는 금액〔포로이(phóroi)〕을 제공해야 했는데, 그것은 페르시아의 공물 징수 및 함대 무장 절차와 유사했다. 아리스테이데스는 공물의 규모를 결정하기 위해 페르시아의 계산법을 광범위하게 채택했다. 이렇게 획득한 자금은 처음에는 델로스섬의 연방 금고로 들어갔다. 동맹 회의는 초창기에 이곳에서 간헐적으로 열렸고, 모든 구성원이 규모와 관계없이 투표권을 가졌다. 하지만 실제 주도권은 아테네인에게 있었다. 아테네는 함대 대부분을 제공했고, 페르시아를 물리칠 수 있다는 걸 살라미스에서 증명한 터였다. 따라서 아테네의 제독이 동맹 함대를 지휘하고 작전 목표를 결정하는 것은 당연한 일이었다.

기원전 450년대 중반, 동맹의 금고를 아테네로 옮기면서 아테네의 주도적 위치는 더욱 공고해졌다. 이제 동맹들은 자신의 기여금을 권력 중심부로 직접 가져왔다. 아테네 사람들은 페르시아 모델에 따라 공개적으로 세금을 부과했다. 매년 대(大)디오니소스 축제가 시작될 때마다 수백 명의 사절단이 가져온 돈주머니를 디오니소스 극장 무대에 전시했다. 이런 과정은 페르세폴리스의 접견실, 곧 아파다나(Apadana) 계단에 페르시아 신민들의 '선물'을 전시했던 걸 연상케 한다. 기원전 450년부터 아테나의 국고로 배정된 몫을 석비에 기록한 것도 마찬가지로 근동 지역에서 일반적으로 사용하던 문서화 형식과 관련이 있다. 그에 더해 동맹국 대표자들은 충성의 상징인 소와 갑옷을 판아테나이아(Panathenaia: 아테나 여신 축제—옮긴이)에 가져오고, 수확한 첫 열매는 성스러운 도시 엘레우시스(Eleusis)에 바쳐야만 했다.

이를 통해 그들은 페르시아라는 강대국에 경외심을 표했으며, 아테네가 다른 여러 분야에서도 페르시아를 충실히 본받는다는 것을 보여주었다. 예를 들어, 조세 구역 구분 방식, 제국 중심지인 아테네의 건축 양식, 아파다나 신전을 모델로 한 연회장 건설, 파르테논 프리즈(frieze: 건물의 외관을 장식하는 띠 형태—옮긴이)의 방식 등이 그러하다. 또한 연합군의 패권자로서 아테네 관리들은 곧이어 동맹의 영토를 장악했다. 조세 납부를 지연하거나 심지어 의무를 회피하려 할 경우, 아테네인은 페르시아인처럼 타협하지 않고 단호하게 대처했다. 반란자는 무력으로 진압하고, 그들의 요새 성벽을 무너뜨려 점령했다. 때로는 그들의 정치 질서를 민주주의 방식으로 바꾸기도 했다. 새로운 조약은 아테네인에게 '파트너'의 충성심이나 조세 납부 지연에 대해 조금이라도 의심이 들면 그 도시의 문제에 개입할 수 있도록 했다.

그러나 이는 이미 아테네 통치 체제의 결정적 약점을 분명히 드러내는 것이었다. 페르시아인은 피정복 민족의 엘리트를 자신들의 통치에 편입시키기 위해 노력하고 관대한 특권으로 적대자들을 유인했지만, 민주주의는 시민들이 동맹국에 대해 비슷한 조치를 고려하는 것조차 못 하도록 막았다. 아테네 시민권은 거의 드물게 부여되는 권리였고, 외국 폴리스의 민주주의 확립은 동맹국의 요청이 아니라 강제로 이루어졌다. 그래서 통합된 제국 엘리트가 등장할 수 없었다. 그 대신 아테네는 몰수 또는 정복한 동맹 도시들의 영토에 자국의 군인을 파견해 정착시킴으로써 지배력을 확장해나갔다. 새로운 식민지는 언제든 군사적으로 동원할 수 있었고, 그리스 함대에 기항지를 개방했다.

이것도 그리스 지역에서는 전례가 없던 일이었다. 한편, 그리스 함대는 키프로스와 레반트까지, 요컨대 페르시아 해군의 심장부까지 진출했다.

하지만 해전에 대한 이런 편중은 아테네 제국 건설의 아킬레스건이었다. 아테네는—시라쿠사 역사의 특정 단계를 제외하면—다른 모든 폴리스와 마찬가지로 통치 과정에 외국 엘리트를 참여시킬 준비가 되어 있지 않았다. 그 때문에 육지와 해상 **모두**에서 군사적 잠재력을 고르게 발전시키거나 해상 기반 패권을 내륙으로 확장할 수단과 의지가 부족했다. 따라서 해상 동맹은 해안과 섬의 지배에 기반을 둔 매우 특수한 제국 모델에 머물렀고, 해안에서 멀리 떨어진 내륙으로 세력을 확장하려 할 때마다 실패했다.

이러한 약점은 기원전 5세기 중반, 페르시아와 합의해 서로의 영향력을 인정하는 상황으로 이어졌고, 이는 소아시아의 에게해 연안 동쪽을 페르시아의 영토로 보장하는 것이었다. 그리스 내부에서도 저항이 일어나며 상황은 더욱 위험해졌다. 이곳에서는 코린토스, 테베, 스파르타 같은 옛 적대자들이 제국을 자칭하는 세력이 약해지기만을 기다리며 호시탐탐 기회를 노렸다. 영토 강국으로서 페르시아와 경쟁할 수 없다는 확신과 해상 동맹에 필적하는 통치 모델을 확립하지 못했다는 것은 아테네의 권력이 한계에 도달해 결국 실패로 끝났음을 의미했다. 적대 세력들의 저항은 결국 페르시아의 지원으로 유지되는 지루한 소모전으로 이어졌고, 마침내 아테네는 해상 동맹을 해체할 수밖에 없었다. 이후 아테네의 부흥은 이전과 같은 역동성을 잃었다.

페르시아는 소아시아의 그리스 도시들을 되찾았을 뿐만 아니라, 영향력을 이전보다 더 멀리 에게해 전역으로 확장할 수 있었다. 반도 침공은 필요해 보이지 않았거나 사트라프들의 반란과 이집트의 이탈로 인해 모든 병력이 묶이면서 저지되었다. 거의 눈에 띄지 않는 권력 투쟁에서 아무도 생각하지 못했던 마케도니아가 자리를 잡았다. 마케도니아의 부상 역시 정치의 주요 중심지는 아니지만 기회가 왔을 때 최적의 조건을 갖춘 지역의 권력 틈바구니에서 이루어진 페르시아 세계 제국 건설의 뒤늦은 결과였다.

마케도니아는 산악 지대와 평지가 만나는 지점에 있는 천혜의 땅이었다. 이는 고대의 제국 건설에서 흔히 볼 수 있는 전형적인 지형이었다. 테르마이코스만(Thermaikos灣)에는—습지 하구를 제외하고는—곡물 경작과 목축에 사용할 수 있는 비옥한 충적지가 있었다. 거기서 이어진 북서쪽에는 질 좋은 목재를 생산하는 광활한 삼림과 철광석, 구리, 은, 금이 풍부하게 매장된 산지(山地)가 있었다. 이 모든 것이 그 지역과 점점 증가하는 인구를 외부로부터 독립적으로 만들었는데, 이는 폴리스들이 결코 달성하지 못한 이상이었다. 그러나 그리스인의 관점에서 볼 때, 마케도니아는 발전을 방해하는 한 가지 단점을 안고 있었다. 요컨대 마케도니아는 미케네 문화의 영향을 받지 않았다. 사람들은 주로 도시가 아닌 산악 지대 마을에서 목축을 하며 살았다. 씨족 지도자와 몇몇 엘리트가 그 땅의 운명을 결정했는데, 그들은 주로 말과 무기를 소유하고 서로 경쟁하며 항상 독립적인 삶을 주장했다.[30]

기원전 7세기에 아르게아드 가문은 아이가이(Aigai)의 거주지에서 일어나 마케도니아 남부의 지배 세력이 되었다. 하지만 그들도 다른 씨족 지도자들의 인정을 받기 위해 노력해야만 했다. 아마도 산악 민족들과의 투쟁이 아르게아드 왕조의 호전적인 성격과 왕에 대한 전사들의 긴밀한 유대를 요구했을 것이다. 왕은 선출직 의원과 정기적으로 교체되는 관리 대신 참모, 장교, 씨족장을 모아 '동료들'의 공동체를 구성했고, 이들의 음주 모임, 곧 심포시온(Symposion)이 도시 공동체의 평의회를 대체했다.[31] 동료들은 함께 잔치를 벌이고 사냥과 약탈 원정에 나섰으며 말을 탄 왕의 전투 집단을 형성했다. 전리품과 토지 형태의 보상이 왕에 대한 전사들의 충성을 보장했다.

마케도니아의 다른 지역에서도 비슷한 상황이 벌어졌다. 아르게아드 왕조의 군벌들이 주요 세력으로 발전한 것은 외부의 자극과 정치적 노선 결정 때문이었다. 한편으로 그들은 그리스의 지식인과 전문가를 자신의 궁정으로 끌어들여 폴리스 세계에 조심스럽게 문을 열었다. 다른 한편으로는 초강대국 페르시아에 대한 정치적 충성을 유지했다. 다리우스는 아르게아드 왕을 자신의 이익을 대변하는 존재로 여겼다(208쪽 참조). 페르시아 제국의 지원은 스트리몬(Strymon)강 기슭에 영향력을 행사하려는 아테네에 대한 견제 세력을 형성했고, 이는 아르게아드 왕조가 아민타스(Amyntas) 왕 치하에서 스스로를 더욱 공고히 하는 데 도움을 주었다. 아민타스는 수도를 전략적으로 더 나은 위치에 있는 펠라(Pella)로 옮기고 영토를 여러 구역으로 나눈 다음 그 도시의 중심에서 통치했다. 그는 통신을 개선하기 위해 요새와 도로를 건설하고, 페르시아의 영향을 받아 기병대를 가장 효과적인 전투 부대로 발전시켰다.

이런 식으로 마케도니아인은 상당히 초보적인 형태의 제국 구조를 자기 것으로 만들었다. 하지만 결정적인 돌파구는 여전히 찾지 못했고, 이는 군사적 위기로 인해 마련되었다. 마케도니아인도 남은 힘을 발휘하고 새로운 힘을 키우기 위해 심각한 좌절을 견뎌내야 했다. 기원전 4세기 전반, 아민타스 왕은 마케도니아 북부로 밀어닥치는 일리리아(Illyria) 부족의 바르딜리스(Bardylis) 왕을 상대로 여러 차례 패배를 겪었다. 큰 전투에서 마케도니아 왕과 부하 4000명이 전사했다. 아르게아드의 통치 지역은 아이가이 주변의 핵심 지역으로 축소되었다.[32] 필리포스 2세가 새로운 통치자로 자리매김할 때까지 나라는 혼돈의 위협에 처해 있었다. 처음에는 외교와 뇌물로 산악 부족을 제압했지만, 다른 부족들은 영토를 양도하는 것으로 달래고, 트라키아의 왕 코티스(Kothys)를 동맹 세력으로 끌어들였다. 이를 통해 필리포스는 군대의 사기를 높이고 그때까지 무장이 취약했던 농민 보병대를 훈련해 강력한 군대를 구축함으로써 잃어버린 영토를 탈환할 준비를 마쳤다.

기원전 359년 여름, 필리포스는 1만 명의 보병과 600명의 기병으로 파이오니아(Paionia)와 일리리아를 물리치고 리크니드[Lychnid, 또는 오흐리드(Ochrid)] 호수까지 마케도니아 영토를 확장할 수 있었다. 그는 지금까지 적었던 수의 병력(아마도 2000명을 넘지 않았을 것이다)을 크게 늘릴 방법과 수단을 확실하게 찾아냈다.[33] 이러한 성공이 폴리스 세계에 대항해 왕이 지도력을 발휘하는 계기가 된 듯하다. 그는 먼저 기원전 350년대 중반에 암피폴리스, 피드나, 아폴로니아와 함께 마케도니아의 해안을 점령했다. 그보다 1년 전에는 트라키아 서부를 정복하고 그밖의 제후국들을 자신의 휘하에 두었다. 테살리아에서는 여러 차례의 군사적 개입 끝에 테살리아 동맹의 최고 장군[타고스(tágos)]이자 종신 통치자[아르콘(árchôn)]로 선출되었다.

이 모든 것이 군대의 발전을 가속화했다. 대부분의 폴리스는 막대한 투자를 꺼렸지만, 마케도니아 왕은 시라쿠사에서 개발해 테살리아에서 사용한 공성(攻城) 무기를 도입하고 테살리아 귀족 기병대 대부분을 통합했다. 기원전 330년대 초에는 스키타이 왕 아테아스(Ateas)에게 승리한 후, 말 사육을 위해 2만 마리로 추정되는 암말을 추가로 확보할 수 있었다. (이 말들은 다시 도난당했다고도 전해진다.)[34] 이는 유라시아 지역의 팽창주의 세력들에게 말의 보급이 얼마나 중요했는지를 다시 한번 보여준다. 농민 민병대는 5미터 길이의 창〔사리사(Sarissa)〕으로 무장함으로써 적과의 전투 거리가 벌어졌고, 비싸고 무거운 갑옷도 필요 없게 되었다. 반대로, 잘 훈련받은 사리사 대형은 양자 간의 직접적 전투에 참여하지 않았던 그리스 중무장 병사에게는 치명적인 위협이었다. 현대적인 공성 전차는 가장 강력한 요새도 극복할 수 있었다. 군대의 모든 부대는 쇠처럼 단단한 훈련을 받았고, 넓은 행동반경과 계절적 제한을 받지 않는 배치 가능성으로 인해 타의 추종을 불허하는 전문적인 병력을 형성했다.

트라키아의 은광을 확보하고 헬레스폰투스해협을 장악한 필리포스는 페르시아의 사트라프가 소아시아에서 그랬던 것처럼 자신의 첨단 군대에 자금을 지원하고 용병을 추가로 모집할 수단도 지니고 있었다. 정복한 지역을 통합하는 데서도 동쪽의 이웃을 모델로 삼았다. 트라키아는 페르시아의 사트라피처럼 조직되었고 요새 식민지로 보호를 받았다. 도시를 건설하면서 마케도니아의 영향력은 안정되었고, 숲을 개간하고 늪을 간척함으로써 농업 기반도 넓어졌다. 필리포스는 패배하거나 정복당한 민족의 엘리트들을 융합하기 위해 헤타이로이 기병대의 범위를 개방하고 정복한 영토의 땅을 그들에게 나눠주었다. 기마 귀족의 아들들은―페르세폴리스에서 페르시아 귀족의 아들들이 그랬던 것처럼―펠라 궁정에서 교육받고 장교 직책을 맡았다. 동방의 군주와 마찬가지로 필리포스는 광범위하고 다면적인 결혼 동맹을 통해 통치 범위를 넓혔다. 물론 전체적인 구조는 끊임없이 움직여야만 작동했다. 군대는 바쁘게 이동해야 했고, 헤타이로이에게 전리품을 공급해야 했고, 적대자들을 계속 압박해야 했다. 그리하여 자립적인 확장 동력이 발전했다. 이는 기원전 338년 피드나에서 마지막까지 저항하는 폴리스를 상대로 거둔 승리로 절정에 달했고, 그 직후 페르시아의 소아시아를 공격하는 계획으로 이어졌다.

페르시아는 더 많은 그리스 출신 전문 병사를 모집하고, 일부 보병에게 팔랑크스(Phalanx) 대형을 훈련시키는 것으로 대응했다. 하지만 그들의 노력은 너무 늦었다. 알렉산드로스가—불투명한 상황에서 권력을 잡은 많은 정복자와 마찬가지로—얼마 전 살해당한 아버지의 뒤를 이어 마케도니아 군대를 이끌고 헬레스폰투스해협을 넘어왔다. 그가 3년 만에 페르시아 제국을 지배할 수 있었던 것은 국내의 정치적, 경제적 또는 그 밖의 구조적 약점을 극복해서가 아니라 전투를 벌이기로 결정했기 때문이다.

알렉산드로스의 정복 원정은 페르시아의 부상 이후 주변 세력이 제국적인 초강대국과의 근접성을 이용해 배운 지식을 스승에게 사용하는 방식을 보여주는 가장 극적인 사례다. 그리고 알렉산드로스의 전쟁은 역사가들이 과소평가하는 경향이 있는 또 다른 사실을 보여준다. 즉, 제국을 통치하는 자들은 단순히 적과 위기를 통해 강해질 뿐만 아니라, 유리한 환경과 행운도 필요하다는 것이다. 많은 전투에서 알렉산드로스는 아주 간발의 차이로 유리한 결정을 내렸으며, 승리한 페르시아가 반격을 시작해 이전 동맹국의 부상을 빠르게 끝장내는 것도 얼마든지 가능했다.

알렉산드로스와 아르게아드 왕조에게 부족했던 것은 보편적인 통치 이데올로기였다. 그런 까닭에 그는 가우가멜라(Gaugamela)에서의 결정적인 전투가 벌어지기 전에 이미 자신이 페르시아 왕의 역할을 맡아야 한다고 믿었다. 대다수 토착민은 이를 받아들였고, 알렉산드로스는 원정을 진행하는 동안 이러한 이미지에 부응하기 위해 노력했다. 여기에 이집트 시와(Siwa)의 사제들이 그에게 심어준 생각, 즉 그가 제우스-아몬(Zeus-Amon)의 아들로서 세계를 지배할 운명이라는 생각이 더해졌다. 그때부터 알렉산드로스는 페르시아 제국을 장악하는 것뿐만 아니라 세계의 경계에 도달하겠다는 생각에 사로잡혔다.

4 인도의 실험: 마가다에서 마우리아까지의 대제국

기원전 326년 봄, 알렉산드로스는 카이베르(Chaiber) 고개를 넘어 인도로 향했다. 알렉산드로스와 그의 군대는 처음으로 관개하는 논과 번성하는 도시 문화를 목격했다(168~170쪽 참조). 치열한 전투 끝에 군대는 오늘날의 하란푸르(Haranpur)가 위치한 히다스페스[Hydaspes, 또는 젤룸/젤람(Jhelum/Jhelam)]강까지 진격했다. 이곳에서 마케도니아는 파우라바(Paurava)의 왕 포로스(Poros)에게 승리했다. 그러나 알렉산드로스가 인더스강 동쪽 상류에 있는 히파시스[Hyphasis, 또는 베아스(Beas)]에 이르렀을 때, 장교들은 계속해서 진군하기를 거부했다. 불과 200킬로미터 떨어진 곳에 세계 정복자에게 적합한 전리품으로 여겨지는 제국이 있다는 말을 들었음에도 말이다.

그곳은 오늘날의 비하르주(Bihar州) 남부에 위치한, 난다(Nanda) 왕조의 통치를 받던 도시 왕국 마가다(Magadha)였다. 마케도니아의 부상과 거의 동시에 이 왕조는 인도 북부의 광대한 지역을 동해안에 이르기까지 장악했다. 인도 땅에 이 최초의 대제국이 등장한 이유는 고고학의 큰 미스터리 중 하나다. 고고학적 증거는 빈약하고, 문자로 기록된 자료는 역사적 관심사와는 거리가 멀다. 그럼에도 생태적·지리적·정치적 조건을 고려하면, 인도 모델에서도 유라시아 제국 형성의 패턴과 일치하는 구조를 발견할 수 있다.

도시 왕국 마가다는 갠지스강 남쪽의 비옥하고 지리적으로 유리한 지역에 있었다. 갠지스강 지류들은 몬순 시즌의 홍수를 일으키기에는 길이가 너무 짧았지만, 쌀을 비롯한 곡물을 경작하기에는 충분한 물을 공급했다. 이러한 조건은 거의 필연적으로 마가다 왕국이 그 지역의 수많은 경쟁 세력, 즉 이웃한 마하자나파다(Mahajanapada, 十六大國: 마가다를 비롯해 인도 중부에 있던 16개의 강대국―옮긴이)에 맞서 자기 주장을 할 수 있도록 해주었다. 아르게아드의 장군들과 마찬가지로 마가다의 초기 통치자들 역시 도시의 제도와 상관없이 거주지에서 군대를 동원하는 군벌이었다.[35]

마가다 왕국의 성공 신화는 기원전 6세기 중반에 빔비사라(Bimbisara) 왕이 앙가(Anga)의 군주를 제거하고 그의 거주지를 차지하면서 시작되었는데, 이는 키로스의 엑바타나 정복을 떠올리게 하는 사건이다(202쪽 참조). 빔비사라는 이제 빈디야(Vindhya)와 초타나그푸르(Chotanagpur) 지역의 인근 철광석 매장지에 접근할 수 있었다. 더 나아가 키로스가 메디아에 승리를 거둔 후 서쪽과 동쪽으로 이어지는 캐러밴 항로에 대한 주권을 확보하고, 마케도니아의 필리포스가 광물이 풍부한 트라키아 지역과 헬레스폰투스해협으로 가는 교역로를 장악한 것처럼 서쪽에서 동쪽으로 갠지스강 하구와 벵골만 그리고 남쪽의 히말라야까지 이어지는 교역로를 통제했다(217~218쪽 참조). 빔비사라는 갠지스강을 따라 북쪽과 서쪽에서 광범위한 결혼 정책을 통해 토착 부족과 거점〔예를 들어, 바란시(Varansi)〕의 충성을 얻으려 했다—필리포스 역시 영토 확장을 위해 같은 방법을 사용했다.

처음 몇 년은 아주 성공적이었지만 마가다의 왕들도 반격에서 벗어나지 못했다. 코살라(Kosala) 왕국의 정복은 힘들게 진행되었지만 궁극적으로 성공했는데, 빔비사라가 필리포스처럼 상대방의 내부 정치에 개입했기 때문이다. 이에 반해, 그의 후계자들은 비하르주 북부의 브리지(Vriji) 부족 연합과 손실이 많은 전투에 휘말렸다. 그들은 상대 부족의 단결을 깨뜨리고 나서야 비로소 큰 성공을 거둘 수 있었다. 얼마 지나지 않아 마가다는 아반티(Avanti)를 다스리는 프라요타(Prayota) 왕조의 새로운 공격을 막아내야만 했다. 그러나 이번에는 여러 전선에서 서로 다른 적들과 벌인 전쟁이 촉매 역할을 했다. 마케도니아의 아르게아드 왕조처럼 마가다 왕들도 전투를 치르는 와중에 갠지스강에 요새를 건설했다. 이 요새 중 한 곳이 훗날 파탈리푸트라(Pataliputra: 마가다 왕국의 수도—옮긴이)로 성장했다. 그리고 마케도니아에서와 마찬가지로 북쪽에서 전투할 때는 (아마도 페르시아에서 영감을 받았을) 장갑 전차와 투석기 같은 새로운 무기 기술을 사용했다. 전쟁이 끝난 후 마가다는 갠지스강 전역으로 영향력을 확장하면서 마침내 더 광범위한 모병 체계를 갖추었다. 궁궐 내 음모를 통해 집권한 난다(Nanda) 왕조는 필리포스 2세가 군대를 근본적으로 '현대화'한 것과 비슷한 방식으로 병력을 확장해나갔다. 알렉산드로스가 인더스강 동쪽 산기슭에 있는 난다 왕조에 대해 알게 되었을 때, (그리스 자료에 따르면) 그들은 보병 20만 명, 기병 2만 명, 전쟁 코끼리 3000~6000마리, 전차 2000대를 동원할 수 있었다고 한다.

이것은 확실히 과장된 것이며, 알렉산드로스의 철수를 정당화하기 위함이었다. 마가다의 난다 왕조가 보병과 더불어 기병과 코끼리에 의존하는 상비군을 보유했고, 선대보다 많은 농민을 동원할 수 있었다는 데는 논란의 여지가 없다. 필리포스는 트라키아 및 마케도니아 은광뿐만 아니라 전쟁 자체를 통해서도 부대에 자금을 조달했다. 이것은 궁극적으로 부유한 동쪽으로 향했던 확장의 역동성을 설명해준다. 난다 왕조는 약간 다른 길을 걸었다. 그들은 전성기에는 갠지스강 유역 전체를 장악하고 서쪽으로 약탈 원정을 감행해 추가 수입을 얻었지만, 상비군은 토지에 대한 과세 강화를 통해서만 유지할 수 있었다. 이를 위해 난다 왕조는 갠지스강 남동쪽 정복 지역〔칼링가(Kalinga)〕에 관개 시스템을 구축하는 등 인프라를 개선하고, 중앙에서 마을 수준에까지 미치는 세금 제도를 개발했다.[36]

그렇게 하는 데서 마가다 왕들은 아마도 페르시아 모델을 지향했을 수 있다. 인도 북서부에 도입된 카로스티(Kharosti) 문자는 페르시아의 영향을 받은 것이었고, 갠지스 동부 지역의 브라흐미(Brahmi) 문자로 발전했다. 이는 세금 징수를 좀더 효과적으로 조직하기 위한 중요한 전제 조건이었다. 난다 왕조는 페르시아 시스템을 모방한 지방 행정을 최초로 시도했을 수도 있다.[37] 파탈리그라마〔Pataligrama, 또는 파탈리푸트라: 오늘날의 파타나(Patana)〕의 수도도 이 시기에 확장되었다(222쪽 참조). 화려하게 장식한 기둥이 있는 커다란 홀은 페르세폴리스와 동부 사트라피의 거주지를 모방한 것이다.[38]

그러나 유사점은 그게 끝이다. 궁정의 '장관'은 왕족 출신이 아니었고, 난다 왕조는 아리아의 지위를 주장하지 않았으며, 크샤트리아에 속한 적도 없었다. 아마도 그들은 수드라였을 것이다. 둘 다 인도 북

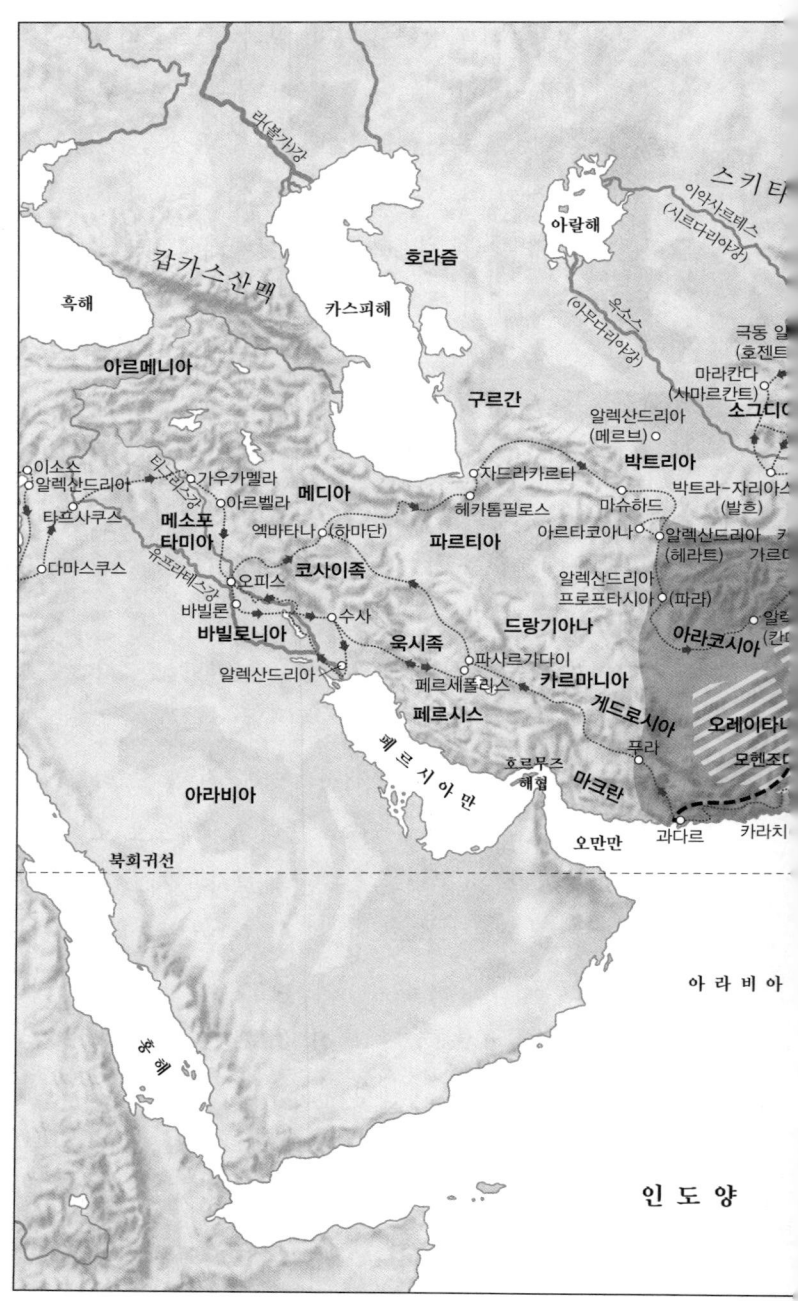

마가다에서 마우리아까지 북인도의 대제국들

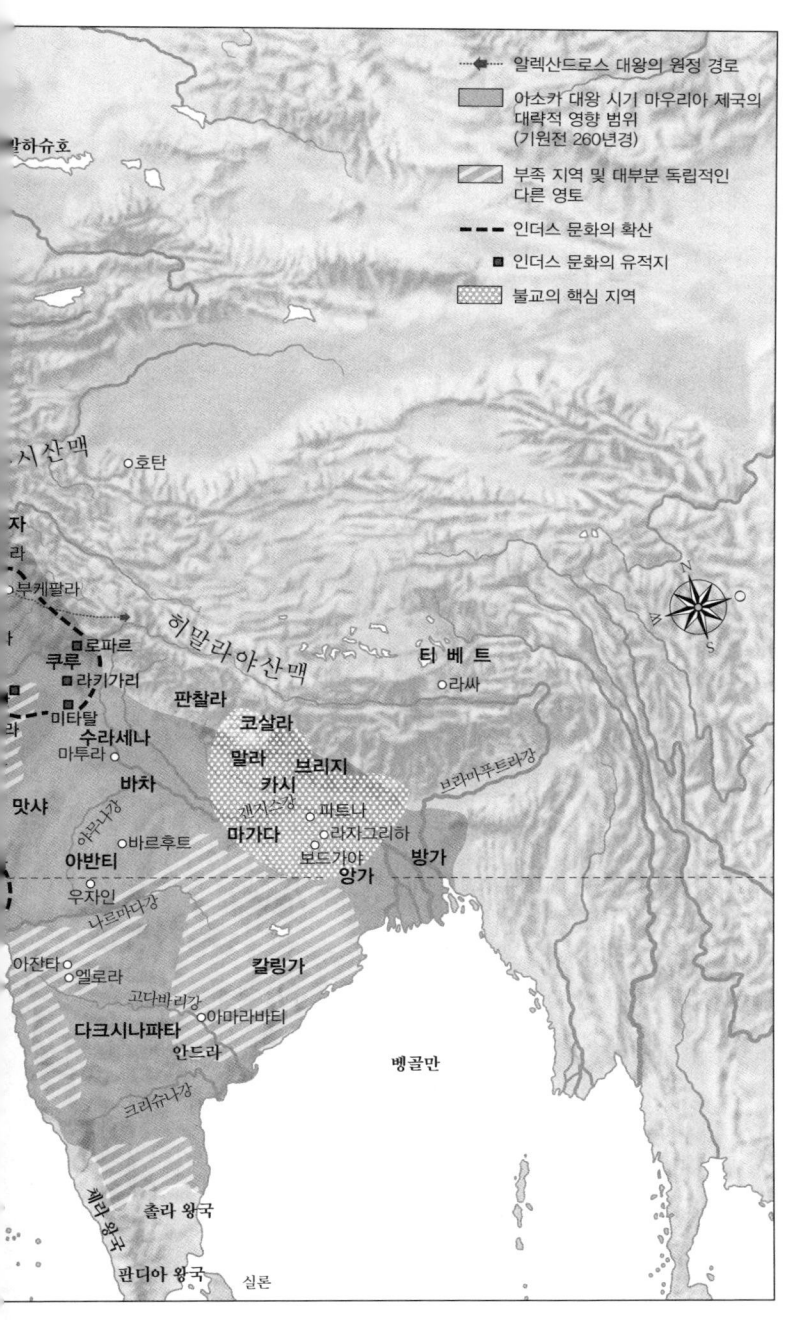

알하슈호

알렉산드로스 대왕의 원정 경로

아소카 대왕 시기 마우리아 제국의
대략적 영향 범위
(기원전 260년경)

부족 지역 및 대부분 독립적인
다른 영토

인더스 문화의 확산

인더스 문화의 유적지

불교의 핵심 지역

시산맥 ○호탄

자
라
부케팔라
로파르
쿠루
라키가리
미타탈
수라세나
마투라
바차
맛샤
바르후트
아반티
우자인

히말라야산맥

판찰라

코살라

티베트
○라싸

브라마푸트라강

말라
카시
브리지
카시
마가다
파트나
라자그리하
보드가야
앙가
방가

나르마다강

아잔타
엘로라

고다바리강
아마라바티

칼링가

다크시나파타
안드라

벵골만

크리슈나강

촐라 왕국

판디아 왕국

실론

서부를 지배하던 사회 질서와는 대조적이었다. 그러나 이는 불교와 자이나교가 브라만교의 바르나 제도를 무시했던 마가다 지역의 발전과 일치한다(170~173쪽 참조). 따라서 마가다와 갠지스강 및 야무나강이 합류하는 서쪽 지역은—그리스인이 언어적 유사성과 문화적 융합에도 불구하고 신흥 마케도니아인을 야만인으로 낙인찍었던 것처럼—브라만에 의해 불결한 것으로 여겨졌다. 마가다는 브라만교를 그다지 받아들이지 않았지만, 베다 의식을 거부한 아리아 출신의 변절자 집단, 곧 브라티아(Vratya)가 곳곳에 퍼져 있었다.[39]

이러한 상황 이면에서는 다른 곳에서도 적용되었던 제국 발전의 패턴을 엿볼 수 있다. 팽창하는 제국은 항상 침략적인 이웃에 대응해 등장했으며, 종종 유목민 집단과 대결했다. 마가다 왕국의 확장도 한편으로는 아리아 전사 집단에 대항해 스스로를 방어하고 오랜 베다 의식(특히 피의 제사)을 거부하는 동시에, 다른 한편으로는 본토에서 자리를 잡아가고 있던 자이나교와 불교의 가르침을 수용함으로써 더 큰 추동력을 얻었다. 이는 아마도 팽창하는 왕국을 공고히 하고 정체성을 형성하는 데 이바지했을 것이다.

알렉산드로스가 철수한 후 이러한 에너지가 서쪽으로 향한 것도 그 나라의 군사적 구조의 결과였다. 한 세대에 걸쳐 구축된 군대는 공격에 대한 열망이 넘쳐났다. 새로운 투석기는 마케도니아 주둔군과의 전투에서 특히 성공적이었던 것으로 보인다. 전쟁 중에 마우리아 가문의 찬드라굽타(Chandragupta, 그리스어로는 산드로코토스(Sandrokottos))라는 인물이 두각을 나타냈다고 전해진다. 그는 자신의 성공을 활용해 기원전 321~기원전 320년 수도 파탈리푸트라를 점령하고 난다의 왕좌를 차지했다.[40] 찬드라굽타는 마우리아 가문의 왕조를 세웠다.

찬드라굽타는 왕에게 반기를 든 최초의 인도 군대 지휘관이었다. 그리고 약 100년 후, 다른 지휘관이 그 왕조의 통치를 끝냈다.[41] 군대는 중앙에서 멀어질수록 통제하기가 어려웠다. 찬드라굽타는 전사들에게 **자신의** 지휘 아래서 더 큰 성공을 약속함으로써 이러한 위험을 피하려 했다. 왕위에 오르고 몇 년 후 그는 또다시 군대를 이끌고 서쪽으로 향했다. 찬드라굽타의 부상과 거의 같은 시기에 알렉산드로스의 장교 가운데 한 명이 이전 페르시아 제국의 아시아 지역을 확보하고 셀레우코스(Seleukos) 왕조를 세웠다. 기원전 305년, 셀레우코스는 힌두쿠시산맥을 넘어 인더스강 유역을 또다시 점령했다. 찬드라굽타가 그를 맞이하러 나아갔다. 셀레우코스는 아마도 자신이 이룬 성과에 만족해하며 평화 조약을 체결했을 것이다. 찬드라굽타는 편자브와 간다라를 유지하고 아라코시아(Arachosia)와 게드로시아(Gedrosia) 일부 및 오늘날 아프가니스탄의 대부분 지역을 획득했다. 셀레우코스는 인도의 코끼리 조련사〔마호우트(Mahout)〕와 함께 500마리의 전쟁 코끼리를 받았다. 이 조약은 왕들에게 상대편 딸과 결혼할 권리를 부여하고, 인도인과 그리스인 사이의 혼인을 합법화하는 '결혼 조항'으로 마무리되었다.

마우리아 왕조는 '결혼 조항'과 함께 성공적인 제국 건설의 또 다른 중요한 요소인 외부의 전문 지식을 받아들이는 데 개방적이었다. 서쪽의 왕들이 코끼리와 조련사를 받아들인 데 반해, 마우리아의 왕들은 무엇보다도 공성 기술에 관심이 많았다. 파탈리푸트라에 머물던 한 그리스인은 심지어 이 주제에 관한 작품을 집필하기도 했다. 더 나아가 교양 있는 그리스인과 인도의 지혜로운 교사들 사이의 교류도 활발해졌던 것으로 보인다. 이는 마우리아 왕조에게 중요했는데, 조약에 따라 그리스어 사용 인구가 거주하는 영토를 통치했기 때문이다.

그러나 마우리아 왕조의 세 번째 통치자였던 아소카(재위: 기원전 269년 경~기원전 232) 치하에서 왕권 중심지의 영화(榮華)와 남인도의 넓은 지역을 아우르는 영토 확장도 오래된 문제점들을 감출 수는 없었다. 마우리아 제국은 많은 비용이 드는 군대를 유지하는 것뿐만 아니라 고위 관리들의 높은 급여를 충당하기 위해 새로운 수입원 개발에 크게 의존한 제국들 가운데 하나였다. 난다 왕조의 세금 체계는 갠지스 평원 너머까지는 거의 미치지 못했다. 펀자브에서는 페르시아 모델을 따르려 했는데, 이는 화폐 수입보다는 노동력과 물품에 기반한 것이었다. 동부에서의 손실은 더욱 심했다. 난다 왕조가 운하 건설을 통해 농업 수확량을 늘렸던 칼링가가 찬드라굽타의 찬탈 와중에 제국 연맹에서 분리 독립했기 때문이다.

이러한 문제를 고려할 때 아소카 치하에서 시작된 남쪽과 동쪽으로의 확장이 왜 카르나타카(Karnataka)의 금광 같은 생산지와 준보석, 목재, 코끼리를 제공하는 지역을 목표로 했는지 이해할 수 있다. 아소카는 결국 막대한 비용을 들여 칼링가를 재통합하는 데 성공했다. 그러나 광물 채굴을 조직하고 농경을 담당하는 토착 엘리트들과의 협력이 효과적으로 이뤄졌다는 증거는 없다. 정복한 영토는 마우리아 왕족 출신의 부왕(副王, 라잔)이나 '총독(쿠마라)'이 다스리는 '주(province)'로 편제되었다. 아소카 자신도 왕위에 오르기 전 탁실라에서, 나중에는 우자인(Ujjain)에서 그 직책을 맡은 적이 있었다. 그러나 마가다의 중앙 정부뿐만 아니라 지방 지도부 및 마을 단위 사이에도 상당한 간극이 있었던 것으로 보인다. 아소카는 5년마다 시찰단을 파견하겠다고 약속했지만, 이런 약속이 실제로 이행되었는지는 의문이다.[42]

마을 단위와의 지속적인 의사소통은 생태적·지리적 조건으로 인해 어려웠다. 인더스강을 제외한 모든 큰 강이 동서 방향으로 흘렀고, 홍수가 발생하면 통행이 불가능했다. 도로 시스템을 개선하는 데는 큰 비용이 들었는데, 그것조차 탁실라로 (그리고 이곳에서 박트라로) 가는 동–서 경로에 집중되었다. 눈에 띄는 점은 왕이 거주지 바깥에 머무는 궁정 참모들과 정기적으로 서면 소통을 해야 했다는 것이다.[43] 하지만 페르시아에서처럼 신속한 메신저 시스템이나 멀리 떨어진 총독과의 서신 교환에 대한 기록은 남아 있지 않다. 그런 까닭에 마우리아의 왕과 참모들은 씨족장과 촌장들이 중앙의 지시를 잘 따르고 있는지 확인하기 위해 정기적으로 마을을 직접 돌아다녀야 했다.[44] 중앙에서 마을 깊숙한 곳까지 미친 것으로 알려진 왕실 첩자의 활동은 그 체제가 효율적이었다기보다, 전체 시스템의 결함과 구성원의 국가 권력에 대한 충성심 부족을 더 잘 보여주는 증거라고 할 수 있다. 따라서 내륙의 지방 '핵심 지역'에서는—아시리아(또는 이후 로마)에서 볼 수 있듯이—마우리아 왕조의 정착지나 어떠한 형태의 문화적 통합도 나타나지 않는다. 특별히 아소카가 몇 개의 불탑을 세우거나 복원한 것을 제외하고는 알려진 도시 중 어디에서도 마우리아 왕조의 전형적인 건축물을 찾아볼 수 없다.[45]

지중해 동부나 근동 지역에서와 달리 마우리아 왕조에는 자신들 것 외에는 참고할 만한 본보기나 검증된 제국적 체계가 없었다. 페르시아 모델을 갠지스 유역과 그보다 더 남쪽으로 옮겨 적용하기에는 시간도 충분하지 않았고, 그런 새로운 체제에 기꺼이 적응할 피정복민도 없었다. 불교 사원과의 협력 또한 이런 결함을 메우지 못했다. 그러한 협력에도 한계가 있었기 때문이다. 예를 들어, 왕실의 (조세) 관리들은 사원 출입이 금지되어 있었다. 이 모든 것은 인도의 제국 형성이 상대적으로 고립되어 있었으며, 이는 기회가 주어졌을 때 팽창적 권력 형성과 지배 체제 조직이 소용돌이치듯 이루어진 근동 지역의 제국 형성 방식에 비해 구조적인 약점으로 작용했다는 걸 보여준다. 근동에서와 같은 조건이 인도에는 없었다. 그런 까닭에 인도의 왕들은 정복에 통합적인 틀을 제공할 수 있는 성숙한 통치 이데올로기도 알지 못했다.

인도에는 실제적이거나 신화적인 '제국의 영웅'도, 영토 확장을 위해 활용할 수 있는 선대 통치자도 없었다. 물론 브라만 왕조의 이데올로기는 확장을 지향하는 상징으로 끊임없이 회전하는 바퀴〔카크라 (cakra), 전차의 바퀴〕를 언급했고, 불결한 땅을 정복한 인드라를 숭배했다. 아슈바메다(ashvamedha)와 라자수야(rajasuya) 같은 희생 의식은 라자에게 신과 같은 권위를 부여했다. 힌두교의 법적 전통에 따르면, 모든 통치자는 신의 일부를 자기 안에 지니고 있었다. 하지만 마가다 왕조의 제국 시대에 신들은 필멸적 존재로, 라자처럼 담마(Dhamma: 다르마. 만물을 지배하는 법칙—옮긴이)의 법칙에 종속되어 있다고 여겨졌는데, 베다 시대에서 유래한 이 담마 개념은 불교와 비종교 문서에도 사용되었다. 담마는 왕이 보장하고 보호하는 질서 있는 행동 규칙의 총체를 의미한다. 그에 반해 스스로 카르마를 산출하는 신들에 대한 관계는—불교의 깨달음만이 카르마를 끊을 수 있었다—다소 느슨하고 구속력이 없었다. 이는 마우리아 왕조에 그들의 신성을 언급하는 선언문이 없다는 사실과 일치한다. 아소카도 페르시아-조로아스터교의 정식에 따라 자신을 '신들의 사랑을 받는 자'라고 칭했을 뿐이다.[46]

아소카 같은 통치자에게 적합했을 유일한 모델은 '자신의 전차 바퀴를 어디든 굴리는' 보편적 통치자, 즉 카크라바르틴(cakravartin)이다.

그럼에도 아소카나 다른 마우리아 왕조의 왕들은 공식적으로 이 칭호를 스스로 주장하지 않았다. 어쩌면 그들은 이러한 것을 주제넘은 것으로 생각했을 것이다. 왜냐하면 전통에 따르면, 붓다도 수백 번 (비유적이고 호전적이지 않은 의미에서) 카크라바르틴 역할을 했고 '왕-제국의 상징'을 사용했기 때문이다.[47] 아마도 그들은 찬드라굽타가 왕족 출신이 아니었기 때문에도 그렇게 하지 않았을 것이다.[48] 또는 마우리아 왕조의 고문들은 카크라바르틴 개념이 북서부에서 온 브라만교의 공격적인 요소를 함축하기 때문에 부적절하다고 생각했을 것이다.

그래서 민족적, 사회적, 종교적으로 매우 이질적인 제국의 통치자로서 마우리아 왕조는 분명히 서로 다른 전통을 연결하고 새로운 구조로 통합하는 구성 요소를 찾아야 했다. 아소카는 비문(일부는 기념비적인 규모를 자랑한다)을 통해 자신의 백성에게 직접 연설하고, 특히 도입부에서 (자신을 삼인칭으로 지칭하며) 페르시아-아람어 관습에 따라 자신의 견해를 밝힌 최초의 인도 통치자였다. 14개의 큰 암석 비문, 그리스어와 아람어로 된 몇 개의 작은 비문, 그리고 7개의 기둥 비문과 2개의 지역 비문이 알려져 있다. 이러한 비문은 대부분 주요 교역로를 따라 지방 수도에 밀집해 있다. 갠지스 평원에 세워진 기둥머리는 오늘날 인도의 국장(國章)으로 쓰이고 있다. 대부분의 비문은—아케메네스 왕조의 암석 칙령처럼—이해하기 어려웠다. 그런 까닭에 기둥을 세우는 행위 자체가 적어도 그 내용의 선포만큼이나 중요했을 것이다. 아마도 텍스트는 공개적으로 낭독했을 것이다.[49] 그 핵심은 담마(산스크리트어로는 다르마)를 전파하는 데 있었다. 이는 조로아스터교-페르시아 제국의 이념인 '아르타'(206쪽 참조)와 거의 일치한다. 하지만 브라만적 맥락에서 담마가 바르나 집단에 속한 사람들의 올바른 행동에 초점을 맞추는 데 반해, 불교의 담마는 공동체적이고 사회적인 배경과 관계없이 **모든** 사람에게 적용된다.[50] 이와 비슷하게 다리우스는 **모든** 신민이 왕이 보장하는 윤리적 질서를 준수할 것을 기대하며 아후라 마즈다의 악에 대한 투쟁 교리를 채택했다(206쪽 참조).

아소카는 남인도, 실론, 서쪽의 왕들에게 담마의 사절을 파견하겠다고 발표할 때도 이 원칙을 따랐다. 담마는 보편적 행동 원칙으로서 신적 정당성의 결여를 대체했다. 그것은 한편으로는 신민을 각자의 삶의 맥락에 맡기고, 다른 한편으로는 통치자와 신민을 하나로 묶는 **공동의 덕목**을 통해 통치자의 이익에 대한 지역적·전통적 차이를 해소하는 데 매우 적합했다. 가장 중요한 담마는 비폭력이라는 계명이었다. 이 계율은 다리우스가 자라투스트라의 사상에 따라 공식적인 희생 제식에서 동물 희생 제물을 금지한 것처럼 피를 흘리는 제사를 배제했다.[51] 담마는 아소카에게 더 이상의 전쟁을 포기할 것을 요구했다. 담마는 그를 모든 생명과 모든 종교 단체를 보호하는 평화의 군주로 만들었다. 그런 까닭에 아소카는 어떤 계급, 어떤 나라, 어떤 종교적 전통 출신에 관계없이 제국의 **모든** 주민에게 아버지와 같은 책임감을 느꼈다. ("모든 사람은 내게 자식이다.")[52]

하지만 페르시아인들의 과시적인 관용과 마찬가지로 이는 주로 실질적인 통치의 결과였다. 담마의 가르침은 상충하는 전통을 통합하고, 모든 사람이 특정한 윤리적 기본 태도에 동의하고, 누구도 다른 사람을 희생시키면서 자신의 종교를 강요하지 않도록 함으로써 갈등의 가능성을 줄이는 것이 목표였다.[53] 그리스어 비문은 담마를 '경건' '충성' '올바른 행동'을 의미하는 노모스(nomos) 또는 에우세베이아(eusebeia)로 표기한다. 아소카가 요구한 진실성과 순수성 그리고 잔인함과 교

만, 분노를 피하는 것은 그리스와 페르시아의 국가 윤리에 친숙한 덕목에 상응했다.[54]

그러나 아소카의 이러한 덕목에는 항상 통치를 뒷받침하는 매우 실용적인 행동이 포함되었다. 폭력 포기는 잠재적인 반란군의 기세를 꺾을 수 있었다. '진실성'에는 세금을 징수할 때 거짓 진술을 하거나 비밀 음모를 꾸미지 않는다는 의무가 포함되었다. 만약 그런 일이 발생하면 왕은 처벌을 가하고 통제를 강화해야만 했다. 이는 아버지로서 그의 의무였다. 그리고 아소카는 신민들을 정말로 신뢰하지는 않았기 때문에 규칙을 준수하고 있는지 확인하기 위해 담마 선포와 함께 관리들을 나라 곳곳으로 보냈다. 물론 우리는 통치자의 영혼을 들여다볼 수 없다. 어쩌면 그가 실제로 '종교적·윤리적' 사명에 젖어 있었을 가능성도 있다. 그러나 담마 이데올로기가 궁극적으로 통치자의 정치적 계산에 얼마나 종속되었는지는 결국 왕이 칼링가 주민의 대량 추방을 철회하거나 국가의 보상을 촉구하지 않았다는 사실에서 드러난다. 칼링가에 새겨진 암석 비문에는 왕이 느꼈을 법한 후회에 대한 언급이 전혀 없다.

어쨌든 통합 이데올로기의 흔적은 거의 남아 있지 않다. 일반적으로 마우리아 제국을 행동 강령, 미덕에 대한 기대, 그리고 각종 지침으로 묘사하곤 한다. 하지만 전체적인 통치 영역은 긍정적인 실체 또는 주권적 임무로 파악할 수 있는 모델에 통합되지 않았다. 신민에게 충성스럽고 정직하며 비폭력적으로 행동하라고 권고한 데서 알 수 있듯이, 많은 게 혼란스러웠고 두려워해야 할 것도 많았다. 통제 강화는 적지 않은 마을 공동체가 납세 의무를 계속 회피했고, 대부분의 기둥 비문을 세운 북서부 지역에서 저항 세력이 형성되고 있었음을 말해준다. 아소카 자신도 과거에 반란을 진압하기 위해 선임자에 의해 탁실라로 보내진 적이 있고, 찬드라굽타는 이 지역에서 난다 왕조를 전복했다.

따라서 공식적인 폭력 포기는 비대해진 군대에 더는 자금을 지원할수 없으며, 칼링가 전투에서의 패배로 병사들의 불만이 극에 달해 이전처럼 계속 싸우는 것이 불가능해 보였다는 인식에서 비롯되었을 수도 있다. 이런 상황은 캄비세스의 이집트 원정 이후 페르시아 제국에 닥친 위기와 비슷했다. 마우리아 제국은 통합의 단계가 필요했고, 담마 정책이 그 핵심이었다. 하지만 역사에서 종종 그렇듯이 국가가 강요한 도덕적 쇄신은 성공하지 못했다. 이는 또한 그 모순 때문이기도 했다. 마우리아 제국의 발전은 확실히 막다른 길목에 다다라 있었다. 아마도 통제 압력은 농촌 인구의 저항뿐만 아니라, 오랫동안 왕의 자문으로서 주도적 역할을 하며 위협을 느껴온 브라만들의 반감을 불러일으켰을 것이다. 물론 다리우스의 후계자들은 아후라 마즈다 이데올로기를 포기하지 않았다. 하지만 또다시 미트라 숭배(그리고 그에 대한 희생 제사)로 돌아간 것처럼 아소카의 후계자들이 이와 유사한 칙령을 내리지 않은 것은 우연이 아니다.

마우리아 왕조로서는 너무 늦었다. 제국은 이미 여러 하위 지역으로 분열되어 취약해졌다. 인도의 역사에서 거의 언제나 그랬듯이 위험은 서쪽에서 다가왔다. 기원전 2세기 초, 238년경에 세워진 그리스-박트리아 왕국의 한 장군이 힌두쿠시산맥을 넘어 간다라로 진격해 인더스강 유역 전체를 정복했다. 이어 그의 후계자 가운데 한 명이 파탈리푸트라에 도착했다. 하지만 그는 본국에서 반란이 일어나 포위망을 풀지 않을 수 없었다. 그럼에도 그리스인은 갠지스강에서 발루치스탄

(Baluchistan)에 이르기까지 지배권을 확립했다.

5 무에서 생겨난 거인?: 지중해권에서 로마의 확장

박트리아의 그리스인이 마우리아 제국에 치명타를 입힌 것과 거의 같은 시기에 셀레우코스 왕조도 다가오는 위험의 전조를 감지했다. 기원전 212년부터 기원전 205년까지 안티오코스 3세는 광범위한 원정을 통해 인도 국경에까지 이르는 세력 확장의 기초를 마련했다. 3년 후, 그는 시리아에서 소아시아로 시선을 돌려 기원전 196년 헬레스폰투스 해협을 건넜다. 마케도니아가 아무도 예상하지 못했던 강대국 로마에 당한 놀라운 패배를 기회로 이용하려 한 것이다. 물론 셀레우코스 왕은 마케도니아보다 나은 성과를 거두지는 못했다. 그리스에서 후퇴한 그는 소아시아의 마그네시아(Magnesia)에서 로마 군단에 패배했다(기원전 189). 100년 후, 로마는 지중해 전 지역을 지배했다. 어떻게 변방 세력이 불과 몇 세대 만에 또다시 근동의 권력 정치 구조를 뒤집고 모든 역사적 제국의 전형이 된 제국을 건설할 수 있었던 것일까?

로마 통치 형성의 초기 단계도 익숙한 시나리오와 일치한다. 로마는 이탈리아 중부의 가장 비옥하고 비가 많이 내리는 지역에서 서로 경쟁하는 군소 세력들 사이에—산악 유목민 부족과 인접하고 중요한 교역로가 교차하는 지점에—자리 잡고 있었다. 그들은 언덕에서 테베레강의 얕은 지대를 통해 내륙으로 이어지고 강어귀의 염전과 곡물이 풍부한 캄파니아(Kampania)로 이어지는 교역로를 통제할 수 있었다. 바다는 30킬로미터가량 떨어져 있어 해적으로부터 보호받을 만큼 충분히 멀었다. 하지만 이는 해상 교역을 하기에 적당히 가까운 거리이기도 했다.

교역과 농업 자원은 기원전 650년부터 시장과 모임 장소, 관청 건물과 '유피테르 옵티무스 막시무스(Jupiter Optimus Maximus)' 신전을 갖춘 도시의 발전을 촉진했다. 그러나 초기 로마와 그 주변 지역 또한 호전적인 군벌의 세계였으며, 이들은 전사 집단을 모아 인도의 라자나 마케도니아 왕처럼 약탈과 영향력을 위해 싸웠다.[55] 로마에서도 군대를 이끌고 최고 재판관으로 활동하며 신들에 대해 공동체를 대표하는 에트루리아의 도시 통치자가 자리를 잡을 수 있었다. 그는 '원로회의(원로원)'에서 귀족 수장들의 도움을 받았다.

그러나 페니키아와 에트루리아 공동체의 경우와 마찬가지로(113~115, 146~147쪽 참조), 로마에서도 도시 통치자의 권력은 제한적이었다. 기원전 6세기경 로마가 약 800제곱킬로미터의 영토와 최대 8000명의 민병대를 보유하며 라티움(Latium)에서 가장 중요한 도시로 성장하고, 이웃 세력을 침공하기 전의 마가다 왕국이나 마케도니아에서 아르게아드 왕조가 우위를 차지하기 시작했을 당시와 맞먹는 권력 수준에 도달했음에도 불구하고 말이다. 그러나 토착 귀족 가문의 수장들은 이러한 성과를 공동체 전체의 과제로 인식했으며, 에트루리아 출신 통치자의 왕조 형성을 저지했다. 기원전 6세기 말, 마지막 '왕'과 그의 측근들이 라틴족과의 전투에서 패하자 1년 임기로 공동 통치하는 2명의 집정관이 도시의 수장으로서 통치자를 대체했다. 로마인은 이 제도를 레스 푸블리카(res publica), 즉 공화정이라고 불렀다.

공화정은 처음에는 어려움을 겪었고, 지역 경쟁자들의 치열한 공격에 맞서 싸워야 했다. 하지만 5세기 중반부터 로마는 공세에 나서 인근 에트루리아의 도시 베이이를 정복했다. 이는 마가다가 이웃 나라 앙가에 거둔 승리와 비슷한 획기적인 성공이었다. 마가다는 거의 같은 시기에 철광석 매장지와 교역로를 위해 싸웠고, 로마는 테베레강 하구의 소금 매장지에 대한 베이이의 권리를 빼앗으려 했다. 이를 정복한 후 로마는 영토가 약 1500제곱킬로미터로 2배나 늘어났고, 약 4만 명의 인구를 거느린 이탈리아 중부의 대도시로 부상했다.

하지만 이내 충격이 뒤따랐다. 기원전 387년, 테베르강 도시의 부상과 베이이 정복을 용납하지 않으려는 에트루리아의 도시들이 모집한 것으로 추정되는 켈트 전사 집단이 로마로 접근한 것이다. 로마 군대는 그들의 공격을 견디지 못했다. 로마 군대는 물러날 수밖에 없었고, 도시는 정복당했다. 그들은 결국 많은 공물을 바치고 켈트족을 설득해 철수시킬 수 있었다. 악몽은 끝나지 않았다. 수많은 적을 물리치고 부유한 이웃 도시를 정복해온 이탈리아 중부의 가장 강력한 도시가 습격과 강탈과 굴욕을 당했으니 말이다.

하지만 초기 제국 건설의 역사가 종종 그렇듯 이 재앙은 유익한 촉매제 역할을 했다.[56] 이 패배는 씨족 연합 군대가 이웃 도시를 포위하기엔 충분하지만, 적의 기습 공격에는 상대가 되지 못한다는 것을 보여주었다. 그래서 가문의 대표들은 전쟁 시기뿐만 아니라 지속적으로 공화정의 수장 역할을 맡는 집정관이라는 새로운 직책을 설치했다. 기원전 392년에는 18명의 중간급 군 지휘관〔트리부니 밀리툼(tribuni militum)〕을 추가했다. 이를 통해 군사적 재능을 갖춘 인재의 잠재력을 좀더 폭넓게 활용하고 사회에 정착시킬 수 있었다. 〔두 가지 모두 아테네의 클레이스테네스(Kleisthenes: 아테네 민주 제도의 창시자—옮긴이) 개혁을 상기시킨다.〕 로마는 켈트족의 침략에 대비한 또 다른 대응책으로 취약한 외곽 지역(수트리움과 나폴리)에 요새(식민지)를 세웠다. 마케도니아의 아르게아드 왕조와 마가다의 왕들도 북쪽 부족과의 싸움에서 비슷한 일을 했다. 그에 더해 로마는 협력할 의향이 있는 인근 공동체의 주민들에게 시민권을 부여했다. 이를 통해 징집 기반을 다시 한번 상당히 확대할 수 있었다.[57]

그 후 로마는 외부 공격에 대한 방어력을 강화하기 시작했다. 헬레니즘 양식에 따라 건설된 세르비아누스(Servianus) 장벽은 새로운 방어 능력과 모든 시민 연대의 상징이 되었다. 그 결과 라티움에서 첫 번째 승리를 거두었지만, 외곽 지역에서는 삼니움족(Samnium)에게 패배당했다. 다른 지역의 유목민처럼 삼니움족은 로마의 공격에 대응해 (동맹 회의와 최고 지휘자를 갖춘) 연맹을 결성하고 해안으로 진격했다. 북쪽에서도 로마의 적수가 증가했는데, 이곳에서는 에트루리아 도시들이 공화정을 약화시키기 위해 모든 기회를 활용했다. 켈트족도 반격을 시도했지만, 이번에는 로마에 격퇴당했다.

전투가 계속되는 동안 로마인은 투창〔필룸(pilum)〕과 타원형 방패〔스쿠툼(scutum)〕 같은 상대방의 무기 기술을 채택하고 고향에서 멀리 떨어진 곳에서 작전하는 데도 익숙해졌다. 켈트족에게 패배한 후, 늦어도 중부 이탈리아 산악 부족과의 전투(기원전 326~기원전 290)에서 로마 군단은 중무장한 전투 대형(120명씩 10개의 보병 중대)의 유연한 연결 형태로 지중해 세계에서 유일무이한 팔랑크스 전술을 발전시켰다. 이 대형은 서로 엇갈리게 배치해 전투 중에 일부는 앞으로 이동하고 일부는 뒤로 이동하면서 교대하는 전술이었다. 그 덕분에 로마인은 헬레니즘 시대의 군대보다 훨씬 더 오랫동안 싸울 수 있었다. 이는 또한 로마인이 어떤 대가를 치르더라도 모든 전쟁에서 항상 이기려고 했던 이유를 설명해준다.

사실 로마인은 긴 호흡이 필요했다. 성공적인 출정조차도 장기적인 통합으로 이어진 경우는 거의 없었다. 한편으로 로마 가문의 수장들은 이탈리아 군벌 전통에 따라 동맹 공동체의 도움 요청에 응하고 전리품, 명성 그리고 영향력을 찾아 위험 지역으로 진격할 기회를 거의 놓치지 않았다. 다른 한편으로 광범위한 지역에서 군사적 성공을 보장하기 위한 포괄적인 개념은 없었다. 끊임없는 철수와 후퇴 그리고 성공과 패배, 인접한 라틴 지역을 넘어선 분쟁에 개입하는 것은 힘들게 이룩한 성과를 안정적인 통치로 전환하는 데 상당한 어려움이 있었다는 걸 보여준다. 이것도 놀라운 일은 아니다. 근동에서는 태곳적부터 거대 제국들이 서로 싸우고 번갈아가며 통치를 해왔다. 그에 반해 이탈리아 서부의 부족, 도시, 군벌은 지금까지 경쟁자를 통합하는 영토 통치로 이어진 적이 없는 소규모 분쟁에 익숙했다.

이로부터 로마는 이중적인 이점을 얻었다. 한편으로 그들은 종종 연합을 결성했지만 대제국을 형성할 만큼 조율된 확장 역학을 발전시키지 못한 위험한 개별 적들을 물리쳐야 했다. 켈트족과 에트루리아인, 나중에는 로마의 턱밑까지 진출한 한니발도 이를 피했다. 역으로 권력정치의 세분화는 로마인에게 대응책을 개발하고 특정 방법이 성공할 때까지 통치 수단을 실험할 수 있는 시간을 벌어주었다.

여기서 외부로 향한 해결책 모색은 내부 질서의 적응과 함께 이뤄졌다. 동양에서는 왕권이 영토 확장과 제국 건설을 위한 수단으로 의심의 여지가 없었고, 원칙적으로 왕조만 바뀌었을 뿐 기본적인 군주제 질서는 변하지 않았다. 하지만 로마의 정치 질서는 한층 더 개방적이었다. 확실한 것은 사람들이 군주의 명령에 복종하려 하지 않는다는 것이었다. 따라서 외교 정책의 발전은 내부 질서에 더 큰 영향을 미쳤고, 이런 질서는 군사적 요구 사항에 더 유연하게 대응할 수 있었다. 폭력에 의존하지 않고 두 영역을 서로 결합할 수 있다면, 이는 제국적인 통치 건설에 유리한 조건이었다.

공화정은—많은 에트루리아 및 그리스 도시와 달리—장기간에 걸쳐 두 가지를 모두 성공적으로 수행했으며, 이것이야말로 공화정의 초기 성공 비결이었다. 동시에 신생 공화정은 다른 공동체와 비슷한 내부 혼란으로 인해 위협을 받았다. 도시와 인구가 증가하고 경제 성장이 이뤄지면서 지금까지 정부에서 배제되었던 계층이 권력의 중심부로 밀려들었다. 기원전 4세기의 로마에서는 이런 변화가 일어나지 않았다. 그때까지는 당시 에트루리아 통치자를 보좌했던 옛 씨족 지도자들이 에트루리아 통치자가 권좌에서 물러난 후 모든 정치적, 군사적, 종교적 권력을 장악하고 있었기 때문이다. 그에 반해 이제 해마다 도시를 방어하고 전쟁을 통해 영토를 확장하는 데 일조했지만, 그에 상응하는 정치적 참여를 보장받지 못한 평민 가문, 즉 플레비스(plebis) 사이에서 점차 저항의 움직임이 일어났다.

오늘날 우리가 흔히 '신분 투쟁'이라고 부르는 것은 여러 세대에 걸쳐 지속된 갈등으로, 언제나 거듭해서 타협과 합의의 국면을 거쳤으며, 결코 공개적인 폭력으로 이어지지는 않았다. 그 주된 이유는 공동의 외부 위협이 있었기 때문이다. 평민은 정치 참여에 대한 요구를 관철하기 위해, 적군이 도시에 접근할 때 더는 무기를 들지 않겠다고 위협했다. 심지어 일시적으로 도시를 떠나겠다고 위협하기도 했다[(이른바 '평민의 철수(secessio plebis)'). 특히 평민은 대규모 집단으로서 역사상 최초의 이러한 병역 거부를 통해 민회와 의회 같은 자신들만의 조직 형태와 대표 체계를 구축했고, 이것이 귀족 엘리트에 맞서 자신들을 효과적으로 대변했다.

결국 도시의 번영이라는 공동의 이익이 기존 지위를 고집하는 질투 어린 집착이나 새로운 지위를 향한 끊임없는 투쟁보다 더 중요해졌다. 그리하여 점진적인 균형이 형성되었다. 기원전 4세기부터는 2명의 최고 관리, 즉 집정관이 군대를 이끌었다. 나중에는 평민이 그중 한 명을 차지할 수 있었다. 그들은 더 이상 가문이 아닌 백인대(百人隊), 즉 켄투리아(centuria)라는 군사 단위에 따라 구성된 민회에서 선출되었다. 기마병과 중무장병의 일원이 되려면 일정 수준의 재산이 필요했기 때문에 이제는 후보자의 출신뿐만 아니라 경제적 능력도 정치적·군사적 권력의 중요한 기준으로 자리 잡았다. 씨족에 기반한 오랜 군사 질서가 마침내 국가 전체와 그 가족의 지지를 받는 민병대 체제로 전환되었다. 법체계, 특히 채무에 관한 법은 귀족의 자의적 권한에서 벗어나 규칙적인 절차(12표법)를 따랐다. 그와 마찬가지로 귀족들은 제사장직[폰티피케스(pontifices)]에 대한 독점적 권리도 잃었다. 기원전 445년에 통과된 법은 마침내 귀족과 평민의 결혼을 허용했다.

이런 타협의 결과, 출신이 아닌 국가에 대한 봉사로 자신을 정의하는 새로운 엘리트가 등장했다. **군사적** 업적은 공화정의 가장 중요한 생존 수단이었고(지금도 그렇다), 따라서 최고 사령관(집정관)을 차지하는 것이 새로운 지배층의 결정적 정체성이 되었다. 이처럼 유명해진 그 구성원들을 로마인은 노빌리스(nobilis)라 불렀고, 우리는 이들을 귀족(nobility)이라고 통칭한다. 귀족 집단은 옛 군벌들의 이상과 새롭게 부여된 전체 국가에 대한 책임을 결합함으로써 민중에게 모범을 보였다. 귀족은 공화정과 병사들을 위해 희생할 준비가 되어 있었으며, 이는 장군들이 상대편 장수와 결투를 벌이거나 전투에서 패배하면 전장에서 자살하는 것으로 상징화되었다. 따라서 병사들은 일반적으로 아무런 의심 없이 그들의 명령에 따랐으며—사료는 이를 디스키플리나(disciplina), 즉 규율이라는 개념으로 표현한다—대담함과 용기(virtus) 같은 귀족적인 전쟁의 이상(理想)을 스스로 받아들였다.

하지만 물질적 보상이 없는 이상은 존재할 수 없다—이런 점에서 공화정은 다른 질서보다 유리한 부분이 있었다. 군주제하의 정복자들은 새로운 영토를 왕조의 구성원이나 충성스러운 조력자에게 분배하고 전리품 대부분을 자신의 국고로 가져갔지만, 로마에서는 시민들을 위한 전리품 공동체가 존재했다. 즉, 성과와 계급에 따라 등급을 매기긴 했지만, 모든 시민에게 정기적으로 이익이 돌아갔다. 기원전 334년부터 기원전 264년까지 70년 동안에만 약 7만 명의 식민지 개척자가 토지를 공급받았다. 동맹 도시에서 온 정착민도 여기에 참여했는데, 그들의 총인원은 아테네 아포이키아의 정착민 수를 훨씬 넘어섰다. 전리품과 보급품에 대한 기대, 손쉬운 시민 동원, 그리고 엘리트들의 희생 의지는 유목민의 구조를 연상케 한다. 이는 또한 공화정의 군사적 불안정과 비록 지연되기는 했지만 그로 인한 성공도 설명해준다. 기원전 340년, 로마인은 동맹자로서 더는 가치가 없어진 라틴족을 물리쳤다. 티부르(Tibur)와 프라에네스테(Praeneste: 지금의 팔레스트리나—옮긴이) 같은 일부 도시의 주민은 조약에 따라 군대에 입대해야 했다. 다른 모든 공동체는 로마의 영토에 통합되었다. 이로써 민병대 규모가 2배로 늘어났다. 이때부터 로마는 이탈리아에서 가장 강력한 군사력을 보유하게 되었으며, 그 군사력은 이제 남쪽의 산악 부족과 남쪽의 폴리스 그리고 북쪽의 에트루리아 도시들을 목표로 삼았다.

기원전 4세기 말에는 이탈리아 전역에 걸친 패권 체제가 형성되었다. 그 핵심은 로마인과 이탈리아에 있는 그들의 영토였다. 그와 더불어 독립을 유지할 수 있었던 오래된 라틴 도시들과 약 28개의 요새 식민지가 있었다. 그곳 주민들은 (라틴) 시민권을 받았을 뿐만 아니라, 특별한 무역 및 결혼 권리를 누리고 로마 민회에서 투표할 수 있었다. 이러한 구조는 주민들이 로마로부터 독립된 정체성을 형성하는 것을 막고, 그 대가로 자치권을 부여했다. 마지막으로 세 번째 범주는 로마와 조약을 맺은 모든 비(非)라틴 도시 및 부족이었다. 이들 가운데 소수는 로마의 패권을 명시적으로 인정해야만 했다.

모든 절차는 하나의 목표를 공유했다. 바로 현지 군사력을 활용하는 동시에 과거의 적이나 새로운 공동체의 내정에는 간섭을 최소화하는 것이었다. 따라서 로마의 '동맹 체계'는 원칙적으로 아테네 연맹에 어느 정도 영토적으로 대응하는 광범위한 전투 공동체에 불과했다. 다만, 동맹국 중 상당수가 과거 전쟁을 벌였던 적이라는 차이점이 있었다. 그럼에도 (혹은 바로 이 때문에) 전투 공동체를 조직할 때 처음부터 새로운 전우들의 내적 민감성을 고려했다. 황제는 패배한 엘리트에게 정부 형태를 강요하는 대신 대체로 자율적인 공동체에서 그들의 입지를 강화했다. 복수를 갈망하는 대결이 아니라, 귀족 가문의 연대에 기반한 생활 방식이 패자가 승자에게 다가서고 귀족의 특권 세계로 진입하는 다리 역할을 했다.

이렇게 공화정은 큰 비용이 들고 많은 인원이 필요한 통치 기구 설립을 생략할 수 있는 귀족 제국의 토대를 마련했다. 다른 제국들이 적진에 수비대를 배치하고 막대한 공물을 강요하거나 패배한 세력을 추방하는 등 단기적이고 근시안적인 방식으로 승리를 만끽하는 동안, 로마에 패배한 적들은 군사력만 투입하면 되었다. 그러나 실제로 이는 그들이 자신의 시민을 전투에 대비해 미리 준비시켜놓았기 때문에 추가적인 부담으로 작용하지 않았다. 그래서 이탈리아의 군사력은 로마 관할권 내에서 점진적으로 변화했다. 이탈리아는 충분한 경작지를 제공했기 때문에 로마인은 그리스와 페니키아 레반트의 소규모 정착지에서 매우 심각했던 문제, 즉 해외 식민지 개척과 용병 활동으로 국내 군사력의 중요한 자원을 반복적으로 전용해 제국의 권력 확립을 저해하는 문제에서 자유로울 수 있었다. 토착 농민의 아들들은 그 땅에 남았고—부동산 분할의 원칙은 널리 알려지지 않았다—아버지의 농장에서 일하며 계절에 따라 전사로 동원될 수 있었다. 바로 이것이 이 도시가 기원전 3세기와 기원전 2세기에 8만~10만 명의 시민을 무장시킬 수 있었던 이유 중 하나다. 그에 더해 동맹국의 군대도 있었다. 역사학자 플라비우스의 추정에 따르면, 이탈리아반도 통합 후 공화정은 70만 명의 보병과 7만 명의 기병을 동원할 수 있었다!

이런 과정은 로마 시민권을 관대하게 부여함으로써 촉진되었고, 이는 과거 적대적이었던 부족들에게도 적용되었다. 더욱이 전쟁 중 로마로 잡혀 온 노예들은 시민권 부여와 함께 해방을 약속받았다. 시민권은 군 복무를 포함했으므로, 그에 따른 손실을 충분히 보상받은 셈이었다. 로마인은 피비린내 나는 패배에도 굴하지 않았다. 전투 준비를 갖춘 병사들이 많았기에 개별 군단병의 생명은 그리스 시민 중장 보병보다 덜 중요했다. 그러한 이점을 알고 있었기에 공화정은 수년간 전쟁을 지속하기가 훨씬 수월했다. 군사적으로 우세한 적들조차 이런 무자비한 논리에 저항하지 못했다. 기원전 3세기 말, 그리스에서 이탈리아 남부로 진군한 에피로스(Epiros)의 피로스(Pyrrhos) 왕은 당시 가장 현대적인 군대로 여러 차례 전장에서 성공을 거두었지만, 로마 식민지들이 버티고 로마가 새로운 군대를 계속 동원하는 바람에 결국 철수해야만 했다. 기원전 217년부터 기원전 212년까지 이탈리아 땅에서 잇달아 승리를 거둔 카르타고의 한니발도 같은 운명을 겪었다. 칸나에 포위 전투에서 로마군은 단 하루 만에 5만 명의 군단병이 쓰러졌다! 다른 강대국이었다면 항복했을 테지만, 카르타고의 승리는 결국 무산되었다. 동맹국 대부분이 로마에 충성을 다했고, 로마가 새로운 병력을 동원해 기습 공격을 감행함으로써 전장을 주변부(에스파냐)로 옮길 수 있었기 때문이다.

전술적 패배 속에서도 이러한 전략적 기동성이 가능했던 것은 로마가 기원전 3세기 초에 과거 페르시아 제국과 헬레니즘 국가들 그리고 어느 정도는 카르타고만이 감행했던 중대한 결단을 내렸기 때문이다. 요컨대 육군뿐만 아니라 해군까지 추가로 구축한 것이다. 이탈리아 남부 실라(Sila) 숲의 목재 자원과 이탈리아와 시칠리아에 주둔한 그리스 동맹군의 경험을 바탕으로, 시칠리아를 둘러싼 카르타고와의 전쟁에서 처음으로 함대 전체가 출동했고, 진정한 소모전을 통해 적을 무릎 꿇게 한 것이다. 지중해 서부의 해양 패권을 장악한 로마는 그 후 한니발과의 전쟁에서 해상 항로를 통제할 수 있었다. 그에 반해 카르타고는 용병 군대 말고도 대규모 함대를 유지할 자금이 부족해졌다.

기원전 200년, 자마(Zama)에서 한니발에게 승리한 지 겨우 1년 만에 로마는 오트란토(Otranto)해협을 건너 마케도니아의 필리포스 5세에게 전쟁을 선포했다. 필리포스 5세는 보스포루스해협 주변 영토를 정복하기 위해, 셀레우코스 왕조의 안티오코스와의 합의에 따라 위기에 처한 프톨레마이오스 제국을 확보하려 했다―두 지역은 서쪽으로의 곡물 공급과 30만 명으로 늘어난 수도 인구에 매우 중요했기 때문에 로마로서는 개입해야 할 충분한 이유가 있었다. 마케도니아와 셀레우코스 왕조에 대한 원정은 카르타고와의 전쟁에 비하면 공원 산책을 하는 것이나 다름없었다. 특히 헬레니즘 전쟁 기술의 혁신을 통합하고, 그리스 동맹국들이 또다시 해전의 부담을 덜어준 까닭이다.

전장에서의 승리보다 훨씬 더 놀라운 것은 로마인이 전쟁이 끝난 후에 한 일이었다. 그들은 군대를 철수했는데, 이는 헬레니즘 세계에서는 이해할 수 없는 조처였다. 이전과 마찬가지로 귀족들은 전쟁을 통해 무엇보다도 부를 축적하고자 했다. 그 점을 제외하더라도 이탈리아에서 발전한 통치 방법은 단순하게 동양으로 옮겨갈 수 없었다. 그들은 무장을 제한함으로써 피정복자들을 견제하려 했다. 이러한 형식의 간접 통치가 실패했을 때야 비로소 서구에서 이미 사용하던 방식으로 되돌아가 군사 작전 지역을 통치 구역〔프로빈키아(provincia), 속주〕으로 전환하고, 각각의 구역을 로마에서 파견한 총독이 1년 동안 관리했다. 기원전 148년에는 (그리스와 함께) 마케도니아 속주가 만들어졌고, 4년 뒤에는 보스포루스해협 건너편에서 최초로 직접적인 지배권을 행사한 아시아 속주가 성립했다.

정복한 지역을 여러 통치 구역으로 나누는 것은 새로운 일이 아니었다. 아시리아가 이미 그것을 시작했다(197~198쪽 참조). 그러나 근동제국의 통치자들이 대표자를 장기적으로 통치 구역에 파견한 데 반해, 로마 원로원은 집정관과 법무관을 제비뽑기로 각자에게 할당된 속주에 1년 또는 2년간만 파견했다. 이는 귀족 정부 체제를 위협하는 가장 치명적인 위험, 즉 총독이 너무 강력해져 귀국 후 통합되지 않는 것을 저지하려는 조처였다. 그러나 1년이라는 제약으로 인해 총독의 통치 활동 자체가 축소되기도 했다. 군주가 임명한 대표자들은 영토를 방어하고 관리할 뿐만 아니라 세금을 징수하고 더 나아가 통치해야만 했지만, 로마 총독들의 임무는 본질적으로 속주의 평화와 질서를 유지하고 외부 세계로부터 영토를 보호하는 일에만 제한되었다. 세금 징수는 민간의 금융 조직들에 임대했고, 이들의 권력은 곧바로 인도의 동업조합에 근접했다.

이는 국가에 안정적인 수입을 보장하고 광범위한 행정 체계의 필요성을 줄여주었지만, 부패와 착취를 조장했다. 경매를 통해 세금 징수 권리를 사들인 모든 회사는 속주에 지급하는 임대료보다 더 많은 이익을 얻고자 했다. 많은 총독 또한 불공정한 법 집행이나 무분별한 원정을 통해 값비싼 선거 운동에 투자한 돈을 회수하려 했다. 동방은 말 그대로 약탈당했다. 절망에 빠진 사람들은 해적과 힘을 합쳤고, 로마의 마지막 큰 적수 가운데 하나인 폰토스의 왕에게 아시아 속주의 문을 열어주기도 했다. 두 적대 세력에 맞서 공화정은 광활한 영토에 군사 지휘권을 부여해야 했는데, 이는 점유자들에게 막대한 권력을 주고 귀족 엘리트의 평등 원칙을 훼손할 위험이 있었다.

따라서 외부적인 성공은 내부적인 문제를 대가로 치르는 경우가 점점 더 많아졌다. 이는 도시 국가가 세계 제국으로 발돋움하는 과정에서 극복해야 할 마지막 큰 위기로 이어졌다. 역사에서 흔히 그렇듯 이러한 문제는 군사적인 사건에서 비롯되었다. 카르타고, 그 후에는 에스파냐의 부족들과 벌인 여러 세대에 걸친 전쟁은 막대한 손실을 초래했다. 현대의 추산에 따르면, 이 전쟁에서 신병의 34~40퍼센트가 사망했다! 특히 에스파냐에서는 전투 중 사망 위험을 상쇄할 만한 빠른 이익이 없었기 때문에, 그렇지 않았으면 기꺼이 싸울 의향을 가졌

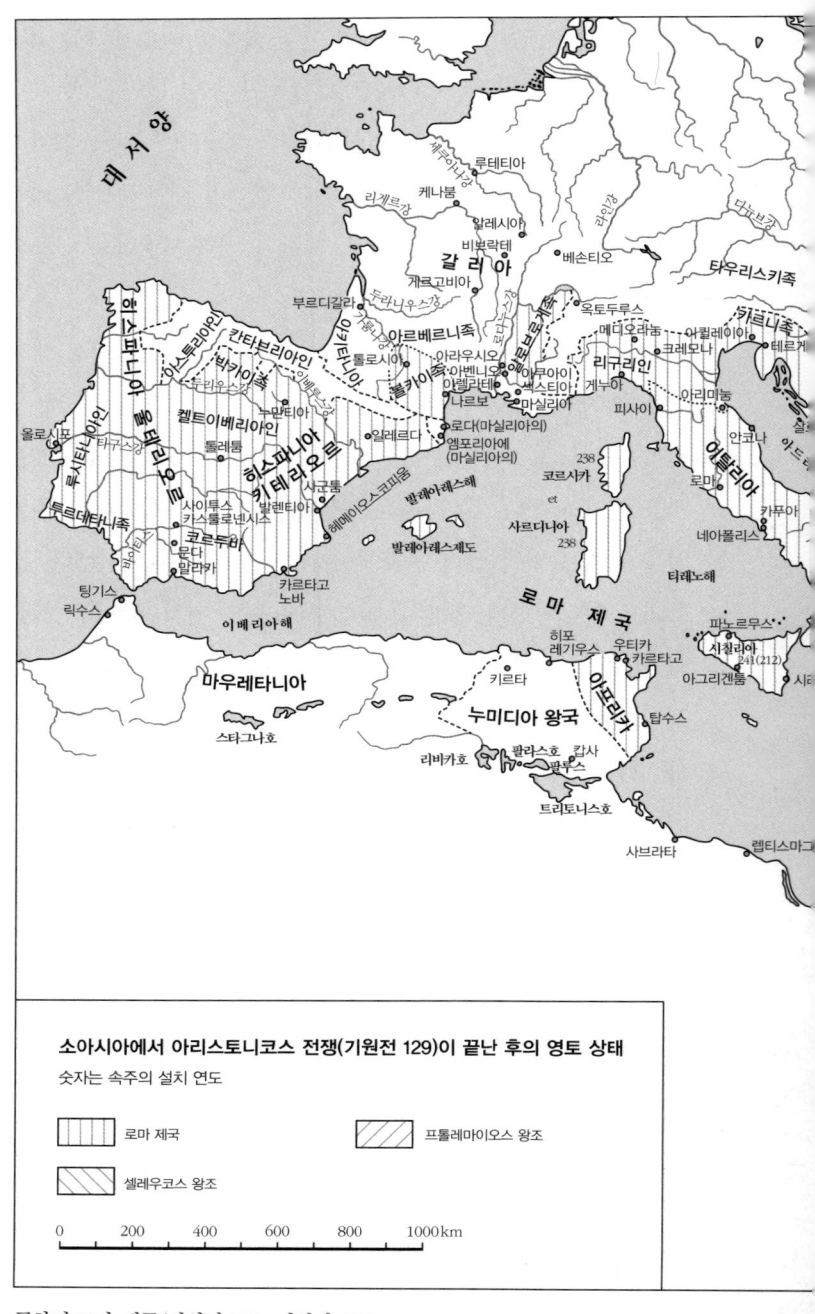

대서양

루테티아
케나붐
리게르강
알레시아
갈리아
비브락테
베손티오
타우리스키족
카르고비아
부르디갈라
두라니우스강
아르베르니족
옥토두루스
메디오라눔
아퀼레이아
크레모나
테르게
쿠리니움
칸타브리아인
아스투리아인
아라우시오
아이누아이
아이
리구리아인
아리미눔
아이
엠포리아에
(마실리아의)
알프스
박카이족
톨로사
볼카이족
아벤니오
셈프로니아
안코나
켈트이베리아인
누만티아
아렐라테
나르보
세스티아
게누아
마실리아
피사이
아드
히스파니아
키테리오르
일레르다
로다(마실리아의)
코르시카
238
et
사르디니아
238
이탈리아
로마
카푸아
올로시포
톨레툼
다그룸
해메이오우스코미옹
발레아레스해
네아폴리스
루시타니아인
타라코
사이투스
카스툴로넨시스
발렌티아
발레아레스제도
티레노해
파노르무스
투르데타니족
코르두바
문다
말라카
카르타고
노바
시칠리아
241(212)
시
이베리아해
히포
레기우스
우티카
카르타고
아그리겐툼
시
마우레타니아
키르타
아프리카
탑수스
스타그나호
누미디아 왕국
리바카호
팔라스호
칸사
트리토니스호
트리토니스호
사브라타
렙티스마그

소아시아에서 아리스토니코스 전쟁(기원전 129)이 끝난 후의 영토 상태

숫자는 속주의 설치 연도

| | 로마 제국 | | 프톨레마이오스 왕조 |
| | 셀레우코스 왕조 | | |

0   200   400   600   800   1000km

공화정 로마 제국(기원전 200~기원전 100)

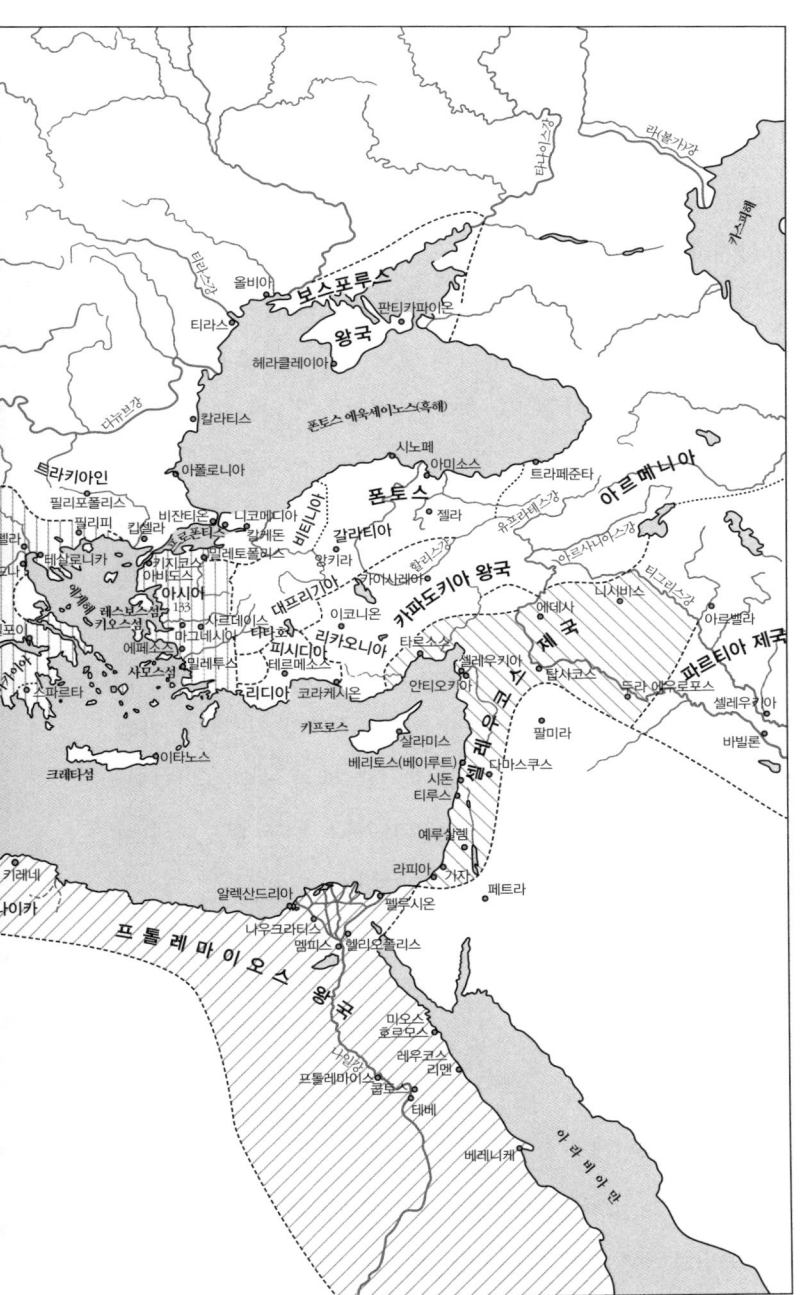

라(볼가)강

카스피해

타나이스강

올비아

보스포루스

판티카파이온

왕국

티라스

헤라클레이아

칼라티스

폰토스 애욱세이노스(흑해)

시노페

아미소스

트라페준타

아르메니아

아폴로니아

아마세아

제국

트라키아인

필리포폴리스

비잔티온

니코메디아

폰투스

갈라티아

젤라

유프라테스강

파르티아 제국

필리피

칼케돈

비티니아

니시바스

펠라

테살로니카

키지코스섬

프렌토폴리스

앙키라

아르사니아스강

티그리스강

아르벨라

아비도스

아시아

갈리시

아마레아

애데사

133

에페소스

레스보스섬

사르데스

타비움

대프리기아

이코니온

카파도키아 왕국

키오스섬

마그네시아

타타오

리카오니아

타르소스

셀레우키아

탑사코스

두라 에우로포스

마게네시아

밀레투스

피시디아

테르메소스

안티오키아

셀레우키아

바빌론

사모스섬

리디아

코라케시온

시리아 퀘레

스파르타

이타노스

키프로스

살라미스

다마스쿠스

팔미라

크레타섬

베리토스(베이루트)

시돈

티루스

예루살렘

키레네

라피아

가자

페트라

나이카

알렉산드리아

나우크라티스

펠루시온

프톨레마이오스 왕국

멤피스

헬리오폴리스

미오스

호르모스

나일강

레우코스

리맨

프톨레마이스

콥토스

테베

아라비아만

베레니케

던 사람들 사이에서 불만이 커졌다. 그 영향은 심대했다. 많은 농장에 노동력이 부족했다. 처음엔 전쟁에서 살아남은 사람들이 더 넓은 땅을 경작함으로써 이익을 얻고, 결혼 적령기 남성이 부족했기 때문에 아내로부터 더 높은 지참금도 기대할 수 있었다. 하지만 다음 세대는 더 좋은 땅을 차지하고, 더 생산적인 방법으로 더 수익성 높은 생산물(포도주, 올리브, 채소, 가축)을 수확해야 하는 문제에 직면했다. 이에 많은 남성이 마지막 남은 땅을 팔고 가족과 함께 대도시로 이주했다.

점점 더 많은 젊은이가 이주하고 농지를 경작하지 않는 사람이 늘어나면서, 병역을 수행할 수 있는 인구는 점점 더 줄어들었다. 왜냐하면 토지를 소유한 사람만이 중무장한 병사로 복무할 수 있었기 때문이다. 원로원은 광범위한 개혁을 시행할 수 없었다. 그라쿠스 가문을 중심으로 한 정치가들이 농민에게 새로운 토지를 공급하려 했지만, 이러한 시도는 유혈 진압되었다. 결국 최고 지휘관들은 스스로 문제를 해결했다. 이탈리아 북부를 침략한 게르만족과의 전쟁에서 마리우스는 처음으로 가난한 병사들을 모집하고 그들에게 복무 대가로 땅을 주겠다고 약속했다. 그리하여 이 최고 지휘관은 더는 원로원에 의존하지 않고 자신을 신뢰하는 병사들을 공급받을 수 있었다. 기원전 80년대에 자신의 정치적 목표를 실현하기 위해 내전의 위험을 무릅쓰고 군대를 로마로 진격시킨 최초의 인물은 술라(Sulla)였다. 그리고 카이사르가 그 뒤를 이었다. 공화정의 운명은 이제 가장 야심 많은 장군들 사이의 대결로 결정되었고, 결국 옥타비아누스가 승리해 제국을 새로운 반석 위에 올려놓았다.

기원전 27년 1월 13일, 옥타비아누스는 자신의 군사력을 내려놓았다. 그 대가로 원로원은 그에게 아우구스투스('고귀한 자')라는 명예로운 이름을 부여했다. 그에 더해 아우구스투스는 일련의 공식적인 권한을 부여받았는데, 이러한 권한을 종합하면—물론 형식적으로는 복원된 공화정의 틀 안에서였지만—아무런 경쟁 없이 국가를 이끌 수 있었다. 집정관의 절대권(imperium)은 군대를 갖춘 모든 속주에 통치권을 부여했고, 그에 따라 군대에 대한 최고 지휘권을 행사할 수 있었다. 호민관은 공식적인 권한을 통해 민회와 원로원을 소집하고, 법안을 제안하고, 인기 없는 법안에 거부권을 행사할 수 있었다. 또한 원로원의 구성을 감독하는 감찰관 권한을 일시적으로 행사할 수도 있었다.

아우구스투스는 대체로 자신의 통치가 공화정의 전통을 지향하는 법적 권한에 기반한다고 정당하게 주장할 수 있었다. 하지만 그의 통치는 전체적으로 볼 때 공화정의 틀을 넘어선 것이었다. 그런 까닭에 아우구스투스는 추가적인 행정 개선을 통해 자신의 탁월한 지위를 정당화하기 위해 노력했다. 그때부터 고정 급료를 받는 총독이 지방의 재정 관리를 맡고 세금 징수를 감독했다. 원로원의 구성원은 신민들의 불만이 황실에 직접 전달되는 것을 처리해야만 했다. 수도에서는 황제의 측근을 배치한 새로운 관청이 기반 시설 확장과 곡물 공급을 보장했다.

그러나 아우구스투스의 가장 큰 업적은 군대를 재편한 것이다. 그는 내전으로 인해 비대해진 군대의 힘을 제한하고 비용을 절감하기 위해, 역사상 가장 큰 규모의 군축 조처 중 하나를 실행했다. 군단병의 3분의 1 이상(약 8만 명)을 해고하고, 전리품으로 얻은 토지와 돈을 그들에게 주었다. 그리고 신병을 포함한 나머지 부대 약 15만~20만 명을 26~28개의 군단으로 이뤄진 전문 군대로 재편했다. 이 군대는 오랫동안 세계에서 가장 큰 상비군이었다. 병사들은 고정 급여는 물론 복무 기간 후 물질적 보상을 보장받았다. 이를 위해 아우구스투스는 개인 자산과 새로운 전쟁 기금, 곧 아이라리움 밀리타레(aerarium militare, 군대 국고)에서 자금을 조달했다. 아우구스투스는 장교들의 마음을 사로잡기 위해 확고한 경력 진로를 마련했다. 장교들은 이제 정기적으로 고위 지휘관으로 승진할 수 있었고, 퇴직한 후에는 이탈리아 도시의 원로원으로 진출할 수 있었다. 이런 식으로 아우구스투스는 군사 전문가들의 호감을 얻었고, 원로원 군대 지도자들에 대한 견제 장치를 마련했다. 이들은 황제의 직접적 선택을 받아 몇 년 동안만 총독이나 군단장 지위를 맡을 수 있었다. 군대 자체는 대부분 아우구스투스가 승리를 축하할 수 있는, 내전의 위험이 낮아 보이는 국경 지방에 주둔했다.

로마는 이렇게 값비싼 전쟁 국면에서 다시 강해졌다. 군단은 더 이상 외부의 적이 아니라 자기 자신을 상대로 싸웠다. 그 대가는 법과 규범에 따라 규제되는 유일한 통치권과 세계 지배권을 확립한 귀족들의 독립적인 정치 활동 상실이었다. 아우구스투스는 이러한 세계 지배에 군주 중심제뿐만 아니라 로마인이 오랫동안 기다려야만 했던 것, 요컨대 과거·현재·미래를 하나의 획기적인 전환점으로 결합한 제국 이데올로기를 제시했다. 아우구스투스의 세대에 이르러서야 비로소 최고 지휘관의 명령과 연관된 '절대권'이라는 용어가 오늘날 우리가 로마 제국에 대해 사용하는 의미에서 '영토 지배'라는 뜻을 갖게 되었다. 키케로 같은 저자들은 로마가 자기 자신과 동맹국을 방어하기 위해 '정의로운 전쟁'을 수행했을 뿐이라고 주장함으로써, 이 시대의 **대외** 확장과 지방 통치의 확대를 정당화하려고 했다.[58] 하지만 키케로 역시 **내부** 위기에 대한 설득력 있는 대답을 찾지는 못했다. 그것은 아우구스투스의 몫이었다. 아우구스투스는 내전을 끝내고─마르스 광장의 평화 제단(에스파냐와 갈리아 속주 점령을 기념해 로마 원로원에서 아우구스투스에게 헌정한 제단─옮긴이)이 선포한 대로─국경을 따라 제국을 평정함으로써 세계에 새로운 평화의 시대, 즉 '팍스 아우구스타(pax Augusta)'를 가져왔고, 당대를 한때 행복했던 황금시대로 되돌려놓았다.

이제 평화와 세계 지배는 일체를 이루었으며, 이 둘은 모두 호메로스의 영웅 가운데 한 명인 아이네이아스(Aeneias)와 함께 트로야인과 이탈리아인의 후예로서 로마인을 그리스인과 구별한 신의 뜻에 따른 일련의 사건들의 결과였다. 아이네이아스 전설은 아우구스투스와 그 가족을 로마의 시작과 결합하고, 시간과 공간의 경계가 없는 통치를 보상과 과제로 확립한 위대한 서사로 자리 잡았다. 뭇 민족은─안키세스(Anchises)의 정신이 분명히 공포하듯─다른 기술을 습득할 수 있을지 모르지만, 로마인은 세계를 지배하고 패배자에게 관용을 베풀며 오만한 자를 정복하도록 선택받았다. 여기에는 폭력과 전쟁 그리고 자비를 구걸하던 루툴리족(Rutuli)의 군주 투르누스(Turnus)의 가슴에 칼을 꽂았던 아이네이아스 자신이 그랬던 것처럼 불행에 대한 복수가 포함되었다. 신들에 대한 평화와 경외심은 전쟁과 폭력을 사용해 그들이 성취한 것을 보존하고 국경을 확장할 것을 강요했다.

아우구스투스는 이러한 명령을 열렬히 따랐다. 평화의 군주는 로마 역사상 가장 위대한 제국주의자였고, 그럴 수밖에 없었다. 그렇게 해야만 공화정의 전통을 이어갈 수 있었기 때문이다. 특히 '야만적인' 서방은 제국의 위대한 과제였다. 라인강을 중심으로 대규모 병력이 유럽 내륙을 침공해 도시 문화의 결실과 로마 통치의 규칙을 '야만적인' 민족에게 전수했다. 장군들은 남동쪽으로 이집트 국경을 넘어 누비아와 번영하는 아라비아로 밀고 나아가기도 했다. 오비디우스 같은 일부 시인은 내전을 일으킨 장군이 신들의 새로운 총아로 변모한 것을 조롱했지만, 대부분은 아우구스투스가 읊은 노래에 공감했다. "이제 서쪽과 남쪽의 모든 민족을 정복하고 북쪽의 민족도 정복했으므로 …… 스키타이인과 사르마티아인(Sarmatian)이 사절을 보내 우리의 우정을 요청했다. 세르인(Serer)과 태양 바로 아래에 사는 인도인은 코끼리와 보석과 진주를 선물로 가져왔지만, 자신들이 4년에 걸쳐 완수한 긴 여행을 가장 큰 공물로 생각했으며, 실제로 그들의 얼굴 색깔은 그들이 다른 하늘 아래 거주한다는 것을 증명했다."(Florus, Epitomae II, 34).

6 동방의 거인: 중국의 진과 한 제국

이 가운데 많은 부분이 선전용이라 하더라도 로마의 정치인, 학자, 상인들이 먼 곳에 있는 세르인(비단족)의 땅에 대해 막연한 정보를 얻었다는 것은 논란의 여지가 없다. 다소 후대에 쓰인 해상 무역 안내서는 이 지역을 '씬(Thin)'이라고 불렀다. 이것은 아마도 기원전 230~기원전 225년 로마와 한니발의 전쟁 기간에 '전국(戰國)'(182~185쪽 참조)을 차례로 통합한, 영정(嬴政: 진시황의 본명—옮긴이)이 통치하던 진(秦)나라의 통치 가문을 가리키는 것으로 보인다.

중국의 제국 건설에는 다른 제국들이 거쳐야만 했던 단계들이 포함되어 있었다. 비옥한 위하 유역의 진 제후국은 중국 중부 평원과 아시아 스텝 지대 사이의 서쪽 경계에 자리 잡고 있었다. 주(周)나라는 이미 위하 계곡에서 북서부 스텝 지대와 긴밀한 관계를 유지하고 있었으며—아마도 그들 자신이 그곳 출신이었을 것이다—기원전 9세기부터는 융(戎), 이(夷), 적(狄) 등 기마 유목 민족의 공격에 맞서 싸워야 했다. 진나라는 이러한 전통을 이어받았다. 진나라 제후 가운데 한 명은 주나라를 위해 말을 사육하고, 이에 대한 대가로 세비와 '제후' 칭호를 받았다고 전해진다. 그 후 주나라가 퇴각한 서쪽 영토를 점령했을 때 진나라는 그들의 경험을 활용할 수 있었다. 많은 유목민 기마 전사들이 진나라 군대에 합류했고, 그 지도자들은 진나라 엘리트들의 소중한 조언자로서 특히 철제 칼날 무기와 기병 형태 분야에서 상나라 때부터 전해온 군사 기술을 전수할 수 있었다.[59]

다른 제국에서도 흔히 볼 수 있는 '낯선' 민족에 대한 이 같은 개방성은 유목민 족장 가문과의 의도적인 결혼 정책과 맞물려 있었다. 그리하여 진나라도 (주나라가 그랬듯) 기마 민족만큼이나 야만적이라는 비난을 받았다. (그리스인도 마케도니아인을 비슷하게 생각했다.) 그러나 실제로 이런 상황은 제국 형성기의 친숙한 구도에서도 볼 수 있듯 진나라가 기원전 7세기부터 주 왕실의 패권에서 벗어나는 데 중요한 역할을 했을 것이다. 그리고 계승권 다툼 속에서 목공(穆公, 재위: 기원전 659~기원전 621)의 통치 아래 진나라는 당대 가장 강력한 제후국 가운데 하나로 성장했다. 그들의 영향력은 북쪽으로 오르도스(Ordos) 지역에 이르기까지 확장되었다. 진나라는 5세기에 이곳에서 유목 기마 민족을 조우했는데, 중국 사료는 이들을 '호(胡)'라고 기록했다.

이들의 등장은 이란 북부-박트리아 지역에서 일어난 사건과도 연관이 있다. 이 지역에서 알렉산드로스 대왕은 요새 건설 중심 정책을 통해 페르시아 사트라프와 유목민 씨족 지도자들 사이에 오랜 세월 이어져온 개인적 충성에 기반한 관계를 심각하게 흔들어놓았다. 그 결과, 많은 유목 씨족이 동쪽으로 이동했다.[60] 호(胡)의 등장은 이러한 움직임의 일부였으며, 진나라의 북서방 진격과 거의 같은 시기에 더 큰 가축 떼, 사치품(칼이나 정교한 허리띠) 그리고 다양한 물적 자원에 기반한 대규모 엘리트 집단을 형성했다. 진나라는 주도권을 유지하기 위해 농경 사회와 교역 관계를 맺는 한편, 우월한 무기를 활용한 습격도 감행했다. 진나라 역시 밀려났다. 전쟁에서 대패한 후, 진나라의 영향력이 주나라 서쪽 영토로 제한되자 《춘추좌씨전(春秋左氏傳)》은 이렇게 기록했다. "진나라는 다시는 동쪽으로 진군하지 못할 것이다."[61] 그리고 얼마 지나지 않아 내부 혼란과 반란이 왕실을 뒤흔들었다. 이러한 상황은 기원전 11세기에 아시리아와 기원전 4세기에 마케도니아가 겪어야 했던 좌절과 유사하다(194~195, 216~217쪽 참조).

다시 한번 외부 패배와 내부 격변의 이러한 조합이 충동을 촉발하고 반작용을 불러일으켜 진나라가 중국의 패권을 향해 나아가는 길을 가속화했다. 진나라는 다른 제후국들이 끊임없는 전쟁으로 서로의 국력을 약화한 덕분에 이득을 얻었다. 이에 진나라의 헌공(獻公)과 효공(孝公)은 오랫동안 염원하던 틈을 노려 근본적인 개혁을 단행할 수 있었다. 그들의 정신적 아버지는 당시의 다른 많은 조력자와 마찬가지로 외부에서 영입한 상앙이었다. 그는 왕실의 입지를 강화하고 새로운 혼란으로부터 왕실을 보호하기 위해 처음에는 옛 귀족 가문의 세금과 사회적 특권을 제한했다. 이제는 출신이 아니라 성과와 공로—무엇보다도 전쟁에서 객관적으로 측정 가능한 기준(살해한 적의 수)—에 따라 개인의 지위가 결정되었다. 물론 실제로는 추천과 뇌물이 필요했지만 말이다. 이때부터 사회는 관등 계급으로 나뉘었고, 일반 병사도 (전장에서 자신의 능력을 입증할 경우) 승진할 수 있었다. 이제 세습 귀족이 아닌 국가가 사유지의 소유권을 보장했기에, 왕은 모든 신민을 사회적 위계로 편입하고 세금 징수, 경제 활동, 관직 및 군사 직책 임명에 이르기까지 모든 주요 통치 영역을 직접 통제할 수 있었다.

일반 징집제의 도입, 가족 단위 모집, 5명 단위의 전투조 구성, 상호 통제, 그리고 (탈영 시) 벌금 부과 위협 등의 모든 요소가 징집 기반을 확대하고 전쟁을 **모든** 신민의 책무로 만드는 사회의 군사화로 이어졌다. 이 과정에서 진나라는 중앙 집권적인 강압에 더욱 중점을 두었다.[62] 조세와 군사 분야에서의 처벌은 그들에게 군대, 방어 성벽 건설, 국유 경작지와 가축의 관리, 작업장뿐만 아니라 새로운 농지 개발에도 투입되는 강제 노동자와 포로의 추가 기반도 제공했다. 모든 농부는 추가적인 병사를, 모든 형벌은 새로운 강제 노동자를, 모든 세수는 군사력 증강을 위한 새로운 자금을 의미했다.

이러한 요소를 바탕으로 중국 역사상 가장 강력한 군사력이 탄생했다. 기원전 316년, 진나라는 이를 이용해 '천하의 곡창 지대'로 불리는 사천(四川) 분지를 정복했다. 약 1만 가구의 거주민과 관개 사업을 통해 개발된 사천 분지는 (곡물, 철, 소금 같은) 자연 자원이 무궁무진해서 군대를 지원하고 국가의 경제 기반을 몇 배로 확장하는 데 기여했다. 그 결과, 진나라는 한 번 구를 때마다 불어나는 눈덩이처럼 화북 평원 지역으로 진출했고, 북방의 황토 평원 및 산악 지역과는 생태적·민족적으로 구별되는 남방으로까지 뻗어나갔다. 이곳에서는 초(楚)나라가 존경받을 만한 군사 강국으로 발전하고 있었다. 그러나 이런 상황조차도 진나라의 군사력을 막을 수는 없었다. 그때까지 여전히 독립을 유지하던 제후국들의 마지막 저항조차 무력해졌다. 그리하여 기원전 221년에는 더 이상 맞설 적수가 없었다. 서쪽의 산악 지역부터 중부 평원과 열대 남부에 이르기까지 중국 전체가 진나라의 명령에 복종했다.

이것은 역사의 한 획을 긋는 사건이었으며, 서양의 관점에서 보면 중국 제국의 시작이었다. 어떤 측면에서는 200년 후 로마 '원수제'가 수립된 것과 비슷했다. 옥타비아누스는 자신의 성공과 지위에 '아우구스투스(고귀한 자)'라는 명예로운 칭호를 부여했다. 그때부터 진나라의 통치자는 스스로를 '진시황제'라고 불렀다. 황제는 '신과 같은 또는 반신(半神)적인 고귀한 자'를 의미한다. 여기서 '황'은 '빛나다' '찬란하다'라는 뜻이고 '제'는 상나라 최고 신의 이름이자 고대의 신적인 '문화 영웅' 또는 현명한 왕의 이름일 것이다. 서양 사람들은 즐겨 '황제(Kaiser, Emperor)'라는 말을 사용하지만, 중국인들은 당연히 '카이사르'라는 용어를 알지 못했다. 그런 까닭에 그 칭호는 좀더 정확하게 말하면 '진나라 최초의 고귀한 통치자'를 뜻한다. '고귀한' 또는 '빛나는'이라는 단어를 추가한 것은 자신의 신성(神性)을 강조하기 위함이었다. 정복자는 스스로를 새로운 시대와 세상이 끝날 때까지 지속되어야 할 왕조의 신적인 창시자로 여겼다. 아우구스투스가 자신과 그 가문을 트로야 영웅들의 과거와 연결하려 했던 것처럼, 중국의 통치자는 태고의 현명한 왕들과 자신을 일치시키고 시간을 거슬러 올라가는 혈통을 통해 자신의 위치를 '전통화'하고자 했다. 옛것과 새것은 로마 제국처럼 경계를 모르는 규칙을 반영했다. 당대의 비문에는 이렇게 적혀 있다. "인간의 자취가 이어지는 한 그에게 복종하지 않는 이는 없을 것이다."

통일된 제국의 면적은 거의 300만 제곱킬로미터에 달했다. 이러한 영토를 확보하는 것은 혁신의 여지를 많이 남기지 않았다. 아우구스투스는 수 세기에 걸쳐 성장한 제국을 넘겨받을 수 있었고, 몇 가지 약점만 보완하면 그만이었다. 로마인은 직접 통치(속주)와 간접 통치(동맹 도시와 왕)를 혼합해 이탈리아 이외의 지역을 통제했지만(243쪽 참조), 진나라는 중앙 집권적 통치에 의존했다. 새로운 왕이 그토록 무자비한 통치를 시행한 것은 아마도 전국 시대의 끝없는 투쟁 경험에서 비롯된 것일 터이다. 그러한 일이 재발하는 것을 모든 수단을 동원해 저지해야 했기에 진나라는 근동의 제국들, 훨씬 작은 차원에서는 마케도니아 왕 필리포스를 상기시키는 수단을 활용했다(217~219쪽 참조). 그들 역시 경쟁자가 자신의 기반을 무너뜨리지 못하도록 항상 경계해야만 했다. 12만 가구가 '고귀한 자'의 새로운 권력 중심지 함양(咸陽)으로 이주해 직접적인 통치하에 놓였다고 전해진다. 기원전 221년에서 기원전 213년 동안 이런 유사한 방식으로 약 230만 명 이상이 이주한 것으로 추정된다. 반란을 진압하기 위해서뿐만 아니라 정복지와 정치 중심지의 인구를 채우기 위해서 말이다. 이는 진나라가 이미 자국 영토에서 적용한 정책이었다.

따라서 진시황은 이전에 성공했던 조직 원칙을 정복한 영토로 옮겨 놓으려 했다. 제국 전체를 36개의 행정 구역(郡)으로 나누고, 중앙 정부의 통제를 받는 3명의 최고 관리가 공동으로 통치했다. 각 구역은 여러 현(縣)으로 구성되었다. 지역의 인구 조사와 등록은 현지 관리들의 책임이었고—거리가 멀어 중앙 정부가 완전하게 통제하지는 못했지만—그 목표는 상앙의 개혁 이후와 마찬가지로 인구에 최대한 완벽하게 과세하고 군사적 잠재력을 효율적으로 기록하는 것이었다. 중앙과의 연결을 안정시키기 위해 통치자는 제국 전역에 치도(馳道)라는 이름의 도로망을 구축했다. 이 도로망은 로마로 향하는 길과 마찬가지로 수도에서 별 모양으로 뻗어 있었다. 남쪽에서는 운하 건설 사업을 진

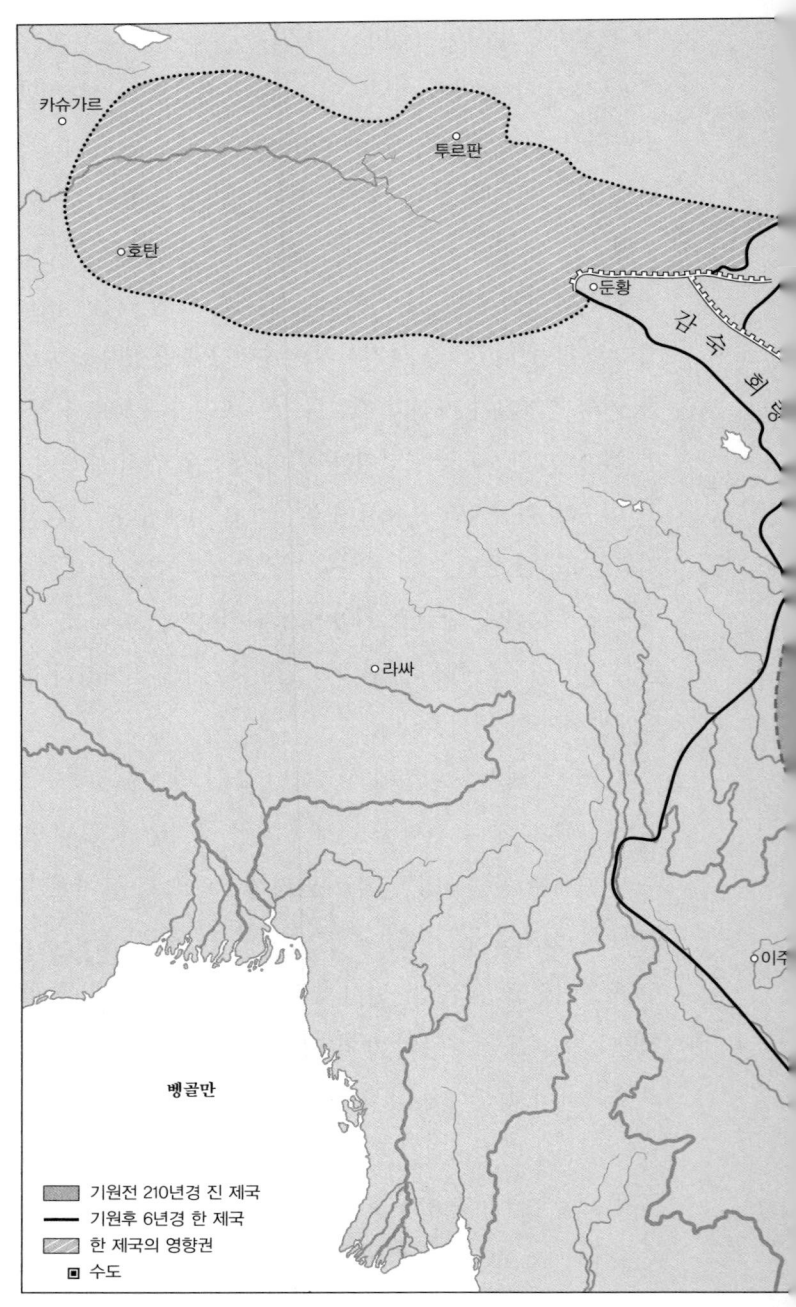

카슈가르

투르판

호탄

둔황

감숙회랑

라싸

이주

뱅골만

기원전 210년경 진 제국
기원후 6년경 한 제국
한 제국의 영향권
수도

진 제국과 한 제국

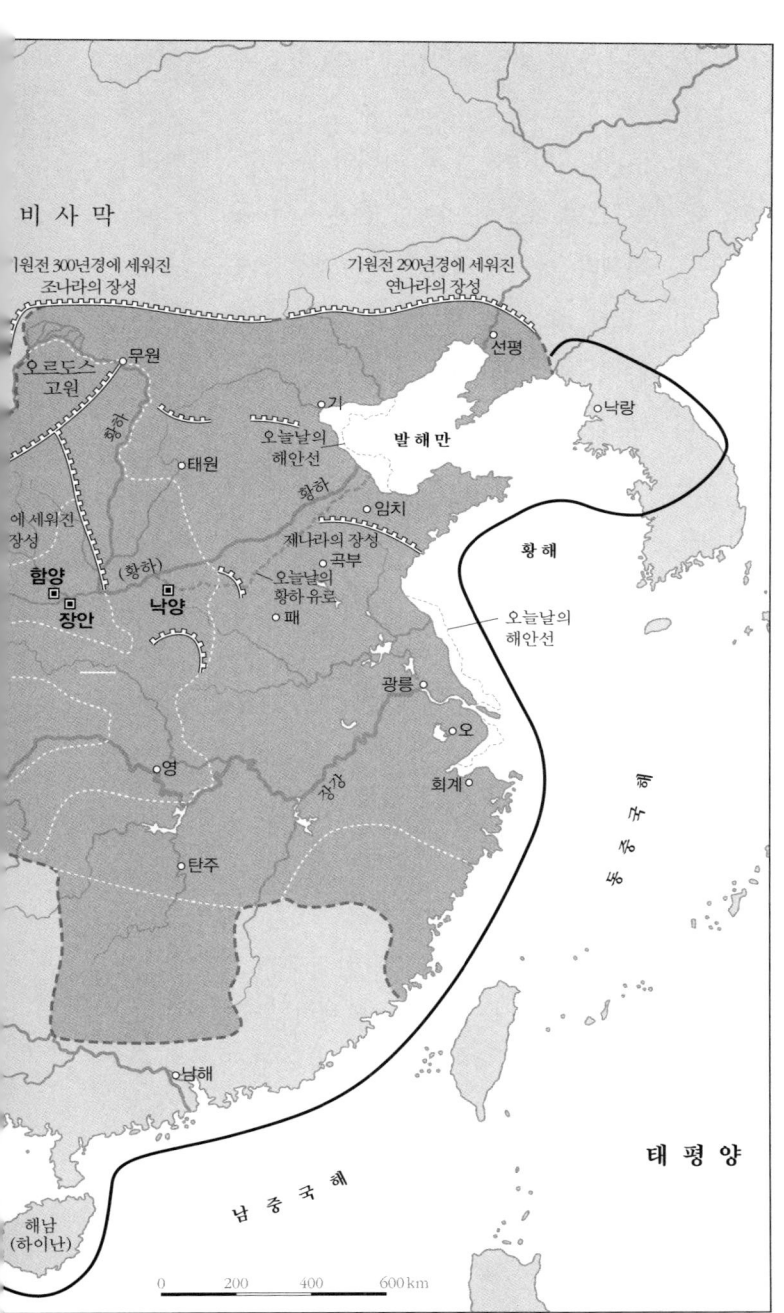

비 사 막

기원전 300년경에 세워진
조나라의 장성

기원전 200년경에 세워진
연나라의 장성

선평

오르도스
고원

무원

낙랑

기

발 해 만

황하

오늘날의
해안선

태원

황하

임치

에 세워진
장성

제나라의 장성

황 해

함양

(황하)

곡부

오늘날의
해안선

장안

낙양

오늘날의
황하 유로
패

광릉

오

영

회계

동 중 국 해

탄주

장강

남해

태 평 양

해남
(하이난)

남 중 국 해

0   200   400   600 km

행했다. 두 가지 모두 최대 50만 명에 달하는 군대의 행진로와 보급로로 유용했다.

더 나아가 제국의 자원을 파악하기 위해 지역의 문자를 통일하고, 무게와 도량형을 단일화했으며, 도로와 마차에 같은 폭의 궤도를 사용해 운송 시스템을 표준화했다. 이러한 경향은 다른 제국들에도 존재했다. 하지만 진시황만큼 많은 에너지를 투자한 통치자는 없었는데, 이는 그가 모든 것을 통제하고 옛 적대자의 부흥을 막기 위해 가능한 일이면 뭐든 해야 한다는 편집증에 가까운 공포에 사로잡혔기 때문이다. 이러한 우려는 학술 서적을 불태우고 그 대표자들을 처형하는 것으로 이어졌다(기원전 212). 그러나 이런 명령은 궁궐 밖에서 유포되는 저작물에만 적용했을 가능성이 높으며, 중앙의 학자들은 다양한 학파의 사상을 따를 수 있었다. 진시황은 자신을 '보편적' 지혜의 중심으로 포장하고, 주변부에 자신과 경쟁하는 학문이 형성되는 것을 어렵게 만드는 데 관심이 있었다.

거의 언제나 그렇듯이 권력자의 자아상은 결국 그의 무덤에 반영된다. 1974년 섬서성의 거대한 고분 기슭에서 '고귀한 자'의 병마용이 발견되었다. 이 고분 건설에는 70만 명 이상이 강제 동원되었던 것으로 전해진다. 많은 사람이 후궁들과 함께 통치자의 죽음을 따랐다. 무덤은 궁전을 방불케 하는 모습이었다. 사실적으로 재현된 수행원과 궁정, 관리, 마부, 곡예사, 음악가들은 주군이 저승에서 녹음 우거진 공원을 거닐 때 그를 즐겁게 해줄 터였다. 바닥의 수은(水銀) 강과 천장의 별은 우주를 상징했다. 개성 넘치는 얼굴에 완벽한 갑옷을 착용한 '점토 군대'의 전사들은 말과 청동 무기, 석궁, 창, 단검 도끼로 무장했다―이들은 사후에도 수호해야 할, 무한히 확장된 영토를 지키는 군대였다.

다른 통치자들도 기념비적인 묘지를 건설했다. 하지만 현세의 승리를 내세까지 일관되게 이어간 사람은 없었다. 이 무덤은 과거 어떤 통치자보다 많은 것을 성취하고 역사를 정점으로 이끌었다는 고인의 자부심을 나타낼 뿐만 아니라, 제국의 통일은 완전한 무장을 통해서만 지켜낼 수 있다는 신념을 보여준다. 이는 내전 병력을 감축하고 남은 병력을 이탈리아-지중해 중심부에서 외곽으로 재배치할 수 있었던 아우구스투스의 원수제와 극명한 대조를 이룬다. 그에 반해 진시황은 제국 내의 격렬한 저항에 끊임없이 직면했던 것으로 보인다. 반대 세력은 진나라 치하에서 훨씬 더 소박한 무덤에 만족하며 군사화한 중앙국가에 통합되어야 했던 지방 귀족층에서 나왔다. 그러나 장교들 사이에서도 저항이 있었던 듯한데, 이는 아마도 과도한 병력 증강에서 비롯되었을 것이다. 비대해진 군사 조직은 언제나 내부적인 위험을 수반한다. 그러나 아소카가 칼링가를 유혈 정복한 이후, 그리고 아우구스투스가 내전을 겪은 이후 적어도 국내에서는 군사력 사용을 원칙적으로 자제하려 했던 것과 달리(232~233, 251~252쪽 참조), 진시황은 오히려 고삐를 더욱 조였던 것으로 보인다. 권력을 보장하는 수 세기에 걸친 전쟁 경험의 열매가 너무나 뚜렷했기에 군사력을 완전히 포기할 수는 없었다. 짧은 현재에 그 대안을 발전시키기에는 과거가 너무 길었다.

고대에 종종 그랬듯이 반란을 일으킨 것은 쇠약해진 농민이 아니라 정복당한 지역의 군대였다. 인도 북부에서는 그때마다 장군들이 난다 왕조와 마우리아 왕조를 무너뜨렸다(223쪽 참조). 이제 중국에서도 같은 일이 벌어졌다. 가장 먼저 초(楚)나라 출신의 한 장교가 진 왕조의 비인간적인 처벌을 참지 못하고 자신을 왕으로 선언했다. 다른 제후국들도 그 뒤를 따랐다. 하지만 마침내 진나라의 수도를 정복한 후 고귀한 자와 그 가족을 죽인 것은 초나라의 장군들이었다. 그들은 제국 전체를 통치하기 위해 싸웠다. 이러한 양상은 드문 일이 아니었다. 로마에서도 여러 내전 장군들이 권력을 둘러싸고 싸웠다. 중국에서는 귀족 가문 출신이 아닌, 유방이라는 이름의 장군이 4년 만에 승리했다. 그럼에도 그는 '고귀한 통치자', 즉 황제라는 칭호를 받아들였고, 중국 중부의 강 한수(漢水)의 이름을 따서 '한(漢)' 왕조를 세웠다. 한 제국은 이전 제국들보다 훨씬 더 오래 지속되었다. 다리우스 치하의 페르시아처럼 두 번째 제국 건설이라고 말할 수 있다. 오늘날까지도 중국인은 스스로를 '한족'이라고 부른다.

한나라 통치자들은 진시황의 성공적인 방법을 훼손하지 않으면서도 그의 나쁜 평판과 거리를 두어야 하는 어려운 과제에 직면했다. 해결책은 진시황의 인격을 악마화하고 공자의 가르침으로 돌아가 그의 통치 방식을 공식적으로 바로잡는 것이었다. 이 두 가지 조치는 행정, 조세, 농업 분야의 필수적인 제도를 유지하거나 심지어 더욱 강화했다는 사실을 어느 정도 은폐할 수 있었다. 가령 초기 한나라 통치자들은 남방과 동방의 유력 가문 10만 명을 수도인 장안 인근으로 강제 이주시켰다. 그들을 더 잘 통제하고 지역적 권력 기반을 박탈하기 위함이었다. 적대적인 왕들은 정벌하여 한 왕조의 친족으로 교체했고, 다른 이들은 고위 관직에서 배제했다. 그리하여 왕조의 친족 원칙과 관료적 중앙 집권화를 결합한 혼합 체제가 탄생했다. 한나라 통치자들은 특히 동쪽 지역에서 친척과 친구들에게 왕국과 제후국을 하사했지만, 수도 장안의 핵심 지역에서는 여전히 기존 행정 구역 체제를 유지했다.

7 쌍둥이의 탄생 또는 영리한 제자?: 흉노의 스텝 제국

한나라는 외교 정책에서도 선조들의 유산을 받아들였다. 진나라의 성공은 처음부터 북서부 산악 지역 및 스텝 지대 민족 집단과의 긴밀한 접촉을 동반했다. 늦어도 기원전 4세기 융(戎)과 적(狄)에 대한 승리 이후 기마 유목민은 더 이상 전쟁 상대가 아니었으며, 그때부터 이들은 진나라에 군마를 공급하는 교역 파트너로 활동했다. 이것이 뒤에 흔적을 남겼는데, 예를 들어 노나라의 제후는 통치 프로그램에 인도-유럽의 활 시험을 도입했다. 심지어 진시황조차 기병의 중요성을 매우 높이 평가했다. 이는 전투마와 사두마차가 그의 병마용에서 눈에 띄는 비중을 차지하고 있다는 사실만으로도 잘 드러난다(2번 및 3번 갱도). 말과 전사의 모습은 헬레니즘 시대의 박트리아에서 영감을 받은 것으로 보인다. 아마도 무덤 건축물 자체는 유목민의 쿠르간이 모델이었을 수 있다.[63]

진나라는 전국 시대의 다른 나라들과 전쟁을 벌일 당시, 오르도스 지역의 비옥한 초원을 확보하기 위해 북쪽으로 영토를 확장해나갔다. 여기서 그들은 더 좋은 방목지를 찾아 기원전 4세기에 다른 유목민과 함께 몽골에서 남쪽으로 이동한 흉노족(78쪽 참조)을 맞닥뜨렸다. 제국을 통일하고 7년 후(기원전 215/기원전 214), 진나라 장군 맹탄(蒙恬)은 군사 30만 명을 이끌고 오르도스 지역으로 진격해 흉노를 몰아냈다고 전해진다. 전투가 끝난 후 요새와 도로를 건설하고 오래된 성벽을 합쳐 동쪽의 요동(오늘날의 지린성/만주)에서 임주(臨州)와 감숙성(甘肅省)의 동쪽 산기슭까지 뻗은 성벽을 완성했다. 이 성벽은 지역을 방어하는 역할을 했을 뿐만 아니라 그 이상의 진격을 위한 거점 역할을 하기도

했다.[64]

그다음에 일어난 일은 자그로스산맥을 가로지르는 아시리아의 확장과 다리우스의 폰토스 북부 원정을 상기시킨다. 메디아는 아시리아의 진격에 대응해 부족 연합을 결성했다. 다리우스의 스키타이 정착지 침공은 그들의 제국 건설에 박차를 가했다(209쪽 참조). 오르도스 지역에서도 한나라의 공격에 대한 반작용으로 비슷한 일이 일어났다. 흉노의 지도적인 씨족이 여러 부족 무리를 통합해 자기 가문 출신의 지도자 선우(單于, '칸')를 중심으로 연맹을 결성했다.[65] 이는 최초의 스텝 지대 제국이 탄생하는 순간이었다. 모든 영웅적인 탄생과 마찬가지로 이 제국에도 모험적인 역사가 있었다. 오르도스 지역을 잃은 후 선우 두만(Tumen, 頭曼)은 아들 묵돌(Modun, 冒頓)을 감숙성 지역에 있는 대규모 부족 연합인 월지족(月支族)에 인질로 보냈다. 인질 상황은 아마도 이 젊은이의 군사 훈련과 관련이 있었을 것이다. 두만은 얼마 지나지 않아 월지족을 공격했는데, 이는 월지족이 왕위 계승자인 자기 아들을 죽이길 바랐기 때문일 것으로 추정된다. 하지만 계획은 실패로 돌아갔다. 탈출에 성공한 묵돌은 고향에서 '1만 기병의 사령관'이라는 직책으로, 자신의 업적에 대한 보상을 받고 군대를 정예 부대로 육성했다. 이들은 묵돌이 먼저 아버지를, 이어서 계모와 남동생을 죽이고 새로운 흉노의 수장 자리에 오를 수 있도록 도와주었다.

중국 연대기 작가들이 덧붙인 서사적이고 극적인 요소를 걷어내고 나면, 위기를 돌파하며 권력을 쟁취한 대규모 유목 부족 내부의 권력 투쟁이라는 전형적인 구조만이 남는다. 통치자의 아들을 변방의 인질로 보내는 것은 결코 낯선 일이 아니며, 그들이 바로 그곳에서 권력 상승에 필요한 중요한 지식을 습득했다는 사실 역시 마찬가지다. 마케도니아의 필리포스는 테살리아에서 이와 유사한 수련기를 보냈고, 젊은 키로스 또한 메디아 궁정에서 인질로 지내며 중요한 전술을 익힌 뒤 그들의 지배에서 벗어났다고 전해진다.[66] 묵돌은 10만 명 넘는 궁수를 보유한 것으로 알려진[67] 월지족과 함께한 시간을 활용해 귀환 후 그에게 충성을 맹세한 기마대를 결성했다.

묵돌이 자신보다 후계 서열이 앞선(스키타이 왕들의 이야기 참조) 이복동생과 계모 그리고 그 조언자들까지 제거한 것은 다른 제국의 통치자들 역시 경쟁 혈통을 제거할 때 사용한 방식 중 하나였다. 그 후 묵돌은 군대를 이끌고 월지족에 대항했다. 월지족은 흉노가 오르도스 지역에서 후퇴한 후 약해진 틈을 이용해 서쪽에서 그들을 압박했다. 또 다른 부족 연합은 만주 남부에서 흉노를 괴롭혔다. 따라서 묵돌의 공격은 포위 상태를 벗어나기 위한 첫걸음이었다. 이는 아마도 기원전 207년 진시황의 죽음 및 진나라의 멸망과 동시에 일어났을 것이다. 이는 흉노에게 기동력을 더해주었다. 묵돌은 이를 이용해 군대를 재편하고 규율함으로써 자신이 뿌린 씨앗을 거둘 수 있었다. 부족 연합은 차례로 패배하고 지도자들이 처형당했다. 여성과 어린이들이 포로로 잡히고 가축과 동산(動産)을 빼앗겼다. 젊은 선우는 몽골 북부로 통치 지역을 확장하면서 시베리아 숲 지역의 자연 자원과 몽골 알타이의 금속을 확보했다. 마침내 흉노의 세력은 서쪽으로는 황하의 산맥 지대까지, 남쪽으로는 오르도스 지역의 진나라 방어선까지 확장되었다.[68]

여기서도 우리는 유목 세계에서 다른 제국의 초기 국면을 특징짓는 패턴을 다시금 발견할 수 있다. 흉노가 초지역적 강대국으로 부상한 것은 먼저 중대한 패배를 견디고 타 세력들의 포위망에서 벗어난 이후였다. 한 제국에 대한 반격은—아테네인이 스파르타와 에레트리아의 포위에서 벗어난 후에야 에게해의 페르시아 진지를 공격한 것처럼, 안샨의 왕들이 메디아를 물리치고 자원을 장악한 후에야 초승달 지역 서쪽의 대제국을 공격한 것처럼—스텝 지대 내 권력 투쟁에서의 근본적인 성공을 전제해야만 가능했다. 그와 마찬가지로 묵돌은 북방의 오환(烏桓 또는 烏丸)을 상대로 승리를 거둔 후 가축과 물자를 확보했고, 이것이 이후의 정복에 추진력을 제공했을 뿐만 아니라 그의 입지를 더욱 강화해주었다. 중국 자료에 따르면, "흉노의 귀족과 고관들은 모두 묵돌에게 넘어갔고, 이제 그를 참된 지도자로 여겼다".[69]

실제로 묵돌은 유목민 가문과 씨족 연합을 좀더 긴밀한 조직으로 통합하는 데 성공했다. 이는 선우의 입지를 공고히 하고 더 넓은 지역을 통제할 수 있게끔 해줬다. 묵돌은 대외적으로 흉노족을 대표하고 총사령관이자 아마도 최고 재판관으로서 씨족 간 갈등을 해결하고 가혹한 형벌을 내리기도 했다. 묵돌과 그 일족 그리고 묵돌에게 충성하는 대신과 제후들은 선왕의 추종자를 '정화'한 궁정 체제를 구축했다. 통치 중심지는 아마도 내몽골의 항가이(Khangai)산맥 남동쪽에 있는 오르콘(Orkhon) 계곡에 있었을 것이다. 고위 관리들은 1년에 세 번 이곳에 모여 일종의 총회를 열었다. 더 나아가 페르시아와 스키타이의 왕들과 마찬가지로 선우와 그의 씨족은 전쟁 상황과 계절적 조건에 따라 다른 거주지를 사용했다.[70] 그중 상당수는 중요한 경제적 기능을 수행했다. 예를 들어, 일찍이 기원전 3세기 초에 건설된 이볼가(Ivolga) 요새—울란우데(Ulan Ude)에서 남쪽으로 약 100킬로미터 떨어진 곳—는 여러 강이 합류하는 지점에 있었다. 이 요새는 목축-농경 혼합 경제를 이루었으며 어업, 도자기 생산, 금속 가공으로 보조를 맞추었다. 유라시아 지역의 다른 유목민 요새와 마찬가지로 이곳은 공물을 징수하고 자원을 저장하는 데도 쓰였다. 그 대가로 도시 인프라를 구축하지 않고도 거주민을 보호할 수 있었다.

선우와 그 일족은 이 요새와 다른 요새를 통해 흉노의 영향력이 꾸준히 확대되는 지역을 통제했다. 이 체제는 스키타이의 경우와 유사했다. 즉, 묵돌과 그 일족이 직접 통치하는 핵심 지역과 2명의 '부왕(副王)'이 다스리는 서쪽과 동쪽 영토로 나뉘어 있었다. 핵심 지역은 오르도스에서 내몽골에 이르는 광범위한 영역으로, 묵돌의 개인 소유 목초지, 사냥터, 삼림 및 목재 자원이 포함되었다. 중국 자료에 따르면, 부왕들은 '왼쪽의 현명한 왕'과 '오른쪽의 현명한 왕'이라고 불렀다. 시간이 지나면서 좀더 북쪽으로도 부왕을 배치했음에 틀림없다. 각각의 부왕은 하위 왕('룰리(Luli)']과 관료로 구성된 계층 구조의 정점에 있었다. 이러한 위계질서는 개별 가문 수준까지 확장되었고, 부족 외부의 속국 왕자들도 여기에 포함되었다. 선우는 자기 씨족과 다른 두세 가문[호연씨(呼衍氏), 난씨(蘭氏), 수복씨(須卜氏)] 출신 인물 가운데서 부왕을 임명했는데, 이들은 각기 맡은 직책을 통해 상호 연결되어 있었다. 그리하여 이 네 가문의 구성원은 누구나 제국의 세 기둥인 중앙 정부와 두 부왕의 궁정에서 승진을 기대할 수 있었으며, 이를 통해 제국의 관료 체계에서 높은 지위에 오를 수 있었다.[71]

정부의 최고 지도부 아래에는 십진법에 따라 구성한 군사 조직이 있었으며, 이는 제국 전역에 걸쳐 독립된 구역을 기반으로 운영되었다. 여기에는 각각 '1만 기병'을 지휘하는 24명의 지휘관이 있었다. 이 부대는 아마도 부족 연맹의 가장 오래된 기초를 형성하고, 오르도스 지역에서 진나라의 공격에 대응하기 위해 조직되었을 것이다. 다리우스의 침공 이후 스키타이에서도 유사한 양상이 전개되었다고 추정할 수 있다(209쪽 참조).[72] 묵돌이 이끄는 1만 기병대는 페르시아 정예 부대인 '1만의 불멸자'를 연상케 하지만, 결정적 차이는 그것이 흉노에서는 군대 전체의 기본 단위를 형성했다는 점이다.[73] 24라는 숫자는 명목상 기준일 뿐이지만, 전체 인구가 약 100만 명에 불과했다는 점을 고려하면 놀라운 동원 성과를 의미했다. 이는 또한 전반적인 경제적·생태적 상황으로도 설명할 수 있다. 흉노의 족장들은 직접 농사를 지을 필요가 없었고―농사는 포로나 신민들이 담당했다―기마 유목민 환경에서 목축업의 군사적 전환은 원활하게 이루어질 수 있었다. 전리품, 가축, 또는 선물에 대한 기대만으로도 싸울 준비가 되어 있는 전사들이 충분했기 때문에 추가적인 지원군은 필요하지 않았다. 심지어 농장 노동에서 해방된 여성(과 어린이)도 전투에 참여했다고 전해진다. 이런 식으로 흉노족에게 전쟁은 농민 인구로부터 군대를 모집하고 용병을 추가로 고용하는 제국보다 비용이 '저렴'했다.[74] 한 중국 탈영병이 사절에게 설명한 것처럼 "흉노족은 전쟁을 공공연히 그들의 사업으로 간주"했다.[75]

영토 확장 과정에서야 약탈과 재산 획득을 보완하고 정기적인 이윤 창출 기회를 제공하는 구조가 등장했다. 예를 들어, 선우는 자신의 백성들이 공식적인 변경 시장에서 교역하고, 가축이나 가죽 같은 자국 물품을 판매할 수 있도록 조치했다. 그에 반해 보편적인 세금 제도를 도입하려는 시도는 실패했다. 그 대신 다른 제국에서도 그랬던 것처럼 '노예 감독 사령관'이 외국 부족 지도자와 도시 국가(오아시스)에 조공을 바치거나 강제 노동을 하도록 명령했다.[76] 그에 따라 묵돌에게 패배한 유목민 오환 부족은 매년 소, 말, 양, 검은담비 가죽을 선우의 본부에 바쳐야 했고, 흉노는 그것들을 남쪽으로 멀리 가져가 거래하거나 자체적으로 소비했다. 투바, 알타이, 사얀(Sayan)산맥의 연합체는 금속과 수공예품을 흉노 중앙에 공급했다. 흉노족은 제국의 핵심 경제 기반으로 자리 잡은 타림 분지(오늘날의 신장) 주변의 서부 지역에서 가장 많은 수입을 올렸다. '노예 감독 사령관'의 통제 아래, 주민들은 자연물과 공산품·노동력을 바치고, 저장 창고를 마련했으며, 무기를 생산하고, 새로운 농지를 개척했다. 또 필요할 경우 군대에도 지원해야 했다.[77]

이 모든 것은 흉노족 사회가 고도로 군사화했음에도 불구하고 그들의 엘리트가 야만적인 짐승이 아니었음을 보여준다. 그들은 부유한 귀족층을 형성하고 공동묘지를 마련했으며 정부 중심지에서 예술과 공예에 개방적인 호화로운 삶을 살았다. 한나라 황제 딸들과의 결혼 동맹은 통치 정책의 중요한 측면을 이루었으며, 시간이 지나면서 개별 중국 통치자는 유목민의 음식을 좋아하기까지 했다. 반대로 흉노족은 외국의 전문 지식에 개방적이었다. 이런 점에서 그들은 진나라 및 다른 확장하는 제국의 통치자들과 다르지 않았다. 오르도스고원을 탈환한 후 첫 번째 세대부터 이미 중국의 지휘관과 대신들은 흉노족 사령부에 상주하며 도움을 받았다. 그와 마찬가지로 포로들도 고문으로 승진할 수 있었다. 이런 방식으로 흉노 지도층은 틀림없이 꾸준히 성장했을 것이다. 동시에 1세기 동안 관직과 직함이 급증한 것은 광대한 지역을 통제하기에는 기존의 개인적 유대만으로는 더는 충분하지 않고, 이를 보완하기 위해 제도적 구조를 개편할 필요가 있었다는 뜻이다. 흉노 엘리트 중 일부는 중국 문자를 이해했을 가능성이 있으며, 자원과 관직을 기록하기 위해 독자적인 문자 체계를 개발했을지도 모른다. 그리고 흉노 왕실의 조언자로 자리 잡은 중국 궁정의 환관들은 자신의 행정 지식을 새로운 주군에게 제공했을 것이다(위 참조). 포로들은 궁정과 군대의 내부 운영에 대한 정보를 제공하고 중국의 매장 및 가옥 건축 기술, 심지어 직사각형 요새 건설에 관한 기술을 가르쳤을 수도 있다.[78]

이러한 적응이 정치적 이데올로기와 권력 구조의 차원으로까지 확장되었을까? 때로는 '왼쪽과 오른쪽의 현명한 왕'이라는 두 지위가 중국의 관념에서 유래한 것이라는 추측이 제기되었으며, 묵돌이 사용한 '천자(天子)'라는 칭호도 마찬가지다.[79] 좀더 가능성 있는 해석은 흉노가 오르도스 지역에서 멀지 않은 곳에 정착했던 진나라와 '문화적' 기반을 공유했다는 것이다. 이러한 기반은 스키타이 전통과 일치한다. 폰토스 북부의 스키타이인 역시 흉노의 제국처럼 여러 군사적 '지방'과 넓은 지역으로 나뉜 3개의 고귀한 '가문'이 제국을 통치했다. 또 스키타이 왕의 기능도 선우의 관할권과 유사했다.[80] 분명히 아시아를 가로지르는 상품과 원자재 그리고 농업과 광업에 대한 지식의 교류뿐만 아니라,[81] 유목민 엘리트가 참여한 통치 제도의 발전도 병행되었을 것으로 보인다. 500년 후 헝가리 평원에 등장한 아틸라의 훈족 제국도 같은 구조를 갖추고 있었다.

흉노의 지도적인 가문은 자신의 생활 방식, 출신 배경 그리고 다양한 인맥에서 비롯된 기회를 최대한 활용했으며, 그 영향력은 일부 백성이 그들의 삶의 방식을 모방할 정도로 컸다. 북서부 지역(오늘날의 신장)의 부족 엘리트는 흉노의 매장 형태를 따랐다. (반면, 북동부의 옛 적대자들은 자기만의 지역적 특성을 유지했다.)[82] 서쪽 오아시스 도시들과의 관계는―거리를 제외하면―스키타이와 폰토스 북부에 있는 폴리스들의 관계와 비슷했다(210쪽 참조). 그 도시들은 타클라마칸과 투르키스탄의 도시 국가들이 캐러밴 무역의 허브였던 것처럼 교역의 중심지를 형성했다. 그런 한에서 흉노가 서쪽 지역의 협력자들을 통제하기 위해 할 수 있는 모든 조치를 취한 것은 놀라운 일이 아니다.[83]

그들의 노력은 성공적이었다. 감숙 회랑(甘肅回廊)에서 타림 분지 가장자리까지 영토를 차지하기 위한 경쟁에서 흉노는 종종 한나라보다 우위를 점했다. 흉노의 세력이 커지자 한나라는 기원전 2세기 중반부터 농민 보병 부대 대신 요새 부대와 기병대를 배치하기 시작했다.[84] 그런 까닭에 무제(武帝, 재위: 기원전 141~기원전 87)와 그의 책사들은 먼 서방, 즉 도시화한 페르가나(Ferghana, 오늘날의 우즈베키스탄) 지역의 '한혈마(汗血馬, 피땀 흘리는 말)'로 유명한 목초지에 접근하고, 그 지역의 민족들과 동맹을 맺으려 했다. 이는 흉노를 양쪽에서 협공하려는 전략이었다.

이러한 시도는 기원전 2세기 후반에 이르러 고대 세계가 그때까지 목격한 것 중 가장 거대한 확장 물결 중 하나를 촉발했다.[85] 그 결과는 아우구스투스가 중부 유럽 내륙으로 진출했던 것에 비견할 수 있다. 한 제국은 타클라마칸까지 영유권을 주장하는 중앙아시아의 강대국으로 부상했고, 그 영향은 오늘날까지도 이어지고 있다. 또 다른 군대는 남쪽으로는 한반도, 북동쪽으로는 만주까지 진출했다. 이는 100년 뒤 아우구스투스가 자신의 장군들을 남아라비아와 수단으로 진격하게 하고 다뉴브강을 넘도록 했던 것과 마찬가지였다. 아우구스투스와 그의 후계자들이 게르만 족장의 권위를 인정해 그들에게 '렉스(rex, 섭정)'라는 칭호를 부여하고 이를 통해 그들을 통제하려 했던 것처럼, 한나라 역시 버마 지역의 '왕들'에게 같은 방식으로 칭호를 부여하며 영향력을 행사하려 했다.

하지만 성공 뒤에는 이런저런 단점도 있었다. 무제의 원정은 제국의 재정에 과중한 부담을 안겨주었다. 황제는 자신이 백성에게 끼친 희생과 고통에 대해 용서를 구했다고 전해지며, 이는 칼링가 원정 이후 아소카의 13번째 칙령(228쪽 참조)과 유사한 사례다. 아우구스투스도 바루스의 참변 이후 후계자들에게 더 이상의 정복을 자제하라고 충고한 바 있다. 가혹한 형벌(연간 약 1만 건의 처형이 이뤄진 것으로 추정된다)은 무제의 통치가 팽창주의적 성공에도 불구하고, 혹은 그로 인해 대중의 폭넓은 지지를 얻지 못했음을 시사한다. "생존의 벼랑 끝"〔카이 포겔상(Kai Vogelsang)〕에서 살던 농민들은 세금과 흉작으로 고통받았을 뿐만 아니라, 이런 곤란한 상황을 이용해 토지를 무자비하게 확장하는 대지주들의 착취에도 시달렸다. 궁정 관료들이 점점 더 통치자를 외부 영향으로부터 차단함에 따라 무제의 후계자들은 이러한 상황 변화를 거의 알아채지 못했다. 심지어 미성년자가 즉위하는 상황이 되자 기원전 74년부터는 황후가 섭정을 맡았다. 황후가 죽은 후 '대원수' 왕망(王莽)은 권력을 장악하고 기원후 9년에 자신을 새로운 왕조의 통치자로 선포했다.

돈의 유혹
지구화한 세계에서 경제와 교역

1 경제 활동의 초석

기원전 6세기 이후 유라시아의 여러 핵심 지역은 근대 이전 기준으로 볼 때 놀라운 경제 성장을 경험했다. 이러한 성장은 인구 증가, 소비와 무역 그리고 상품 공급의 확대, 주택 환경 개선, 건축적 성과, 운송·농업·공예·군사 분야의 기술 발전에서 분명히 드러났다. 거의 예외 없이 이러한 지역은 많은 도시나 인구가 밀집한 정착지를 포함했고, 대제국의 내부 또는 인근에 위치했으며, 유목 문화와도 접촉을 유지했다. 각 행위자는 경제 활동을 강화하기 위해 유사한 구성 요소를 활용했던 것으로 보인다. 그들은 이러한 구성 요소를 어떻게 결합했으며, 어떤 힘들이 상호 작용했고, 국가·사회·생태는 여기에 어떤 역할을 했을까?

모든 숙고의 출발점은 고대 경제 활동의 유기적 특성이다. 식량의 약 90퍼센트는 토지 경작을 통해 직간접적으로 공급되었다. 이와 더불어 사냥, 어업, 가축 사육 및 여기서 나오는 동물성 제품 또한 식단의 일부였다. 하지만 유목민 사회와 오아시스 문화조차도 농업에 기반한 보조 식량 없이는 살아갈 수 없었다(77쪽 참조). 그래서 많은 곳에서 농가는 경제 활동의 기반을 형성했다. 가장 중요한 주체는 농민이었다. 농부는 가족 및 몇몇 일꾼과 함께 밭을 갈고 겨울철에는 농기구를 수리했다. 농가의 여성들은 직물과 도자기 생산에 힘썼다.

농가는 대체로 농촌이나 소도시 공동체에 속해 있었으며, 그 공동체는 보호와 도움을 제공했을 뿐만 아니라 스스로 생산하거나 제작할 수 없는 (또는 제작하기를 원하지 않는) 생산물을 공급했다. 농경 가족들 사이에서 이동하는 물건의 종류와 수는 생태적 조건에 따라 달라졌다. 하지만 순수한 희소 경제가 지배하는 경우는 드물었다. 물론 고대에는 극심한 빈곤이 존재했다. 특히 농촌뿐만 아니라 도시 내·외곽에서도 심각한 빈곤을 겪었는데, 이는 현대 서구 관찰자들이 상상하기 어려울 정도였다. 이러한 구조적 빈곤은 어떤 경제적 호황으로도 근본적으로 완화되지 못했다. 그러나 지중해 연안과 유라시아 내륙 및 하천 유역의 일부 농민은 적어도 일정 기간은 자급자족을 넘어선 잉여 생산을 했을 가능성이 있다. 그들은 소규모 가축을 사육하고, 재해에 강한 작물을 재배하고, 농한기에는 가내 수공업에 종사하고, 소규모 교역에 참여함으로써 위기와 전쟁에 대비할 수 있었다.

농민 가정에서 제작한 생산물은 저장하거나 가까운 시장으로 가져갔다. 여기서 농민이 스스로 생산하지 못하거나 농촌에서는 구할 수 없는 다른 물품이나 서비스와 교환이 이루어졌다. 예를 들어 새로운 철제 농기구, 기후에 강한 채소 씨앗, 약품 그리고 치료사나 의사의 도움 등이 여기에 해당한다. 농민의 물품을 수취하고 그들이 원하는 '원거리 생산물'과 서비스를 제공한 이들은 대개 광역적으로 활동하는 상인들이었다. 기원전 6세기부터는 거래가 단순한 물물교환뿐만 아니라, 화폐를 통한 방식으로도 이루어지기 시작했다. 상인들은 농가의 잉여 농산물과 생산물(직물, 과일, 포도주 등)을 도시로 운반해, 그것들을 직접 만들길 원하지 않거나 그럴 시간이 없는 더 넓은 소비자층에 제공했다. 이러한 두 번째 수준의 경제 활동은 **초지역적으로 통합된 시장 경제**라고 부를 수 있다.

이 두 가지 경제 활동 수준은 제3의 영역에 둘러싸여 있었는데, 이는 최선의 경우에는 경제 주체들을 지지하는 보호벽과 제도적 틀을 제공했지만, 최악의 경우에는 억압적 요소로 작용해 그들의 활동을 제한하고 생존을 위협하기도 했다. 모든 농민과 상인은 더 큰 정치 조직, 즉 도시 국가, 군주제 통치 또는 친족적 유대에 기반한 씨족 또는 부족 통치 체제의 일부였다. 일반적으로 이러한 정치 공동체는 개인과 그 가족이 군사적으로 어느 정도 안전하고 질서 있는 환경에서 활동할 수 있는 대가로 무언가를 요구했다. 민병대 시스템이 존재하는 곳에서는 이러한 대가가 주로 군 복무의 형태로 나타났다. 상비군을 보유하거나 용병을 활용하는 국가에서는 농민이 생산물의 일부 또는 그에 상응하는 금액을 돈으로 내야 했다. 군주제에서는 이러한 납부를 종종 광범위한 노동력 제공으로 보충하거나 대체했다. 시장 수수료와 관세는 어디에서나 부과되었다.

이러한 모든 납부를 일반적으로 '세금'이라고 부른다. 국가는 대체로 세금 수입의 극대화에 관심을 가졌다. 국가는 세금 징수를 더욱 면밀하게 관리하고, 납세 의무 등록을 개선했으며, 새로운 농지를 개간하고, 제방과 관개 수로를 통해 수확량을 늘리는 한편, 물류 지원을 통해 교역 활동을 촉진할 수 있었다. 농업과 무역에 대한 국가의 이러한 개입은 과도한 부담을 요구하지 않고 기존 사회 구조를 유지하는 한 고대인에게 대체로 합당한 것으로 여겨졌다. 기본적인 안전 욕구를 충족해줬기 때문이다. 이는 현대의 (신자유주의적) 관점에서 세금이 너무 높거나, 국가 개입이 경제를 위축시키거나 잘못된 방향으로 이끌 수 있다는 우려보다 더 중요한 문제였다. 대부분 행위자의 관점에서는 무엇보다 그러한 질서 있는 경제 활동의 흐름을 만들어내고 전쟁, 가뭄, 약탈, 권력 남용 같은 위험으로부터 그걸 보호하는 것이 가장 중요했다. 그리고 당시 상황에서 이를 해낼 수 있는 것은 그러한 역할을 할 자원과 권한을 가지고 백성들로부터 적절한 대가를 징수할 권리를 부여받은 국가 권력이었다.

그에 더해 통치자와 정치 엘리트는 독자적인 경제 주체로서 경제에 개입해 특정 상품에 대한 수요를 충족시키거나 독점권을 통해 수익성 높은 상품을 독차지하려고 했다. 국가 권력은 결국 일반 농민이 거부할 수 없는 전쟁을 수행함으로써 전체 경제에 큰 영향을 미쳤다. **정치적 경제**라고 불리는 이 분야는 농업뿐 아니라 지역 및 초(超)지역 교역과도 밀접하게 연계된 세 번째 영역이다. 농경, 교역 그리고 국가의 정책적 개입은—자연환경과 기후 조건을 제외하고—고대 경제를 움직이는 세 가지 주요 동력원이었으며, 경제는 이들 세력에 의해 다양한 방향으로 추동되었다. 그 가운데 정치적 경제는 특히 비교 연구에 적합한 분야다. 경제는 정치적·사회적 조건에 직접적으로 통합되어 있다. 그런 측면에서 '국가적' 구조와 제도(도시, 군대, 기반 시설) 및 그들이 담당하는 활동 영역(전쟁, 정복, 세금 징수 등)이 상대적으로 정적인 농민 생활 분야보다 훨씬 더 큰 동력을 제공할 수 있었다고 가정하는 것이 자연스럽다.[1] 이것이 바로 유라시아의 경제 성장 대부분이 안정적인 도시 국가와 대제국 주변에서 주로 일어났던 이유를 설명해 준다.

물론 어떤 군주나 도시 의회도 현대적 의미의 경제 정책을 (일관되게) 수행하지는 않았다. 그러나 이들은 '재산권의 구조'를 규정하고, 행위자들의 행동을 법적 규칙에 묶으며, 화폐와 저울 같은 표준화와 기반 시설 구축을 통해 경제 활동을 쉽게 했고─주로 수동적으로, 드물게는 적극적으로─경제 과정에 개입함으로써 중요한 제도적 틀을 마련했다. 이러한 조치가 당대 사람들에게 얼마나 중요했는지는 이에 관한 전문적인 저술들이 존재했다는 사실만으로도 알 수 있다. 비록 그런 제안이 전면적으로 실행되지 않고 주로 세수 증대를 목표로 삼았다 하더라도, 사람들은 분명히 인간이 이들 영역에 영향을 미치고 경제 과정을 자신의 이익에 맞게 조정할 수 있다고 확신했던 것으로 보인다. 그리고 이는 결국 근본적인 경제적 인과 관계에 대한 지식을 필요로 했다.[2]

또한 모든 정치 질서는 자기 보존의 이유로 구성원의 식량 공급을 확보하는 데 관심을 가졌다. 이런 의미에서 고대 정치는 '복지와 효용의 극대화' 방식으로 작동했다〔더글러스 노스(Douglass North)〕. 그 대가로 엘리트는 자신들의 목표를 달성하기 위해 경제적, 사회적, 정치적 특권과 물질적 자원을 요구했다. 모든 군주제 국가는 군대, 궁전 건설 및 시설, 정부 청사, 공공 광장, 사원 그리고 묘지 조성에 막대한 자원을 투입했다. 아테네나 티루스 같은 성공적인 도시 국가들도 군주제 국가와 마찬가지로 비록 그 규모는 작았지만 그러한 형태를 따랐다.

이런 방식으로 국가 내지는 국가를 지탱하는 엘리트는 '값싼' 노예, 전쟁 포로, 강제 노동자를 동원했음에도 불구하고 고대 사회에서 가장 큰 소비자이자 투자자, 고용주가 될 수 있었다. 군주제 통치자들은 최대 토지 소유자였을 뿐만 아니라 가장 강력한 기업가로서 자신의 상업적·재정적 이익을 추구하기도 했다. 그래서 그들은 경제적·기술적 발전에 크게 기여하고 경제의 화폐화를 촉진했다. 유동 자금의 확보 없이 경제와 교역은 성장할 수 없고, 고대 국가들은 통치 기능을 수행할 수 없었다. 그리하여 비록 매번 의식하거나 계획한 것은 아니지만, 정치적 주체와 민간 행위자들은 결과적으로 경제 활동을 자극하기 위해 많은 노력을 기울였다.

2 중심 주도권: 기원전 6세기부터 한나라까지의 중국

중국에서는 기원전 6세기부터 지역 국가들이 들어서면서 경제적 도약이 시작되었고(182~185쪽 참조), 이는 전한(前漢) 초기에 절정에 달했다. 이러한 성장의 기반은 앞서 언급한 위수 유역 중부 평야의 농민 토지 소유권 재편이었다. 즉, 남부에서 선호하는 쌀 대신 곡물을 재배할 수 있게 된 것이다. 기존 시스템에는 수확량을 늘릴 만한 유인이 거의 없었다. 그러나 이제 농민은 자신이 경작한 토지에서 나오는 수확물 전체에 대한 권리를 가졌고, 나무나 석기로 만든 도구 대신 성능이 뛰어난 철제 농기구와 쟁기를 사용할 수 있었다.[3] 기원전 548년 초나라가 처음으로 토지 면적에 따라 부과하는 토지세를 도입하고 다른 국가들이 이를 본받음으로써 농민의 생산 활동을 더욱 자극했던 것으로 보인다. 관개 시설과 제방 건설에 대한 지원 그리고 비료 제공 등의 조치도 이러한 생산 증대를 더욱 뒷받침했다. 비록 경작 가능한 토지 비율이 유라시아의 다른 문명들과 비교해 낮았음에도 불구하고, 농업 부문은 수확량을 거의 2배로 늘릴 수 있었다. 농업 부문은 전국 시대 후기부터 전체 세수의 57~75퍼센트를 담당했다.[4]

이 모든 것은 상앙(259쪽 참조)이 표현한 대로 "국가를 부강하게 하고 군대를 강화하는" 목표에 부합하는 것이었다. 물론 농민은 계절에 따른 병역과 세금으로 인해 이전보다 더 큰 부담을 졌다. 다른 한편, 전쟁 시기에도 도시와 농촌의 인구는 계속 증가했다. 실제로 군사 활동의 빈도는 유라시아 기준으로 볼 때, 사료의 (상징적으로 부풀려진) 수치가 시사하는 것처럼 그렇게 예외적이지는 않았다. 《사기》는 기원전 364년부터 기원전 234년까지 15차례의 대규모 전쟁을 기록하고 있다. 하지만 이는 많은 폴리스가 경제적 번영을 구가했던 고대 그리스와 비교하면 그리 많은 수치는 아니다. 그와 마찬가지로 중국에서도 농번기와 수확철을 피해 군사 원정 일정을 조정했다.[5] 마지막으로 일부 군주는 군역 의무가 있는 농민의 세금 부담을 상황에 따라 완화하고, 농지 파괴를 보상하기 위해 변방의 '식민지 농민'에게 새로운 토지 분배 방식을 도입했다. 이를 통해 통치자는 자신의 영향력을 확장했을 뿐만 아니라, 새로운 수입원과 전쟁 손실을 보충할 추가 병력 모집 기반을 확보할 수 있었다.[6]

그런 까닭에 우리는 강도 높은 전쟁이 곧바로 농업 발전과 전체 경제 활동을 저해하거나 아예 초기에 꺾는다는 관념에서 벗어날 필요가 있다. 전국 시대의 국가들이 이전보다 훨씬 더 큰 규모의 군대를 동원했다는 것만으로도 그들의 경제적 잠재력이 어느 정도였는지 알 수 있다. 전쟁에 대한 국가의 투자에는 언제나 긍정적인 경제적 부수 효과와 후속 결과가 뒤따랐다. 특히 승리했을 때 더욱 그러했다. 가령 군대 이동과 보급을 위해 건설한 도로와 운하는 대량 물품 교역에 이로울 뿐만 아니라, 언제나 소규모 부업을 통해 농업 소득을 보충하려 했던 농민에게도 간접적으로 도움을 주었다. 금속 갑옷과 (석궁 같은) 새로운 무기, 수상 및 육상 인프라 개선, 도시 성벽의 건설과 확장, (연병장 역할도 하는) 시장터 확장 등은 분업화한 수공업 분야를 탄생시켰으며, 전쟁에 필수적인 완제품, 동물(말과 코끼리) 그리고 귀금속(금과 은) 교역을 촉진했다. 군사적 긴장이 최고조에 달했던 시기와 도시들이 활기찬 교역 및 수공업 중심지로 발전한 시기가 맞물려 있는 것은 우연이 아니다. 따뜻한 기후는 농업의 생산성을 높였다.[7]

여기서 통치자들은 관세·수수료·세금의 혜택을 취했을 뿐만 아니라, 상인들의 경험을 활용해 원자재·완제품·노동력의 이동을 자신한테 유리하게 규제할 수 있는 특권을 누렸다. 예를 들어, 초나라의 어느 왕은 한 개인에게 20개의 서로 떨어진 도시에서 교역할 수 있는 권한을 부여하고, 육로로는 최대 50대의 마차 분량, 수로로는 최대 150대 마차 분량의 상품을 무관세로 운송할 수 있도록 허용했다. 역사학자 사마천은 《사기》에 이렇게 해서 성공한 상인들의 전기를 다수 수록했다.[8]

물론 모든 경제 호황에는 실패자도 있게 마련이다. 비록 처음에는 그 수가 적어 보이고 성공에 가려져 있긴 하지만 말이다. 전국 시대의 농업 세금은 대체로 적당했던 것으로 보인다. 한나라 시대부터 청나라까지, 그러니까 기원전 206년부터 1912년까지 국가는 농민에게 GDP

의 7~10퍼센트를 넘지 않는 세금을 부과했다.[9] 그러나 경험에 따르면, 낮은 세율의 혜택을 본 것은 주로 부유한 지주였다. (그들은 상대적으로 세금 부담이 적었다.) 반면, '소농'에게는 어떠한 세금 부담도 큰 압박으로 작용했으며, 특히 자신을 보호해줄 봉건 영주가 없을 경우에는 더욱 심했다. 교역과 고리대금업에 종사하던 신흥 부자들 역시 낮은 세금 부담에 매료되어 이익을 부동산에 투자했다. 그 때문에 소농의 희생과 토지 소유의 집중화 현상이 거의 필연적으로 발생했다. 소농은 소와 함께 철제 쟁기를 구입하는 경우가 거의 없었다. 그 결과 경제적으로 빠르게 뒤처져 큰 빚을 지고 자신의 땅을 팔아야 했으며, 결국 대지주에게 현물의 최대 50퍼센트에 달하는 지세(地稅)를 내는 속박된 소작농으로 전락했다.[10]

이러한 발전은 농민 사회에 심각한 긴장을 초래했다. 그러나 동시에 통치자들의 이익과도 상충했다. 농업에 소수의 노예나 전쟁 포로만 사용했으므로 농업 경제를 유지하고 군대 인력을 확보하기 위해 '건강한' 농민층이 필요했기 때문이다. 게다가 대지주라는 영향력 있는 계층이 농민과 국가 사이에 끼어들면서 중앙 정부의 세금 징수를 어렵게 만들었다. 통치자들이 직접적인 농업세와 자유 토지 소유제를 도입해 달성하려 했던 목표, 즉 농업 부문을 봉건 영주의 관할에서 벗어나게 하는 것은 새로운 강력한 지주 계층의 등장으로 좌절될 위기에 처했다.

이데올로기적으로 이러한 긴장은 통치자들이 상인, 금융업자, 대지주에 대해 끊임없이 불신을 드러내는 태도, 그리고 반대로 다수 농민에 대한 보호 의무를 강조하는 모습에 잘 반영되어 있다. 많은 제후가 이런 불신을 상쇄하려 애썼다. 예를 들어, 새로 개척한 변경 지역을 개별 농민에게 분배해 이들을 대지주의 영향에서 벗어나게 하고, 동시에 군사적으로 동원 가능한 충성스러운 추종자로 만들려 했다. 이러한 전략은 특히 진나라에서 큰 성공을 거두었다(254~258쪽 참조). 기원전 5세기 후반 이회(李悝)의 개혁 이후, 진나라는 심지어 인접 국가의 농민들을 인구가 적은 지역으로 유입시키는 데 성공했으며, 정국(鄭國)의 대운하 건설 같은 대규모 프로젝트를 통해 농업 부문의 물류 기반도 개선할 수 있었다. 사천 분지의 병합(257쪽 참조)과 도시 및 관개 수로 조성으로 약 1만 가구의 새로운 농가를 부양할 수 있었으며, 기원전 260년경에는 북방 지역에서 가장 생산성 높은 농경지를 보유했다.[11]

기존 봉건 영주들의 경쟁을 배제하기 위해 중앙 정부는 말단 지역까지 미치는 등록 및 인구 조사 제도를 도입했다. 각 농가에는 성인 한 명이 경작할 수 있는 면적의 토지를 분배했다. 아울러 세금, 병역, 토지 구획을 똑같은 단위로 구성함으로써 국가는 높은 단위당 수익과 세수를 확보하고, 동시에 최대 규모의 병력을 동원할 수 있었다. 중국 어느 지역에서도 이처럼 많은 행정 구역을 설치해 백성을 납세자이자 병사로 등록하려 한 사례는 없었다. 또한 법을 어긴 자들에 대한 처벌이 이처럼 엄격했던 곳도 없었다.[12]

이와 더불어 진나라 통치자들은 산림 자원과 수공업 생산에 대한 통제를 확대하고 대출 제공을 통해 경제 활동에 개입함으로써 더 많은 세수 확보를 도모했다.[13] 이 모든 조치에는 전능한 강제력이 내재해 있었고, 이는 막대한 인력과 시간을 소모했다. 그러나 군사적으로 계속 성공하고 비옥한 초나라 지역까지 식민화함으로써 자급자족적 정복 체제에 충분한 자원을 투입할 수 있었다. 하지만 진시황이 이 거대한 제국을 안정적인 통치 체제로 전환하려 할 때(258~263쪽 참조), 이 체제는 한계에 부딪혔다. 진나라에서 시행한 통제 방식은 지역적 전통과 여전히 많은 자율적인 제후가 존재하는 확장된 영토에 그대로 적용할 수 없었다. 새로운 질서에 적응할 시간을 주지 않은 탓에 지역 엘리트의 동의도 얻지 못했다.[14]

그럼에도 한나라의 초기 통치자들은 진나라의 조세 및 농업 정책을 계승했을 뿐만 아니라 일부는 오히려 강화하기까지 했다. 일찍이 유방이 다스리던 기원전 203년부터 농민은 정기적으로 부역에 동원되고, 인두세를 화폐로 내야만 했다. 이를 위해 각 농가 구성원의 나이와 성별, 심지어 어린아이와 신생아, 그리고 다른 이유로 마을에 온 사람까지 모두 등록하고, 이동도 제한했다. (심지어 마을을 떠나는 것조차 관리의 감시를 받았다!) 이러한 위계적인 등록 및 통제 시스템은 사람들의 일상에 깊숙이 스며들어, 심지어 죽은 자들의 세계인 저승조차도 이와 다르지 않을 거라고 여길 정도였다.

제국 영토에서의 재정 확보를 쉽게 하려고 국가는 통일된 도량형과 문자를 도입했다. 황제의 주화 독점권은 지역 화폐가 존재했음에도 불구하고 조세 징수의 효율성을 높이는 데 이바지했다. 주로 하천 및 수로와 인접한 시장을 확충했으며, 농업과 재정 감독 그리고 수로 및 공원 관리를 담당하는 중앙 관청이 물류를 조율했다. 특수한 목조 구조물과 인공 연못 설치를 통해 더 넓은 면적에 관개할 수 있었다.[15] 서쪽의 그리스-로마와 달리, 중국에서는 철을 단순한 가마가 아니라 고온의 용광로에서 좀더 효과적으로, 대량으로 그리고 더 높은 품질로 생산했으며, 국가의 감독하에 도구와 무기로 가공해 수출했다. 전국 시대에는 쟁기의 삽날만 철로 만들었으나, 이후에는 수공업 작업장에

표 1 기원전 139년, 남군(南郡) 서부에 위치한 현(縣)의 인구 연례 보고서—제국 중앙 정부 제출용(출처: Von Glahn 2016, 145)

총가구	1196	
새로 추가된 가구	70	
끝났거나 정리된 가구	35	
순증가 가구	45 (35)	
성인 남성	991	총 남성: 2036
미성년 남아	1045	
성인 여성	1695	총 여성: 2337
미성년 여아	642	
새로 추가된 개인	43	
탈락한 개인	43	
개인 순증가	43	
총인원	4373	연도별 순증가율: 0.99%

서—개간지와 미개간지에 따라 효과적으로 사용할 수 있도록 크기와 무게가 다양한—완전히 철로 된 금속 쟁기를 생산했다.[16]

전쟁과 대외 정책의 방향 전환도 경제적으로 긍정적인 효과를 가져왔다. 초기의 한나라 황제들은 남부와 동부의 지역 강자들에게 일정한 양보를 했는데, 그 대가로 50여 년 동안 내부 전쟁 없이 통치를 이어갈 수 있었다. 이로 인해 토지세가 수확량의 15분의 1로, 이후에는 심지어 30분의 1 수준으로까지 낮아졌다.[17] 기원전 154년 마지막 봉건 영주들을 제압했을 때, 군대를 근본적으로 재편할 때가 온 듯했다.

로마 제정 초기와 유사하게(251~253쪽 참조), 한나라 역시 내부 평정을 달성한 뒤 군사력을 외부로 전환했다. 여기서 '외부'란 주로 북서쪽 기마 유목민의 세계를 의미했다. 이미 전국 시대에 북부의 군주들조차 유목민의 생산물(모피, 금, 말, 낙타)과 농경 지대의 상품(곡물, 비단) 교환이 활발히 이루어질 수 있도록 완충 지대를 설치한 바 있었다.[18] 무제의 흉노 전쟁 시기(273쪽 참조)에는 농민 보병 군대 대신 점차 기병과 주둔군이 주를 이루었다. 이들은 북부 지역의 군사 식민지와 요새에 주둔하며 공격군의 핵심을 형성했다. 이 병력은 범죄자, 실직자 그리고 비(非)중국계 이웃 부족의 기병 부대에서 모집했다.[19] 그러나 군대의 구조 조정, 특히 군마 및 신무기 장비와 만리장성 확장에는 막대한 비용이 들었다. 새로운 부대가 국경을 넘어 싸워야 할 경우에는 더욱 그러했다.

새로운 수입원을 확보하기 위해 무제와 그의 참모들은 기원전 119~기원전 117년 소금과 철에 대한 국가 독점권을 확보했다. 이 두 가지를 연결한 이유는 소금 채취와 가열에 철제 용기가 필요했기 때문이다. 소금은 어디에서나 식품 보존에 필요했고, 생산 과정도 비교적 쉽게 관리할 수 있었다. 약 20년 후에는 발효 음료(포도주)에 대한 독점도 추가했다. 이 모든 분야는 이전까지 민간 생산자에게 매우 수익성이 높았으나 이제는 귀족들만 이익을 얻었다. 새로운 운송 시스템은 먼 지방에서 생산된 상품을 탐욕스러운 상인이 아닌 지방 관료들이 세금 수입으로 구매해 중앙에 전달할 수 있도록 보장했다. 황실의 금고와 창고가 가득 찼다.[20]

전체적으로 이러한 독점은 황제의 소유와 황실 영토 강화 추세를 지속시켰다. 제국 건설 이래로 독점은 별도의 주권 영역을 형성했다. 황제는 산과 강 그리고 경작되지 않는 모든 땅이 항상 자신 관할이라는 점을 들어 개입을 정당화했다. 그럼에도 독점은 논란이 많았다. 비판자들은 생산물의 품질 저하와 관료적 규정 때문에 국가가 과잉 생산을 조장하며 국민에게 중요한 수입원을 박탈한다고 지적했다. 찬성론자들은 국가가 더 나은 기술을 도입할 수 있고, 독점이 철 제품의 규칙적인 공급을 통해 농업 체계와 국경 방어에 중요한 재정적 기여를 한다고 반박했다. 두 가지 독점 모두 새로운 운송 체계를 마련한 농업 관련 장관의 감독하에 있었던 것은 결코 우연이 아니다.[21]

많은 경우 이러한 논쟁은 이념적으로 편향되고 도덕철학적으로 과장되어 있었지만 경제적, 국가 정치적 측면만 놓고 보면 설득력이 있었다. 갈등의 실제 원인은 내정에 있었다. 그것도 예전부터 문제가 되어온 영역에서 말이다. 일반 농민은 철 생산을 황실 행정이 담당하든 민간이 담당하든 크게 신경 쓰지 않았다. 그들에겐 새로운 철 쟁기와 황소를 살 만한 돈도, 철 생산에 참여할 수단도 거의 없었다. 독점에 대한 진정한 비판은 오히려 토지에 자신의 수익을 투자해온 부유한 상인 가문 출신에게서 나왔다. 이들은 민간 철 생산의 폐지와 지역 및 초지역적 상품의 유통 금지로 인해 매우 수익성 높은 사업 영역을 잃었다. 제국 건설 이래로 이들은 통치자를 위협하는 지역적 영향력을 형성해왔고, 토지 소유 집중 과정을 가속화하기도 했다. 따라서 당시 사람들조차 의심했듯이 국영 독점의 설립과 생산지를 도시 중심 인근으로 옮긴 조치는 이들을 겨냥한 것이었을 가능성이 크다.[22]

물론 강력한 상인 가문에 대한 조처가 전체 경제나 특히 국경 지역의 원거리 무역을 위축시켰다는 의미는 아니다. 한나라 황제들은 공세적 원정을 하던 시기에도 여전히 기마 유목민과의 평화를 유지하기 위해 비단·의복·곡물·쌀 같은 '선물'을 바치는 데 의존할 수밖에 없었고, 스텝 지대의 물품과 중국 상품을 교환할 수 있는 국경 시장을 허용해야 했다. 이는 상품 생산을 촉진했으며, 국가가 운영하는 비단

1 아르카임(안드로노보 문화)의 요새 복원도. 남동부 우랄 스텝, 기원전 2000~기원전 1700년경.

2 아랄해로 흘러드는 시르다리야(그리스어로는 이악사르테스)강은 반유목적 오아시스 문화의 생명 줄이었다.

3 메소포타미아의 매우 오래되고 유명한 도시 중 하나이자 전설 속 길가메시의 고향인 우루크 유적.

4 상나라 왕조의 수도였던 안양의 한 무덤방에서 출토된 전차 유물(기원전 2000년대).

5 금화(기원후 1세기) 속 인물은 쿠샨 제국의 왕 비마 카드피세스(Vima Kadphises)일 것이다. 헬레니즘-로마 통치자의 영웅적 양식에 맞춰 삼지창을 쥐고 있지만, 유목민의 머리카락과 수염을 묘사하고 있다.

6 문자가 새겨진 상나라의 청동제 거북. 분명 조상에게 답을 구하는 제의(祭儀) 목적으로 쓰였을 것이다.

7 티루스의 도시 신 청동상(기원전 7세기). 서쪽의 식민지들(가데스, 카르타고)에서도 숭배한 이 신의 조각상은 세비야 박물관에 소장되어 있다.

8 호이네부르크(할슈타트 시대) 전체 시설의 복원도. 성채 언덕과 전방 요새 그리고 외곽 정착지로 이뤄져 있다.

9 비보발렌티아[Vibo Valentia(이탈리아 남부 칼라브리아 지역, 기원전 5세기)]에서 나온 금판. 망자와 함께 묻어 영혼이 길을 찾도록 인도하기 위한 오르페우스적인 텍스트가 새겨져 있다.

10 영혼의 윤회를 가르친 유명한 철학자 피타고라스의 대리석 흉상(기원전 150~기원전 30년에 제작. 로마의 카피톨리노 박물관 소장).

11 오늘날의 로마 중앙역(테르미니역) 부근에 남아 있는 세르비우스(Servius) 성벽의 유적. 기원전 390년 켈트족의 침입 및 점령에 대응하기 위해 건설했다.

12 아이가이(오늘날의 베르기나 인근)의 궁전 유적. 기원전 5세기 말까지 마케도니아 왕들의 거주지였다.

13 인도 북부 마가다 왕국의 날란다(Nalanda, 비하르주) 인근에 있는 불교 사원 유적.

14 바이샬리(Vaishali, 비하르주)의 잘 보존된 석주 중 하나. 마우리아 왕조의 아소카 대왕(기원전 3세기)이 담마 정책의 일환으로 세웠다. 이 도시에 고타마 붓다가 자주 방문했다.

15 그리스 조각을 연상케 하는 옷의 주름 표현이 특징적인 좌불상. 쿠샨 왕국(기원전 2세기)의 박트리아 지역인 간다라에서 제작했다.

16 장강 상류의 사천 분지는 중국 주요 곡창 지대이자 진과 한 제국의 중요한 권력 기반이었다.

17 중원의 진 제국 수도 함양 근처[지금의 시안(西安)—옮긴이]에서 발굴된 실물 크기의 병마용 일부. 기원전 210년경에 사망한 진시황을 사후에도 호위하도록 만들어졌다. 현재 세계문화유산으로 지정되었다.

18 몽골의 하르히라-투르겐(Kharkhiraa-Turgen) 국립공원에서 발견된 약 3000년 된 봉토분(쿠르간) 유적. 흉노의 것으로 추정된다.

19 베그람(Begram, 아프가니스탄)에서 출토된 상아 조각. 부유한 여인들이 음악가들의 연주를 즐기고 있다. 베그람은 힌두쿠시산맥의 교통 요지이자 쿠샨 왕국(기원후 1~2세기)의 일부였다.

공방(공방당 1000명의 노동자를 고용했다)과 황실의 비단 관리국, 즉 동직실(東織室)과 서직실(西織室)을 설치한 배경이기도 했다.[23]

어느 경우든 교역은 단지 대상로를 따라 조성된 농업 식민지에서뿐만 아니라—로마의 서유럽과 유사하게—군사 기지 인근에서도 활발히 이루어졌다. 이곳에서 병사들의 가족은 보급품과 (급료 대신 수령한) 비단을 거래했으며, 철이나 무기 같은 전략적으로 중요한 물자의 수출 금지 조치에는 별로 신경 쓰지 않았다.[24] 다시 한번 분명해지는 사실은 다음과 같다. 즉, 전쟁과 교역은 서로를 촉진했다. 종종 낯선 부족의 족장과 맺은 민간 무역 접촉이 군사적 팽창에 앞서 이루어졌고, 이는 인적 자원, 생산품, 지리적 조건에 대한 정보를 제공하는 데 중요한 역할을 했다. 이러한 방식으로 한나라의 영향력은 남서부(오늘날의 쓰촨성, 윈난성, 구이저우성)에서 지금의 한국·베트남·미얀마에 이르기까지 확대되었고, 서쪽으로는 더욱 밀집한 여러 무역로가 오늘날 실크로드로 알려진 네트워크에 통합되었다.[25]

중국의 장거리 무역상과 그들의 자금 후원자들은 이국적인 상품, 귀금속, 동물, 향료, 술, 희귀 식물과 목재, 염색 직물, 보석에 대한 황제와 고위 관리들의 수요가 증가함에 따라 이득을 얻었다. 이러한 상품을 거래하는 사람들은 세금 특혜를 기대할 수 있었는데, 운송세 및 판매세를 면제받기도 했다. 시장 규정을 위반했을 때도 그들은 금전적 선물과 가문 내 인맥의 영향력 덕분에 처벌을 피할 수 있었다.[26] 마침내 황제는 전략적 목적이 주된 목표였지만 동시에 새로운 장거리 상품을 개척하는 데에도 이바지한 사절단을 직접 파견했다. 기원전 139년, 장건(張騫)은 무제의 명을 받아 페르가나의 군마를 얻기 위해 서쪽으로 파견되었으며(273쪽 참조), 진정한 오디세우스 같은 여정을 거친 끝에 중앙아시아 오아시스 도시들(오늘날의 신장)에 대한 귀중한 정보를 가지고 돌아왔다. 두 번째 원정 이후 장건은 인도와 파르티아에 대해서도 알게 되었는데, 무엇보다도 중국 남부의 의복이 인도와 거래되고 있다는 사실을 보고했다.[27]

3 풍요의 땅에서 교역과 수공업: 부를 향한 인도의 길

장건이 인도를 중국산 제품의 판로로 언급한 것은 놀라운 일이 아니다. 북인도는 갠지스강 중하류의 평야를 중심으로 중국의 황하와 위하 유역 북부 및 남부의 비옥한 지역과 마찬가지로 강력한 농업 경제 발전에 유리한 조건을 갖추고 있었다. 기원전 600년경 비하르 남부의 난다 왕조 수도였던 파탈리푸트라 인근 지역과 동쪽의 마디야프라데시(Madhya Pradesh), 남쪽의 카르나타카에서 쉽게 채굴할 수 있는 철로 도구를 제작하면서 농업 경제 발전의 본격적인 시작을 알렸다. 철제 도끼와 쟁기날은 숲을 개간하고 단단한 토양을 경작하는 데 큰 도움을 주었다. 쟁기날과 관개 수로는 갠지스 평야, 비하르, 충적토 지역에서 습식 벼농사뿐만 아니라 보리, 콩류, 목화, 사탕수수 생산량을 2배로 늘리는 데 이바지했다.[28]

중국과 마찬가지로, 인도의 철 생산과 농업 생산 증가는 군주 중심 도시 국가들의 부상 및 더 큰 군대의 무장과 관련이 있었다. 마가다 왕국의 빔비사라 왕이 벌인 첫 번째 정복 전쟁의 대상이 남부의 철 매장지에 접근할 수 있는 이웃 나라 앙가였던 것은 우연이 아니다(221쪽 참조). 그러나 난다 왕조의 지배 영역은 중국의 전국 시대 제국들보다

작고 경쟁자의 수도 적었다. 울창한 삼림 때문에 도시화도 더디게 진행되었다. 라자들은 중국 전국 시대의 지배자들과 달리 이미 존재하는 도시 네트워크를 활용할 수 없었다. 북인도는 최대 1000가구 규모의 농촌 공동체가 특징이었는데, 이들은 왕궁 도시들과 관련해 '공동체 정신'을 유지하고 있었다.[29] 눈에 띄는 것은 철제 도구가 대개 마을 공동체 수준에서 제작되었으며, 왕은 이에 개입하지 않았다는 점이다. 우타르프라데시주의 카우샴비에서는 철제 도끼, 손도끼, 칼, 면도칼, 못, 낫 등 일련의 도구가 발견되었다. 마을의 한 상인이 철제 쟁기 500개를 도시에 보관해두고 농민에게 판매하려 했다는 기록도 있다.[30]

모든 토지는 원칙적으로 왕의 소유였다. 왕은 그것을 브라만, 크샤트리아(귀족), 바이샤(상공 계층)에게 자의적으로 하사했다. 이들은 자신의 토지를 종속된 농민인 수드라에게 경작하게 했으며, 농민은 지대를 바쳐야 했다. 게다가 벼농사는 여느 곡물 재배보다 노동 집약적이었기 때문에 토지에 묶여 있는 농민이 전쟁에 동원되는 경우는 드물었다. 대규모 군대는 크샤트리아, 다른 계층의 주민, 용병들로 구성되었으며 농민 민병대가 주력은 아니었다. 이러한 구조는 아마도 농업이 중국은 말할 것도 없고 로마에서처럼 이념적으로 높은 평가를 받지 못한 이유 중 하나일 것이다. 자이나교도에게는 농경과 쟁기질이 생명을 해치는 행위로 여겨졌다. 《자타카》에 따르면 농사를 지은 브라만은 자신의 신분을 상실했다고 전해진다.[31]

기원전 5세기 중엽부터 농민은 아마도 수확량의 최대 6분의 1을 세금으로 내야 했으며, 라자 역시 이 세금을 징수할 수 있었다. 지역적 차이와 계절에 따른 특수성을 고려하더라도, 세금 부담은 중국보다 더 컸던 것으로 보인다. 그러나 실제로는 이러한 방식이 아니고서는 군대와 상류 계층을 부양할 수 없었다. 그럼에도 다른 대제국의 지배자와 달리 라자들은 초기에 농업을 장려하는 데 큰 노력을 기울이지 않았다. 이는 이중 우기(북동 몬순: 12~3월, 남서 몬순: 6~9월)로 인해 농업에 유리한 기후 조건을 갖추었고, 고대 문헌에 따르면 이 기후가 연 3모작까지 가능하게 했다는 점을 고려하면 의외의 일이다.[32] 지배자들은 바로 이러한 생태적 이점만으로도 충분하다고 믿었으며, 별도의 장려책이 필요하다고는 생각하지 않았던 듯하다. 어쩌면 이것은 반(半)유목적 전통은 물론, 라자들이 본보기로 삼을 만한 선례가 없었다는 사실과도 관련이 있었을 것이다.

이러한 이유로 도시 시장은 비교적 늦게 생활과 정치의 중심지로 자리 잡았다. 중국에서는 시장이 국가 기관으로서 건축적으로도 뚜렷하게 가시화되고 체험 가능한 공간이었던 것과 달리, 인도에서는 대규모 왕궁 도시 안팎에만 중앙 시장이 존재했다. 라자는 의례 행사가 진행되는 동안 조공을 징수했으며, 이런 의례는 근동의 신전 축제처럼 물자 교환 장소로서 역할도 했다. 시장은 궁전의 그늘 아래 존재했다. 한편, 소규모 상업은—이런 점에서는 20세기까지의 중국과 유사하게—주로 도시의 성문과 골목길, 거리 등에서 이루어졌다. 그곳에는 상점, 바자르, 장인의 작업장이 있었고, 상인들은 집집마다 돌아다니며 물건을 팔았다.[33]

노점상은 유라시아의 다른 도시들에도 존재했으며, 성문 앞 광장이나 성소(신전) 주변은 교류와 물물교환이 이루어지는 인기 있는 장소였다. 그러나 인도에는 (대형 불탑을 제외하면) 도시 신전이나 건축적으로 명확히 구분된 중앙 시장 공간이 존재하지 않았다. 행정 당국의 보호 아래 잘 정착된 고정 시장 경제 대신, 유동적이고 유연한 상업 활동이 중심을 이루었다. 이러한 구조는 목축과 가축 사육의 중요성하고도 맞물려 있었는데, 이는 어쩌면 아리아게 이주 전통의 유산일지도 모른다. 고대에는 어느 나라도 인도만큼 소를 숭배한 곳은 없었다. 오늘날에도 모든 종교 의식에는 녹인 버터를 바치는 예식이 빠지지 않는다.

수공예와 교역이 존중받았던 것도 이와 맥락을 같이한다. 두 분야 모두 바르나 하층 또는 중간층이 주로 수행했지만, 도시의 부상과 함께 왕이 장려하는 고도로 전문적인 활동으로 발전했으며,[34] 농산물과 귀금속 및 보석에 대한 도시 엘리트의 늘어나는 수요에 부응했다. 동시에 인도는 수출 가능한 자연 자원을 풍부하게 보유하고 있었다. 목재·철·식물·금 등이 대표적이었으며, 특히 귀한 목재가 자라는 울창한 삼림이 많았다. 큰 강들은 뛰어난 운송로를 제공했다. 《자타카》에 따르면 인도는 바빌론, 스리랑카, 수마트라까지 이어지는 교역망을 갖고 있었으며, 이는 인도 상인이 바다를 건너는 일도 마다하지 않았음을 보여준다.[35]

상류 계층의 간섭으로부터 자신들을 보호하고, 거래를 효율적으로 운영하며, 먼 지역에서도 상호 지원하기 위해 인도 상인은 거래 품목과 직종에 따라 특유의 '동업조합'(169쪽 참조) 집단, 즉 길드를 결성했다. 이는 베다 시대까지 거슬러 올라가는데, 당시 수드라와 바이샤 계층이 브라만과 크샤트리아에 맞서 자신들의 이익을 대변하던 조직에서 유래했다. 회장〔파무카(pamukha)〕이나 대표〔제타카(jetthaka)〕의 지도 아래 이들은 효율적인 조직 체계를 갖추고, 캐러밴을 조직했으며, 지도자를 선출하고, 육로와 해상을 통한 물류에 참여했다. 조합원들이 공동 출자한 자본으로 상품 구입과 유통에 큰 금액을 투자할 수 있었고, 심지어 자체적으로 화폐를 주조하기도 했다. 경제의 화폐화는 국가가 아니라 상인들에 의해 주도되었으며, 《자타카》는 고정 금리가 없는 신용 시스템을 암시한다. 당시에는 돈을 빌려주는 직업 자체가 하나의 전문 직종이었다.[36]

성공과 자본 그리고 대대로 축적된 지식을 바탕으로, 하위 바르나 계층에 속했음에도 불구하고 동업조합 구성원은 사회적 존경과 영향력을 누릴 수 있었다. 그들의 증언은 재판에서도 신뢰를 얻었다. 또한 불교도와 마찬가지로 유능한 중개자로서 주목을 받았다. 마을 단위의 공동체적 사고방식과 농업에 대한 상류 계층의 낮은 관심으로 인해 귀족들 사이에서는 상업적 전문성이 거의 발전하지 못했다. 그 때문에 길드는 국가 권위와 농촌 공동체 사이에 자리를 잡을 수 있었다. 이로써 그들은 군대의 보급을 책임져야 했던 왕에게 중요한 협력자로 여겨졌고, 왕은 길드의 경험과 네트워크에 의존했다. 비슷한 현상을 중국에서도 볼 수 있는데, 그곳에서는 이른바 '사(士)' 계층이 부상했으나 이들은 동업조합처럼 조직된 집단이 아니었다(185쪽 참조). 일부 동업조합의 회장은 왕의 대신(장관)으로까지 등용되었고, 어쩌면 상업과 길드 상인을 전담하는 관직이 별도로 존재했을 가능성도 있다. 이로써 양측 모두에게 권력 행사 수단을 보장하는 일종의 공생적 관계가 형성되었다. 《야즈나발키아(Yajnavalkya) 법전》에 따르면, 왕은 동업조합 내부의 분쟁에 개입해야 했고, 반대로 동업조합은 왕을 지원해야 했다.[37]

동업조합의 발전은 기원전 5~기원전 4세기에 불교와 자이나교의 영향력 증대에 힘입어 추가적인 활력을 얻었다. 이들은 상업, 수공업, 금융 활동에 개인 자본이 예치금, 기부금, 또는 개인 투자 형태로 흘러 들어가는 길을 열었다. 브라만이 하위 카스트와의 접촉으로 인해 오염될 것을 두려워했던 것과 달리, 불교도와 자이나교도는 그런 염려를 하지 않았다. 그들은 상인 및 장인과 함께 먼 거리와 도시를 넘나들며 활발히 활동했다. 불교 사원은 지식과 자금을 저장하는 역할을 겸했고, 길드와 마찬가지로 라자들의 후원을 받았다. 이들은 중국과 달리 국가 기관의 간섭이 거의 없는 가운데 상류층이 비워둔 공간을 채우며 활발한 상업 및 경제 활동을 영위했다.

찬드라굽타가 마가다 왕국을 인더스강까지 확장하고 마우리아 제국이라는 통합된 지배 체제를 수립한 이후(226~228쪽 참조), 중앙 정부는 진나라와 한나라 황제들의 정책을 연상케 하는 새로운 시도를 한 것으로 보인다. 하지만 그러한 정책이 얼마나 깊이 있고 효과적이었는지는 평가하기 어렵다. 카우틸리아(Kautilya)의 《국가 통치론(Arthasastra)》은 중국 법가의 저작들처럼 통치자에게 재정과 세금 분야에서 엄격한 조치의 시행을 권고하며, 두 번째 권 전체를 수입과 지출 구조에 할애한다. 하지만 '마우리아 신경제'를 주장하는 연구자들조차도 《국가 통치론》이 이상적인 상태를 기술한 것이며, 실제로 전면적으로 시행된 적은 없었을 거라고 인정한다. 《국가 통치론》에 따르면, 논밭과 마을 경계, 목초지, 숲과 도로는 매년 관료와 마을 회의가 산출량을 조사하고, 모든 토지 매매를 기록했다. 이를 검증하기 위해 세금 징수관들은 사유지의 면적과 토질에 대해 보고하고, 구역 대표들은 매달 등기부를 중앙에 제출해야 했다. 아소카 왕은 마을과 가구 단위까지 미치는 광범위한 감독 및 정찰 체제를 구축한 것으로 알려져 있다.[38] 표면적으로 보면, 이는 진나라 및 한나라의 정책과 닮았다. 그러나 대부분은 실제보다 명분에 그쳤던 것으로 보인다(228~229쪽 참조). 보고서들은 종종 작성되지 않거나 불완전한 상태로 제출되었다. 왕들은—진나라와 한나라 또는 헬레니즘 시대 통치자들과 달리—자신이 통제하는 도시 네트워크와 이를 지원하는 사원 경제 체계가 없었으므로 마을 공동체의 이익을 국가 정책에 연계하고 자원을 중앙으로 일관되게 환수할 적절한 수단이 없었다. 또한 경제 분야에서는 기존 체제가 보수적 경향을 서서히 발전시키고 점진적 변화를 가져오지만, 완전히 새로운 것을 만들어내지는 못한다는 점을 고려해야 한다. 이는《국가 통치론》의 기원이 찬드라굽타 시대까지 거슬러 올라가지만, 마우리아 왕조 종식 후 경쟁 왕국 시대에 비롯된 여러 사상을 흡수했다는 사실에도 부합한다. 마치 중국 법가가 전국 시대의 권력 투쟁에 대응해 발전한 것과 유사하다.

분명한 사실은 찬드라굽타와 그 후계자들이 영토를 확장하면서 '왕토(王土)'로서 넓은 토지를 경작하거나 다른 용도로 사용할 수 있는 권한을 얻었다는 점이다. 진나라와 한나라가 북쪽 변경 지역에 농민과 군인을 정착시킨 데 반해, 마우리아 왕조는 많은 토지와 마을을 브라만, 불교 사원, 관료들에게 이전했으며, 하위 바르나 농민에게는 상대적으로 적게 분배했다. 이는 하위 계층 농민을 군사 식민지 개척자로 활용할 수 없었기 때문이다. 왕은 숲, 가축, 목초지에 특별한 관심을 기울였다. 한나라 왕조처럼 마우리아 왕조도 미경작 목초지와 숲을 자신들의 소유라고 주장했다. 특히 목재와 코끼리 개체에 큰 가치를 두었으며, 가축 수를 등록하고 의료 지원을 보장했다.《국가 통치론》은 광산과 광물 무역을 소금 및 증류주와 함께 국가 독점 사업으로 운영할 것을 제안하며, 국가의 숲과 마찬가지로 왕실 소유로 전환한 뒤 필요할 때 개인에게 임대할 것을 권고한다. 이 배경에는 동업조합이 주조하던 화폐를 국가가 장악하려는 의도도 있었던 것으로 보인다. 그러나 왕들이 실제로 이 목표에 얼마나 근접했는지는 여전히 의문이다.

실제로는 국가 발행 화폐와 민간 발행 화폐가 공존했다.[39]

왕들이 더 성공적이었던 분야는 마을 공동체의 이익과 직접적으로 연결된 투자를 수행한 경우였다. 아소카가 가축의 의료 지원을 개선하고, 브라만 의식에서 동물 도살을 금지하려 노력한 것도 상업 활성화와 마을 경제 강화에 이바지했다. 이와 비슷한 목표로 일부 정책은 마을과 도시의 식량 비축 체계를 개선하고, 새로운 정착지에 곡물 창고와 물탱크를 설치하는 한편, 농업 담당 고위 관리를 두어 이를 관리하도록 했다.[40]

고대 사회에서 흔히 그러했듯, 세 번째로 밀접하게 연관된 분야는 인공 관개였다. 초기에는 논밭 관개가 토지 소유자와 마을 공동체의 책임이었으나, 마우리아 왕조는 찬드라굽타 때부터 운하 수리 및 유지 관리, 제방 건설에 더욱 적극적으로 참여하기 시작했다. 이를 위해 그들은 난다 왕조의 왕실 금고와 펀자브의 부에서 얻은 자본을 보유하고 있었다. 서양 관찰자들은 이러한 노력을 기록하며 북인도 상당 지역에서 인공 관개가 이뤄졌다고 평가하기도 했다. 실제로 마우리아 왕조는 국가의 개입과 토지 소유자들의 이익 사이에서 적절한 균형을 잡았던 것으로 보인다. 토지 소유자들은 운하와 인공 호수 사용에 대해 적은 세금만을 부담했는데, 이는 유목민 지도자 시절부터 이어져온 왕실의 보호 의무에 부합하는 것이었다. 이것이 기원전 4세기 이후 경제 활성화, 철과 금속 가공업의 발전, 그리고 전반적인 생활 수준 향상의 요인이 되었을 것이다.

마우리아 왕조는 장거리 무역 분야에서도 유사하게 성공적인 정책을 펼쳤다. 그들은 파탈리푸트라〔나중에는 사갈라(Sagala) 등〕 같은 도시에 처음으로 상점과 교역소를 갖춘 중앙 시장을 설치한 것으로 보인다.

모든 상품은 왕실 감정관이 정한 가격의 제한을 받았다. 상인은 무역로와 수도 및 항구 도시의 정문에 설치한 세관에서 순이익과 투입 자본에 따라 세금을 내야 했다. 수입품에 부과된 세금은 약 10퍼센트로 비교적 적당한 수준이었으며, 상품 가치의 최대 5분의 1을 넘지 않았다. 《국가 통치론》은 재정 최고 책임자, 곧 사마하르트리(Samahartri)가 세관에서 통과한 상품에 왕실 인장을 찍도록 권고하는데, 이는 세금과 판매 수수료가 실무자들의 묵인된 협조하에 적절히 조절되었음을 시사한다.[41]

무역 길드의 권력과 영향력은 지나치게 엄격한 관세와 세금을 통해 교역 및 생산 이윤을 착취하지 못하도록 막았다. 《국가 통치론》이 왕에게 길드에 특별 구역을 할당할 것을 권고한 것도 바로 이 때문이다. 이 구역들은 아마도 우대 세율을 적용받았던 것으로 보인다. 이 외에 브라만 엘리트, 불교 사원, 운하 건설 및 군대에 종사하는 기술자도 세금 면제나 감면 혜택을 받았다. 특히 외국인과 인도 상인이 외국에서 수입한 상품을 거래할 때 누렸던 (또는 누려야 했던) 각종 세제 혜택이 눈에 띈다.[42] 왕은 길드에 맞서는 균형 세력을 확보하려 했으며, 유라시아 전역의 통치자처럼 이국적인 장거리 무역 상품에 큰 관심을 가졌던 게 분명하다. 주로 금, 유리 제품, 말, 향료와 약초, 그리고 소수 엘리트만 소유할 수 있었던 붉은 산호 등이 그 대상이었다. 특히 무역 책임자는 고정 가격에 대해 국내 상품의 5퍼센트보다 높은 10퍼센트의 이윤을 보장받았다. 궁정은 수많은 장인, 예술가, 도공, 생산자를 고용했다. 왕 자신도 이국적인 상품을 구매하는 도매상뿐만 아니라, 타인의 무역을 지원하고 자금을 대주는 역할까지 수행했다.[43]

4 외래 통치자와 화폐 경제: 헬레니즘 왕국의 번영

이국적인 장거리 교역품에 대한 왕들의 관심은 외교 관계에서도 드러 난다. 기원전 305년, 찬드라굽타와 셀레우코스 사이에 체결된 평화 조 약(227쪽 참조)은 무역 교류를 안정시키고 촉진했는데, 당시에는 사치품 교역이 중심이었다. 셀레우코스는 해상로를 통해 아모뭄(amomum)과 나르데(narde) 같은 향료를 자신의 제국으로 들여왔고, 디디마(Didyma) 의 아폴론 신탁소에 실론산 계피와 계수나무를 헌물로 보냈다. 찬드라 굽타의 아들 빈두사라(Bindusara, 재위: 기원전 320~기원전 273)는 셀레우코 스의 후계자에게 포도 시럽으로 만든 달콤한 포도주와 더불어 '현자' 한 사람을 보내달라고 요청한 것으로 전해진다.[44]

전체적으로 볼 때, 장거리 무역은 비교적 원활하게 이루어졌던 것 같으며, 이는 아마도 마우리아 제국과 헬레니즘 시대 제국이 유사한 구조를 지니고 있었기 때문일 것이다. 마우리아 왕조처럼 헬레니즘 시 대 군주들도 자신을 전사로 인식했으며―모든 서아시아 통치자가 그 러했듯―자신의 정체성과 과업에 부합하기 위해 부를 축적해야 했다. 전쟁 시기에는 군대, 함대, 성채 건설에만 프톨레마이오스 왕조 전체 수입의 78퍼센트, 셀레우코스 왕조의 57퍼센트가 소요되었고, 평화 시 기에는 이 지출이 약 20퍼센트 감소했다. 이러한 수치는 근세 유럽 국 가들의 군사 지출과 비슷한 수준이다.[45] 그에 더해 왕궁과 관료 조직 을 유지하고, 병사들과 동맹 세력을 지탱하기 위한 재정도 필요했다. 수입을 늘리기 위해, 당시의 다른 유라시아 통치자들과 마찬가지로 그 들도 농업 생산을 강화하고, 세금의 조사와 징수를 효율적으로 조정했 다. 아울러 광산업이나 소금 생산 같은 수익성 높은 산업과 무역 부문을 국가 독점 체제로 흡수하고자 했다. 이를 가능케 했던 것은 페르시아 제국의 자연 자원에서 비롯된 상당한 초기 자본, 그리고 외래 지배자로서 '정복의 결과'로 획득한 대규모 토지 소유였다. 이 덕분에 그들은 처음부터 상당히 넓은 재정적·정책적 재량권을 가질 수 있었다.

셀레우코스 왕조는 마을, 수공업 작업장, 그리고 수확물의 최대 50퍼센트에 달하는 지대를 지불하는 농민을 포함한 광대한 왕실 영토를 소유했다. 또한 통치자들이 일정한 공물을 징수하는 토지도 갖고 있었다. 다만, 제국의 영토는 생태적으로 매우 다양했다. 남부 메소포타미아는 갠지스 평야 중부나 장강 유역의 남중국과 함께 아시아에서 가장 비옥한 지역 중 하나였다. 셀레우코스 왕조의 군주들은 이러한 점을 잘 알고 있었으므로 언제나 운하와 관개 시설의 확장에 힘썼고, 새로운 작물(예: 포도 등)을 도입하려는 노력도 기울였다. 바빌론 맞은편 티그리스강 유역에 셀레우키아(Seleukia)를 건설한 셀레우코스 1세는 즉시 관개 시스템에 투자하고, 박트리아에서도 관개 시설을 확충했다. 이러한 시설은 마우리아 왕조 때와 마찬가지로 왕의 소유로 여겨졌으며, 그 이용권을 농민에게 임대하고 물을 끌어 쓸 때 일정한 세금을 부과했다.[46]

소아시아 내륙과 시리아 지역의 상황은 상대적으로 불리했다. 멘데레스(Menderes)강 유역을 제외하면, 인공 관개를 할 만한 큰 강이 거의 없었고, 강수량도 메소포타미아에서 기대할 수 있는 수준의 수확을 내기에는 턱없이 부족했다. 이로 인해 농업 생산이 부족한 부분은 상업과 저장 시스템을 통해 보완해야 했다. 게다가 인도나 중국 북서부처럼 이 지역에도 시리아사막, 이란고원 일부, 그리고 멀리 떨어진 동남부(발루치스탄 등) 같은 건조 지대가 존재했다. 이러한 지역은 오직 그 경계나 교통 요지에 해당하는 오아시스에서만 제한적인 경작이 가능했다.

　이런 불리한 지역에서 수익을 창출하는 유일한 방법은 식민지를 건설하는 것이었다. 이미 페르시아 제국은 병사들에게 식민지 형태로 토지를 분배해 정착시키는 방식을 활용했으며, 알렉산드로스 대왕도 요새와 퇴역 군인을 위한 정착촌을 세웠다. (이들 가운데 일부는 후에 중요한 도시 중심지로 성장했다.) 셀레우코스 왕조는 이 선례를 훨씬 더 큰 규모로 계승했다. 그들은 제국의 동부 광야 지대뿐 아니라 남동부 메소포타미아와 페르시아만 연안에까지 식민지와 도시를 건설해 서방에서 모여드는 이주민, 상인, 용병들의 거점으로 삼았다. 이들 정착지는 인구 밀도는 낮지만 농업 잠재력이 큰 지역에 있는 경우가 많았다. 반대로 이미 인구가 밀집한 지역에는 새로운 도시가 거의 들어서지 않았다. 이는 아마도 한나라의 식민 정책과 유사하게, 전략적·정치적 통제와 경제적 이득을 동시에 고려한 결과일 것이다. 식민지 하나하나는 더 큰 정치적 통제를 가능하게 했고, 동시에 새로운 농경지와 하천 및 해안 교통망을 개척하는 역할을 했다. 초기에는 중국이나 인도 군주들과 마찬가지로, 셀레우코스 왕들은 새로운 정착민에게 즉각적인 세수를 기대하지 않고 일정 기간(예: 10년) 토지를 면세로 제공했으며, 때때로 노예와 곡물을 지원하기도 했다. 그러나 도시 및 식민지 건설로 인한 인구 증가와 정착 확대는 농업과 목축업 그리고 지역 시장의 교류를 활성화했고, 이는 궁극적으로 국가에 새로운 수입원을 창출했다.[47]

　경제적 목표와 전략적 목표를 결합한 유사한 사례는 북시리아에 건설된 안티오키아, 셀레우키아, 아파메이아(Apameia), 라오디케이아(Laodikeia) 같은 왕의 거주지 건설에서도 찾아볼 수 있다. 이들 도시는 국왕의 재정으로 신속하게 조성되었으며, 곧 장거리 무역과 환승

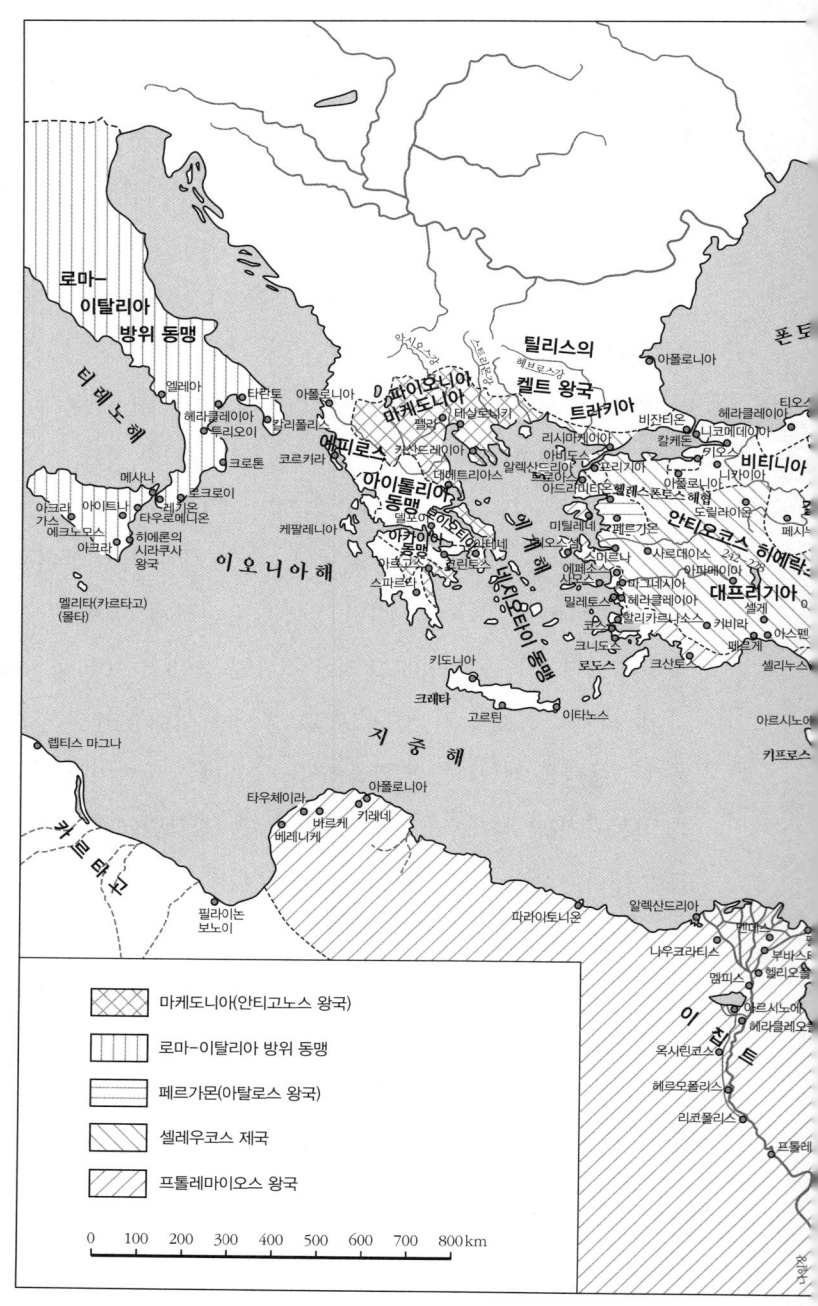

로마-
이탈리아
방위 동맹

틸리스의
켈트 왕국

폰토

티레노해

이오니아해

마케도니아

파이오니아

트라키아

비티니아

안티오코스 히에락스

대프리기아

에게해

아카이아
동맹

아이톨리아
동맹

라코니아 동맹

엘레아
투리오이
헤라클레이아
크로톤
타렌트
아폴로니아
브룬디시온
헤라클레이아
메사나
아크라
가스
에크노모스
아크라
로크로이
타우로메니온
히에론의
시라쿠사
왕국
멜리타(카르타고)
(몰타)
크로토이
케팔레니아
코르키라
펠라
에피로스
카산드레이아
알렉산드리아
데메트리아스
라리사
델로이
아르고스
코린토스
스파르타
아테네
키도니아
크레타
고르틴
이타노스

테살로니키
헤브로스강
아폴로니아
비잔티온
니코메데이아
헤라클레이아
티오스
칼케돈
키오스
키지코스
람프사코스
아비도스
아드라미티온헬레스폰토스해협
페르가몬
미틸레네
페르가몬
사르데이스
스미르나
에페소스
아파메이아
헤라클레이아
밀레토스
할리카르나소스
키니도스
크니도스
로도스
크산토스

도릴라이온
페시스
셀게
카비라
아스펜
페르게
셀리누스

지중해

레프티스 마그나

타우체이라
바르케
베레니케
키레네
아폴로니아
필라이논
보노이

아르시노에
키프로스

알렉산드리아
파라이토니온
나우크라티스
부바스
멤피스
헬리오
아르시노에
헤라클레오
옥시린코스
헤르모폴리스
리코폴리스
프톨레

이집트

마케도니아(안티고노스 왕국)

로마-이탈리아 방위 동맹

페르가몬(아탈로스 왕국)

셀레우코스 제국

프톨레마이오스 왕국

0 100 200 300 400 500 600 700 800km

기원전 240년경 헬레니즘 국가들의 세계

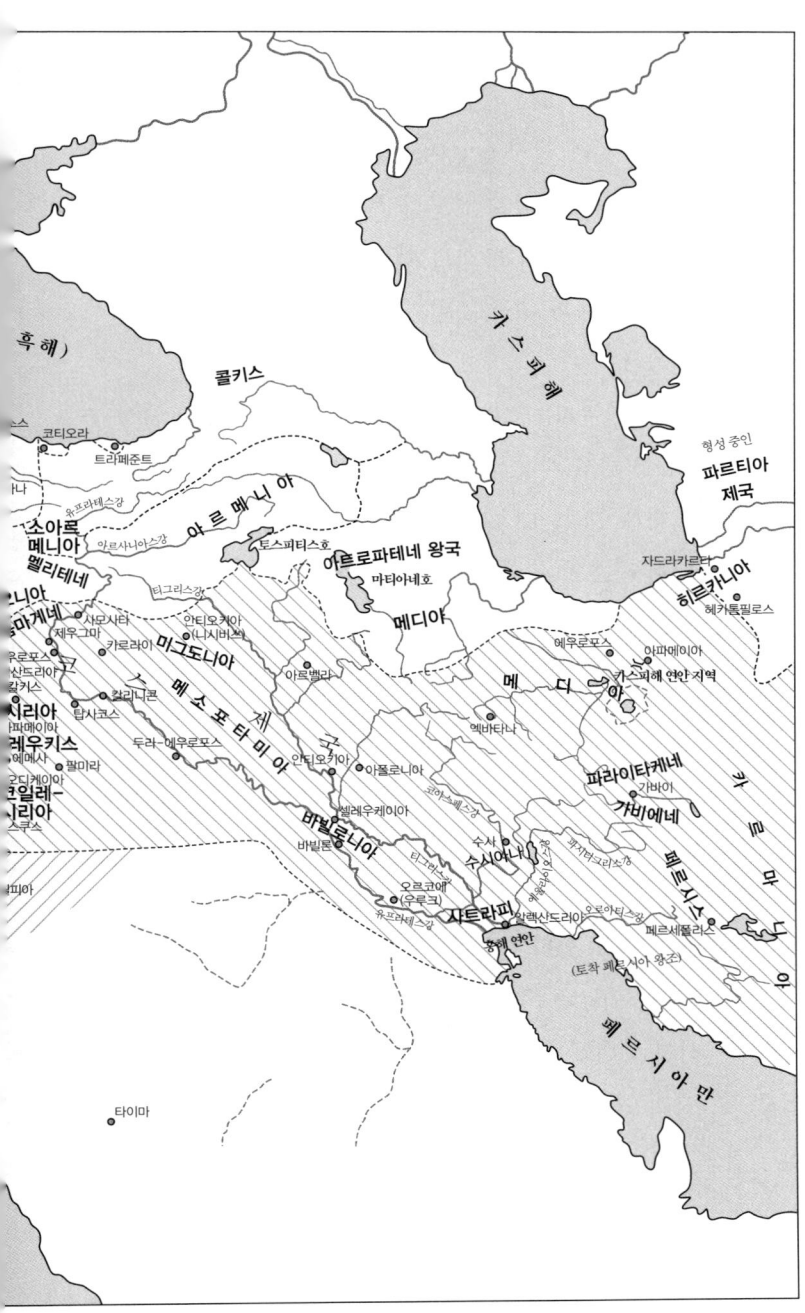

흑해)

콜키스

카스피해

코티오라

트라페준트

형성 중인
파르티아
제국

조아르
메니아
멜리테네

아르메니아

유프라테스강

아르사니아스강

토스피티스호

자드라카르타

마게네

아트로파테네 왕국

히르카니아

니리아

마티아네호

헤카톰필로스

제우그마

티그리스강

메디아

미그도니아

안티오케이아
(니시비스)

에우로포스

아파메이아

카스피해 연안 지역

리리아

카르라이

아르벨라

레우키스

사모사타

칼리니콘

메소포타미아

탑사코스

두라-에우로포스

팔미라

셀레우케이아

안티오키아

아폴로니아

콰아스페스강

엑바타나

메디아

파라이타케네

가바이

가비에네

카르마니아

바빌로니아

셀레우케이아

수사

수시아네

티그리스강

페르시스

오르코에
(우루크)

유프라테스강

카타라크타스강

자트라피

오로아티스강

페르세폴리스

알렉산드리아

해

해안

(토착 페르시아 왕조)

페르시아만

타이마

무역의 중심지로 성장했다. 이 지역의 인구는 메소포타미아 전체 인구의 약 10퍼센트에 달했다. 도시 건설 과정에서 등장한 작업장과 생산 시설은 세계 각지에서 온 인력을 끌어모았다. 예컨대 티그리스강 유역의 셀레우키아는 총 550헥타르 규모의 성곽 내에 최대 10만 명의 인구를 수용할 수 있었다. 이 도시의 엘리트층은 안정적인 물자 보급만큼이나 이국적 사치품과 고급 소비재에 대한 욕구도 강하게 드러냈다.

따라서 이러한 왕의 거주지는 식민 도시와 더불어, 새로운 통치자에게 주어진 정치적·경제적 재량권의 눈부신 표현이었다. 그러나 이들에게도 분명한 한계가 있었는데, 그것은 단순한 왕령(王令)으로는 바꿀 수 없는 기존 사회 구조였다. 그 대표적인 예가 바로 신전과 성소였다. 신전은 농업 생산지이자 수공업 생산지, 금융 중심지이자 무역 거점으로서 왕들에게 없어서는 안 될 협력자였으며, 이러한 점에서 불교 사원과 유사한 기능을 했다. 실제로 많은 경우, 신전과 그 제사장들은 새로운 지배자가 현지인과 연결될 수 있는 거의 유일한 가교 역할을 했다. 동시에 이 신전들은 매우 생산적인 경제 단위였으며, 토지를 소작농에게 임대함으로써 지속적인 수입을 확보했고, 예속된 농민을 동원해 직접 경작하기도 했다. 또 신전들은 자체적으로도 노예, 건축 자재, 장식품, 직물, 귀금속, 향목(香木) 등의 물품이 필요했기 때문에, 이들 물자는 신전 주변에서 활발히 거래되었다. 여기에 특화된 수공업 작업장들도 딸려 있어, 신전은 단순한 종교 기관을 넘어 지역 경제의 핵심 기관으로 기능했다.

신전 시장과 수공업은 단순히 지역 간 무역을 뒷받침했을 뿐만 아니라, 경제의 화폐화를 촉진하는 데에도 중요한 역할을 했다. 신전의 토지는 신의 소유로 여겨졌기 때문에, 일반적으로 신성불가침의 대상이었다. 이러한 이유로 신전은 불교 사찰과 마찬가지로 자금 보관소(예치금 또는 기부금 형태)와 금융 대출 기관의 기능을 수행했다. 이처럼 강력한 경제력을 지닌 신전을 효과적으로 활용하기 위해, 셀레우코스 왕조의 군주들은 바빌론과 페르시아 왕조의 선례에 따라 왕실 관리를 신전의 재정 및 토지 운영에 통합시켰다. 동시에 면세 혜택이나 선물, 토지 양도를 통해 제사장들의 신전 운영을 지원했다. 이는 마우리아 왕조가 브라만과 불교 사원에 토지를 기증한 방식과 유사하다. 하지만 중요한 차이점이 있었다. 마우리아 왕조는 사원이나 브라만에게 양도한 토지에 세금을 면제했지만, 셀레우코스 왕조는 신전이 늘어난 토지에서 지대 취득 권리를 부여받는 대가로 왕실이 일정 수입을 확보하는 구조를 유지했다. 다시 말해, 신전의 토지는 신의 소유이지만, 그 운영 이익은 국가 재정에 일부 귀속되었다. 예컨대 시파르(Sippar)에 있는 샤마시(Shamash) 신전의 경우, 수확량의 절반이 왕에게 돌아갔다. 이러한 높은 세율은 메소포타미아의 가장 비옥한 지역에서만 가능했으나, 이 사례는 신전이 군주의 중요한 수입원이었음을 명확히 보여준다.[48]

두 번째 주요 행위자는 그리스의 도시들이었다. 이들은 아르카익(archaic) 및 고전 시대에 경제 성장의 핵심 동력이었지만, 기원전 4세기 이후에는 크고 작은 전쟁과 권력 불안정으로 인해 특히 소아시아 지역에서 위기를 겪고 있었다. 이들 도시의 토지 소유는 대부분 늘어나는 인구를 부양하기에 부족했으며, 부유한 시민이 곡물을 매입해 보조하긴 했어도 근본적인 해결책은 아니었다. 이러한 상황에서 많은 도시가 왕들이 제공하는 곡물 기부를 환영했고, 왕들은 자신을 구원의 통치자로 내세우며 도시의 충성심을 확보하고자 했다. 동시에 이런 곡물 기증은 왕에게도 재정적 효과를 가져다주었다. 토지를 하사받은 도시는 은화 기반의 세금을 더 많이 낼 가능성이 커졌기 때문이다. 반면, 왕실 직영지와 일반 조공 지역에서는 대부분 잉여 농산물만을 생산할 수 있었으며, 이를 화폐로 전환하기 위해 왕은 그 생산물을 도시에서 팔 수 있도록 다양한 노력을 기울였다. 심지어 어떤 경우에는 시장에서 곡물을 구매하지 말고 왕실 토지에서 나온 곡물을 구입하라는 명령을 도시에 내리기도 했다. 이처럼 도시는 왕실 생산물의 소비처이자, 정규 세금 납부자 역할을 동시에 수행했으며, 바로 이런 이중적 기능 덕분에 왕실 재정에서 도시가 차지하는 가치는 매우 컸다.[49]

이 모든 거래 과정에서 나타난 한 가지 경향이 있었는데, 이는 마우리아 왕조 시기의 인도에서도 관찰할 수 있고, 그리스계 박트리아 지역에서도 이어졌다.[50] 거의 모든 지역에서 도시 건설이나 농업 생산성 향상을 위한 조치가 취해질 때, 셀레우코스 왕들은 조공·관세 또는 기타 세금을 은화로 징수하려 했다. 반면, 그들의 토지 하사나 '은혜'는 주로 현물(곡물)로 제공되었다. 물론 셀레우코스 왕들도 여전히 세금을 곡물 같은 현물로 받았지만, 현금 수입은 세금 징수를 보다 합리적이고 효율적으로 만들 수 있는 기반을 마련해주었다.[51] 화폐는 관리와 운반이 훨씬 쉬웠으며, 언제든 빠르고 자유롭게 사용할 수 있는 수입원을 제공했다. 반면, 농산물은 쉽게 상하기 때문에 현금 수입에 비해 불리했다. 이러한 이유로, 아리스토텔레스의 저작으로 추정되는 《오이코노미카(Oikonomika)》의 두 번째 권에서도 중국의 법가 사상과 《국가 통치론》처럼 순이익을 얻는 방법에 대해 상세한 지침을 제공하고 있다. 이를 위해 셀레우코스 왕조는 최고 재정 행정 조직을 디오이

케테스(dioiketes)라 부르는 관료에게 맡겼는데, 이 조직은 사트라프(총독) 행정과는 독립적으로 왕실 세금 징수의 중앙 기구 역할을 했다. 이는 마우리아 왕조가 세금 징수 분야에서 추진한 중앙 집권화 노력과도 유사한 체계였다.

경제의 화폐화는 셀레우코스 왕조가 이룬 중요한 업적 중 하나로, 제국 서부 지역의 도시화 및 화폐 경제가 발달한 구조를 기반으로 구축되었다. 연간 약 140.5톤의 은화를 주조한 것으로 추정된다. 이와 함께 마우리아 왕조에서와 마찬가지로 왕실 조폐소의 수도 증가했다. 수입의 일부는 행정 관리, 궁정 직원, 군인 급여 등을 통해 경제 순환에 투입되었다. 이는 특히 장거리 무역 분야에서 민간 경제 활동을 촉진하는 역할을 했다. 더 나아가 은화로 징수하는 세금은 농촌 생산을 활성화하는 자극제가 되었다. 도시와 농민은 현금으로 세금을 내기 위해 잉여 농산물을 확보해야 했고, 이는 관세와 시장세 수입 증가로 이어졌다. 이러한 세금 수입은 군대와 행정 조직의 재정 지원에 쓰였다.[52]

이 과정에서 토지 사유화를 농업 기반으로 삼는 원칙은 중국이나 인도에 비해 상대적으로 덜 중요한 역할을 했던 것으로 보인다. 그 이유는 재정적 측면에서 설명할 수 있다. 곧, 개인보다 신전과 도시를 경제 및 조세 단위로서 왕실의 관리 체계에 더 효과적으로 통합할 수 있었기 때문이다. 실제로 셀레우코스 왕조가 취한 이러한 조치는 초기 수 세기 동안 성공적이었던 것으로 보인다. 농업 및 (자색 염료, 유리, 선박, 바빌로니아 직물, 소금, 역청 같은) 상품 생산이 증가했고, 인구는 약 1400만 명에서 1800만 명으로 성장했다. 또한 왕의 거주지 이외 지역에서도 새로운 도시와 정착지가 생겨났고 주거 환경이 개선되었으며,

물레방아 같은 기술 혁신도 등장했다.[53]

하지만 이러한 체제는―인도와 중국 제국에서도 유사하게 나타난 바와 같이―중장기적으로 지출이 정규 수입을 초과하지 않을 때만 제대로 작동했다. 가장 큰 위협은 군사 원정이었다. 이는 농민을 생산 현장에서 이탈하게 만들었고, 패전 시에는 영토 및 수입의 손실과 더불어 은화로 지급해야 할 막대한 전쟁 배상금을 초래했다. 초기 100년 동안 셀레우코스 왕조는 충분한 비축 자산을 바탕으로 이러한 위험을 어느 정도 통제할 수 있었다. 당시의 전쟁은 새로운 토지와 전리품이라는 형태로 재정 자원을 확대하는 수단이기도 했기 때문이다. 그러나 로마가 국제 무대에 등장하고, 안티오코스 3세가 소아시아에서 큰 패배를 당하면서 상황은 급격히 악화했다. 소아시아의 곡물 저장소를 상실했고, 로마는 냉혹하게 전쟁 배상금을 부과했다. 이제 셀레우코스 왕조는 신전의 보물에까지 손을 대기 시작했고, 예루살렘의 제사장직 같은 종교적 직위도 매각하는 지경에 이르렀다. 동시에 왕조는 아직 발굴되지 않은 보물이 남아 있을 법한 지역을 탐색하기 시작했다. 특히 남쪽의 프톨레마이오스 왕국은 군사적으로는 약화했지만, 여전히 지중해에서 가장 부유한 왕국으로 부러움의 대상이었다. 셀레우코스 왕조에겐 그곳이 매력적인 목표로 다가왔다.

프톨레마이오스 왕조는 오늘날의 이집트 경계와 대체로 일치하는 지역을 지배했다. 이곳 주민은 다른 지역보다도 더 나일강의 범람 덕분에 가능한 농업 생산물에 의존했다(191~192쪽 참조). 그럼에도 왕들은 셀레우코스 왕조나 동시대의 다른 통치자들과 유사한 방식과 원칙에 따라 이 땅을 경영했다. 이 과정에서 그들은 민족적으로 좀더 동질적인 지역과 나일강이라는 독특한 운송 및 통신 축을 활용할 수 있었다.

한 영국 역사가는 이집트를 "세금을 부과하기 가장 쉬운 나라"라고 표현하기도 했다.[54]

그래서 프톨레마이오스 왕조는 일관되게 운하 건설에 투자하고 미개간지를 개척했다. 다만 이는 특정 지점에 식민지를 세우는 방식은 아니었다—홍해 연안의 신도시는 무역과 코끼리 조달을 위한 것이었다. 그 대신 멤피스에서 남서쪽으로 60킬로미터 떨어진 거대한 습지, 곧 파윰(Fayum)의 개간을 통해 이루어졌다. 프톨레마이오스 2세 치하에서 수행한 이러한 조치는 막대한 노력을 수반한 대규모 사업이었으며, 진나라가 사천 분지를 개간한 일(257, 284쪽 참조)이나 중국의 다른 대형 프로젝트, 그리고 셀레우코스 왕조가 그들의 수도 주변 지역을 운하로 개발한 노력과 비교할 수 있다. 1만 5000명의 인부가 두 달간 재무장관의 감독 아래 농경지를 2배 이상 확장해 750제곱킬로미터로 넓혔고, 그리스 정착민이 가져온 가축을 위한 목초지도 개발했다. 이 두 가지 모두 세수 증대에 이바지했으며, 당대 세계 최대 도시였던 인구 50만 명의 알렉산드리아에 대한 물자 공급을 확보하는 데도 중요한 역할을 했다.[55]

셀레우코스 왕조나 한나라 왕조와 마찬가지로, 프톨레마이오스 왕조도 이 대규모 사업을 통해 정치적 목적을 추구했다. 그들은 그리스계 군인, 의사, 장인(직조업자, 포도주 상인 등) 그리고 행정 및 재정 전문가의 이주에 의존했는데, 현대의 추산에 따르면 최대 50만 명이 이집트로 유입되었다고 전해진다. 이들은 파윰 지역 인구의 약 50퍼센트를 차지했다. 이주민은 익숙한 농업 방식과 함께 포도주, 올리브, 겉껍질이 없는 밀 같은 농산물을 들여왔다. 또한 이들은 계약을 기반으로 일하고, 화폐로 거래하며 보수를 받는 방식에 익숙했다. 파윰은 지중해 교역망과 연결되어 있었고, 따라서 화폐 경제는 (셀레우코스 제국에서처럼) 그리스-마케도니아식 원칙에 따라 운영되는 조세 제도를 뒷받침해주었다.[56]

파윰 지역에서 그리스 정착민에게 분배된 '클레루코이(Kleruchoi) 토지'에는 비교적 온건한 수준의 토지세를 부과했다. 군사 정착을 목적으로 하지 않은 왕실 소유 토지는 아소카 시대의 조세 제도(295쪽 참조)와 유사하게, 재무장관에서부터 마을 단위 행정 구역에 이르기까지 이어지는 행정 체계에 의해 관리되었다. 국가 관리들은 일정한 측정 기준에 따라 토지를 소규모 구획으로 나누어 농민에게 임대하고, 이에 대한 대가로 현물 세금을 징수했다. 이러한 기준은 또한 종자 배분, 세금과 각종 공납을 산출하는 기초로도 활용되었다.[57] 세 번째 범주는 이집트 전역에 분포한 신전 소유지였다. 고대 세계의 그 어떤 나라보다도 이집트는 신전들로 가득했다. 파라오 시대 이래로 모든 도시에 신전이 있었고, 그들은 광범위한 토지를 소유하며 세금을 면제받았다. 멤피스에서 가장 강력한 신전이 소유한 토지는 도시 전체 면적의 3분의 1에 달했다. 아울러 해당 신전은 지역 최대의 고용주이기도 했다.

신전이 얼마나 큰 존경과 위신을 지녔는지는—프톨레마이오스 왕조가 셀레우코스 왕조처럼 신전 수입(현물 형태)을 조세 행정에 통합하고 일부를 자신들이 활용하려 했음에도 불구하고—정기적으로 왕실 소유지에서 나오는 수입과 신전 운영 보조금을 제공받았다는 사실만으로도 분명히 드러난다.[58] 그에 대한 대가로 프톨레마이오스 왕조는 자체 은행을 설립해 금전 보관 중심지로서 신전의 역할을 축소했다. 같은 맥락에서 왕이 보조금[신탁세이스(syntaxeis)]을 지급하는 조건으로 중요한 '신전 산업'에 대한 통제권을 확보하는 협약도 체결되었다.[59] 프톨레마이오스 왕조의 화폐가 헬레니즘 시대 동방 세계에서 아테네 화폐 기준에 비해 덜 통용되었고, 이집트 경제가 다소 '폐쇄적인' 성격을 띠고 있었다 하더라도, 프톨레마이오스 왕조는 이러한 방식으로 고대 사회에서 흔히 발생했던 유동성 부족 문제를 완화하고, 도시 경제에 충분한 화폐를 공급하는 데 성공했다.[60] 파윰 지역과 왕실 소유지는 새로운 작물과 생산 방식을 실험하고 농업 생산 품목을 확대할 수 있는 기회를 제공했다. 개간된 새로운 토지는 단순히 세율을 높인 것뿐만 아니라, 군사 정착민과 관리에게 보상으로 주어졌다. 마을 단위에서는 작물과 가축을 크기, 사육 방식, 관개 상태에 따라 매년 등록했다. 아울러 주민들을 재정적 목적으로 이름, 나이, 신분, 직업에 따라 기록했다. 정부는 토지 자원과 그 상태에 대해 상당히 정확한 정보를 가지고 있었다. 비록 세금 부담이 국내총생산(GDP)의 약 15퍼센트에 달했지만, 이집트에서도 조세 제도의 정교화는 경제 활동을 저해하지 않고, 특히 도시 인구와 클레루코이 토지 거주민을 중심으로 시장 활동과 '사적' 소비를 촉진했다. 이집트의 농업 생산량은 19세기 초까지 볼 수 없었던 높은 수준에 도달했다.[61]

셀레우코스 왕조와 마우리아 왕조의 경우와 마찬가지로 국가의 화폐화, 향상된 기반 시설과 저장 시스템, 그 밖의 국가 활동은 무역에 긍정적 영향을 미쳤다. 홍해에 건설한 새로운 항구들은 유목 생활을 하는 나바테아인이 통제하던 육로(102쪽 참조)를 우회해 아라비아 남부의 유향 산지로 직접 항해할 수 있게 해주었다. 홍해에서 나일강으로 이어지는 연결로를 통해 장거리 상품이 알렉산드리아로 운송되었다. 군사 작전은 누비아의 금광 통제와 동아프리카의 코끼리 확보를 보장했다. 교통 요충지와 해안 지역에 (전해지는 바에 따르면 270개의) 정착지와 식민지를 건설함으로써 수공업이 활발해졌다. 신전 제품(기름, 소금, 맥주, 직물)과 장거리 무역 상품, 광산 및 광물에 대한 독점권은 이집트 경제의 가장 강력한 주체로서 왕들의 역할을 강화했다. 프톨레마이오스 왕조의 가장 큰 업적은 그리스-마케도니아의 자본과 토착 노동력, 문자 사용 및 재정 전문성을 전통적인 농촌 구조와 성공적으로 결합한 데 있었다.[62]

기원전 3세기 말이 되어서야 위기의 징후가 점점 뚜렷해졌다. 이는 자연적 문제와 정치·구조적 문제가 복합적으로 얽힌 결과였다. 셀레우코스 왕조와의 끊임없는 전쟁으로 인해 프톨레마이오스 4세는 농민을 징집할 수밖에 없었다. 게다가 과도하게 경작한 토지는 수확량이 줄어들었고, 감독관들은 계획된 종자 파종을 제대로 이행하는 데 어려움을 겪었다. 수입과 작업 절차 관리에 집중된 회계 시스템은 이런 변화에 유연하게 대응하지 못했다. 수확 조건을 개선하기보다는 한 번 정한 방식을 고수하며 점점 더 많은 세금을 요구했다. 또한 몰수된 사유지의 조세 징수권을 비싸게 임대하고 곡물 수출을 늘렸다. 이러한 조치는 권력 유지라는 정치적 목적도 함께 담고 있었다. 기원전 2세기에는 로마가 동방의 헬레니즘 질서를 단 한 세대 만에 무너뜨렸다. 한 연구자는 그들의 등장을 마치 외계 세력의 침공과 같았을 거라고 표현하기도 했다.[63]

5 약탈 국가에서 경제 강국으로: 로마

로마가 모든 걸 바꾼 것은 아니다. 하지만 로마는 많은 부분에서 달랐고, 이는 다른 사례들과 마찬가지로 전반적인 생태학적 상황에서 기인했다. 동방의 대제국들이 그랬던 것처럼 토지나 농업 생산에 대한 세금으로 국가 재정을 확보하는 방식은 지중해 대부분 지역에서는 불가능했다. 예외가 있다면 시칠리아, 캄파니아, 키레네 그리고 카르타고 주변의 비옥한 곡창 지대뿐이었다. 평균 강수량은 곡물과 올리브·포도주 같은 기본 농산물 재배를 가능하게 했지만, 수문학적 조건은 너무나 불안정하고 다양해서 신뢰할 만하지 못했다. 위기 상황에 대응할 때 자체 생산량을 늘리기보다는 생산 품목을 다양화하고, 소수의 잉여 지역(폰토스 북부, 에스파냐, 시칠리아)에서 곡물을 수입하는 방식을 택했다. 때때로 저수지와 소규모 운하를 통해 농경지에 물을 공급하기도 했으나, 인구가 집중된 해안 도시 지역에서 인공 관개를 통해 대규모로 생산량을 늘리는 방안은 거의 고려하지 않았다. 그 이유는 충분한 수위와 큰 유량을 가진 강이 없었기 때문이다. 이집트 나일강 유역의 농업 생산량에 비해 로마 영토의 평균 생산량은 헥타르당 약 500킬로그램으로 절반 수준에 지나지 않았다![64]

국가 재정을 이런 상황에 맞춰 조성하는 일은 좀처럼 성공적이지 못했다. 키레네, 카르타고, 시라쿠사의 지배자와 같은 예외가 오히려 이러한 규칙을 확인시켜준다. 많은 소규모 공동체가 이미 고대 초기부터 좀더 직접적인 방식, 예컨대 무역, 해적 행위, 지역 분쟁을 통해 식량 공급을 확장했다. 이런 점에서 지중해 지역의 정치 경제는 동방의 농업 강국들보다는 유목 집단에 더 가까웠다. 지중해는 무력 충돌과 무역 교환이 뒤섞인 무대였으며, 이를 통해 대제국들이 가진 초기 우위를 상쇄하려는 노력이 이어졌다.

로마인은 이러한 전통에 순응했다. 고대에 지중해 서부 지역은 동부보다 다소 습하고 상대적으로 비옥했으며, 이탈리아는 충분한 토지를 제공해 한동안 영토 밖 식민지 개척이 불필요할 정도였다(235~236쪽 참조). 그럼에도 공화정에 안정적인 수입과 이익을 가져다준 것은 대개 농업 생산량 증대나 이에 맞춘 세제 체계가 아니라 전쟁이었다. 공화정 시기에는 전시와 위기 때만 연간 추정 자본의 0.1퍼센트에 해당하는 재산세를 부과했을 뿐이다. 전쟁은 부를 약속했고, 부는 사회적 지위의 상징이었으며, 전리품 획득은 국가의 중요한 책무였다. 농업 생산량이 적고 노동 집약적인 관개가 경제적이지 않았기 때문에, 로마 농민은 오랜 기간 병사로서 전쟁에 투입되는 동기를 부여받았다. 이로 인해 로마는 자력으로 군사력 대부분을 충당할 수 있었고, 여기에 이탈리아 동맹 도시들의 병력도 더해졌다(243쪽 참조). 그에 반해 카르타고와 서아시아, 이집트, 인도의 제국들은 농업 부문에서 지나치게 많은 노동력을 빼앗기지 않기 위해 주로 직업 군인을 운용했다.[65]

여기에 로마 세계를 동방 제국들과 구분 짓는 또 하나의 현상이 있었다. 지중해 도시 공동체의 물자 공급 개념은 시민 연대에 기반했으며, 기원전 4세기 이후부터는 사회 최상위 부유층의 역할에 의존했다. 이를 에우에르게티즘(Euergetism)이라 일컫는다. 에우에르게테스(프톨레마이오스 8세—옮긴이)는 주로 건축물이나 사회 간접 자본 사업처럼 눈에 띄는 공공 봉사 활동에 관심을 가졌으며, 곡물 공급 같은 분야에서도 일정한 역할을 담당해 소시민에게 혜택을 주고 도시 재정을 경감시켰다. 로마인은 에우에르게티즘을 후원자—피보호자 제도의 형태로 독자적으로 발전시켰다. 이는 직접 과세를 불필요하게 만들었으며, 권력 사회학적 이유로도 직접 과세와 상충했다. 지배 계층이 후견인으로서 자기 고객과의 관계를 잃는다면, 국가의 은인이자 구원자로서 자신을 드러낼 기회를 잃기 때문이었다. 따라서 로마의 재정 행정은 '재정'이라는 명칭조차 부적합할 정도로 매우 초보적이었으며, 국고(國庫)는 주로 수입을 보존하고 기록하는 역할에 머물렀다. 결국 행정 및 재정 역량을 키워주는 관리 체계가 없었고, 이러한 능력은 가정과 군대에서 전수되었다.

헬레니즘 국가나 인도의 대제국과 달리 로마인은 기원전 3세기까지 지방 토지 소유에 대한 자체적인 세제 구축에 큰 관심을 두지 않았다. 그 대신 현지에서 이미 시행 중인 조세 체계를 그대로 받아들였고, 세금 징수권을 정치권력에 직접 관여하지 않는 기사 계급 출신의 민간인에게 임대했다. 이러한 민간 세금 수탁자는 프톨레마이오스 시대의 이집트에서도 존재했지만, 동방 제국의 통치자들은 별개로 자체 관료 조직과 점차 정교해지는 화폐 정책을 통해 조세 및 공납 체계를 운영했다.

이런 점에서도 로마는 동방과 달랐다. 로마는 매우 늦게서야 동방에서 일반적이던 체제로 전환했다. 기원전 214년, 한니발 전쟁 한복판에서 공화정은 '현대적인' 화폐 제도를 도입해 캄파니아 은화 드라크마(Drachma)를 은 데나리온(denarius)으로 대체했다. 이 화폐는 정치적 책임을 지지 않고 오로지 현금 수취에만 관심을 둔 착취 정책의 상징이 되었다. 이것이 동방에서 오랫동안 속주 설치를 미뤘던 이유다. 기원전 188년, 안티오코스 3세는 무려 1만 5000탈렌트를 냈는데, 이는 로마가 3세기 전체에 걸쳐 요구한 전쟁 배상금의 3배에 달하는 금액이었다. 제2차 포에니 전쟁이 끝난 기원전 201년 이후 50년간 1000톤 이상의 은이 로마로 들어왔다. 이는 연평균 약 21톤에 달하는 양이다. 특히 에스파냐 은광은 기원전 2세기 중반부터 연간 25톤의 은을 생산했다.[66] 아이밀리우스 파울루스(Aemilius Paulus)가 전리품으로 가져온 은과 합치면 엄청난 양이어서 기원전 167년 로마 원로원은 시민들에 대한 직접 과세를 포기했을 뿐만 아니라(동방 대제국들이 결코 허용하지 않았던 일이다), 더 이상의 은이 필요하지 않다는 이유로 마케도니아 광산을 약 10년간 폐쇄하기로 결정했다.[67] 가이우스 그라쿠스가 마케도니아를 속주로 편입한 후 아시아 지역에 세금 징수권 임대 제도를 도입하면서, 추가적인 현금 수입이 발생하기 시작했다. 한 세대 뒤에는 속주들에서 로마로 연간 190톤의 은이 유입되었다. 이 규모는 16세기 남미에서 유럽을 거쳐 아시아(중국)로 흘러든 귀금속 물량과 맞먹는 수준이다.

로마는 비로소 헬레니즘 제국들이 앞서 실행했던 것을 뒤따랐다. 기원전 157년부터 기원전 100년 사이에 화폐 생산량이 4배로 증가했으며, 이 과정에서 금속 함량은 줄어들지 않았다. 기원전 80년대에는 술라가 금화를 주조하기도 했다.[68] 공공 자금은 곡물 저장고, 시장 및 창고, 광장, 부두와 항만 시설 건설에 투입되었다. (포강을 제외하고는) 농지 관개에 적합한 대형 하천이 없었기 때문에, 산지의 샘물을 도시와 주변 농지로 끌어들이는 수도교를 건설했다. 특히 기원전 144년부터 기원전 140년 사이에 건설된 아쿠아 마르키아(Aqua Marcia)는 로마의 용수 공급량을 무려 80퍼센트나 증가시켰다. 이후에도 추가적인 시설을 더 많이 건설했다.

가이우스 그라쿠스는 기원전 120년대에 페르가몬(Pergamon) 통치자의 유산과 **아시아 속주**에서 발생한 수입을 바탕으로, 수도의 곡물 공급을 보조금으로 지원하는 고정 가격제를 도입하고 도로 건설과 공공 곡물 저장고 설치를 가능케 한 국가 예산 구축의 토대를 마련했다. 이로써 공화정은 간접세(항만 및 도로 통행세) 외에 고정 수입원을 확보한 국가로 변모했으며, 이를 통해 군사적 성공과 무관하게 시민에게 식량을 공급할 수 있었다. 그라쿠스에 따르면, 공공 투자와 세금은 모두 로마 시민에게 이익이 돌아가야 했다. **아시아** 속주의 세금 징수권 경매 역시 로마에서 이루어져 사실상 시민의 통제하에 있었다.[69]

그럼에도 재정 투입 규모는 여전히 헬레니즘 통치자들의 노력과 비교할 수 없었다. 헬레니즘 군주들은 도시를 부양하고 궁정 운영과 군대 재정을 지원하기 위해 영토 전체의 농업 생산량을 증대시키려 했다. 반면, 로마 귀족은 그런 의무에 크게 신경 쓰지 않았다. 그들은 로마 체제가 재정적으로 거의 자립했으며, 시민의 가장 심각한 어려움도 후견인 제도를 통해 해결하는 데 익숙했다. 그 밖에 로마인은 자신의 토지 소유에 자본을 투자했다. 기원전 2세기의 전쟁 이후, 특히 이탈리아 남부의 휴경지가 늘어났고, 유동 자금과 함께—이는 로마 체제가 다른 제국들과 달랐던 또 다른 요인이다—점점 더 많은 노예가 이탈리아 상인들에 의해 면세 무역지인 델로스를 통해 공급되었다. 기원전 200년 이후 매년 170만~400만 명에 이르는 노예를 수입했고, 그중 13만~27만 명을 원로원 의원들의 토지 일꾼으로 투입했다. 노예들은 토지 수확물로 생계를 유지해가며, 도시로 이주하는 임금 노동자나 계절노동자보다 저렴한 비용으로 쉬지 않고 일했다. 특히 포도와 올리브 재배에 적합했는데, 이 작물들은 전체 성장 기간에 걸쳐 세심한 관리가 필요했기 때문이다.

그러나 주로 이탈리아 중부의 대규모 영지를 가진 부유한 지주들만 포도 재배와 많은 노예를 감당할 수 있었다. 이들은 광활한 토지를 경작할 자본과 정치적 영향력을 소유하고 있었으며, 포도나무와 농기구를 구입하고 포도주 및 올리브 압착기, 수차, 저수조, 수력 급수 시스템 같은 새로운 기술을 도입할 수 있었다. 이러한 투자는 충분한 가치가 있었다. 도시 인구는 포도주 수요가 매우 컸는데, 로마만 해도 인구 약 50만 명을 기준으로 연간 최대 8000만 리터의 포도주를 소비했던 것으로 추정된다. 곡물과 달리, 로도스를 주요 포도주 수출국에서 배제한 이후에는 경쟁할 만한 수입품이 거의 없었다. 또 켈트 지역에서도 이탈리아 상인들의 활동이 판매 증대를 가져왔기 때문에(162쪽 참조), 포도주 수출에 비교적 안전하게 투자할 수 있었다. 실제로 기원전 200년경부터 포도주 가격은 상승한 데 반해 곡물 가격은 하락했다.[70]

많은 대농장주는 경작 방식 및 작물 전환과 관련해 카르타고와 시칠리아 동료들의 경험을 참고했다. 기원전 2세기 말에는 카르타고인 마고(Mago)의 농업 교본을 원로원의 결정으로 번역하기까지 했다. 그러나 농업과 수확량에 대한 관심은 '현대적인' 지주가 짊어져야 할 여러 책임 중 하나에 불과했다. 집정관 대카토(大Cato)는 재정과 상업 활동뿐만 아니라 새로운 농법과 생산물 판매에도 능통한 경영자로 자신을 내세웠다. 그에게 중요한 것은 해안가, 이동 가능한 강변, 또는 잘 닦인 도로 인근의 도시 시장과 가까운 토지를 소유하는 일이었다. 실제로 중부 이탈리아의 많은 빌라와 그 부속 토지들이 이런 조건을 충족했다. 이곳에서 생산한 포도주와 올리브 외에 정원 작물, 때로는 가축과 육류가 로마나 다른 해안 도시, 그리고 서부 속주 및 인근 지역으로 운송되었다.[71]

특히―올리브와 함께 지중해를 대표하는 제품인―포도주 교역은 실제로 큰 호황을 맞았다. 어떤 선박은 최대 26만 리터까지 운송했을 것으로 추정되는데, 이는 현대의 기준으로 약 34만 7000병(0.75리터들이)에 해당한다![72] 상인들은 포도주와 그에 딸린 음용 도구를 켈트의 요새 도시 오피다에도 공급했는데, (로마군의 무장에 필요한) 무거운 철괴, 도끼, 켈트식 반지를 싣고 귀환하곤 했다. 마찬가지로 이탈리아 상인들도 지중해 동부 지역으로 진출했다. 델로스 자유 무역항에서는 이탈리아 상인 가문들이 포도주와 올리브를 판매하는 한편, 노예뿐만 아니라 근동과 원동의 사치품(특히 향수)도 사들였다. 홍해까지 뻗어나간 이들의 활동은 기원후 1세기 인도와의 무역을 확대하는 기반이 되었다(330~332쪽 참조).

이탈리아 은행가들은 종종 자신의 사업 자금을 조달했다. 그들은 예금을 받아 파트너들의 거래에 자금을 대주었으며, 이탈리아에서 여러 속주를 거쳐 다시 돌아오는 무현금 결제의 거래를 보장했다.[73] 이런 점에서 이탈리아 은행가들은 헬레니즘 기관 및 불교 사원과 유사했다―이들 역시 많은 예금과 기부금을 관리하며 상인과 동업조합에 자금을 제공했다. 하지만 중요한 차이점은, 로마에서는 국가가 통제하지 않는 은행 업무가 속주의 세금 징수와 밀접히 연계되어 있었다는 것이다. 금융 업무는 세금 징수를 대신하는 회사들이 운영했다. 이탈리아와 달리 속주에서는 최고 이자율이 정해져 있지 않았고, 대신 현지 총독이 상황에 따라 이자율을 결정했다. 따라서 같은 회사와 그 주주들이 세금을 걷는 동시에 속주의 주민들에게 고리대금으로 돈을 빌려줄 수 있었다.

로마에서 시작된 대출 거래가 지중해 전역에 걸쳐 단계적으로 이루어지는 경우도 적지 않았다. 예를 들어, 기원전 1세기에 시티우스(Sittius)라는 인물은 로마에서 낮은 이자로 거액을 빌려, 이를 (침묵하는 동업자를 대신해) 속주의 지방 자치 단체와 마우레타니아(Mauretania: 아프리카 북서부에 있던 옛 왕국―옮긴이) 왕에게 훨씬 높은 이자로 대출했다.[74]

여기서도 로마인의 전통적인 이윤 추구 성향이 드러난다. 고객인 제후국을 속주로 편입하지 않고 존속시킨 이유는 그들을 착취하고 대출을 통해 통제하기 위해서였다. 이는 비용이 많이 드는 행정 조직을 피할 수 있는 방법이기도 했다. 왕들은 빚을 갚기 위해 주민을 노예로 팔아야 하는 경우도 적지 않았다. 은행업, 세금 징수, 노예 무역은 이렇게 불길한 공생 관계를 형성했으며, 원로원 주주들도 그 이익을 함께 누렸다. 때로는 전체 속주, 도시, 인근 군주를 장기적 예속 상태로 몰아넣는 컨소시엄이 만들어지기도 했다.[75]

이 모든 문제는 대다수 로마인에게 그다지 신경 쓸 일이 아니었다. 이탈리아 내에서 상업에 종사하는 부유한 기사 계층과 그들의 원로원 파트너, 그리고 덜 성공한 원로원 의원과 소규모 농민들 사이의 격차가 점점 더 커졌음에도 말이다. 비록 이탈리아 소농들이 전반적으로 극심한 빈곤에 빠지지는 않았지만, 대지주들의 경쟁이 너무 치열해지고 개인적인 전쟁 전리품이 줄어들면서 그들은 언제나처럼 가장 취약한 고리로 전락했다. 이런 상황은 기원전 2세기 중반 이후 본격화되었다. 에스파냐에서 로마인은 많은 희생을 치렀으며, 적은 전리품을 얻는 데 그친 식민 전쟁에 휘말렸다(247, 250쪽 참조). 높은 사망률은 농장에 추가로 먹을 사람이 줄어드는 효과를 냈고, 귀향한 사람들은 상속 경쟁이 줄어들어 다소 유리해졌다. 하지만 전리품으로 농장에 투자할 자금이 부족해졌을 뿐만 아니라, 저렴한 노예와 경쟁할 자유노동자도 줄어들었다.

이러한 문제는 주로 중부 이탈리아에 집중되었는데, 이곳의 농민 가족은 광범위한 곡물 재배와 계절노동자에 의존해 간신히 생계를 유지했다. 적지 않은 농민이 자신의 토지를 팔고 계속해서 소작농으로 일하기도 했다. 많은 사람이 주로 로마를 비롯한 도시로 이주했는데, 도시에서는 노예가 운영하는 대농장보다 노동력과 서비스에 대한 수요가 더 컸다. 하지만 엘리트들도 손실을 면치 못했다. 귀금속 유입과 화폐량 증가는 유동 자금을 늘렸으나, 사치 생활에 대한 수요 증가와 맞물려 물가 상승을 불러왔다. 로마의 부동산 가격은 천정부지로 치솟았고, 일상용품과 필수품 가격도 올랐다. 대출 이자가 급격히 상승해 검열관들은 특정 상품(특히 포도주)에 대해 최고 이자율과 가격을 정할 수밖에 없었다(319쪽 참조). 국내적 평화를 유지하기 위해 기원전 88년에는 개인 부채를 최대 2000데나리온으로 제한하는 법을 제정했다.[76]

귀족층이 빚에 빠진 이유 중 하나는 선거 비용이 급격히 증가했기 때문이다. 선거 운동에는 막대한 자금이 필요했고, 낙선자들은 파산에 내몰렸다. 일부는 카틸리나(Catilina: 원로원에 맞서 로마 공화정을 전복하려 모반을 꾀한 인물—옮긴이) 일당처럼 쿠데타를 감행하기도 했다. 반면, 모든 재산과 고금리 대출을 동원해 군대를 지휘할 수 있는 최고 관직, 즉 집정관과 그 보좌관 직책을 얻은 자들은 속주를 차지해 국경에서 전쟁을 벌이며 선거에 투자한 자금을 회수하려 했다. 카이사르의 갈리아 정복은 동맹국 방어를 명분으로 삼고 제국 확장을 꾀했다고 칭송받지만, 이런 점에서는 공화정 역사상 가장 화려한 약탈 전쟁이었다.

화폐화한 귀금속 공급에 경제가 얼마나 의존했는지는 이러한 공급이 몇 년간 중단되고 속주에 대한 투자가 사라지면서 명확히 드러났다. 기원전 80년대 초, 미트리다테스(Mithridates)는 로마에 매우 수익성이 좋았던 아시아 속주를 침공해 델로스를 점령하고 로마 채권자들을 살해한 후 속주민의 빚 상환을 유예했다. 에스파냐 광산을 최대로 가동하고 있음에도 이탈리아에서는 갑자기 돈이 귀해졌다. 신용 경제가 붕괴하고, 은행들은 예금을 쌓아둔 채 경제 순환 과정에서 자금을 빼냈다. 그렇지 못한 은행들은 파산했다. 손실을 보전하거나 재정적 보장을 강요하는 이가 없었기 때문이다. 상인과 그들의 투자자는 막대한 손실을 감수해야 했다. 기원전 70년대에야 폼페이우스가 동부 속주들을 완전히 해방하고, 지중해 무역과 곡물 수출을 위협하던 해적 문제를 해결하면서 질서가 회복되었다. 이로 인해 다시 한번 속주민, 특히 미트리다테스와 협력했던 소아시아의 도시 공동체들이 곤란에 처했다. 이들은 이탈리아 은행가들로부터 고리대금 이자율로 대출을 받아 훨씬 더 심한 부채의 악순환에 빠졌다.[77]

공화정 말기에는 경제 발전의 기회와 위험이 명확히 드러났다. 내전조차도 그 좌표를 크게 바꾸지는 못했다. 이탈리아로 유입되는 자금과 속주에서 얻는 수익은 군대 급여에 더 자주 투입되었다. 하지만 카이사르 치하의 짧은 평화 시기에는 금화 발행과 채무 탕감 등을 통해 자금 시장에 새로운 유동성이 생겼다. 공화정 말기 수십 년 동안 예금 은행 수는 줄어들고 재무 규모도 감소했지만, 기원전 49년부터 옥타비아누스가 악티움에서 승리한 기원전 31년까지의 내전 기간에도 무역과 수공업 생산은 크게 위축되지 않았다. 몰수 재산이 유동 자산에서 부동 자산으로의 전환을 가져왔으나 경제 성장에는 거의 지장을 주지 않았다. 따라서 이번에도 전쟁은 전체 경제에 지속적인 부정적 영향을 끼치지 않았다. 전쟁이 끝나자 소득은 증가하고 소비가 늘었으며, 해외 무역은 호황을 맞았다. 가축 사육과 농업 생산량도 곧 다시 증가했다. 인구는 더 많은 육류와 고칼로리 식품을 섭취했는데, 이는 고대 사회에서 상대적 생활 수준이 향상되었음을 나타내는 중요한 지표였다.[78]

다시 한번 확인할 수 있듯 고대에는 전쟁이 이미 확립된 경제 성장의 흐름을 방해하는 경우가 드물었다. 도시와 농지는 근대에 비해 광범위하게 파괴하기 어려웠고, 무역망은 더욱 안정적이었다. 기원후 3세기까지 고대에는 '30년 전쟁' 같은 장기적인 대규모 분쟁이 없었으며, 그 결과 광범위한 지역의 번영과 경제 순환이 **근본적으로** 흔들리지 않았다. 그에 반해 (특히 로마의 경우) 제국 통치의 긍정적 경제 효과는 다음과 같다. (1) 전쟁, 세금 징수 임대, 광산 개발을 통해 거의 끊임없이 공급된 유동 자금. (2) 이에 따른 시민들의 낮은 세금 부담. (3) 투자 가능한 천연자원과 토지 개척 그리고 값싼 노동력 제공(기원전 2세기 말부터 200년 동안 300만~400만 명의 노예). (4) 전체 경제에 미치는 영향은 적었지만 점진적인 물가 상승(연평균 0.87퍼센트의 인플레이션).[79] (5) 로마와 이탈리아 은행들의 활발한 신용 공급. (6) 공화국 후기의 엘리트와 상인들이 정치적 경쟁에서 우위를 점하고, 새로운 투자 기회를 개척하기 위해 기꺼이 부채를 감수하기로 한 태도.

특히 마지막 현상은 당시에도 비판의 대상이었다. 많은 동시대인은 미래의 수익을 담보로 한 엘리트들의 경제적·금융적 위험 감수 태도에 불쾌감을 드러냈다. 리비우스(Livius)가 그린, 완고하지만 소박한 농부 이미지는 과거에 대한 이상화(理想化)이자 경고였다. 하지만 실제로는 신용 확대가 경제 성장의 동력이었다. 그에 따른 부작용과 기회는 사회 보장 제도가 없는 현대 사회에서 나타나는 현상과 유사했다. 한편에는 초부유층, 다른 한편에는 무산 계층이 존재하는 양극화, 농촌 이탈, 재정적 몰락 등의 문제가 그것이다. 그러나 이런 위기는 상대적으로 빠르게 극복할 수 있었다. 은의 꾸준한 유입으로 새로운 자금을 공급받고, 이를 통해 신용을 유지했으며, 대지주들은 값싼 노예라는 방대한 노동력을 지속적으로 활용할 수 있었기 때문이다.

6 아우구스투스와 지구화한 교역 세계의 분출

현대의 시각에서 볼 때, 로마 공화정과 다른 고대 제국들에 부족했던
것은 국가 재정 및 조세 관료제뿐만 아니라, 금융 위기 상황에서 경제
를 통제·조정할 수 있는 핵심적인 금융 기구였다. 예를 들어, 화폐 공
급을 조절하고 위기에 처한 은행을 지원할 수 있는 (독립된) 중앙은행,
군사 및 조세 수입과 무관하게 자금을 조달할 수 있는 국채 제도 등
이 존재하지 않았다. 실제로 당시 화폐량 조절은 오직 은 수입의 증대
를 통해서만 이루어졌다. 반면, 로마의 강점은 재정적 위험과 조직적
부담을 분산했다는 데 있었다. 정치 엘리트와 그들의 사업 파트너에게
금융 거래를 분산했기 때문에, 국가는 자체적으로 빚을 지지 않았고
(로마는 공적 부채 개념에 대해 알지 못했다), 국유 재산을 담보로 내놓는 일도
없었다. 또한 공공 투자 규모가 헬레니즘 왕국들에 비해 상대적으로
작았기 때문에 다양한 경제적 주도권이 민간 부문으로 이동했고, 이는
민간 투자를 더욱 자극했다. 그러나 금융 엘리트는 종종 정치 엘리트
이기도 했으며, 그렇지 않더라도 그들과 매우 밀접한 관계를 유지하고
있었다. 이로 인해 이들의 손실은 직접적으로 국가의 정치 질서에까지
영향을 미쳤고, 예컨대 카틸리나처럼 과도한 채무를 진 자들이 정변을
시도하며 빚 탕감을 노리는 일도 벌어졌다. 자율적 금융 감독 기관이
없는 상황에서 정치와 금력이 밀접하게 얽혀 있었기 때문에, 이 시스
템은 높은 유연성을 가졌지만 동시에 극도로 취약한 구조이기도 했다.

바로 이런 취약점을 아우구스투스는 정면으로 보완하고자 했다. 그는 공화정의 유연성을 헬레니즘 동방 제국들에서 볼 수 있는 제도적 구조와 결합했다. 아우구스투스는 사상 처음으로 지중해 지역 전체를 단일 통치했다. 내전 반대자들의 재산을 몰수하고 프톨레마이오스 왕조의 국고를 확보한 그는 속주 및 광산에서의 수입 외에도 막대한 현금 자산을 보유했다. 이는 알렉산드로스 대왕과 그 후계자들, 그리고 소규모지만 마우리아 왕조나 중국 진나라의 사례와 유사한 출발 우위를 제공했으며, 그는 이를 바탕으로 과거의 경험을 반영해 재정 구조를 개편할 수 있었다.

이집트를 비롯해 아우구스투스가 직접 관할한 속주들에서 얻은 모든 수입은 광산 수익, 황제의 사유지, 그리고 내전 중 몰수한 재산과 함께 피스쿠스 카이사리스(fiscus Caesaris)라는 독립된 재정으로 흘러들어갔다. 피스쿠스는 원래 속주 및 장군의 재정 그리고 로마 시민의 개인 재산을 뜻했다. 말하자면 내전에서 승리한 장군의 금고였다. 아우구스투스는 이 수입을 국가의 여러 행정 영역에 따라 특별 회계로 나누었다. 그중 하나인 피스쿠스 밀리티아이(fiscus militiae)는 병사들에게 토지를 분배하고 급여를 지급하는 역할을 맡았다. 이후 그는 새로운 간접세(예: 5퍼센트의 유산세 및 판매세)와 후한 기부금을 통해 아이라리움 밀리타레를 설립했는데, 이는 퇴역 군인들에게 보상과 복지를 제공하는 역할을 했다. 이러한 '국가적' 수입과 지출 영역은 마우리아 왕조나 헬레니즘 왕국들이 구축한 중앙 집중적 조세·재정 체계와 유사한 유형이라고 할 수 있다. 그 체계는 왕실 소유지, 과세 대상 토지, 그리고 왕에게 납부하는 각종 공납을 기반으로 했다. 그에 따라 간접세를 징수하는 세리들에 대한 감독은 한층 철저해졌으며, 황제 직속 관리와

지방 도시의 행정관이 속주의 인구 조사를 바탕으로 직접세를 걷는 체제를 마련했다.[80]

아우구스투스는 이로써 속주 조세 징수의 핵심 영역에서 조세 청부 업자들을 배제했다. 그러나 동시에 그들의 전문성을 확보하기 위해 많은 기사 계급 출신 인사를 국가 행정에 편입시켰다. 이는 인도와 중국의 군주들이 추구했던 방식과 유사하다(283~284, 289, 294쪽 참조). 이미 공화정 시기부터 기업가적 능력을 갖춘 기사 계급은 원로원 귀족들과 긴밀하게 협력해왔다. 아우구스투스는 이러한 관계를 자신의 권한 아래 독점화했으나, 새로운 제국 엘리트에게는 해방 노예를 통해 호황을 누리던 상업 활동에 참여할 충분한 여지를 남겨주었다. 이러한 이유로 로마 제국에서는 인도와 달리 강력한 동업조합이 형성되지 않았다. 상업은 여전히 개별 가문과 그들이 고용한 이들의 영역으로 남아 있었기 때문이다. 경제 활동의 중개자로 직능 단체나 조합이 존재했지만, 이들은 주로 의례적이고 통합적인 역할에 그쳤다.

원로원 속주에서는 여전히 세금 징수의 일정 영역이 존재했으며, 황제의 재정 시스템은 이에 대해 기껏해야 재정 관리관이 감독하는 황실 영지를 통해 간접적으로만 영향력을 행사할 수 있었다. 현지에서 잉여 생산물이 소비되지 않고 남을 경우, 그것은 속주의 재정 금고를 거쳐 '로마 인민의 국고(aerarium populi Romani)'로 들어갔다. 이 국고의 존속 자체가 원로원 귀족들의 협조를 황제가 포기할 수 없었음을 보여주는 양보였다. 이러한 이유로 아우구스투스와 그 후계자들은 이집트뿐 아니라 제국 전역에서 부유한 가문들의 토지 집중 현상을 우호적으로 용인했던 것이다.[81] 그리하여 토지 소유자들은 에우에르게테스로서 의무를 이행할 수 있었고, 이는 다시 황실 재정을 경감시켰으며,

시민들의 조세 부담(세율은 10퍼센트 이하로 상당히 낮은 수준이었다)을 완화하는 효과를 가져왔다.

원로원 계급과 기사 계급에 대한 이러한 배려는 통치사회학적 관점에서 볼 때, 인도의 라자들이 불교 사원에, 그리고 헬레니즘 군주들이 신전에 허용했던 자율성에 상응한다. 게다가 황실 재정의 수입이 워낙 컸기 때문에 아우구스투스는 이와 같은 양보를 감행할 수 있었으며, 공화정의 공급 체계가 안고 있던 또 다른 약점도 해결할 수 있었다. 동방 군주들처럼 아우구스투스는 직업 상비군을 창설했는데, 이는 이미 공화정 말기부터 나타난 흐름이었다. 퇴역 군인들은 이탈리아 및 서방 속주의 토지를 받았고, 황실 국고를 통해 지원을 받았다(251~252쪽 참조). 셀레우코스 왕조와 중국 통치자들도 자국 영토의 변방 지역에서 유사한 조치를 시행한 바 있다. 하지만 이들과 달리, 아우구스투스는 이주한 퇴역 군인에게 세금을 부과하지 않았다. 그렇게 하지 않았다면 이탈리아 정착민에게 특권이 집중되었을 것이며, 무엇보다도 시민에게 가능한 한 조세 부담을 지우지 않으려 했던 공화정 전통에도 어긋났을 것이다.[82]

지중해 서부 지역의 경제 성장에 결정적 역할을 한 두 가지 요인이 있었다—이는 동방의 다른 제국에서도 유사하게 확인할 수 있다. 첫째는 지중해 서부가 도시화하고, 둘째는 로마가 세계 최대 시장이자 소비 중심지로 부상했다는 것이다(산업혁명 이전 기준). 동방의 모든 군주처럼 아우구스투스와 그의 후계자들 역시 수도의 건축적 정비와 대규모 공공시설 건설에 막대한 자금을 투자했다. 로마 인구는 기원전 2세기에서 기원전 1세기 사이에 2배로 증가했으며, 초기 제정 시기에는 약 100만 명에 달했다. 이미 공화정 말기에는 이러한 메가시티를 주변 지역의 생산물만으로는 더 이상 지탱할 수 없었고, 멀리 떨어진 지역에서 수입한 물자에 의존해야 했다.[83]

이러한 추세는 제정 초기에 더욱 가속화했다. 로마는 곡물뿐만 아니라 건축 자재와 점점 더 많은 노동자를 정기적으로 공급받아야 했다. 그뿐만 아니라 제국 내에는 카르타고, 안티오키아, 알렉산드리아같이 오랫동안 무역 중심지로 자리 잡은 대도시가 존재했다. 서쪽과 북쪽에서는 해안 지역과 라인강·다뉴브강 인근 내륙 지역의 도시화가 지역 및 초지역 시장 활동을 활성화했다. 헬레니즘 제국에서도 흔히 볼 수 있었던 현상인 세금 징수의 화폐화는 속주들의 국내 생산을 촉진하고 잉여 생산물을 지중해 무역에 투입할 수 있도록 해줬다. 이렇게 해서 경제적으로 경쟁력 있는 하위 지역들이 형성되었다. 이들은 단순히 이탈리아산 상품을 소비하는 데 그치지 않고 자신의 상품을 수출하기 시작했다. 은화 데나리온 형태의 통일된 제국 화폐는 이들의 경제 통합을 촉진했다. 아마도 지방 간 상품 가격은 서로 연동되어 있었을 것이다.[84]

물론 아우구스투스가 수정한 체계도 위기에서 벗어날 수는 없었다. 게르마니아 정복 전쟁은 한나라 무제가 흉노를 공격했던 것과 유사하게(273쪽 참조) 국가 재정을 압박했다. 일시적으로는 건축비 인플레이션으로 인해 화폐가 부족해지고 민간 부채가 증가했으며, 대형 건축물 건설이 줄어들었다. 또한 곡물 수급 대상자가 감소했다. 그럼에도 경제는 빠르게 회복했다. 이는 시민전쟁이 끝나면서 내부 안정이 빠르게 정착했고, 로마가 외부 적과의 전쟁에서 영토 손실을 겪지 않았기 때문이다. 오히려 로마는 프톨레마이오스 왕국이라는 고대 세계에서 가장 수익성 높은 영토 중 하나를 얻었고, 지중해를 통해 수천 년에 걸쳐 형성되고 최초로 평화를 유지한 교역망을 자유롭게 활용할 수 있었다.

인구가 7000만 명―중국만이 비슷한 인구 규모였다―으로 성장한 제국의 '국민 소득'은 산업혁명 이전의 어느 유럽 국가보다도 높았다. 1세기 중반에는 세수 수입이 연간 8억 세스테르티우스(sestertius)로 증가했는데, 이는 100년 만에 2배나 오른 수치였다![85] 그중 상당액은 군대 및 궁정 운영, 행정 인력, 공공 건축물, 축제 및 경기 등에 대한 지출을 통해 다시 경제 순환에 투입되었다. '터빈 구동' 수차와 비료를 이용한 새로운 농경 전략 같은 기술 혁신이 농업 생산량을 증가시켰으며, 영농 기획자들이 의식하지 못한 채 습하고 따뜻한 기후가 수확량을 더욱 높였다. 물속에서 굳는 회반죽의 발명은 이탈리아와 제국 변두리 지역의 해양 인프라 투자에 이바지했다. 준설선은 항구의 토사 퇴적을 막아주었고, 기중기는 100리터 용량의 운송 암포라와 거의 1000리터 용량에 달하는 통의 물류 처리를 가속화했다. 선체 바닥의 물을 퍼내는 체인 펌프 덕분에 1000~1200톤의 대형 화물선 운항이 가능해졌다. (이전까지는 290~350톤짜리 선박이 일반적이었다.) 겨울철에도― 필요할 경우 바람을 거슬러서도―2~3개의 돛을 단 배를 이용해 바다를 빠르게 횡단하는 모습을 흔히 볼 수 있었다.

이 모든 요소가 로마를 고대 역사상 가장 생산적이고 경제적으로 발전한 제국으로 만들었다. 로마 제국은 17~18세기 유럽의 대서양 제국들과 견줄 만한 수준으로 자원과 무역 에너지를 집중시켰다. 경제 성장의 상징은 해방 노예였다. 이들은 예전 주인의 위임이나 보호 아래 다국어를 구사하며 '빈털터리에서 백만장자'로 올라섰다. 많은 로마인이 일종의 '소비 혁명'에 휩싸였고, 이는 동방의 희귀 상품에 대한 수요 증가로 나타났다.

7 인도양의 고대 경제권

후추는 이미 기원후 1세기에 로마 제국의 주민들, 심지어 브리타니아에 주둔한 군단병 사이에서도 거의 일상적인 향신료로 자리 잡았다. 몰약, 유향, 계피 그리고 기름은 신전 의식과 사자(死者) 숭배에 쓰였다. 시장에서는 몰약, 계피, 카시아 같은 향신료와 방향제 물질을 구할 수 있었다. 의사들은 치료제로서 나르드(nard)와 말라바트론(malabathron)을 권장했으며, 이국적인 향료는 종종 최음제로 쓰이기도 했다. 도시의 엘리트들은 향기로운 연고로 몸을 가꾸었고, 호박·금·진주·은을 얻기 위해 막대한 비용을 지출했다. 인도산 앵무새와 상아 조각상도 곧 원로원 가문의 일상적 장식품이 되었다. 상류 사회에서는 비단 직물이 너무 널리 퍼져 있었으므로, 원로원에서 '불명예스러운' 옷감 착용을 금지하는 결의를 했으나 큰 효과는 없었다.

황제들은 홍해와 알렉산드리아로 통하는 나일강 무역로에 대한 군사 주둔을 강화하고, 아라비아 및 인도 통치자들과의 '우호 조약'을 통해 안정적인 정치 환경을 조성함으로써 동방산 제품의 공급을 간접적으로 지원했다. 또한 일부 작가들이 동방 사치품에 대한 욕구가 귀금속의 일방적 유출을 초래했다고 주장했지만, 그렇다고 해서 동방 무역을 규제할 이유는 없었다. 귀족들은 동방 사치품에 많은 돈을 썼지만, 실제로는 그중 극히 일부만 제국 바깥으로 나갔을 뿐이다. 대부분은 로마 중개상들의 주머니로 들어가 세금과 관세 수입을 통해 황제 재정으로 다시 유입되었다. 연간 120척의 배가 미오스호르모스(Myos Hormos)에서 출항했는데, 인도 관련 수출품의 평균 가치가 900만 세스테르티우스였음을 감안하면 연간 약 1억 800만 세스테르티우스 상당의 수출품이 제국을 떠난 셈이다. 반면, 최소 10억 8000만(!) 세스테르티우스 상당의 제품이 제국으로 들어왔으며, 이로 인해 국가는 연간 3억 세스테르티우스 이상의 관세 수입을 올렸다. 이는 연간 국가 총지출 약 8억 세스테르티우스와 비교할 때 엄청난 금액이었다.[86]

이런 수치는 인도와의 무역이 엄청난 이익 가능성을 열어주었지만, 동시에 높은 자본 투자가 필요했다는 걸 보여준다. 현대의 계산에 따르면, 로마에서 약 400만 데나리온(1600만 세스테르티우스)의 판매 가치를 지닌 후추를 선박 한 척에 적재하기 위해서는 수백만 세스테르티우스를 선투자해야 했다. 여기에는 인도 현지 구매가, 홍해 항구나 알렉산드리아에서 부과하는 상품 가치의 25퍼센트에 달하는 수입 관세, 항구 이용비, 지중해 항구에서 요구하는 각종 세금, 낙타 운송비와 보호비 등이 포함되었다. 인도 무지리스(Muziris)에서 체결한 어느 대출 계약에 따르면, 인도에서 준비한 선박 한 척의 적재량 가치는 900만 세스테르티우스였는데, 관세를 제외하면 약 700만 세스테르티우스로 줄어들었다. 참고로 1개 군단의 연간 운영 비용은 1200만 세스테르티우스였다.

개별 상인들이 그러한 거액을 마련하는 경우는 드물었으므로, 이들은 컨소시엄을 구성해 최소 45명의 자본가를 모아야 했다. 참여자와 선박 수가 많을수록 위험 부담은 줄어들었다. 대출과 신용의 이자율이 법적 최고 한도인 월 1퍼센트(인도 항해 전체로는 10퍼센트)로 낮게 유지되고 충분한 자본을 확보하는 한, 입금과 판매 이익 사이의 긴 시간 차이에도 불구하고 자금을 대는 사람을 찾는 데는 문제가 없었던 것으로 보인다. 부유한 자본가들은 위험을 해고된 중개인에게 떠넘겼다. 티베리우스 치하에서 대출 이자율이 대출자와 상인에게 위협적인 수준에 이르렀을 때조차도 이익률을 유지하는 방법이 마련되었다. 일반적인 방법 가운데 하나는 운송 선박의 총 톤수를 늘리는 것이었다. 또한 선체가 셸(shell) 구조에서 스켈레톤(skeleton) 구조로 바뀌면서 선박 건조 비용이 줄어들었다. 덕분에 중형 선박(6080톤) 외에 홍해 항구에서 인도로 향하는 500톤급 이중 돛대 선박(아마도 삼중 돛대 선박까지)도 건조할 수 있었다.

서방 상인들에겐 인도양 전역에 걸쳐 더 풍부한 경험과 광범위한 인맥을 가진 현지 네트워크가 필요했다. 예를 들어, 페르시아만의 물류는 아랍 상인이 지배했으며, 팔미라(Palmyra)―티베리우스 시대 이후 로마 제국의 일부―출신들은 시리아사막을 넘어 안티오키아까지 이어지는 캐러밴 무역뿐 아니라 인도 북서 해안과 홍해 항구 그리고 이집트의 대상 경로에서도 활동했다. 이들의 연계망은 서인도, 남아라비아, 홍해에서부터 지중해 지역까지 뻗어 있었다. 봄철에는 시리아사막을 통해 운반된 물품이 지중해 연안에 도착했으며, 몬순 기후의 영향으로 인해 홍해를 통해 들어오는 상품은 가을에 도착했다.

지중해 지역의 상인들은 인도양 무역 활동의 거점으로 알렉산드리아를 활용했다. 인도 서해안에 있는 이들의 고객은 붉은 산호, 기름, 직물(리넨), 사프란, 고급 유리 제품 등을 요구했다. 이집트에서는 유리, 구리, 주석, 금·은판, 직물 등 다양한 수공예품을 비교적 저렴하게 구매할 수 있었고 포도주·말·노새·곡물 등을 인도나 서방으로 수출할 수 있었다. 알렉산드리아 출신 상인들은 지중해 여러 항구에서 활동했으며, 반대로 이탈리아 푸테올리(Puteoli) 출신 상인 가문들도 알렉산드리아나 나일강의 무역 중심지에 지사를 두고 있었다. 인도 상인들은 로마인이 인도의 해안에 첫발을 디디기 전부터 소코트라(Sokotra)

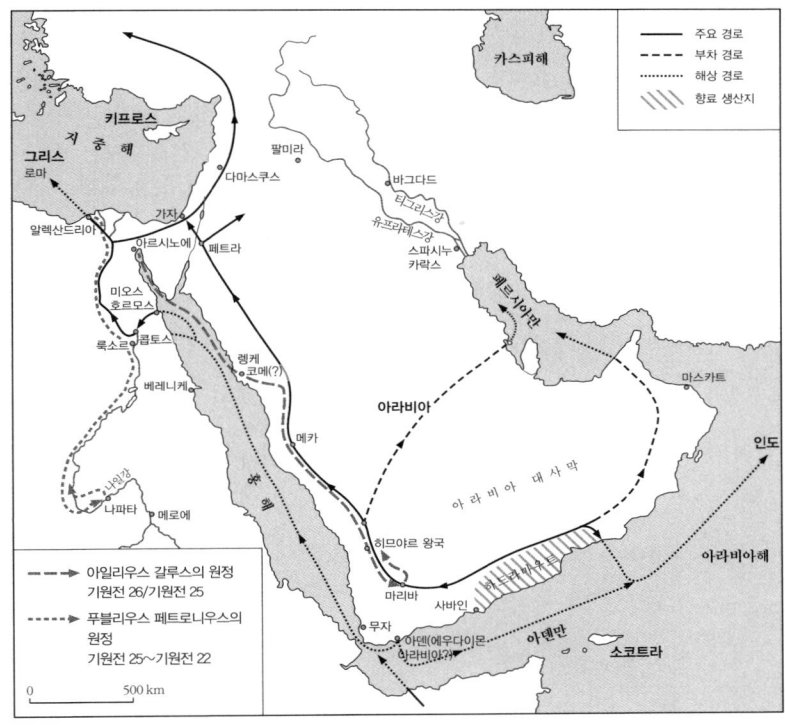

기원전 1세기~기원후 1세기의 로마, 홍해, 향료길

와 알렉산드리아에 거주하고 있었다.

인도 항해의 출발점은—알렉산드리아에서 작성된 것으로 보이는 항해 지침서 《페리플루스(Periplus)》에 따르면—홍해 연안의 항구 미오스호르모스[오늘날의 쿠세이르알카딤(Quseir al-Qadim)]와 그보다 남쪽으로 300킬로미터 떨어진 베레니케(Berenike)였다. 이곳에서는 선박 공간을 예약하거나 동승할 수 있고, 현지에서 인기 있는 상품을 직접 구매할 수도 있었다. 좀더 부유한 상인들은 인도 선주의 선박 전체를 전세 내거나, 이미 이집트와 인도 항로를 수차례 운항해본 그리스계 선장을 고용해 항해를 의뢰하곤 했다.[87] 그리고 알렉산드리아에 거주하던 초부유층 사업가도 있었는데, 이들은 인도양에서 여러 척의 상선을 운용하는 선주로 활동했다.

처음에는 9월에 남아라비아와 소말리아의 재배지로 항해해 가을의 유향 수확기를 놓치지 않으려 했으며, 이 여정에는 약 30일이 걸렸다. 남아라비아 항구에서 동아프리카 해안을 따라 항해하면 잔지바르 인근의 무역 거점인 라프타(Raphta)까지 갈 수 있었다. 이곳에서는 동남아시아에서 인도양을 거쳐 마다가스카르와 소말리아 그리고 탄자니아 해안으로 들어온 상아, 거북 등딱지, 코뿔소 뿔, 계피, 카시아 등을 거래했다. 인도 서해안의 목적지는 바르바리콘(Barbarikon)과 바리가자(Barygaza)―지금의 구자라트주 바루크/브로아크(Bharuch/Broach)―그리고 더 남쪽의 무지리스와 넬킨다(Nelkynda)였다. 바리가자에서는 노예, 유리 제품, 금과 은으로 된 그릇, 산호, 무늬가 들어간 리넨 직물, 남아라비아산 유향, 홍해산 황옥 등을 판매할 수 있었고, 그 대가로는 비델륨(Bdellium, 향료 수지)과 나르드(향료 식물), 청금석과 아프가니스탄산 터키석, 상아, 면직물, 다양한 종류의 생사 등을 구매할 수 있었으며, 무엇보다도 '외국인들이 사랑한' 검고 긴 후추가 주요 상품이었다.[88]

인도에서도 지중해 지역의 상인들은 기존에 확립된 무역 체계에 편입되었다. 불교 승려와 순례자들은 서방의 항해자들이 나타나기 수 세기 전부터 마우리아 왕조의 화폐 제도를 남부 인도로 전파해왔다. 인도의 제후들은 독점권을 가지고 있었고, 선장들에게 제공하는 안전의 대가로 수수료를 요구했다. 그들은 이러한 수익을 바탕으로 상품 창고를 건설하고 수공업자 길드를 지원했다. 무지리스에는 '서양인[야바나

(Yavana)]'을 위한 구역이 조성되었고, 그리스인은 기술자나 궁정 경호원으로 일하며 라자와 불교 사원 사이에서 중개 역할을 했다. 불교 사원은 서양의 모델을 본떠 고(高)알코올 증류기를 개발했고, 면직물과 유리구슬 생산을 후원했다.[89] 인도양과 그 해안은 활발한 교역 및 생산 네트워크로 통합되었다. 하지만 여기서 멈추지 않았다.

8 세계는 함께 성장한다: 실크로드와 후한 제국

기원후 1세기 중엽, 로마의 한 조세 징수원이 스리랑카(실론)로 가는 항로를 발견했다. 이 섬은 금뿐만 아니라 '아담스 브리지(Adam's Bridge)' 연안에서 채취되는 진주를 수출했다. 그 대가로 현지 왕들에게는 로마 동전과 갈리아산 붉은 산호를 제공했는데, 이 산호는 인도와 스리랑카에서 사원 장식용으로 사용되는 등 지중해에서의 동방 진주와 같은 가치를 지녔다.[90] 왕들 자신도 생사, 견사, 비단 직물 등을 서인도 해안으로 운반하는 아시아 상인(세레스(Seres))과 교류를 유지했다. 이들의 무역은 아우구스투스의 제국과 거의 동시에 들어선 후한 제국의 비단 생산이 새로운 정점에 도달하면서 크게 번창했다. 이제 생사는 더 이상 박트리아와 북메소포타미아를 거쳐 시리아로 유입되어 현지 직물 장인들이 가공하고 그 일부를 재수출하는 데 그치지 않고, 좀 더 남쪽의 육상로와 해상로를 통해 중국에서 말레이반도를 거쳐 벵골까지 운반되기도 했다.

말레이반도는 인도와 중국에 향목과—오늘날에도 중국에서 약용으로 쓰이는—아모품을 공급했다. 남중국과 동남아시아에서는 계피, 갈

랑갈(galangal), 생강, 장뇌 등이 유입되었다. 계수나무의 일종인 카시아는 일찍이 기원전 3세기경 중국에서 매우 유명한 상품이었으며 귀주(貴州), 광동(廣東), 광서(廣西) 같은 성(省) 이름 자체가 이 향신료에서 유래했을 정도다.[91]

실론-인도 출신 중개인들을 통해 이들 상품에 대한 정보를 접한 그리스 선원들은 말라카해협을 넘어 더 동쪽으로 항해할 동기를 얻었음에 틀림없다. 기원후 1세기 말경, 알렉산드로스라는 선장이 자바에(Zabae)라는 항구 도시에 도달했다―이 도시는 싱가포르나 타이만(Thai灣) 인근에 있는 캄폿(Kampot)일 가능성이 있다. 그곳에서 몇 날을 더 항해한 끝에 그는 카티가라(Kattigara)에 닿았다. 이는 고대 지중해 출신 항해자들이 도달한 가장 동쪽 지점으로, 대서양 북부의 전설적인 툴레(Thule)에 대응하는 장소였다. 한 고대 지리학자는 이 도시를 "시나이〔Sinae, 즉 티나이/티나이(Thinae/Thinai)＝중국?〕 사람들의 거처이자 미지의 땅의 시작점"이라고 표현했다.[92] 이 도시는 지금의 광저우 혹은 통킹만의 하노이나 하이퐁 근처 항구였을 가능성이 있다. 분명한 점은 알렉산드로스가 중국해 교역 네트워크와 연결되었다는 것이다. 이는 15세기 포르투갈인의 항해에 뒤지지 않는 뛰어난 성과였다.

하지만 역사 속 고대 원거리 항해에서 흔히 그렇듯이 알렉산드로스의 모험은 즉각적인 영향이나 후속 조치로 이어지지는 않은 것으로 보인다. 후한의 연대기에 따르면, 약 60년 후 대진(大秦, Tach'in 또는 Dagin)의 안돈(安敦, An-tun) 왕 사절단이 바다를 건너 '안남의 경계'(오늘날의 통킹만?)에서 중국의 베트남 전초 기지를 거쳐 한나라 황제의 궁정에 도착했다고 전해진다. 대진은 로마 제국이나 그 동부(특히 이집트)를 부르는 명칭일 가능성이 높다. 안돈 왕은 마르쿠스 아우렐리우스 황제

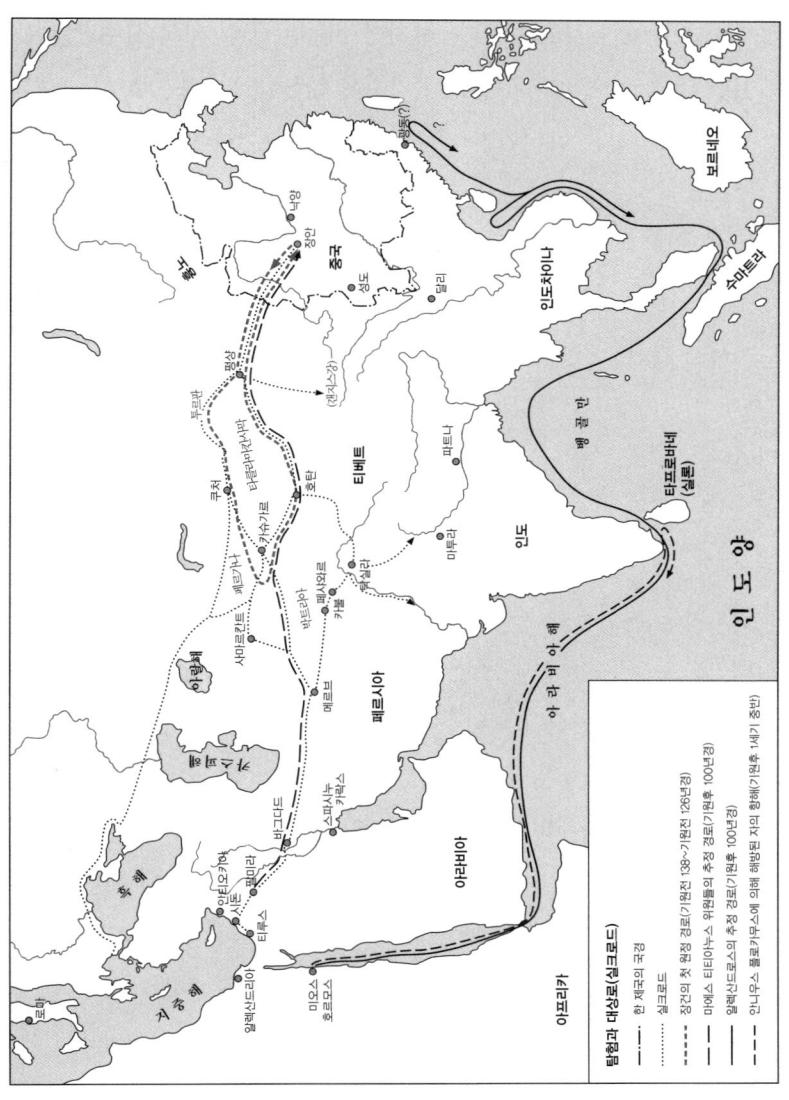

기원후 1~2세기의 실크로드와 인도양

를 가리키는 것일지도 모른다. 하지만 이들은 공식 외교 사절단이 아니었던 것으로 보인다. 사절단이 가져온 선물(상아, 코뿔소 뿔 그리고 거북 등껍질)이 로마산은 아니었기 때문이다―인도산이었다. 어쩌면 시리아나 그리스 상인이 사절로 가장해 더 큰 호의를 기대하며 방문했을 가능성도 있다.

우리로서는 그들에게 얼마나 설득력이 있었는지 알 수 없다. 중국 사료에서는 기원후 3세기경에 이르러서야 로마 제국 상인들이 인도차이나(푸난), 지난(안남), 교지(交趾, 통킹), 동중국 등으로 항해했다는 기록이 나타난다.[93] 인도, 실론, 아라비아의 선원들이 여전히 중국과의 원거리 무역을 주도하는 가운데, 중국 선원들은 통킹 지역을 넘어서는 항해를 거의 하지 못했다. 중국 통치자들의 관심은 주로 일본과 한국으로 향했고, 무엇보다도 예전처럼 북쪽과 중부 및 중앙 아시아 내륙에 집중되었다. 알렉산드로스의 항해보다 훨씬 이전부터 중국은 서방과 육로 네트워크, 즉 '실크로드'로 연결되어 있었다. 1870년대에 처음 명명된 이 용어는 유라시아 대륙 동서 양쪽을 연결하는 자생적 무역로의 집합체를 뜻하며, 남쪽으로는 시베리아 남부와 인도양의 주요 해상로까지 이어졌다. 생사는 중요한 무역품 중 하나였다―계피, 약초, 도자기, 직물, 유리, 보석, 금속, 가축 등도 포함되었다. 무역 교류는 일방향, 즉 서쪽으로만 이루어지지 않았다. 박트리아와 타림 분지 주변의 오아시스 도시들에서도 고품질의 지역 생산품, 특히 직물이 이 네트워크에 공급되었다.

가장 오래된 육로는 황하 하구 지역부터 우랄산맥 남부를 거쳐 카스피해 북쪽을 따라 타나이스강, 또는 돈강을 지나 흑해까지 이어졌다. 이 경로를 통해 고대 아르카익 시대에 이미 담비 가죽, 금, 비단이 켈트족의 서부 지역까지 전해졌다. 페르시아 궁정에서는 비단옷을 입었다. 이 비단은 아테네는 물론 기원전 4세기 혹은 기원전 3세기에 알타이산맥 동부의 영구 동토층과 크림반도 및 볼가강 중부 지역의 스키타이족 쿠르간 무덤에서도 확인되었다. 중요한 교통 요충지는 톈산산맥과 티베트고원의 산기슭 사이에 있는 타림 분지였다. 이곳은 메소포타미아와 박트리아, 인더스 지역과 황하 유역 평야, 그리고 그 북쪽으로는 몽골고원에서 헝가리 평원까지 이어지는 스텝 지대, 더 북쪽으로는 숲으로 우거진 타이가 지역까지 연결했다.

각각의 세 구역은 서로가 탐내는 산물을 갖고 있었다. 타이가의 사냥꾼들은 유목민에게 모피와 금을 제공했고, 유목민은 이를 가공해 농경 사회의 곡물과 교환했다. 유목민은 넓은 거리를 이동할 수 있었는데, 이것이 흑해 북부와 몽골 사이의 물자 교환을 가능케 한 중요한 조건이었다. 초원 지대는 거대한 고속도로 역할을 했고, 유목민은 느린 지역 노선망 속에서 고속 열차 역할을 했다. 그들은 인도양의 해상 상인들과 지리적으로 상응하는 존재였다.

한나라 통치자들은 정교한 관세 및 통제 시스템을 통해 장거리 교역의 흐름을 잘 파악하고 있었다. 비단은 중국에서 대량 생산되었으며, 해외에서 높은 교환 가치를 지녔다. 기원전 1세기에는 생강, 계수나무 잎, 육계 껍질, 철과 함께 수출품으로 주목을 받았다. 반면, 한나라 엘리트들은 유리, 수정, 직물, 은, 주석, 포도주, 붉은 산호 등 고전적인 '서방 상품'에 관심을 보였다. 이것들을 소유하는 일은 '천자의 아들'로서 무적의 통치를 증명하는 셈이었다. 열대 식물과 이국적인 동물들, 즉 검은 코뿔소, 흰 코끼리, 앵무새 등으로 꾸민 황궁의 정원은 불사(不死)의 섬을 상징했다.[94] 서양에서 거의 같은 시기에 기술 혁신이 경제 성장에 기여했듯 한나라에서도 종이 제조, 풍력 송풍기, 초기 형태의 자기, 개선된 농기구 등이 경제 발전을 촉진했다. 로마 황제들이 제국의 기반 시설을 개선한 것처럼 한나라 통치자들도 다리와 도로의 복구 및 확장에 투자했다. 수도를 비롯한 중국의 행정 중심지에는 로마의 도시처럼 호수 및 산간 지역의 강과 연결된 수도교가 물 공급을 담당했다. 또한 로마 제국과 마찬가지로 내란이 종식되면서 대규모 자금을 마련해 이러한 건설 사업에 투자함으로써 경제 순환을 이뤄냈다. 이에 따라 전한 초기에 약 1000개였던 도시 수가 후한 말기에는 약 4000개로 늘어났다. 이는 경제 부흥의 두드러진 징후였다.[95]

유라시아 역사에서 경제와 군사 정책은 예나 지금이나 긴밀하게 연결되어 있었다. 아우구스투스는 군대를 주로 북부 국경 지대로 이동시키며 '팍스 아우구스타'를 확립했다. 한편, 중국의 평화는 후한 후기 60년간 이어졌으며, 이와 함께 대외 무역이 번창했다. 새로운 시대의 상징은 수도를 장안에서 낙양으로 옮긴 것이었다. 이로써 낙양은 교육, 문화, 경제 생산의 중심지로 자리 잡았다. 인구수는 로마에 미치지 못했으나, 낙양과 기타 지방 도시들은 제국의 활기찬 소비 및 경제 중심지로 떠올랐다. 제국의 엘리트는 자신의 삶을 숭고하고 우아하게 살아갔다. 실제로 고고학적 발견과 문학적 기록은 전한 초기보다 후한 시기에 서방의 사치품이 훨씬 더 널리 퍼졌음을 시사하며, 이에 따라 많은 상인이 커다란 상업적 기회를 포착했다.[96] 상인들은 한나라가 기원후 1세기 후반 여러 차례의 원정 끝에 타클라마칸사막 인근에서 여러 군주국과 흉노를 상대로 승리한 후 '서역도호부'라는 군사 지휘부를 설치한 데서 이익을 얻었다.

이런 조치는 일시적으로 방해받았던 서방과의 교역로를 다시금 안정적인 기반 위에 올려놓았다. 캐러밴들은 타클라마칸의 남쪽과 북쪽 경로를 따라 아프가니스탄과 우즈베키스탄 국경으로, 그리고 그곳에서 이란고원이나 인도 아대륙으로 안전하게 이동했다. 반초(班超)가 북부 타림 분지에서 원정을 벌일 때, 수백 명의 중국 상인이 그를 따라나섰다. 이는 로마 상인들이 카이사르의 갈리아 원정이나 아우구스투스 시기의 게르마니아 원정에 동참했던 것과 비슷했다. 그중 많은 상인이 낙양이나 장안 출신으로, 지방 도시에 지사를 두었으며 북서부 지역에서 활동하는 군부와도 긴밀한 관계를 유지했다. 한편, 황제들은 제국 전역에서 통용되는 화폐, 통일 도량형, 그리고 도로망 확충을 통해 상품 교환의 개선에 크게 이바지했다. 국가 독점권은 폐지하거나 지방 행정에 이관해 장거리 교역에 도움을 주었다.[97]

늦어도 기원후 1세기 중반경부터 낙양 사람들은 육상 교역로 외에 인도를 거쳐 바다로 로마 제국까지 연결되는 해상 교역로가 있다는 사실을 알았다. 거의 동시에 그리스 상인들이 중국해로 진출했고, 중국 사절단은 메르브를 지나 페르시아만의 항구 도시를 거쳐 메소포타미아까지 도달했을 것이다. 사절단이 지중해로 가는 해상 교통로가 있느냐고 묻자, 현지인은 바다가 매우 넓어 순풍이라도 3개월이 걸리고, 바람이 불기라도 하면 2년이나 걸린다고 대답한 것으로 전해진다.[98] 아라비아반도를 서쪽으로 돌아 홍해로 가는 항로의 어려움을 정확히 묘사한 것이다. 유프라테스강을 따라 팔미라를 거쳐 지중해로 가는 더 짧은 경로는 언급되지 않았다.

결국 사절단이 본래 목적을 달성하지 못한 채 귀환했지만, 이로써 유라시아 무역 세계가 직통으로 연결 가능하다는 사실을 인식하게 되었다. 로마 제국 동부에 속한 많은 상인이 이 소식에 흥분했음이 분명하다. 기원 후 1세기 말경, 시리아 지역에서 활동하던 상인 마에스 티티아누스(Maes Titianus)는 중개상을 우회해 생사를 직접 구매하고자 자신의 대리인들을 이란고원의 대상로를 따라 동쪽으로 파견했다.[99] 그들은 힌두쿠시산맥 북쪽을 넘어 중국의 '서역' 세관에 도착했고, 이어 타클라마칸사막 북부를 따라 이동해 중국의 변방 도시 중 한 곳 또는 장안에까지 이르렀다.

9 유목민 전통과 도시의 광휘: 쿠샨 제국

이로써 기원후 1세기 말 무렵에는 유라시아의 동서 양대 제국이 마침내 서로 연결되었다. 물론 서로에 대한 지식은 여전히 모호한 수준에 머물렀지만, 자신들이 수 세기 전까지만 해도 상상조차 못 했던 광대한 세계에 살고 있다는 자각은 분명하게 자리를 잡았다. 이 세계는 더욱 가까워졌고, 거대 제국들의 영향권에서 경제가 번성한 것도 이러한 발전에 중요한 역할을 했다. 사람들은 이제 돈과 시간 그리고 실행력을 갖추기만 하면 세계 어느 지역의 물건이든 손에 넣을 수 있다고 확신했다. 위대한 통치자들의 시대는 또한 이 세계를 그 어느 때보다 안전하고 살기 좋은 곳으로 만들었다.

그리고 이러한 군주들이 거주한 도시는 로마와 낙양에만 국한되지 않았다. 실크로드를 따라 이동하던 캐러밴들은 이란고원과 지금의 아프가니스탄(박트리아)을 가로질러 풍요로운 오아시스 지대를 통과했는데, 이 지역은 태곳적부터 유라시아 역사에서 가장 중요한 동력을 제공해온 곳들 가운데 하나였다. 이 두 지역에는 북방 초원 지대에서 이주한 지배자들이 세운 2개의 거대 제국이 들어섰다. 이란고원에서는 셀레우코스 제국이 약해진 틈을 타서 기원전 3세기〔아르사케스(Arsakes) 시대〕에 박트리아 지역의 그리스 세력을 물리친 파르티아인이 지배 체제를 구축했고, 앞서 언급했듯이 로마 제국의 동진을 저지하는 데까지 이르렀다. 그로부터 약 150년 후에는 박트리아부터 북인도에 걸친 광대한 영역에서 쿠샨 왕조가 유사한 성과를 이룩했다. 파르티아인은 이란계 방언을 쓰고 쿠샨인은 인도유럽어족에 속했는데, 그들이 사용한 토하라어(Tochara語)는 훗날 '투르키스탄'이라는 지명에 영향을 주었다. 쿠샨은 본래 월지족(月氏族)이라는 유목민 집단의 일부였는데, 기원전 2세기경 흉노의 압박을 받아 서쪽으로 밀려났고(266~267쪽 참조), 결국 박트리아〔중국에서는 '대하(大夏)'라고 불렀다〕 지역에서 그리스-마케도니아계 왕국들을 몰아내고 새로운 거주지를 마련했다.[100]

두 제국의 지배자들은 메디아인과 페르시아인처럼 자신들의 기마 유목민적 기원을 전혀 숨기지 않았다. 공식적인 묘사에 따르면, 쿠샨 왕들은 항상 승마용 부츠와 외투를 착용한 모습으로 등장했다. 이들은 로마 및 한나라와 외교·교역 관계를 유지했고, 아시아 전체에 걸친 교역 호황의 수혜를 입었다. 쿠샨 제국의 사례는 특히 유목 대집단의 뛰어난 적응력을 잘 보여준다. 그들은 낯선 환경에서도 도시형, 유목형, 반(半)유목형 생활 방식의 좋은 요소를 결합하는 능력을 갖추고 있었다. 전성기에 쿠샨 왕국은 고대 세계에서 가장 부유한 제국들 가운데 하나로 자리매김했다.

중국의 경계에서 중앙아시아를 거쳐 북인도에 이르기까지, 쿠샨 제국은 중요한 오아시스와 교역 거점 그리고 인도 서해안의 항구 등 여러 주요 생태 지역을 아우르고 있었다. 오직 이 지역에서만 얻을 수 있는 비델륨, 나르드, 코스투스(향초), 청금석, 터키석 같은 풍부한 특

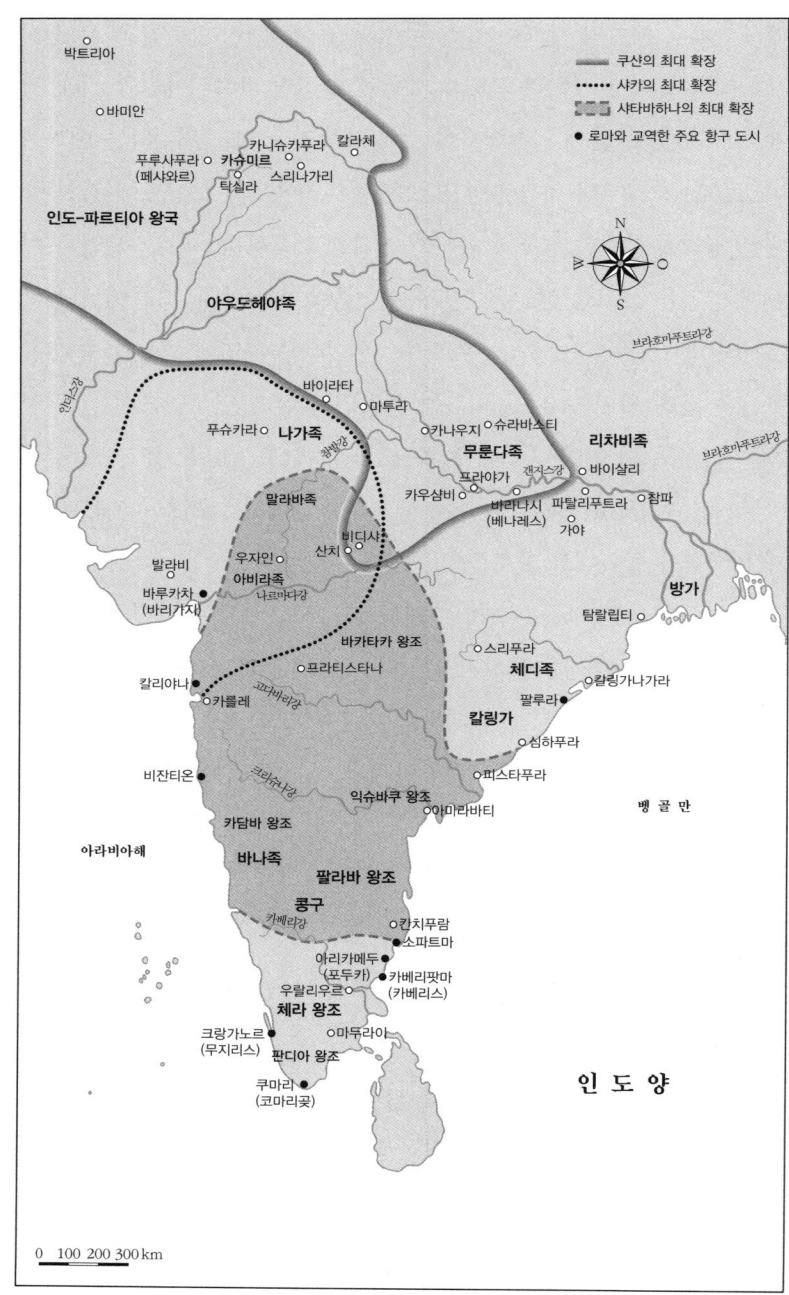

쿠샨 제국

산물로 축복받은 곳들이었다. 왕들은 또한 풍부한 금속 자원과 다이아 몬드 광산에 접근할 수 있었다.[101] 그들은 당시 세계에서 가장 우수한 말 생산지였던 페르가나를 포함한 최고의 목장을 지배했다. 이러한 자원은 예로부터 제국의 야망을 자극해왔으며, 이제 하나의 정치권력 아래 결집됨으로써 그때까지 상상할 수 없었던 경제적·문화적 번영의 시대를 열 수 있는 이상적인 조건을 제공하기에 이르렀다.

그 과정에서 쿠샨 왕들도 유리한 조건을 활용할 수 있었다. 도시 문화는 이미 마우리아 왕조와 박트리아계 그리스인에 의해 널리 퍼져 있었고, 새로운 통치자들은 황폐해진 시설을 빠르게 재건하거나 (예전의 페르시아처럼) 새로운 도시를 건설했다. 그리스와 인도의 전통을 바탕으로 세워진 도시는 당시 세계에서 가장 현대적인 거주지 가운데 하나로, 위생·문화·생활 수준 면에서 종종 서방의 대도시를 능가했다. 여러 채의 화려한 주택이 줄지어 늘어선 평행 도로는 도시 지역을 체계적으로 구획했으며, 왕실 거주지와 궁전뿐 아니라 사원과 불교 성지 〔스투파(Stupa)〕, 다양한 상업 지구, 공원과 분수, 극장이 있는 유흥 지구 등이 함께 자리했다. 많은 주거지는 대형 저수조와 연결된 배수 시스템을 갖추었고, 도시는 방어 시설의 보호를 받으면서도 안전한 도로 망과 운송로를 통해 외부 세계와 연결되었다.[102]

중국과 달리 쿠샨 제국에서는 대규모 상업 가문이 도시의 정치적 주도권까지 쥐고 있었는데, 이는 폰토스 북부 지역의 스키타이 왕가들이 대형 사업가이기도 했던 것과 유사하다(73~75쪽 참조). 마투라(Mathura) 같은 수도는 뛰어난 수공예 예술과 왕실의 화려함을 결합한 도시였고, 탁실라는 상업의 중심지이자 학문의 요람이었다. 해안의 항구 도시들은 해상 무역의 중심지로 자리 잡았고, 실론의 기록에 언급된 견직물 상인들 또한 쿠샨 제국 출신이거나 심지어 왕족 출신이었을 가능성이 크며, 실제로 자국 내에서 견직물 생산과 가공을 적극적으로 장려했던 것으로 보인다(335, 338~339쪽 참조).[103] 그뿐만 아니라 온건한 관세와 조세 정책, 통일된 화폐 체계는 수공업과 상업의 성장을 이끌었다. 화려한 금화는 위기에도 흔들리지 않는 안정적인 통화 역할을 했으며, 테라코타·가죽·섬유 제조업뿐만 아니라 유리·리큐어(liqueur)·향수 산업도 전에 없던 활황을 맞았다. 도시의 엘리트는 이전과는 다른 새로운 관심사에 몰두할 여유를 가졌고, 인도의 연극은 수천 명의 관객을 끌어모았다. 그 영향이 알렉산드리아까지 미쳐서 어설픈 라자를 소재로 한 희극이 정규 공연 레퍼토리에 포함될 정도였다. 의사, 변호사, 서기관, 가축 사육자 외에도 배우, 점성술사, 곡예사, 음악가, 시인 그리고 교양 있는 고급 창녀까지 다양한 전문직 종사자들이 경제력을 갖춘 고객층을 대상으로 활동하며 도시의 삶을 예술의 한 형태로 끌어올렸다.[104]

《카마수트라(Kamasutra)》에 등장하는 도시적 세련미의 상징은 귀족 출신의 쾌락주의자 나가라카(Nagaraka)였다. 그는 "매일 목욕하고, 이틀에 한 번 마사지를 받으며, 사흘에 한 번 거품 목욕"을 한 후 향유를 바르고 세련된 복장으로 친구들과 함께 대도시의 연애 모험에 나서는 인물이다. 그들은 공공 회랑에 모여 최신 문학에 관해 이야기하고, 기묘한 예술 작품에 대해 떠들며 시간을 보낸 뒤, 친구들의 저택에서 맛있는 다과와 자극적인 음료를 즐기며 다음 날의 일정을 계획했다. 《카마수트라》는 다음과 같이 그들의 하루를 묘사한다. "아침이 되면 아름답게 치장한 나가라카들이 말을 타고, 애인과 수행원을 대동해 공공 유원지로 향한다. 그곳에서 닭싸움, 놀이, 연극 등 다양하고 쾌활한 활동으로 하루를 보내고, 오후가 되면 머리에 꽃 장식을 한 채 장난스럽게 우쭐대며 돌아온다." 잔치는 사랑의 즐거움을 향한 새로운 길을 열어주기도 한다. 《카마수트라》는 또 이렇게 말한다. "자신감 있고 친구가 많으며, 적절한 상황 판단과 세속적 지혜를 지닌 남자는 장소와 시간을 잘 가늠할 줄 알면 누구나 '가질 수 없을 것처럼 보이는 여자'조차 무리 없이 얻을 수 있다." 이러한 묘사는 당시 도시 엘리트 층의 세련되고 쾌락적인 삶의 방식을 상징적으로 보여주며 물질적 풍요, 문화적 세련됨 그리고 사회적 유희가 긴밀히 얽힌 세계를 생생하게 재현한다.[105]

오비디우스는 젊은 로마인을 위해 비슷한 가르침을 준비했다. 그 젊은이는 스승의 '연애 기술'을 무기로 사원이나 시장, 극장, 혹은 경마장 관중석에서 멋있고 아름다운 이들에게 다가가 사랑의 모험을 시작할 수 있었다.[106] 인도의 도시에서 귀족들이 마주한 것은 수줍음 많고 보호받는 소녀들이 아니라, 값비싼 장신구와 향수를 지니고 남자들보다 더 많은 하인을 거느리며 금과 보석으로 장식한 말을 타고 다니던 당당한 여성이었다.[107] 알렉산드리아에서도 상황은 크게 다르지 않았다. 테오크리토스(Theokritos)에 따르면, 2명의 시라쿠사 출신 여인이 군중 속을 자유롭게 누비며 축제 장소에서 자기 자리를 찾았다.[108] 이들은 삶을 즐기고 대도시의 영광을 누릴 줄 아는 국제적인 부유층 청년이었다.

중국에서도 대제국의 수도는 단순한 경제 및 의례의 중심지일 뿐만 아니라, 인공 공원과 호수, 교육 기관과 서점, 그리고 매우 화려하고 유행에 민감한 생활 방식으로 유명했다. 다만, 이러한 생활 방식은 보통 궁정과 행정에 종사하는 부유한 가문만이 누릴 수 있었다.[109] 그에 반해 쿠샨 왕국의 통치자는 인도 라자의 전통에 따라 무역과 공예를 대체로 자유롭게 놔두었으며(세금 부담이 비교적 적었다), 도시 엘리트의 생활을 규제하지 않았다. 대신 그들 자신이 가장 부유한 경제 주체로서 경제 활동을 통해 이익을 얻고자 했다. 쿠샨 왕들은 유리, 은 제품, 보석, 귀금속, 비단 등 서양과 동양의 고급 상품을 구입하는 데 막대한 자금을 투자했다. 많은 물품이 왕실 공방으로 들어가 가공 및 재판매되었다. 아프가니스탄 베그람(Begram) 인근 카피사(Kapisa)의 한 궁전에서는 로마 청동 조각상, 알렉산드리아와 아프리카의 사자 사냥 장면으로 장식한 이집트 유리 용기, 그리고 1000점이 넘는 인도 상아 및 뼈 조각품이 발견되었다.[110]

그리고 언제나 그러했듯이 다양한 전통과 민족이 어우러진 이 오래된 지역에서 통치자들은 정치적 지위를 공고히 할 뿐만 아니라, 국가의 경제 발전을 지원하기 위해 종교적 흐름과 긴밀한 관계를 유지했다. 고대 이란-박트리아의 신들을 숭배하고, 비문에 박트리아-아리아어를 사용한 것은 페르시아 전통에 따라 쿠샨 통치자의 위상을 "위대한 왕 중의 왕이자 신성한 존재의 아들"로 자리매김하는 근거가 되었다.[111] 일부 구리 동전 뒷면에는 로마의 국가 상징물(집정관 의자에 앉은 흉상), '카이사르'와 '하늘의 아들'을 지향하는 통치자 칭호가 새겨져 있어 서양과 동양의 '세계 제국'과 동등한 수준에서 자신들을 자리매김하려는 야망을 드러냈다.[112]

도시 사회와 상업의 기둥이자 지지자였던 왕들은 불교를 장려했다(170~173, 294~295쪽 참조). 카니슈카 1세(기원후 1세기 또는 2세기)는 아마도 일부 선대 군주처럼 불교로 개종했던 것으로 보이는데, 어쨌거나 사원과 스투파 건축을 적극적으로 지원했다. 이 스투파들은 스키타이의 고분과 유사한 점이 있었다.[113] 이러한 환경에서 간다라와 마투라의 부처상이 탄생했다. 서구의 헬레니즘식 옷 주름에 서 있는 모습의 부처상은 곧이어 중국으로, 그리고 한국·일본·이집트까지 널리 퍼졌다. 카니슈카 시대에 이르러서는 많은 시주를 통해 불멸의 존재에 가까워질 수 있다는 관념이 굳어졌다. 신도들은 금, 은, 진주, 보석, 산호를 포함한 일곱 가지 보물을 비롯해 진주, 유리 제품, 비단, 청금석 등을 바쳤다. 쿠샨 왕조 치하에 번성하고 상인들에게 매력적이었던 대승불교의 변종은 출신에 상관없이 누구나 부처가 되고 자발적으로 열반을 늦출 수 있는 길을 열어주었다. 이로써 다른 지역에서 이뤄진 구원의 '민주화'가 경제 성장과 함께 이곳에서도 촉진되었다. 기원후 1세기경에는 인도-박트리아 상인들이 불교 승려와 함께 타림 분지를 거쳐 한제국에 들어가 주요 도시와 수도 낙양에 정착한 것도 놀라운 일은 아니다. 활기 넘치는 세계 교역망은 성직자들이 걸어간 길과 연결되었는데, 이 또한 유라시아 역사의 수많은 경이로움 중 하나로 반드시 설명해야 할 필요가 있다.

5

행복으로 가는 길
기원후 2세기까지의 종교적·철학적 세계 해석

1 종교적 세계 경험의 근본 형식

신들은 쿠샨 제국뿐만 아니라 유라시아 전역에서 예술품, 신전, 희생 제의의 형태로 현존했다. 그들은 성소에서 살고 상인·목자·군인과 함께 이동했으며, 전투에 참여하고, 선원과 정착민에게는 보호를, 상인에게는 축복을 주었다. 그런 까닭에 우리는 앞 장들에서 항상 이런저런 방식으로 신들을 만났다. 모든 제국은 신성이나 그 밖의 종교적 정당화를 위해 노력했고, 거의 모든 도시에는 성소와 신전이 있었으며, 유목민의 이동은 신의 인도에 의지했다. 따라서 이 세상을 초월한 힘은 항상 인간적 노력의 동반자이자 관찰자였으며, 때로는 개입하고 때로는 무관심하게 지켜보았다. 하지만 그들이 존재한다는 걸 부정하는 사람은 거의 없었다. 그래서 거의 모든 사회가 어떤 식으로든 그들과의 접촉을 시도했다. 그 과정에서 우리가 종교라고 통칭하는 행동, 신념, 표현 형식이 등장했다.

종교는 포괄적 세계 해석, 정서적 안정감, 상호 연대의 공동체 체험을 제공하는 문화적 체계다. 고대에 종교는 조상 숭배, 특정 신에 대한 예배, 제식과 의례, 특히 죽은 자에 대한 돌봄 같은 요소들로 구성되었다. 그 시작은 인간의 근본적인 경험으로 거슬러 올라간다. 가장 심오한 경험은 삶과 죽음, 소멸과 새로운 시작의 끊임없는 연속이다. 이런 경험은 죽음에 대한 두려움을 불러일으키기도 하지만 새로운 시작에 대한 희망을 낳기도 한다. 모든 종교의 본질적 관심사 가운데 하나인 죽음을 받아들이는 데서 자연은 분명한 비유를 제공했다. 여름에 파종하면 가을에 새로운 열매를 맺는다. 절제하고 주의를 기울이면 가축과 야생 동물의 도살은—인간의 출산이 공동체의 새로운 구성원을 약속하는 것처럼—가축 수의 급격한 감소로 이어지지 않고 오히려 증가를 가져온다. 달과 태양의 교대 역시 죽음과 재생의 연속을 확인해준다. 태양은 서쪽에서 죽고 동쪽에서 다시 태어난다. 태양은 생명의 상징이자 형제인 달과 함께 신적인 힘의 영역으로 받아들여질 충분한 이유가 있다.[1]

그러나 이러한 순서가 뒤틀린 것처럼 보이는 시대와 상황이 있었다. 전염병으로 가축이 떼죽음을 당하고, 기후 변화로 초원의 푸른 풀이 사라지고, 가뭄으로 수확이 형편없게 되었을 때였다. 사람들은 그런 이상 현상을 물론 어느 정도 예측할 수 있었지만 설명할 수는 없었기 때문에, 그것을 불러일으킨 숨겨진 힘을 찾으려 애썼다. 그들의 시선은 다시 하늘로 향했다. 생명을 주고 수확을 가져다주는 비가 내리는 곳, 천둥과 번개가 인간의 노력을 뛰어넘는 힘을 암시하는 곳이 바로 하늘이었다. 그와 마찬가지로 비를 받아들이는 대지를 향한 두려움도 있었다.

하늘과 대지는 마치 아버지와 어머니처럼 보였다. 비는 대지라는 자
궁에 떨어진 신적인 씨앗처럼 작용해 식물과 동물이 성장하고 번성할
수 있게 해줬다. 그래서 하늘은 많은 곳에서 폭풍과 바람, 뇌우를 내
리는 고귀한 신이 되었다. 땅은 동물과 인간을 풍요롭게 양육하는 위
대한 어머니였다. 그런 까닭에 농경 공동체는 성적인 준비와 생식을
상징하는 가슴과 외음부를 강조한 나체의 풍만한 여성 신상을 숭배했
다. 여기에 때로는 비의 신으로 숭배받고 때로는 대지의 여신과 교미
하는, 발기한 남근을 가진 신이 동반되기도 했다. 둘 다 자연과 인간
의 다산성을 기원했다. 고대 사회는 높은 영유아 사망률과 산모 사망
률로 인해 그들에게 의존했다. 다산성과 자손에 대한 갈망은 초기 종
교의 핵심 구성 요소를 형성했다.

그렇지만 자신을 둘러싼 세계에―비록 그게 압도적인 힘을 지닌 것
처럼 보일지라도―자기 뜻대로 영향을 미칠 방법을 찾지 않는다면 인
간이 아닐 것이다. 생명의 재생을 자연과 그 신적인 힘의 선물로 파악
했다면, 경험은 이런 선물이 실현되지 않는 것도 선물을 받는 사람의
잘못된 행동 때문일 수 있다는 걸 가르쳐주었다. 선물에는 대가가 따
르고, 마치 선물로 다른 가문을 설득해 그들의 지지를 기대할 수 있듯
이 신들도 달랠 수 있을 것이다. 하지만 하늘과 땅 같은 신성한 힘들
은 무엇을 기대할까?

그에 대한 대답은 생태적 환경과 정치적 공동체에 따라 서로 달랐
지만, 해결책은 **한 가지** 면에서 서로 비슷했다. 그리고 이것이 거의 모
든 고대 종교의 근본인 '희생'이라는 현상을 낳았다. 자연의 힘을 달래
고 새로운 생명의 창조 기능을 유지하도록 설득하려면, 그 생명의 가

장 원초적이고 귀중한 형태를 상징하는 무언가를 그들에게 바쳐야 했다. (유목민뿐만 아니라) 모든 문화권의 상상 속에서 인간과 동물은 영혼을 갖고 있었다. 동물에 대한 묘사는 사냥감과 그 영혼에 마법의 주문을 걸어 그것들을 좀더 쉽게 잡으려 했다는 걸 시사한다.[2] 사냥꾼이나 가축 소유자가 동물을 죽이면, 그 영혼이 축생(畜生)의 신을 통해 최고신에게 전달된다고 믿었다. 그러면 최고신은 그 영혼을 되살려 돌려보내고 축생의 신에 의해 새로운 동물로 '육화'된다는 것이다. 인간은 동물을 죽임으로써 이러한 순환을 뒷받침했다. 그런 까닭에 동물의 몸 대부분을 음식이나 의복으로 사용할 수 있었다. 그러곤 영혼의 순환이 중단되지 않도록 더 높은 힘들에 감사를 드렸다.

이는 희생 제물을 통해 이루어졌다. 초기 수렵 사회에서는 사냥 후 정기적으로 희생 의식('일차 희생')을 치렀지만, 좀더 복잡하고 고정된 사회에서는 앞선 살해 행위와 무관하게 그러한 의식을 거행했다. '자발적인' 희생 제물을 통해 사회는 살해가 신의 질서를 위반하지 않는다는 걸 확인했고(군주제 시스템에서는 왕이 이러한 임무를 맡았다), 동시에 다시 죽일 수 있다는 허락도 얻었다. 수렵 공동체가 빠르게 전사 공동체로 변모하면서 이러한 확신은 인간을 죽이는 일에도 적용되었다. 고대 사회는 인간 희생 제물을 충성의 궁극적 증거이자 위급한 상황에서는 최후의 수단으로 여겼는데, 시간이 지나면서 보통 동물 희생 제물로 대체되었다. 왜냐하면 둘 다 영혼을 지녔고, 따라서 사라지고 다시 생겨나는 변화를 공유하기 때문이다.[3]

사람들은 희생을 바침으로써 새로운 생명을 얻고 생명의 순환을 이어가고자 했다. 피는 신의 힘에 의해 이루어지는 생명력의 회복을 상징했다. 희생물의 살을 태우면 연기가 공중으로 올라가 하늘에 닿고,

피는 어머니인 대지를 적셨다. 유목민 문화에서는 번제(燔祭)가 성행했다. 소규모 마을 중심의 생활 방식이 지배적이던 지역에는 명부(冥府)의 힘을 만족시키기 위한 희생 구덩이와 갱도가 있었다. 여기서 '첫 곡식'은 자궁으로 되돌아갔다. 농부들은 자연을 완전히 착취하면 생식 능력이 약해진다는 걸 알고 있었다. (그래서 휴경지를 만들었다.)[4]

그런데 희생 의식은 무언가를 제공하고 그에 대한 대가로 신이나 자연에 무언가를 기대한다는 점에서 기능적인 효과만 있는 것이 아니다. 희생 의식은 여러 가지 측면에서 사회적 행사이기도 하다. 의식을 치르는 공동체는 자신들이 행하는 제사에 매료된 신들이 그 잔치에 참여하길 바랐을 것이다. 그러나 이 잔치는 또한 초자연적 힘을 얻을 수 있다는 확신으로 사람들을 하나로 만들었다. 사람들은 선물뿐만 아니라 기도를 통해서도 '적절한 음정을 맞추는' 데 성공한다면 더 높은 존재에게 다가가 그를 자신에게 이끌 수 있을 거라고 확신했다.

왜냐하면 모든 사람이 신들의 언어를 이해하는 것은 아니었기 때문이다. 이를 위해서는 초자연적인 것에 공감하고, 자연의 목소리를 해석할 줄 알며, 마법의 행동과 주문을 통해 날씨에 영향을 미치고, 병자를 건강하게 만들거나 적어도 하늘 및 땅의 힘과 특별한 관계를 맺을 수 있는 입증된 전문가가 필요했다. 그러한 전문성의 원형이 샤먼이다. 그는 종종 동물 같은 옷을 입고 때로는 특별한 신체적 특징으로 인해 군중 가운데 돋보였다. 그는 혼자 또는 소집단으로 살았으며, 때때로 자신의 성(性)을 바꿀 수도 있었다. '에너지를 빨아들이는' 정신적으로 불안정한 성적 접촉을 삼갔다. 그리고 단식과 신체적 고통을 통해 힘을 모으고, 의식 변화(Altered States of Consciousness, ASC)를 유도하기 위해 정기적으로 고독한 삶을 추구했다.[5] 예를 들어, 일반적으로 리듬감 있는 움직임과 결합한 신체 활동을 통해 호흡을 조절하고 혈압 변동을 일으킴으로써 접신(接神) 상태를 유도할 수 있었다.[6]

샤먼은 초자연적 존재의 귀에 닿는 주문과 노래를 알고 있었고, 신을 '유혹하는' 신성한 물건을 보존했다. 또한 종소리나 북소리(오늘날에도 가톨릭 미사에서는 성체의 '성스러운 변화'를 종소리로 고지한다)에 곁들여 환각을 일으키는 물질이나 취하게 하는 음료〔소마/하오마, 또는 엘레우시스 밀교의 키케온(Kykeon)〕로 아픈 사람의 몸에서 악령을 쫓아내는 데 성공하곤 했다. 그는 접신 상태나 꿈속에서 자기의 영혼을 육체에서 분리해 우주를 돌아다니며 사냥 동물의 움직임을 탐구했다. 그리고 죽은 자의 영혼에게 저승으로 가는 길을 보여줄 때도 사후 세계로 여행(영혼 여행)을 떠나 하늘의 힘에 대한 지식을 얻을 수 있었다. 그러나 그들 자신도 초자연적 세계의 영향과 메시지에 매우 취약하며, '계시'를 받고 '영'에 '빙의'될 수 있었다.[7]

이 모든 것을 주술, 즉 원초적이고 순진하거나 심지어 정신 질환(간질 등)을 앓고 있는 사람들의 허튼소리로 치부하는 것은 어리석은 일이다. 현대 서구 세계는 물리 '법칙'에 따라 기능하는 기계론적-물질적 우주라는 관념으로 특징지어지며, 따라서 그러한 법칙을 설명 및 해독 가능한 것으로 여긴다. 고대 관찰자들 또한 자연을 연구하고 그에 상응하는 규칙을 도출함으로써 그러한 법칙을 인지했다. 하지만 대부분은 특히 인간 본성을 설명하려고 할 때, 그것에 만족하지 못했다. 그들은 '정상'에서 벗어나는 일탈을 거듭 관찰하고 경험했으며, 그러한 일탈은 진정한 의미에서 너무나 극적이라 일상적이고 즉각적으로 인지 가능한 세계를 넘어선 또 다른 차원을 시사했다. 우리도 그 같은 상황들을 알고 있다. 콘서트나 극적인 스포츠 경기 내지는 절망적인 질병과 재난에서 벗어난 후 우리는 얼마나 자주 기적과 마법의 순간에 관해 이야기하는가? 우리는 얼마나 자주 개인적이거나 집단적인 '황홀'과 '열광'의 거품에 휩쓸리는가? 우리는 그러한 분위기를 조성하는 사람들, 예컨대 증권 거래소에서 주가를 예측하는 사람들을 어떠한 열정으로 숭배하는가? 카리스마 넘치는 코치가 자기 팀을 설명할 수 없는 수준으로 이끌어 '마술사'로 칭송받는다면, 이는 전투에 동원된 유라시아 전사 집단의 구성원들이 지도자의 신적인 능력을 증명하는 것과 유형론적으로 크게 다르지 않다. 오늘날에도 사람들은 얼마나 자주 마약 섭취를 통해, 춤과 음악을 통해, 집중적 호흡법이나 실존적 극한 상황을 통해 평소에는 접할 수 없었던 차원을 엿보고 의식의 확장을 경험했다고 믿는가?[8] 특별한 사건, 기술, 명상 및 기도, 수면 부족 또는 흥분제로 인해 야기되는 의식 변화(ASC)는 오늘날에도 가장 널리 퍼져 있고 문화적으로 인정받는 현상 가운데 하나다.[9]

고대인에겐 이 모든 것이 친숙했다. 하지만 그들과 달리 우리는 그러한 상황을 종교적으로 해석하는 관행을 거의 포기했다. 왜냐하면 이러한 것은 시대착오적인 것으로 여겨졌고, 그런 해석 패턴을 뒷받침할 수 있는 교회 기관이 점점 더 매력을 잃었기 때문이다. 그 대신 우리는 화학적 과정, (고대 학자들이 미처 알지 못했다고 여겨지는) 물리 법칙, 그리고 자연스럽게 설명할 수 있는 개별 별자리들의 상황적 일치('우연')에 의존한다. 이와 대조적으로, 동양과 아프리카 세계는 정신의 비물리적이고 비물질적인 차원에 대한 개방성과 종교적 관여를 전혀 포기하지 않았다. 따라서 그들은 우리보다 고대의 형편과 경험적 지식에 더 가깝다. 우리가 자신도 모르게 비슷한 경험을 얻기 위해 과거의 성공 비법에 반복적으로 의존하고 있음에도 불구하고 말이다. 특히 서구 세계는 심리 치료와 영적 상담에 대한 끝없는 수요를 경험하고 있으며, 교회의 이미지가 쇠퇴하는 것과 더불어 '비밀스러운' 치료 기법이 부활하고 있다는 사실은 많은 것을 시사한다. 오늘날 모든 국가의 정부 수반은 미래에 대한 투시적 통찰력을 지닌 것으로 여겨지는 참모들을 고용하고 있다. 주치의나 의료 전문가, 심리학자와 코치 제도는 이전보다 드문 일이 아니다. 다만, 우리가 그것을 고대인과 다르게 부르고 조직화할 뿐이다. 이미 고대에 '정신' 전문가들은 개인으로나 집단('사제')으로 지도적 위치에 확고하게 자리를 잡을 수 있었으며, 종종─오늘날과 다르지 않게!─서로 간의 치열한 경쟁 속에서 자신의 마술과 예언이 실패할 경우 항상 주인의 분노에 위협을 받았다.[10] 그들은 상나라 왕들의 샤머니즘 조력자와 후한의 '마법사'부터 스키타이의 에나레에와 근동의 '예언자'를 거쳐, 가나안의 네비임(Nebiim), 아라비아의 카힌(Kāhin), 이집트의 마법사부터 메디아와 페르시아 왕들의 마술사를 거쳐 식물 세계의 비밀에 대해 알고 샤머니즘 관습에 능통했던 켈트족의 바테스(vates)와 드루이드 사제에 이르기까지 모든 유라시아 사회에서 발견할 수 있다.[11] 어떠한 통치자도 그들의 도움을 포기할 수 없었다. 아시리아 왕과 히브리 왕은 마법사, 점쟁이, 강령술사, 점성술사를 고용했다. 아시리아의 니푸르에서는 귀신을 쫓아내는 사람이 활동했고, 사울은 여러 예언자와 엔도르(Endor) 출신의 여성 강령술사('혼백을 불러올리는 여자')에게 의지했으며(89쪽 참조), 심지어 비블로스 같은 개방적인 항구 도시에서도 왕궁에 '엑스터시 실행자', 선견자의 능력을 지닌 강령술사가 있었다. 그리스 참주의 궁정에서도 이른바 오르페우스 밀교(秘敎)의 도취 능력을 지닌 선견자가 활동했다.[12] 그리스 세계는 초자연적인 것들에 대한 전문가들의 기억을 보존했다. 동물들의 군주에 관한 신화에서, 그 군주는 헤라클레스처럼 짐승들을 정복하고, 신들의 아버지의 도움을 받아 적에게 돌을 퍼붓고, 저승을 방문하는 초자연적인 존재였다. 더 나아가―자연의 힘을 강제하지는 않지만―아직 일어나지 않은 일의 윤곽을 예측할 정도로 자연의 법칙을 깨뜨리는 선견자도 있었다.

죽은 자의 영혼을 불러내는 것이든, 자연에 영향을 미치며 비를 불러내는 것이든, 치유자나 영혼의 동반자 또는 초자연적인 것을 해석하는 인물로서 행동하는 것이든, 마술적이거나 예언적인 능력이 아무리 다양할지라도 그들 모두는 세상을 초월하는 '신적인' 힘들에 대한 배타적인 접근이 특징이었다. 그들의 권위가 너무나 커서 원래 자기 임무가 아님에도 희생 제의와 장례식을 수행하도록 요청받기까지 했다.[13] 그들은―예를 들어 스키타이인, 아리아인, 히브리인에게서 볼 수 있듯―참가자들이 의식에 깨끗한 몸으로 임하도록 했다. 즉, 신이나 죽은 자와의 만남 전후에 의례적으로 세면을 하거나 증기 목욕을 하도록 했다. 사제들 자신은 통치자와 전사의 붉은 옷과 대비되는 순결함의 상징으로 흰색 의복을 입었다.

이 모든 것은 일상적인 생활 세계의 경험과 일치했다. 예컨대 손님―심지어 신들조차―에게는 식사 전 몸을 씻도록 했다. 질병이나 부상엔 상처와 배설물이 수반되고, 시체는 부패하고, 식물은 일정 기간이 지나면 시들거나 악취를 풍기면서 곰팡이가 핀다. 죽은 자에게는 위험한 전염을 일으키는 불가사의한 힘이 내재한다고 널리 알려져 있었다. (따라서 가능한 한 거주지에서 멀리 떨어진 곳에 매장했다.)[14] 물과 불은 생명을 상징할 뿐만 아니라 정화하는 힘도 가지고 있었다. 그런 까닭에 오늘날까지 가톨릭교회의 문 안쪽 옆에는 성수대(聖水臺)가 놓여 있다. 이처럼 방향제와 분수 및 대야는 신전과 〔페르가몬의 아스클레페이온 (Asklepeion) 같은〕 치유소에서 아주 두드러진 역할을 했다.[15]

제식 전문가들의 행동과 주문은 특히 장례식에서 음악과 가수를 동반했다. 그들은 감각을 열어주는 분위기를 조성하려고 노력했다. 공동체의 종교와 의례 수행에는 음악(귀), 향기와 연기(코) 및 공간적 연출(눈)이 곁들여졌다. 원래 귀족의 특권이었던 포도주나 향정신성 약물에 의한 도취도 그 일부였다. 이 모든 것은 일상의 경계를 돌파하고 '자기 바깥에 있음'의 순간을 가능케 하는, 요컨대 다른 형식의 현실을 만들어내는 힘이 존재한다는 인간의 본능적 감정을 강화한다. 우리는 이러한 상태와 그 경험의 기반을 이루는 대상을 '거룩한 존재'라고 부른다. 많은 사람이 그걸 실재하는 것으로 인식한다. 종교는 "거룩한 현실과의 체험적 만남"이다.[16]

거룩한 것의 공간을 만들고 더 높은 존재들과 접촉할 방법과 수단이 있다면, 그리고 두 세계 사이의 장벽을 극복할 수 있다고 확신한다면, 더 나아가 이러한 극복이 실존적 고통을 없애는 데 도움이 된다면, 이는 가장 절실한 질문, 즉 모든 질문 중 가장 중요한 질문— 인간이 죽으면 어떤 일이 일어나는가? — 에도 영향을 미치지 않을 수 없다.

이 점에 대해 고대인은 두 가지 이유에서 상당히 낙관적이었다. 첫째, 그들은 자기 자신을 자연의 필수적인 일부로 여겼다. 자연은 특별한 상황으로 인해 그 고리가 끊기지 않는 한 생명의 **소멸**이 시간적 순서를 통해 새로운 생명의 **발생**과 직접적으로는 아니더라도 연결되어 있음을 거의 매일 보여주었다. 많은 문화권에서 희생 제사는 우주의 창조로도 이어지는 이 원초적인 과정을 재현하며, 그것이 영원히 반복되기를 바랐다. 그렇지만 둘째, 인간은 분명히 동물(및 식물)과 다른 '그 이상'의 존재였다. 오직 인간만이 신들에게 희생 제물을 바쳤고, 동물은 그렇게 하지 않았다. 오직 인간만이 리듬에 맞춰 움직였고, 신들에게 말을 걸기 위해 기도와 의례 행위를 발전시켰다. 오로지 인간만이 완전하고 절대적이며 추상적인 것을—자연과 일상적 삶에서 발견하지 않고도—생각할 수 있었다. 이는 거룩한 공간과 이상 세계(낙원)를 건설하는 데 중요한 전제 조건이었다! 그리고 인간은 식량과 방어 또는 권력 확장 이외의 목적으로도 생명을 취했다. 그들은 종종 정기적으로 동족을 죽였다. 때로는 대량 살상하기도 했다.

이렇듯 인간의 본성에는 인간을 다른 생명체보다 우위에 올려놓고 신들의 세계에 더 가까이 다가갈 수 있게끔 해주는 긍정적이면서도 부정적인 잠재력이 숨어 있었고, 이는 지금도 여전히 그러하다. 이 두 가지 요소, 즉 인간이 자연 세계와 연결되어 있다는 것과 그 탁월함 때문에 죽음이 완전한 사라짐이나 최종적 종말이 아니라 일종의 소생이나 재생으로 이어지는 게 가능해 보였다. 많은 사람의 견해에 따르면, 이러한 소생을 위해서는 **파괴할 수 없는** 연결 지점, 즉 육체적 소멸에서 벗어나는 본질이 필요했다. 우리는 일반적으로 그것을 영혼이라고 부른다. 유라시아 세계에서는 영혼이 육체적 죽음 이후에도 계속 존재한다고 태곳적부터 믿어왔다.[17] 그 영혼이 어떤 방향으로 움직이고 어떤 형식을 취하는지에 대해서는 여러 의견이 있었다. 대부분 사람은 영혼이 하늘·별·달을 향해 위로 올라간다고 추정했고, 다른 사람들은 땅의 깊은 곳, 즉 모든 생명의 아버지와 어머니가 있다고 믿어지는 곳으로 들어간다고 짐작했다. 어쨌든 우리가 이 여정에 영향을 미칠 수 있다는 큰 희망이 있었다. 그런 까닭에 장례식은 대개 희생 제사와 결부되었다.

그러나 육체 없는 상태가 **영원히** 지속된다는 생각은 무엇보다 자연 변화의 경험과 모순되었다. 죽은 자의 영혼은 일정 시간이 지나면 마치 증발한 물이 비가 되어 내리듯 '천상'에서 지상으로 돌아올 가능성이 더 높았다. 조상과 닮은 후손이 이러한 과정에 대한 간접 증거일 수 있었다. 이것이 아프리카와 아시아에서 여전히 널리 퍼져 있는 가장 오래된 믿음, 즉 조상이 가족으로 환생한다는 믿음의 배경이다. 그러나 조상은 또한 하늘의 힘들 곁에서 더 오래 머물며 스스로 '신'이 될 수도 있었다. (물, 하늘, 태양 같은) 자연적 잠재력과 직접적 관련이 없는 지역과 도시의 신들은 대부분 권력자의 조상 유령에서 생겨났을 것이다.[18]

하지만 조상이 신과 같은 존재가 되었을 때, 그들은 또한 신의 변덕도 공유했다. 이상적인 경우, 조상은 가족과의 식사에 참여했다. 사람들이 자신과 함께 신들이 희생 잔치에 모이길 바라는 것처럼 말이다. 그러나 그들은 유령이나 악령으로 두 영역 사이를 떠돌며 살아 있는 자를 괴롭히는 위협적인 존재가 될 수도 있었다. 이러한 이유로 묘지는 살아 있는 자들의 거주지에서 멀리 떨어진 곳에 자리를 잡았다. 게다가 무덤을 돌로 무겁게 덮었다. 심지어는 왕의 석관조차 봉인하고 부적으로 둘러쌌다.[19] 하지만 어떤 형태로든 조상 숭배는 고대 사회의 가장 안정적인 종교적 핵심을 형성했다. 조상 숭배는 가족에게 안정을 제공하고, 통치자에게 왕조를 세울 기회를 주었다.

2 영혼의 운명을 둘러싼 인도의 고투

이러한 사정은 기원전 2000년에 전사 엘리트들이 혁신적인 무기 체계로 자기를 위한 새로운 권력 기회를 발견하면서 변화하기 시작했다. 그들의 장례식은 시간이 지남에 따라 점점 더 정교해졌고, 권력자의 시신을 다루는 방식도 마찬가지였다(31~36, 59~61쪽 참조). 예를 들어, 이제 막 사망한 스키타이 왕의 배를 갈라 내장을 제거한 다음 향기로운 향유로 채우고 봉합했다. 이어서 밀랍으로 보존한 후 40일 동안 자기가 통치했던 지역을 이리저리 돌아다니며 숭배받을 수 있도록 했다. 나중에는 켈트족 지역에서도 비슷한 기간을 적용했다. 이 기간 동안 영혼은 육체에서 분리되어 죽은 자의 영역으로 들어가는데, 동유럽 그리스도교는 오늘날까지도 이런 생각을 견지하고 있다. 그렇게 두루 돌아다닌 후에는 그의 아내와 추종자들이 무덤 안으로 들어갔다. 또한 그가 생전에 좋아했던 말과 무기, 전차, 그리고 완전한 예복을 입은 그 자신이 식기 따위와 함께 묻혔다. 죽은 자와 그 관련자들은 자신의 영혼이 **새로워진** 육체와 다시 하나가 될 거라고 확신했던 게 틀림없다.

이러한 재합일은 죽음 **이전의** 위계 구조를 재현한 것이다. 종종 수 킬로미터 떨어진 곳의 목초지에서 옮겨온 토양으로 겹겹이 쌓은 대형 쿠르간은 족장이 미래에도 자기 가축 떼의 부를 누리는 '하늘의 방목지'를 상징했다. 스텝 지대의 공동묘지와 '무덤 목초지'는 가을과 겨울 방목을 위해 씨족과 동물들이 모여 몇 달 동안 좁은 공간에서 함께 머무르는 곳에 형성되었다. 때때로 그곳을 요새화하기도 했다.[20] 그곳은 조상들이 거주했던 땅이자 죽은 통치자가 죽어서도 추종자들의 존경을 요구했던 장소였다. 후손들이 무덤 건축과 정교한 장례 의식을 통해 자신의 지도력을 주장하는 동안, 사후 세계에서의 통치 갱신은 지상의 권력 구조에 영향을 미쳤고, 그 반대의 경우도 마찬가지였다.

하지만 개별 집단이 이러한 맥락에서 벗어나 먼 곳으로 떠났을 때는 어떤 일이 벌어졌을까? 그들은 보통 자기 고향의 신들을 데려갔지만, 곧바로 새로운 생활 환경에 걸맞은 신들이 전면에 등장했다. 불의 신 아그니는 기원전 1200년경 전차를 타고 인도 북부로 향하는 아리아족 무리와 동행하며 그들에게 진영의 보호와 온기를 제공했다. 아그니의 후계자 바루나는 정착지를 건설할 수 있도록 질서를 보장했다. 그의 적대자, 즉 소를 빼앗고 성벽을 파괴하는 인드라는 전사 집단의 희망이 되었다. 그들의 지도자는 인드라를 자처했다. 아울러 그의 성공은 "신비롭고 신적인 영웅적 행위의 반영"으로 보였다.[21]

단 한 가지 점에서 신들은 실패했다. 그들은 이주하는 집단이 끊임없이 직면하는 운명, 즉 죽음의 순간에 아무런 위로도 주지 못했다. 고향을 떠난 그들은 더는 선조들의 무덤으로 돌아갈 수 없었고, 새로운 무덤을 만들기에는 시간과 자원 그리고 추종자가 부족했다. 실제로 기원전 2000년대 이후 이란고원과 인도 북부로 향한 무리들에서는 쿠르간 같은 것이 발견되지 않는다.[22] 기원전 2000년대 말, 수메르의 시(詩)는 천막에 거주하는 유목민을 "살아 있는 동안 집이 없고 죽는 날에도 묻히지 않는" 사람으로 묘사한다. 예수처럼 가족과 헤어진 순회 설교자는 추종자들에게 조상의 장례에 신경 쓰지 말고 "죽은 자로 죽은 자를 장사하게 하라"고 가르쳤다.[23] 아리아 족장들은 무기·전차·말은 포함되지만 기념비적인 봉분은 없는 개별 무덤에 만족해야 했다. 죽은 자는 대부분 풀이 깔린 땅에 눕히고 화장했다. 켈트족의 이베리아와 브리타니아 지역에서는 영웅의 시신을 싸움터에 묻지 않고 독수리

나 까마귀의 자비에 맡기는 걸 명예로운 일로 받아들였다.[24]

이 모든 것은 호전적이고 이동성이 강한 공동체에서—많은 수고가 필요한 정교한 무덤 건축의 대안으로—영혼의 지속성에 대한 개념이 부상했다고 가정할 때만 이해할 수 있다.[25] 《리그베다》의 견해에 따르면, 영혼은 조상에게 돌아가거나 후손에게 환생한다. 그에 반해 불을 통해 정화된 육체와 결합하는 것은—전투에서 영웅으로 쓰러졌거나, 부지런히 희생 제물을 바쳤거나, 고행을 실천한 크샤트리아 같은—그럴 만한 자격이 있는 소수에게만 가능했을 것이다. 브라만은 죽은 자가 빛나는 천상 세계에서 '다시 태어날' 수 있다고 가르쳤다. 그런 까닭에 시신을 씻기고 장식하고 새 옷을 입혔다. 그러나 영혼이 천상계에 오르거나 또 다른 변화를 얻기 위한 최고의 '보험'은 정기적인 희생 제물이었다. 올바른 길을 찾기 위해 영혼들은 바이타라니(Vaitarani)강을 건너야만 한다. 생전에 바친 희생 제물이 그 징검다리 역할을 했다. 마침내 그곳에 도착했을 때, 그들은 저승의 통치자인 야마(Yama)와 바루나의 환영을 받는다. 그리고 영혼에게 신의 지위를 얻은 축복받은 조상들 가운데 한 자리를 배정한다. 브라만에 따르면, 영혼이 변화한 몸으로 목적지에 다다른 것은 쓰러진 전사들이 하늘의 기쁨을 누렸기 때문이다. 그들은 피리와 노랫소리에 맞춰 하늘의 요정, 즉 압사라스(Apsaras)와 사랑을 즐기고 소마·포도주·우유·꿀을 맛볼 수 있다.[26]

그러나 육체적으로 환생한 이들이 내세에서 지상에서와 같은 기쁨과 영예를 누린다면, 환생에는 두 번째 죽음〔푸나름르티우(punarmrtyu)〕도 포함된다는 걸 예상해야 하지 않을까? 이런 생각은 자연적인 생성과 소멸에 부합했다.[27] 《샤타파타 브라흐마나(Shatapatha-Brahmana)》에 따르면, "봄은 겨울에서 다시 일어난다. 왜냐하면 하나는 다른 하나에서 발생하기 때문이다. 진실로 이것을 아는 자는 이 세계에서 다시 태어날 것이다".[28] 이와 더불어 윤회에 관한 가르침이 확립되기 시작했고, 이 가르침은 곧 아리아 엘리트 외부의 더 넓은 권역에까지 퍼져 조상 숭배에 적용되었다. 결국은 조상도 가족 내에서 다시 태어나기 때문이다.[29] 하지만 새로운 문제들이 생겨났다. 다시 태어나 지상으로 돌아온 영혼은 죽음 이후에 벗어났던 악에 다시금 노출될 것이다. 탄생과 환생 그리고 축복받은 구원이라는 짧은 성취가 지상에서 겪는 고난의 영원한 반복처럼 고통스러울 수도 있다. 그리하여 다음과 같은 질문이 중요해졌다. 어떻게 해야 이 순환과 그에 따른 죽음의 고통에서 벗어날 수 있을까?[30]

브라만교의 희생 의례는 여기서 거의 도움이 되지 않았다. 그 의례는 죽은 자들이 저세상으로 가는 길을 매끄럽게 했지만, 그들이 다시 죽는 걸 막을 수는 없었다. 결국 크샤트리아 집단의 현자들은 기원전 700년경부터 무엇보다도 희생 제물이 천상으로 가는 영혼의 길을 닦아주겠지만, 희생을 통해 쌓은 공덕은 언젠가 소진되는 까닭에 천상에서 다시 죽는 걸 막을 수는 없다는 생각을 비판했다. 이러한 비판은 **외적인** 희생 의례 대신 **내적인** 자아에 초점을 맞추고 **개인의** 고행이 죽은 자에게 새로운 존재를 보장할 수 있다는, 즉 인간이 스스로 사후의 자기 운명에 책임을 져야 한다고 주장하는 고행 운동에 반향을 불러일으켰다.[31]

이런 목소리는 담론 형식의 철학적 저술 모음집인 《우파니샤드》에 담겨 있다. 《우파니샤드》의 가장 오래된 부분은 인도 북부에서 도시화, 경제, 교역이 번성하던 기원전 500년경에 쓰였다(167~170쪽 참조).

이제 브라만은 라자의 가르침을 받아들이고, 심지어 여성도 참가하는 토론에 참여해야만 했다.[32] 재탄생 교리의 첫 번째 사상적 발전은 자연 관찰에서 비롯되었다. 한편으로, 인도에서는 열대 여름의 더위와 몬순 강우 및 커다란 강의 범람이 특징이었다. 다른 한편으로는, 구름 한 점 없는 밤하늘 아래 풍요로움이 넘쳐났다. 이 모든 것이 자연의 움직임과 힘을 형이상학적으로 해석하려는 생각, 다시 말하면 현상 이면에서 전개되는 과정을 영혼의 운명과 그럴듯하게 연관시키려는 생각을 불러일으켰을 수 있다. 예를 들어, 물의 영원한 순환에 대한 비유와 달의 위상이 천상 세계로 통하는 문에 걸린 빗장이라는 생각이 결합하면, 죽은 자의 영혼도 행복의 장소에 도달하기 위해 이 문을 통과해야 한다는 결론에 도달할 수 있을 터였다.[33] 물이 달에서 왔다면, 불은 태양에서 왔다. 달이 짧은 시간 동안만 문을 여는 것처럼, 사람들은 태양 광선이 인간을 붙들어둔 채 영혼이 저세상 불의 세계로 가는 것을 막는다고 믿었다. 계절은 그 문지기 역할을 했다.

영혼이 해와 달에 의해 막힌 하늘의 문을 어떻게 뛰어넘을 수 있느냐는 물음에 브라만은 희생 제사를 통해 가능하다고 답했다. 《우파니샤드》는 인식하는 앎을 통해서라고 반박했다. '인식'이란 존재의 연관성에 대한 통찰을 의미하는데, 이는 그때까지 브라만에게만 가능한 것이었다. 죽음과 윤회의 굴레에서 벗어나 마침내 축복받은 세계로 진입하는 것은 사후 세계의 수호자가 던지는 수수께끼나 질문과 결부되어 있었다. 그 질문은 통찰의 핵심을 포함한다. "당신은 무엇인가?" 오직 지식을 가진 자만이 올바르게 대답할 수 있었다. (그러나 정기적으로 희생 제물을 바치는 사람은 그렇지 못했다.) 그는 개별적 영혼(아트만)이 우주와 모든 생명을 아우르고, 세계와 그 움직임의 구조를 하나로 묶고, 변화를 가져오는 훨씬 더 위대한 무언가와 동일하다는 걸 인식할 것이다.[34] 아트만은 모든 인간의 인격('나')과 세계 전체 인격의 파괴할 수 없는 본질로 엮여 있다. 세계영혼과 인간의 영혼을 연결하고 세상의 현상과 하나가 되는 공통의 힘, 즉 영원하고 편재하는 브라흐만(Brahman)이 존재한다.

모든 것이 '내면적'이고 '영혼과 같은' **하나의** 동일한 '외면적' 형성 원리에 의해 스며들고 인도된다는 이 생각은 윤회라는 순환을 초월하는 '세계의 권위'를 구축했다. 이는 사람이 세계와 개인을 지배하는 이러한 원리를 인식할 수 있다면, 다시 죽음과 다시 태어남에 대한 고통스러운 염려에서 벗어날 수 있다는 희망을 주었다. 그런 까닭에 《우파니샤드》는 탄생 및 윤회의 상황과 그로부터 해방될 가능성에 대한 물음에 다음과 같이 대답한다. "네가 브라흐만임을 깨달아라."[35]

일부 연구자는 인도의 화폐 경제 도입이 바르나 집단을 지배하고 있는 '일원론적' 원리로서 이러한 브라흐만 사상을 발전시키는 데 중요한 역할을 했다고 생각한다. 브라흐만-아트만이 개인과 그의 영혼 및 외적 현상을 자기 안에 통합한 것처럼, 화폐는 모든 경계를 넘어 개인을 거대한 전체로 통합하는 매개체였다. 또한 아트만의 '보편적 영혼'과 개인 영혼의 통합 교리가 사회적 장벽을 초월한 것처럼, 화폐와 상거래는 하위 바르나 집단이 성공을 거둘 수 있도록 했다.

이 이론에 동의한다면, 기원전 5세기 이후 화폐 거래의 확산은 그 이상의 영향을 미쳤을 수 있다. 윤회에 관한 가르침은 후기 베다 시대에 이 세상에서 선한 일을 하면 내세 삶의 질이 높아진다는 생각과 연결되었다. 이러한 원칙은 이제 금전 거래와 유사한 자동적인 활동으로 더욱 발전했다. 좋은 재화를 거래하는 것은 정직하고 신뢰를 구축하며 도덕적으로 좋은 것으로 여겨졌고, 나쁜 재화를 거래하는 것은 그 반대였다. 그에 따라—비유에 따르면—**모든** 나쁜 행동과 좋은 행동은 삶과 영혼이 다시 태어나는 생명체의 유형에 영향을 미친다. 이는 브라흐만이 모든 걸 포괄하는 원리인 것처럼, 카르마(업)의 고전적인 교리다. 그때부터 사람들은 성육신(成肉身) 교리의 틀 안에서 자신의 가능성을 개선하고, 희생 제물 없이도 선행을 통해 구원에 더 가까이 다가갈 수 있었다.[36]

3 기마 전사로부터의 보호?: 자라투스트라/조로아스터와 그의 가르침

죽은 자의 운명을 이 세상에서의 윤리적 결단 및 행동과 연결하는 것은 기원전 1000년대에 다른 유라시아 문화들, 예컨대 인도 북부와 아주 밀접하게 접촉한 지역에서도 발전한 생각이다. 여기에는 이란고원 북동부 지역과 고대 박트리아와 소그디아나(Sogdiana) 그리고 옥수스강과 이악사르테스(Iaxartes)강 사이의 카스피해에 있는 오늘날의 투르크메니스탄이 포함된다. 이곳은 아리아인 집단이 힌두쿠시산맥을 넘던 시기에 이란 북부 지역의 목축 문화를 접한 유라시아 스텝 지대 전사들의 전형적인 관문이었다. 그중 일부는 계속 이동해서 후기 청동기시대 제후국의 엘리트로 올라섰고, 일부는 가축 떼와 마을을 습격하고 교역로를 위협했다(61~63쪽 참조).

그들의 도래는 신체와 생명을 위협하는 위기의 신호로 이해되었음에 틀림없다. 위기에 따른 경험은 설명이 필요하지만, 옛 신들은 그에 대해 불충분한 설명만 제공했다. 왜냐하면 그들은 도움이 필요할 때 대개 침묵을 지켰기 때문이다. 그래서 다른 사람들에게는 닫혀 있는 목소리를 들을 수 있는 중개자의 필요성이 커졌다. 이들은 종종 특별한 영적 능력을 지닌 외톨이였다. 우리는 그런 사람들을 카리스마적 인물이라고 부른다. 그들의 진정한 힘이 펼쳐지는 장소이자 초인적인 세계로 향하는 관문은 바람이 휘몰아치는 고산 지대와 고독한 사막이었다. 그곳에서는 인간의 간섭 없이 자유롭게 바람, 추위, 더위 같은 극한의 자연력을 가장 강렬하게 경험할 수 있었다. 여기서 그들은 보통 사람에게는 닫혀 있는 영역으로 들어가서 설명을 구할 필요가 있을 때 반드시 숙달해야 하는 길에 대한 통찰을 얻었다(256~258쪽 참조).

전승에 따르면, 자라투스트라(조로아스터)도 그런 사람 중 한 명이었다. 그는 아마도 기원전 9세기 또는 기원전 8세기 초에 살았을 것이다. 어떤 사람들은 그가 몇 세기 전에 활동했다고 생각하는 반면, 다른 사람들은 정말로 실존 인물이었는지 의심하기도 한다. 결정적인 것은 그를 향한 의식(儀式) 찬가, 즉 가타(Gatha)가 이란 북동부의 스텝 지대, 오아시스, 도시 지역 사이에 위치한 목부와 산악 거주자들의 전원 세계를 가리킨다는 점이다. 자라투스트라 자신은 이른바 '위기 가타(Crisis Gatha)'에서 자신이 약하고 가축과 사람도 거의 갖고 있지 않다고 탄식한다.[37] 어쩌면 그는—같은 '위기 가타'가 말해주듯—귀족 가문 출신이었지만, 그 이후의 많은 성자처럼 그 집안으로부터 소원해졌거나, 아니면 고난과 고통을 받아들이는 당시의 전통적 종교 의례와 설명을 의심한 사제 또는 샤먼 가문 출신이었을 것이다.[38]

자라투스트라 역시 자신의 영혼을 위한 새로운 인식의 길을 열겠다는 바람으로 숲과 산을 찾아가 고독 속에서 금식했다. 며칠 동안 금식하자 환각은 더욱 민감해졌고, 아마도 그에 더해 대마와 하오마로 황홀경에 빠지기도 했을 것이다.[39] 그때 아후라 마즈다 또는 그의 천사 보후 마나(Vohu Manah, '선한 의지'라는 뜻)의 음성을 들었다. 그의 계시는 세속적 고난을 존재에 대한 포괄적 설명 속에 담아냈다. 우주는 참되고 선한 원리인 아후라 마즈다와, 악과 혼돈의 영혼인 아리만(Ahriman), 즉 앙그라 마이뉴(Angra Mainyu) 사이의 영원한 투쟁으로 가득 차 있다는 것이다. 세계의 창조자이자 빛의 나라의 주인인 아후라 마즈다는 언젠가 승리할 테고, 자라투스트라는 그의 오심을 알리기 위해 뽑힘을 받았다. **모든** 인간은 선과 참 또는 악과 거짓 편에 설 수 있는 선택권을 가진다. 그리고 죽음에 이르러 균형이 잡힌다. 진리를 위해 자기 생명을 바친 사람은 심판의 다리를 건너 아후라 마즈다의 집으로 들어가고, 나쁜 생각과 악행을 계속하는 사람은 그 다리에서 떨어져 지하에 있는 '거짓의 집' 손님이 될 것이다.[40]

태초에 신들이 혼돈에 맞서 싸웠고 여러 세대에 걸쳐 그들이 서로 다퉜다는 것은 인도-유럽과 근동의 종교들에 친숙한 이야기였다. 그에 반해 자라투스트라는 **두** 신 (그리고 이들보다 하위에 있는 신과 정령들) 사이의 **끊임없는** 싸움을 묘사한다. 그의 가르침에 따르면, 선을 위한 결정과 세상의 변화는 임박했다. 시간이 촉박해 그 메시지에 직접적인 긴박감을 더했다. 그가 죽은 후, 아후라 마즈다의 오심과 승리가 지연되었다는 사실이 밝혀진다. 그러자 그의 사제들은 시간의 종말(총 1만 2000년 중 3000년이 지난 후)까지 승패가 갈리지 않을 장기간의 전투를 벌인다. 이 전투는 처녀에게서 태어난 신비로운 '미래의 은인', 곧 사오샨트(Saoshyant: 구세주—옮긴이)에 의해 시작된다.[41] 신들의 전투와, 죽음과 삶의 **영원한** 연속에서 구원의 선형적인 역사가 발전했다. 우주적인 싸움은 더 이상 천상의 권세만을 위한 것이 아니라, 종말론적 마지막 전투에서 결정될 온 세상의 운명을 둘러싼 것이었다. 사람들은 일찍이 도덕적 결정을 내리고 선한 목자처럼 자기 행동을 그에 따라 조정함으로써 아후라 마즈다를 지지하라는 부름을 받았다. 이러한 결정을 고수하는 사람은 누구나 자신의 영혼이 선의 낙원으로 올라가 종말에 다시 태어날 것이라고 확신할 수 있었다. 이는 그때까지 베다 인도에서처럼 지위와 희생 덕분에 소수의 씨족 지도자, 군주, 사제에게만 허락되었던 것이다.[42]

이란 동부의 변경에서 일어난 이 사건은 유라시아 역사에서 '축의 시대 돌출'이라고 부르기도 한다. 서두에서 언급했듯 '축의 시대'라는 개념은 역사철학자 카를 야스퍼스로 거슬러 올라간다. 그의 개념은 수 세기에 걸쳐 여러 곳에서 일어난 사고의 변화를 의미했다. 《우파니샤드》의 저자들이 그랬던 것처럼, 그는 신과 인간 세계 사이의 전통적인 긴밀한 관계를 해체하고 비판적 성찰을 통해 초월에 대한 새로운 개념을 발전시켰다. 그러나 이는 자라투스트라의 가르침에도 적용되었다. 그와 동시대 신들의 다양한 세계(아후라 마즈다는 아리아의 바루나에 해당한다)는 두 가지 힘의 이원론적 적대 관계로 축소되었으며, 이는 종말의 때에야 해결될 터였다. 이에 따라 옛 신들은 하위 신이나 정령의 지위로 떨어졌다.[43] 두 세력의 **우주적** 이원론은 동시에 **윤리적** 이원론이기도 했다. 그런 까닭에 신적인 세계와 인간 세계의 관계는 더는 (피의) 희생 제물이라는 '기술적-집단적' 행위, 그리고 죽음과 생성이라는 의식적인 **반복**에 의해서가 아니라 **오로지** 악과 비(非)진리에 맞서 싸우는 아후라 마즈다만을 지지하겠다는 **개인**의 **도덕적** 결정('선택')에 의해 영향을 받았다.[44] 이는 구원을 약속하고, **모든** 사람에게 영향을 미치며, 선한 자들에게 부활의 전망을 제시하는 세상의 변화를 의미했다.[45]

따라서 죽은 자는 정교한 매장이나 보존 기술을 필요로 하지 않았다. 시신은 뼈만 남을 때까지 동물과 자연에 노출되었고, 태우거나 땅에 묻은 뼈는 낙원에서 영혼과 함께 '다시 태어났다'. 피를 흘리지 않는 제사는 더 이상 신을 달래거나 (베다 시대의 아리아인이 그랬던 것처럼) 신을 잔치에 초대하기 위한 게 아니었다. 오히려 우주를 활성화하기 위한 아후라 마즈다의 첫 번째 희생 제사를 반복하며, 혼돈에 의해 흐트러진 질서를 회복하고 되살리기 위한 것이었다.[46]

많은 연구자는 이러한 교리의 발전이 (유목민들의) 농촌 세계에 새로운 전쟁 집단이 침입하거나 새로 형성되면서 발생한 위기를 배경으로만 이해할 수 있다고 주장한다. 사실 아리아 전사들 사이에서 그토록 탁월한 존재였던 인드라를 주변화하고 거의 악마화한 것은 우연일 수 없었다. 자라투스트라는 인도-이란의 신〔다에와(daewa)〕들에 반대했고, 젊은 전사 집단 사이에 널리 퍼져 있던 '소' 도살과 '하오마-소마' 마시기를 비판했다.[47] 이러한 관행은 신성한 음료의 사용을 통제 및 절제하는 방식으로 대체되었는데, 이로써 봉헌된 자, 즉 자라투스트라의 가르침과 그의 엑스터시 능력에 친숙한 사람들만 이 음료에 접근할 수 있었다.[48] 이는 남성적 가치 체계의 변화와 일치했다. 새로운 전쟁 기술(전차)의 도입과 전리품에 대한 약속이 젊은 목부들에게 위험한 유혹으로 작용하고, 이들을 고향의 경제로부터 멀어지게 했기 때문이다. 아후라 마즈다의 모든 숭배자는 이렇게 고백하고 서약해야 했다. "나는 소(즉, 방목하는 소)에 대한 절도와 폭력을 포기한다." 무분별한 살육과 강도, 제물로 바쳐진 가축을 도살하는 행위는 더 이상 신을 기쁘게 하는 위대한 행위로 여겨지지 않았다. 오히려 도덕적 결단으로 선을 실현하고자 하는 사람들의 가축 사육을 위대한 행위라고 여겼다. 공격적이고 호전적인 혼돈은 다시 태어난 질서로 대체되어야 했다. 자라투스트라가 아후라 마즈다에게 바친 찬가가 그 길을 닦았다.[49]

그리하여 선과 악 사이의 우주적 갈등은 목축 유목민과 전사 집단 사이의 대결을 반영한 것인 듯하다. 동시에 자라투스트라는 그러한 대립을 해결할 방법을 제시했다. 그는 전사, 목부, 상인 등 **각각의** 개인에게 '선'을 선택할 가능성을 열어주었다. 그런 까닭에 추종자들은 그를 "최초의 사제, 최초의 전사, 최초의 목자"로 숭배했다.[50] 계시자는 신적인 메시지를 전달하는 중개자이자 지상에 있는 갈등 당사자들 사이의 **중재자**였으며, 양쪽 모두에게 유혹적인 제안을 했다. 희생 제물과 매장 의식으로부터의 해방은 정교한 장례식을 치를 시간도 돈도 없는 모든 이에게 매력적이었다. 실제로 시신을 매장하지 않고 방치하거나 화장하는 관습을 이란 동부의 많은 유목 민족 사이에서 발견할 수 있다(363~365쪽 참조). 자라투스트라는 죽음과 영혼의 여정을 여인숙에 들어가는 것에 비유하며, 여인숙 주인이 시신을 수습할 때 '순종'을 외치도록 했다. 아마도 자라투스트라 추종자들은 '영혼의 상담자'로서 캐러밴 및 전사 집단과 동행했을 것이다. 후대의 전승에 따르면, 스승은 비슈타스파(Vishtaspa)라는 이름의 씨족장 또는 제후의 후원을 받았고, 그에게 영적 상담자 역할을 하며 엑스터시 기술을 가르쳤다고 한다.[51]

어떤 이들은 자라투스트라에게 귀신을 쫓는 능력이 있었거나 적어도 그런 능력을 인정받았을 거라고 추정한다. 어쨌거나 그를 불러내는 사제[마고이(Magoi), 마기어(Magier)]는 질병과 재앙을 초래하는 악마에 대응하는 기술을 가지고 있었다.[52] 《벤디다드(Vendidad)》는 북쪽의 악마인 다에바(Daeva)를 겨냥한다. 초기 찬가에 따르면, 선과 악의 원리는—야훼가 선한 영과 악한 영을 보낸 것과 마찬가지로—아후라 마즈다와 그 반대편에 있는 악마라는 형식으로 사람들의 '영적' 구조에 영향을 미쳤을 수 있다(89~90쪽 참조).《벤디다드》10장에서 스승은 앙그라 마이뉴가 보낸 부이티(Buiti)라는 이름의 악마(다에바)에 대해 자신을 성공적으로 방어하는데, 이는 북쪽의 기병들이 퍼뜨린 '거짓'이라는 약(藥)의 화신인 것으로 보인다.[53] 《벤디다드》는 악마로부터 자신을 보호하기 위해 적절한 찬가와 신체적 정화를 권고한다—이는 기원전 7세기부터 자라투스트라의 사제들이 서쪽으로 향해 아시리아·메디아·페르시아의 궁정에 자리를 잡으면서 더 큰 의미를 획득했고, 종교 의식에서 전통적인 순결 요건을 넘어섰다. 기원전 5세기 이후부터 외부인의 눈에는 그들의 의례가 거의 완전히 순결성 규정에 흡수되어 믿는 자들의 공동체를 마치 사회 규범으로 여기는 것처럼 보였다.[54]

그 주된 이유 가운데 하나는 아후라 마즈다의 세계 질서가 적과 악마의 공격을 받고 있으며, 부정한 자들과 뒤섞여 혼돈에 빠졌다는 믿음이었을 것이다. 이는 '선'과 '진실'은 순수한 것이고, '악'과 '거짓'은 불순한 것이라고 여기는 기본적인 윤리적 태도에 반영되었다.[55] 자라투스트라 추종자들은 아후라 마즈다가 세상을 악의 오염으로부터 해방하도록 뒷받침하는 것이 신성한 의무였기 때문에, 그들의 **윤리적** 결정은 **물질적** 불순함과의 싸움을 수반해야 했다. 오로지 그렇게 해야만 옛 질서를 되살릴 수 있었다. 대지의 흙을 기어다니며 그 속에 숨어 있는 뱀, 거미, 전갈 등의 동물은 죽여야 마땅했다. 밭을 갈 때는 불순한 것과 접촉하지 않도록 주의해야 했다. 흐르는 물은—헤로도토스에 따르면—손을 씻거나 침을 뱉거나 소변을 봐서 불순하게 만들어서는 안 되었다. 금속은 녹으로부터 보호받아야 했고, 부패하지 않도록 좋은 사람의 손에 맡겨야만 했다. 인간 자신도 머리카락, 손톱, 배설물, 남성 정액, 여성 월경처럼 심지어 출생 중에도 불순한 것으로 농축된 존재였다. 출산은 신체적으로 불순한 물질을 생성하기 때문이다. 그런 까닭에 성적 접촉 후에는 몸을 깨끗이 씻어야 했다. 여성은 월경 중에는 음식을 준비하거나 성관계를 해서는 안 되었고, 폐경 이후에야 비로소 완전히 순결해진다고 여겼다.[56] 더러움을 피하기 위해, 불순의 상징인 시체를 그 껍데기에서 해방하는 것은 자연의 몫이었다(364~365쪽 참조).

4 종교의 주인으로서 시민: 그리스인 정착 지역

그리스인 정착 지역에서도 다른 곳에서와 비슷한 규칙을 따르는 제식 및 희생 제의가 있었다. 이는 시체, 피, 희생 동물과의 접촉을 포함한 정화 의례와 결부되어 있었다. 오랜 종교적 관념은―인도 북부에서처럼―전사들과 이주자 집단을 통해 그리스반도에 전해졌고, 토착 제의와 혼합되었다. 이러한 요소는 미케네 문화에서 확인할 수 있다. 훗날 올림포스의 신이 된 제우스는 '하늘의 아버지'였고, 따라서 다른 문화권에서 숭배하는 '하늘'에 상응했다. 헤로도토스는 그를 페르시아인이 숭배하던 '하늘', 즉 자라투스트라의 아후라 마즈다와 동일시하는 걸 주저하지 않았다. 디오스쿠리(Dioskuri)는 고전 시대에도 여전히 숭배받던 젊은 전사 집단의 쌍둥이 신이었다. 우리(독일―옮긴이) 언어를 특징짓는 '히에로스(hieros, 신성한)'와 '스폰데(spondē, 헌금 또는 제물)'라는 개념은 인도-유럽어에 뿌리를 두고 있으며, '유출(cast)'을 뜻하는 그리스어는 어원적으로 산스크리트어 '호트라(hotra)'와 이란어 '자오타르 (zaotar)'와 연관이 있다. 그에 반해 남쪽(크레타섬과 이집트)의 영향은 이 시대에서 거의 확인할 수 없다.[57]

하지만 그 후 폴리스 사회가 종교를 장악하기 시작했고, 그리스 사회 고유의 특징인 전문 사제 계급이나 종교적으로 공인된 통치자 없이 그러한 통제력을 행사했다. 이는 중대한 결과를 초래했다. '순결함'과 '불결함'이라는 범주도 그리스 종교에서 많이 사용되었는데, 어느 정도 (예를 들어, 근친상간이나 식인 행위처럼) 일상적이고 문화적인 행동의 경계를 넘어서는 걸 표시하는 경향이 있었다. 히브리나 이란-인도의 규정과 달리, 폴리스 공동체 안팎의 집단을 일관되게 구분하거나 비하하는 종교적 식생활 규정 또는 신체 접촉 금지는 없었다. 지금 우리는 좁은 공간에서 함께 생활하고, 더러운 골목길을 통행하며, 항구·상점 또는 배에서 다양한 민족을 접하는 일이 일상적이었던 **도시의** 종교를 다루고 있다. 그런 까닭에 종교는 **내부적으로** 교조적이거나 **외부적으로** 위압적이지 않았다. 이단 투쟁이나 선교적 야망도 없었다. 오히려 특정 상황에서는 낯선 자극도 기꺼이 받아들였다.

그에 따라 시민들의 폴리스에는 신들과의 접촉을 **배타적으로** 담당하는 브라만, 마술사, 드루이드 또는 샤먼 같은 전문 사제가 필요하지 않았다. 모든 시민은 신전이나 가정에서 종교 의식을 거행할 수 있었다. 시민 중 돌아가면서 선출된 '사제'는 종교 의식과 축제가 올바르게 진행되도록 할 책임은 있었지만, 신적인 깨달음이나 초자연적 세계에 대한 깊은 통찰을 요구받지는 않았다. 희생 제사의 기술적 과정에는 연습과 숙련이 필요했지만, 비교(祕敎)적이고 영적인 지식은 필요하지 않았다. 에트루리아의 유산과 신들과의 평화로운 관계, 즉 팍스 데오

룸(pax deorum)이 국가의 안녕을 위해 매우 중요했던 로마와 달리, 귀족들조차 사제직을 맡는 걸 특별히 명예로운 일로 여기지 않았다.

어떤 의미에서는 시민 공동체 자체가 군주제의 대제사장 역할을 했다. 민회는 폴리스 생활에 중요한 다른 영역을 규제했던 것과 마찬가지로 제식 관행에 관한 법률을 제정했다. 제식 수행을 통해 시민 공동체는 자신의 정체성과 신들하고의 관계를 확인했다.[58] 따라서 호메로스와 헤시오도스가 공인한 질서를 통해 세워진 신들은 일반적으로 통치 가문이 아닌 도시를 보호했고, 폴리스 건설에 참여한 영웅처럼 축제의 형태로 영예를 누렸다. 모든 도시에는 각각의 신과 신화 그리고 종교적 기념일이 있었지만, 신들은 같은 판테온에서 나왔으며 계보상 서로 연결되어 있었다. 그래서 식민지 개척자들이 낯선 해안에 정착할 때 함께 바다를 건너 이주하기도 했다. 이때 델포이의 아폴론 신전은 식민지 지도자들이 신탁을 문의하는 곳이자 설립 후 봉헌물을 기대할 수 있었기 때문에 지역을 초월하는 중요성을 획득했다. 페니키아인에게는 멜카르트의 신탁이 비슷한 의미를 지녔으며, 이는 그리스인의 관념과 대체로 일치했다.

제식 행위의 유사성, 광범위한 분포, 그리고 동방 제국들과 달리 그리스인이 세계에 대한 왕들의 배타적인 주장을 옹호할 필요가 없었다는 사실 등은 그리스 시민이 폴리스의 종교 의식을 거행하면서도 자신들의 결속력을 위협하지 않는 한 자연과 우주의 경이로움에 대해 맘껏 사유할 수 있었던 이유를 설명해준다. 근동에서와 달리 강력한 사제 계급도, 서기관 엘리트도, 그리고 종교와 그 제식 수행을 자신에게 집중시킨 왕도 없었기 때문에 세계와 인간에 대한 철학적 사변을 위한 커다란 자유 공간이 존재했고, 그러한 사변은 낯선 사상에 개방적이고 때로는 그 자체로 종교적 특징을 띠기도 했다. 원칙적으로 정치인이나 상인을 포함해 스스로 소명을 느낀 사람이라면 누구나 그에 관해 자기 의견을 표명할 수 있었다. 특히 고대에는 호메로스의 서사시가 유래하고 선장들이 세계의 마지막 경계를 탐험하기 위해 출발했던 소아시아 해안 지대의 현인들이 활발하게 활동했다. 그들의 이야기는 이 세계에 대한 설명을 요구했다. 사람들은 근동의 위대한 제국과 그들의 우주론 및 지혜의 가르침을 접하면서 자극을 받았다. 배우기 쉬운 그리스어는 추상적 개념의 발전과 그에 따른 이론 형성을 촉진했다. 인도에서와 마찬가지로 리디아에서 도입한 화폐 제도는 세상의 개별적 현상을 추상화해, 그것들을 만물에 스며든 '우주적 힘' 또는 '태초'로 환원하는 능력을 증진했다.[59]

이러한 우주적 힘을 찾기 위해 사람들은 자연을 관찰하고 개별 현상을 일관된 종합을 통해 결합하려 했다. 밀레투스의 탈레스는 물에서 신비한 근원적 힘을 발견했는데, 나일강을 모든 생명의 보증자로 여겼던 이집트와 밀접한 관련이 있는 항구 도시의 삶을 고려할 때 이는 놀라운 일이 아니었다. 그의 제자 아낙시만드로스(Anaximandros)는 아페이론(apeiron), 무한(無限) 그리고 신성을 모든 존재의 원초적 근원으로 여겼다. 그것은 **브라흐만**과 유사하지만, 밀레투스 사람들이 전능한 힘과 개별 영혼 사이의 동일성을 다루지 않았다는 차이점이 있다.[60]

자연 세계를 관찰하고 그럴듯한 범주에 따라 설명하는 방법을 그리스인은 히스토리(Historie)라고 불렀다. 이 방법은 곧 의학과 민족지학 또는 지리학 등 다른 탐구 분야에도 적용되었다. 그 목적은 항상 인간을 자연적 행동의 맥락에서 더 잘 이해하는 데 있었다. 그에 따라 대우주와 소우주라는 비유도 쓰였는데, 이는 우주적인 보편적 영혼의 일부로서 영혼의 존재를 그럴듯하게 만들기 위해서가 아니라, 인간의 사건과 제도[노모스(nomos)]를 생물학적이고 자연적인 현상[피시스(physis)]과 비교하고 그 다양성 속에서 설명하기 위한 것이었다.

폴리스도 자연 세계의 일부였다. 많은 철학자가 활동적인 정치가였다. 탈레스는 아테네에서 '최초의 현인'으로 추앙받았고, 솔론과 마찬가지로 '일곱 현인' 가운데 한 명으로 꼽혔다. 도시 국가에서 정치는 자연과 그 변화에 대한 논의와 마찬가지로, 언제나 의견과 해결 방안 사이의 경쟁을 의미했다. 그래서 폴리스의 공동생활에서 구체화한 개념은 자연 세계에 적용할 수 있었고 그 반대의 경우도 마찬가지였다. 예를 들어, 우주적 질서와 그 힘의 보증자로서 아낙시만드로스의 아페이론은 정치적 삶의 규제자로서 법률에 상응했다.[61]

5 동방과 서방의 윤회

정치철학과 자연철학 분야의 동일성은 많은 발전이 유사했기 때문에도 명백했다. 식민지화 과정에서 매우 다양한 폴리스가 성립했고(135~140쪽 참조), 그리스인은 수많은 나라와 공동체에 대해 새로 알게 되었다. 여기서 그리스 사상가들은 처음에는 개인보다 커다란 전체, 즉 **전체** 세계 또는 **전체** 폴리스를 염두에 두었다. 그들은 무엇보다도—공자의 가르침처럼—인간의 가장 시급한 문제인 죽음 이후 어떤 일이 일어날지에 대해서는 언급하지 않았다. 호메로스와 마찬가지로 폴리스 종교는 사후에 영혼이 타르타로스(Tartaros, 저승)에서 비참하게 살아가며, 메넬라오스(Menelaos) 같은 극소수의 선택된 자만이 생전에 엘리시움(Elysium, 극락)으로 옮겨간다고 가정했다.

하지만 종종 그렇듯 사람들은 오랫동안 그런 우울한 생각에 만족할 수 없었고, 다시 한번 정치적·사회적 변화가 이러한 과정을 촉진했다. 폴리스가 협조적인 의사 결정과 상당히 투명한 엘리트가 있는 공동체로 발전하고, 건설 과정에서 여러 민족이 섞이며 사회적 위계가 새롭게 형성되고, 더더군다나 식민지 주민이 쫓겨나는 위기, 내전 위협, 경쟁 심화 그리고 아마도 영토 분할의 어려움을 겪으면서 이런 오래된 생각은 흔들리기 시작했다. 왜 메넬라오스만 타르타로스를 벗어나야 하는가? 왜 용감한 용병, 정착민 또는 식민지 건설자처럼 신과 같은 존재임을 증명한 다른 사람들은 그렇지 못한가?

그리스 지성사 분야의 가장 위대한 전문가 중 한 사람이 정식화했듯 "내부 분쟁과 외부 전쟁으로 인한 삶의 불안정성 증가는 …… 지상에서의 삶의 수고와 위험, 고통과 불의에 대해 안전과 보상을 제공하는 내세의 삶에 대한 갈망을 일깨웠다".[62] 낡은 것으로는 더는 만족할 수 없는 욕구가 생겨났고, 종종 그러하듯 외국의 영향은 새로운 시각을 열어주었다. 그 접촉 지대는 기원전 7세기부터 이미 지중해의 상인과 정착민이 목표로 삼았던 지역과 일치했다. 그들은 모두 낯선 이들과 좋은 관계를 맺었다. 다양한 방식으로 이방인과 함께 생활하고 일하며 공통된 가정을 이루었다. 종교적이고 문화적인 전통의 교류가 교역선과 정착민의 선박에서 일어나지 않았어도, 그것은 거의 필연적으로 이루어졌을 것이다. 페니키아의 자음 문자와 뱃노래 도입, 또는 스키타이의 신화와 켈트의 관습에 대한 지식 습득을 어떻게 설명할 수 있겠는가? 신생 식민지 공동체는 아주 이질적이고 위협적인 환경에 맞서 자기주장을 해야 했기 때문에, 다른 집단보다 정체성을 형성하고 미래를 대비하는 행위가 더 필요했다.

여기서는 이제 정결 의식도 중요한 역할을 했다. 이는 일찍이 그들의 고향에서 도시 내 싸움을 해결할 때 〔아테네에서 활동한 크레타 출신 선견자 에피메니데스(Epimenides) 같은〕 '속죄 사제'들이 수행했던 것이기도 하다. 사회적 무질서와 혼란은 (비극에서 사랑받는 주제인) '더러움'으로 여겨졌다. 많은 건국 전설에 따르면, 식민지 지도자는 개인적 잘못과 적대적인 가문 간 다툼에서 일어난 살인이나 과실로 인해 추방당하고, 새로운 아포이키아를 세우는 (카타르시스적=정화하는) 행위를 통해 희생자의 피와 접촉한 데 따른 불결함(miasma)에서 벗어나려 했다고 전해진다.[63] 이를 위해 그는—제식 행위의 전형적 특징인—정화를 치유로 이해하는 종교적 조력자들을 불러들였다. 그들을 선견자, 치유자, 정화 사제의 무리가 뒤따랐는데, 이들은 모두 정화와 선견지명을 통해 현재의 위기를 없애는 일을 전문으로 했다.[64]

많은 사람이 이란 지역에서—몇몇은 인도 북부에서—왔기 때문에 조로아스터교의 정화 의식과 영혼의 신성(神性) 개념도 페르시아 제국을 통해 그리스 세계에 도달했다. 테살로니키에서 발견된 파피루스에는 마술사가 영혼에 물과 우유를 바치는 의식 전문가로 등장한다. 반면, 그리스인은 보통 포도주를 사용했다고 전해진다.[65] 두 번째 관문은 테살로니키에서 멀지 않은 트라키아와 흑해 북부 지역이었다. 스키타이인과 마사게타이인 같은 트라키아 부족이 불멸의 영혼을 신적인 것과 결합하기 위해 대마 흡입과 음악을 소비함으로써 황홀경을 유도하는 기술을 알고 있었다는 것은 그리스 문헌에 기록된 가장 오랜 전통 가운데 하나다. 스키타이 세계와 접촉했던 프로콘네소스 출신의 아리스테아스 같은 마술사들은 아마도 엑스터시 관습이 시칠리아와 남부 이탈리아로 퍼지기 전에 자기 고향 사람들에게 그러한 관습을 소개했을 것이다. 아리스테아스는 사라진 지 240년 후에 다시 나타나 메타폰툼 주민들에게 아폴론을 위한 제단을 세우라고 지시했고, 사람들도 델포이의 신탁을 구한 후 그렇게 했다고 전해진다.[66]

아리스테아스의 삶과 가르침은 소아시아의 자연 관찰과 서방에 널리 퍼져 있던 영혼에 대한 가르침을 결합하려 시도한 최초의 철학자 가운데 한 명인 아크라가스(Akragas)의 엠페도클레스(시칠리아, 기원전 495~기원전 436) 같은 철학자들에게 큰 영향을 주었다. 그는 자신이 죽은 자를 소생시키고 자연(바람과 폭풍)에 영향을 미칠 수 있다고 주장했다. 아울러 자신을 육화된 신으로 여길 만한 엑스터시 재능을 지닌 마술사이자 치유자로 제시했다. 어떤 사람들은 그가 어느 날 (메넬라오스처럼) '몸과 영혼'을 빼앗겼다고 전했다. 그가 쓴 교훈적인 시(詩) 가운데 하나는 〈정화〉라는 제목이 붙어 있다. 이집트에서 시칠리아와 그리스로 '정화' 효과, 즉 파르마카(pharmaka)를 지닌 마술적 관습과 부적이 전파되었다. 많은 켈트족이 시칠리아에서 용병으로 복무했는데, 그들이 켈트족의 영혼 관념을 가져왔을 수도 있다. 따라서 흑해에서 크레타섬을 거쳐 마그나그라이키아와 마실리아에 이르는 지역은 상인·정착민·용병의 거대한 이동 중심지였을 뿐만 아니라, 영혼의 신성과 그 신성에 어떻게 참여할 수 있는지 그 방법을 찾고 있는 사람들이 활발하게 교류하는 지역이기도 했다. 그들이 쓴 글은 항구 도시에서 싼값에 구할 수 있었다.[67]

이러한 종교적·신비적·형이상학적 지혜의 소용돌이 속에서 영혼의 윤회, 즉 메템프시코시스(metempsychosis)라는 개념도 퍼져나갔다. '순결 전문가'와 엑스터시에 빠진 사람들은 '더러운' 육체는 신성한 영혼의 일시적인 그릇일 뿐이라고 믿었다.[68] 기원전 6세기 후반, 트라키아 출신의 가수이자 의사, 정화 사제로 숭배받던 오르페우스를 불러내는 떠돌이 사제들은 영혼이 한 몸에서 다른 몸으로 떠돌아다니도록 정죄받았다고 가르쳤다. 오로지 고행, 채식, 순결만이 자신의 신적인 근원과 다시 하나가 될 가능성을 열어주었다. 이는 《우파니샤드》 및 자이나교의 가르침과 유사하다. 이러한 가르침은 늦어도 소아시아에서 온 스킬락스(Skylax) 선장이 페르시아인을 위해 인더스강 유역을 탐험한 이후에 알려졌을 것이다. 그가 쓴 인도 관련 책에는 곡물은 먹지만 동물은 전혀 먹지 않는 공동체에 관한 이야기가 나온다. 그리고 코린토스 성문 앞의 스핑크스도 영웅 오이디푸스에게—인간의 비밀에 대해—인도의 하늘 관찰자들과 비슷한 물음을 던지지 않았던가? 아침에는 네 발, 한낮에는 두 발, 저녁에는 세 발로 걷는 것은 무엇인가?[69]

영혼이 신의 세계로 돌아갈 수 있도록 오르페우스 공동체와 그 사제들은 정확한 지시가 담긴 금박을 죽은 자의 무덤에 안치했다. 크로톤(Kroton) 인근의 페텔리아(Petelia)에서 나온 텍스트에 따르면, 기억의 호수에 도착한 영혼은 수호자들의 시험을 받고 이렇게 대답해야 한다. "나는 땅과 별이 빛나는 하늘의 아들이다." 영혼은 자신의 육체적 본성과 신적인 본성의 동일성을 인식한다. 자신이 순수하며 순수한 것에서 왔다고 고백하면 영혼은 불멸의 세계로 들어갈 수 있다. '물-수호자-구원' 주문의 순서는 이집트 《사자의 서(書)》를 떠올리게 한다. 또한 《우파니샤드》에서 하늘의 수호자들이 영혼에게 그들의 본성, 즉 브라흐만과 아트만의 정체성에 대해 묻는 질문을 떠올리게도 한다 (366~369쪽 참조). 둘 모두에서 **앎** 또는 **깨달음**은 영원으로 들어가는 열쇠다.[70]

기원전 530년경 이탈리아 남부 크로톤에 도착한 사모스섬 출신의 피타고라스도 오르페우스 교파에 속했다. 그는 오르페우스 및 인도의 스승(구루)과 마찬가지로 지식·음악 같은 특정 기법, 절제와 순수함 그리고 채식에 초점을 맞춘 생활 방식이 다양한 육체를 떠도는 영혼의 악순환에서 벗어나는 데 도움이 될 것이라고 믿었다. 더 나아가 동물의 몸으로 들어간 영혼은 이 세상에서 필수적인 껍질을 박탈당하지 않도록 해준다고 믿었다.[71]

그러나 여기엔 도덕적 공덕이 더해져야 했다―이는 새로운 내용이었다. 《우파니샤드》의 카르마 교리가 전사와 왕들의 세계에서 발전하고 고행하는 구루의 지지를 받은 것과 마찬가지로, 피타고라스와 그 제자들은 주로 귀족 세계를 대상으로 삼았다. 당시 이탈리아 남부(크로톤)의 귀족들은 전염병과 군사적 실패로 인해 압박을 받고 있었다. 그래서 도덕적이고 지적인 자질을 통해 자신의 지위를 확보하고 귀족이 아닌 자들과 차별화하기 위해 노력했다. 인도에서 크샤트리아가 카르마 개념의 윤리화를 브라만 의식의 지배에서 벗어날 기회로 여겼던 것처럼, 이 지역에서 고귀한 독재자(참주)조차 윤회 교리에 관심을 보인 것은 놀라운 일이 아니다. 영혼의 신성과 관련해 신과 같은 인간으로 가는 길은 그리 험하지 않았다. 보이오티아의 시인 핀다로스(Pindaros)는 '신적인' 엠페도클레스의 고향 아크라가스의 늙은 통치자를 위해 윤회를 옹호하는 내용의 시를 쓰기도 했다. 아테네의 참주 페이시스트라토스(Peisistratos)의 궁정에 있던 오르페우스교도도 비슷한 걸 가르쳤을 것이다. 헬레니즘의 통치자 숭배 기원은 시라쿠사의 디오니시오스 1세 치하 시기에 찾아볼 수 있다.[72]

물론 영혼의 교리에 대한 이런 정치적 주장을 비판하고, 피타고라스와 엠페도클레스를 협잡꾼으로 간주하고, 오르페우스교도를 돈만 노리는 사기꾼으로 낙인찍는 사람도 많았다. 곧이어 죽음 이후 영혼의 존속을 부정하는 철학자들 사이에서도 반대 목소리가 들렸다. 여기서 신적인 영혼 교리가 엘리트 현상에 가까웠다는 점에 주목하는 것이 중요하다. 그 가르침이 기록되었다는 것 자체가 이를 시사한다. 그에 반해 시중에서는 죽은 자의 영혼은 바람에 의해 무(無)로 사라진다는 생각이 널리 퍼져 있었던 것으로 보인다.[73] 생활 형편이 어려워 정화 사제를 고용하거나, 폴리스 희생 제사에서 고기를 먹지 않거나, 가족을 떠나 피타고라스파나 오르페우스교도와 합류할 수 없는 서민들이 어떻게 중용의 계명을 준수하는 것과 같은 '윤리적 탁월성'이라는 피타고라스의 가르침을 따를 수 있었겠는가? 도시의 약진에도 불구하고 그들의 삶은 여전히 힘들었다. 엠페도클레스는 《자연에 관하여》라는 책 서두에서 인간의 운명을 한탄했고, 핀다로스와 오르페우스교의 제사장들은 "인간을 재앙에서 구해주겠다"고 약속했다.[74]

따라서 그리스의 작가와 철학자들은 세계가 고통으로 가득 차 있다는 불교적 관점을 공유했다. 하지만 불교와 달리 그들의 글과 말은 주로 엘리트적('영웅적')이고 부유한 청중을 대상으로 했다. 여기에는 아테네에서 이탈리아 남부로 (그 이후에는 시칠리아로) 여행하며 거기서 특히 피타고라스학파를 비롯해 여러 사람을 만난 플라톤도 있었다. 그들의 가르침은 위대한 대화편, 즉 《파이돈》과 《파이드로스》에 녹아들었다. 두 작품 모두 인간 영혼의 신적인 본성과 변하지 않는 영원하고 '순수한 이데아'의 영역인 하늘의 고향을 향한 갈망을 다룬다. 그에 따르면, 불멸하는 영혼은 영적인 존재이며 '지적인 타락'으로 인해 인간의 몸으로 들어올 수밖에 없었다. 오직 철학자만이 이 세상의 육체적 약점,

욕구, 욕망으로 더러워진 영혼을 최소 세 번의 생을 거쳐 육체의 감옥에서 해방시킴으로써 고귀하고 순수한 세계로 돌려보낼 수 있는 규율과 통찰력을 지니고 있었다. 참된 정치가로서 철학자만이 의사처럼 시민을 구원할 수 있었다. 평생 동안 그들과 정치인은 도덕적 의무를 상기해야 한다. 플라톤이 스승 소크라테스에게 설명하게 했듯이 그들의 행동 기준은 선(arete)에 대한 지식이어야 한다. 정치적 연설가는 의로워야 한다. 무엇이 선이고 악인지 알아야 하고, 청중이 훌륭한 시민이 되도록 설득해야 한다.[75]

여기서도 그리스 사상에서 처음으로 이성적 기준에 따라 형성된 윤리적 태도 및 카르마(업) 교리와 관련해 《우파니샤드》에서 정식화한 것과 같은 영혼의 교리 사이의 연관성이 드러난다. 그러나 인도와 달리 기원전 4세기까지만 해도 이러한 연결은 주로 **정치적** 목표, 요컨대 폴리스에서 함께 사는 삶에 초점이 맞춰져 있었다. 어떤 의미에서 이것은 페르시아 전쟁 이후 교육과 가르침을 통해 관습과 제한적 전통에 얽매이지 않고 인생에서 성공하는 기술을 (돈을 받고) 가르쳤던 소피스트들에게도 적용되었다. 그러나 이러한 성공은 주로 폴리스 안에서 그리고 폴리스와 함께 추구되었다. 폴리스의 **일반적** 복지는 지속적인 화폐 순환과 자본 유입에 달려 있었으며, 이는 교환과 신뢰에 기반한다는 것이 소피스트의 가르침이었다.[76]

하지만 그 이후 필리포스와 알렉산드로스가 통치하는 마케도니아가 등장해 윤리적·형이상학적 논의의 중요한 현장이었던 폴리스 세계의 정치적 자유를 제한했다. 근동 및 극동에서와 마찬가지로 이제 강력한 왕들이 무대를 지배했고, 폴리스는—비록 형식적으로는 제도를 유지했지만—에우에르게테스(Euergetes, 후원자)로서 고향에 재정적 지원을

제공하는 군주와 개별적인 부유한 시민들의 호의에 점점 더 의존하게
되었다. 이러한 조건에서 윤리와 영혼 교리는 점차 기존의 정치적·사
회적 기준에서 벗어났다. 정치적 또는 사회적-엘리트적 공동체보다는
지위와 관계없이 개인을 대상으로 삼은 것이다. 플라톤은 여전히 오르
페우스의 사제들이 부자들의 문에서만 북적거린다고 불평했지만, 헬
레니즘 시대 이후 신비로운 제식은 모든 사람에게 개방되었다.[77]

6 윤리적 구원론과 정치적 도구화

영혼에 대한 가르침이 사회적 지위와 관계없이 개인에게 열려 있고,
이런 방식으로 내세가 '민주화'된 것은 그리스만의 특별한 현상이 아
니다.[78] 몇 세대 전 인도 북부에서도 비슷한 일이 일어났다. 붓다와 자
이나교의 정신적 지도자 마하비라(Mahavira)는 **바르나** 소속과 관계없이
모든 사람에게 연설했다. **누구나** 해탈, 즉 니르바나(Nirvana)를 준비하고
이 세상의 고통에서 벗어날 수 있다는 것이었다. 카르마는 더 이상 자
신의 바르나에 적합한 것(다르마 또는 담마)이 아니라, 윤리적으로 동기
부여된 행동과 자기 통제를 특징으로 하는 삶의 태도에 의해 영향을
받았다(172~173쪽 참조).

그러나 불교와 자이나교는 이러한 윤리에서 정치적 영역으로의 명
시적 확장은 시도하지 않았다. 그와 마찬가지로 우주론적-형이상학적
사변과 과학적 설명은 그들의 가르침의 중심에 놓여 있지 않았다. 그
대신 카르마 교리와 세상의 고통에 대한 통찰에 기초해 모든 사람을
위한 실천적 윤리를 제시했다.[79] 이 점은 그들을 마찬가지로 행복, 즉

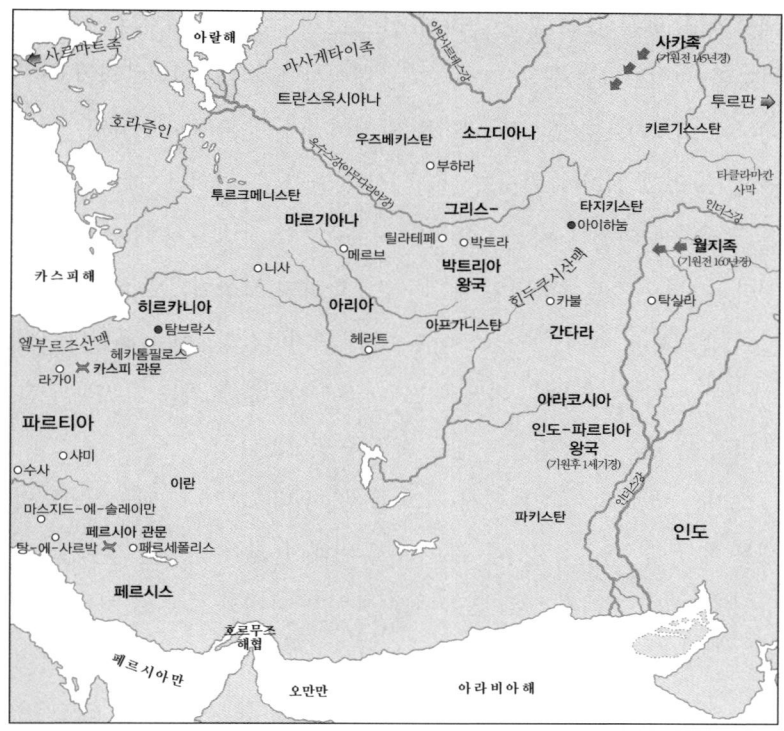

기원전 2세기~기원후 1세기의 중앙아시아

에우다이모니아(Eudaimonia)와 개인의 윤리를 중심에 둔 플라톤과 아리스토텔레스 이후의 헬레니즘 철학과 연결해주었다.

윤리는 정치적·자연철학적 교의보다 더 유연하며, 그런 까닭에 세계를 쉽게 넘나들 수 있는 다리 역할을 했다. 예를 들어, 아리스토텔레스의 제자인—키프로스의 솔로이(Soloi) 출신—클레아르코스(Klearchos)는 델포이에서 최초의 셀레우코스 왕이 세운 아이하눔(박트리아)으로 '일곱 현자'의 격언 150가지를 가져왔다.

한 세대 앞서 철학자 필론(Philon)도 알렉산드로스를 따라 박트리아에서 여러 해를 보낸 후 간다라와 신드로 이주했다.[80] 여기서—전승에 따르면—인도 고행자들을 만난 그는 형이상학적이고 인식론적인 거시 이론에 회의적으로 맞서는 교리를 발전시켰다. 물론 윤리적 물음은 측정할 수 없고 진리나 거짓의 관점에서 판단할 수 없지만, 개인의 행복은 무심함과 완전한 평정〔아타락시아(ataraxia)〕의 상태를 통해 달성할 수 있다. 이것은 스토아학파와 에피쿠로스학파의 사상이기도 했는데, 그들의 윤리학은 알렉산드로스 이후 널리 퍼져나갔다. 이는 해탈에서의 '자아의 소멸'과 같았다. 이들은 모두 극단 사이를 오가는 온건한 금욕주의적 특징을 지닌 명상적 행동 훈련을 권고했다.[81]

그러한 생활 방식은 왕에게 거의 불가능했다. 그러나 그는 신민들의 행복 추구에 '좋은' 질서를 부여하기 위해 윤리적 준칙을 찾아낼 수 있었다. 이미 자라투스트라도 "나쁜 통치가 아니라 좋은 통치를 하는 자가 우리를 다스려야 한다"고 가르쳤고, 아후라 마즈다에게 "통찰력 있는 행동을 통한 복종에 의한" 비슈타스파의 통치를 강화하라고 요청했다(374쪽 참조).[82] 우리는 비슷한 준칙을 이집트, 페르시아, 중국(주나라) 그리고 로마 제국에서 발견할 수 있다. 통치자들이 자신을 희생제식의 대제사장으로 확립하고, 자신의 영혼이나 육체가 신적인 영역으로 올라간다는 주장을 배타적으로 관철하는 데 성공한 곳들이다.[83]

영원성에 대한 이러한 배타적 결합은 이 세상에서 의무를 지웠다. 다리우스는 물론 자라투스트라의 엄격한 행동 요구를 받아들이지 않았지만, 자신이 아후라 마즈다의 위임을 받아 악을 물리쳤으며 그의 계명에 따라 세계 질서를 지킬 것이라고 선포했다. 그는—왕의 비문에 따르면—'거짓말하는'(즉, 반역하고 불순종하는) 사람을 처벌하고 진리를 말하는(즉, 충성스럽고 순종하는) 사람을 지원하겠다고 약속했다(205~

206쪽 참조). 신의 지원을 포기하고 오로지 영원한 담마에 헌신하겠다고 공식적으로 선포한 아소카조차도 윤리적 행동 준칙에 정치적 제약을 씌웠다(231~234쪽 참조). 이를 위해 그는 그리스어 통역자의 도움을 받아 클레아르코스가 아이하눔으로 가져온 현인들의 가르침과 아마도 아버지의 궁정에 머물고 있던 데이마코스(Deimachos)가 '경건[에우세베이아스(Eusebeias)]에 관해' 쓴 책도 사용했다. 아소카는 에우세베이아를 담마와 동일시했다.[84] 행복, 즉 에우다이모니아는 그리스에서 개인이 추구해야 할 목표였지만, 박트리아-아프가니스탄의 아소카 비문에서는 가능한 한 많은 전통을 포괄하는 (담마, 즉 보편적 삶의 질서에 관한) 핵심 개념이었다. 연민, 관대함, 진실성, 온화함은 그리스와 자라투스트라의 윤리에 상응했다. 자기 통제, 엔크라테이아(enkrateia)라는 델포이의 목표는 불교 및 힌두교의 교리와 결합할 수 있다. 감각 능력 있는 생명체를 먹는 것을 금지하고 동물에 대한 비폭력을 유지하라는 계명은 자이나교, 자라투스트라, 오르페우스-피타고라스의 희생 제물 금지와 다리우스 치하 페르시아 희생 제식의 실천 및 관습과 일치했다 (234쪽 참조).[85]

하지만 우리가 알고 있듯이 아소카의 담마 프로그램은 관철될 수 없었다. 아르타크세르크세스 2세(Artaxerxes II, 재위: 기원전 404~기원전 359) 이후 다리우스의 몇몇 후계자가 더는 그의 아후라 마즈다 이데올로기를 일관되게 고수하지 않았던 것과 마찬가지로 말이다. 존경을 바쳐야 할 다른 신들, 예컨대 미트라와 아나히타(Anāhitā)에 대한 숭배도 너무 버거웠다. 권력의 구조적 문제를 은폐하려는 인도의 정치적 계산은 지나치게 노골적이었다. 더욱이 윤리적 요구는 지나치게 야심적이었다. 마을 주민에게는 불교의 카르마 교리나 아소카의 그리스-인도 윤리에 따라 삶을 영위하는 것보다 브라만 사제나 구루에게 희생 제의를 부탁하고 그들의 힘에 의존하는 게 더 쉬웠다. 마찬가지로 이 둘이 신의 도움 없이 존재한다는 사실은 전통적인 농촌 사회에 그다지 매력적이지 않았을 것이다. 폭력을 포기할 수 없었던 전사(크샤트리아)의 전통과도 일치하기 어려웠다. 그들은 살생 금지와 연민 그리고 관용이라는 계명으로 인해 해결할 수 없는 딜레마에 빠졌다.

이 모든 것과 함께 아소카가 죽은 후 마우리아 제국이 무너졌다는 사실이야말로 기원전 2세기에 인도의 브라만이 다시금 대부분의 크샤트리아를 장악하고 (고대) 힌두교라고 알려진 방향으로 자신들의 견해를 발전시킨 이유일 것이다. 브라만-힌두교 **부흥**의 한 가지 측면은 다소 중요하지 않은 수많은 신 가운데 비슈누와 시바라는 두 신이 등장한 것이다. 결정적 원동력은 아마도 브라만의 형식주의적 희생 의례와 《우파니샤드》의 추상적 논의와는 별개로 '육체를 갖춘' 신과 인격적이고 가까운 친구 같은 관계를 맺어 그와 하나가 되고자 하는 욕구였을 것이다. 이러한 변화를 보여주는 가장 유명한 문서는 위대한 영웅 서사시 《마하바라타(Mahabharata)》인데, 여기에 자신을 비슈누 신의 육화(아바타)로 드러내는 전차 조종사 크리슈나(Krishna)와 그의 친구 아르주나(Arjuna) 사이의 대화가 실려 있다. 크리슈나의 권고와 계시〔바가바드기타(Bhagavadgita)='신의 노래']는 무엇보다도 우선 아르주나가 속한 전사 집단으로 향했다. 아르주나는 친척들에 대한 전쟁에 나서기를 주저하지만, 크리슈나로부터 윤회 과정에 대한 결과를 걱정하지 않고 의례적인 희생 제의처럼 전쟁을 수행하는 것이야말로 크샤트리아로서 그의 의무(담마/다르마)라는 경고를 받는다. 왜냐하면 그러한 의무 이행은 카르마를 만들어내지 않기 때문이다. 싸움터에서 죽으면 직접적으로 낙원, 즉 전사의 천국으로 이어진다. 죽음과 살생은 영혼, 즉 아트만을 파괴할 수 없다. 개인의 영혼(아트만)이 세계영혼과 섞여 있는 것과 마찬가지로 전사의 개별적 다르마는 세계의 모든 것을 포괄하는 정의의 원리인 보편적 다르마에서 그 대응물을 발견한다. 이것은 전투 이전과 전투 중에 자신의 행동이 가져올 (내세에 대한) 결과를 숙고할 시간을 찾지 못한 모든 전사에게 매력적인 메시지였다.[86]

그래서 기원전 1000년대 말, 인도에서는 윤회에서 벗어나기 위한 세 가지 길이 때때로 교차하며 발전했다. 첫째, 바르나 계급의 담마/다르마에 따른 의무적인 행동의 길로, 이는 전투 이전에 아르주나에게 주어진 조언에 해당한다. 둘째, 수행(요가), 명상, 고행을 통한 포기는 감각 기관과 감각 대상 사이의 결합을 풀어냄으로써 영혼이 브라흐만과 하나가 될 수 있는 전제 조건을 만들어냈다. 이는 마술적–샤머니즘적 힘을 흡수해 기원전 6세기 이후 아트만의 깨달음을 통해 새로운 구원의 길로 이어지는 고행 운동의 추동력이었다. 셋째, 붓다의 가르침이다. 이는 좋은 카르마(업)를 통해 윤회에 좋은 영향을 미치고 통찰을 통해 번뇌('목마름')에서 벗어남으로써 마침내 현세의 고통에서 벗어날 수 있다는 전망을 제시했다.

7 중국의 불멸성 추구

한 지역은 윤리적 준칙과 영혼에 대한 종교적·철학적 개념의 확산 및 융합에서 크게 단절되어 있었던 것처럼 보이는데, 중국이 바로 그곳이다. 오늘날까지도 중국은 신이나 종교적 구원 제의가 없는 물질주의 국가라는 인식이 널리 퍼져 있다. 이는 현재에도 사실이 아니며, 과거에는 더더욱 그랬다. 때때로 우리는 종교를 신에 대한 숭배와 동일시하고, 중국 사상을 세속적 문제의 '합리적' 해결책에 초점을 맞춰 이해하려 한다. 그러면서 (조상 숭배를 제외한) '거룩한 것'이 발전할 여지를 남기지 않았던 법가와 유교의 가르침으로 축소하는 현실 때문에 우리의 관점을 흐리기도 한다.[87]

하지만 이러한 인상은 기만적이며 역사적 경험과도 모순된다. '거룩한 것'을 경험하는 영적 공간이 없는 고대 사회는 존재하지 않았다. 이러한 공간이 통치자들에 의해 통제받고 그들에게 집중되었을 수는 있지만, 늦어도 죽음과 고난이 닥쳤을 때는 비엘리트 집단에도 길이 열렸다. 중국의 시골은—고고학이 보여주듯—신전과 사당으로 가득 차 있었다. 특히 상나라에서는 다양한 형태의 종교가 처음부터 문화를 각인하는 특징이었으며 도시와 정치적 발전의 길을 닦았다(175~176쪽 참조). 초기 중국 사회는 그야말로 종교 활동이 지배했다. 청동기 시대의 도시들은 요새나 시장터가 아니라 종교적 의식 시설로 거슬러 올라간다. 야심 찬 족장들은 종교적 행위로서 전쟁을 이끌었다.[88] 늦어도 전국 시대부터 많은 책이 죽은 자의 운명을 다루었으며, 그중 일부는 오르페우스교의 텍스트처럼 무덤에 함께 놓였다. 정치적·사회적 맥락에서 생겨나는 특별한 강조점이 있기는 하지만, 마술적-의식적 관습도 풍부하게 존재했다.

적어도 청동기 시대(상나라) 이후 중국의 발전과 유라시아 대초원 문화의 종교를 연결하는 한 가지 독특한 점이 있었다. 인간의 삶은 자연과 그 힘, 천지(하늘, 땅)와 밀접하게 연결되어 있으며, 지상 세계와 초자연적 세계가 하나로 통합되어 있고, 모든 일은 질서를 따른다는 생각이 그것이다. 상나라 이후 거의 1000년이 지난 후에도 우주 전체는 그 부분들(자연, 동물, 인간, 땅, 하늘)이 서로 영향을 주고받는 하나의 살아 있는 유기체로 이해되었다. 이를 위해서는 신적인 창조 행위가 필요하지 않았다. 그들은 창조주 신을 숭배하지 않았다. 그와 마찬가지로 중국 사상에는 지옥이나 신의 창조를 위협하는 사탄의 대항 세력이라는 관념도 없었다. 이는 중국의 관념이 유라시아의 다른 많은 종교, 심지어 더 오래된 힌두교와도 구별되는 점이다. 자연, 인간, 동물, 식물이 속한 하늘과 땅은 그리스의 프네우마(pneuma)에 비견되는 모든 생명에 내재하는 기(氣)와 같은 비인격적 에너지들에 의해 추동되어 만들어진다. 그것들은 음과 양의 지배적인 힘들이 번갈아 조화로운 균형을 이루며 상호 작용함으로써 우주를 하나로 묶고 변화를 가져온다.[89]

인간 세계와 우주 세계, 창조의 힘과 피조물의 통일성은 서구 사회에서 널리 퍼져 있던—생명을 주는 신들에게 감사하며 느끼는—죄책감을 불러일으키지 못했다. 개인을 처벌하고 초월적 정의를 확립하는 신이라는 개념도 없었고, 이 신에 기반한 모든 사람을 위한 윤리(유대교나 조로아스터교처럼)도 존재하지 않았다. 사람들은 하늘과 땅을 자기 편으로 끌어들이기 위해 희생 제물을 가지고 숭배했지만, 죄를 없애기 위한 것은 아니었다. 그들은 우주적 원리(오행)와 힘(음과 양)에 대한 올바른 통찰과 관찰을 통해 우주와 세계 그리고 (바로 이 세계의 필수적인 부분인) 자신의 운명에 영향을 미칠 수 있다고 낙관했다.[90]

이는 근동의 종교, 무엇보다도 우선 히브리인의 야훼 숭배와 뚜렷이 구별되지만, 또한 불교와 그리스 현자들의 다소 비관주의적인 태도(385~386쪽 참조)와도 구별된다. 이런 태도는 점성술과 전조, 기적적인 징조와 식물 그리고 자연의 요소를 활용하겠다고 약속하는 주술적·샤머니즘적 관습이 지니는 커다란 중요성을 설명해준다. 그러나 이는 또한 한나라 시대(기원전 2세기) 이후부터 식이 요법과 약제의 투입 그리고 자연력에 대한 지식을 통해 지상에서의 생명을 연장하고 신체를 면역력 있게 만들 수 있다는 중국의 의학과 요리에 뿌리 깊이 놓여 있는 견해도 설명해준다. 그리고 종교적·철학적 사고가 나중까지 서유럽 문화에 비해 (천국-지옥, 인간-신, 영혼-육체 등등의) 견고한 대립으로 특징지어지지 않은 이유 또한 설명해준다.[91]

중국의 종교와 그에 따른 관습은 정치적·사회적·경제적 상황과 밀접하게 결부되고, 그로부터 영향을 받는 오랜 과정을 거쳐 생겨나고 변화했다. 주나라의 의례 개혁(기원전 9세기 중반, 179쪽 참조) 이후와 전국 시대(기원전 475년경~기원전 221)에는 더욱 복잡한 형태를 띠었다. 이 시대에 상나라의 씨족 기반 종교는 더 이상 가족 구성원과 점술가에 의해 수행되지 않는 의식화한 제사로 대체되었다. 이후에는 서열에 따라 조직된 관료 엘리트가 제사를 담당했다(180쪽 참조). 동시에 사람들은 미래 비전의 수신자로서 신, 영혼, 조상으로부터 거리를 두었다. 의례적 의식에서 죽은 자에게 도움을 요청하는 대신 그들을 산 자와 분리했지만, 무덤을 산 자를 위한 지상의 집처럼 형태화함으로써 그들을 신적인 영역으로 높이는 것을 피했다. 그 대신 주나라 사람들은 보편적인 신으로서 '하늘〔天〕'을 신뢰했다. 이러한 보편적 신은 더는 씨족에 귀속되거나 그러한 존재로서 말을 걸 수 있는 존재가 아니었다. 오히려 인간 세계와 날카롭게 분리되어 있고, 통치 능력에 관한 결정을 **도덕적** 행동에 의존하게끔 했다. 둘 다 세계 다른 지역에서도 비슷하게 존재한 시대적 현상이다. 보편적 신은 대체로 거리가 멀고 접근하기 어려워 더는 조상 또는 샤머니즘의 기예에 의지하거나 영향을 받을 수 없었으며, 오히려 그러한 호의는 오로지 인간이나 지배 엘리트가 이 신의 도덕적 요구와 일치하는지에 달려 있었다.[92]

신적인 세계가 인간 세계와 점점 더 멀어지면서 삶과 죽음의 관계, 더 정확히 말하면 죽은 자의 운명과의 관계 또한 새롭게 생각해야만 했다. 신적인 세계가 멀어지면 멀어질수록 죽은 자가 조상의 영역으로 넘어가는 과정도 원활하지 않았고, 둘 사이의 경계는 더욱 넓어졌다. 상나라 사람들은 조상이 자동으로 신들의 세계로 올라갈 수 있으며―그곳에 더 오래 머물수록―최고신인 '제(帝)'를 호의적으로 대하고 그의 뜻을 전달할 수 있다고 믿었다. 주나라 시대에도 사람들은 조상이 그들에게 바치는 희생 제물에 물리적으로 존재한다고 생각했다. 조상이 살아 있는 가족과 다시 식탁에 함께 앉아 어울린다는 생각은 특히 농촌 지역, 즉 '분절적'인 씨족 및 가족 구조와 주술적·무속적 관습이 한층 고착된 지역에 널리 퍼져 있었던 것으로 보인다.[93]

이러한 생각의 전제 조건은 죽은 자가 '다시 물질화'할 수 있다는 것이다. 기원전 5세기 중반부터 중국 사상가들은 인간이 음과 양의 대립에 상응해 2개의 영혼을 가지고 있으며, 그중 하나(魂)는 하늘로, 다른 하나(魄)는 땅으로 돌아가 죽은 자들의 지하 세계에 머문다고 믿었다.[94] 그러나 그리스 같은 서양에서와 달리 죽음 이후 영혼과 육체가 **영구적으로** 분리된다는 생각은 지배적이지 않았다. 그 대신 영혼과 육체 사이의 연속성을 가정했으며, 그 같은 연속성이 잠시 멈추었다가 회복된다고 믿었다. 기원전 4세기의 장례식 텍스트는 죽은 사람의 영혼이 육체로 돌아와 '부활'을 약속하는 내용을 담고 있다. 엑스터시 실행자(무당)는 대마 흡입을 통해 영혼이 천상으로 향하는 일시적인 여행에 관해 이야기한다. 그러나 대마는 죽은 사람의 영혼이 부패하기 전에 육체로 돌아오게끔 할 수도 있었다.[95] 어쨌든 영혼의 상승과 변형은 변형된 육체를 통해서만 바람직한 것으로 보였는데, 이는 플라톤과 피타고라스적·오르페우스적 선행자들(384~387쪽 참조)의 영혼론과 대조를 이룬다. 몸은 영혼과 분리되어야 하는 더러운 그릇이 아니라, 보호할 가치가 있는 연속체의 구성 요소였다. 그런 까닭에 많은 제후의 시신을 옥으로 감쌌으며, 따라서 중국인에게 시신이 부패하거나 토막 나는 걸 보는 것은 끔찍한 일이었다. (지금도 여전히 그렇다.)[96]

이러한 기본적인 확신에서 기원전 3세기 이후부터 불멸성을 획득하는 두 가지 방법이 생겨났다. '세속적 불멸'이라고 부를 만한 첫 번째 방법은 온전한 육체로 지상의 삶을 가능한 한 길게 연장하고 죽음을 무한히 지연시키는 것이었다. 아마도 전국 시대 말기에야 비로소 추구된 두 번째 방법은 지상을 떠나 '불사적인 존재(仙人)'로 천상에 올라가는 것이었다. 이러한 관념은 '초세속적 불멸'이라고 표현할 수 있을 것이다. 일부 엘리트는 이를테면 두 가지를 모두 보장하는 이중 보험에 들려고 했다. 그들의 노력은 전국 시대에 더욱 강력해졌다. 그 추동력은―고대에서 종종 그랬듯―정치와 경제의 발전이었다. 주나라가 쇠퇴한 이후 통치를 관장하는 최고 권위자이자 '윤리적' 신으로서 하늘은 설득력을 잃었다. 삶과 자연(지진, 기근)과 불행은 너무나 변덕스러웠다.[97] 제후 도시가 효율적인 정부 기구로 변모하고, 대규모 군대를 창설하고, 나아가 농업에 대한 개입을 강화하고, 사유 농지가 등장하고, 마지막으로 관료와 상인으로 구성된 도시 계층이 부상했다. 이 모든 것이 (페르시아 전쟁 이후 그리스에서처럼) 특히 지역 통치자들 사이에서 '하늘'의 축복이나 조상의 도움 없이도 자신의 운명을 개척할 수 있다는 확신을 심어주었다.

이러한 견해는 제후들이 권력을 강화하기 위해 자신의 땅과 백성에게서 모든 것을 끌어내라고 촉구한 법가에 의해 더욱 강화되었다. 더 높은 권력이 전혀 존재하지 않는다는 걸 알면서도 (또는 알기 때문에?) '경건함을 밝히고 민중을 달래기 위해' 희생 제의를 수행해야 했다. 불행은—거의 솔론적인 정식에 따라—사람들 자신이 초래하는 것이었다.[98] 이 또한 '축의 시대'에 벌어진 획기적인 발전이었다. 인간 행동의 새로운 자율성은 하늘의 존엄성에 대한 비판, 귀신에 대한 부정, 하늘과 땅과 인간의 통일성 약화와 결부되어 있었다. 이러한 인간의 힘 증가와 그들이 착취하는 자연 훼손에 대한 비판이 있었지만, 인간은 더는 우주의 단순한 일부가 아니었고, 그때부터 스스로 우주에 영향을 미치려 시도했다.[99]

진나라의 마지막 통치자이자 초대 황제가 모든 경쟁자를 물리치고 "인간의 발길이 닿는 한" 모든 방향으로 뻗어나가는 "세계 제국"을 건설했을 때,[100] 그는 자기가 천자(天子)라는, 즉 스스로 신이 될 수 있다는 확신을 품게 되었다. 지역의 제의와 제사 의식이 통치자에게 집중되고 '황제'라는 칭호를 채택한 것은 '신'의 힘을 소유하고 영혼과 자연의 힘, 그리고 '형상'의 세계에 자신의 의지를 강요할 수 있다는 주장을 표현한 것이었다. 이러한 힘은 이제 궁전에서 통치자의 유일한 권한 아래 수많은 제식과 희생 의례, (귀신과 악령에 대한) 퇴마와 정화 의식을 조직하기 위해서뿐만 아니라,[101] 불멸성을 향한 그의 욕구를 촉진하는 데도 사용되었다. 신비한 불로초를 찾고 지상 세계에서 이미 불멸성을 약속한 마법의 장소에 도달하기 위해서 말이다. 그 장소들은 제국의 확장과 장건의 원정(289~290쪽 참조) 결과, 이전보다 더 가까워진 것으로 보였다. 서쪽에는 곤륜산에 왕의 어머니(西王母) 낙원이 있고, 동쪽에는 봉래(蓬萊)의 축복받은 섬들이 있었다.[102]

'왕의 어머니' 신화는 결혼식에 통치자를 초대하는 이란-스키타이 다산(多産) 여신의 그림과 구전 전통에서 영감을 받은 것일 수 있다(45~46, 71쪽 참조).[103] 페르가나에서 하늘의 말을 찾는 것은 전략적이고 군사적인 이유에서만 필요했던 것이 아니다. 고귀한 자는 하늘의 말을 (용과 마찬가지로) 불멸의 세계로 들어가는 매개체로 보았고, 영혼이 동쪽에서 서쪽으로 여행하는 방식을 모방해 그것들을 타고서 왕의 어머니 산에 도달하려 했다.[104] 불사의 비약은 '죽음을 멀리하는' 이란-인도 전통의 소마와 하오마에 해당했다. 축복받은 자들의 섬은 그리스의 엘리시움에 상응했다. 동쪽에서 그 존재는 일본의 발견을 통해 영감을 얻었다.[105]

필사적인 노력, 모든 수단의 투입, 치유자와 샤먼의 도움에도 불구하고 탐색은 실패로 돌아갔고, 다행히 **지상에서의** 죽음을 받아들이거나 적어도 그걸 고려하는 대안이 제시되었다. 전국 시대 학자들은 일찍이 영혼이 형상의 세계에서 벗어나 하늘 및 땅과 하나가 되어 우주를 가로지르고 육체적 갱생과 더불어 불멸을 이룰 수 있는 기술을 약속했다.[106] 이를 위해서는 조상의 도움이 아니라, 현세에서 준비가 필요했다. 죽은 통치자는 더는 조상의 무리에 합류하는 것이 아니라, 특별한 공간에서 한 개인으로서 영예를 얻을 수 있었다. 무덤은 이제 영혼이 그 존재를 이어가기 위해 노력하는 장소이자 머무는 곳이 되었다.[107]

이러한 상태가 어떻게 전개되는지에 대해서는 의견이 분분했고, 따라서 모든 가능성을 포괄하려는 시도가 이뤄졌다. 한나라의 무덤에는 영혼이 육체적 형태로 우주로 직접 승천하거나 서왕모의 낙원 또는 동쪽의 봉래섬에 이르는 길을 쉽게 찾을 수 있도록 돕거나 그 과정을 보여주는 그림이 있었다. 사람들은 무덤 자체가 영혼과 육체의 거처로 남게 될 거라고 여겼던 게 분명하다.[108] 초나라 제후들의 무덤(기원전 6세기)도 육체 안에서 계속 존재하는 영혼이 생전의 활동에 상응하는 공간에 둘러싸여 있었다. 세속적인 지위도 보존되었다. 영묘(靈廟)는 시조(始祖)에게 천상으로 가는 길의 중간 기착지 역할을 했으며, 고귀한 목표를 달성하지 못할 경우 영구적인 피난처 역할을 했던 것으로 보인다. 그것은 식당과 휴식 공간을 갖추고 적으로부터 주인을 방어하는 병마용의 보호를 받으며 영원히 살았던 (또는 살 수 있었던?) 죽은 자의 궁전이었다. 이와 같은 것을 추구한 한나라 무제는 여기에 더해 제사 의식인 봉(封)과 선(禪)을 수행함으로써 장수를 가능케 하고 초자연적인 불사의 길을 열고자 했다.[109]

8 불멸성, 마법, 도덕: 도교와 불교

하지만 역사에서 흔히 그러하듯 성공이 실현되지 않고 세속적 권력과 한계를 넘어섰다는 것이 분명해지면 불멸성에 대한 통치자들의 주장은 빛을 잃었다. 진시황과 한 무제 모두 그랬다. 황제를 중심으로 한 제사 활동[봉(封)과 선(禪)]의 집중과 확대, 그리고 특히 무제가 수행했던 제국 전역 시찰은 항상 정치적 측면을 가지고 있었다. 그것은 제국의 존재감을 과시하고 충성을 요구하며, 이를 위한 인프라 개선을 장려함으로써 제국의 취약한 통제 지역을 중앙에 더 가깝게 묶어두었다.

그래서 불멸성에 대한 추구는 외교 정책과 군사적 목표(399쪽 참조)뿐만 아니라 제국의 권위를 강화하려는 의지와도 관련이 있었다.[110]

그러나 값비싼 원정과 지역 엘리트 및 전통을 거의 고려하지 않는 권력 과시 행태에 대한 강경한 반발 속에서 비판자들이 목소리를 내기 시작했다. 그들은 현세의 불사불멸은 불가능하다고 생각했으며, 조상과 하늘에 대한 경시를 강하게 비판했다. 통치자는 스스로 하늘의 영역을 추구하지 않고, 다시금 지상에서 하늘의 질서를 유지해야 한다는 것이었다. 불멸성을 위해 지역의 제의를 끊임없이 찾아다니며 과도한 제사를 동원하는 대신, 통치자들은 조상과 신들이 세운 수도에서 다시 그들을 숭배해야만 한다. 그러면 통치자는 최고 제사장으로서 하늘의 은총을 받고 하늘의 모범에 따라 통치할 수 있을 터였다.[111]

이러한 견해는 기원전 120년경부터 점차 받아들여졌다. 고귀한 자들은 물론 계속해서 불멸성을 추구했지만, 점점 더 궁정에 한정되어 중앙에서 이뤄지는 제식의 상징적 인물이 되었다. 따라서 스스로를 신격화하고 천상으로 올라갈 수 있는 권리를 얻지 못했다. '하늘의 아들'은 계속해서 정의로운 질서의 통일성을 대표했지만, 이제 궁정 업무는 궁정의 정치가들이 맡았다. 시찰 여행과 원정도 황제의 참여 없이 관리들이 수행했다.

이러한 관계는 후한에 이르러 더욱 심화했다. 외부 세계와 차단된 '소년 황제들'은 어머니와 환관에게 권력을 맡겼다. 이것이 전문적인 능력과 가문의 전통을 통해 출세하는 데 익숙했던 엘리트들의 분노를 불러일으켰다. 저명한 인물들조차 국가 교육 시스템과 궁정의 부패에 환멸을 느껴 관직의 수용을 거부하고 중앙에서 밀려난 사람들과 함께 시골로 향했다. 몇몇은 숲속 은자의 삶을 선택해 문학적으로 활동했고, 다른 사람들은 귀향을 택했다. 그들은 (로마 제국의 원로원 의원처럼) 자신을 농촌 공동체의 후원자로 여기는 다른 대지주들과 마주쳤지만, 로마 서부의 원로원 의원과 달리 중앙 궁정하고의 접촉을 포기했다.[112]

전국 시대에는 이미 교육받은 엘리트뿐만 아니라 농민들 사이에서도 반향을 불러일으킨 도교의 가르침에 많은 사람이 공감했다. 그 가르침의 신화적 시조는 노자라는 전설적 인물이다. 그의 역사적 실존에 대해서는 자라투스트라와 마찬가지로 많은 논쟁이 벌어지고 있다. 도교 사상가들은 인간이 자연에 대한 간섭과 정치 개입을 통해 예전의 조화로운 원래 상태에서 점점 더 멀어졌다고 가정했다. 이러한 '타락의 진단'은 고대의 다른 철학적·종교적 세계관에서도 친숙한 것이다. 그러나 이러한 진단은 대부분 인간의 도덕적 타락과 연관해 도덕적 쇄신을 통한 방향 전환을 꾀하려는 데 목적이 있었다. 도교에서는 정치와 거리를 두고 도(道)에 따라 자신의 행동을 제한함으로써〔'불개입'＝무위(無爲)〕 자연의 힘이 다시금 자유롭게 흐르도록 해야 한다고 권고했다. 자연은 자기 자신을 통제하고 최선의 해결책을 찾는다. 이는 헬레니즘 철학의 여러 지침과 유사하다. 인간은 내적 평온을 찾고 옛 조화를 회복하기 위해 자연을 따르고, 우주의 최고 질서 원리이자 생명력인 기(氣)를 통해 자양분을 공급받고, 음과 양에 의해 움직이는 도(道)에 자기를 맞추어야 한다. 통치자 역시 자기 신민들의 일에 간섭하지 말아야 한다―이는 황제가 궁정으로 물러나는 것에 상응했다. 또한 도교 사상가들은 나머지 사람들에게도 원래의 조화가 가장 잘 보존된 마을에서 은둔하는 삶으로 돌아가라고 촉구했다.[113]

많은 도교 신봉자가 권력자들의 궁정 생활과는 거리가 먼 중국 남부 지역에 살았다. 이곳에는 중앙 정부의 계층적 질서와 유가·법가

사상과는 다른 분절적 사회가 존재했다. 그러나 이 지역에서도 자연과의 긴밀한 접촉을 증진할 뿐만 아니라, 적어도 일시적으로나마 영혼을 천상으로 인도할 수 있는 수단과 방법을 아는 세력들이 활동하고 있었다. 도교의 현자들은 무당이라 불리는 샤머니즘 전문가들과 교류했다. 이미 기원전 3세기 또는 기원전 2세기에 만들어진 《초사(楚辭)》는 영혼의 신비로운 비상을 묘사하는데, 이는 도교적 삶의 정신적·육체적 자유에 부합하며, 정치에 실망한 이들이 고독 속에서 자아를 찾고 세상을 벗어나는 모습을 상징하는 것으로 해석할 수 있다.[114]

엑스터시 능력을 지닌 도가는 **방사**(方士), 즉 '신선의 술법을 닦는 사람'이라고 불렸다. 그중에는 자신의 기예로 궁정에서 성공을 거둔 사기꾼도 있었다. (이 점에서는 북과 남 사이의 교류가 활발했다.) 이들의 술법은 농촌 지역에서 수요가 많았다. 그곳에서는 악령이나 귀신과의 일상적인 싸움에서 치유자이자 초자연적이고 신비로운 세계의 중개자로서 자연에 정통한 사람이 필요했기 때문이다. 바로 이런 곳에서 도가는 법가와 유가가 열어두었던 인간의 갈망과 욕구 영역을 파고들었다. 가깝고 구체적인 세계 대신, 멀고 환상적이며 불가해한 세계를 말이다.[115]

그들은 또한 자연을 이용해 삶을 연장하고 불멸을 얻는 방법을 제시했다. 아마도 농민에게 웅장하고 비용이 많이 드는 무덤을 짓지 않아도 불멸의 꿈을 실현할 수 있다는 기쁜 소식을 전했을 것이다. 무제 치하에서 자문관으로 있던 동방삭(東方朔, 기원전 154~기원전 93)은 어디서든 불멸을 찾을 수 있다고 말했다.[116] 영원한 생명의 이러한 '민주화'는 본질적으로 새로운 개념이 아니었다. 우리는 조로아스터교의 후기 형태에서, 초보적인 형태로는 그리스에서 (심지어 파라오 시대의 이집트에서도) 이를 찾아볼 수 있다. 그러나 이 지역에서는 **윤리적** 선택이나 삶의 태도, 채식주의, 영혼에 대한 교육과 의식이 천상 구원의 전제 조건이라는 생각이 지배적이었다. 반면, 도교는 샤먼 전통을 계승하면서 **술법**에 더 큰 비중을 두었다. 따라서 불멸 탐구, 원초적 마법에 대한 믿음, (수은과 금 등으로 이뤄진) 기적의 약초와 약물, 그리고 현세와 천계 사이의 표식인 마법 부적에 대한 믿음이 더 중요한 역할을 했다. 이러한 믿음은 종종 금욕적 생활 태도와 겹쳤다. 하지만 금욕은 주로 현세의 삶을 연장하는 데 목적이 있었을 뿐 영혼의 정화나 몸으로부터의 해방을 촉진하는 데는 초점을 맞추지 않았다. 도교의 성인들은 황홀경과 퇴마 능력을 지녔지만, 더욱 극적인 것은 그들의 술법으로 마약과 부적을 이용해 몸 전체를 변화시키고, 문을 통과하거나 일정 시간 동안 투명해졌다가 다시 나타나는 것이었다. 이런 능력은 아리스테아스(382~383쪽 참조)를 연상시키며, 사후의 운명에도 적용될 수 있었다. 이는 생물학적 자연의 경계, 즉 죽음까지도 극복할 수 있음을 보여주었다. 예를 들어 《태평경(太平經)》은 도교의 성인들이 대낮에 하늘로 올라가고, 몇몇은 지하 세계로 내려갔다는 목격담을 전한다. 이는 마치 비가 땅에서 마르고 하늘에서 증발하는 것과 다르지 않다고 했다.[117]

이 모든 것은 정치적으로 독립적인 도시 사회가 존재하지 않고, 대신 활기 넘치는 농촌 공동체와 사후 세계의 존재를 믿을 뿐만 아니라 마법의 기술에 현혹된 통치자들이 있었기 때문에 가능했다. 사람들은 악령과 재앙을 쫓는 퇴마 의식의 효능을 믿었고, 마법의 음료와 기적의 식물에 의지했으며, 영생을 약속하는 서왕모 신화 같은 이야기에 열광했다. 이러한 기대는 정치적·경제적 위기가 현재에 대한 절망을 불러일으킬 때마다 오랫동안 쌓여온 희망을 투영하는 대상으로 자주

변질되곤 했다.

기원후 1세기 말경, 가뭄과 사회적 어려움에 대한 반응으로 열정적인 사람들이 대규모로 모여 노래하고 춤추며 마을과 들판을 지나 제국의 수도 성문 앞까지 행진했다. 그들은 위대한 어머니의 도래가 임박했으며, 자신들이 불멸을 가져다주는 부적을 소유하고 있다고 선포했다.[118] 왕망(274쪽 참조) 사후 여러 세대가 지난 뒤, 몇몇 지도자가 자신을 '위대한 치유자'라 칭하며, '황건적' 같은 혁명적·종교적 운동을 조직했다. (황건적이라는 명칭은 황천과 불멸의 비밀을 밝혀낸 황제에서 유래했다.) 이들은 심지어 자신을 새로운 통치자로 선언하기도 했다. 일부는 도교의 마술사나 무당과 관계를 맺었으며, 그들의 추종자는 스스로를 '천상 스승'의 보호 아래 있는 '선택받은 백성'으로 여겼다.[119]

이러한 반란 운동과 병행해 도교의 가르침과 실천은 일반 대중 사이에서 점차 영향력을 넓혀갔다. 이는 도교가 사람들에게 불사의 새로운 길을 제시하고, 자신의 행위를 통해 그 길을 앞당길 수 있다는 가능성을 열어주었기 때문이다. 도교 운동의 사회적 기반 가운데 하나는 병을 고치는 행위였으며, 여기서 '환자'는 자신이 저지른 나쁜 행위가 무엇인지 질문을 받았다. 황건적의 지도자가 근거로 삼은 도교 경전 《태평경》은 모든 사람의 생명이 '덕 있는 행위'를 통해 연장될 수 있다고 설파했다. 이는 분노한 영혼을 선행(善行)으로 달래고 과오에서 해방됨으로써 죽음의 시기를 늦출 수 있다는 널리 퍼진 믿음과도 맞아떨어졌다.[120] 많은 도가의 견해에 따르면, 덕 있는 삶은 이상적으로는 마을 공동체에서 발전할 수 있기 때문에 농민 계층도 수명의 연장에 참여할 수 있고, 오히려 그러한 삶에 더 적합한 존재로 여겨졌다!

그러나 수명 연장이 곧바로 불사를 의미하는 것은 아니었다. 대부분의 마을이나 농촌 지역 주민은 (가나안 사람들과 비슷하게) 죽은 뒤에는 저 승으로 간다고 생각했고, 전통적인 중국적 사고방식에 따라 그곳에서 도 하위 계층의 지위밖에 차지하지 못할 거라고 여겼다. 그러나 도교 주술사와 점점 더 광적인 숭배 대상으로 떠오른 서왕모는 천상계로의 승천 가능성을 암시했다. 마약이나 술법뿐만 아니라 도덕적 행위를 통 해 자율적으로 살아 있는 동안에도 이러한 희망에 가까워질 수 있다 는 확신은 아마도 기원후 수 세기에 걸쳐 점차 확립되었을 것이다. 그 리고 이러한 전개에는 외부의 영향이 작용했을 가능성도 적지 않다.

실제로 선행을 통해 불멸에 이르는 길을 앞당길 수 있다는 생각은 도가와 부처의 가르침을 연결해주었다. 이런 가르침은 기원전 1세기 말부터 파르티아 상인과 인도 승려들에 의해 상업 중심지 팽성(彭城)을 거쳐 낙양으로 전해졌으며, 주로 명상 경전에 집중되었다. 신적인 부 처의 현현은 전설적인 노자와 일치했다. 노자는 2세기에 천상의 어머 니 옆에 도상학적으로 배치되었고, 그 이전의 인물(피타고라스)이나 이 후의 인물(예수)처럼 신으로 선포되었다. 장도릉(張道陵)이라는 인물은 자신이 노자로부터 계시를 받았다고 주장했는데, 이러한 계시가 명상 과 치유의 경전 등에 반영되었다.[121] 불교도 또한 일부 도가 치유자처 럼 치료에 앞서 환자에게 과거의 나쁜 행실을 물었다. 도가에서 권장 하던 자선 행위, 즉 가난한 자와 고아를 도우라는 요청은 불교의 보시 사상과 잘 어우러졌다. 해탈은 노자가 설명한 무위, 즉 '의도하지 않 은 행위'와 동일시되었다. 비록 영혼의 계속적 환생 개념(윤회)은 중국 의 전통 사유에 어긋났지만, 죽은 뒤 영혼이 육체를 떠나 자기 몸 안 에서 '재탄생'할 수 있다는 도가적 개념과는 모호하게나마 결합할 수 있었다. 조상의 공덕은 '유산'처럼 전해져 살아 있는 후손들의 행위에

(최대 9대에 걸쳐) 영향을 줄 수 있었는데, 이는 과거 생(生)의 카르마가 누적된다고 보는 불교적 관점과 유사하다.[122] 불교에서는 육체가 단지 살아 있는 동안 선행을 통해 자신의 카르마를 개선하는 기능을 할 뿐이라고 보았기 때문에, 이제 값비싼 옥 같은 부장품으로 무덤 속 육신의 부패를 막을 여력이 없던 평범한 농민조차도, 도가적·불교적 명상 기법과 정화 의식을 통해 영혼의 승천을 실천하고 천상의 영역에 도달할 수 있었다.[123]

물론 한 가지 차이점을 조율하는 데는 시간이 걸릴 수밖에 없었다. 불교에서는 어떤 종파든 이 세상을 고통의 '부정적인' 세계로 보고, 거기서 벗어나는 것을 목표로 삼았다. 반면, 도가와 모든 중국 사상가는 이 세계를 우주의 일부로서 긍정적으로 평가했고, 삶을 회피하기보다 긍정하는 태도를 지녔으며, 부정적인 전개는 그 시작으로 되돌아가 바로잡을 수 있다고 보았다. 양측은 평화로운 성향을 공유했고, 구원의 약속을 사회적 지위와 무관하게 모든 이에게 전달했다는 점에서도 일치했다. 특히 기존에 소외된 이들이 이러한 메시지에 더 민감하게 반응할 것이라고 보았다. 바로 이런 점에서 불교와 도교의 결합은—양쪽 모두 유연하고 교조적이지 않으며 극단을 경계했기에—1000년 넘게 비어 있던 중국 사상의 공백을 메워주었다.

9 신들의 세계: 이집트와 근동

중국의 상황이 보여주듯 종교 전통을 새로운 방향으로 이끈 것은 정치적·사회적 때로는 경제적 위기였다. 이러한 위기는 수 세기 동안 쌓여온 경향들을 강화했고, 이는 성인이나 현자들에 의해 하나의 교리로 정리·집약되었다. 죽은 뒤 불멸에 이르고자 했던 상류층의 낙관주의는 도교의 영향을 받아 점차 더 넓은 대중 속으로 확산했다. 불교적 요소는 도덕적으로 선한 행위가 평범한 사람에게도, 심지어는 시신의 상태와 무관하게 천상의 세계로 이르는 길을 열어줄 수 있다는 확신을 굳히게 했다. 이 모든 것은 창조신에 대한 신앙이 아닌, 우주를 관통하는 힘을 활용해 죽음을 극복할 수 있다는 믿음에 기반을 두고 있었다. 어쩌면 바로 그런 까닭에 중국에서는 불멸에 대한 희망이 그토록 강하게 나타났던 것일지도 모른다.

태곳적부터 생물학적 삶의 종말을 극복하려는 열망을 이처럼 강하게 품어왔고, 다른 측면에서도 중국의 전개와 유사한 양상을 보인 문화는 단 하나뿐인데, 바로 이집트다. 고대에 이미 나일강 유역 문명은 사원과 죽은 자들을 위한 세심한 배려, 미라와 왕실의 무덤(피라미드) 등으로 유명했으며, 이러한 의도는 건축적으로도 표현되었다. 고대 세계의 어떤 종교도 이집트만큼 불멸의 가능성에 그처럼 단호하게 매달린 적은 없었다. 육체적 형상이 존속할 때만 모든 인간에게 생명의 에너지를 공급하는 "움직이는 영혼 또는 활동하는 영혼"도 계속 작용할 수 있으며, 그 반대의 경우도 마찬가지라는 믿음이 있었다.[124]

물론 이집트 종교도 중국 종교나 고대의 모든 종교 전통과 마찬가지로 수천 년에 걸쳐 변화해왔으며, 특히 신들과 파라오 간의 역할과 중요성은 시대에 따라 새롭게 조정되었다. 그러나 핵심적인 특징은 매우 이른 시기, 즉 기원전 3000년대에 이미 형성되어 그 본질을 계속 유지했다. 이러한 요소는 나일강 유역의 종교에 고유한 정체성을 부여했다. 기원전 2000년대 초에 외지(팔레스타인)에서도 주목받았던 에크나톤(Echnaton)의 아톤(Aton) 신앙은 비록 상당한 반작용과 변화를 불러일으켰지만, 전체적으로 보면 과거의 경향들에서 파생한 하나의 에피소드에 불과했으며, 그 지속 기간도 20년에 미치지 못했다.

이 모든 것은 언제나 그렇듯 이집트의 생태적·지리적·정치적 상황과도 깊은 관련이 있다. 지금까지 우리는 외부의 영향을 받아들이고, 적어도 일정 시기 동안 북방 스텝 지대와 밀접한 접촉을 유지하며 종교 분야를 포함해 다양한 자극을 받은 문화에 관해 이야기해왔다. 그러나 이집트는 그와 달랐다. 지리적으로 너무 멀리 떨어져 있고 생태적으로도 고립된 나일강 유역은 거의 2000년에 걸쳐 외부 세력의 침입을 받지 않았다―이는 근동 역사에서 유례없는 현상이다. 외세가 들어왔다 해도 오히려 그들이 이집트의 종교에 동화되었다. 나일강 유역의 종교는 이처럼 외부 영향에 대체로 강한 저항력을 보였으며, 이 민족인 힉소스(Hyksos)가 몇몇 신을 가져오긴 했지만, 그중 일부는 아스타르테(Astarte)처럼 시리아에서 '수입된' 것이었고, 아프리카 남부 지역의 많은 신이 동물 머리를 가진 형상으로 묘사되는 데 일정한 영향을 주었을 가능성이 있다.[125] 의미심장하게도, 이집트인은 초월적 존재와의 접촉을 위한 샤머니즘적·황홀경적 방식에 대해 알지 못했고, 그것을 필요로 하지도 않았다. (이러한 형태는 오히려 외국에서 '이국적인' 것으로 인식되었다.) 그들에게 신들은 이집트 전역에 늘 현존하며 끊임없이 활동하는 존재였고, 모든 신전은 "지상의 하늘"(얀 아스만)이며, 모든 도시는 어떤 신의 '성스러운 도시'였다. 반대로 이집트 종교는 상업 활동이나 군사 원정과 함께 일시적으로 시리아, 팔레스타인, 이란의 고원 지대까지 영향을 미치기도 했다. 그리스 용병이나 아시리아가 세운 사이스(Sais) 왕조의 봉신 왕들처럼 이집트 내에 거주하던 외국인 또한 이집트의 내세관을 수용하고 자신들의 신을 이집트 신들과 융합시키려 했다.

이 모든 것을 종합하면 거의 시간을 초월한 듯한 안정성이 느껴지는데, 이는 중국과의 일정한 유사점이기도 하다. 고대 종교사에서―다른 사례들과 마찬가지로―이러한 안정성은 이집트의 생태 환경과 정치 체제에 의해 형성된 것이었다. 세계 어느 곳에서도 이처럼 이른 시기에 하나의 군주 중심 통일 왕정을 수립해 수천 년에 걸쳐 정치·종교적 제도로서 거의 아무런 이의 없이 유지한 사례는 없었다. 상이집트와 하이집트를 거치며 이집트는 외부에 대해서는 폐쇄적이고 내부적으로는 나일강을 중심으로 조직되어 있었다. 근동 지역과의 지속적인 접촉은 하이집트의 나일강 삼각주 지역과 좀더 제한적으로는 남쪽 누비아로 향하는 관문을 통해서만 이루어졌다. 메소포타미아의 도시 국가 통치자들과 달리, 이집트에서는 권력의 집중과 제국 형성에 맞춰 왕이 정치적·경제적 권력뿐만 아니라 종교까지도 자신의 인격 안에 통합하는 데 성공했다. 파라오는 신, 더 정확하게는 태양신 아문-레의 (유일한) 아들로 여겨졌다. 이 지위에서 그는 최고신 및 다른 모든 신과 직접 교류할 수 있는 유일한 존재였으며, 제사장들은 그를 대신해 제의를 수행했다. 이러한 체제를 학자들은 종교사에서 유례없는 형태의 "신성한 절대군주제"라고 부른다.[126]

전능한 하늘의 신 아문-레의 아들로서 파라오는 이 세상에서 죽은 후 신들의 세계에 온전한 모습으로 들어갈 수 있도록 준비해야 했으며, 이 여정은 중국과 달리 미리 정해진 길을 따르는 것이었다. 파라오는 이를 위해 영약이나 하늘의 말, 머나먼 불사의 땅으로 가는 길을 찾을 필요가 없었다. 대신 규정된 제의 절차―특히 정교한 미라 제작—에 따라 시신을 처리하고, 별과 천상의 신들이 모인 공동체로 올라가는 출입로로 기능하는 무덤을 보유해야 했으며, 그를 별들의 세계로 인도하고 맞이해줄 여러 신의 협력을 확보해야 했다. 그러나 신적 존재인 파라오조차 현세의 행동에서는 일정한 규범에 따라야 했다. (바로 이런 점에서 이집트 종교는 군주제 중심의 광범위한 종교 영역에 속했다.) 이 규범은 마아트(Ma'at)라 불리는 여신의 이름으로 상징되었다. 마아트는 질서와 정의 그리고 진실을 뜻했다. 초기 이집트의 통일 국가 형성은 내부적으로는 폭력이 없고 외부로부터는 보호를 받아야 하는 광활한 질서 체제를 지향했다. 이는 메소포타미아의 도시 국가 형성과 달리 마아트를 하나의 우주적 질서이자 법적 질서로 받아들이는 사유를 촉진하거나 심지어 필연적으로 요구하기까지 했다. 이러한 질서 속에서 신적인 통치자 역시 명확히 규정된 역할을 해야 했다. 이런 점에서 마아트는 중국에서 하늘의 신인 천(天)이 황제에게 천명을 부여할 때 고려했던 윤리적 질서, 조로아스터교에서 페르시아 왕이 지상의 대변자로 삼았던 법적 질서인 아르타, 그리고 아소카 대왕이 담마 정책의 기초로 삼았던 원칙과 유사하다(206, 231~233쪽 참조). 이것은 정의와 진리라는 보편적 원칙이었으며, 사회적 약자에 대한 배려와 억압받는 이들에 대한 보호를 포함했다. '민중의 목자'로서 파라오는 이러한 진실과 정의의 질서(마아트)를 자신의 나라 전역에 확산해야 했으며, 이는 거짓과 불의[이스페트(isfet)]라는 반대 세력에 맞서는 것이기도 했다. 이 점은 자라투스트라의 가르침과 흥미로운 유사점을 보여준다. 진실과 정의의 원칙에 대한 이러한 책임 의식은 청동기 말기(기원전 1300년경)에 이르러 더욱 강조되었다. 마아트의 질서를 어긴 자는 파라오일지라도 죽은 뒤 지하 세계로 떨어질 위험에 처했으며, 그곳에서는 마아트와 악의 여신 이스페트의 얼굴을 모두 지닌 존재가 그를 기다릴 터였다. 반대로 평범한 이집트인도 마아트의 기준에 맞는 선한 행위와 도덕적 삶을 살고, 거기에 더해 정해진 장례 의식을 치르면 사후 생존의 기회를 얻을 수 있었다. 놀라운 점은 이와 같은 사후 세계에 대한 '민주화'가 이른 시기부터 이집트에서도 나타났다는 것이다. 이는 오시리스 숭배의 형태로 드러났지만, 그럼에도 이집트 종교는 여전히 우주적 신왕(神王)으로서 파라오의 독보적 지위에 압도되었다.[127]

파라오가 종교의 중심이자 국가의 번영을 보장하는 존재로서 지닌 위상이 얼마나 큰 매혹을 발휘했는지는 이집트가 페르시아의 침입으로 정치적 독립을 상실한 이후에도 여실히 드러났다. 새로운 지배자들(나중의 로마 황제들까지)조차 스스로 파라오 행세를 했으며, 제사장 집단으로부터 파라오로 인정받기를 원했고, 이집트 신들의 권위를 받아들였다. 실제로 페르시아 왕들은 이집트 비문에서 파라오 복장을 입거나 호로스(Horos) 매의 형상으로 묘사되었다. 조로아스터교의 신 아후라 마즈다는 아시리아를 거쳐 이란으로 전해진 날개 달린 태양 원반 상징을 하늘의 표징으로 받아들였다. 아후라 마즈다가 부여한—마아트와 유사한 정의의 질서인—아르타는 이러한 문화적 동화와 수용을 가능케 했다. 알렉산드로스 대왕 또한 시와의 사막 오아시스를 방문한 후 자신이 '(제우스-)아문'의 아들이라고 확신했으며, 인도양 연안에 도달했을 때 맨 먼저 하늘의 아버지에게 제사를 드리는 걸 주저하지 않았다. 이렇게 해서 이집트 종교는 세계의 끝자락까지 전파되었고, 정복자와 함께 승리를 거두었다.[128]

이집트 종교는 이와 마찬가지로 비옥한 초승달 지대와 팔레스타인 지역의 수많은 도시 국가, 그리고 크고 작은 왕국들에도 영향을 끼쳤다. 이들 지역에서는 다양한 종교 전통이 서로 마주쳤고, 권력 투쟁과 자연재해로 인해 촉발된 긴장 속에서 오늘날까지도 종교의 끓어오르는 용광로로 여겨진다. 이런 배경 아래 이 지역 문화의 우주론적·종교적 세계관이 혼돈과 질서의 대립이라는 틀로 형성되었다는 사실은 전혀 놀랍지 않다. 이러한 세계관은—이집트와 달리—애초부터 광역 제국 형성의 개념에 통합되어 있지 않았다는 점에서 차이가 있을 뿐이다. 태초에 질서(코스모스)는 일반적으로 강력한 전사 신(神)에 의해 대표되었으며, 그가 혼돈의 세력과 싸워 승리를 거두었다. 그러나 이 질서는 끊임없이 반란을 일으키는 혼돈의 세력으로부터 지켜져야 했다. 그들은 주로 사막과 초원에 나타나는 악마, 괴물, 야만인으로 재난과 고통을 퍼뜨리는 존재였다. 질서의 보존은 곧 신적인 창조 행위의 개념과 연결되었다. 세계는 인도-유럽과 이란 지역의 원시 신화에 따르면, 거대한 태초 존재의 신체 일부로부터 형성되었다. 그것이 최초의 희생 제물이었고, 그 희생 이후에 인간의 창조가 이어졌다. 이상적으로는 사회 전체가 우주적 위계질서에 따라 구성되어야 했다. 세계와 질서 사이에는 조화가 존재했고, 그 질서를 유지하는 방식은 인간과 동물의 희생을 통해 창조 행위를 의례적으로 반복하는 것이었다. 지상의 통치자는 가장 높은 신적 권위의 대표자이자 선택받은 존재로서 이러한 희생 제의의 집행자일 뿐만 아니라—만약 제국을 형성하는 데 성공한다면—그 제국을 신적 질서의 상징으로서 반란자들과 야만적인 외적에 맞서 지켜야 했다. 이러한 역할이 그를 신과 같은 왕으로 정당화해주었다. 예컨대 페르시아 왕은 해마다 새해가 시작될 때 영웅적인 용 퇴치자로서 자신을 연출하며 이러한 위상을 상징적으로 재확인했다.[129]

10 전사 신의 경력: 히브리 일신교에 이르는 길

히브리의 소국들도 이 세계의 일부였다. 우가리트의 전쟁 신 바알 (Baal)이 혼돈의 상징인 바다뱀 얌(Jam)을 물리쳤던 것처럼, 야훼도 용과 레비아탄의 머리를 부수었다(《시편》 74:10-14). 야훼는 곧 만유의 창조주로 자리매김했으며, 우주와 생명 그리고 인간을 창조한 전능한 신으로 숭배되었다. 이 과정에서 아마도 에크나톤(Echnaton)의 아톤(Aton) 신앙에서 일부 영감을 받은 점도 있었던 것으로 보인다(《시편》 104). 유다 및 이스라엘의 왕과 그 측근들도 자신의 통치를 정당화하기 위해 야훼의 지지를 얻고자 노력했다. 하지만 그들은 이집트인과 주변 지역 통치자만큼 신들의 권위를 확고히 하는 데 성공하지 못했다. 항상 제사장과 선지자들의 비판에 직면해야 했으며, 산악 목부와 그들의 부족은 유일신을 믿기가 매우 어려웠던 것으로 보인다.

다른 한편으로 이 세계가 새롭고 오래된 신들의 전통으로 끊임없이 풍부해지고 뒤섞여왔다는 사실 자체가 바로 그러한 다양성을 극복하려는 동기였을지도 모른다. 종종 그렇듯이 정치적 변화가 그 원동력을 제공했다. 기원전 1000년대에 대제국들의 등장과 함께 신들의 집합은 축소되었고, 특정한 '민족 신 또는 왕조 신'이 중심을 이루었다. 스스로 그런 신을 갖는 것은 히브리인에게 생존을 위한 필수 조건이었다. 땅 위에서 승리한 왕은 하늘에서도 승리한 왕이 필요했다.[130]

씨족과 하비루 연합의 지도자 중에서 뽑힌 히브리 왕이 야훼 같은 고독한 '전쟁과 천둥의 신'을 선택했다는 것은 놀라운 일이 아니며 (71~73 참조), 이주민들의 전사 신(神)이 아세라라는 배우자를 맞이했다는 사실도 마찬가지다. 이는 유목 생활과 정착 생활이 맞닿은 다른 지역들에서도 흔히 나타난 현상이었다. 야훼 역시 한동안 다른 신들과 공존할 수밖에 없었으며, 이는 정착 생활로 전환하는 과정에서 일반적으로 생기는 일이었다.[131] 기원전 6세기경 페르시아가 바빌론을 점령하고 약 4000명의 히브리인 포로를 본국으로 돌려보낼 때, 야훼는 전쟁과 지혜〔엘(El): 원래는 시리아 유목민의 최고 존재〕, 창조와 그 선물(지혜, 부, 수확, 다산) 그리고 짐승의 주인으로서 권능 등 신성한 영역을 흡수했다. 반면, 다른 신들에 대한 숭배는 (조로아스터교의 경우처럼) 우상 숭배로 낙인찍혀 금지되었다.[132]

'야훼 유일신 운동'의 이러한 발전은 예루살렘의 엘리트 제사장들에 의해 주도되었고, 페르시아가 후원한 신정 정치 체제하에서 옛 수도에 뿌리를 내렸다. 그러나 그들의 노력이 어디서나 성공했던 것은 아니다. 신에게 배우자를 허락하지 않는 것은 자연적 다산이 인간과 우주의 질서를 보장한다는 오래된 관념과 너무나도 상충했기 때문이다. 기원전 2세기경 이집트 엘레판티네(Elephantine)에 있던 유대인 용병들은 야훼 외에 두 여신을 함께 숭배했으며, 예루살렘의 엘리트 제사장들은 이에 대해 별다른 제재를 가하지 않았다. 또한 농촌 지역 주민들은 가나안 신앙을 고수했는데, 아마도 이것이 야훼 신앙이 왕에게는 (파라오나 페르시아 왕처럼) 하늘로의 (일시적?) 승천 가능성을 제공했으나 일반 대중에게는 그 기회가 허락되지 않았던 이유이기도 할 것이다. 적어도 가나안 조상 숭배와 죽음 숭배는 가족들에게 심리적 안식처를 제공해, 선지자들이 다시 한번 야훼의 진노를 경고할 때도 그들을 견고하게 지켜주었다.[133]

레반트와 가나안 지역의 신들도 그렇게 쉽게 무너지지 않았다. 천상의 천사나 조력자로 격하되었지만, 기원전 마지막 수 세기까지도 일부

신은 야훼 옆에서 준(準)신적인 지위를 유지했다. 그 가운데 한 신은 야훼와 함께 젊은 구원자 신으로 자리 잡았다. 오늘날 우리가 유일신교라 부르는 개념은 실제로는 하나의 이상에 가까웠으며, 교리라기보다는 실천에서 여러 허점과 모호한 부분이 존재했다. 야훼 종교는 다양한 장소와 형태로 존재했으며, 유대교도 여러 갈래의 형태가 공존했다. 세상은 악령이 활개 치는 곳이자 끊임없는 투쟁의 무대였으며, 사람들은 야훼와 그 하위 신들이 종말의 최후 전쟁에서 악을 물리치고 세상을 변화시킬 것이라고 믿었다.[134]

이러한 유사점과 그 밖의 여러 평행 구조는 오래전부터 자라투스트라의 종교적 영향을 암시해왔다. 바빌론 유배 시기가 배경인 〈다니엘서〉에 따르면, 하늘의 최고신 야훼는 과거 아후라 마즈다가 다리우스에게 그랬던 것처럼 지상의 통치를 특정한 왕과 권세자에게 위임한다. 그러나 언젠가는 '하늘의 신'의 왕권이 최종적으로 지상에 완전히 확산할 것이다. 이 과정은 조로아스터교 전통과 유사하게 바위에서 돌이 떨어져 나오는 장면으로 나타난다. 이는 하나의 작은 조각이 결국 온 세상을 덮을 왕국이 되리라는 걸 상징한다.[135] 아후라 마즈다 역시 악신 앙그라 마이뉴(아리만)와 싸워야 했고, 더불어 전사의 신 미트라의 (재)등장을 받아들여야 했다. 미트라는 본래 인드라와 함께 제거된 것으로 여겨졌던 신이다. 자라투스트라의 경우처럼, 히브리인의 기억 속에서도 야훼의 메시지를 전한 카리스마적 중개자 모세가 필요했다. 모세 또한 자라투스트라처럼 산 위에서 신의 계시('야훼의 신탁')를 받는다. 그러나 중요한 차이점이 하나 있다. 율법학자들의 관점에서, 모세는 고립된 구세주가 아니라 집단의 지도자, 곧 '이스라엘 민족'의 대표로 등장한다. 이스라엘은 야훼가 이집트의 노예 상태에서 해방시키고 조상들에게 약속한 땅으로 (다시) 인도한 백성이다. 그에 대한 대가로 이스라엘은 야훼의 계명을 따라야 하며, 야훼 외에 다른 신은 절대로 용납하지 않는다는 그의 절대적 요구를 받아들여야 했다.

이 '율법'은 아후라 마즈다가 '선한 자들'에게 요구했던 것과 유사한 규범을 포함한다. 이 율법을 성문화한 작업이 페르시아인의 후원 아래 이루어진 것으로 보인다는 점도 우연은 아니다. 이는 페르시아가 거의 같은 시기에 이집트에서도 마아트(412~413쪽 참조)의 이름 아래 종교적 법률을 체계화하려 했던 움직임과 상통한다.[136] 이 율법은 잃어버린 것을 되찾기 위한 능동적 투쟁도 포함했다. 이는 야훼가 '그 땅의 소유자'로서 약속한 것으로, 야훼의 주권은 그제야 비로소 집단적 사건과 결합되었다. 이것이 바로 이스라엘 '민족'의 해방이라는 사건이며, 이는 개별 부족 집단의 활동에 영광스러운 틀을 제공했다. 이 사건은 히타이트나 아시리아(기원전 7세기)의 종속국 조약 양식을 따른 형태, 즉 '언약(동맹)'으로 정리되었다. 야훼에 대한 배타적 숭배는 아시리아의 봉신이 주군에게 바치는 충성에 상응한다. 야훼는 조건을 제시했고, 이스라엘은 이에 동의함으로써 '거룩한' 민족이 되었다. 시나이산 체험과 출애굽 사건은 이스라엘 민족의 건국 신화일 뿐만 아니라, 그들의 신 야훼의 건국 신화로도 작용했다. 이 신화는 두 가지 속성을 동시에 지닌다. 하나는 보편적 신화로, 야훼는 **온** 세계를 창조했고 **제한 없이** 그것을 주관한다. 다른 하나는 특수한 배타적 신화로, 야훼는 이스라엘을 선택받은 민족으로 삼았으며, 이스라엘을 다른 민족들과 '구별되는' 존재로 자리매김했다(〈민수기〉 23:9). 그러나 자라투스트라의 경우와 달리, 이 신화 체계에서 개인의 선택권은 거의 존재하지 않는다. 이스라엘 민족은 개인을 전체의 일부로 포함해 집단적 의무와 순

종을 강요했다.[137]

물론 야훼의 배타적 주권 주장과 이스라엘 백성의 동의는 하늘에서 뚝 떨어진 것이 아니었다. 그것은 특정한 역사적 맥락 속에 깊이 뿌리박혀 있었으며, 그 맥락에 대한 응답이기도 했다. 고대 근동에서는 왕권 아래에서도 집단적 결정 구조가 꾸준히 중요한 역할을 해왔다(109쪽 참조). 특히 히브리인 같은 촌락 중심 사회에서는 이러한 구조가 끈질기게 유지되었다. 기원전 7세기 무렵, 종교적 언약 사상과 그에 대한 협력 개념이 널리 퍼졌고, 그 직후 히브리 사회는 큰 충격을 맞이했다. 아시리아의 침략과 바빌론 포로 생활이라는 두 사건이 연달아 일어나면서 히브리 왕정이 사실상 붕괴한 것이다.

외적인 무력함에 대한 반응으로 히브리인 사이에서는 특별하고 신비로운 힘에 대한 갈망이 커졌다. 이러한 힘은 한편으로는 주변의 종교적 세계관과 확연히 구분되는 동시에, 다른 한편으로는 제국의 세계적 신이라는 개념에서 영감을 받은 것이었다. 히브리는 더 이상 존경받는 강대국이 아니었고, 기원전 586년 성전 파괴와 함께 오래된 왕권 이데올로기도 포기해야만 했다. 이에 따라 **지상** 왕국과 **천상** 왕국의 병행성도 해체되었고, 지상에서의 세계 통치권에 대한 요구(〈시편〉 72:8-11)도 사라졌다. 그 대신 왕국의 자리를 차지한 것은 바로 성전을 중심으로 한 제의 공동체였다. 바빌론 포로 생활로부터의 귀환을 이집트 노예 상태에서의 탈출 신화와 결합하고 이를 **배타적** 언약의 시작으로 해석함으로써 새로운 출발과 함께 '해방적인' 정체성의 핵심이 탄생했다. 이제 사람들은 자신을 '유대인'으로 자각하게 되었다.[138] 포로 생활로부터의 귀환과 노예 상태에서의 탈출은 모든 패배에도 불구하고 야훼의 보호를 받을 수 있다는 희망을 불러일으켰다.

이러한 발전은 유대인이 스스로 선택한 특별한 지위를 정당화하는 것이었고, 이는 이미 고대에도 경외심과 동시에 불신과 이해 부족을 촉발했다. 유대인은 이후로 오직 하나의 보편적인 신만을 숭배했으며, 예루살렘이라는 성전 도시에서만 그에게 제사를 지냈다. 이렇게 함으로써 그들은 여러 민족과 신들로 넘실거리는 거센 바닷속에서 침몰하지 않기를 바랐다. 이와 관련해 예루살렘에서 활동하던 제사장들은 (페르시아의 승인 아래) 야훼를 숭배하는 자들이 토라의 계명에 따라 사회적으로도 주변 환경과 구별되도록 만들었다. 이들은 비유대인과 식사하거나 비신자와 결혼하는 것을 금지하고, 안식일을 상업적 활동을 중단하는 특별한 날로 삼는 등의 방식으로 자신들의 특별한 지위를 강조했는데, 고대 농경 사회에서는 매우 이례적인 일이었다. (이는 에즈라의 종교 율법에 따른 것이었다.) 가나안은 이스라엘인이 침입하기 전에는 부정한 땅으로 여겨졌다. 브라만이 아직 정복하지 못한 모든 땅을 부정하게 여기고, 비(非)베다계 외부인('피부가 어두운 자들')과 수드라를 배제하며 '거룩한' 젖소의 고급 우유를 그들이 누리지 못하게 한 것과 유사하다(58, 69~70쪽 참조). 마찬가지로 히브리 율법서인 〈신명기〉(모세의 다섯 번째 책)는 한때 다윗이 정복했던 암몬과 모압 부족 출신 외국인은—혈연적으로 가까운 에돔인들과 달리—유대인 공동체에 더는 받아들여서는 안 된다고 규정했다. 또한 (가나안계) 마술사와 점쟁이들도 배척당했다.[139] 그에 반해, 성전 제사와 강화된 토라의 정결 계명은 이스라엘의 선민의식을 더욱 굳건하게 만들어줬다. 성전과 접촉하거나 제사를 지내거나 성전에 들어가는 모든 사람과 사물은 반드시 정결해야 했는데, 이는 야훼가 성전에 임재하며 제사 의식이 시나이산에서 그의 현현을 재현하는 것이기 때문이었다. 성전은 단순히 '거룩한' 장소일 뿐만 아니라 '정결한' 장소로 여겨졌다. 정결함은 곧 신과의 친밀함, 그리고 무엇보다도 거룩함을 의미했다.[140]

일부 정결 계명은 조로아스터교와 유사한 점을 보인다. 여성의 생리와 남성의 정액 분비는 사람을 불결하게 만들고, 생리 중인 여성과의 성관계 역시 불결함을 초래했다. 그러나 〈신명기〉(그리고 더욱 정교하게는 〈레위기〉 11장)에서 제시한 식사 규정은 일상적이고 의례적인 관습의 일반적 범주를 넘어선 것이었다.[141] 바빌론 유배 시기 또는 그 이후에 히브리 제사장들은 물속, 땅 위, 공중에 사는 온갖 불결한 동물의 목록을 만들어냈는데, 이는 일상적인 식용 범위와 거리가 멀었다.[142] 일부 금지 음식은 지역적 풍습에 기반을 두고 있었다. 예를 들어, 팔레스타인 산악 지역과 바빌론과 이집트, 즉 유배지 국가들을 제외한 광범위한 근동 지역에서는 돼지 사육이 어려웠던 반면, 중부 유럽과 초원 주변 지역은 돼지 사육에 적합한 환경을 제공했다. 후자의 지역에서 돼지는 부와 풍요의 상징이었지만, 전자의 지역에서는 돼지고기 섭취를 금하는 데 큰 어려움이 없었다. 더불어 돼지는 이집트 노예 생활과도 연관이 있었다. 이곳에서는 돼지를 지하 세계의 신들에게 제물로 바쳤는데, 이는 야훼 숭배와 양립할 수 없었다. 바빌론 유배 시기가 이집트의 노예 생활과 유사했기에, 정체성 형성을 위해 이러한 금지를 활성화하는 것은 자연스러웠다. 파충류, 곤충 그리고 일부 새는 썩은 고기, 벌레, 부패한 물질과 접촉하는 습성이 있어 식용이나 제물로 부적합했다. 파충류는 종종 여성의 세계나 이방 도시에서의 공존과 동일시되기도 했다. 그래서 파충류와 거리를 두는 것은 자신의 '거룩함'을 강조하는 것이었고, 과거의 잘못을 속죄하려는 의지를 나타내는 것이기도 했다. 특히 안식일 준수 같은 다른 규정들과 결합한 이런 모든 것은 예루살렘에서 야훼 운동의 정체성을 강화했으며, 이는 외국에 대해서도 뚜렷한 구별을 의미했다. 이러한 정체성은 페르시아로부터는 존중을 받았으나 헬레니즘 왕들 아래에서는 위협을 받았다.[143]

11 "너희 가난한 자는 복이 있나니, 하나님의 나라가 너희 것이다": 위기의 시대에 예수와 그의 메시지

페르시아의 지배가 끝난 기원전 330년 이후 유다는 예루살렘 중심의 성전 국가가 되었으며, 헬레니즘 왕의 총독이자 정치적 최고 지도자인 대제사장이 통치했다. 대제사장 곁에는 지역 상류층 출신으로 구성된 70명의 장로회(산헤드린)가 있었고, 이들은 결정을 내릴 때 토라를 기준으로 삼았다. 새로운 마케도니아 왕들의 통치는 특별한 도전 과제였다. 나라가 헬레니즘의 세금 및 경제 체계에 휘말리고 셀레우코스와 프톨레마이오스 간의 전쟁이 점점 심화하면서, 유다 엘리트 내부의 권력 투쟁도 심화했다. 프톨레마이오스 통치하에서는 토비아스(Tobias) 가문이 세금 징수의 최고 대리인으로 부상해 왕에게 더 많은 수입을 가져다주었지만, 일반 대중은 더 큰 탄압에 시달렸다. 예루살렘의 성전 귀족 일부는 셀레우코스 시대에 헬레니즘 문화를 수용하며 도시를 폴리스로 바꾸려 했고, 이는 제사장과 성전 봉사자들의 반발을 불러일으켰다.

하스몬(Hasmon) 가문이 대제사장직에 대한 왕조적 권리를 확보하고, 500년이 넘는 외세 지배에서 나라를 해방시켜 (마카베오 왕국이라는) 토착 왕조를 세웠음에도 불구하고 평화는 돌아오지 않았다. 결국 로마가 개입할 수밖에 없었다. 폼페이우스가 하스몬 왕국을 없애는 것 외에는 다른 방법을 찾지 못하자, 아우구스투스는 파르티아의 영향력을 우려해 이두메아인(Idumaea) 헤롯을 원로원에서 '유다의 왕'으로 임명했다. 헤롯은 기원전 37년부터 예루살렘의 로마 봉신으로서 강력한 통치를 했으며, 특히 내부 비판자와 경쟁자에게 엄격했다. 대제사장은 정치적 권한을 상실한 종교 관리로 전락했고, 성전 시설은 화려한 헬레니즘 양식으로 웅장하게 확장되었다. 예루살렘에는 새로운 주거지, 극장, 유흥 시설과 현대적인 항구들이 속속 들어섰다.

그러나 이 모든 것도 폼페이우스가 성전 내부에 쳐들어가 그 거룩함을 더럽혔다는 사실을 잊게 만들 수는 없었다. 그때부터 예루살렘 성전의 권위는 손상되었다. 헤롯이 그 어느 때보다 화려하게 성전을 확장했음에도 불구하고 말이다. 로마의 은총으로 통치자가 된 그는 스스로 토라를 충실히 따르는 자라고 내세웠지만, 그의 왕권은 유다의 법에 의해 정당화되지 못했다. 예루살렘의 새로운 거주지는 음모와 폭력 사태로 악명이 높았으며, 이는 중국 후한의 궁정과도 닮은 점이 있었다. 마우리아 왕조처럼 헤롯 역시 자신만의 첩보 조직을 운영했던 것으로 알려져 있다. 특히 도시 건설에서 드러난, 헬레니즘 문화에 대한 그의 경도는 더욱 심각한 문제였다. 여기에 가담한 자들은 많은 망명 유대인이 주장했던 야훼의 요구, 즉 그 자신과 같이 "거룩해야 한다"《레위기》 19:2를 충족시키지 못하는 것으로 여겨졌다.

'현대적인' 도시 생활과 유대인의 신앙 충성 사이에서 벌어진 이 '문화 투쟁'에 더해 경제적 변화도 나타났는데, 이는 주로 도시와 부유층에게 혜택을 주었을 뿐 광범위한 농촌 인구에는 거의 이익이 되지 않았다. 도시는 대규모 건설 사업의 혜택을 누렸고, 헤롯 치하에서 도시 경제와 상업적 네트워크가 번성했다. 그러나 다수를 차지하는 소농과 목축업자들은 그 혜택을 거의 느끼지 못했고, 유라시아 역사를 통틀어 자주 그랬듯이 재정적 부담에 신음했다. 헤롯이 자연재해 같은 위기 때 세금을 감면하고 자신의 사유 재산으로 이집트에서 곡물 수입을 주선하기도 했지만, 이들의 어려움은 여전했다.[144] 궁정 운영과 건축 활동 그리고 왕실 용병대는 막대한 비용을 초래했는데, 통치자의 사유 재산에서 그 일부만 충당했다. 전통적으로 부과하는 성전 세금 외에 로마의 지방 세금과 관세(세관, 수수료, 공물)도 추가되었다. 이로 인해 농민이 부담하는 총 세금은 수확량의 최소 30퍼센트에 달했다! 소수의 대지주와 부유한 도시민은 이를 감당할 수 있었고, 유다의 상류층은 그 상황에 어쩔 수 없이 적응했다. 그에 반해 많은 농민은 땅을 포기하고 일용직 노동자로 생계를 이어가거나 더 이상 토라의 엄격한 규율과 의무를 따르려 하지 않는 거지 또는 '사회적 도적' 같은 삶을 선택했다. 특히 농촌과 피폐한 하층민 사이에서는 다윗 왕조를 다시 세우고 외세 지배를 종식시킬 구원자('메시아' = '기름 부음을 받은 자')에 대한 희망이 커졌다.

헤롯 왕은 통치 말년부터 유대인 백성과의 관계가 눈에 띄게 악화했다. 그의 사후에 아들들이 통치권을 나누어 가졌는데, 그중 장남은 요르단강 동쪽 대부분 지역을 차지했다. 갈릴리〔와 페레아(Peräa)〕의 통치자 헤롯 안티파스는 아버지의 도시 건설 정책을 이어갔다. 반면, 유다 지역을 다스린 헤롯 아르켈라오스의 정치는 전반적으로 실패했으며, 결국 로마는—전해지기로 예루살렘 상류층의 공식적인 탄원에 따라—10년 후 유다를 시리아 총독이 통치하는 속주로 전환했다.

하지만 이로써 문제가 해결된 것은 아니었다. 다시금 종교적 광신

자들이 메시아적 반란 운동을 일으켰고, 이는 로마 점령군에 의해 가혹하게 진압되었다. 이러한 분위기는 여러 가지 면에서 도가 성인들의 지지를 받으며 종교적 구원 희망에 이끌렸던 후한 시대의 대중 운동과 유사했다(406쪽 참조).[145] 많은 사람이 사회적·정치적 위기를 수 세기 동안 이어져온 악순환의 정점으로 인식했으며, 그 원인을 야훼가 자신의 백성에게 요구한 토라의 계명과 거룩한 명령에서 죄악된 방식으로 이탈한 데서 찾았다. 바리새파는 이에 따라 백성이 성전 구역과 제사에 더 쉽게 접근할 수 있도록 하고, 정결 계명을 온 백성에게 확대 적용함으로써 일상생활을 '거룩하게' 만들고자 했다. 더 넓은 계층의 사람들이 문자 교육을 받게 하고 성전 제사를 회당과 토라 규율을 통해 보완하려 한 것이다. 이에 반해 로마와 협력하던 사두개파는 예루살렘의 제사장 엘리트만이 거룩함의 대표자로서 독점적 권한을 가진다고 주장했다. 또 다른 일부 집단은 임박한 메시아적 구원의 시대(묵시록적 시대)를 기대하며 토라에 대한 순종을 실현하고, 사회의 불결함에서 벗어나 성전 제사와 무관하게 스스로를 진정한 하나님의 거룩한 백성으로 여겼다. 이들 중 가장 잘 알려진 집단은 쿰란 문서 발견으로 유명해진 에세네파다.[146]

이러한 '거룩한 공동체들'과는 별개로 인도나 중국에서 그리고 모든 위기 상황에서 그러했듯 임박한 종말과 인간 역사의 끝을 확신하며 활동한 카리스마적 인물, 즉 예언자가 있었다. 이들은 사회로부터 스스로를 고립시키지 않고 공개적으로 활동했다. 그중 가장 잘 알려진 인물은 '광야에서 온 자'로 낙타 털옷을 입은 요한, 즉 세례자 요한이었다. 그는 어쩌면 (자라투스트라와 마찬가지로) 제사장 가문 출신이었을지도 모른다. 그 역시 신의 심판이 임박했다고 선포했다. 그리고 모

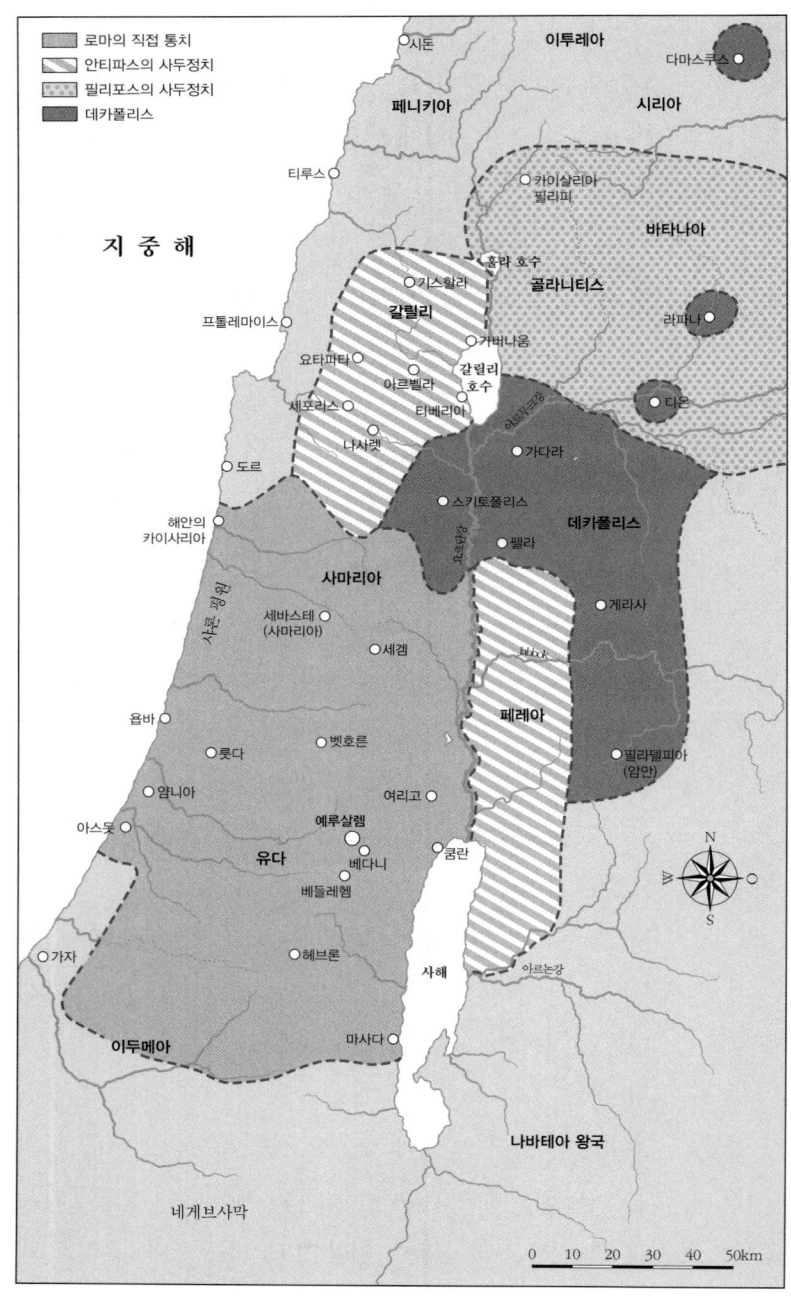

시돈

이투레아

다마스쿠스

페니키아

시리아

티루스

카이사리아
필리피

바타나이

지 중 해

기스할라

훌라 호수

골라니티스

갈릴리

프톨레마이스

가버나움

라파나

요타파타

아르벨라

갈릴리
호수

세포리스

티베리아

디온

나사렛

가다라

도르

스키토폴리스

데카폴리스

해안의
카이사리아

펠라

사마리아

게라사

세바스테
(사마리아)

세겜

페레아

욥바

룻다

벳호른

얌니아

여리고

아스돗

예루살렘

베다니

필라델피아
(암만)

유다

쿰란

베들레헴

헤브론

사해

가자

이두메아

마사다

아르논강

나바테아 왕국

네게브사막

0 10 20 30 40 50km

예수 시대의 팔레스타인

든 사람에게 회개를 요구하며, 요르단강에서 단 한 번(!) 받는 세례 형식의 정결 의식을 통해 죄의 용서를 약속했다. 이런 점에서 그는 쿰란 공동체와 유사했다.[147]

요한은 백성들 사이에서 인기가 높고 통치자의 헬레니즘적 생활 방식을 비판했다. 이는 곧 정치적 문제가 되었고, 헤롯 안티파스(재위: 기원전 20~기원후 39)는 그를 체포해 처형했다. 요한의 추종자는 많았을 것이다. 그중에는 갈릴리 남부의 작은 마을 나사렛 출신의 예수도 있었다. 요한은 그에게 깊은 인상을 남겼음에 틀림없다. 예수도 세례를 받고 그 집단에 합류해 한동안 스승의 조수로 활동했을 것이다. 그러나 고타마가 브라만 은둔자들에 대해 회의적이었던 것과 마찬가지로,[148] 예수는 그들의 금욕적인 생활 방식과 신의 진노가 이스라엘 민족 전체에 임할 것이라는 생각이 마음에 들지 않았다. 그런 까닭에 예수는 요한의 무리와 결별했고, 수많은 카리스마적 인물(예를 들어 고타마 붓다)이 그랬던 것처럼 기원후 29년경 가족을 완전히 떠나기로 결심했다. 건축 노동자로서 지역 내 이동에 익숙했던 그는 갈릴리 호수(갈릴리 북부) 북서쪽 마을들을 중심으로 소수의 추종자('제자')와 함께 자신의 메시지를 전파하기 시작했다. 이들 가운데는 요한을 추종하는 제자도 있었던 것으로 보인다.[149]

안타깝게도 예수나 그 제자들은 단 한 줄의 기록도 남기지 않았기 때문에, 그의 활동에 대한 우리의 지식은 대부분 훗날의 전승과 전설에 의해 형성되었다. 이러한 전승이 예수의 실제 생애와 관련해 얼마나 역사적 가치를 지니는지는 논쟁의 대상이며, 많은 사람이 이를 회의적으로 바라본다. 그러나 이는 '세속적' 인물들에 관한 많은 전승에도 마찬가지로 적용되는 문제로, 그리스도 관련 문헌 역시 (자라투스트라의 '가타'나 불교의 《자타카》와 마찬가지로) 그에 상응하는 역사·비판적 해석의 대상이 되는 것은 근본적으로 아무런 문제가 없다. 아울러 저자들의 신학적·서사적 의도를 고려해야 하는 것은 물론이다.

그럼에도 이러한 전승 속에서 역사적 맥락에 부합하는 요소 및 동기를 추려낼 수 있다. 예컨대 가족에게서 벗어나 소수의 추종자와 함께하는 괴짜 같은 삶의 방식만 보더라도 그렇다. 예수는 하늘에서 뚝 떨어진 존재도 아니고, 베들레헴의 구유에서 태어난 것도 아니다. 이는 예수를 다윗 왕조의 계보에 포함시키려는 그리스도교의 전설에 불과하다. 그의 실제 고향 나사렛은 400명도 채 되지 않는 산골 마을이지만, 외부 세계와 동떨어진 곳은 아니었다. 거기에서 불과 6킬로미터 떨어진 곳에는 헤롯 안티파스가 로마식으로 재건한 통치 중심지 세포리스(Sepphoris)가 있었다. 세포리스는 당시 그 지역의 최대 도시 중 하나로, 해안과 다마스쿠스·알렉산드리아까지 이어지는 도로망에 통합되어 있었다. 나사렛에서는 할 일이 많지 않았기 때문에, 예수가 성장 중인 이 도시에서 한때 건축 노동자로 일했을 가능성은 충분하다.[150] 비록 갈릴리의 농촌 주민들이 주변의 이교도-헬레니즘 도시와 그 지배자들의 궁정 및 생활 방식하고는 거리를 두었지만, 경제적으로는 건설 사업뿐만 아니라 (적어도 간접적으로는) 교역망을 통해 혜택을 얻을 수 있었다. 더 나아가 시리아에서 팔레스타인에 이르는 이 광대한 지역은 전통적으로 밀접하게 연결된 교류와 이동의 중심지였다.[151] 그런 까닭에 예수에게 군이 헬레니즘 교육이나 특정한 사상적 모범(키니코스학파, 불교도)을 억지로 덧씌울 필요는 없지만, 그렇다고 그가 당대의 가깝거나 먼 영향들로부터 완전히 고립되어 있었다고 보기는 어렵다. 예수 역시 마을과 소도시에서 발생하는 문제, 그리고 유대인의 전통을 따르는 농촌 인구와 경제적으로 성장하는 헬레니즘 도시 사이의 긴장감을 인식하고 있었다. 그렇지 않았다면 요한을 따라 광야로 나아가지 않았을 것이다—광야는 전통적으로 '타락한 도시'의 정반대 공간으로 여겨졌기 때문이다.

그러나 요한에게는 사람들이 와야 했던 반면, 예수는 사람들에게 다가갔다. 그것도 특별한 방식으로 말이다. 자라투스트라를 비롯한 다른 이들과 마찬가지로, 예수는 고행과 단식을 통해 특별한 장소에서 환상을 경험했다. 첫 번째는 요한에게 세례를 받을 때였고, 두 번째는 '사탄의 몰락'에 관한 환상이었다. 아마도 예수는 이 두 번째 경험으로 인해 요한의 무리에서 떠나기로 결심했을 것이다.[152] 세 번째 환상은 사막 같은 황야에서 40일간의 단식 중에 일어났다. (이런 환상은 그 이후에도 규칙적으로 나타났다.) 가장 극적인 환상은 죽기 직전 산 위에서 가장 가까운 제자들 앞에서 일어났다. 그때 예수는 눈부신 빛으로 변화해 모세 및 엘리야와 대화했다. 이는 영적 정화의 행위였다. 천상의 '소마', 즉 생명의 신성한 음료를 마시면 눈부신 빛의 세계가 펼쳐진다는 이야기는 《리그베다》에도 실려 있다.

예수는 이렇게 고대의 카리스마적 인물 및 '거룩한' 인물 유형에 합류했다. 그는 예언자 엘리야, 붓다, 자라투스트라, 엠페도클레스처럼 물질적 실재('영혼')와 복음서에서 말하는 '열린 천국' 사이의 간극을 특정한 의식 변화(ASC)를 통해 찾아내는 능력을 갖고 있었다. 그는 이 차원에서 힘과 지식을 끌어내 세상과 영적 세계 사이의 중재자 역할을 수행했다.[153] 아마도 예수도 예를 들어 베드로 같은 제자들에게 엑스터시 기술을 직접 가르쳤을 것이다.[154] 수련 과정에는 영적 체험과 고행이 포함되었다. 모세와 엘리야도 예수처럼 더 긴 기도를 위해, 즉 신과의 집중적 교감을 위해 고독 속으로 몰입했다. 엘리야와 여호수아는 하늘의 환상을 경험했다. 이러한 체험과 수행은 유대교를 비롯한 모든 고대 종교에서 일관되게 나타난다. 예수가 40일 낮과 밤을 금식한 것도 예언자와 샤먼들 사이에서 영혼이 초월적 세계의 문을 여는 일반적 관행이었다. 엘리야는 천사들로부터 양식을 받아 먹으며, 40일 낮과 밤 동안 광야를 걸어 호렙산(시나이산?)에 이르렀다. 이는 야훼의 인도하에 이스라엘 민족이 광야에서 보낸 40년과 일치할 뿐 아니라, 다른 문화권에서도 영혼이 죽은 육체에 머무르는 시간으로 인정하는 기간이다(363쪽 참조). 또한 이집트 전문가들이 요셉의 명령에 따라 야곱의 시신을 방부 처리하는 데도 40일이 걸렸다.[155]

영혼이 초자연적 차원으로 넘어서는 데는 위험이 따르며, 존재론적 도전과 맞물려 있었다. 그 과정에서 선한 **영과** 악한 영(악령)을 만나기 때문이다. 전승에 따르면, 고타마 붓다와 자라투스트라도 예수처럼 세 차례에 걸쳐 악한 세력의 유혹을 이겨내야 했으며, 이를 통해 비로소 신과의 친밀함을 깨닫고 자신의 소명을 확신할 수 있었다. 이러한 유혹을 견뎌냄으로써 신의 메시지를 전하는 자들의 권위는 더욱 강화되었다.[156]

그러한 경험을 통해 스스로를 반복적으로 증명할 수 있었던 사람들은 생사에 영향을 미치고 질병을 치유하는 능력을 보유한 것으로 여겨졌다. 일반 대중뿐 아니라 엘리트 계층에서도 질병은 악한 세력과 부정한 영(악령)이 몸에 '깃들인' 것이었다. 유대교는 악마와 그들의 활동을 죄와 불결함의 징조로 이해하기도 했다. 따라서 자신의 경험과 수행을 통해 영적 세계에 대해 알고 그 세계를 관통할 수 있는 능력을 지닌 '거룩한' 이들이 다른 사람의 몸에서 악령을 쫓아낼 수 있다고 믿는 것은 자연스러운 일이었다.

우리는 이러한 과정을 '퇴마(엑소시즘)'라고 부르지만, 이는 할리우드 영화에서처럼 연기, 천둥소리, 무시무시한 괴물 같은 극적인 장면과는 거리가 멀다. 오히려 이는(전적으로 그런 것은 아니지만) 주로 심리적·신체적 질병('빙의/간질' 등)을 치료하는 방법이었다. 치료자는 신들의 도움을 구하며, 그들의 힘으로 자신을 '가득 채우는' 과정을 거친다. (예수가 하늘을 바라보며 한숨을 쉬는 것도 이 때문이다.) 그런 다음 '주문' 같은 말로 악령을 속박하고 병든 사람에게 힘을 주었다. 이러한 방법은 오랜 전통을 갖고 있었다. 사울 왕의 궁정과 그 주변에도 이미 퇴마사가 있었다. 다윗은 음악의 힘으로 왕을 치유했다고, 즉 악령으로부터 해방시켰다고 전해진다. 피타고라스학파의 음악 치료도 이와 유사한 목적을 추구했다(385쪽 참조). 퇴마는 위대한 예언자들이 신과 특별히 친숙함을 나타내는 증표였다. 예수 시대에는 바리새인조차도 이 기술을 인정했으며, 쿰란의 거룩한 사람들 역시 악령을 몰아냈을 가능성이 크다. 엘리야가 (겉보기에) 죽은 자를 '소생'시켰다는 이야기 역시 그러하다. 도가의 현자라면 이런 이야기를 듣고 그냥 웃어넘겼을 것이다. 죽은 자를 살리고 악령을 퇴치하는 것은 팔레스타인뿐만 아니라 전 세계적으로 초자연적 재능을 지닌 '성인(聖人)'의 이미지에 속하는 것이었다.[157]

자연 현상과 관련된 예수의 기적도 이와 유사한 양상을 띤다. 예를 들어 빵을 기적적으로 늘린 일, 가나안의 혼인 잔치에서 물을 포도주로 바꾼 일, 갈릴리 호수에서 폭풍을 잠재운 일, 물 위를 걷는 능력 등이 있다. 물론 그리스도교 전승은 이러한 이야기를 이용해 예수를 비범하고 신적인 존재('신의 아들')로 보이게 했다. 특히 물 위를 걷는 능력은 고대에 신적인 힘과 특별한 깨달음의 증거로 여겨졌으며, 붓다의 경우도 유사한 이야기가 전해진다.[158] 이러한 이야기는 반드시 사람들에게 익숙한 관념과 기대에 기반해야 했으며, 바로 그런 까닭에 시대적 경험으로부터 과도하게 벗어나서는 안 되었다. 자칫 설득력을 잃을 수도 있기 때문이다.

물론 개별 현상에 대해 '자연적인' 설명을 찾는 것도 가능하다. 그러나 여기서 결정적인 것은 이 모든 이야기가 농촌적인 환경에 잘 어울린다는 점이다. 예수가 도시를 피한 것도 결코 우연이 아니다. 당시 시골 사람들은 자연이 숨겨진 힘들에 의해 지배받는다고 믿었다. 바다는 악마적 존재이며, 악령이 바람과 폭풍을 조종한다고 여겼다. 하지만 이러한 힘들 앞에서 자신이 완전히 무력하거나 보호받지 못한다고 생각하지는 않았다. 신적 능력을 지닌 특별한 인물들이 신적인 차원으로 통하는 길을 열 수 있듯이, 그들은 악령이나 천사가 조종하는 자연의 힘들에도 영향을 미칠 수 있다고 믿었다.[159] 이러한 현상은 중국 도인들의 기적이나 곡창 지대인 시칠리아에서 엠페도클레스가 행했던 일화(383, 404쪽 참조), 그리고 붓다에 대한 전승과도 명백한 유사점을 보인다. 이런 환경 속에서는 '비를 부르는 자'나 '폭풍을 잠재우는 자' 같은 존재들이 언제나 존재해왔고—특히 농촌 지역에서—지금도 여전히 그러하다. 유대교 전통에서도 마찬가지다(예를 들어 '원(圓)을 그리는 자' 호니(Honi)의 강우(降雨) 기적). 이러한 성인들은 자연재해나 흉작·기근 상황에서 빵과 포도주를 늘리는 기적을 통해 일시적이나마 민중의 고통을 덜어주고, 도시민이나 대지주와 달리 정치적 지원을 받지 못하는 가난한 계층의 갈망과 희망을 충족해주었다.[160]

예수는 유대교 전통 안에서 이러한 기대에 부응하는 인물이었다. 엘리야에 대해서도 음식 기적과 자연 기적에 대한 전승이 전해진다. 그리스도교 전통은 이러한 전승을 뛰어넘으려 했다(예를 들어, 물 위를 걸음으로써). 동시에 당시의 사회적·종교적 맥락에서 완전히 벗어날 수는 없었고, 또한 그래서도 안 되었다. 오히려 그 전통과 연결되어야 했다. 이 모든 점을 고려하면, 예수는 전통적인 가능성이라는 틀 안에서 자연에 영향을 미치고 신과의 특별한 관계에서 힘을 끌어낼 수 있는 카리스마 넘치는 치유자이자 황홀경에 빠진 존재로 인식되었을 가능성이 크다. 아마도 그는 이러한 능력을 바탕으로 생계를 유지하고, 제자들과 함께 생활을 꾸려나갔을 것이다.[161] 그럼에도 그는 선행자들과 달랐다. 우선 눈에 띄는 점은 예수의 (기적적인) 치유 대부분이 일상적인 사고나 상처—예를 들어, 뼈가 부러지거나 야생 동물에게 물린 상처—같은 것이 아니라, 마을 공동체와 '의사들'조차 더는 손쓸 수 없다고 여겨 오랫동안 방치해온 질병에 집중되어 있었다는 것이다. 이러한 병은 환자에게 극심한 사회적 결과를 가져왔다. 유대교 관점에서 병은 언제나 죄에 따른 부정함과 연결되었으며, 마을 공동체는 구성원이 규범에 맞지 않는 행동을 할 때 가차 없이 대응했다. 팔레스타인의 마을 공동체는 바리새파의 영향 아래 자신들을—부정하고 거룩하지 않은—도시들로부터 구별된 '거룩함의 길' 위에 있다고 여겼기 때문에, 그 길을 위협하는 모든 걸 제거해야 한다고 믿었다. '불치의 병'에 걸린 자들(따라서 부정한 자들)이 그 대상이었고, 이들은 공동체를 떠나 격리되어야만 했다.

예수는 바로 여기서 시작했다.[162] 어느 날 갈릴리 호수 맞은편 기슭에 도착한 예수와 그의 제자들은 망상, 인격 분열, 자해 증상을 보이는 한 남자를 마주했다. 그는 쇠사슬과 족쇄에 묶인 채(요컨대 일종의 구속복을 입은 채) 게라사(Gerasa)의 주거지 바깥, 부정한 장소인 무덤들 사이에 격리되어 있었다. 여기서 예수가 '악령을 쫓아냈다는 것'은 곧 사회에서 철저히 배제된 정신질환자에게 다가갔다는 걸 의미한다. 오늘날의 의사라면 누구든 그러한 접근이 치유의 첫걸음이라는 사실을 인정할 것이다. 그 뒤에 부정한 동물인 돼지 떼에게 들어간 악령들의 '군단'은 언덕에서 호수로 뛰어들어 죽는다. 이 장면은 로마 점령군의 억압을 풍자한 것일 수도 있다. 하지만 또 다른 해석도 가능하다. 예수의 행위로 권위를 위협받았다고 느낀 현지 공동체가 그가 일으킨 경제적 피해—즉, 자신들이 소유한 가축의 손실—를 비난하기 위해 만들어낸 이야기일 수도 있다.[163]

유다의 한 마을에서 혈루증을 앓던 여인의 이야기는 약간 다르게 전개된다. 이 여성은 12년 동안 지속적인 출혈(월경과다증)로 고통받고 있었다. 마을 주민들의 관점에서는 사실상 영구적인 부정한 존재였다. 의료적 도움도 실패했기 때문에 악령 들린 남자의 경우처럼 가혹하게 고립된 생활을 해야 했다. 하지만 남자와 다른 점은 마을에서 거주하는 게 허용되었고, 단지 '부정한 죄인'으로서 어떤 접촉도 해서는 안 되었다. (남편이나 가족에 대한 언급은 없다.) 이 이야기에서 예수는 또다시 이러한 사회적 경계를 허문다. 하지만 이번에는 여성이 주도적으로 움직인다. 여자가 군중을 헤치고 몰래 예수의 옷자락을 만진 것이다. 거룩한 사람의 힘이 신체나 옷을 통해서도 나타날 수 있다고 믿었기 때문이다. 하지만 유대인 농촌 공동체에서는 부정한 여성이 이런 식으로 접촉을 시도하는 행위 자체가 커다란 사건이었다. 그럼에도 예수는 이러한 관습을 무시한다. 당시 율법에 따라 최소한 손을 씻는 등의 정결

례를 해야 했지만, 오히려 여자의 용기와 '믿음' 그리고 자발적인 행동을 칭찬하며 앞으로 건강하고 평안하게 살라고 선언한다. 여자를 질병에서뿐만 아니라 사회적 낙인으로부터 해방하고 공동체 속으로 통합한 것이다.

여자와 같은 마을에 살던, 회당장 야이로의 열두 살 된 딸에게 벌어진 일도 비슷하다. 랍비들의 관점에서, 열두 살 소녀는 혼인이 가능한 나이였다. 사춘기 소녀들이 신체적·정신적 변화에 심리적·방어적 행동을 취하는 것은 주변의 기대에 부응하기 위한 방편이기도 한데, 이는 오늘날 우리에게도 친숙한 일이다. 특히 회당장의 딸은 엄격한 감시와 사회적 통제 아래 있었으며, 그만큼 엄청난 기대에 따른 압박을 받았을 것이다. 이런 상황에서 소녀가 움츠러들어 일종의 최면 상태처럼 경직된 두려움을 표출하는 것은 이해할 만하다. 이를 이해하지 못한 부모와 마을 사람들은 소녀의 상태를 '죽음에 이르는 경직'으로 해석했다. 예수는 이런 상황을 분명히 알고 있었을 것이다. 그 자신도 여러 누이가 있는 대가족 출신이고, 혼인 적령기의 남성으로서 사람들의 기대에서 벗어난 삶을 살고 있었기 때문이다. 예수는 이런 경우를 대비해 훈련받은 제자 셋을 데리고 그 부모와 더불어 소녀의 방에 들어갔다. 그러곤 소녀의 손을 잡았다. (이런 행위 자체가 파격적이었다.) 예수는 소녀에게 일어나라고 명령했다. 즉, 부모가 여러 번 강조했을 '혼인 적령기 딸로서 의무'를 다하라고 훈계하는 대신(이미 신랑도 정해져 있었을 것이다), 전통적인 모든 관습에 반해 소녀에게 절망하지 말고 자신이 옳다고 생각하는 삶을 살아가라고 말한 것이다.

물론 다른 사례에서와 마찬가지로 여기서도 이야기를 축약해 예수의 신학적 상징성, 신앙, 신적 권능에 초점을 맞추고 있다는 점을 고려해야 한다. 그러나 이와 별개로 나사렛 출신 예수의 활동을 다른 이들과 구별 짓는 특징이 남아 있다. 예수는 각 개인에게 다가갈 때, 그들이 속한 집단의 규범과 상관없이 접근했다. 가족 관계나 기대조차도 걸림돌이 되지 않았는데, 이런 점에서 도교나 불교 스승들과 비슷하다. 치유를 위해 예수는 (손을 얹는 것 외에는) 마법 같은 기술이나 부적, 기적의 약초, (고대에 인정받는 치료법이던 자신의 침 외에는) 마법의 영약 또는 금욕도 필요하지 않았다. 오로지 말, 접촉, 공감하는 태도 그리고 복음서의 표현처럼 예수를 믿기로 마음먹은 환자의 동의만으로 이루어졌다.

말이 마법적 힘을 지니고 악령을 결박할 수 있다는 것은 고대의 공통된 믿음이었다. 또한 예수가 자신이 쫓아낸 악령들의 이름을 알고 있었다는 것은—'현대적 해석'에 따르면—그가 의사처럼 병증을 진단하고 병명을 특정할 수 있었다는 걸 뜻한다. (그리스와 중국의 치료사도 비슷한 방식으로 행동했다.)[164] 복음서 기자(記者)들과 당시 목격자들이 악령이라고 부른 것은 대개 가부장적 농촌 공동체에 깊게 뿌리내린 두려움이었으며, 규범을 어기는 사람들에게 가혹하게 작용했다. 예수는 규범을 세심하게 다듬는 사람이자 공감하는 치유자로 행동했는데, 이 점에서도 비슷한 목표를 추구한 불교도와 유사성이 있다. 공공 보건 시스템이 없고 환자를 가족이 돌보던 시대에는 이런 치유자가 절실히 필요했다. 팔레스타인에서는 경제적·사회적 위기와 외세 지배의 경험이 정신적·신체적 질병에 대한 취약성을 더욱 심화시켰을 가능성이 있다. 게라사에서 귀신 들린 자를 '군단(Legion)'이라고 부른 점이 이를 시사한다. 그러나 더 중요한 것은 예수 이야기를 통해 우리가 농촌 사람들의 목소리, 즉 그들이 스스로 부과한 사회적 제약과 외부적으로 더욱 강화된 고통의 목소리를 들을 수 있다는 점이다. 예수 자신도 아마 어린 시절 그 같은 어려움을 겪었을 것이다.

고대 종교사에서, 치유 행위 뒤에는 거의 항상 종교적 메시지가 자리 잡고 있다. 요한과 자라투스트라를 비롯한 많은 이들처럼 예수도 임박한 종말을 확신했다. 그러나 그가 제시한 것은 좀더 화해적이었으며, 특히 외적인 의식에 집중하지 않았다는 점에서 불교나 도교와 비슷했다. 이들 종교는 사회적 장벽과 의례 윤리에 크게 신경 쓰지 않았다. 예수는 특히 유대인 사회에서 '부정한 존재'로 격하된 이들에게 주목했다. 당시 새로 생겨난 '거룩한 공동체'들이 거리를 두었던 부류, 즉 가난하고 실패한 자들, 사회적으로 경멸받는 자들, 세금 징수인과 매춘부, 심지어 간통한 여성들까지, 다시 말해 종교적·사회적 엘리트들이 부정한 죄인으로 여겨 마치 인도의 수드라처럼 공동체 가장자리로 내몰았던 이들에게 다가갔다. 이들은 교육받지 못했고 경제 위기의 직격탄을 맞았으며, 신적인 화해에 대한 희망도 거의 없었다.

예수는 ─ 이전의 선지자들을 따라[165] ─ 이러한 장벽을 깨고 고통받는 자들과 낙인찍힌 자들에게 다가갔다. 심지어 그들 및 여성들과 함께 음식을 나누는 자리도 마련했다. 한편으로 이는 사회적 도발이었고, 다른 한편으로는 모든 금욕적이고 종교적으로 기능화된 이상(理想)에 대한 거부를 의미했다. 많은 제자가 결혼했으며 계속해서 그 결혼 생활을 유지했다. 예수에게 '정결'은 외적인 거리 두기가 아니라 내면의 자질, 즉 '마음의 정결함'이었고, 그를 따르는 **누구나** 이를 추구하고 성취할 수 있었다. 그래서 병든 자들은 '**믿음**'만으로도 치유받을 수 있었다. (예수가 선포했을 것으로 보이는) 신으로부터의 사랑은 성별 간 차별을 두지 않았고 죄인도 배제하지 않았다. 반면, 바리새인과 사두개인은 자신들을 '정결한 사람'이자, 세상에서 성공한 사람으로서 다른 이들과 구분 짓고 그들보다 우월하다고 생각했다.

만약 야훼가 가장 큰 죄를 지은 죄인, 즉 자신의 소명을 잃고 개인적 잘못으로 사회에서 소외된 자를 '잃어버린 아들'처럼 사랑으로 받아들이고 예수가 가장 낮은 자들에게 다가갔다면, 이는 아마도 이러한 연민이 그런 도움을 받은 사람들에게 영향을 미쳐 비슷한 행동을 하도록 촉구할 거라고 생각했기 때문일 것이다. 그래서 믿음, 아니 신뢰를 강조했고, 그로부터 삶의 변화가 나타나 오래된 윤리적 계명이 다시 활성화되었다. 신에 대한 사랑과 이웃 사랑은 본래 유대교의 가치관이었으며 상호 의존적인 규율이었다. 예수는 이를 이스라엘 민족뿐 아니라 각각의 개인에게도 적용했다.[166]

따라서 거룩한 사람들이 다가오는 종말을 선포할 때 흔히 그렇듯 예수 또한 자신의 종말론적·묵시적 메시지에 하나님과 직접적으로 연결된 윤리적 호소를 담아 전달했을 것이다. 그는 이것을 '하나님의 통치' 또는 '하나님 나라'의 시작으로 표현했다. 여기서 말하는 하나님의 나라는 정치적·사회적·군사적 혁명이나 로마 지배에 대한 반란, 다윗 왕조의 재건을 의미하지 않았다. 많은 이들이 기대했던 게 아니었다. 하나님의 나라는 초월적 측면과 세속적·윤리적 측면이 상호 작용하는 것이었다.[167] 이는 아후라 마즈다가 악에 맞서 싸우는 최후의 전투가 임박했다는 조로아스터교의 개념과 비슷하지만, 이 땅에서 각 개인이 윤리적 결단을 통해 회개해야 한다는 뜻이었다.

예수는—특히 첫 번째 환상과 광야에서의 소명 체험 이후—신의 최후 심판과 연관된 구원의 시대가 이미 시작되어 이 세상에 영향을 미치고 있다고 확신했다. 그 결정적 경험은 '사탄의 몰락'에 관한 환상이었을 텐데, 이는 아마도 유성을 관찰하면서 촉발되었을 가능성이 있다.[168] 그 환상은 신이 이미 하늘에서 자신의 권능을 성공적으로 행사했고, 이제 그 왕국이 이 땅 위에도 확장될 것이라는 신호였다. 어쩌면 갈릴리가 유다 지방에 비해 (아직) 대체로 폭력적인 소요에서 크게 벗어나 있지 않았다는 사실이 예수가 이런 확신을 갖게 된 요인이었을 것이다.[169] 이제는 지상에서 시작된 일을 계속해야 할 때였다. 그래서 신께서 사람들에게 회개와 시험 시간을, 즉 '구원의 공간'을 허락했다고 예수는 믿었다. 세례자 요한조차도 이를 인정하지 않았다. 그러나 누구든지 자기 삶을 근본적으로 변화시킴으로써 그 기회를 활용할 수 있었다. 예수가 광야에서 사탄의 유혹을 이겨낸 것처럼 말이다. 이러한 변화는 **개인의** 고통과 삶이라는 상황을 고려하지 못했던 의례적 규범과 규정을 완화하는 것이었고, 의례법에 가려졌던 윤리적 규범을 **되살리는** 것이기도 했다. 예수는 토라(율법)를 부정하지 않았지만, 유랑 생활을 통해 접한 농촌 환경의 영향 덕분에 윤리적 계명에 더 집중했다. 그리고 이런 계명을 종말의 도래에 대한 기대와 이미 시작된 하나님의 통치를 믿는 신앙 속에서, 다시금 신과 인간 사이의 관계에 전적으로 맞추어 재해석했다. 가장 오래된 복음서에 따르면, 한 서기관은 예수의 뜻을 다음과 같이 요약했다. "마음을 다해 하나님을 사랑하고, 이웃을 자기 자신처럼 사랑하는 것이 모든 번제물과 희생 제물보다 더 중요하다." 이에 예수는 이렇게 대답했다. "너는 하나님의 나라에서 멀지 않다."[170]

신 앞에서 윤리적 쇄신('하나님을 기쁘게 하는 삶')을 통해 신의 나라에 다가갈 수 있다는 전망이 죽음 이후의 삶에 대한 진술과도 관련이 있을까? 윤리와 불멸의 관계는 존재했을까? 아마도 그랬을 것이다. 만약 그렇지 않았다면, (이미) 현세에서 작용하고 가까운 미래를 지향하는 신의 나라에 대한 기대를 하나로 묶어주는 결정적인 고리가 빠졌을 테니 말이다. 게다가 예수가 활동한 시대는 내세와 사후 존재에 대한 많은 유대인의 관념이 헬레니즘이나 조로아스터교의 영향 아래에서 변화하던 시기이기도 하다. 여전히 과거의 몇몇 예언자에게만 생전에 하늘로 '들어 올림 받는 것(승천)'이 허용되었고, 그리스 사상에서도 오직 선택받은 영웅들만이 엘리시온으로 들어갔으며, 중국에서도 오직 저명한 '불멸자'들만이 천상으로 사라졌다는 생각이 지배적이었다. 하지만 이제는 적어도 죽은 자들 가운데 '의로운 자들'만큼은 '땅의 티끌에서 깨어나 다시 살아날 것'이며, 신 가까이에서 영원한 생명을 누리게 되리라는 믿음이 점점 널리 퍼지고 있었다. 이는 〈다니엘서〉의 한 구절에 표현되어 있듯 바리새파뿐만 아니라 대다수 유대인이 받아들인 믿음이었다. '공중 부활', 즉 휴거는 믿는 자들의 운명을 결정짓는 신적인 최후 심판은 물론, 그 심판의 자리에 앉아 중재자 역할을 하는 신비로운 선택받은 자(사람의 아들)의 부활과도 관련이 있었다.[171]

예수의 메시지에서 확실하고 중요한 한 가지는 사회적으로 멸시받고, 법적으로 보호받지 못하며, 신체적으로 불안정한 사람들(어린이 포함), 장애인 그리고 소외된 사람들은 다른 사회와 마찬가지로 (아직까지) 이 천국의 문을 열 기회를 전혀 얻지 못했거나 아주 적게만 얻고 있었다는 점이다. 이들은 음침한 스올(sheol), 즉 죽음의 장소이자 하나님과 거리가 먼 곳으로 내려가는 걸 피할 가능성이 거의 없었다. 단지 그들을 불순한 죄인으로 여기고, 그 상황을 바꿀 방법이 없었기 때문이다. 바리새인이 '이스라엘 백성의 거룩함'을 더 많은 계층으로 확대하기 위해 많은 노력을 기울였지만, 모세의 율법과 정결 계명을 철저히 준수하고 새로운 자아상〔바리새라는 이름은 '분리된 자'를 뜻하는 '파루심(Paruschim)'에서 유래했다〕을 가지면서도 하층 계급과 그 가정에는 아무런 영향을 미치지 못했다. 피타고라스학파와 오르페우스학파의 가르침(386쪽 참조)이 그러했듯이 말이다.[172]

예수는 바로 이러한 계층을 향해 말했다. 예수는 그들에게 사회적 지위나 형식적인 '정결 의식'이 하나님 나라에 가까워지는 데 본질적 영향을 미치지 않는다는 확신을 주었다. 값비싼 제물이나 의례적 순종이 아니라, 오직 하나님 나라에 대한 '믿음'만이 그들을 죄로부터 해방하고 하나님 나라에 가까이 이르게 한다고 말했다. 반대로 부유하고 권력 있는 자들의 교만은 그것을 어렵게 만든다고 주장했다. 이로써 복음서의 유명한 격언에 압축되어 있듯 통념적인 사회 규범을 뒤집었다. "그러나 많은 이들이 나중 된 자로서 먼저 될 것이고, 먼저 된 자로서 나중 될 것이다."[173]

이런 방식으로 예수는 다른 지역들에서 이미 시작된 낙원의 개방('민주화') 경향(404, 413쪽 참조)을 따르되, 이를 훨씬 더 급진적으로 실천했다. 바로 그 버림받은 자들, 사회적으로 멸시받는 자들, 그리고 인생에서 그다지 성공하지 못한 자들이 그의 메시지를 믿음으로써 내세에서 높은 지위를 얻을 가장 큰 기회를 가진다는 주장이 고대의 정의 개념과 정면으로 충돌했다. 당시의 정의 개념은 세속적인 성공, 부, 높은 사회적 지위 그리고 안정된 가정을 신의 승인에 따른 결과로 보았다. 반면, 곤궁과 실패는 종교적 잘못의 결과로 해석했다. 그러나 예수는 한 걸음 더 나아갔다. 그는 천상의 위계질서 개념을 유지하긴 했지만, 그것을 세속적 위계질서와 반대되면서도 보완적인 방식으로 전복시켰다. "너희 가난한 자는 복이 있나니, 하나님의 나라가 너희 것이다"[174] 이는 때때로 가난한 사람들에 대한 그리스도교적 해석을 반영한 것으로 이해되기도 하지만, 그렇다면 왜 초기 그리스도교는 그들의 메시지 수신 대상을 가난한 이들로 한정했을까? (초기 그리스도교 설교에는 '빈곤에 대한 이상'이 존재하지 않았는데 말이다.)

결정적인 것은 모든 사람에게 주어지는 구원 제안과 이 세상에까지 미치는 신의 사랑이 기대했던 신의 심판을 대체하지는 않았다는 점이다. 그러나 예수 추종자들은 그러한 심판을 더욱 희망차고 기쁘게 맞이할 수 있었다. (이것이 예수가 잔치를 열었던 이유다.) 그들의 스승이 행한 엑소시즘적 치유는 이 세상에 임재한 신의 통치를 상징했으며, 예수는 바리새인과 에세네파처럼 죄와 그에 대한 정화를 장부에 기록된 것인 양 관리하는 대신, 믿음과 회개에 기대었다.[175]

이 모든 크고 작은 수정─예수의 제자들이 음식을 먹기 전에 손을 씻지 않았다는 비난, '부정한 죄인'들과의 식사, 그리고 특히 모세 율법을 엄격히 지키고 자신을 진정한 '성자'라고 여기는 이들보다 죄인이 천국에 더 가까이 간다는 주장, 더 나아가 예수와 그 전임자 요한이 거둔 성공에 대한 질투(많은 사람이 예수를 세례자 요한의 화신으로 여겼다!)─은 역사를 통틀어 흔히 그랬듯 자신들의 사회적·종교적 우위가 위협받고 부당하게 대우받는다고 느낀 엘리트의 반발을 불러일으켰다. 이는 불교와 자이나교의 혁신에 대해 브라만들이 반응했던 태도와도 유사하다(391~392쪽 참조).

유월절 축제를 위해 예루살렘으로 순례를 떠난 예수가 성전 제의의 과도한 행위, 즉 제사 동물을 팔아 이익을 취하는 행위를 비난하자 그들의 불만은 극에 달했다. 이로써 예수는 이미 세례자 요한의 세례 행위에 내재해 있고, 성전을 부정하게 여겼던 쿰란 사람들도 공유했던 성전 비판을 적극적 행동으로 옮긴 것이다. 일부 제사장은 예수가 율법보다 하나님의 통치에 관한 자신의 말을 더 우선시한다고 의심했다. 세례자 요한의 후계자였던 (그처럼 영향력 있는) 치유자가 기존의 사회적·종교적 위계를 전혀 존중하지 않자, 그 지역의 치안을 책임지고 있던 로마 총독 폰티우스 필라투스도 무관심할 수 없었다. 유월절 축제 기간 중 성전 숭배를 무시한 것이 결국 상황을 폭발 직전까지 몰고 갔다. 예수는 며칠 뒤 반역죄로 체포되어 십자가형을 선고받았다.

12 무력함에 대한 보상: 그리스도교의 산통과 바울 신학

오늘날까지도 예수가 자신과 제자들을 자기의 죽음에 어느 정도까지 준비시켰는지는 분명하지 않다. 세례자 요한과 다른 선지자들의 운명을 염두에 두고 자신의 체포를 받아들였을 가능성을 배제할 수는 없다. 어쩌면 예수는 '최후의 만찬'을 식사 공동체의 절정으로 설정했는지도 모른다. 이는 최후의 심판 전에 사람들을 죄악에서 해방하고 성전의 정화 의식과 제사 의식을 불필요하게 만들─포도주와 빵으로 상징되는─'피'와 '몸'의 희생 제물로 자신을 예고한 것이다. 그의 제자들은 혹시 예수가 살아 있는 동안 하늘로 올라가는 사건(승천)을 기대했을지도 모르며, 이러한 믿음은 기원전 2세기와 기원전 1세기의 유대 문헌과 쿰란 같은 공동체들에서 몇몇 예언자(에녹, 엘리야, 레위, 에즈라, 바룩)와 후기 《아베스타》의 이야기에서도 나타난다. 그리고 어쩌면 예수 자신도 그러한 고통의 종식을 가져올 승천을 희망했을지도 모른다. 그러나 결국 피할 수 없는 죽음을 눈앞에 두었고—〈마가복음〉이 〈시편〉 22편 2절을 인용해 전하듯—그는 "나의 하나님, 나의 하나님, 어찌하여 나를 버리셨나이까?"라고 외쳤다. (주변에 있던 사람들은 의미심장하게도 그가 엘리야를 부른 것이라고 생각했다.)[176]

하지만 예수가 마지막 숨을 거두기까지 절대로 하지 않은 일이 하나 있다면, 그것은 자신이 신이며 야훼의 아들로서 그와 동등하고 동일한 본성을 지녔다고 주장하는 것이었다. 그런 주장은 유대인 세계에서 일대 사건이자 충격이었을 것이며, 예수 자신에게도 도저히 상상할 수 없는 일이었을 것이다. 그는 모든 도발적인 항의에도 불구하고 언제나 자신을 신실한 유대인으로 여겼고, 유대교 전통 속에서 자신의 위치를 찾았다. 제자들은 그를 '랍비'라고 불렀으며, 복음서들의 증언에 따르면 예수 자신은 간접적으로만 자신을 야훼가 보낸 자(예언자)라고 표현했을 뿐이다. 그 대신 하나님을 '아버지(Abba)'라 부르고, 자신을 그분의 아들이라고 칭함으로써 하나님과의 친밀한 관계를 드러냈다. 그러나 이러한 표현은 유대인 세계에서도, 그리스-헬레니즘 문화권에서도 그리 특별하거나 충격적인 것은 아니었다.[177]

헬레니즘 세계와 그리스도교 이전 시대의 유대교 신비주의는 여러 '신의 아들'을 인정했지만—예수 시대에 야훼와 더불어 두 번째 신이라는 개념이 다소 거론되었음에도—이들은 여전히 최고신에게 종속된 존재로 남아 있었다(416~417쪽 참조). 그러나 결정적인 것은 이러한 신으로 승격된 모든 존재가 역사적으로 정확히 특정할 수 있는 시기에 인간으로서, 그것도 범죄자로서 가장 치욕스럽고 잔혹한 사형 방식인 십자가형을 당해 죽지는 않았다는 점이다. 이집트의 관념에 따르면, 죽은 자의 육신은 오시리스의 사례를 따라 내세에서 영혼과 결합해 새로운 생명을 얻는다. 태양신이자 창조신은 파라오를 자신의 아들로서 이 땅에 세웠으며, 파라오는 인간이자 신으로서 하늘로 올라간다. 이는 훗날 로마 황제들에게도 적용된 개념과 유사하다. 카이사르의 양자 아우구스투스는 자신을 디비 필리우스(Divi filius), 즉 '신의 아들'이라고 내세우며 등장했다. 특히 근동 세계는 '죽는' 신에 대해 알고 있었지만, 그것은 언제나 신화적인 과거 속에서 이루어졌으며, 대개 나이 많은 여성 신과 젊은 남성 신이라는 두 신의 조합으로 나타났다. 과거와 현재를 막론하고 조국, 민족, 나라를 위한 영웅적인 희생적 죽음은 익숙한 개념이었다. 유대교 전통에서도 포로기 이후에는 살해당한 예언자들에 관한 이야기가 전해졌고, 그중 일부에게는 야훼의 뜻을 수행하는 '하나님의 종'이라는 다의적인 칭호가 붙기도 했다. 그러나 어떤 예언자도, 어떤 통치자도, 어떤 영웅도, 어떤 메시아도, 심지어 어떤 신도 나사렛 예수처럼 그렇게 비참하게, 고통스럽게, 외롭게(제자들은 도망쳤다), 사람들한테 조롱당하고 모든 하늘의 권세로부터 버림받은 채 죽지는 않았다. 그토록 극심한 비참 속에서 죽은 이는 나사렛 예수가 유일하다.[178]

제자들의 충격은 자신의 스승이 그러한 운명을 피하지 못하고―병자들을 고쳤던 것처럼―마지막 순간에 자기 자신을 구하지도 않았으며, 또한 제자들에게도 하늘의 문을 열어주지 않았다는 사실에서 비롯되었다. 바로 이러한 체험과 오직 신만이 죽은 자들 가운데서 다시 살아날 수 있다는, 당시 널리 퍼져 있던 인식이 결합해 예수 자신은 결코 말한 적이 없는 절박한 해석으로 이어졌다. 즉, 십자가에 못 박힌 이가 바로 신 자신이었으며, 그가 아버지의 뜻에 따라 자발적으로, 그러나 순종 속에서 자신을 인간들에게 내어주었다는 해석이 그것이다. 그렇게 함으로써 '메시아'로서 세상을 구원하고자 했다는 얘기다. 이러한 해석은 전통적인 종교 개념이 특정 방향으로 급진화하는 두 번째 사례를 보여준다. 그 첫 번째는 바빌론 유수라는, 철저한 무력감을 안겨준 경험이 '야훼 유일신 운동'으로 이어진 것이다. 십자가에 못박힌 예수가 철저한 무력감 속에서 죽은 경험은 '예수-하나님 동일성 운동', 즉 십자가에 매달린 자의 신격화로 이어졌다.

두 경우 모두에서 압도적인 무력감은 전통적인 신 개념을 '능가'하는 방식으로 보상되었다〔게르하르트 타이센(Gerhard Theißen)〕. 이는 단지 충격을 극복하고 절망에 빠진 이들에게 새로운 전망을 제시하기 위한 것만이 아니라, 그 '운동' 자체를 구하기 위한 것이기도 했다. 왜냐하면 일반적인 상황이라면 예수의 죽음은 그 메시지의 종말을 의미했을 것이기 때문이다. 추종자들은 잠시 반짝였다가 지도자의 죽음과 함께 역사의 어둠 속으로 사라진 수천 개의 종교 운동과 같은 운명을 맞았을 것이다. 그러나 예수 추종자들의 경우는 달랐다. 그들은 기적적인 전개로 가득한 하나의 이야기를 만들어냈으며, 이는 위대한 영웅이나 통치자의 승천, 죽은 자 또는 사라졌던 인물이 다양한 장소에 다시 나타나는 (아리스테아스나 피타고라스 같은) 잘 알려진 모티브와 연결되어 있었다. 또한 예수 시대에 유대인 사이에서 퍼지고 있던 죽은 자의 부활 가능성에 대한 믿음이 이러한 이야기에 힘을 더했다. 또한 우리는 이 이야기와 함께 실제로 체험한 환시적 경험(대처 환각)이 있었을 가능성도 배제할 수 없다. 이는 스승에게서 오랫동안 배운 영적 훈련과 골고다에서 겪은 극한의 정신적 상황 속에서 제자들에게 충분히 일어날 수 있는 일이었다.[179]

예수의 시신을 수습한 다음 날, 그의 가장 가까운 추종자 가운데 몇몇 여성이 무덤이 비어 있다는 소식을 전했다. 며칠 뒤에는 믿기 어려운 일이 벌어졌다. 부활한 예수가 제자들에게 나타난 것이다. 그는 단순한 영혼이 아니라, 함께 길을 걷고 빵을 떼는 '온전한 인간'으로 등장했고, 몸에는 만질 수 있는 상처 자국도 있었다. 40일이 지난 뒤―이는 죽은 자의 영혼이 육신에 머무는 기간이자, 예수가 과거 광야로 물러났던 기간과 동일하다―사람들은 다시 감람산에 모였다. 그곳은 예수가 붙잡혔던 장소였다. 〈사도행전〉의 전승에 따르면, 부활한 예수는 그곳에서 제자들에게 성령이 그들 위에 임할 것이라고 약속했다. 이 '성령'은 그들을 치유하고 앞으로의 사명을 감당할 수 있도록 준비시키는 영적 능력이었다. 그 직후 예수는 하늘로 들려 올라갔고, 구름에 감싸였다. 천사들은 그가 하늘로 올라갔으며, 지금 올라간 것처럼 다시 돌아올 것이라고 말했다―바로 이 말이 그리스도교 신앙의 미래를 형성했다.[180]

이 메시지와 함께 예수 운동의 종말은 새로운 시작으로 여겨졌다. 사람들은 부활 체험을 이야기했으며, 이는 이후 수 세기 동안 형성된 교회 공동체에서 가장 중요한 축일로 자리 잡았다. 고통받는 패배자가 승리자로 거듭난 것이다. 그리고 비로소 패배가 점차 시대를 넘어서는 죽음에 대한 승리로 변모하면서, 예수의 형상 안에―유배 시기 이후 발전했으며 아마도 자라투스트라 사상의 영향을 받았을―천상에 있는 "사람의 아들"[181]이 인간을 심판할 것이라는 사상(417쪽 참조)과 지상에 나타난 '메시아', 곧 기름 부음 받은 자(그리스어: Christos, 라틴어: Christus), 그리고 성전 제사의 대속 제물로서 인류의 죄를 씻기 위해 죽음을 감내한 예수의 신성 개념이 합쳐졌다.

이것은 대담하고 혁명적인 일이었다. 강력한 성전과 제사장 집단의 피비린내 나는 희생 제사에 대한 비판은 조로아스터교도·자이나

교도·불교도 사이에서도 있었고, 피타고라스주의자와 오르페우스 신앙을 따르는 자들도 폴리스(도시 국가)의 동물 희생 제사가 신적 영혼에 해를 끼친다고 보았다. 그러나 인간이 신과 그가 대표하는 질서를 제물로써 달래고 영향을 미칠 수 있다는 고대의 원리를—예수의 죽음 이후 부활에 대한 해석을 통해—이처럼 철저하게 뒤집은 사례는 어디에도 없었다. 이제 더는 인간이 신을 위해 제물을 바치는 것이 아니라, 신이 인간을 위해 자기 아들을 희생한 것이다. 이는 인간을 감동시키고, 회개로 이끌고, 하늘에 있는 자신의 집을 열어주고, 오래된 계약을 갱신하기 위함이었다.[182] 희생 제사라는 개념은 앞서 언급한 종교 운동들에서처럼 폐기 또는 상대화되지 않았다. 오히려 행위자들의 역할과 의도가 뒤바뀌었다. 그러나 목표—지상에서의 삶을 개선하고 불멸(영생)의 길을 확보하는 것—는 변함없이 동일했다.

이것이 바로 불안에 빠진 운동을 내부적으로 결속하고 외부적으로 뚜렷하게 구체화한 새로운 메시지였다. 하나님이 자기 아들을 한 인간처럼 살게 하고, 고통받게 했으며, 비참하게 죽도록 내버려두었다는 사실이 이러한 메시지에 혁명적인 불꽃을 더했다. 한편으로, 이는 유대교 전통에서 그 어떤 경우보다도 인간과 신이 가까워진 순간이었다. 그런데 예수는 특히 도발적일 정도로 '부정한 자들'에게 다가감으로써, 이스라엘 민족이 전통적으로 고수하던 배타적이고 특권적인 자기 인식의 핵심적인 부분을 깨뜨리거나 적어도 약화했기 때문에, 그의 메시지는 사회적이고 '민족적'인 차원에서 잠재적 보편성을 띠었다. 그러면서도 유대교적 뿌리를 급진적으로 포기할 필요는 없었다. 이것이 아마 예수의 죽음 직후부터 서로 다른 집단들이 정기적으로 모이기 시작하고, 심지어 회당 안에서도 그들의 스승을 기억하기 위해 예식을 행한 이유였던 것으로 보인다. 우리는 이들을 흔히 다소 부정확하게 '원-공동체(Ur-Gemeinde)'라고 부른다. 이들 공동체는 다시금 유대교 최고 의회(산헤드린)의 주목을 받기에 이르렀다. 예수의 속죄, 즉 희생적 죽음이—이스라엘의 유일한 속죄와 회개 장소로서—성전의 가치를 떨어뜨려 사실상 필요 없게 만들었기 때문이다. 실제로 얼마 지나지 않아 예수의 형제로 추정되는, 초기 공동체의 지도자 야고보가 대제사장의 명령으로 처형당했다. 그리고 바리새파 사람 바울은 다마스쿠스로 가서 예수를 따르는 유대인을 잡아 오라는 임무를 맡았다.[183]

분명히 새로운 메시지는 여러 마을에서 예루살렘을 거쳐 지중해 동부 해안의 대도시들로 빠르게 확산했다. 이러한 확산을 주도한 것은 주로 그리스어를 사용하는 유대인('헬레니스트')이었는데, 그들은 유월절을 맞아 예루살렘에 왔다가 예수의 새로운 메시지와 성전 비판에 깊이 이끌렸을 것이다. 이후 고향으로 돌아간 그들은 회당에 모여 도시의 유대인 공동체 안에서 자신의 견해를 전파하기 시작했다. 이들의 활동은 주로 갈릴리 출신의 ('급진적인') 순회 설교자들에 의해 뒷받침되었는데, 그들은 예수처럼 집과 가족을 떠나 치유자로서 활동했다. 헬레니스트가 예수의 속죄 죽음에 대한 (구원론적) 메시지에 집중한 데 반해, 순회 설교자들은 예수의 삶과 윤리적 가르침을 전했다. 예수의 말씀에 대한 모음집이 그들의 모임에서 생겨났다. 그러한 어록에 기반해 시리아에서 작성된 〈도마복음〉과 공관 복음서에서 추출할 수 있는 Q 자료가 형성되었다. 이 문헌들은 예수의 인격과 사상에 매우 근접한 것으로 보인다.

새로운 메시지는 시골 지역뿐만 아니라 동지중해 연안의 안티오키아 같은 대형 항구 도시들에서도 퍼져나갔다. 이러한 확산에는 다른 유동적인 집단들이 도시 지역에 접근하거나 그 안에서 활동할 때 작동하던 것과 유사한 메커니즘이 작용했다. 팔레스타인과 예루살렘에서는 예수와 그의 갱신 운동이 기득권 세력의 저항에 부딪혔고, 그를 추종하는 사람들은 새로운 목표를 설정해야 했다. 이는 마치 젊은 전사들이 기존 씨족 체계로부터 떨어져 나와야 했던 상황과 유사했는데, 그들에게 기존 구조는 성공과 인정의 기회를 제공하지 않았기 때문이다. 따라서 이 두 집단에는 공통적으로 반(反)가족적인 윤리가 자리 잡고 있었다. "나를 따르려면 아버지와 어머니를 미워해야 한다"는 예수의 유명한 발언은 바로 이러한 '과거에 대한 단절'을 극단적으로 표현한 것이다. 이는 예수 운동처럼 기존의 사회적 구조에서 벗어나야만 정체성을 유지하고 다른 곳에서 성공할 수 있었던 전사 집단을 하나로 묶는 정신이기도 했다. 실제로 예수는 제자들에게 조만간 하나님의 나라에서 중요한 자리를 차지하게 될 것이라고 약속했는데,[184] 이는 유랑 전사 집단의 구성원이 자신들의 지도자가 왕이 되었을 때 그들을 가장 가까운 조언자이자 왕실의 핵심 관료로 삼아주길 기대했던 것과도 유사하다. 두 집단 모두에게 공통적인 점은 그들의 반가족적 윤리가 함께 여행하는 여성이나 독신 여성에게는 적용되지 않았으며, 따라서 결혼 자체에 대한 비판을 의미하지도 않았다는 것이다. 베드로는 자신의 아내를 여행에 동반했고, 다른 이들도 그의 본을 따랐다. 이는 유목 전사 집단에 여성이 동행하곤 했던 것과 유사하다.[185] 떠나는 전사 집단과 예수 추종자 모두 카리스마적 지도자의 보호 아래 있다는 사실에서 힘을 얻었다. 그 지도자가 육체적으로 동행하든, 영적으로 동행하든, 아니면 제자들이 엠마오로 가는 길에 경험했던 것처럼 정화된 혼합체 형태로 동행하든 말이다. 전사 집단은 인드라나 야휘를, 지중해 지역의 식민 개척자들은 아폴론이나 멜카르트를 의지하며 자신의 지도자를 신적 영혼을 지닌 영웅으로 숭배했다. 그리고 그에 대한 기억과 마법적 능력을 되살리고자 옛 의례를 반복하며 의식적으로 재현했다. 스텝 지대 유목민은 이를 위해 신성한 음료 소마 또는 하오마를 사용했고, 농촌 마을 출신이었던 예수 추종자들은 포도주를 마시고 빵을 나누며 스승의 현존과 성령의 충만함을 경험하고자 했다.

이러한 집단이 종교적·전투적·정치적 또는 물질적 충동에 이끌려 도시로 접근할 때, 외부인이나 파괴자로 비난받지 않기 위해서는 점차 자신들의 농촌적이고 반(反)도시적인 윤리를 내려놓아야 했다. 이는 생계를 유지하기 위해서도 필수적이었다. 예수 추종자들의 경우 초기 방랑 집단의 급진주의적 무소유는 점차 '생업에 종사하지 않음'이라는 계명으로 변질되었고, 이후에는 이마저도 점차 약화하면서 공동체적 상호 부조의 원칙이 생겨났다. 아울러 이는 가난한 이들을 위한 돌봄과 자선 활동으로 방향이 전환되었다. 예수와 그 추종자들이 보였던 '경제로부터의 거리 두기'—곧, 새나 여우처럼 머물 집도 없이 그날그날 살아가며, 호의적인 사람들의 집에서 숙식하길 기대했던 삶의 방식—는 도시의 헬레니즘 교육에 거리를 두는 것과 마찬가지로 장기적으로 유지하기 어려운 것이었다. 더 많은 청중과 추종자, 활동가를 확보하려면 말이다. 더불어 사회적으로도 통합될 필요가 있었다. 인도-유럽계 전사 집단이나 식민 개척자들의 지도자는 현지 여성과 결혼하거나 자신의 여성을 데려왔고, 예수 운동 선포자들도 정착해서 가정을 이루었다. 이로써 그들의 반가족적, 반도시적 윤리는 점차 희석되고 새로운 사회적 구조가 자리 잡기 시작했다. 방랑 집단의 '급진적 윤리'는 공동체의 '온건한 윤리'로, 카리스마적 지도자는 예배의 대상인 신적 존재로 변화했다. 그리고 마침내—〈사도행전〉의 전승에 따르면—예수 추종자들은 동지중해의 최대 도시인 안티오키아에서 처음으로 '그리스도인'이라 불리기 시작했다.[186]

물론 그러한 변화가 본래의 사명, 그리고 신적 지도자와의 친밀함에서 벗어나는 것이라고 비판하는 이들이 과거에도 있었고 앞으로도 계속 존재할 것이다. 새로운 전사 집단 가운데 일부가 도시화한 집단에서 분리되어 다시 원래의 생활 방식으로 돌아간 것처럼, 예수 추종자 중에서도 예수가 멀리했던 도시를 거부하고 그가 추구했던 삶에 가까워지길 추구하는 사람들이 있었다. 이들로부터 시리아와 이집트에서 금욕적인 수도원 운동이 발생했다. 이들은 도시와 가족 중심의 삶을 거부하는 반도시적·반가족적 윤리를—성적 금욕도 여기에 포함되었다—광야의 고독 속에서 실천하고자 했다. 그들은 이를 위해 독자적인 사회 조직, 즉 수도원을 만들어냈다.

이 두 극단 사이에는 겹치는 부분과 상호 교류도 있었지만 갈등 또한 존재했다. 한쪽은 이동적이고 고립된 삶의 방식을, 다른 한쪽은 가족 중심의 도시 정착형 삶의 윤리를 따랐다. 이러한 대비는 후대에도 적지 않은 긴장과 갈등의 요소로 작용했다. 그럼에도—유라시아 역사에서 늘 그랬듯—이 둘이 양립 불가능한 것은 아니었다. 무엇보다도 예수와 그 제자들조차 직접 떠도는 삶에 참여하지 않는 동조자들로부터 이미 지원을 받고 있었기 때문이다.[187] 예수의 메시지를 팔레스타인 밖의 도시들에도 전해야 한다고 생각한 이들은 유다 지역 공동체와 그들의 경험에 의지하되 예수가 그들에게 남긴 갱신 운동의 정체성을 잃지 않는 방법을 찾아야 했다. 그들의 메시지는 처음에 주로 하층민, 즉 일용직 노동자, 장인, 노예, 여성 사이에서 받아들여졌다. 이는 그들의 스승이 갈릴리에서 행하고 제자들에게 전수했던 것과 동일한 '도움', 요컨대 병자 치유와 엑소시즘을 사회적 위계와 관계없이, 그리고 일반적인 도시 관습과 달리 금전적 보상 없이 제공했기 때문일 것이다. 도교-불교 운동의 성공 요인도 하층민에게 행운과 천상의 구원을 열어주고, 종교적 연대를 표현하는 공동 식사를 중시하고, 가난한 자에 대한 지원을 권장했다는 점에 있었다. 이와 비슷하게, 누구에게나 열린 태도를 지향한 예수 운동과 당시까지는 아직 낯설었던 자선 활동 또한 예수 추종자들이 도시의 가정과 시장으로 진출하는데 중요한 역할을 했던 것으로 보인다.[188]

도시 안에 그러한 운동의 메시지가 자리 잡자 더 이상 억누르기 힘들 정도로 번져나갔다. 그 운동이 —〈마태복음〉에 따르면 — "세상 끝날까지 내가 너희와 함께하겠다"는 약속을 확신하는 사람들에 의해 지탱되고 있었기 때문이다. 예수 추종자들의 설교는 처음에는 유대교 전통 안의 다양한 해석 가운데 하나로 여겨졌고, 예루살렘 외부의 유대인 공동체에서도 비교적 관용적으로 받아들였던 것으로 보인다. 그러나 예수가 죽음을 이겼다는 메시지가 유대인 공동체 사이에서 빠르게 확산하자 바리새파 출신 바울도 다마스쿠스로 가는 길에 돌연 입장을 바꾸었다. 바울은 예수 운동에 헌신한 첫 번째 진정한 도시인이었다. 그는 로마 시민권자였고, 헬레니즘 교육을 받았으며, 경제적·직업적으로도 안정된 사람이었다. 하지만 예수의 가르침에 동참했으되 '떠돌이 급진주의자들'의 이상과는 거리를 두었다. 당연히 예수의 생활 방식에는 관심이 없었고, 오직 그의 종교적 메시지에만 주목했다. 〈사도행전〉의 전승에 따르면, 그가 이처럼 입장을 바꾼 계기는 부활한 예수의 환상적인 빛의 현현, 즉 감람산에서 예수에게 일어났던 변화와 유사한 체험을 했기 때문이었다.[189] 그때부터 그는 자신이 부활한 그리스도의 메시지를 모든 민족에게 전파해야 하는 사명을 받았다고 생각했다. 그러나 이것이 선민으로서 배타성을 주장하는 이스라엘의 주장과 어떻게 양립할 수 있었을까?

《구약성경》의 전통에 따르면, 마지막 날에는 '이방인'들도 시온산으로 부름을 받을 터였다. 그러나 실제로 대도시와 작은 공동체에서는 예수 그리스도를 믿는 모든 사람이 먼저 유대인이 되어 모든 제의적·의식적 규범을 감수해야 하는지, 아니면 예수의 신속한 재림과 그분이 가져올 종말의 도래를 기대하며 그러한 절차를 회피해도 상관없는지에 대한 의문이 제기되었다. 이 문제를 둘러싼 논쟁은 매우 치열하고 가차 없었다. 언제나 그렇듯 한 종교의 정체성을 형성하는 제의적·종교적 전통이 걸려 있었기 때문이다.

이러한 논쟁은 바울에 의해 해결되었다. 아마도 그가 예수 추종자들 사이에서 자신의 입지를 확립해야 했고, 수사학적으로도 경험이 많아 무엇이 핵심인지 잘 알고 있었기 때문일 것이다. 그는 안티오키아에서 토라의 규정, 특히 할례가 아니라 세례와 예수 부활에 대한 믿음만으로도 새로운 운동의 온전한 일원이 될 수 있다는 원칙을 관철했다. 이는 보편적 종교의 기초를 놓은 사건이었다. 이후 바울은 이 원칙을 말과 글로 여러 신생 공동체에 전파했다. 그는 예수의 수난 이전, 곧 골고다 이전에는 예수를 직접 만난 적도, 그 고난에 함께한 적도 없었다. 어쩌면 바로 이 거리감, 즉 바깥에서 바라보는 시선이야말로 종말이 가까이 다가왔다는 인식 속에서 마지막 장애물을 극복하는 데 도움을 주었을 것이다.

바울은 떠돌이 급진주의자와 사회적 배경에서 많은 차이가 있었지만, 그들 및 그들의 스승과 마찬가지로 인간에게는 남은 시간이 얼마 없다는 신념을 공유하고 있었다. 이러한 생각은 자라투스트라의 가르침과도 유사하다(371~372쪽 참조). 그리스도의 재림, 곧 인간의 최종적인 영혼 구원을 결정짓는 사건이 임박한 것으로 여겼다. 따라서 가능한 한 많은 사람에게 골고다에서 일어난 사건을 알리는 것이 급선무였다. 이렇게 해서 바울은 다마스쿠스 체험 이후 세계적인 선교의 최고 사도가 되었고, 예수가 그를 고른 것은—달리 말할 수 없을 만큼—탁월한 선택이었다. 바울은 우유부단하고 조심스러운 제자들과 달리 확고한 사명감과 자기 확신으로 모든 한계를 돌파하고 의심의 '고르디우스 매듭'을 단칼에 끊어낸 인물이었다. 모든 종교는 이러한 인물을 필요로 하며, 안티오키아에서 태동하던 그리스도교는 더더욱 그러했다.

바울은 소아시아의 킬리키아(Cilicia) 지방에 있는 항구 도시 타르수스 출신으로 헬레니스트들처럼 그리스어를 유창하게 구사했다. 이는 예수처럼 아람어밖에 하지 못했던 다른 추종자들과는 다른 점이었다. (몇몇 세리나 세관원들만 기초적인 그리스어를 조금 할 수 있었다.) 그는 유대교 토라 학문의 전통 안에서 교육받았을 뿐만 아니라, 당시 헬레니즘 세계의 일반적인 철학 사조에도 익숙했다. 또한 천막 제작자로서 안정적인 수입을 얻고 있었고, 가깝고 먼 지역의 상인 및 선장들과도 인맥이 있었다. 이러한 조건 덕분에 육로와 해로 모두 실용적인 여행이 가능했고, 처음에는 주로 로마 제국 동부의 도시들을 오갔다. 그는 훗날 자신에 대해 다소 겸손하게 말을 잘하지 못한다고 했지만, 실제로는 설득력 있게 말하는 능변가였던 것으로 보인다. 바울이 각 도시를 방문할 때마다 천막 제작자로서 자리를 잡고 고객과 대화하는 장면을 쉽게 상상할 수 있는데,[190] 이는 400년 전 아테네의 소크라테스가 했던 방식과 크게 다르지 않았을 것이다.

그에게 유리했던 점은 안티오키아나 타르수스 같은 항구 도시들이—특히 정치적 자율성을 상실한 이후에는—새로운 종교적 제안에 개방적이었다는 사실이다. 철학적으로 교양 있는 사람들 사이에서는 이미 후기 아르카익 시대부터 이어져온 한 가지 신념이 확고해지고 있었다. 그것은 곧 개별 신전 숭배나 여러 신을 넘어서는 **하나의** '신적' 힘이 존재하며, 그 힘이 세계를 관통한다는 믿음이었다.[191] 그런 까닭에 예수를 통해 **하나의** 신적 존재가 죽음을 이기고 모든 이를 위해 영생의 경계를 돌파했다는 가르침은 당시 사람들에게 그다지 충격적이거나 불쾌하게 들리지 않았을 수도 있다. 물론 바울이 경험했듯 모든 사람이 즉각적으로 이 가르침을 받아들인 것은 아니다. 그는 아테네에서 에피쿠로스학파와 스토아학파의 영향을 받은 청중과 논쟁을 벌이면서, 자신의 주장이 쉽게 설득되지 않는다는 걸 체감해야 했다.

하지만 이 모든 일에도 불구하고 바울은 전혀 흔들리지 않았다. 그는 신생 공동체 안에서 끊임없이 의심하는 사람들, 또는 핵심 메시지를 오해한 사람들, 논쟁과 두려움에 휘말린 사람들을 대하며, 그들이 예수의 재림과 최후의 심판에 대비할 수 있도록 도왔다. 바울은 개입하고 권면하고 격려하고 중재함으로써 점차 자신의 신학을 형성해나갔다. 그것은 체계적인 교리서 형태가 아니라, 구체적인 필요와 위기 그리고 질문에 응답하는 '편지' 형식으로 전개되었다. 그 가운데 가장 중요한 초기 문헌으로 꼽히는 것이 〈고린도전서〉와 아마도 그 직후 코린토스에서 쓴 것으로 보이는 〈로마서〉다. 이 편지들은 힌두교의 《바가바드기타》(392쪽 참조)에 비견될 만큼 오늘날까지도 서구 문화의 가장 중요한 정신적 유산 가운데 하나로 여겨지며, 그리스도교에서 가장 많이 인용하는 신학적 문서로 손꼽는다.

기원후 55년경에 쓴 〈고린도전서〉는 바울의 편지 중 가장 오래된 문헌으로, 종교가 형성되는 초기 단계에서 흔히 나타나는 갈등과 혼란을 다룬다. 이 편지에서 바울은 먼저 공동체 모임 중 여성의 수동적 역할("여성은 침묵해야 한다")을 규정하지만, 동시에―이런 점에서 예수의 정신을 이어받아―결혼 안에서 남녀의 완전한 동등성을 강력하게 주장한다. 또한 바울은 그 당시 널리 퍼져 있었으나 통제하기 어려웠던 "방언을 말하는" 엑스터시 행위자들을 완전히 금하지는 않았지만, "이해할 수 있고 타인도 이해하는 말"(〈고린도전서〉 14장)을 더 중요시하며, 이들의 활동을 주류가 아닌 주변적 현상으로 한정하려 했다. 이러한 태도는 마치 도가 공동체가 얼마 지나지 않아 샤먼과 그들의 극단적 수행 방식에 제동을 건 것과 유사하다.

그러나 이 모든 것은 결정적인 '신학적' 과제에 대한 서곡에 불과하다. 바울에 따르면 모든 인간(유대인이나 그리스인이나)은 낙원에서 아담의 불순종으로 인해 죄인이 되었다. 오직 하나님의 은혜와 그 아들 예수가 속죄의 죽음을 당함으로써 인간은 이러한 죄에서 해방될 수 있었다.[192] 두 가지 모두―죽음은 죄에 대한 형벌이나 결과로 여겨졌기 때문에―그들에게 불멸의 세계를 열어주었다. 하지만 지상의 존재는 여전히 악한 세력, 곧 "어둠의 자식들"(명백히 조로아스터교적 사상)에게 위협을 받았다.[193]

코린토스 교회 구성원 가운데 많은 사람이 바울의 가르침을 따르려 했다. 하지만 그들은 최근에 죽은 이들이 곧 다가올 구원의 전환기에, 즉 예수의 재림을 통해 이루어질 구원에 참여하지 못할까 봐 깊은 걱정에 사로잡혔다. 그들은 **모든** 사람, 즉 죽은 자와 산 자 모두에게 가능하다는 일반적 부활을 의심했다. 바울은 이에 대해 그리스도교 신앙의 가장 중요한 논거로 답했다. 즉, 죽은 자의 부활을 부인하는 자는 예수의 부활도 부인하는 것과 같으며, 그렇게 되면 전체 신앙이 무너진다는 것이다. "만일 그리스도께서 다시 살아나지 않으셨다면, 너희 믿음은 헛된 것이며, 너희는 아직도 죄 가운데 있는 것이요. ……우리는 모든 사람 중에 가장 불쌍한 자들이다."[194] 예수 부활에 대한 믿음은 그가 다른 모든 사람보다 먼저 부활한 '첫 열매'라는 믿음을 포함했다. 여기에는 이미 죽었거나, 바울이 말하듯 "잠든 자들"도 포함된다.[195]

유대교 전통은 그리스·헬레니즘적 관념과 달리 영혼과 육체가 영원히 분리된다는 개념을 갖고 있지 않았으므로 부활은 온전한 '전체 인간'을 포함했다. 이 때문에 부활의 기억 속에서 예수의 무덤은 비어 있어야 했고, 예수는 제자들에게 그리고 마침내 바울에게도 상처 자국이 뚜렷한 눈부시게 빛나는 몸으로 나타났다.[196] 바울에 따르면, 이미 세상을 떠난 이들과 아직 죽음을 맞이하지 않은 이들, 그리고 직접 예수에 의해 다시 살아난 이들은 모두 '변형된', 부패하지 않는 '영적인' 몸으로 부활해 하늘에서 영원히 하나님과 가까이 지낼 것이다. 〈로마서〉에서는 약간 수정된 표현으로 "예수를 죽은 자 가운데서 살리신 이의 영이 너희 죽을 몸도 살아나게 하리라"라고 기록되어 있다.[197]

바울의 메시지는 이런 점에서—바울 자신은 알지 못했지만—불멸에 관한 중국의 사유와 유사점을 보여준다. 이것은 지리적·문화적으로 멀리 떨어져 있고 여러 면에서 매우 다른 두 문명이 어떻게 비슷한 결론에 도달할 수 있었는지를 보여준다. 그 핵심은 바로 인간의 몸이 플라톤·피타고라스학파·불교도들이 가르친 것처럼 영혼을 가두는, 세속으로부터 오염된 귀찮은 감옥이 아니라, 처음부터 신성한 창조(유대인) 또는 스스로 조화를 이루며 조절하는 우주와 그 신비한 힘(중국)의 긍정적이고 필수적이고 의도된 일부라는 공통된 인식을 갖고 있었다는 점이다.

영원히 변형된 몸의 부활에 모든 사람이 참여할 수 있다는 핵심 사상에 따라, 바울은 〈로마서〉에서 다시 한번 죄로부터 구원이라는 본질적 메시지(복음)를 요약하고, 이에 따른 의식적이고 제도적인 기본 원칙을 제시한다. 이런 원칙은 예수의 재림까지 교회 공동체가 따라야 할 지침이었다. 이는 종교·신학적 사유를 사회적이고 정치적인 현실과 결합해 가능한 한 많은 논쟁과 위험 요소를 제거한 바울의 뛰어난 능력을 보여준다.[198]

여기에는 반복적으로 인용되곤 하는 다음과 같은 주장도 포함된다. 즉, 모든 사람, 요컨대 교회 구성원도 정치적 권위에 복종하고 이에 저항하지 말아야 한다는 것이다. 이는 아마도 예수가 로마 지배에 대항하는 혁명적이고 폭력적인 반란을 거부한 걸 보편적으로 해석한 것이라 할 수 있다.[199] 물론 당장의 상황과 미래를 위해 더 중요한 것은 여전히 존재하며, 특히 로마 디아스포라 공동체 내에서 상당한 긴장을 초래하는 유대교 율법의 장벽을 완전히 허물고, 그 대신 종교적 신념을 적절한 행동으로 전환하는 새로운 통합 모델을 확립하려는 것이기도 했다.

이 과정에서 바울은 예수가 설파했던 믿음과 윤리적 변화의 연결을 이어받았다. 타르수스 출신인 바울은 오직 믿음만이 인간의 본질을 변화시키고, 그를 선으로 이끌며 예수와 하나가 되게끔 한다고 보았다.[200] 율법이 아니라 믿음이야말로 예수를 통해 구원받은 이들의 공동체에 들어가는 '입장권'이다. 모든 인간은 죄인으로 세상에 태어났거나 태어나며, 예수의 죽음을 통해 해방되었다. 그들은 부활의 체험을 믿음으로써 영원한 생명에 참여할 수 있다. "죄의 삯은 사망이요, 하나님의 은사는 그리스도 예수 안에 있는 영원한 생명이라"(〈로마서〉 6:23). 율법은 이 목적을 달성할 수 없으며, 오히려 인간의 욕망을 자극해 그것을 어기게 만들고, 하나님에게 나아가기 위한(즉, '하나님이 기뻐하는 삶'을 살기 위한) 잘못된 규율을 설정함으로써 인간을 죄에 이르게 한다.[201]

예수의 구속 행위에 대한 믿음만이 유일하게 유효하며 삶을 규정한다는 신념에 따라, 바울은 새 공동체의 의식 체계를 두 가지 '성스러운 행위(성례)'로 축소했다. 이 두 성례는 특별한 훈련이나 숙련을 요구하지 않았다. 하나는 물을 통한 세례로, 정화와 성령의 '유입'을 상징하는 일회적 입문 의식이다. 다른 하나는 최후의 '만찬'을 반복하는 공동 식사였다. 이 두 가지 성례는 각각 예수가 활동의 시작과 끝에서 행하거나 경험한 행위다. 이는 서로 대응하는 하나의 입문 행위를 구성하며, 고대 신비 종교들의 의식에서 사용하던 것과 비교할 수 있다. 두 성례 모두 새로운 공동체를 창조하며, 지상의 죄를 씻는 행위를 지향하고, 각 개인과 공동체를 위해 그것을 의례적으로 반복함으로써 참여자들이 스스로를 새롭게 하고 예수의 거룩함에 더욱 가까워졌다고 느끼게끔 했다. 이 둘은 또한 성전의 복잡한 정결 예식과 희생 제의를 최종적으로 대체했으며, 예수에 대한 믿음을 가진 자는 누구나 참여할 수 있는 새롭고도 비교적 단순한 '성스러운' 행위가 되었다. 이것이 바로 새로운 종교의 시작이었다.[202]

13 세계 종교의 확산과 방어 투쟁

새로운 복음이 이토록 빠르게 확산한 이유는 바울이 늦게 부름을 받은 자로서 매우 조급했기 때문이라고 설명할 수 있다. 비록 그 자신은 주의 재림을 직접 경험하지 못했고, 다음 세대는 좀더 오래 기다려야 한다는 사실에 익숙해져야 했지만, 그는 유대교 내부의 작은 종파에서 일어난 체험을—온갖 반대에도 불구하고—세상에 드러내고 논의 가능한 것으로 만들었다. 이 새로운 가르침의 한 가지 장점, 아니 독특한 특징은 다양하고 종교적·지적으로 복잡한 가르침이 난무하는 세상에서 그것을 '급진적으로 단순화'했다는 것이다. 복잡한 입문 의식도, 제사장들만 알고 있는 난해한 공식도, 동물 희생 제물도, 심지어 성전이나 그 어떤 '거룩한' 건물조차 필요하지 않았다. 공동체는 그때그때 가능한 장소—야외, 때로는 헛간이나 가정집—에서 모였다. 그곳에는 최소한의 시설, 예컨대 세례용 물통, 성찬식을 위한 공간, 공동 식사와 찬양을 위한 공간 등이 있었다. 불교처럼 사회적 장벽은 아무런 의미가 없었다. 누구든 참여할 수 있었다. 예수에 대한 믿음을 고백하고 나중에 세례를 받기만 하면 환영했다. 특별한 교육이나 지적 능력도 필요하지 않았다. 오히려 그 반대였다. 예수가 어린아이들의 단순한 사고를 하나님 나라에 가까이 가는 이상적 조건으로 칭찬한 것은 결코 우연이 아니다(《마가복음》 10:15). 부처 또한 자신의 가르침이 아이들도 이해할 수 있을 만큼 기초적인 것이라고 말했다.

그리고 여기에 또 하나의 측면이 더해졌는데, 이는 전 세계적인 다른 종교의 발전과 비교할 때 비로소 그 의미가 드러난다. 인간은 더 높은 존재와의 개인적 친밀감을 갈망하며, 그러한 존재를 인간적인 범주에서 경험하고 싶어 한다. 따라서 추상적인 철학적 개념이나 형식적인 (희생) 제의, 규범적인 행위 의례, 또는 민중과 거리를 둔 최고신(예를 들어 '하늘')이 종교적 삶을 지배하는 곳에서는 대부분 이 세상에 실제로 머물렀던—신 또는 신과 유사하거나 신격화한—존재가 등장한다. 인도에서는 비슈누의 아바타인 크리슈나, 중국에서는 부처와 노자, 그리스 서부에서는 피타고라스가 그런 예다. 예수의 경우도 크게 다르지 않았다. 야훼는 분명 인간들에게서 멀어진 듯했고, 더는 자기 백성에게 말을 걸지 않았다. 그 결과, 인간은 직접 경험할 수 있는 신, 개인적 관계를 맺을 수 있는 신, 심지어는—의심 많은 도마처럼—인간적인 죽음을 겪은 후에도 변화된 존재로서 손으로 만질 수 있는 신에 대한 갈망을 키워갔다. 만일 그리스도인이 예수를 '신의 아들'로 이 땅에서 인식했다면, 그는 인도 전통에 비추어 '아바타', 곧 신의 현현으로 받아들여졌을 것이다.[203]

이 존재는 이제 종교적으로 숭배받았지만, 한때 지상을 누볐던 다른 신들과는 적어도 한 가지 본질적인 면에서 달랐다. 다른 존재들은 뛰어난 스승이나 덕망 높은 영웅으로서, 사후에 신으로 여겨졌거나 신으로 변모한 인물이었다. 그러나 예수는 위대한 전쟁 영웅도 탁월한 철학자도 정치 지도자도 아니었다. 그는 당대의 대다수 사람처럼 가난했으며, 비참하고 치욕스럽게 죽음을 맞이했다. 이로 인해 역사상 처음으로, 대중—소외된 남성, 지위가 낮은 여성, 그리고 날마다 힘겹게 살아가면서도 부유하고 아름답고 권력 있는 이들의 세계에 들어갈 기회조차 없는 모든 사람—은 자신과 똑같이 고통받고 자신의 운명을 이해하며 영원한 구원의 문을 열어주는 육신을 지닌 신을 만날 수 있었다. 이것은 혁명적인 사건이었다. 이와 유사한 예는 기껏해야 그로부터 약 100년 후 전개된 대승불교에서 찾아볼 수 있다. 대승불교는 모든 사람에게―신분이나 계급과 관계없이―붓다가 될 기회를 열어 주었다. 고타마 붓다 또한 예수처럼 가족적 유대가 구원 획득에 본질적인 것은 아니라고 여겼다. 아마도 이러한 공통점 때문에 이후 두 종교의 학자들이 서로를 자주 참조했던 것인지도 모른다.

바울과 다른 전도자들의 메시지가 지중해 너머, 심지어 남쪽(아라비아)과 인도까지 빠르게 전파된 것은 단순히 설득력 있는 내용과 기본적인 예배 형식 그리고 구원의 '민주화' 때문만은 아니었다. 후대의 그리스인들은 때가 무르익었거나 '충만'했다고 말하며, 예수의 탄생이 아우구스투스 황제 시대에 일어난 것은 우연이 아니라 신의 뜻이었다고 여겼다. 요컨대 그들은 자신의 신앙이 정치적 여건 덕분에 확산할 수 있었다는 걸 알고 있었다.

실제로 모든 고대 종교의 확산을 뒷받침했던 **제국적 요인**은 그리스도교의 경우 특히 두드러졌다. 이는 쿠샨 왕국에서 대승불교의 전파가 쉬웠던 상황과 유사하다. 즉, 외래 종교에 관용적인 태도를 가진 거대한 제국이 존재했다. 아울러 그 제국은 안정적이고 법적인 안전을 제공했으며, 광역적 소통에 아무런 제약을 두지 않았을 뿐 아니라 도로와 항구 건설을 통해 이를 오히려 촉진하기까지 했다. 쿠샨 왕국처럼 제국 안의 도시들은 교통의 요충지이자 소통의 중심지 역할을 했다. 많은 전도자가 대도시 생활에 익숙한 유대인 디아스포라 출신이었다. 지중해 지역의 거의 모든 도시에서 유대인은 인구의 약 10퍼센트를 차지했으며, 그중 많은 사람이 바울처럼 수공업에 종사하거나 선주로서 상업·무역 등의 분야에서 일했다. 이러한 배경을 고려할 때, 초창기 그리스도교 공동체(특히 바울 계열)가 도시의 상업 중심지에 자리 잡고, 그 구조가 상인 조합과 자주 비교되었다는 점은 전혀 놀랍지 않다.

상인, 장인, 군인은 새로운 가르침을 전파하는 고전적인 '이동 전문가'에 속했다. 바울도 자신의 직업을 선교 활동과 결합함으로써 그 전형을 보여주었다. 그리고 이번에도 새로운 운동은 도시에서 부유한 여성들의 지지를 받을 수 있었다. 필리피(Philippi)에서는 바울이 자색 옷감 상인 루디아를 자주 만났는데, 그녀는 즉시 모든 가족과 함께 새로운 신앙으로 개종했다.[204] 그리스도교와 불교의 대표자들이 해상 무역과 특별히 친밀했다는 것은 전혀 놀라운 일이 아니다. 상인은 자신의 경험과 네트워크를 제공하고, 성자(聖者)는 축복과 신의 도움을 주었다. 부처는 신도들을 바다 괴물로부터 구해주고, 폭풍 속에서도 명상하며 평온을 지켰다. 이는 예수가 갈릴리 호수의 폭풍우 속에서 제자들에게 용기를 주고 자연의 힘을 다스린 모습과 비슷하다. 바울은 〈고린도서〉에서 이렇게 썼다. "나는 세 번이나 난파를 당했고, 24시간 동안 물결 위에 무력하게 떠 있었다. 자주 여행하면서 홍수, 강도, 유대인, 이방인, 대도시, 사막, 바다, 거짓 형제들로 인해 위험에 처했다." 이는 바다를 오가는 장거리 상인들의 심리와 같았다. 요컨대 그들은 이시스(Isis) 여신과 더불어 성모 마리아를 숭배하며 바다의 위험에서 구원을 빌었다.

무역로와 그 도시의 연결 거점을 이용하는 것은 언어적으로도 세상에 문을 열었을 때만 성공할 수 있었다. 바울 같은 이들이 세계 공용어인 그리스어를 메시지 전달에 사용한 것은 우연이 아니다. 이를 통해 그리스도교인은 다양한 형태의 글을 남기고 반대 의견에 맞설 수 있었다. 바울 자신도 예루살렘의 그리스도교인, 예수를 육신으로든 부활한 모습으로든 경험하지 못한 신생 이방인 교회의 불안, 그리고 이교도 집단의 회의적인 태도에 대응하기 위해 자신의 신념을 끊임없이 재고하고 입증해야 했다. 이후에도 신앙의 확산은 교회 내의 토론과 분쟁을 동반했다. 서로 다른 해석은 충실한 교인부터 사막의 고행자, 그리고 자신의 믿음을 위해 죽을 준비가 된 '순교자'로 불리는 이들까지 다양한 삶의 방식을 허용했다. 이를 통제할 만한 중앙 기관이 없었기에 다양성을 용인한 것이다. 신학적 문제는 곧 서로 경쟁하고 잠재적인 반대자, 특히 자신들이 선택받은 민족이라고 주장하는 유대인과의 갈등 속에서 더욱 심화되었다.

그리스도교는 계속해서 발전했다. 처음에는 비교적 단순했던 신조와 믿음에서 여러 가지 해석의 흐름, 즉 '다양한 그리스도교'가 탄생했다. 그리스도교 사상가들은 그리스 철학자와 크게 다르지 않은 태도를 보였다. 지역마다 다른 그리스도교의 가르침과 삶의 양식을 철학으로 인식한 것은 우연이 아니라 오히려 성숙의 증거였다. 특히 영지주의(靈智主義) 계열과 그로부터 파생한 지적 체계는 동양 사상에 개방적이었으며, 신성한 영혼의 본질에 관한 오래된 논의와 연결되었다. 이집트 출신의 그리스도교인이자 영지주의자 바실리데스(Basilides)는 인도 종교에서 나타난 윤회 사상을 완전한 교리로 발전시켰다. 이런 사상에 관심을 가진 사람이 그뿐만은 아니었다. 그의 경쟁자였던 오리게네스(Origenes)는 위대한 알렉산드리아의 클레멘스(Clemens)의 제자로 인도 사상에 익숙했고, 서양에서 처음으로 '붓다'라는 이름을 언급한 저자였다.[205] 그러한 집단은 경계 없는 토론 문화를 형성했고, 고대 세계화의 두 번째 큰 축인 초지역적 교역과 맞닿아 있었다.

하지만 곧 여러 차원에서 새로운 악마들이 나타났다. 먼저 야만적인 적대 세력, 잘 무장한 전사 집단, 그리고 중부 유럽과 아시아에서 지중해까지 진출한 부족 연합이 평화로운 세계의 익숙한 질서를 뒤집었다. 동쪽에서는 이미 한 제국과 쿠샨 제국이 해체되었고, 이제 로마 제국도 치명적인 몰락의 소용돌이에 빠질 터였다.

로마는 마침내 모든 역량을 동원해 다시 한번 제국을 안정시키기는 했지만, 그 대가는 매우 컸다. 3세기 중반, 군사적·정치적 위기의 절정기에 데키우스 황제는 제국의 모든 주민에게 국가의 신들한테 제물을 바치도록 강요했다. 이는 오직 자신들의 유일신만을 숭배하는 그리스도교인에게 특히 큰 영향을 미쳤다. 이전에도 다른 신들에 대한 숭배를 거부한 그리스도교인은 박해를 당한 적이 있었다. 제국은 트라야누스 황제 때처럼 이교도를 지원해 질서를 회복하려 했다. 3세기에 황제와 이교도들은 자신에게 닥친 군사적·외교적 위험의 원인을 찾으려 애썼다. 그리고 로마인들에게 제국을 허락한 옛 신들이 분노했기 때문이라고 생각했다. 그리스도교의 영향을 받은 로마인이 자신들에게 바쳐야 할 제물을 잊어버려 노여워했다는 것이었다.[206]

제국은 전력을 다해 단호하게 대응했다. 그 어느 때보다도 그리스도교인을 집중 공격한 것이다. 황제 숭배와 이를 통한 충성심을 증명하게 함으로써 그토록 찬양받던 관용은 끝나버렸다. 그로부터 한 세대가 지난 후, 제국이 외부적으로 다시 안정을 되찾은 듯하자 황제들은 한번 택했던 길을 고수하며 그리스도교를 뿌리 뽑으려 했다. 예배당을 파괴하고, 서적을 불태우고, 사제들을 체포하고, 그리스도교인의 시민권을 박탈했다. 거부하는 자들은 누구든 고문을 당했다.

이는 더 이상 우리가 알던 고대가 아니었다. 아시리아와 페르시아는 공동체가 굴복하지 않거나 반란을 일으킬 때 신전을 파괴하곤 했다.

하지만 이전에는 어떤 제국도 그 지배 영역 내에서 단일 종교를 이처럼 가혹하게 박해한 적이 없었다. 그리스도교 공동체도 변화했다. 많은 사람이 박해를 견뎌냈고, 그 경험으로 인해 더욱 단단해졌다. 초반 몇 세기 동안 힘차게 울려 퍼졌던 그리스도교 내 다양한 논의는 주교들에 의해 점차 통제되었다. 몇몇 저술을 '정경'으로 확정하고, 배제된 자들은 추방했다. 철학적 사색과 일탈적 견해는 더 이상 신을 찾는 여정의 표현이 아니라 이단으로 간주되었다. 이는 중대한 변화였다. 박해를 받는 동안 진정한 신앙을 가진 자들이 드러났다. 박해가 잦아들자, 교회 지도자들은—예수의 사례와 달리—약하고 생명의 위협을 두려워하는 이들을 '타락자(lapsi)'로 여겨 차별했다.

그 후에 벌어진 일은 적어도 그리스도교인의 관점에서는 또 하나의 기적과도 같았다. 4세기 말, 기나긴 투쟁 끝에 그리스도교와 제국이 서로 화해했다. 두 집단은 공동의 적에 맞서 싸우기 위해 서로가 필요했다. 이미 많은 그리스도교인이 군대에서 복무하고 있었다. 박해 기간 공동체 조직은 너무나도 안정적인 질서 유지 요소로 자리 잡아 제국도 장기적으로 이를 포기할 수 없었다. 교회와 세속 권력은 살아남았다. 다만 두 집단 모두 근본적으로 변화했다. 5세기 이후 로마 제국은 그리스도교만을 허용했고, 그리스도교는 제국을 자신들의 지상 거주지로 여겼다. 점점 제도화하는 종교는 반대자·이단자·불순종자와 싸우는 데서 제국의 지원이 필요했고, 선교 활동에서도 제국의 도움은 중요했다. 이는 이전까지 지중해 지역이나 인도·중국은 물론 유라시아 스텝 지대 어디에서도 없었던 일이다. 도시, 교역, 제국은 계속 이어졌고 고대는 쇠퇴했다. 하지만 새로운 세상을 만들어갈 충분한 주체들이 준비되어 있었다.

결론: 무엇이 고대 세계를 결속하고 추동했을까

2000년에 걸친 유라시아 고대의 끝에는 무엇이 남아 있을까? 그것을 형성하는 힘은 무엇이었으며, 그 세계사적 의미는 어디에 있을까?

기원전 2000년대 중반부터 유목 문화와 도시 문화의 상호 작용은 그 미묘한 차이와 중첩 속에서 유라시아 역사의 가장 중요한 요소 중 하나로 떠올랐다. 스텝 지대, 산악 지역, 사막 가장자리에서의 유목 생활은 넓은 이동 공간이 필요했다. 특히 겨울철에 씨족들이 모이고, 가장 강력한 족장이 자신의 지도자 지위를 확보할 수 있는 요새와 공동묘지 형태의 고정된 장소도 필요했다. 이때 지도자로서 지위는 가축의 수, 목초지에 대한 통제력, 그리고 여러 가문을 후원자-피보호자 같은 결합을 통해 자신에게 끌어들임으로써 낯선 부족에 대항하거나 자연 자원을 집중시킬 수 있는 능력에 기반을 두었다.

개인적이고 전통적인 유대에 기반한 권력 구조는 새로운 형태의 통치와 경제를 발전시키지 않는 한 가족과 씨족 구조를 넘어서는 대안적이고 제도적으로 보장된 고용과 승진 기회를 제공하지 못했다. 겨울철에 가축 떼를 잃거나, 상속 재산 분배에서 충분한 몫을 받지 못하거나, 특히 유목 사회에 큰 영향을 미친 생태 위기에 몰린 사람들에게는 기회가 거의 주어지지 않았다. 지도자 자리를 차지하기 위한 투쟁에서 패배한 사람들도 마찬가지였다. 이들은 씨족이 내부 안정을 유지하기 위해 해결해야 할 잠재적 불안의 원천이었다.

그래서 카리스마 넘치는 지도자가 이끄는 집단이 씨족의 위계 구조 내에서 성공하지 못할 경우, 그로부터 이탈하는 일이 반복적으로 일어났다.[1] 청동기 시대에 처음에는 용병으로서 자신의 행운을 추구하던 소규모 전차 전사 집단이 결혼을 통해 도시를 이끄는 지배자 그룹에 합류해 새로운 통치권을 확립했다. 그들은 뒤따르는 집단이 인도와 중국 북부, 이란고원 그리고 더 나아가 메소포타미아와 서쪽으로는 소아시아까지 진출하는 길을 닦았다. 기원전 900년경부터는 종종 족장('왕')의 지휘 아래 기마 전사들이 약탈물과 권력을 약속하며 추종자들을 이끌고 캅카스산맥과 이란 동부 평원을 가로질러 근동의 풍요로운 농경 지역으로 향했다.

그들의 수와 속도는 전례 없는 군사적, 권력적, 정치적 역학 관계를 촉발했다. 그들은 심지어 경제적으로 중요한 영토를 점령하고 잘 구축된 무역망을 파괴함으로써 기존 왕국들을 흔들기까지 했다. 그에 대한 반격은 종종 기원전 7세기 이란 서부 고원 지대의 메디아와 3세기 몽골 남쪽 흉노의 경우처럼 침략자들이 더 큰 동맹을 형성하는 것으로 이어졌다. 그들은 스스로 군주제를 확립하는 데 성공했지만, 점차 유목적 생활 방식을 버렸다. 이는 스텝, 산악 및 사막 지대의 여전히 이동성 높은 집단과 대조를 이루었다. 하지만 종교, 군사 구조 그리고 통치의 정당성이라는 측면에서는 그들의 유산을 완전히 잊지 않았다. 이렇듯 유목 집단이 한 장소에 정착한 지배자로 변모한 것은 유라시아 역사에서 가장 많은 결과를 낳은 발전 가운데 하나다. 그들로부터 인도 북부에서는 베다 아리아인의 문명이, 이란 평원에서는 페르시아인의 문명이, 캅카스산맥과 폰토스 북부에서는 왕령 스키타이인의 문명이 탄생했다. 이후에도 그러한 발전은 언제나 가능했다. 기원전 200년경 몽골 남쪽에서 흉노족, 300년 뒤에는 아프가니스탄(박트리아)에서 쿠샨족, 거의 같은 시기에 규모가 작긴 해도 아라비아 북부에서 나바테아족이 왕권을 장악했듯이 말이다.

그러나 대규모 유목민 집단과의 접촉은 일찍이 농경 환경에서 정착 생활 방식을 채택한 공동체에도 중대한 영향을 미쳤다. 중국 북부에서는 청동기 시대의 상나라 왕들이, 중부 유럽에서는 켈트족 족장들이, 그리고 지중해 지역에서는 스파르타 같은 몇몇 그리스 공동체가 유목민 전통을 보존하고 그것을 자기의 사회 구조에 통합했다. 이동성과 정주성의 충돌은 오늘날에도 여전히 우리의 상상력에 날개를 달아주는 영웅과 신·악령에 관한 신화적이고 서사적인 이야기의 거대한 보고(寶庫)를 만들어냈다. 동료들과 함께 끊임없이 새로운 도전을 극복해야만 하는 영웅, 자연의 두려움을 정복하는 용의 전사, 뱀 여신의 유혹을 물리치거나 그녀에 의해 왕으로 추대받는 인물—이 모든 것은 농민적인 도시 거주자의 환경에서가 아니라 광활한 스텝과 산악 지대에서 유래한 모티브다.[2] 현재 인도의 국가적 자아 발견을 둘러싼 논쟁에서 전사 아리아족의 노래인 《리그베다》가 직접적으로 언급되고 있다는 사실은 태고의 유목민 전통 복합체가 오늘날에도 여전히 얼마나 강력한 힘을 발휘하고 있는지를 인상적으로 보여준다. 영웅적 이동성을 상기시키는 인물들은 그리스 신화를 비롯한 여러 신화 그리고 《성경》을 거치며 변형되어 '우리'의 상상력 세계에까지 도달해 있다. 비슷한 역사적 상황이 어떻게 신화로 변모했는지는 미국 역사에서 확장적 정착을 추구한 개척 시대와 그 이후에 마치 실험실에서처럼 관찰할 수 있다.

도시에서도 이동이 잦았다. 일찍이 청동기 시대(기원전 2500년경~기원전 1200년경)의 메소포타미아 도시 국가는 이동 장인과 상인 없이는 존립할 수 없었다. 지중해 지역에서는 장소 이전이나 새로운 건설과 결합한 오랜 이주와 통합 단계를 거쳐 고대 초기부터(기원전 800년경) 도시가 등장했다. 대부분의 도시는 문호를 개방하고, 항구와 시장을 통해 초지역적 교역에 참여하고, 시민들에게 전사·상인·사병으로 부유해질 기회를 제공할 때만 생존할 수 있었다. 그러나 이동하는 인구는 농민에 비해 소수였다. 그들의 활동은 명확한 목표, 즉 도시로의 복귀, 외국 도시 정복, 또는 새로운 도시 건설 등에 집중되었다. 호메로스는 기원전 8세기에 자신의 서사시를 이러한 정착지를 중심으로 구성했다. 오디세우스와 아킬레우스는 헤라클레스나 베다 시기의 인드라처럼 도시 파괴자였다. 한 사람은 트로야의 성문 앞에서 쓰러졌고, 다른 한 사람은 귀환 도중에 미지의 세계로 내던져져 손실로 점철된 모험 끝에 자신의 농장을 되찾았다. 하지만 오디세우스도 20년 만에 재회한 아내에게 자신이 또다시 노가 무엇인지 알지 못하는 사람들을 만날 때까지 멀리 여행을 떠나야만 한다고 고백한다. 즉, 이동성이라는 바이러스에 감염된 것이다. 이와 마찬가지로 인도의 서사시도 거주지를 떠났다가 돌아오는 이야기를 다룬다. 그 사이에는 영웅들이 헤쳐나가야 하는 끊임없는 시련의 원시림이 놓여 있다.

도시는 이동하는 가축 사육자와 산악 유목민의 캠프, 마을, 겨울 거주지에 비해 매우 큰 장점을 지니고 있었다. 도시는 다양한 직업, 지식 그리고 기술을 시간과 계절의 제약 없이 좁은 공간에 집중시켰다. 그리고 광활한 스텝 지대와 사막 변두리보다 경험과 기술을 더 빨리 접할 수 있었다. 이러한 인구 밀집은 한편으로 큰 도전이었고, 사회적 갈등과 변화로 이어졌다. 여성의 삶은 종종 제약을 받고 사회적으로 비참했다—그리스인이 스텝 지대의 자신감 넘치는 여전사들을 보고 경탄한 것도 무리는 아니다. 노예는 곧 당연한 재산 목록에 올랐지만, 노동 집약적이지 않은 유목 생활은 일반적으로 많은 노예를 필요로 하지 않았다.[3]

다른 한편으로 직업적인 전문 능력의 집중과 혼합은 문화적 혁신과 공동생활을 위한 창의적인 해결책 모색을 촉진했다. 주거 도시는 또한 귀족 엘리트를 의식과 의례를 통해 통제하는 데도 이바지했다. 다른 지역, 예를 들어 로마와 카르타고를 포함해 페니키아나 에트루리아 공동체에서처럼 처음에는 '온건한' 도시 통치자가 있던 곳에서도 도시는 광범위한 분야를 포괄하는 사회적·법률적 실험의 장이었으며, 종종 강력한 회의 및 집행 기관을 갖춘 혼합 형태의 귀족적 질서를 낳기도 했다.[4] 많은 도시가 의사소통과 크고 작은 거래를 쉽게 처리하고 엘리트들이 사회적·종교적 자기 정체성을 발전시키도록 해준 문자를 갖고 있었다. 기원전 9세기에 만들어져 몇 세대 만에 팔레스타인부터 그리스와 이탈리아(에트루리아)를 거쳐 대서양의 에스파냐(타르테소스)에 이르는 도시 공동체들이 채택한 페니키아 자음 문자의 기적은 그것이 얼마나 빠르게 퍼져나갔는지를 보여준다. 아라비아 문자도 아람인과 나바테아인의 중개를 거쳐 만들어진 페니키아 알파벳 문자의 증손자다.

이런 현상은 우리 시대의 월드와이드웹 구축에 비견할 수 있다. 단 20~25개의 문자로 이루어진 쉽게 배울 수 있는 의사소통 매체가 전

지구적 교류의 기초가 되었고, 그 안에서 자유롭게 이동하고 필요에
따라 재조합되는 요소들로 이뤄진 서사적·종교적 관념의 세계가 만들
어졌다. 에트루리아와 히브리의 무덤방이 놀랄 만큼 유사한 것은 우연
이 아니다.[5] 이러한 추세를 놓치고 싶지 않은 사람들은 누구나 시류에
편승해 속도를 높였고 원할 때는 멈추기도 했다. 레반트의 도시 국가
들에서 새로운 알파벳은 심지어 엘리트적 설형문자를 사용하는 아시
리아 제국의 침략에 대항하는 자유의 상징이기도 했다. 그리하여 새로
운 기술의 이용 가능성과 유연성은 언제나 정치적·해방적 차원도 지
니고 있었다. 새로운 기술은 전 지구적으로 활동하던 귀족과 상인 엘
리트의 자신감을 특징짓고, 건축과 조형 예술 또는 문학 분야에서 문
화적 표현과 성취를 가능케 했다. 페니키아 문자를 채택하지 않았다면
호메로스의 서사시나 히브리어 《성경》도 탄생하지 못했을 것이다.[6]

　이런 점에서 우리는 모두 페니키아인과 그들 도시 문화의 상속자다.
이것이 기원전 8세기와 기원전 7세기의 각성을 가능케 했고, 삶에 대
한 새로운 태도를 조성했다. 무언가를 벌고 싶고, 무언가가 되고 싶고,
무언가를 체험하고 싶은 사람은 누구나 도시로, 더 나아가 가능한 한
교통의 중심지, 바닷가, 주요 대상로에 자리한 도시로 이주했다. 도시
는 주택 건설, 교역, 경제, 기술에서 철학에 이르기까지 많은 분야에
서 혁신의 중심을 이루었다. 소크라테스, 붓다, 공자의 가르침은 도시
적 삶의 연결 없이는 전혀 가능하지 않았을 것이다. 도시는 인간의 공
동생활에 스텝 지대의 가족이나 친족 연합, 산악 지역의 마을, 오이코
이, 전사 집단과는 전적으로 다른 도전을 제기했다. 이러한 도전은 도
시 거주자들이 전쟁과 경제적·사회적 변화 그리고 가치의 분열로 인
해 불안정해지면 질수록 더욱 커졌다. 이것은 그리스에서도 인도나 중

국에서와 거의 다르지 않았으며, 그래서 소크라테스·붓다·공자 같은 현자는 사람들에게 '덕 있는' 삶을 위한 새로운 행동 척도를 가르쳐주려고 노력했다. 물론 그들은 자기 생애에는 거의 또는 전혀 성공하지 못했다. 하지만 그들은 후대를 규정했다. 소크라테스는—키케로에 따르면—철학을 하늘에서 가지고 내려와 도시에 정착시켰다. 인도와 중국의 두 인물에 대해서도 비슷한 이야기를 할 수 있다. 세 사람 모두 선행자들의 형이상학적 사변에는 거의 관심을 기울이지 않았다. 오직 그렇게 해야만 그들은 왕궁의 도시 생활 문제에 집중하고, 인간의 약점을 '치유'할 수 있었다. "네가 무언가를 모를 때 네가 그것을 모른다는 것을 깨달아라"라는 공자의 유명한 말은 "나는 내가 아무것도 모른다는 것을 안다"는 소크라테스의 명언과 닮았다.[7] 두 사람 모두 인간 지식의 한계를 드러내고, 관습적·미신적인 얼치기 앎이나 피상적 성공에서 이른바 지혜나 지속적인 삶의 행복을 끌어내려는 사람들을 반대했다. 소크라테스는 이에 대항하기 위해 개인의 이성에 의존하고, 내면의 '신적인' 목소리〔다이모니온(Daimonion)〕에 귀 기울이며 델포이의 신으로부터 인정을 받았다. 공자는 잊어버린 고대인의 규칙을 지향하고 '하늘〔天〕'을 도덕적 이상의 궁극적 원천으로 받아들였다.[8] 고타마 붓다는 자신의 '앎'을 깨달음에서 도출해냈다. 그러나 이들은 모두 도시 주거지에서의 복잡한 삶을 극복하기 위해서는 기존의 행동 규칙과 가치관을 수정해야 한다고 확신했다(172~173, 187~188, 387쪽 참조).

도시는 오직 종교 분야에서만 놀라울 정도로 보수적이고 창의적이지 못했다. 소크라테스가 항상 시민으로서 도시를 옹호했음에도 불구하고 새로운 신을 도입했다는 (혐의로) 비난을 받은 것은 우연이 아니다. 도시 엘리트들이 전통을 고수하고 종교적 혁신에 방어적인 태도를 보인 것은 아마 무엇보다도 그걸 실험할 가치조차 없다고 느낀 데다, 그러한 변화를 내부 평화와 군사적 방어 능력에 대한 위험으로 여겼기 때문일 것이다. 종교와 군대보다 더 보수적인 것은 없다! 시민 도시의 경우에는 처음부터 공통적·통합적 종교에 동의하고 이를 보호해야 했으며,[9] 주거 도시의 경우에는 도시 신과 그를 대표하는 통치자 숭배에 초점을 맞추어야 했다. 그리고 예루살렘 같은 성전 도시의 경우에는 제사장들이 선택한 수호신을 지향해야만 했다.

그러나 도시가 고립되었던 것은 결코 아니다. 해상과 육로를 통한 교역으로 연결되어 있었기 때문이다. 중요한 종교적 혁신은 외부, 즉 산악 지역, 유목민 세계 그리고 유목·반유목·농경 생활의 접촉 지대에서 들어왔다. 그러한 혁신이 권력자들의 외부 결혼 동맹을 통해, 그리고 용병과 어느 정도는 눈에 띄지 않게 항구와 시장을 통해 정착했을 때에야 비로소 도시는—특히 수 세기에 걸쳐 발전한 (문자) 의사소통 기술 덕분에—중요한 승수 효과를 거둘 수 있었다. 자라투스트라 추종자들이 이란 통치자의 요새 거주지에 발판을 마련한 후에야 비로소 그들의 가르침은 지속적으로 퍼지고 문서화할 수 있었다. 예수의 유대교 갱신 운동도 동쪽 항구 도시들에 터전을 마련한 후에야 비로소 풍부한 문학적 창조물과 함께 그리스도교로 변모했다. 불교 또한 제후들의 거주지에서 추종자를 발견하고 인도 북부의 도시들과 아시아 내륙의 오아시스를 거쳐 동쪽으로 이동했을 때에야 비로소 세계적 종교가 될 수 있었다.

도시는 이처럼 외부 자극을 흡수하고, 이를 자체 에너지와 결합해 외부로 방출하는 역동적인 발전소였다.[10] 고대의 오아시스, 항구, 거주지 도시처럼 새로운 정보가 빠르게 확산하고 집중적으로 처리되는 곳은 어디에도 없었다. 도시는 대상로와 유목민의 경로를 통해 사람들이 거주하는 지구의 가장 먼 구석까지 도달했고, 그로부터 정보를 공급받는 글로벌 네트워크의 중심지를 형성했다. 이 네트워크에서 재정적으로 가장 능력 있고 강력한 운영자는—의사, 기술자, 점쟁이, 열광적인 설교자뿐만 아니라 선장, 용병 장교, 망명자 등 도시의 전문가들을 끌어들여 그들로부터 이익을 얻는—대제국의 통치자였다. 하지만 도시와 군주제 협력의 실질적 틀은 상인들에 의해 만들어졌다. 근동과 극동의 군주들이 기원전 3세기부터 국가 독점을 통해 수익성 좋은 경제 부문(광산, 소금, 철)을 확보해왔음에도 불구하고, 기술·재정 전문가와 조력자 및 다국어에 능통한 상인 가문은 국가 행정의 빈틈을 메울 풍부한 능력을 보유하고 있었다.

이러한 현상은 유라시아 역사의 가장 뚜렷한 특징 중 하나다. 동방의 궁정은 국제적인 전문가들의 만남의 장소가 되었다. 이는 비록 더 작은 규모이긴 해도 마그나그라이키아에 있는 그리스 참주들의 거주지와—철기 시대 초기(기원전 1000년경)에 흑해, 카스피해, 캅카스산맥, 힌두쿠시산맥 사이의 가축 사육자와 농민이 혼합된 인구를 통제하는 금속 가공의 중심지였던—유목민 공동체의 요새 도시에서도 마찬가지였다. 아울러 이런 현상은 다양한 배경과 전문 기술을 가진 사람들이 모인, 캐러밴 교역의 요충지에 있는 오아시스에도 적용되었다. 공화정 말기의 로마에도 전 세계의 학자와 상인들이 모여들었다. 역대 황제들은 화폐 거래, 세금 징수, 대규모 교역에 능숙한 기사들을 행정에 투입했다. 인도의 라자는 동업조합과 협력하며 그들의 조언을 받았고, 한나라 황제들도 대규모 교역 가문의 도움을 포기할 수 없었다. 진시황의 가장 중요한 조언자 중 한 명은 제국 통일 이전까지 상인 신분이

었다.[11]

그리하여 왕의 거주지, 오아시스, 항구 및 해안 폴리스 또는 내륙의
농촌 공동체—이 모든 것은 밀집된 무역망과 인간 전문 지식의 교류
속에서만 상상할 수 있었다. 정치적·사회적·건축적 차이는 생활 세계
의 전통과 생태·지리적 환경 그리고 도시 공동체가 뿌리내리고 성장
해온 권력·정치적 구도에서 생겨난 결과였다. 지중해 서부 지역에서
는 도시 국가가 주도권을 쥐고 자립적으로 공동체의 제도를 구축했다.
이는 정치·경제적 엘리트를 필요로 했지만, 군주와 사제직을 위한 여
지는 거의 없었다. 눈에 띄는 것은 근동의 전통에 뿌리를 둔 도시 왕
국 티루스가 서부 식민지에서 귀족 평의회 모델에 자리를 내주었다는
점이다. 실제로 지중해 지역에는—200년도 채 안 되는 동안 존재했고
일반적으로는 받아들여지지 않은—아테네의 민주주의부터 귀족적·공
화주의적 질서를 거쳐 한 가문의 수장이 ('참주'로서) 여러 세대에 걸쳐
공동체의 제도를 장악한 도시에 이르기까지 매우 다양한 헌법 형태가
존재했다.

눈길을 동쪽으로 더 멀리 향하면 향할수록 그 변종은 더욱 적어진
다. 근동에서는 평의회의 뒷받침을 받으며 균형을 유지한 도시 통치의
군주제 모델이 지배적이었다. 왕은 도시 엘리트의 협력에 의존했기 때
문에 시간이 지남에 따라 그들에게 더 많은 권리와 특권을 부여했다.
그에 반해 아시리아의 왕 같은 제국적 통치자들은 확장 과정에서 공
동체 협의회의 영향력을 밀어냈다. 한편, 기원전 9세기 이후 정복보다
는 교역 성공에 초점을 맞춘 페니키아의 도시에서는 가장 강력한 가
문들이 평의회에서 공동체의 운명을 결정했다. 그러나 이로 인해 투표
권과 도시 통치자 그리고 가장 부유한 가문의 이해관계로부터 자유롭

고 '시민'의 적극적인 정치적 역할을 인정하는 독립적인 제도는 거의 발전할 수 없었다. 히브리인과 페니키아인을 제외하면 법을 공포하고, 정의를 집행하고, 전쟁과 평화를 결정하고, 병사들을 징집한 것은 계속해서 도시의 왕들이었다.

그래서 군주제 통치는 사실상 대안이 없는 입헌 모델로 남았고 종종 신성화·보편화되었다. 여기서 왕은 도시 최고신의 대리인이나 아들로서, 또는 신 자체로서 백성의 질서와 정의를 보장할 책임이 있었다. 특히 강자의 착취로부터 약자를 보호해야 했다. 이를 위해 군주는 법률을 반포하고 나라를 혼돈으로부터 지키는 사법 기구를 구성했다. 이러한 형태의 신성화된 "합법적 왕권"(얀 아스만)은 종교적 정통성을 포기하고 서구적 관점에서 선호되는, 우리가 시민 국가라고 부르는 '수평적' 정치 공동체 모델보다 유라시아 고대 전반에 더 큰 영향을 미쳤을 것이다. 여기서 가장 큰 정치적 성공과 안정성 그리고 창의성은 이 **두 모델**이 결합한 곳에서 나타났는데, 처음에는 헬레니즘 제국들에서, 그다음에는 무엇보다도 약 2000개의 도시를 거느린 로마 제국에서 특히 두드러졌다. 그렇지만 제국 정부도 강력한 종교적 정당화 없이는 생존할 수 없었다. 어쨌든 '신성화된 왕권'은 뒤이은 시대에 엄청난 매력을 발휘해 비잔틴 황제부터 칼리프, 서양 군주의 왕권신수설에 이르기까지 강력한 통치 체제에서 거듭 실현되었으며, 이란의 물라(Mullah) 정권이 보여주듯 심지어 오늘날에도 극단적 방식으로 계속 이어지고 있다.[12]

그에 반해 인도에서는 라자와 신들의 세계 사이의 관계가 좀더 느슨했다. 각각의 통치자는 수많은 '힌두교' 신들 가운데 가문이나 왕조의 신을 선택할 수 있었지만—대체로 시바 또는 비슈누를 선호했다—

그것이 다른 신을 위해 성소를 건립하거나 (불교 같은) 종교 운동에 대한 후원을 막지는 못했다. 신들에 대한 이런 상대적 독립성은 예배 장소가 통치자의 궁전과 건축학적으로 직접 연결되지 않았다는 데서도 드러난다. 유목민 거주지의 사례에 따라, 인도 도시는 왕도(王都) 역할을 했으며 고대 내내 이러한 기능을 유지했다. 힌두교의 법에 따르면, 모든 통치자에게는 자신이 선택한 최고신의 일부가 내재해 있고, 따라서 라자는 적어도 부분적으로는 그 자신이 신이거나 아소카처럼 신들의 사랑을 받는 존재였다. 그러나 브라흐만의 화신으로 이해되지 않는 한 신들은 필멸자로 여겨졌으며, 인간처럼 담마와 카르마라는 우주의 법칙에 따라야 했다. 그런 까닭에 신민과 통치자는 신의 명령이 아니라, 담마의 규범에 따라 정확하게 정의된 공로와 의무의 교환을 통해 서로 관계를 맺었다. (전사 신분의 대표자로서) 라자는 신민을 보호해야 했고, 그들의 안녕과 질서 그리고 올바른 행동을 보장해야 했으며, 이를 위해 신민은 그에게 세금을 냈다. 흉작이나 그 밖의 재앙이 발생하는 것은 신을 숭배하지 않아서가 아니라 신민과 왕이 쌓은 나쁜 업보 때문이었다.

극동의 군주제 국가 중국에서는 상황이 다소 달랐다. 이곳의 청동기 시대 도시는 기원전 2000년대 중반 이후 기념비적인 의례 시설로 번영했으며, 상나라 왕조의 통치 중심지로도 쓰였다. 이러한 기본 형식은 기원전 8세기 후부터 씨족 구조가 점차 해체되고 더 넓은 지역을 통제하기 위해 왕궁의 별도 거점으로서 더 많은 도시를 건설했음에도 그대로 유지되었다. 도시는 광대한 군사 통치자의 강력한 본거지가 되었고, 그들은 새로운 엘리트 관료의 기능과 제사 그리고 신전 의식을 결합해 자신들에게 집중시킴으로써 독립적인 도시 귀족 사회의 발전을 저해했다. 중국에서는 오늘날까지 (러시아와 마찬가지로) 전제 군주제나 독재적인 통치 집단(공산당) 외에는 다른 어떤 정부 모델도 유지될 수 없었다. 이는 종교적('하늘') 또는 준(準)종교적·이념적 정통성(마르크스주의)과 인민을 교육하는 '아버지 형상(마오쩌둥)'을 추구함으로써 '자유로운' 부르주아 도시와 독립적인 도시 귀족 사회의 모델이 결코 자리 잡을 수 없었기 때문이다. 이러한 모델이 존재했던 곳, 요컨대 서방과 지중해 연안에서는 그에 상응하는 아주 다양한 헌법적 질서와 실험이 존재했다(478쪽 참조).

인도의 라자와 마찬가지로 중국의 통치자도 **황제**〔신과 같거나 반신(半神)적인 고귀한 존재〕로서 종교적 구성 요소를 지니고 있었다(258, 399쪽 참조). 진시황은 자신을 신으로 내세웠고, 자기를 그러한 존재로서 숭배하게 했다. 전한의 통치자들은 사후에 국가의 제사를 받았지만, 신으로서보다는 통치 가문의 조상으로서였다. 신에게 다가가는 것 또한 바람직하지 않았다. 인도에서처럼 신도 필멸자로 여겨졌기 때문이다. 그래서 한 제국 통치자들은 살아 있는 동안 불멸을 얻기 위해 필사적으로 노력했다. 선대 황제들처럼 그들도 '하늘'로부터 통치 능력을 시험받았고, 하늘이 구현한 덕의 이상을 따라야만 통치 권한을 부여받을 수 있었다. 그러나 그들은 생전에 ― 예를 들어 파라오의 이집트에서 그랬던 것처럼 ― '하늘'에 가까이 다가갈 수 없었고, 심지어 하늘의 보편적 통치를 수행하는 신의 '친족'도 될 수 없었다. 따라서 수도는 궁전, 정부 중심지, 신적인 힘을 모시는 신전 소재지일 뿐 '신-왕(神-王)'의 자리는 아니었다.

놀라운 것은 이 모든 발전이 오늘날까지 유라시아 역사의 세 번째 커다란 역사적 요인인 정복과 통치 확보라는 제국적 맥락에서 이루어졌다는 점이다. 확장적인 제국은 기원전 2000년대 말 철기 시대의 도래와 함께 시작되었다. 이 시대가 유목민 기마 전사의 부상과 거의 동시에 진행된 것은 우연이 아니다(62~64쪽 참조). 거의 모든 대제국은 공격적인 유목민이 적지 않은 역할을 한 외적 위협에 대한 대응으로서 등장했다. 이에 더해 농업 지역과 유목민의 스텝 지대, 산악과 사막 지역 사이의 경계에 위치하며, 토지·교역·관세의 형태로 큰 이득을 볼 수 있는 경제적으로 유리한 지역에서 경쟁이 벌어졌다. 주변 세력이 경쟁자나 이미 확립된 제국의 영향력에 대해 스스로를 주장하고 지배권을 관철할지 여부는 해당 지역의 정치적 조건과 전통뿐만 아니라, 유리한 상황을 활용하고 세력을 집중하려는 개별 행위자와 그 집단의 주도권에 달려 있었다.

오랫동안 지중해 지역은 대제국의 형성에 저항했다. 거리가 너무 멀고, 해상 교통망을 유지하려면 막대한 비용이 들었으며, '도시 국가-공동체'라는 원칙이 너무 깊이 뿌리내리고 있었기 때문이다. 카르타고와 시라쿠사에서 시작된 것과 같은 초지역적 권력 구축 시도는 본질적으로 개인과 가문의 주도권 및 조약에 토대를 두었다. 제국은 기원전 마지막 세기에야, 즉 이러한 도시 국가 가운데 하나가 이탈리아의 이웃과 경쟁자를 차례로 정복한 후에야 비로소 등장할 수 있었다. 제국은 정복한 도시의 독립적인 삶과 자치권을 가능한 한 지켜주고 자국의 목적을 위해 이용하는 통치 조직으로 통합했다. 통치 기능의 위임은 자유롭고 개방적인 시민권 부여 및 군 복무의 통합 작용('로마화')과 결합해 로마 성공의 비결이 되었다.

이 모든 것 덕분에 로마는 제국 시대에 이르기까지 셀레우코스와 프톨레마이오스의 헬레니즘 제국들이 수 세기 전 동방에서 발전시킨 것과 같은 체제—인력과 비용이 많이 들어가는 관료제, 제국 전체에 걸친 '행정 관청' 및 재정 체제—를 구축할 필요가 없었다. 그러나 테베레강 유역의 영주들은 그들이 연결할 수 있는 적절한 구조가 존재하는 곳에서만 성공할 수 있었다. 그들은 중부 유럽과 아라비아사막 지대, 메소포타미아 지역에서 한계에 부딪혔다. 그 세계의 동쪽과 남쪽 지역은 지중해 서쪽만큼 비(非)군주제 도시 국가의 전통을 알지 못했지만, 현저한 문화적 간극으로 인해 문명과 분리되어 있었다.

인도와 중국도 마찬가지였다. 마가다의 왕들은 테베레강 유역의 도시처럼 기원전 500년경부터 경쟁자들을 차례로 물리쳤다. 하지만 지중해 지역과 달리 제국 동맹의 일원으로서 독자적인 통치 기능을 수행할 수 있는 비군주제 도시 국가의 광범위한 토대는 존재하지 않았다. 그래서 마우리아 왕조는 기원전 4세기부터 중앙 정부에서 종속 영토와 부족 연합을 통제하기 위해 큰 비용을 들여 관리들을 고용해야 했다. 하지만 그것은 마을 원로와 씨족장들의 영향력 때문에 결국 실패로 돌아갔다.

전국 시대를 거치며 형성된 진나라와 한나라 '제국'에서는 상황이 훨씬 더 극단적이었다. 그들의 성공 모델은 타협을 바탕에 두었다. 한편으로는, 농민의 토지를 옛 지주의 관할권에서 해방하고 그들의 간섭으로부터도 보호했다. 다른 한편으로, 농민의 토지에 세금을 부과하고 군대 징집의 배타적 원천으로 활용할 가능성을 열어두었다. 정치적 중앙 집권화와 자유롭지만 엄격하게 통제하는 토지 소유는 상호 의존적이었다.[13] 전체 시스템은 독립적인 도시가 아니라 마을과 소규모 정착지에 근거했다. 도시가 지역 세력 부활의 기반이 될 수 있고, 그러면 명목상의 제후와 마찬가지로 통제하기 어려웠기 때문이다.

따라서 제국의 이익을 위해 안정을 확립하는 유일한 방법은 중앙에서 임명한 관리들의 네트워크를 통한 **직접** 통제였으며, 이는 근대에 이르기까지 중국 역사를 형성한 전통이었다. 관리들의 지배력은 마을에까지 이르렀고, 노동력과 군사력 측면에서 가정에도 영향을 미쳤다. 비록 정보가 지역 수준에 머물렀고 광활한 거리를 거쳐 중앙으로 직접 전달되는 일은 드물었을지라도, 이러한 시스템 이면에는 사회와 인간에 대한—천상계와 지하계에서 유사한 위계와 통제를 가정하는—가부장적 관점이 자리 잡고 있었다. 하늘의 신이 위임한 아버지 역할을 부여받은 통치자는 모든 사람을 자식처럼 감독하고, 그들에게 정치적으로 독립적인 역할을 인정하려 하지 않았다. 자율적인 도시 공동체와 의회에 통치 업무를 위임하는 것은 거의 불가능했다. 그런 일은 중앙에서 임명한 관리들에 의해 수행되어야 했다. 무엇보다도 법가의 가르침과 일치하는 이러한 생각은 인도에서도 이상(理想)적으로 퍼져나갔고, 이는 당(黨)이 중국 아이들의 복지를 돌보는 현명한 아버지 역할을 하는 오늘날까지 이어졌다. 이런 사고방식은 '교육받지 못한' 정치적으로 무능한 대중에 대한 뿌리 깊은 불신에서 비롯되었다. 대중은 자신의 이익을 위해 이끌리지만 주도권을 행사할 수 없고, (악의 세력에 유혹되지 않는 한) 결코 그렇게 행동할 수 없는 존재였다.

우리는 지중해-로마의 위임 원칙과 중국의 국가 관리에 의한 통제 원칙 가운데 어느 시스템이 역사적으로 더 성공적이었는지 숙고해볼 필요가 있다. 두 제국, 즉 로마 제국과 한 제국 모두 전쟁과 테러·폭력을 통해 건국의 길을 닦았다. 두 제국 모두 야심 찬 **군벌** 간의 경쟁적 투쟁에서 시작되었으며—다른 제국들과 마찬가지로—외부 위협에 대한 반작용으로서 성립했다. 모든 제국은 자기 힘을 새롭게 모으고 조직하기 위해 실존적 위협이라는 바늘구멍을 통과해야만 했다. 당시 신흥 제국들이 정치적·생태적으로 이질적인 환경 속에서도 그 존재 이유를 증명하고 광활한 지역을 하나의 영토로 통합할 수 있었던 것은 가장 성공적인 계획을 관철할 때까지 창의적인 해결책을 모색했기 때문이다. 기꺼이 배우고 적응하려는 의지는 페르시아가 서로 다른 민족과 문화를 통제해야만 했던 근동에서도 모든 성공적 통치의 기반이었다.

로마 제국과 그 세력권에 있던 지중해 지역은 새천년 전환기부터 기원후 200년경까지 전례 없는 평화를 누렸다. 그리고 이른바 '로마 기후 최적기'라 불리는 우호적인 기후 조건에 힘입어 19세기에야 비로소 다시 이뤄낸 경제적 번영을 구가했다. 그러나 한나라는 생태적으로 다양한 거대 지역에서 경제적 성공을 거두었다. 한나라는 무엇보다도 토지 소유와 전쟁의 성공에 의존하는 것보다 세금에 기반한 정책이 장기적으로 안정적이고 수익성이 더 높다는 경험을 확증해준다. 그러나 후한 제국은 로마 제국보다 정치적으로 좀더 불안정했다. 하지만 위기와 내전 그리고 그 내전과 결부된 왕조 교체에도 불구하고 20세기에 이르기까지 중앙 집권적 통치라는 군주제 원칙에 의문을 제기하지 않았다는 사실이 중국 모델을 뒷받침한다. 따라서 아마도 두 시스템 모두 각각의 생태적·정치적 환경과 그곳에서 지배적이던 전통에 가장 적합한 해결책이었을 것이다.

논란의 여지가 없는 것은 일찍이 중국에서 고대에 거의 완벽하게 추구했던 통제 원칙도 **경제적 안정과 번영**을 가져올 수 있었다는 점이다. 고대인은 기본적인 안보의 필요를 충족하고, (질서 있는) 경제 체제를 구축하고, 전쟁·가뭄·강도 또는 권력 남용 같은 위험으로부터 자신을 보호할 경우 국가의 개입을 받아들였다. 더 나아가 거주 도시는 거대한 경제 및 수요 중심지로서 교역과 농업을 촉진하고 합병 지역들로, 심지어는 제국 국경 너머로까지 확장되었다. 신아시리아 제국의 확장은 그 후계자인 페르시아 제국의 확장과 마찬가지로 이전 적대자의 영토도 비옥하게 만들고, 유목민 또는 반(半)유목민 종족과의 교류를 촉진하는 보호받는 경제 공간을 형성했다. 공화정 후기 이후 로마 제국의 부상은 켈트족 및 게르만 부족과의 교역 증가로 이어졌다. 그들과의 무역은 에트루리아, 마실리아와의 교역량을 앞질렀다. 극동에서도 유사한 발전이 있었다는 증거는 한 제국이 흉노하고의 전쟁과 타클라마칸 진출 과정에서 건설한 국경 시장과 군사 식민지에서 찾아볼 수 있다. 아울러 규모는 작지만 근동 제국과 그 후계자 그리고 시리아-아라비아사막 유목민 사이의 관계에서도 관찰할 수 있다.

이러한 교류의 결과로 국경 지역의 군사 주둔지와 정착지, 더 나아가 거점과 토착민 거주지에 생겨난 오아시스 도시들은 기술적 전문 지식 그리고 점점 더 다양한 상품과 생산물을 유통하는 지역 간 교역의 중심지로 발전했다. 지중해 도시들은 집중적인 교역을 통해 서로 그리고 더 넓은 세계와 연결되었다. 그들은 관세와 항구 사용료를 통해 가장 안정적인 수입을 얻었다. 알렉산드로스의 정복 원정 이후 '두 번째 식민지화'와 더불어 그리스 도시 문화가 헬레니즘 제국 형성의 틀 내에서 인도로까지 퍼져나가고, 몇 세기 후에는 로마 제국이 서유럽의 도시화를 추동했다. 이때 유라시아 지역의 해상 및 육상 교역로가 전 지구적 연결망으로 성장했다. 이러한 연결망은 군사적·정치적 또는 생태적 이유로 인해 그 기둥 가운데 하나가 약화하기는 했어도 결코 완전하게 파괴되지는 않았다. 여기서 북방의 기마 유목민과 남방의 사막 변두리 거주민은 자신의 상품을 세계 네트워크에 공급하고 장거리 교역을 조직했다. 새로운 행위자들은 항상 자신에게 주어진 기회를 이용할 준비가 되어 있었다. 쿠샨 제국이 전형적인 예다. 쿠샨 제국은 인도 북부와 아프가니스탄에 거미줄처럼 얽힌 전 세계적 연결망을 적절히 활용했다. 이는 지배 엘리트가 주어진 상황에 기꺼이 자신을 끼워 넣을 때 유목 전통과 도시 전통이 어떻게 행복한 결합을 이룰 수 있는지 보여준다.

어떤 형태와 밀도로든 도시 없이는 제국도 있을 수 없었다! 도시, 도시와 유사한 요새 그리고 오아시스는 통치자가 어느 정도 안전하게 넓은 지역을 통제하고 보호하며 국고를 채울 수 있는 병참과 조직, 재정·경제적 전문 지식을 제공했다. 물론 모든 고대 제국은 근대의 영토 국가와는 아주 달랐다. 그들은 세금 징수, 때로는 물류 지원, 군사적 보호 같은 가장 기본적인 기능에 집중해야 했다. 그러나 아마도 대제국은 많이 소비하고 생산하며 투자한 덕뿐만 아니라, 바로 그러한 까닭에 중요한 경제적 추동력이 되었을 것이다. 도시는 인도와 로마 제국의 사례가 증명하듯 유연하고 적응력이 뛰어나며 생존 능력이 있는 것으로 나타났다. 많은 경우 도시는 심지어 대제국보다 오래 살아남았고, 새로운 제국으로 통합되기도 했다. 도시와 제국은 원거리 교역에 필요한 정치적 틀을 형성했다. 상인, 장인, 은행가 그리고 해마다 고된 노동을 하는 농부는 기원전 500년에서 기원후 200년 사이에 일어난 경제 부흥의 주역이었고, 이는 엄청난 이동 및 이주 능력과 결부되어 있었다. 세계적 도시 알렉산드리아의 필론(기원전 15~기원후 40)이 요약했듯 "수많은 인간이 지구의 모든 지역을 돌아다니고, 때로는 가장 먼 곳까지 서둘러 바다를 건너고, 만(灣)을 탐험하며 광활한 지구에서 아무것도 미개척지로 남기지 않는다".[14]

고대 종교의 자유로운 이동은 이러한 발전의 일부였으며, 아마도 유라시아 고대에서 가장 중요하고 확실히 가장 오래 지속된 주요 현상일 것이다. 모든 종교는 자연과 죽음의 가혹함 앞에서 상대적 무력감을 경험하며 형성된 삶의 세속적인 행동과 신념의 토대 위에 세워졌다. 초자연적 힘을 달래고 죽음을 극복하기 위해 모든 고대 사회는 유사한 의식—신이나 신성한 자연력 그리고 우주 현상(하늘, 땅, 달, 태양)에 대한 희생 제물, 정교한 형태의 매장, 조상 숭배—을 발전시켰다. '신성한' 것에 특별히 친밀한 카리스마적 샤먼들이 지상 세계와 초자연적 또는 지하 세계 사이의 중재자 역할을 했다. 엑스터시 재능을 갖춘 샤먼 유형은 유라시아의 넓은 지역에 걸쳐 존재했다. 그 뒤를 이어 정화 사제, 점쟁이, 구원의 전령이 등장했다. 이들은 종종 불편한 존재이긴 했어도 사회에 안정성과 방향을 제공하고, 통치를 종교적으로 정당화하며 신의 영역과 결합하는 데 없어서는 안 될 존재였다. 지상 세계와 초자연적 세계 사이의 경계를 극복할 수 있다는 걸 의심하는 사람은 거의 없었는데, 특히 농촌 주민들 사이에서는 더욱 그러했다. 이곳 사람들은 자연에는 악령, 영혼, 신적인 힘이 침투해 있으며 거룩한 사람, 비를 내리는 사람, 빵을 늘리는 사람, 치료하는 사람이 신적인 힘을 활용해 자연을 조종할 수 있다고 확신했다.

기원전 1000년경 철기 시대가 시작되면서 삶과 죽음, 지상 세계와 신적인 세계 사이에—이전에는 쉽게 넘나들 수 있었던 경계에—더 높은 장애물을 설치하는 경향이 처음으로 나타났다. 사람들은 신적인 대화 상대나 신격화한 조상으로부터 거리를 두었고, 많은 곳에서 인간이 거의 근접할 수 없을 만큼 보편적 권리를 요구하는 신들이 더 큰 지배력을 갖게 되었다. 자라투스트라는 아후라 마즈다의 구원 소식만을 받아들였고, 야훼는 시나이산 체험 이후엔 자신의 백성에게 거의 말을 하지 않았다―말을 하더라도 예언자의 입을 통해서만 했다. 중국에서는 주나라의 천신이 더는 희생 제물의 영향을 받지 않고 통치자와 백성의 운명을 주권적으로 결정했다. 인도에서는 불멸하는 자들의 세계를 인간에게 열어준다는 브라만교의 희생 관행이 설득력을 잃고, 세상의 고통을 극복하는 데 신이 아닌 인간에게 의존하는 가르침과 경쟁하게 되었다.

언제나 그렇듯 이러한 현상은 복잡한 사회적·정치적·경제적 발전과 맞물려 있었다. 유라시아의 많은 지역에서 기원전 6세기 이후 도시의 부상, 경제 부흥, 대제국의 등장으로 씨족 같은 분절적인 사회가 서열에 따라 조직된 도시 사회로 대체되거나 그러한 사회로 발전했다. 신에 대한 오랜 관념, 희생 제사, 조상 숭배가 완전히 버려진 것은 아니다. 특히 시골 지역에서는 이러한 관념이 여전히 남아 있었다. 그곳 사람들은 엘리트 사제단이 접근할 수 있는 (그러나 가족은 접근할 수 없는) 멀리 떨어져 있는 신을 받아들이기 어려워했지만, 생존을 위해서는 수많은 조력자와 신이 필요했다.

항구와 오아시스 도시, 유목 세계와 맞닿아 있거나 접촉하는 거주지 및 식민지에서는 상황이 달랐다. 이곳에서 살거나 교류하는 사람들은 특히 민족적으로 이질적인 배우자를 선택할 때 낯선 영향에 한층 개방적이었다. 이러한 영향은 특정 상황에서, 그리고 종종 소규모 종교 단체나 카리스마 넘치는 개척자('창시자') 주도하에 새로운 사상 체계를 형성했다. 이들은 거의 언제나 한편으로는 종교적 전통이 서로 경쟁하고, 다른 한편으로는 정치적·군사적·사회적·경제적 변화로 인해 위기감이 조성되는 상황에서 지금까지의 종교적 주장이 만족스러운 대답을 제공하지 못하는 곳에서 등장했다. 이란 북동부의 스텝 지대와 산악 지역에서는 기원전 900년경부터 유목민 전사 집단이 토착 사회 구조를 위태롭게 만들고 많은 목축 가족을 압박했다. 400년 후 갠지스강 북동부 지역의 도시 왕들 사이에서 벌어진 경쟁은 세금 압박 증가, 군사·정치 엘리트에 의한 대규모 토지 소유, 광범위한 인구의 몰락(수드라, 171~172쪽 참조)과 결부되어 있었다.[15] 거의 같은 시기에 중국에서는 전국 시대의 권력 투쟁이 격화되었다. 그리스인 정착지에서는 기원전 7세기 이후 폴리스 내부의 갈등(스타세이스(staseis))과 먼 곳의 새로운 정착지로 인해—고대 '호메로스'의 신들이 제공할 수 없었던—방향 제시와 자기 확신에 대한 욕구가 커졌다. 팔레스타인에서는 기원전 6세기에 히브리인들이 왕국의 몰락과 유배에 따른 무력감에 대처해야만 했다.

물론 새로운 종교 구성체는 사람들이 경제적·군사적 또는 정치적·사회적 위기와 위협을 겪는 곳에서만 발전한 것이 아니다. 팔레스타인이 페르시아 통치하에 경제적으로 안정되고 있을 때, 히브리 엘리트와 사제들 사이에서는 '야훼 유일신 운동'이 영향력을 얻었다. 예수 운동은 헤롯 안티파스 치하에서 세금 인상에도 불구하고 상대적으로 경제적 호황을 누리던—갈릴리 호수의 비옥한 지대에 있는—갈릴리 지역에서 일어났다. 영혼의 신성에 관한 새로운 가르침이 지중해 전역으로 퍼져나간 것은 폴리스들이 경제적으로 성장하고 생활 조건이 안정되면서부터였다. 갠지스 지역에서 불교가 부상한 것도 마찬가지다. 특히 그리스도교는 로마 제국 초기 몇 세기 동안의 전례 없는 경제적·정치적 안정기에 확산했다.

이러한 단계들은 그에 더해 군사적·정치적·경제적 변화로 인해 사회적 규범과 전통적 확실성이 흔들릴 때 광범위한 결과를 가져온다. 기원전 700년에서 기원전 500년 사이에 지중해 지역과 (뒤이어) 북인도 세계에 화폐 경제가 확립되고, 이와 더불어 지역 간 교역과 도시 노동의 전문화가 확대되자, 이는 새로운 직업에 대한 전망을 열어주었을 뿐만 아니라 불안한 가속 현상에 대한 인식도 강화했을 것이다.[16] 두 가지 모두 사람이라면 누구나 스스로 방향을 잡을 수 있는 보편적 원리가 개별적인 신들 위에 존재할 수 있다는 생각과 연결되었다. 마치 돈과 교역이 모든 사람에게 접근 가능하고 씨족 위계의 규칙을 깨뜨린 것처럼 말이다.

그런데 모든 경제적 약진, 모든 '근대화', 모든 정치적인 거시적 변화는 승자와 더불어 패자 또한 낳았다. 특히 대지주와 상인, 포도원 소유자보다 화폐화한 세금의 영향을 훨씬 더 강하게 받고 더 나아가 도시의 번영으로부터 혜택을 덜 받으며 구조적 변화에 대응하기 어려웠던 중소 농민들 가운데 패자가 많았다. 새로 등장한 정치 구성체는 종종 오랜 구조를 뒤흔들고 익숙한 질서의 해체를 동반했다.[17] 하지만 또한 이것만으로는 종교 개혁 운동의 출현을 설명할 수 없으며, 그렇지 않았다면 더 많은 혁신 운동이 일어났을 것이다. 여기엔 사람들이 대체로 조금 뒤늦게 깨닫곤 하는 무언가를 추가해야만 한다. 요컨대 오랜 종교 체계가 변화의 시기를 겪고 세상에 대한 좀더 매력적인 설명과 격렬히 경쟁하게 되면서, 이제 낡았을 뿐만 아니라 억압적이고 두려운 것으로 인식되고 그런 까닭에 새로운 제안으로 채워야만 하는 정신적 공백을 남긴다는 사실이 그것이다.[18]

이러한 발전은 종종 지나치게 추상적인 설명과 (브라만의 희생 제사 같은) 형식주의적인 의식, (토라 같은) 종교적 율법 그리고 최고신이 사람들의 관심사와 점점 더 멀어짐으로써, 개인적으로 실체적이고 개별적으로 숭배할 수 있는 힘에 대한 인간의 욕구를 더는 만족시키지 못하는 곳에서 시작되었다. 인도에서는 최고신으로 부상한 비슈누와 시바(그리고 그들의 화신)가 이러한 욕구에 상응했고, 다음 시대를 규정하는 종교 발전의 새로운 단계, 즉 고대 힌두교를 끌어들였다. 팔레스타인과 지중해권의 많은 지역에서는 예수(그리스도)가 성육신으로서, 자기 백성에게 거의 말을 하지 않았던 아버지 야훼가 남긴 정신적·공감적 공백을 메웠다. 그리고 뒤이어 사람들에게 어머니의 사랑과 보호받고 있다는 감정을 전하기 위해 성모 마리아가 추가되었다. 중국에서는 노자와 붓다가 시골의 서민들에게도 불멸의 세계를 열어준 신의 대열에 올랐다. 대승불교는 도가의 가르침과 함께 "모든 사람을 위한 지복의 종교"(알프레트 베버)가 되었다.

이러한 개혁 운동은 흔히 일반 대중에게도 구원과 깨달음을 나눌 기회를 제공했다. 예수가 부정한 죄인으로 낙인찍힌 이방인에게 그랬던 것처럼, 또는 도교의 스승들이 시골 사람들에게 '덕행'을 통해 불멸을 얻을 수 있다고 약속했던 것처럼 말이다. 초기 그리스도교인에게 예수를 본받고 따르는 것은 삶의 윤리적·도덕적 나침반으로서 토라의 오래된 개별 율법을 대체했다. 구원에 이르는 길의 사회적 개방('민주화')과 삶의 척도이자 전체의 인격화로서 개별적으로 경험하고 숭배할 수 있는 '신들'—이러한 결합은 종교가 고대 유라시아 사람들에게 줄 수 있는 가장 매력적인 제안 가운데 하나였다.

이는 앞서 언급한 발전과 적어도 간접적으로 결부된, 유라시아를 가로지르는 또 다른 유사점을 시사한다. 모든 공동체에는 **도덕적 질서**가 필요하다. 이러한 공동체의 구성원이 서로를 죽이거나 도둑질하거나 거짓말하지 않는 것, 결혼 제도와 부모·노인·약자를 존중하는 게 유익하다는 것은 분명하다. 이는 소규모 친족 집단, 씨족과 마을 공동체에서는 명시적으로 언급할 필요도 없다. 그러나 마을과 친족 연합 위에 군림하는 대규모 집단이 형성되거나, 도시·왕국·제국이 넓은 지역에 걸쳐 다양한 활동과 전통을 지닌 이질적인 인간 집단을 통합할 때는 상황이 달라진다.[19] 이들은 서로를 죽이고 거짓말하고 강탈하는 데 매우 익숙했다. 교묘한 거짓말은 오디세우스의 성공 모델이다. 남을 속여서 이득을 취하는 것은 고대 그리스에서 권력자, 더 나아가 상인의 특권으로 여겨지기도 했다. 내전과 외부에 대한 공격은 도시 국가 존립의 일부였다. 모든 제국은 폭력과 더불어 생겨났고, 진실과 충성의 계명을 결코 지키지 않는 반란 세력을 고려해야만 했다.

늦어도 이 시기에 종교가 등장했다. 도시 신에 대한 공통된 숭배는—정치 제도를 공고히 하는 것과 더불어—폴리스 주민을 하나로 묶어주는 필수적인 유대감이었다. 대제국의 통치자들은 종종 보편적 질서 또는 법의 원칙(마아트, 담마, 아르타)을 내세웠다. 또한 이 법의 원칙에 따라 정의롭고 지혜로우며 거짓 없이 나라를 다스리고 백성을 목자나 아버지처럼 돌보라고 그들에게 위임한 신 또는 신성한 힘, 예컨대 전쟁에서 성공을 거둔 훨씬 더 강력한 사람에게서 처음에 기대할 수 있는 것과 정반대되는 것을 불러들였다. '하늘의 명령(天命)'은 중국 통치자들에게도 이와 비슷하게 덕 있는 행동을 요구했고, 이것이 20세기 초까지 중국 정치 이데올로기의 기초를 형성했다. 아소카조차 다르마 프로그램을 전파할 때 스스로를 '신의 사랑을 받는 자'라고 묘사했다(230쪽 참조).

통치자 중심적이고 종교적 외피로 둘러싸인 이러한 윤리는 권력자를 강화했지만, 동시에 그들을 비판에 취약하게 만들었고 (이론적으로는) 신과 인간이 기대하는 바를 더 이상 충족하지 못할 경우 권력을 포기하도록 강요하기까지 했다. 통치자 중심의 이 같은 종교 윤리는 철학자와 지혜로운 스승들이 발전시킨 윤리와 종종 겹치며, 어느 정도 갈등을 빚기도 했다. 철학자와 스승들은 인간의 약점과 욕구를 관찰함으로써 무엇이 사람들의 행동을 '선한' 것으로 규정하는지에 대한 물음에 답하고자 했다. 그들은 '신성'이나 '하늘'을 원초적 권위로 받아들이고 그걸 세속적 규칙보다 우선시했지만(소크라테스 역시 자기 내면의 목소리를 '신성한' 것으로 이해했다), 인간 자신(또는 그의 영혼)을 학습 가능한 행동 규칙을 개발하는 출발점으로 여겼다. 델포이의 신은 명시적으로 "너 자신을 알라"라고 요구했다.

이와 대조적으로 도시가 아닌 반(半)유목적 환경(팔레스타인, 이란 북동부)에서 등장한 종교적 윤리는 인간 또는 인간 집단의 신에 대한 관계에 기반을 두었다. 모세와 자라투스트라의 계시에 호소했던 사제들은 마을과 반유목 사회에서 관습적이고 필수적이던 윤리 규범을 고려했다. 그러나 이제 그들은 '선하고' '의로운' 신만을 '좋은' 삶의 기준과 정당화 근거로 추켜세움으로써 그러한 규범을 새로운 종교적 차원으로 끌어올렸다. 이러한 삶은 '종교적 구성원'이라는 집단 안에서, 신 앞의 '선함' 속에서 실현된다. 죄는 불결함과 동일시되고, 신과의 친밀은 순결함과 동일시된다. 이 두 가지 모두 종교 공동체의 동일성을 강화하고, 그들과 다르게 생각하고 행동하는 사람들을 구분 짓는 데 이바지했다. 여기에는 철학자들이 추구했던 것과 같은 중재 대신 대립이 존재했다. 그런 까닭에 이러한 종교적 윤리는 그리스인이나 공자의 철학적 윤리와 달리 사탄 세력을 악의 화신으로 인식했다.

두 가지 윤리 모델은 포괄적 위기, 특히 전쟁, 무력감, 경제적 어려움과 변화의 결과를 경험함으로써 하나로 합쳐졌다. 여기에는 정치적 맥락과 전통에서 비롯된 중첩과 발현도 있었다. 소크라테스가 창시한 그리스 윤리가 개인의 학습 능력에 신뢰를 두고, 의심스러운 경우 정치 공동체로부터 이러한 윤리를 '자율적으로' 보호했던 것은 아마도 지중해 도시 공동체에서만 발생하고 보존될 수 있었던 현상일 것이다. 이는 어떤 측면에서 불교의 '이성적' 카르마 교리와 유사하지만, 오늘날까지도 일부 동양 사상가들의 몰이해를 불러일으키곤 한다.

그에 반해 자라투스트라 추종자들은 오랫동안 느슨하게 연결된 마을과 목부들의 세계에서 살았다. '선'을 선택한 사람들은 혼돈과의 싸움에서 창조주 신을 뒷받침했고, 개인의 영혼 구원과 종말에서 선의 승리를 기대할 수 있었다. 세속의 지배자들도 이 전투에 참여해 아후라 마즈다의 규범에 따라 통치권을 행사했는데, 페르시아 왕 다리우스와 그의 아들에 이르러서야 비로소 자신의 정통성을 위해 이를 사용했다(206쪽 참조). 기원전 5세기에 중국의 묵가를 창시한 묵자는 최고의 '세계 신'을 지향하는 도덕의 역할에 다른 강조점을 두었다. 요컨대 '하늘'은 무엇이 선이고 악인지 알고 있다. 하지만 하늘은 각각의 개인이 아니라 **오직** 통치자와 정치적·사회적 엘리트에게만 열려 있었다. 지배 왕조가 없거나 그들의 통치가 더는 하늘의 규범에 부합하지 않을 경우, 새로운 왕조로 대체되었다. 민중이나 심지어 각각의 개인조차도 기껏해야 엘리트를 통해 간접적으로만 언급되었을 뿐이다. 그들은 결코 개별적으로 등장하지 않았다. 엘리트의 가르침을 순종적으로 따르는 한에서만 도덕적·종교적 세계의 구성원에 포함되었다. 왜냐하면 (개인은 말할 것도 없고) 민중은 혼자서 또는 통치자의 인도 없이는—공자도 이러한 원칙을 지지했다(188~189쪽 참조)—도덕적 결정을 내리거나 하늘의 도덕적 지침을 따를 수 없다고 믿었기 때문이다. 지혜로운 아버지가 자녀에게 무엇이 옳고 그른지 가르치듯이 엘리트들은 민중에게 어떻게 행동해야 하는지 지시해야 했다. 이때 그에 대한 보상은 세속적인 것에 머물렀다.[20] 하늘로 올라가는 것도, 세상의 구원에 참여하는 것도 아니었다. 오직 권력자의 보호 아래 물질적으로 만족스러운 삶을 사는 희망만 있을 뿐이었다. 이 모델은 중국 제국의 기반을 이룬 통치와 감독 원칙에 대한 이해와 일치한다. 이것이 외부에서만, 즉 도가에 의해서만 깨뜨릴 수 있는 폐쇄된 제국을 형성하는 데 이바지했다. 아울러 사회적·정치적 엘리트를 교육의 역할에서 배제해야만 권위적인 속박에서 벗어날 수 있었다(406~407쪽 참조).

중국에서는 천신에 의해 정당성을 부여받은 통치자가 도덕적 의사결정의 시작점에 서 있었던 데 반해, 이란의 조로아스터교에서는 개별적 인간 또는 모든 사람의 총합으로서 민중이 그 중심에 서 있었다. 유라시아 종교의 다양한 변종은 모두 이 두 극단 사이에 있다. 아소카의 담마/다르마 교리는 '위로부터의' 가부장주의적 도덕 모델과 유사하다(231~233쪽 참조). 그는 또한 신민에게 어린이 같은 행동 원칙을 따르도록 권고했으며, 통치자로서 자신의 행동에도 그것을 적용했다. 그가 제국의 국경을 넘어 서역으로 다르마/담마 사절을 파견했다는 사실에서 그의 보편주의적 주장을 읽을 수 있다. 그러나 주나라와 달리 아소카는 하나의 보편적인 신, 즉 하늘 신의 권위에 의존하지 않았다. 왜냐하면 신들은 "윤리적 존재"〔얀 곤다(Jan Gonda)〕가 아니었기 때문이다. 어떤 인도인도 회개하는 '죄인'으로서 신에게 개인적으로 용서를 구할 생각은 하지 않았을 것이다. 따라서 아소카가 불교적·그리스적 미덕을 신뢰했다면(232~233쪽 참조), 이는 **도덕적** 행동을 신의 계명에 대한 순종이 아니라 고통에서 벗어나 카르마를 개선하고 해탈에 이르는 길로 이해한 인도인의 사고와 일치하는 것이었다.

윤회의 가르침과 결부된 도덕 개념도 이와 유사하다. 조로아스터교는 아후라 마즈다를 지향하는 '선'과 '착한' 삶을 선택하는 것은 죽음 이후의 영혼에 하늘의 세계를 열어주지만, '악'을 선택한 사람은 지하 세계로 떨어진다는 데서 출발했다. 서양에서 그토록 끈질기게 이어져 온 천국과 지옥의 대립은 여기서 비롯된 것이다. 피타고라스학파와 오르페우스교도에게도 미덕이 있고 (고기를 먹지 않는) 절제된 삶은 영혼을 윤회의 굴레에서 해방하고, 천상의 고향으로 가는 기회를 열어주었다. 여기에 인도 《우파니샤드》의 영혼 교리에서도 중요한 역할을 하는 요소, 요컨대 영혼의 신적인 기원과 우주 전체의 합일, 즉 프네우마(pneuma) 또는 아트만에 대한 **지식**과 **통찰**이 더해졌다(393쪽 참조).

도덕적 주장과 결합한 통찰 및 지식은 구원을 얻기 위한 전제 조건으로서 종교적 갱신의 두 번째 중요한 요소였다. 종교 신도들에 따르면, 진실을 의미하는 지식은 고대 지혜에 기반을 두고 있으며, 신과의 배타적인 친밀함과 만남을 통해 종종 황홀경 같은 상태에서 습득 또는 계시되었다. 또한 일반적으로 사제와 성직자만 접근할 수 있는 비밀스러운 지식은 구두로 보존·전승되었다. 그러나 일정한 시간이 지나고, 대개는 정치적 상황이 변화하면서 문서로 기록할 필요성이 커졌다. 기원전 900년에서 기원전 500년 사이에 확산한 종교 운동의 핵심에는 성스러운 경전뿐만 아니라 문자로 기록된 계시, 기도문, 노래가 포함되었다.

책, 지식 그리고 통찰은 처음에는 충분한 시간을 갖고 자발적으로 금욕을 실천할 여유가 있는 엘리트 계층을 대상으로 삼았다. 구원 약속의 '민주화'와 도덕의 사회적 보편화는 교사, 철학자, 카리스마적 인물이 사회적·직업적 지위와 관계없이 사람들에게 과도한 요구를 하지 않고 구원의 문을 열어주는 가르침을 전하면서부터 시작되었다. 이러한 측면에서 중도적인 불교와 도교 그리고 예수 운동은 서로 비슷하며, 특히 후자는 세상의 종말이 가까웠고 개종이 필요하다는 불안을 통해 더욱 힘을 얻었다.

근동은 특히 복잡한 발전 지역이었으며, 고대부터 문명의 이동과 교역이 겹치는 중심지였던 데에는 이유가 있다. 이곳에서는 스스로 창조를 시작했거나 도움을 준 강력한 신들을 숭배했다. 그리고 이후 다른 신을 자신의 신들에게 복속시켰다. 이러한 현상은—우주적인 자연의 힘이 그 자체로 존재하며 어떤 인격화한 신에 **완전히** 흡수되지 않은— 시골, 인도 북부와 중국의 마을 그리고 스텝 지대에서는 드물었다. 탄생과 죽음 그리고 부활과 영원한 삶에 대한 전망은 이러한 힘들의 상호 작용 속에서 이루어졌다. 거룩한 사람들은 이러한 힘에 영향을 미칠 수 있었다. 하지만 결코 신적인 존재가 생전과 사후의 인간 운명을 전적으로 책임지는 것은 아니었다. 오히려 중국에서는 신들 자체가 죽음의 대상이었다.[21] 그들은 악령처럼 재앙을 가져왔지만, 세계의 역사와 진로를 완전히 결정하지는 못했다.

이란과 근동에서는 상황이 달랐다. 여기서는 기원전 1000년대 중반부터 우주를 창조하고 세상의 운명을 **처음부터 끝까지** 손에 쥐고 있는 아후라 마즈다와 야훼가 자리 잡고 있었다. 그에 따라 믿는 자들의 윤리는 신을 향해 있었고, 신의 뜻에 대한 해석과 신을 따르기로 한 결단에서 생겨났다. 그에 반해 그리스·인도·중국에서는 창조주를 향한 그러한 삶과 세속적 지향이 존재하지 않고 통치자에게 **종교적** 윤리의 초점을 맞추었다. 따라서 현세의 정치적 요구를 따르고 죄악을 **인간 내면의** 문제로 여기는 윤리가 발전할 수 있었다. 인도에서는 담마의 '세계 정의'가 사회적 행동 기준을 형성했다. 불교는 통찰을 강조했다. 그들의 계율, 즉 판카실라(pancasila)는 신적인 구속 없이 작용하며 명상으로 절정에 달하는 보편적 규범(살생과 절도 금지)이 담겨 있다. 인도와 그리스의 신들은 제우스처럼 '정의를 대표'하더라도 개인적 행동의 도덕적 사례로서 종속적인 역할을 했다. 왜냐하면 그들 자신도 부도덕하게 행동하고 카르마의 지배를 받았기 때문이다.[22] 인도의 전사와 고행자들은 기꺼이 죽겠다는 의지와 자기 수양을 통해 신들이 내린 불의를 바로잡을 수 있다고 믿었다.

이와 대조적으로 조로아스터교와 히브리인의 신은 자기 결정적이고 주권적으로 행동했다. 인간의 고난과 죄악은 신의 계명을 외면했거나, 악의 원리에 대항하는 싸움에서 최고신을 지지하지 않기로 한 결정에서 비롯된 것으로 해석되었다. 두 사건 모두 외부의 위협과 지상의 패배에 따른 반응이었다. 야훼 유일신 운동은 제국의 상실과 유배로 인한 충격적 굴욕을 보상하기 위해, 전통적인 신의 개념을 뛰어넘고 신의 **보편적** 유일성을 **일개** 민족하고의 계약적 관계와 결합한 것이다. (바빌론과 아수르의 도시 신들도 그 민족 및 왕과 특별한 관계를 맺었지만, 왕이 성공하는 한에서만 그러했다.) 왕권의 종교적 아우라는 종말론적 메시아에게로 옮겨갔고, 이스라엘 민족 전체가 왕의 자리에 올라섰다―이는 근동에서 그 자체로 낯선 개념이었다. 신은 이렇게 말했다. "너희는 내게 대하여 제사장 나라가 되고 거룩한 민족이 될 것이다."[23] 그러나 백성이 토라의 계명을 따를 경우에만 한때 그들을 노예 상태에서 벗어나 약속의 땅으로 인도했던 야훼의 보호와 도움을 기대할 수 있었다. 야훼는 억압받는 공동체의 자유와 안전을 보장하는 영원한 상징이었다.[24]

인도의 구원 교사들은 고통에서 **벗어날** 수 있다고 약속했다. 하지만 창조주에게 복종하는 사람들은 신이 (다시) 자비를 베풀고 투쟁과 고통도 언젠가 신이 정한 종말을 맞이할 것이라는 희망을 갖고 그 고통을 **견뎌야만** 했다. 그렇지 않으면 창조 전체가 의문에 휩싸일 것이기 때문이다. 인간의 도덕적 연약함과 악의 유혹적인 힘을 고려할 때, 창조주의 종교 세계는 끊임없이 새로운 시작과 종말의 총체적 변화를 필요로 한다. 이러한 원초적 상태의 회복은 도교 사상에서 생소한 것이 아니었지만, 종말의 총체적 변화에 대해서는 알려진 게 없다. 인간은 힘의 **균형**을 깨뜨렸고, 자연에 따라 행동하지 않았다. 도교의 현자들은 거기서 부정적 발전의 원인을 보았고, 그것을 신의 뜻과는 무관하게 원래 상태로 되돌리고자 했다. 그에 반해 히브리의 예언자들은 토라의 윤리적·제식적 준칙을 첨예화함으로써 야훼의 질서를 새롭게 하고 야훼에 대한 순종을 공고히 하고자 했다. 불교의 인도와 조로아스터교의 이란과 달리―둘 다 유목민과의 만남을 통해 등장했다―그들은 **개별자**의 영적 운명에 거의 관심을 기울이지 않았다. 이에 대해서는 가족과 마을이 책임을 짊어졌다.

이것이 바로 그 내부에서 개선이 시작될 수 있는 틀이었다. 훈계자와 예언자들은 숙련된 치유자처럼 충격적인 방식으로 선을 되살리기 위해 당대의 발전과 오래된 전통을―물론 예수와 마찬가지로 근본적 전환을 시도하긴 했지만―근거로 삼았다. 도시 출신 바울이 낡은 계약 관계('언약')와 도덕·순결 규정에서 벗어나 하나님의 아들 예수가 오로지 자신을 따름으로써만 모든 사람이 죽음과 죄를 극복하고 하나님 나라에 들어갈 기회를 열어준다는 믿음에 집중했을 때, 비로소 새로운 종교가 형성되기 시작했다. 새로운 종교는 유대교 갱신 운동의 지도자를 예배드려야 할 신으로 만들어냈다. 그 후 이 종교는 수많은 개별 분파로 나뉘어 치열한 경쟁을 하며, 신앙의 핵심 교리에 대한 다양한 해석을 발전시켰다. 그러한 분파들이 오랫동안 종교적 주장을 펼치는 과정에서 이질적인 존재로 인식되었다는 사실은 '이교도'에 대한 적대감과 국가적 박해에서 잘 드러난다. 4세기에 이르러서야 비로소 로마 제국과의 동맹이 이런 상황을 종식시켰다.

이로써 자신의 유일성과 다른 종교에 대한 구조적 무관용을 주장하는 한 종교가 승리를 거두며 새로운 시대를 열었다. 하지만 그 종교만 그런 게 아니었다. 수십 년 전에 자라투스트라의 가르침(조로아스터교)이 사산(Sassan) 제국에서 국교로 자리 잡고 《아베스타》를 정경으로 삼았다. 중국에서는 도교가 '거룩한 책'과 종교 기관을 통해 등장했다. 불교와 도교는 공식적 인정을 추구했고, 자신과 맞지 않거나 질서를 어지럽히는 다른 종파를 축출했다.[25] 새로운 시대가 도래하고 있었다.

그러나 고대가 산출한 모든 게 사라진 것은 아니며, 오히려 그 반대였다. 역사는 모든 걸 삼켜버리는 블랙홀이 아니다. 많은 게 더욱 발전하고 새로운 숙고를 거쳤다. 특히 크고 작은 교역망이 대부분 안정적으로 유지되었다. 때로는 교역망을 새롭게 연결하거나 확장하기도 했다. 서구가 대서양 쪽으로 관심을 기울이는 와중에도 중국과 인도는 지중해와 중동 세계에서 중요한 부분을 차지했다. 1492년 봄, 이탈리아 출신의 한 선장이 옛 페니키아 식민지였던 우엘바(Huelva) 근처의 에스파냐 항구 팔로스데라프론테라(Palos de la Frontera)에서 세 척의 배를 이끌고 서쪽으로 인도를 향해 항해를 시작했다. 일반적 견해에 따르면, 그 선장과 페니키아인 그리고 카르타고인의 발자취를 따라 아프리카 남단을 일주한 포르투갈의 위대한 선원들이 세계사의 새로운 시대를 연 것으로 평가받는다. 하지만 그들은 모두 고대의 전 지구적 연결과 낙관적 사고가 없었다면, 자신들의 성공은 상상도 할 수 없으리라는 걸 알고 있었다. 그리고 모두가 자신들이 같은 대(大)유라시아를 상대하고 있다고 확신했다. 서구에서 완전히 새로운 것을 발견했다는 사실을 깨닫기 전까지는 말이다. 하지만 고대는 일찌감치 이를 예감하고 있었다.

감사의 글

이 책은 수십 년에 걸친 연구의 결과이며, 그 성과 가운데 일부는 이전의 출판물에 이미 포함되었고 여러 강연에서 토론을 위해 발표하기도 했다. 중국, 인도, 중앙아시아 문화권을 유라시아 고대사와 통합해 설명하는 작업은 고대사를 비롯한 기타 전문 분야(인도학, 중국학, 유다학 등)의 친구 및 동료들의 도움을 받지 않고서는 불가능한 일이었다. 그들은 다양한 방식으로 나를 지원했고, 원고의 일부를 비판적으로 읽어주었으며, 언제나 내 질문에 기꺼이 대답하고 추가 정보를 제공해주었다. Ernst Baltrusch(베를린), Frank Bernstein(프랑크푸르트), Stanley Burstein(로스앤젤레스), Christian Ellinghaus(귀터슬로), Beate Engelen(빌레펠트), Thomas Fröhlich(함부르크), Sven Günther(창춘), Reinhard Kratz(괴팅겐), Thomas Oberlies(괴팅겐), Wolfgang Oswald(튀빙겐), Dorothea Rohde(쾰른), Lambert Schmithausen(함부르크), Walter Slaje(뫼들링), Roberto Tarpini(슈투트가르트), Barend ter Haar(함부르크), Kai Vogelsang(함부르크), Uwe Walter(빌레펠트), Michael Witzel(도쿄). 이 자리를 빌려 그들 모두의 인내와 도움에 감사의 말씀을 전한다. 특별히 Stanley Burstein(로스앤젤레스)에게 감사드린다. 그는 나와 약 10년 동안 고대 세계사의 기회와 위험에 대해 논의했으며, 이 책을 쓰는 동안 끊임없는 조언과 도움을 아끼지 않았다.

마지막으로 원고와 교정쇄를 세심하게 언어적·형식적으로 검토해준 빌레펠트 대학교 고대사학과의 공동 연구자들(Elias Grebing, Iris Kukla, Emma Lauhoff, Lea Katharina Neikes, Daniel Wache)에게 감사드린다. 또한 색인을 정리하고 교정을 맡아 귀중한 형식적·언어학적 조언을 아끼지 않은 Petra Kunzelmann과 도해와 지도를 신중하게 제작하고 초기 단계의 원고를 검토해준 클레트-코타(Klett-Cotta) 출판사의 Julian Hermann에게도 감사드린다. 언제나 그랬듯 클레트-코타의 Christoph Selzer와의 공동 작업은 순조롭게 진행되었다. 그의 끊임없는 격려와 지지 덕분에 이 책을 완성할 수 있었다.

2024년 가을, 빌레펠트에서
라이문트 슐츠

주

서론

1. Plutarch Crass. 19; 25(갈리아인).

2. Plut. Crass. 21-24. Cassius Dio 40, 20, 2-4; Florus 1, 56=3, 11, 8(비단으로 만든 깃발). 여름의 열기: Cass. Dio 40, 23, 4.

3. 전거는 Manthe 2014와 Boulnois 2012, 33-45.

4. 독일의 노력에 대해서는 Walter 2023이, 미국의 노력에 대해서는 Burstein 2007이 한 가지 결산을 제공한다.

5. Burstein 2022; Seland 2022.

6. Gehrke 2017 참조. 개별 지역에 대해서는 'The New Oxford World History' 시리즈의 Golden 2011 참조.

7. 19세기부터 20세기 중반까지 특히 인기가 있던 이 문명사에 대한 반대 의견은 수없이 많다. 비록 우리가 이 개념을 반복적으로 사용하고 있음에도 말이다. 입문적인 소개는 J. Osterhammel, Weltgeschichte, in: S. Jordan (Hg.), Lexikon Geschichts-wissenschaft. Hundert Grundbegriffe, Stuttgart 2002, 320-325, 여기서는 324 참조.

8. Nickel 2006/2007, 23. 완벽한 조형 작품에 관해서는 같은 책의 여러 쪽을 참조. Barnhart 2004의 또 다른 숙고도 참조.

9. 이는 박사 학위 논문 수준에서도 이루어지고 있다. 예를 들어 Robinson 2023 또는 Abrecht 2014 참조.

10. 이것들은 오랫동안 지역적 특수성과 연구 결과를 종합해 비교하며 전체 그림을 제

시하는 단행본으로 출간할 만했다. 예를 들어 Golden 2011, 17ff.가 그 중요성을 강조하지만, 중앙아시아와 관련해서만 그렇다.

11. 중국: 이 책의 4장 2절. 인도: Plinius 34, 145; Orosius 6, 13, 2; Pleiner 1971, 32 참조.

12. Plut. Crass. 19. Cass. Dio 40, 18, 5 참조.

13. Plut. Crass. 33.

14. 독일어에서는 (그리스어 '조로아스터'에 대해) 자라투스트라라는 이름이 여전히 일반적이며, 그런 까닭에 나는 이 용어를 사용한다. 그러나 역사적 인물로서 자라투스트라는 프리드리히 니체가 《자라투스트라는 이렇게 말했다》에서 발전시킨 철학적 반영과는 엄격하게 구분해야 한다. 독일에서도 지적 형성에 대해서는 Zoroastrismus를, 형용사로는 zoroastrisch를 일반적으로 사용한다.

15. Wittrock 2015와 Arnason/Eisenstadt/Wittrock 2005와 Bellah/Joas 2012의 기고문 참조. Burstein 2007, 235f.는 "고대에 대한 대규모 세계사의 틀"을 "기계적으로" 적용하는 데 회의적인데, 왜냐하면 이러한 틀이 변화를 충분히 고려하지 않기 때문이다.

16. 최근 이러한 연구(예를 들어 Vasunia 2011, Scheidel 2009, Morris/Scheidel 2009)는 주로 제국과 관련해 이뤄진 데 반해, 유라시아 도시에 관한 관심은 줄어든 것으로 보인다. 지중해 도시에 대해서는 Woolf 2022 참조. 종교에 대해서는 Bellah 2021이 유용하다. 로마와 중국의 종교(기독교와 불교) 발전 비교는 Poo et al. 2017에서 L. Raphals가 쓴 마지막 장 참조. 제국의 역사와 그 사회적, 군사적, 경제적 함의와 관련해서는 전통적으로 로마 제국과 중국 제국(한나라)의 비교를 중심에 둔다. 예를 들어 Auyang 2015(역사) 또는 Scheidel 2015와 Beck/Vankeeberghen 2021(단면적 주제) 참조.

17. *Cambridge World History* 2~4권은 유익한 제안을 제공한다.

18. Osterhammel 2008, 11f.가 "초문화적 역사로서 세계사"에 대해 제기하는 특징적 요구 참조. 예컨대 "먼 거리를 가로지르는 관계의 발견"과 "비교의 작동".

19. Osterhammel 2008, 14 참조.

20. Bentley 1996은 다른 몇 가지 시대 구분 가능성을 논의한다.

21. Harper 2020과 *JRS* 110(2020), 233-246에 실린 A. Bresson의 논평 참조.

1 이동하는 인간과 동물: 유목민의 모험

1. *Das Gilgamesch-Epos*, übers. S. M. Maul, München 2012, 54. 이와 관련한 인용은 모두 이 책에서 가져왔다.

2. Isaak von Antiochien, *Gedicht über die monastische Vollkommenheit* 340, übers. P. D. Landersdorfer, BKV 64, Kempten/München 1912, 94f.

3. 이집트의 문헌에 대해서는 Fischer-Elfert 2005, 332. 무질서와 혼돈: Klengel 1972, 32f.; Scharrer 2002, 286f., 299 A. 80과 81; 경멸과 혐오: Balatti 2017, 328. 자기 증명과 최초의 위업: Machinist 1987, 268-273.

4. 〈창세기〉 4, 20-22; Staubli 1991, 4 참조.

5. Herodot 4:180, 5. 유목민 신: "마르투(Martu)의 결혼": Machinist 1987, 268.

6. Anthony 2009, 55; Anthony 2010, 331, 371, 409; West 1971, 63. 《리그베다》의 송가(2:12; 23; 28)는 "장례식 모임에서 힘 있는 사람으로서 위대한 말을 하자"라는 문구로 끝난다.

7. Bonara 2021, 747(가축화), 752; Di Cosmo 2002, 28.

8. Sneath 2007. 이는 Khazanov, in: Social Evolution and History 9,2 (2010), 206f. 에서 비판을 받았다. Balatti 2017, 42f. '부족'과 '유목민'은 아시아와 근동 공동체에 서는 부정적인 함축을 지니지 않았다: Gellner 1991.

9. Luhmann 1998, II, 634-662; Balatti 2017, 43; Albertz 1992, 117.

10. Anthony 2010, 371. 과시를 위한 작은 전차: Haarmann 2023, 105.

11. Anthony 2010, 371, 391; Haarmann 2023, 79f.; Parzinger 2006, 253f.

12. Baumer 2016, 145; Anthony 2009, 49f., Anthony 2010, 389f.

13. RV X, 10.91.14; I, 14. 집단 1. 162. Baumer 2016, 147: RV VI, 6.75.6f.(전차 조종사); IX, 9.53.2(전차 전사); V, 5.66.3(전차 경주); II, 첫 번째 집단 2.2.3(신들의 탈것); II, 두 번째 집단 2.17.4; X, 10.138.3.

14. RV X, 10.16.1; 10,10.18. 11ff.

15. Medvedev 2002, 57; Baumer 2016, 147. 바루나: Witzel 2017, 430.

16. Witzel 2017, 429f.

17. Anthony 2010, 342f.; 시문에 대해서는 360, 370, 409, 338ff.: 가족묘는 없다.

18. Beckwith 2009, 13-17; Anthony 2010, 364ff. 이후 전사 집단 형성과 함께 경마, 희생 제사, 시작(詩作) 경연 대회가 열렸다. Anthony 2010, 410. 헝클어진 머리카

락과 문신: Caubet 2020, 207. 허리띠: Anthony 2010, 364f. 더 자세한 정보는 Widengren 1969, 50f. 참조.

19. Witzel 2017, 431; Anthony 2010, 456; Parpola 1999, 194f.

20. Witzel 2017, 430f.; Beckwith 2009, 38; Di Cosmo 2002, 23f. 다뉴브강: Haarmann 2023, 29-32.

21. Baumer 2016, 145; Anthony 2009, 53f. '꿈의 땅': Bonara 2021, 742.

22. Di Cosmo 2002, 29; Bonara 2021, 753, 760. 길들인 말은 기원전 3000년대 말에 근동에서 나타났다. 기수에 대한 가장 초기의 묘사는 기원전 2000년대로 거슬러 올라간다: Anthony 2009, 65; Bonara 2021, 745. 낙타: Bonara 2021, 750ff.

23. Bonara 2021; Anthony 2010, 455.

24. Caubet 2020, 207. 인도에서 '짐승의 주인'은 시바 파수파티(Siva Pasupati)다. Baumer 2016, 110.

25. Lang 2002, 74f. 젊은이의 약탈과 살해: Diodor 5,34; Birkhan 1997, 666; McCone 1987, 114.

26. Haarmann 2021. 용을 죽이는 자: Caubet 2020, 206f.; Parpola 1999, 186; Birkhan 1997, 652. 여성이 보호하는 전사 훈련: Birkhan 1997, 660f.; 어머니 여신과 전쟁의 여신: 같은 책, 514, 519f., 545-548.

27. '짐승의 여주인'이라는 켈트족의 이미지도 그러한 모델로부터 영향을 받았을 수 있다: Cunliffe 2019, 276-282; Birkhan 1997, 725, 761. 어머니 신과 전쟁의 여신: 같은 책, 514, 519f.

28. Homer Od. 14, 222-227(생략한 부분 있음).

29. Baumer 2016, 107, 113-121; 제레브샨(Zerevshan)강 유역의 안드로노보 문화와 신타슈타 문화에 대해서는 Bonara 2021, 742-746, 754. Oberlies 2012, 13은 변형에 대해 언급한다.

30. Kuhrt I, 1995, 296; Anthony 2010, 417은 엘람에서 신타슈타 출신 용병을 추정한다. 힉소스: Haarmann 2023, 77.

31. Sharma 2005, 97; Haarmann 2023, 90. 왕의 이름: Veenhof 2001, 159 참조.

32. Haarmann 2023, 14, 42.

33. Kuhrt I, 1995, 297. '아리아'의 어원: Thieme 1938. 발터 슐라예(Walter Slaje)에게 감사드린다.

34. Haarmann 2023, 88.

35. Slaje 2022, 31. 라비강 결전 등등: Stuhrmann 2019 b, 294-352.

36. Oberlies 2012, 14.

37. Sharma 2005, 119f. 들일을 하는 라자: 같은 곳. 머무르는 곳의 변경과 이동의 계속: Oberlies 2012, 17f. 지도자의 선택: 같은 책, 18-21. 철 등등: Pleiner 1971.

38. Sharma 2005, 111ff. 지도자가 할 수 있는 것들: Oberlies 2012, 2226.

39. Witzel 2003, 32, 37. 인드라: Jha 2004, 46f. 몇몇 사람은 그것을 힌두쿠시산맥 서쪽(아프가니스탄/박트리아)에서의 초기 성공과 관련짓는다. Parpola 1999, 191f.

40. Wikander 1938, 80. 그리고 McCone 1987, 120f.의 설명이 그렇다.

41. Jha 2004, 61.

42. Witzel 2003, 33; Jha 2004, 55-59.

43. Jha 2004, 59; Sharma 2005, 122.

44. Jha 2004, 118-121.

45. Jha 2004, 122f.; Witzel 2003, 41.

46. Jha 2004, 61. Witzel 2003, 39. 자세한 사항은 Witzel 1995, 12 참조.

47. Jha 2004, 61.

48. Sharma 2005, 123; Witzel 1995, 9, 13; Witzel 2003, 38; Jha 2004, 59f., Michaels 2017, 824-825.

49. Michaels 2017, 814, 821. Oberlies 2012, 35. 《베다》의 수집과 선택: Witzel 1995, 14. '촌락민 전체'에서 왕의 선택: Widengren 1969, 143-149.

50. Sharma 2005, 108f., 118. 기후 변화: Kulke 2005, 13; Witzel 2003, 38. 새로운 전사 집단: Kulke 2005, 16; Witzel 2003, 29, 33-35.

51. Heesterman 1987, 245. 희생물과 희생을 바치는 자의 동일성: Michaels 2017, 820f.

52. Sharma 2005, 124 참조.

53. Jha 2004, 52; Sharma 2005, 113. 스텝 지대의 부족들 사이에서: Lang 2002, 14ff.

54. Sharma 2005, 108; Jha 2004, 46.

55. Witzel 2003, 58; Jha 2004, 51. 여성: Witzel 2003, 38.

56. Cunliffe 2019, 85-102; Di Cosmo 2002, 25-33; Parzinger 2006, 608f.

57. Haarmann 2012, 33; Cunliffe 2019, 67. 기후: Haarmann 2012, 32. Di Cosmo

2002, 27.

58. Parzinger 2004, 37f. 왕조 형성에 대해서도 이 책을 참조.

59. Cunliffe 2019, 86, 98 참조.

60. Cunliffe 2019, 102. 말 희생: Haarmann 2012, 32는 왕과 결혼하는 대가로 200마리의 말을 얻은 여성 영웅 마다비(Madhavi)에 관한 인도 신화를 상기시킨다.

61. McCone 1987, 허리띠의 꼬리: Stahl 2023, 145. 《일리아드》에서 전사들은 사자나 늑대와 비교된다. 샤먼: Cunliffe 2019, 93; Stahl 2023, 145. 동물 양식: Parzinger 2007, 60.

62. Parzinger 2004, 35.

63. 젊은 전사들의 이주는 인도-유럽 신화에서 필수적인 구성 요소다: McCone 1987, 126-130.

64. Di Cosmo 2002, 25, 34; Ivantchik 2005, 103.

65. Gießauf 2006, 37-39. 우라르투의 파괴: Rolle 2011, 111; Ivantchik 2005, 117. 키메리아족과 사카족: Di Cosmo 2002, 31f.; Barfield 1992, 28.

66. Ivantchik 2005, 108f. 중국인들: Kim 2010, 121; Parzinger 2004, 19f.

67. 가장 최근에는 Kim 2010.

68. Hdt. 4:5,3-4.; Kürsat-Ahlers 1994, 187f.; Baumer 2016, 173. 아리아족: Khazanov 1978, 427. 게로스: Parzinger 2004, 71.

69. Kim 2010, 119, Ivantchik 1999에 따른다.

70. Hdt. 4:6; 62.

71. Parzinger 2004, 90f.; Kürsat-Ahlers 1994, 199. Hdt. 4,120의 세 왕국. Adali 2017, 64 참조. 흉노와의 유사성: Baumer 2016, 173; Ssuma Ch'ien, II, 163(사마천 《사기》 제10장).

72. Kim 2010, 119, 126.

73. Hdt. 4:19. Asheri u. a. 2007, 592: "씨를 뿌리지도 쟁기질도 하지 않는다"라는 표현은 호메로스의 키클롭스(Hom. Od. 9, 108-109)를 연상시키므로, 이들은 스키타이의 대장장이였을 가능성도 있다. 농민 스키타이인과 곡물 수출: Hdt. 4:17,2; 18,2. Asheri u. a. 2007, 588, 592f.

74. Hdt. 4:67-69. Kim 2010, 126; Khazanow 1978, 435.

75. Hdt. 4:1,3-4.

76. Asheri u. a. 2007, 574의 논의 참조.

77. Hdt. 4:3,4.

78. Hdt. 4:2. 채찍: Rolle 1980, 82; Kim 2010, 122. 우유와 성장: Nyberg 1938, 199.

79. Hdt. 4:66,1; 4:2,2. 캅카스산맥: Khazanov 1978, 427. 정주하는 원주민에 대한 스키타이인의 태도에 대해서는 Kim 2010, 121. 방어벽: Hdt. 4:3,2.

80. Asheri u. a. 2007, 593, 615. 이러한 일반화는 Hdt. 4:46,3을 따른다.

81. Hdt. 4:59,1; Asheri 2007, 626.

82. Hdt. 4:8-10.

83. Hdt. 4:75,1. Kim 2010, 128f. 피의 형제들: Hdt. 4:70. 활과 허리띠: Kim 2010, 118.

84. Asheri 2007, 632; Kim 2010, 128.

85. Hdt. 4:72. 아마도 테라폰테스는 스파르타에서처럼 '왕의 근위대'를 형성했을 것이다. Khazanow 1978, 433. Asheri 2007; Polybios II 17, 12; Diod. V 29:2 참조. 숫자 50: Haynes/Witzel 2016, 22f.

86. Khazanow 1978, 426 참조. 엘리트 무덤은 약 20퍼센트였다.

87. Hdt. 4, 62:1-4. Asheri 2007, 627. 또한 (마법적인) 힘의 전이에 대해서는 Stahl 2023, 146.

88. Rolle, Skythen, in: DNP 11 (2001), 645; Rolle 2011, 112.

89. Parzinger 2004, 79ff.; Rolle 2011, 124ff., 128.

90. Cunliffe 2019, 129.

91. Parzinger 2004, 72; Parzinger 2009, 17; Rolle 2011, 124-127; Cunliffe 2019, 133f.

92. Parzinger 2004, 72; Rolle 2011, 124ff., 128.

93. Kidd/Betts 2010, 657-686.

94. Rapin 2007, 36-41.

95. Negus Cleary 2017, 278, 283, 295f.

96. Negus Cleary 2017, 278, 283. 피난용 요새: Rapin 2007, 36.

97. Abdullaev 2007, 85ff. 참조. 아랄해 남동쪽에 있는 칼라이자코키 마론(Kala-i-Zakhoki Maron)에 대한 묘사. 성채는 정사각형의 열린 공간으로 둘러싸여 있었으며 계절에 따라 천막을 설치했다. 이볼가와 흉노: Rogers/Ulumbayar/Gallon

2005, 812. 교역 중심: Di Cosmo 1994, 1102.

98. Stride 2008, 114. 금속 채광: Batsaikhan 2011, 123; Houle/Broderick 2011, 141f.: 하누이강 유역.

99. 마리인에 대해서는 Fleming 2004, 특히 139f., 159, 65, 218-222, 227ff., 231f. 참조. 목축과 농경 형식의 의존성: 같은 책, 169. 교역에 대한 관세: 같은 책, 167.

100. Schloen 2001; Groß 2022, 220.

101. Balatti 2017, 75, 264, 287; Radner 2003, 특히 40-44, 63.

102. 이드리미에 대해서는 Durand 2011, 101f. 참조. 그리스 서사시와 신화에 대해서는 McCone 1987, 139. 서사 유형: 같은 책, 139f., 영웅을 뒷받침하는 '어머니 자연'에 대해서는 Campbell 2022, 88 참조.

103. Durand 2011, 136f. 참조. 알랄라(Alalah)의 왕 드리미(drimi)의 비문: 1, 13-17.

104. Liverani 2005, 69; Finkelstein/Silberman 2006, 45. 메시아 등등: Durand 2011, 102; Phoh 2014, 42. 105.

105. Rowton 1973, 202ff.; Finkelstein/Silberman 2006, 39f.; Liverani 2005, 10, 21-23.

106. Gerhards 2015, 9ff.; Kuhrt I, 1995, 299.

107. Gerhards 2015, 10-13.

108. Albertz 1992, 108f.; Frahm 2023, 166ff. 참조.

109. Liverani 2005, 59ff., 64, 76; Oswald/Tilly 2016, 21.

110. Lang 2002, 70; Albertz 1992, 91, 136. 이스라엘과 다른 점: 같은 책, 117. 도시의 남자들: C. Schäfer-Lichtenberger, Stammtammesgesellschaft, Wibilex 2011, 4f.

111. Oswald/Tilly 2016, 18, 메렌프타(Merenptah) 비문; Frevel 2018, 62; 부역: Assmann 2015, 124ff. Albertz 1992, 95 참조: '이질적인 난민 병사.'

112. Frevel 2018, 58-65, 68. 전차를 가진 전사 신: Miller 2006, 44, 91, 〈사사기〉 5:4-5, 104ff., 〈시편〉 68:115, 〈하박국〉 3:3-15. 야훼의 등장으로 땅이 흔들린다. 여호수아: Lang 2002, 221. 전사로서 야훼: 같은 책, 65. Albertz 1992, 77, 〈출애굽기〉 15:3, 14:14. 25 참조. 인드라: Lommel 1939, 38-44. '이스라엘 종교의 특징인 신과 대집단의 인격적 관계'에 대한 Albertz 1992, 99 참조, "야훼 종교는 원래 통치를 확립하는 과제를 지니지 않는다. ……오히려 이동하는 외부인 집단

의 상징이다."

113. Pitt Raves 1977, 94-125.

114. 〈사무엘상〉 8:5, 20.

115. 〈사무엘상〉 9.

116. Dietrich 2006, 21-26, 98-101.

117. 예언자들: 〈사무엘상〉 19:18-24. Lang 2010, 26 참조. 어떤 사람들은 '나욧 (Najot)'을 지명으로 이해하지만, 대다수는 '목초지'로 읽는다. 집단 예언: 〈열 왕기하〉 4:1; 4:38-41; 6:1-7. 조직 단위로서 숫자 50은 예를 들어 〈출애굽기〉 18:21,25; 〈사무엘상〉 8:12; 〈사무엘하〉 15:1; 〈열왕기상〉 1:5 참조. 이를 지적 해준 데 대해 볼프강 오스발트(Wolfgang Oswald)에게 감사드린다. 사울과 신의 영: 〈사무엘상〉 11:5-8; Witherington 1999, 54-58, Lang 2010, 31. 엑스터시: Hentschel 2003, 47f. 그리고 '족장'으로서 사울에 대해서는 같은 책, 25 참조.

118. 〈사무엘상〉 22:5. 므낫세는 무당과 점쟁이를 고용했다고 한다: 〈열왕기하〉; Kee 1988, 18. 피타고라스학파의 음악 치료: Kollmann 1996, 134ff.

119. 〈사무엘상〉 16:14-16; 23. 또한 Lang 2010, 31 참조. 그리고 Kee 1988, 10; Dietrich 2006, 91; Schroer 1992, 86 참조.

120. 〈사무엘상〉 16:12; 18. 사울과 신의 영: 〈사무엘상〉 11:5-8.

121. "카리스마 넘치는 전사"로서 삼손: Lemardelé 2011, 206-222. 야훼에게 헌신하 는 나실 사람 전사는 머리카락을 자르지 않았다: 〈민수기〉 6:1-8. 또한 Miller 2006, 88f. 참조. 그들은 부정(不淨)을 멀리했다.

122. Finkelstein/Silberman 2006, 50-56.

123. Gerhards 2015, 9ff.; Kuhrt I, 1995, 299.

124. Liverani 2005, 69, 93; Finkelstein/Silberman 2006, 45; Oswald/Tilly 2016, 17.

125. Lang 2010, 26. 비슷한 이야기가 나중에 사산 왕조 이란의 마법사들에 대해서도 전해지는데, 그들은 제자들과 함께 '무리를 지어' 나라를 여행했다. Widengren 1969, 91.

126. 키로스 왕 전설에 대해서는 Widengren 1969, 82f. 참조. 예언자 집단에 대해서 는 Lang 2010, 26.

127. 〈사무엘하〉 23:13-17에 대해서는 Dietrich 2006, 61; 82f. 참조.

128. 〈사무엘상〉 25:44-48; 10f. Finkelstein/Silberman 2006, 42-50; Liverani 2005,

93; Dietrich 2006, 136f.

129. 〈사무엘하〉 5; 구리 광산과 원로: 〈사무엘상〉 26b:31에 대한 Holliday/Klassen 2014, 41 참조. 다윗 집단의 직업 전사, 왕 선출 및 토지 소유: Albertz 1992, 165.

130. 〈사무엘하〉 5, 22-25와 Miller 2006의 여러 쪽과 132-134("전차 전사" 야훼). 엘리야가 불타는 병거를 타고 하늘로 올라갔다는 것은 근거 없는 얘기가 아니다.

131. 〈신명기〉 17:15f. 참조. Philo von Alexandria, Über die Landwirtschaft, 85는 이로부터 다음과 같이 추론한다. "그러므로 어떤 말 사육사도 거룩한 모세의 뒤를 이어 통치할 자격이 없다!" 뱀이 사람의 발꿈치를 물어야 한다. 같은 책, 107: 〈창세기〉 3:15.

132. Schniedewind 2004, 59-63. 용병 등등: Albertz 1992, 167; Dietrich 2006, 166f.

133. Dietrich 2006, 166f.

134. Oswald/Tilly 2016, 53, 58; Finkelstein/Silberman 2006. 117ff.

135. 예를 들어 〈사사기〉 6:5. 아라비아 남부에서 기원전 3000년대에 가축화했다: Hoyland 2001, 90f.

136. Retsö 2003, 173-176.

137. Finkelstein/Perevolotsky 1990, 78; Tebes 2014, 14; Finkelstein 1984, 200; Frevel 2018, 10.

138. Finkelstein 1984, 200-202. Finkelstein/Perevolotsky 1990, 78; 텔마소스: Tebes 2014, 11; 교역 교차점: Holliday/Klassen 2014, 39.

139. Frahm 2023, 165-172 참조.

140. Retsö 2003, 143; Hoyland 2001, 61; Eph'al 1984, 83f.

141. Retsö 2003, 143f.; 154ff. 또한 〈창세기〉 27:30 참조. 바빌로니아에 대한 양 공급자: Retsö 2003, 143, 190f.; Hoyland 2001, 61; Eph'al 1984, 83f.

142. Retsö 2003, 167f. 공주: Eph'al 1984, 122ff.; Retsö 2003, 158f. 센나케립 왕은 아라비아 사람을 가지라(이라크 북부)로 추방했다. 여왕에 대해서는 Frahm 2023, 165 참조.

143. Eph'al 1984, 93-98. Retsö 2003, 152. 방어: Hoyland 2001, 61. 군대에서: Hdt. 7,69,70(크세르크세스 군대의 아라비오이); Retsö 2003, 239와 186f.(키로스).

144. Eph'al 1984, 109, 123f.; Retsö 2003, 143. 티글라트-필레세르는 금과 은·향신료를 받았고, 아케메네스 왕조는 해마다 1000탈렌트의 가치를 지닌 유향을 받았

다(Hdt. 3,97).

145. Lattimore 1951, 151-158.

146. J. Henninger, *Anthropos* 50, 1,3 (1955), 120.

147. 5000명의 사람: Eph'al 1984, 120f.; Hoyland 2001, 62; Retsö 2003, 155.

148. Finkelstein/Perevolotsky 1990, 79; Hoyland 2001, 65. 유향 길: Plin. nat. hist. 6,144, Retsö 2003, 288; Hoyland 2001, 72. 유목민 집단의 '부분적 자치권'에 대해서는 Groß 2022, 79 참조.

2 집적된 에너지: 도시의 부상

1. Gilgamesch-Epos, Tafel 1, 11-23(중간 생략); Tafel 11, 321-끝.

2. '도시'를 역사적·사회적 구성체로 정의하기 어렵다는 사실은 잘 알려져 있다. Woolf 2022, 15-20; Ma 2024, 13-19는 양적 기준(인구 규모)을 포기하고, 그 대신 사회적·건축적·경제적·정치적·종교적 분화와 복잡성, 더 나아가 공동체적 연대와 광범위한 결합을 강조한다. 나는 이러한 정의를 따른다.

3. Liverani 2006, 15-19.

4. Liverani 2006, 36-40. 도자기: 47.

5. Weinfeld 2001, 279.

6. 도시 왕국의 뒤늦은 확립: Graeber/Wengrow 2022, 352. 전사 사회에 대해서는 339쪽 참조.

7. Garfinkle 2013, 104-110; Oswald 2014, 76-78; Lang 2002, 66-69.

8. Wiesehöfer 2009, 51-53; Garfinkle 2013, 110, Van De Mieroop 1997. 외국 왕들과의 서신 교환: Woolner 2023, 117.

9. Markoe 2000, 23 참조.

10. Niemeyer 2006, 158; Markoe 2000, 108.

11. Frevel 2018, 308f.. 그러나 〈열왕기하〉 23:4, 15, 17, 19와 관련해서는 오히려 회의적이다. 상세한 것은 Albertz 1992, 280f.도 참조. Josephus C. Apion. 1, 118. 종교 개혁: Neville 2007, 86.

12. B. Morstadt, Melqart, WiBiLex 2018, 3f.

13. 〈열왕기상〉 5:11, 32; 7:3-51; 10:18; 〈열왕기상〉 9:26-28; 10:11; 〈역대기하〉

9:10. Il. 6, 288-295 참조. 여기서는 파리스(Paris)가 시돈에서 직조공과 염색공을 아버지의 궁정으로 데려왔다. 오피르: Aubet 2001, 45. 티루스가 레바논산맥 경사면에 직접 접근할 수 없었기 때문에 비블로스의 왕이 삼나무 목재 판매를 과연 계속해서 독점했는지는 확실치 않다. Markoe 2000, 27ff.

14. Markoe 2000, 35; López Castro 2006, 75. 교역 컨소시엄: Woolner 2023, 119.

15. 〈애가〉: Markoe 2000, 94f., 171; Sommer 2013, 46. 수공업을 위한 원자재: Lane-Fox 2011, 43; 페니키아의 포도주: Temin 2006, 143f. 새로운 수출품과 '도시의 사람들': López Castro 2006, 75; Markoe 2000, 88은 왕의 정치적 권위를 더 높이 평가한다.

16. Neville 2007, 30; Markoe 2000, 28f., 39; 170. 아시리아: Pappa 2013, 177ff.

17. Shefton 1982, 341.

18. 사르디니아의 시설물에 대해서는 Markoe 2000, 176-179. 키프로스: Neville 2007, 30; Markoe 2000, 33.

19. Pappa 2013, 59, 138; Neville 2007, 107ff.

20. Neville 2007, 110-115. 철광석과 철제 도구: 135-137.

21. Neville 2007, 117-119, 토착민의 친밀함, 결혼, 노동력: 121-123.

22. Neville 2007, 136f., 146.

23. Pappa 2013, 67; 180ff. 참조.

24. López Castro 2006, 77-84. 정착지 형식: Pappa 2013, 57-66; Markoe 2000, 69.

25. Neville 2007, 85; Markoe 2000, 181; 엘리사: Justin 18,4-6.

26. Pappa 2013, 143-148; Neville 2007, 68, 70f. 카르타고의 '금권 정치적 과두제'에 대해서는 Woolner 2023, 120 참조.

27. Schulz 2016. 카르타고의 하위 식민지: Pappa 2013, 179; 인구수: 같은 책, 190.

28. Schulz 2020, 76, 97. Alk. Frg. 14; Pindar N. 4, 49. 아테나 등등: Haarmann 2023, 111-122.

29. Walcot 1979; Bremmer 1982.

30. Kirsten 1983; Hinge 2006에 유사한 내용이 있다. 교육과 자유로운 강도질(이란의 유사점 포함): Widengren 1969, 82(Strabon 15:3, 18도 함께), 96f.

31. Schulz/Walter 2022, 48.

32. 이것은—Wiesehöfer 2009, 55에 따르면—근동 도시들에 '시민 의식'이나 '시민의

자부심'이 있었다는 것을 배제하지 않는다. 그러나 이는 시민이 스스로 법률을 결정했다고 주장하는 것과는 다르다. 그것은 민주화와 아무런 관련이 없다. '회의'의 관할권은 분명히 주로 '민법 문제'와 관련이 있었다.

33. Oswald 2014, 77f.

34. 차이에 대해서는 Burckhardt u. a. 2007. 특히 Burckhardt, Mathy Seybold, Sternberg의 기고문 참조.

35. Schulz/Walter 2022, 30.

36. 시라쿠사와 마실리아에 대한 상론은 Schulz/Walter 2022, Bd. I, 148-158에서 내가 요약해 제시한 연구에 기반한다.

37. 소스트라토스(Sostratos): Thuk. 8; 45:4. 아이기나: Osborne 1996, 32-36. 키오스: Möller 2000, 78-80, 199; 210.

38. 자세한 내용은 Schulz 2020, 125 참조.

39. Pacciarelli 2017, 564-567, 572. 장인과 교역: 같은 책, 571. 그리고 Pena 2011, 183-185. 베이이: Murray 2011, 204. 관개 시설 등등: Pacciarelli 2017, 570. 네 곳의 정착 중심지: Leighton 2013, 134.

40. Cerchiai 2017, 617, 625-637. '세습 귀족제'; Becker 2013, 351; Leighton 2013, 138f.

41. Pena 2011.

42. Cerchiai 2017, 621f.; Leighton 2013, 140; Prayon 1996, 50; Pena 2011, 188 (상품).

43. Becker 2013, 253-259; Cerchiai 2017; Bruni 2013, 759. 그리고 Pena 2011, 190-195.

44. Murray 2011, 209, 212; Cerchiai 2017, 640.

45. Prayon 1996, 53f.

46. Collis 1984, 79; Wells 1998, 85-89; Kromer 1986, 89.

47. Collis 1986, 90. Wells 1984, 110에 따르면 성의 언덕에 지은 집들 가운데 3분의 2는 주거용이었다.

48. Schier 2010, 386. 벽감: Bernhard 2010, 383-394. Wells 1984, 115f.; Posluschny 2010, 361.

49. Schussmann 2010a, 127ff.; Chytráček u. a. 2010, 155. Steffen/Steffen 2010은 회

의적이다. 호흐도르프: Schier 2010, 394. 마구를 갖춘 수레: Birkhan 1997, 853f., 저승 세계를 위한 잔치용 그릇: 같은 책, 855. 시신 처리 기한: 같은 책, 856, 861.

50. Egg 2010, 69f.; Schier 2010, 395-399. 아이들을 칼과 함께 옆에 묻었다는 사실은 '세습 왕조의 권력 구조'를 가리키는 간접 증거다. 제식적 기능: Chytráček u. a. 2010, 159, 162(보헤미아). 자비스트(Závist) 성터에는 '종교 권력의 중심지'가 있었던 것으로 추정된다. 켈트족 왕권의 세습: Birkhan 1997, 994. Caesar Gall. 6, 19는 켈트족 장례식에 들어가는 경비를 묘사한다.

51. 기둥 설치물: Meyer-Orlac 1983. 성스러운 결혼: Birkhan 1997, 537-540. 웨트왕 (Wetwang) 유적지의 이중 무덤에는 한 전사가 아내, 전차와 함께 묻혀 있다. 브라만이나 켈트족의 음유시인/드루이드 사제가 결혼식 의복을 처녀막 파괴 흔적에서 확인했다면, 이 또한 유사점이 있을 것이다.

52. Birkhan 1997, 851. 여기서는 할슈타트 무덤에 관해 설명한다. Egg 2010, 66f.(클라인클라인); Posluschny 2010, 361은 "활동을 …… 문화적 내지는 사회적 합의에 기초한 사회적 행위"로 간주한다. 다른 사람들은 희생 의식을 추정하는데, 여기서는 각각의 가장이 헌주(獻酒)와 희생 제물을 내놓았다. Kurz 2010, 253ff.: 성 언덕과 외성의 가장 높은 위치에 있는 부족장 4명과 그 밑의 '족장을 포함한 하위 부족'의 위계 구조.

53. 도자기: Bernhard 2010, 328f., 342f., Mötsch 2010, 395f. 직물: Schussmann 2010a, 149, 163. 고기: Fischer u. a. 2010, 235; Schier 2010, 384f.; Abels 2010, 111-115. 시간이 지나면서 가축 사육으로 초점이 옮겨갔다. "결절 정착지": Eggert 2010, I, 54. Steffen/Steffen 2010, 340.

54. Nash 1985, 52-54.

55. Birkhan 1997, 1073; Cunliffe 1997, 53, 57f.; Schier 1998, 513. 술자리: Kromer 1986, 81. 성벽: Schier 1998, 509; Wells 1985, 109f. 상인: Wells 1984, 25; Collis 1998, 84, 94.

56. Cunliffe 2019, 108f.; Kromer 1986, 37-93. 말 사육: Egg 2010, 67; Collis 1998, 81.

57. Filser 2000.

58. 이 남자는 호이네부르크의 호미헬레(Hohmichele) 가운데 전차 무덤 6번에 화살통 및 화살과 함께 묻혔고, 호흐도르프 무덤에서도 마찬가지였다. Krausse in AiD

03/2021, 39 참조: "호호도르프의 켈트족 제후는 …… 성공적인 운동선수와 사냥꾼으로서 묘사된다." Birkhan 1997, 1099 참조. 말 사육: Kromer 1986, 54ff. 대체물로서 사슴: Birkhan 1997, 703.

59. Steffen/Steffen 2010, 350. Collis 1998, 99; Schier 2010, 386.

60. Wells 1984, 130; Collis 1998, 112f.; Nash 1985, 56-58(표도 제시한다).

61. Collis 1998, 130, 138; Nash 1985, 52ff.

62. Wells 1984, 135; Collis 1998, 113ff., 118, 123, 127.

63. 기원전 5세기 이후 드루이드 사제의 "헤게모니": Bruneaux 2020, 236.

64. Chytráček u. a. 2010, 157과 Verse 2010, 186 참조. 철 생산: Collis 1998, 114. 어쩌면 더 이상 안락의자에 앉지 않는 관습도 신분의 변화를 반영할 것이다. Birkhan 1997, 1054.

65. Schussmann 2010a, 150; Verse 2010, 183f. 곡물 다양성의 감소: Fischer u. a. 2010, 207.

66. Birkhan 1997, 1071; Cunliffe 1997, 117f., 123; Maier 2016, 47, 54. 나중에 라텐 켈트족은 스키타이의 청동기를 가져왔고, 켈트족의 칼이 스키타이의 무덤에서 나온다: Cunliffe 2019, 94, 175f. 할슈타트 권역에서 전사의 역할 등등: Egg/Kramer 2005, 16-18.

67. 여전사: 철제 칼이 발견된 체코의 무덤 유물. Maier 2016, 74-79; Chytráček u. a. 2010, 162; Rolle 1980, 90f.; Birkhan 1997, 811, 816, 826f.

68. Birkhan 1997, 950-985; 1037-1049(전사 집단); 1043; 포에니 전쟁: 같은 책, 1006-1009.

69. Pol. 2:5; 7. Birkhan 1997, 1038.

70. 사건에 대해서는 Birkhan 1997, 85-58 참조.

71. Wells 1985, 69.

72. Wells 1985, 158-166.

73. Wells 1984, 153-157; Collis 1998, 83f., 149, 186; Maier 2016, 85-92; Verse 2010, 188: 금속 교역. Wells 1984, 161, 166; Collis 1998, 150. 제식 단지와 '신전': Birkhan 1997, 772ff.

74. Fichtl 2019.

75. Wells 1984, 166.

76. Fernández-Götz/Ralston 2019.

77. Mecking 2019.

78. Birkhan 1997, 882f., 918, 998-1009, 1099. 피보호자와 농민 계층의 소멸: 같은 책, 1002f. Just. 20: 5, 7f.는 "고향에서 내부 다툼과 불화"로 인해 갈리아 사람들이 이주하지 않을 수 없었다고 지적한다.

79. Witzel 2003, 56-59; Michaels 2017, 826f. 제후령: Chakrabarti 2000, 375; Singh 2016, 261.

80. Kulke 2005, 18, Kulke 1987, 217-220; Witzel 2003, 59.

81. Kaul 2010, 87. 선출: RV 10.124.8. Atharvaveda 3.4.2 참조. 이 점을 지적해준 데 대해 발터 슐라예에게 감사드린다.

82. Weber 19887, 127. 저자는 폴리스의 다양성에 대해서도 이미 파악했다.

83. Strauch 2005, 129f.

84. Bailey/Mabbett 2003, 48.

85. Strauch 2005, 132; Bailey/Mabbett 2003, 97f. 98: 도시 사원과 관련한 "의례적 조작은 없었다". 초점은 왕의 의식에 맞춰져 있었다: 100f. 기원후 몇 세기 동안에 대해서만 사원 관련 문헌 증거가 존재한다: Kaul 2010, 91, 112f.; 125-129.

86. Michaels 2017, 827.

87. Kulke 1987, 218-222; Michaels 2017, 828; Jha 2004, 71.

88. Bronkhorst 2007; Schlieter 2012, 특히 141f. 참조, Olivelle 2012, 125는 한층 조심스럽다.

89. 가령 최근에는 또다시 Olivelle 2012, 121ff.가 그렇게 주장한다.

90. Shepherd 2019, 180-207.

91. Shepherd 2019, 29-43; Michaels 2017, 828; Bailey/Mabbett 2003, 42-53; 113-116.

92. Olivelle 2012, 125.

93. Bailey/Mabbett 2003, 65-70, 165-168; 202ff.; Frauwallner 2003, 100-102. 어린이: Weber 19887, 244.

94. Kaul 2010, 103 참조.

95. Jha 2004, 72ff.

96. Lewis 2017, 610-622. 조상을 위한 전쟁: Bellah 2021, 564ff.

97. Linduff 2003; Mair 2003, 167-170; 2012, 100; Thote 2009, 105-112; Keightley 1999, 232-278; Lewis 2017. 지참금으로서 전차: Bunker 1995, 26f.

98. Vogelsang 2023, 9-11. 고고학적 발견과 감흥에 대해서는 Creel 1937 참조.

99. Vogelsang 2023, 12; Chang 2018, 23.

100. Keightley 2004, 4. 조상에 대한 의례적 봉사: Eno 2009, 71-76.

101. Lewis 1990, 21f.; Vogelsang 2013, 58, Vogelsang 2023, 11. 샤먼: Chang 1994. Seaman 1994; 마기: Mair 2012, 95ff. 샤먼 이론에 대한 반대: Keightley 1998과 Puett 2002, 34-68, 81-86. Qu 2017 참조. 상나라와 조상: Eno 2009. 인신 공양, 말, 전차: Thote 2009, 116-118.

102. Lewis 2017, 634; Keightley 1999, 290.

103. Vogelsang 2023, 18-21. 조상은 미래의 비전에서 배제되었다.

104. Vogelsang 2013, 55; Lewis 2017, 636-637; 인용은 같은 책, 636.

105. Von Falkenhausen 2006, 299; Vogelsang 2010, 36; Thote 2009, 120-125.

106. 의례 개혁: Vogelsang 2023, 23-30.

107. Vogelsang 2013, 63; Vogelsang 2023, 31; Eno 2009, 100f. Puett 2002, 56: 위임의 윤리적 측면.

108. Lewis 2017, 642; Vogelsang 2013, 58-59. 정당성: Chang 2007, 32, 37f.

109. Weber 19889, 381, 276:2 참조. 제후는 주로 도시의 영주였다.

110. Vogelsang 2010, 37; Vogelsang 20213, 70f. 샤먼의 억제 등등: Lewis 2017, 639f.

111. Lewis 2017, 644-645. Stumpfeldt 1970, 103-121, zu Lu. Umherreisen: Vogelsang 2013, 67.

112. Bodde 1986, 23; Hsu 1999, 573-578; Vogelsang 2013, 77, 102; Lewis 2017, 645; Deng 1999, 291.

113. Vogelsang 2013, 80, 88f.; Lewis 2017, 646f. 거리와 인구: Lewis 2000, 361ff.; Steinhard 1990, 43-50; 도로: Von Glahn, 54f.

114. Vogelsang 2013, 88f.

115. Kolb 1991, 177, 218; Hsu 1999, 585f.; Vogelsang 2013, 111; Von Falkenhausen 2006, 370-399.

116. Vogelsang 2010, 44.

117. Vogelsang 2010, 40-53. Weber 19889, 441.

118. Vogelsang 2010, 55. Vgl. Weber 19889, 322.

119. Lewis 2000, 365, 370, 372.

120. Weber 19889, 446; Roetz 1992, 88ff., 126f., 206f. 상앙에 대해서는 Vogelsang 2017, 28. 법률: Lewis 2021, 226f. 입법은 근동에서 왕의 임무였다: Groß 2022, 93-95.

121. Roetz 1992, 168. 법가는 가족의 도덕성이 정치에 개입하는 것을 경계했다.

122. Lewis 2009, 563: "엘리트들이 부과한 통제와 제도가 없었다면 보통 사람들은 짐승에 지나지 않았을 것이다."

3 권력의 분만실에서: 제국은 어떻게 발생하는가

1. Moreno García 2021, 18-20, 32.

2. 교역로: Steinkeller 2021, 50f., 61ff.; Barjamovic 2021, 81f. 팔레스타인의 이집트인: Frahm 2023, 198, Groß 2022, 37. 힉소스 시대 이후의 전환에 대해서는 Assmann 1984, 224 참조: "그 이후 국가는 전통적인 경계를 훨씬 넘어 세계 제국을 건설했다."

3. Baly 1970, 261. 유목민: Moreno García 2021, 31-32.

4. Frahm 2023, 44-46.

5. Kuhrt I 1995, 362; 아람인에 대해서는 Frahm 2023, 85-90; Veenhof 2001, 210-212 참조.

6. Groß 2022, 100, 103. 왕은 "민중의 목자"다. 위기로부터 태어난 세계 제국: Frahm 2023, 125.

7. Flav. Jos. bell Iud. 4,10,5.

8. Turchin 2009, 206f.; 누비아인: O'Connor 1993. 일반적인 사건에 대해서는 Seland 2022, 34f. 참조

9. Barjamovic 2021, 87; Lanfranchi/Rollinger 2021, 60ff. 자그로스산맥 원정에 대해서는 Balatti 2017, 58, 63-68 참조. 말과 양, 염소와 소, 노새와 낙타에 대해서는 96, 282-286 참조.

10. Adali 2017, 69f. "말을 기르고 훈련하는 일"에 대해서는 Barjamovic 2021, 95

참조.

11. Saggs 1984, 23-54.

12. Frahm 2023, 141-143; Finer 1997, 215, Groß 2022, 67f., 82f. 제국의 모든 신민
은 세금을 낼 의무가 있었다. 같은 책, 86.

13. Radner 2017, 348f.; Morena García, 38; Bedford 2010, 44ff.

14. Liverani 2005, 149ff. 아시리아 유배: Oded 1979, 20.

15. Finer 1997, 213, 216-219; Groß 2022, 68f. 땅의 소유주로서 아수르의 도시 신:
Block 2000. 높은 자리를 차지하고 거물 상인 밀어내기: Frahm 2023, 228f.

16. 아수르바니팔 치하의 내전과 결과: Barjamovic 2021, 87, 101. Ninive: Frahm
2023, 323.

17. Frahm 2023, 341-344.

18. Hdt. 1, 103-106에 실린 Jansen-Winkeln 2019; Frahm 2023, 342ff.의 논의 참조.
Cunliffe 2019, 34 참조.

19. 아시리아의 메디아 가문은 Liverani 2001, 391; Balatti 2017, 100f., 178, 283, 286f.
말 사육자로서 메디아인은 같은 책, 283f. 동맹: Rollinger 2010.

20. Hdt. 1,73,3. 103,1. Liverani 2005, 166, 184; Vogelsang 1992, 175ff., 214f.;
Widengren 1969.

21. Vogelsang 1992, 215, 310f; Balatti 2017, 81f., 332, 343f. Hdt. 1,103,1. Adali
2017, 73.

22. Parpola 1999, 185.

23. Hdt. 1, 73; Vogelsang 1992, 174f.; Widengren 1969, 82f.

24. Wiesehöfer 2006, 50; Frei/Koch 1996, 28, 142-145, 158.

25. Frei/Koch 1996, 29-35, 110(자치권 등등); 137f.(안정성).

26. Balatti 2017, 303; Vogelsang 1992, 207, Xenophon Oek. 4, 2도 참조. Justin
41,5,4, Polyb. 10,28,8ff.

27. Cunliffe 2019, 42. 카스피해에서 사카족에 대항한 다리우스: Vogelsang 1992,
130f.

28. Tsetskhladze 2019.

29. Khazanov 1978, 432ff.

30. Borza 1990, 48-54, 73, 88 "전사 계급의 증거", 아민타스에 대해서는 166 참조.

31. Borza 1990, 242-248.

32. Borza 1990, 180-197; Hammond 1979, II, 188.

33. Borza 1990, 165f.(병력 숫자), 204-209(군대의 재조직과 결혼 정책).

34. Cunliffe 2019, 55; Stahl 2023, 134. 필리포스는 스키타이 여성과의 결혼으로 더 많은 물자를 확보할 수 있었다.

35. Chakravarti 2014, 238.

36. Thapar 2015, 145.

37. Das *Mahabharata* 1:82, 5는 왕이 국가의 중앙 지방을 다스리고, 네 형제는 국경 지방을 관리했다고 언급한다. Scharfe 1989, 137 참조.

38. Briant 2002, 236. Jansari 2021, 46은 그에 반해 나무 기둥의 인도 전통을 가리 킨다.

39. Schlieter 2012, 138; Lamotte 1988, 5.

40. Gemäß des *Sthaviravalicaritra* 8,291-7에 따르면 찬드라굽타는 권력을 찬탈하기 전 난다 제국 주변 민족들을 정복해 자신의 "권력 기반"을 구축했다. Jansari 2021, 40.

41. Jansari 2021, 39f.

42. 바위 칙령 3; Scharfe 1989, 141; 지방: Ray 2021, 203. 총독과 부왕: Thapar 2002, 198f., Mhb. 1:82, 5 참조. Scharfe 1989, 137. 엘리트: Ray 2011, 21. 수확량이 많은 지역: 같은 책, 21.

43. *Arthasastra* I, 15,45; 19,13; Scharfe 1989, 133, 173f. 나쁜 연결: Fussman 1982, 631f.

44. Scharfe 1989, 140.

45. Ray 2021, 203; Scharfe 1989, 158.

46. Hiltebeitel 2011, 37; Ray 2021, 205. 불교도에게 받아들여짐: Scharfe 1989, 217, Fussman 1982, 628.

47. Olivelle 2012, 126f.; Schlieter 2012, 138.

48. Scharfe 1989, 100. 희생 제사를 지내지 않는 것: Thapar 2015, 157. 인드라와 상 징으로서 바퀴: Scharfe 1989, 175. 라자의 권위: 같은 책, 93, 103, 108ff., 215.

49. Fussman 1982, 634f.; Chakravarti 2014, 235f. 페르시아-아람어 규칙: Ito 1981.

50. Hiltebeitel 2011, 45, 47; Scharfe 1989, 218; Ray 2021, 209. 아르타와 담마: RV

5:63, 7. RV 1:23, 5에 따르면 바루나와 미트라는 "아르타 빛의 주인"이다.

51. Koch 1988, 특히 396ff.; Baumer 2016, 205.

52. 칼링가 칙령 1, 4, 11; 특히 Mhb. 1:94, 16; Michaels 2017, 848; Scharfe 1989.

53. Ray 2021, 208.

54. Baumer 2012, 205.

55. Bremmer 1982, 137.

56. Scheidel 2021, 151, 그리고 Sommer 2013, 122.

57. Helm 2022, 117-125.

58. Baltrusch 2011, 55f.

59. 최근에 출간한 Stahl 2023, 60-73 참조. 무덤 시설은 서부 스텝 지대와 유사성을 보였다: Bunker u. a. 1995, 28; Von Falkenhausen 2006, 214ff., 227. 주나라를 위한 말: Bodde 1986, 31. 융(戎)과 적(狄): Di Cosmo 2002, 97-123. 스텝 지대의 주나라 왕조: Mair 2003, 160.

60. 가령 Bunker u. a. 1995, 57ff. 오르도스: Pines/Von Falkenhausen/Shelach/Yates 2014, 14ff.

61. 《춘추좌씨전》 6:3: 547-549; Pines 2013, 29에서 인용.

62. Pines/Von Falkenhausen/Shelach/Yates 2014, 14ff.; Vogelsang 2017, 57.

63. Barnard 2004. 병마용: Nickel 2013. 활 시험: Hsu 1965, 98. 교역: Stahl 2023, 50ff., 60f.

64. Di Cosmo 2002, 158, 174f.; Kradin 2011, 82. Sima Qian: Shiji 88, 2565-2566; 6, 280. 맹탄: Di Cosmo 2002, 138-155(지도 포함). 호(胡)에 대해서는: 같은 책, 127ff.

65. Christian 1998, 184.

66. Widengren 1969, 82f.는 전거들을 제시한다(특히 Strab. 15,3,18).

67. Han Shu 96 A.

68. Christian 1998, 184. Kradin 2011, 90f.은 투만의 실존에 대해 의심한다.

69. Ssu-ma Chien, records 2:161.

70. Bemmann 2011, 457; Kim 2017, 18; Kradin 2011, 89-91.

71. Barfield 1981, 48; Kradin 2011, 89, 91. 부왕: Kim 2017, 18; Kradin 2011, 91f. 이른바 룰리 왕들은 현명한 왕을 뒤따르는 수준에서 움직였다. Kim 2010은 '하

위 왕'을 24개의 지방 장관 관할하에 두었다. 추가적인 부왕들: Holotová-Szinek 2011, 433-436. 사냥터가 있는 핵심 지역 등등: Holotová-Szinek 2011, 439.

72. Kim 2010, 125.

73. Kim 2017, 18f.

74. Kradin 2011, 85; Batsaikhan 2011, 124. 인구수: Barfield 1981, 54.

75. Sima Quia 1959 ch. 110, Kradin 2011, 85에서 인용.

76. Yü 1990, 127f.; Kim 2017, 19. 세금: Kradin 2011, 94; Batsaikhan 2011, 128; Scheidel 2011, 111.

77. Kradin 2011, 83. 포로 및 탈영병: Batsaikhan 2011, 122; Kradin 2011, 85, 90; Eregzen 2011, 281-284; Bemmann 2011, 458. 자연물 공급: Yü 1990, 127f.; Kradin 2011, 83, 97.

78. Eregzen 2011, 279-284; Danilov/Tsydenova 2011, 347; Rogers/Ulumbayar/Gallon 2005, 811ff. 환관 등등: Christian 1998, 195; Kradin 2011, 89. 칭호: Kradin 2011, 92f.; Yü 1990, 121f. 황제 궁정의 유목민 음식: Chang 2018, 242.

79. Christian 1998, 195.

80. Kim 2010, 125는 평행성에 대해 다룬다.

81. Di Cosmo 1994, 114f.

82. Miller 2011.

83. Di Cosmo 1994, 1095, 1115. '선물 경제'에 대해서는 Kradin 2011, 87 참조.

84. Lewis 2021, 226-230; Di Cosmo 2002, 232.

85. Mair 2003, 163 참조.

4 돈의 유혹: 지구화한 세계에서 경제와 교역

1. 폴리스에 대해서는 Von Glahn 2016, 5-8; Bissa 2009 참조.

2. 크세노폰의 《재원(Poroi)》에 대해서는 Günther 2022 참조.

3. Hsu 1999, 577f.; Deng 199, 109-110; Von Glahn 2016, 61. 철 가공과 제련 기술은 분명히 유목민에 의해 중국에 도입되었을 것이다(Deng 1999, 291).

4. Zhao 2015, 202. Hsu 1999, 577; Von Glahn, 54f. 참조.

5. Hsu 1980, 71; Kolb 1991, 199, 236-254. 공성전은 종종 겨울에 벌어졌다. Bodde

1986, 24f., 99f.; Lien-Sheng 1961, 75-84; 성장: Deng 1999, 4.

6. Bodde 1986, 36-37; Deng 1999, 76.

7. Vogelsang 2013, 97, 102f. Shiji 1229, 81/8. 코끼리는 기원전 6세기 이후 투입되었다. 추정컨대 1만 개의 시장터가 있었다(CKCC p. 249=Liu Chi-hsüan(기원후 867)), Deng 1999, 137f.

8. Deng 1999, 90, 123, 139f., 165, 299; Von Glahn 2016, 87, 139f. Hsu 1999, 581.

9. Deng, 1999, 165.

10. Sadao 1986, 563; Hsu 1999, 579; 소유 집중: Bodde 1986, 27-30. Von Glahn 2016, 85; Deng 1999, 192; Kolb 1991, 117ff. Hsu 1999, 579는 주나라에 대해 다룬다.

11. Zhao 2015, 240; 사천 분지: Bodde 1986, 36ff., 45f.; Lewis 2010, 18, 35.

12. Vogelsang 2013, 125; Bodde 1986, 36ff., 52-59.; Lewis 2010, 18, 33f.; Von Glahn 2016, 109.

13. Von Glahn 2016, 92-99.

14. Bodde 1986, 89.

15. Zhongshu 1982, 56. 10분의 9: Lewis 2010, 102ff. 운하/도로: Yü 1967, 29. 통일화: Deng 1999, 314; Lewis 2010, 81-84; Yü 1967, 29f. 감시 네트워크: Deng 1999, 173f. 무게, 도량형, 문자: Bodde 1986, 38; Deng 1999, 311. 인두세 등등: Von Glahn 2016, 103-107; Vogelsang 2013, 140. 마을과 저승의 통제: Poo 2018, 67, 77f.

16. Zhongshu 1982, 53f.; Yü 1967, 167ff.; Wagner 2001, 85f.; Von Glahn 2016, 130, 147.

17. Lewis 2010, 59f.; Von Glahn 2016, 103.

18. '야만인'에 대항하는 전국 시대 국가들의 전쟁: Di Cosmo 2002, 127-139, 교역: 같은 책, 131-134. 상인: 같은 책, 132-138. 영토 확보: Lewis 2010, 59. 군대: 같은 책., 67.

19. Lewis 2017, 665f., 670; Lewis 2010, 67, 107; Lewis 2021, 229f. Di Cosmo 2002, 134-138.

20. Sadao 1986, 604; Yü 1967, 28; Wagner 2001, 5-8; 인용: 같은 책, 9.

21. Sadao 1986, 602; Von Glahn 2016, 120ff.; Wagner 2001, 13, 18ff.; 57; 63f.

22. Yan tie lun 6. Sadao 1986, 605; Von Glahn 2016, 114, 126, 128. Wagner 2001, 27, 38, 45, 55f., 64. 부유한 지주에 대한 압박은 토지 집중을 막기 위한 법률과도 맞닿아 있다: Lewis 2010, 21f. 더 나아가 국가 생산이 가장 큰 유형의 쟁기질에 집중되었다는 비판도 있었다. 황제의 권한: Lewis 2010, 63; Deng 1999, 79f.

23. Yü 1967, 22ff., 42, 79, 81; Lewis 2017, 750. 비단 생산의 의미: Poo 2018, 131. 기원전 1세기에 흉노족은 일부 식물을 직접 재배하기 시작했다.

24. Yü 1967, 117-128. 한족은 농민 60만 명을 위한 식민지를 건설했다고 한다: Deng 1999, 76f.

25. Lewis 2017, 751. Yü 1967, 93ff., 111ff.,182. 노예 무역은 남쪽에서 번성했다.

26. Yü 1967, 17; Lewis 2010, 76, 85: 면책. 사치품과 신분 보호: Yü 1967, 192-194, 200. 이국적 정취가 물씬 풍기는 황실 공원에 대해서는 Lewis 2010, 94 참조.

27. Schulz 2016, 395f.; Lewis 2010, 141ff.; Yü 1967, 112-116, 161.

28. Sharma 2005, 37-41, 162; Adhya 1966, 52-55; Yü 1967, 135f.; Kher 1973, 11, 103.

29. Kher 1973, 12-19. Rhys Davids 1987, 178f.

30. Sharma 2005, 161.

31. Saletore 1975, 12. Jat. 4, 363ff.; Rhys Davids 1987, 181; Thaplyal 2001, 996; Kher 1973, 97f., 마누(Manu)에 대해서는 8, 10. 자이나교도: Adhya 1966, 44f. 그에 반해 초기 입법자 보다야나(Bodhayana)의 경전 1, 5, 10, 30에 따르면 《베다》에 대한 연구는 농업과 양립할 수 있었다.

32. Adhya 1966, 42. Diod. 11, 35-36, Plin. 6,17; Aelianus Hist. 12:23은 비옥한 갠지스 평원을 찬양한다.

33. Thapar 2002, 146; Saletore 1975, 400-405, 457; Rhys Davids 1987, 185, 192.

34. Adhya 1966, 46f., 91; Rhys Davids 1987, 189.

35. Thaplyal 2001, 996. 해상 교역: Milindapanha 359 참조. Rhys Davids 1987, 191.

36. Rhys Davids 1987, 194f.; Thapar 1997, 79. 동업 조합: Jat. I, 122. 금화, 은화, 동화: Saletore 1975, 609ff.; Rhys Davids 1987, 188; 부와 주식: Saletore 1975, 559, 570f.

37. Adhya 1966, 83f., Yajnavalkya I, 161과 함께. Rhys Davids 1987, 188f.; 동업 조합의 수익: Jak. I, 99.

38. Arth. 1,10; 11,1; 12; 13, 35. Kher 1973, 64-68, 262, 281f. 수익의 6분의 1: Arth. 1:13; Manu 7,130.

39. Thapar 1997, 85; Kher 1973, 41, 44, 235-237, 318ff.; Sharma 2005, 173; Saletore 1975, 168f., 602(금속); Arth. 11:1, 6; 12. Plin. 31:7, 39; Milind. 359.

40. Arth. 11:15; 34. Mahab. 243:2-3; 43:7; 86:15; Megasthenes Frg. 1:36. Strabon 15:1, 18. Mahabhasya des Patanjali 11:67 참조. 하티굼파(Hathigumpha) 비문에 따르면, 카라벨라(Kharavela) 왕은 도시 칼링가 내에 저수지를 설치할 것을 명령했다. 왕과 마을 주민 사이에 이러한 인프라 건설을 통해 상호 협력이 이루어졌음을 알 수 있다: Kher 1973, 161-177. 서구의 관찰자: Diod. 11:35, Strab. 15:1, 50. 바다의 이용 등등: Thaplyal 2001, 996; Sharma 2005, 172, Kher 1973, 159, 177 은 메가스테네스(Megasthenes)와 Arth. 11:1에 대해 다룬다. 비용 분담: 같은 책, 317f. 초기 운하 건설의 모범 사례: 하티굼파 비문과 루드라마단(Rudramadan)의 주나가르(Junagarh) 암석 비문; 같은 책, 150-157, 167. Thapar 2002, 189; Thapar 1997, 68, 93, 63은 "마을 경제"를 다룬다. 아소카: 같은 책, 70f., 81f., Sharma 2005, 182; Saletore 1975, 347ff. Strab. 15:1, 50에서 메가스테네스 참조. 인장: Kher 1973, 282, 328-330. 등록부 없음: Saletore 1975, 454f. 간접 투자: Thapar 1997, 80.

41. 전반적으로 왕은 세금을 적당히 징수하고 생산자들이 세금의 과실을 공유할 수 있도록 해야 한다, Arth. 11:5; 11:6-7; Manu 7, 128, Mahab. 87, 13ff. 등록부 없음: Saletore 1975, 454f. 관여: Thapar 1997, 80. 그 밖의 것: Thapar 1997, 77f.: Saletore 1975, 400-411; 436-448; 587f.; Kher 1973, 323-333; Arth. 11:21; 28, Yishu 111:16-21; Manu 7:127-8; VIII, 401ff., Mahab. 87:13-14.

42. Saletore 1975, 103-107; Kher 1973, 263ff., 371; Arth. 2:16, Diod. 11:42; Strab. 15:1, 50. 다른 논의는 Thapar 1997, 78 참조. 부동산: Kher 1973, 353-359, 367. 동업 조합: Adhya 1966, 86; Thapar 1997, 58. 기술자: Diod. 11:12; 41:4: Arrianos 7, 12:3; Mahab. 5:119.

43. Kher 1973, 332, 367; Saletore 1975, 108-141; 451; Adhya 1966, 82; Thapar 1997, 86.

44. Schulz 2016, 277f.

45. Fischer-Bovet 2021, 174-175.

46. Manning 2021, 351; Van der Spek 2000, 27-30; Stolper 1985, 36-51. 박트리아: Aperghis 2004, 59-62, 146-156; Strab. 15:1, 40; 3:11. 16:1, 10; Arr. Anab. 7:21, 5f.

47. Aperghis 2004, 90, 98; Van der Spek 2007, 33; 412, 427f. 페르시아인: Van der Spek 2007, 412.

48. Van der Spek 2000, 30f.; 2007, 412f.; Aperghis 2004, 61, 108, 208.

49. 왕실 직영지의 곡물: Van der Spek 2007, 415; Aperghis 2004, 185. 수익 없음: Aperghis 2004, 106f., 141, 148. 선물 모음: Van der Spek 2007, 412; 시파르: Aperghis 2004, 61.

50. Jursa 2009, 265f.는 페르시아인이 현물이 아닌 은으로 세금을 징수했다는 생각을 반박한다. Van der Spek 2007, 414-417; Aperghis 2004, 178f.(박트리아), 176ff. (은); 158(항구 관세).

51. Fischer-Bovet 2021, 176-178; Aperghis 2004, 208f.; 213f. 및 Aperghis 2011, 34ff.

52. Aperghis 2004, 113, 214-219, 287f.; 2011, 36. Boehm 2018, 104의 아페르기스에 대한 비판. Stolper 1985, 143-151. Fischer-Bovet 2021, 178. 수치: Van der Spek 2011, 408.

53. Van der Spek 2011, 426; Hannestad 2011, 266-275. 사적 경제: Fischer-Bovet 2021, 178.

54. Thonemann 2016, 30.

55. Manning 2021, 345; Thompson 2011; Von Reden 2011, 425; Rathbone 2000, 46.

56. Rathbone 2000, 47. Van Reden 2011, 427-430.

57. Manning 2021, 347; 2011, 302. Aperghis 2011, 23.

58. Shipley 2000, 196; Rathbone 2000, 45.

59. Von Reden 2011, 431; Manning 2005, 444; 2011, 302; Criscuolo 2011, 167.

60. Chankowski 2011, 148-158. 폐쇄된 경제: P.Cair.Zen. 1 59021; Bresson 2015, 118ff.

61. Von Reden 2011, 424ff., 137.

62. Criscuolo 2011, 172-175; Manning 2005, 434f.; 2011, 300-302; Von Reden

2011, 431-435.

63. Chaniotis 2011, 137; Rathbone 2000, 49.

64. Morley 2007, 571; Kehoe 2007, 551. 수확량은 이집트에서는 10배, 이탈리아에서는 4배 더 많았다.

65. Kay 2014, 27ff., 178f. 관개: 증거는 제국주의 에스파냐와 작은 시골 마을에서만 나온다: Beltrán-Loris 2006, 147-196.

66. Kay 2014, 38, 87, 98, 102, 190.

67. Kay 2014, 55-58, 65; Harris 2007, 517.

68. Harris 2007, 522; Von Reden 2012, 268; Kay 2014, 22. 157년에 아이라리움은 6,135,400세스터티, 17,410파운드의 금, 22,070파운드의 은을 소유하고 있었다.

69. Kay 2014, 71, 79f., 83. 관세에 대해서는 74쪽 참조; 77. 원래 원로원은 약 5만 명의 로마인에게 곡물 40모디우스를 모디우스당 1.5세스테르티우스에 판매했다. 기원전 54년경에는 이미 40모디우스를 시민 30만 명에게 무료로 제공했고, 얼마 지나지 않아 그 수는 20만 명으로 줄었다. 새로운 땅(남부 이탈리아)의 개간: Morel 2007, 506은 폴라(Polla)의 엘로기움(elogium)에 대해 다룬다. Kay 2014, 69f., 300, 303. 도시 인프라: 같은 책, 233.

70. Geraghty 2007, 1046f., 1050. Kay 2014, 143-146. 새로운 기술: 같은 책, 143-155. 노예 노동: Geraghty 2007, 1040-1044; Kay 2014, 168, 201-204. 기원 전후 이탈리아 전체 인구의 약 30퍼센트가 노예였다고 한다!

71. Kay 2014, 134-155, 186f., Kehoe 2007, 554; Geraghty 2007, 1048.

72. Kay 2014, 131-143. 배의 크기는 커졌다.

73. Harris 2007, 515, 523; Kay 2014, 101, 108-109; 124; 211f., 235-343.

74. Cicero Sull. 56. Kay 2010, 256f.

75. Kay 2014, 203, 238, 244.

76. Kay 2014, 102ff., 126, 246; 329.

77. Kay 2014, 127, 244-247, 253-257. 그들은 공공 자산을 매각해야 했다.

78. Kay 2014, 159, 265(은행), 304; 인구 증가, 같은 책, 175쪽 참조; 기술, 교역, 인프라: 같은 책, 276, 280f., 331; 수입: 같은 책, 275f. GPD(이탈리아는 0.54퍼센트).

79. Kay 2014, 137-140, 276, 283ff., 311, 329: 평균 0.67퍼센트. 군단 비용도 60만 데나리온에서 150만 데나리온으로 증가했다.

80. Lo Cascio 2007, 631; Günther 2008, 59; Bang 2012, 208.

81. Rathbone 2000, 50-53.

82. Günther 2008, 84f.는 로마 시민의 모든 지방 재산이 세금 면제 대상이었다는 데 의문을 제기한다.

83. Morley 2007, 579. 로마의 인구: Geraghty 2007, 1048.

84. Temin 2013; Geraghty 2007, 1045는 이 주제를 폭넓게 논의한다. 그 밖의 관련 문헌도 참고할 수 있다.

85. 기원전 150년경 연간 세수는 5000만~6000만 세스테르티우스였고, 100년 후에는 3억 4000만 세스테르티우스로 증가했다. 그로부터 100년 후에는 연간 8억 세스테르티우스로 2배로 늘어났다. 하지만 1인당 세금은 연간 13세스테르티우스 또는 밀 28킬로그램 정도만 증가했다. 국민 소득: Jongman 2007, 596.

86. 이 부분과 이하의 설명은 Schulz 2016, 366-368을 따른다. 또한 McLaughlin 2010, 161-167도 참조.

87. Schulz 2016, 367-369; McLaughlin 2010, 33-39.

88. Wang 2022, 155-158. Raphta: Plin. 12,85. 30일: PME 23.

89. Beckwith 2015, 86, 96, 103ff.; 백화점: Ray 1994, 2-13; 11-47; 2003, 75.

90. Plin. nat. hist. 32:21-24.

91. Parker 2008, 152. 벵골 해안의 비단: Wang 2022.

92. Marciani Heracleensis Periplus maris exteri 1:46.

93. Leslie/Kenneth/Gardiner 1996, 159f.

94. Lewis 2010, 55, 152ff.

95. Poo 2018, 110(물 공급), 126(도시의 수).

96. Ebrey 1986, 611. 엘리트: Lewis 2010, 24; 2021, 237; Vogelsang 2013, 176.

97.《후한서》 77:4; Lewis 2010, 63ff.

98. Schulz 2016, 403f.

99. Ptol. geogr. 1:11, 6; Schulz 2016, 405f.

100. Rezakhani 2022, 304-107. 파르티아인과 그 기원: Canepa 2021, 291. 쿠샨족/ 월지족의 기원: Benjamin 2021, 325, 326과 330-333에는 지도가 포함되어 있다.

101. Mukherjee 1970, 25f. 말 수출: 같은 책, 36f. 항구: 같은 책, 40.

102. Prasad 1984, 82-85. 도시 계획, 배수 등등: 같은 책, 76.

103. Wang 2022, 167f.

104. 직업: Prasad 1984, 101-104, 116-122.

105. Mallanaga Vatsyayana, *Das Kamasutra, Erster Hauptteil*, 36-37. 같은 책 19-27.

106. Ovid, *Amores*, Erstes Buch.

107. Eusebios, *Preparatio evangelica* 6:10.

108. Theokrit, Idyllen 15:1-93.

109. Poo 2018, 118-120; 124-126.

110. Benjamin 2021, 329.

111. Rezakhani 2022, 318; Benjamin 2021, 337. 언어: Rezakhani 2022, 326. 신들: Bracey 2012, 199-201. 오랫동안 데아 로마(Dea Roma)의 의인화로 해석해온 것은 이란–조로아스터교의 '정의의 신' 아샤트(Ashat)에서 파생한 것이다. 세라피스(Serapis) 형상은 이집트에서 수입한 것이 아니라 박트리아에 존재하던 신앙을 받아들인 것이다.

112. Burstein 2022, 175(=2017, 116); Sharma 2012, 225; Benjamin 2021, 335.

113. Beckwith 2015, 108; Schopen 1987. 국제 공통어: Benjamin 2021, 338.

5 행복으로 가는 길: 기원후 2세기까지의 종교적·철학적 세계 해석

1. 폭풍우나 뇌우의 신에 대해서는 Ozols 1978, 26, 36. 태양에 대해서는 33f.

2. Tilly/Zwickel 2011, 17f.(팔레스타인, 네게브사막, 시나이반도). 동물–영혼: Lang 2002, 121f.

3. 전사 공동체의 계속적인 희생 제물과 그 희생 제물을 통한 연대 체험: Burkert 1997, 16f., 20-45, 58-80. Lang 2002, 116-120 참조.

4. Birkhan 1997, 756-766; Albertz 1992, 155.

5. Widengren 1965, 163, 성의 변화: Nyberg 1938, 255, Cunliffe 2019, 272f.는 에나레에에 대해 다룬다. 샤머니즘의 유산: Lang 2002, 34; 101은 '영적 문화 전문가들'을 소개한다.

6. Heim 2014/15, 12.

7. Eliade 1975, 178f.; Lang 2002, 33f.; Widengren 1965, 170은 헤로도토스와 스키타이인에 대해 다룬다. 샤머니즘은 유형학적 분류 측면에서뿐만 아니라 공간적·시

간적 범위와 관련해 논쟁의 여지가 있는 현상이다(Qu 2017의 비판적 개관). 그러나 샤머니즘은 '샤머니즘 복합체'의 설명 모델이자 대표 사례로서 특히 자료가 충분한 증거를 제공하기 때문에 고대사에서 여전히 필수적인 것으로 보인다.

8. Grof 2001의 예증. 현대 민족학자들은 임상 증상이 샤머니즘의 부수적인 현상이라는 것을 부인한다(예를 들어 Paulson 1964, 135-137, Lewis 2003, 63f, 164-167 참조).

9. Pilch 1995, 49ff., 57ff. 소마 마시기에 의한 빛의 세계: Stuhrmann 2019 a, 101-110. 어떤 사람들은 예수가 치유한 질병의 증상을 간질이나 심인성 질환으로 설명한다: Smith 1978, 7f. 엑스터시: 〈마가복음〉 6:13; Smith 1978, 113; Borg 1993, 40-49; 카리스마적 인물: Theißen 2003, 68, Strotmann 2012, 94. 샤먼/입신: Craffert 1999, 333-335. 변용과 하늘 여행: Lang 2002, 241-244. 비전을 보는 소명 체험: Strotmann 2012, 94.

10. 〈다니엘서〉 2장. 그리고 Hdt. 4,68,3-4,69,2-3의 선견자, 샤먼, 마법사의 치명적인 위험과 비슷하다

11. Birkhan 1997, 939, 1096; Brunaux 2020, 232-246. 아마도 켈트족은 환각을 일으키는 식물을 이용했을 것이다. 같은 책, 940; 드루이드 사제의 마술에는 죽은 자를 되살리는 소생술이 포함되어 있었다. 중국의 샤먼과 마술: Poo 1998, passim, 후한에 대해서는: 197f.; Loewe 1986, 671-673. 에나레에: Widengren 1965, 163. 샤먼으로서 예언자: Liverani 2005, 117, 139; Kratz 2022, 164f. 그들은 예를 들어 비를 내리게 하는 능력을 지니고 있었다. 〈열왕기상〉 18:41-45. 마술사: Hdt. 1,107-8; 120; 128. Widengren 1965, 112.

12. Wen-Amun 1:38-40. Schipper 2005, 105, 183f. 히브리인: 〈열왕기하〉 21:6; 〈예레미야〉 27:9; Lang 2002, 32. 아시리아와 니푸르: Frahm 2023, 295; 마리(Mari)에서 일어난 예언자들의 환상과 엑스터시 경험에 대해서는 Hutter 1996, 171f. 참조. 그들은 또한 이를 위해 신비로운 액체를 마셨다. 오르페우스교도와 페이시스트라토스 가문: Rohde 1921, 109.

13. Eliade 1975, 177.

14. Hdt. 4,73. Widengren 1965, 166f.; 2019, 293; Meisig 1985, 15.

15. Tilly/Zwickel 2011, 19f.(분수와 대야); Boyce 1996, 302-310(세탁 및 월경). Polis: Chaniotis 1997, 145ff. Hebräer: Albertz 1992, 91. 붉은색과 흰색 옷: Widengren 1965, 130. Birkhan 1997, 904, 926, zu Druiden. 약초를 채취하는 사람은 또한

"흰옷을 입고 맨발을 깨끗이 해야 한다". Asklepeion: Kollmann 1996, 81.

16. G. Mensching, Religion, RGG3, V, 961. 하프 연주: Tilly/Zwickel 2011, 21.

17. 동물 육신의 '소생과 재생'에 대해서는 Ozols 1978, 21 참조.

18. Ozols 1978, 25; Tilly/Zwickel 2011, 30. 아프리카의 사상에 따르면, 죽음은 "조
    상들의 마을에서 삶으로 가는 관문"이다. Thiel 1987, 40-44.

19. 죽은 아시리아 왕들에 대해서는 Frahm 2023, 180 참조.

20. Desroches 2005, 42. 앞의 내용에 대해서는 Rolle 1980, 27-43 참조.

21. 인용: Lommel 1939, 23, 57. Oberlies 2012, 22-31, 45f., 113-125, 136-138, 그리
    고 Oldenberg 1894/1983, 102-178. Campbell 2022, 104 참조.

22. 인도의 사리탑은 스키타이의 쿠르간과 마케도니아의 왕릉에서 영감을 얻은 것이
    다. Beckwith 2015, 108; Schopen 1987, Halkias 2014, 92-94.

23. 〈마태복음〉 8:21f.; 〈누가복음〉 9:60. Theißen/Merz 1996, 330.

24. Birkhan 1997, 845. 초원과 화장: Oldenberg 1894/1983, 575ff.; Widengren
    1965; Machinist 1987, 265; Grenet 2015, 143.

25. Rüstow 1950, 48은 정반대로 유목민이 떠돌아다니는 동안 죽은 자를 그냥 버려두
    는 관습이 "차분하고 냉정한 사후 세계 개념"을 낳았다고 주장한다.

26. Meisig 1985, 18-25; Oberlies 2012, 316-324; Widengren 1965, 86.

27. Frauwallner 2003, 33; Schmithausen 1995, 46-49.

28. Witzel 1983은 출처를 제시한다.

29. Schmithausen 1995, 50-58. 《자이미니야-우파니샤드-브라흐마나》 3,28에 따르면
    지식이 있는 사람은 태양과 달까지 이동할 수 있으며, 자신이 선택한 가문에 환생
    할 수 있다.

30. Frauwallner 2003, 33; Meisig 1985, 38; Schmithausen 1995, 55.

31. Oberlies 2000, 3ff.; Selvanayagam 1992, 62f. 크샤트리아가 어디서 이 지식을 얻
    었는지에 대한 질문은 Schmithausen 1995, 57과 Obeyesekere 2002, 85 참조.

32. Kulke 1987, 216; Bellah 2021, 708f.; Selvanayagam 1992, 62f.

33. 유사한 교리에서는 물과 달보다 열과 불, 태양을 성찰의 중심에 두었다.
    Fraunwallner 2003, 40.

34. Schmithausen 1995, 59f. 또한 《우파니샤드》는 죽은 자가 "공덕을 소비한 후" (달
    에서 내리는) 비와 함께 지상으로 돌아온다고 이야기한다.

35. Bellah 2023, 709-712; Frauwallner 2003, 64; West 1971, 105; Wagner 2020, 103. RV 10:90 참조.

36. Schmithausen 1995, 68f. 근본적 원리: Halbfass 1995, 76. 베다-힌두교의 카르마 교리: Wagner 2020, 134-137.

37. Yasna 46,2; 50,1. Lommel 1930/1971, 104; Cohn 2001, 94.

38. 스피타마(Spitama)의 귀족 가문: Laczkowski 1983, 17.

39. Cohn 2001, 7. 연대: Shaked 2005, 186-190. 전승: Stausberg 2018, 22f. 역사적 인물: Skjarvo 2015, 61f.; Stausberg 2015, 69. 전원생활: Grenet 2015, 22; Oberlies 2012, 71; Nyberg 1938, 특히 '환상'과 '황홀경의 봄'으로서의 자라투스트라의 계시 체험에 대해서는 157-160, 178f., 359ff. 가타와 엑스터시; 샤머니즘에 대해서는 같은 책, 167f. 고독한 카리스마적 인물: Keindorf 1999, 48f.; Eliade 1975, 17; 자라투스트라와 위기: Nyberg 1938, 188; 같은 책, 194-197 참조.

40. Widengren 1965, 102-108, Nyberg 1938, 180. 사제 가문: Cohn 2001, 78. 선택된 자라투스트라 등등: Lommel 1930/1971, 6f. 12f.; Klimkeit 1987, 66ff. 마르기아나 또는 중앙아시아: Christian 1998, 138f.; Cohn 2001, 77.

41. 닥처온 시간: Cohn 2001, 99; Shaked 2005, 194. 하위의 정령들: Lommel 1930/1971, 29-40. 마지막 전투에서 비로소 아후라 마즈다는 전투의 신이 된다: 같은 책, 223. 소생: 같은 책, 232f., Cohn 2001, 97f. 사오샨트: 같은 책, 100-102.

42. Cohn 2001, 96f.; Lommel 1930/1971, 24f. Cohn 2001, 89 참조: "가축 사육은 실제로 윤리적 행동 일반의 모델로 다루어진다."

43. Widengren 1965, 76; Shaked 2005, 192.

44. Lommel 1930/1970, 156-163.

45. Shaked 2002, 195f.('집단적이기보다는 개인적'). 윤리적 이원론: Hjerrild 1990, 142. '최초의' 종말론에 대해서는 Nyberg 1938, 217, 부활에 대해서는 308-310.

46. Skjarvo 2015, 65f.; Cantera 2015, 318; Lommel 1930/1971, 166-176, 185-193. 《베다》에 따른 희생 제사: Cohn 2001, 72. Nyberg 1938, 310f. (시신 노출은 오늘날에도 뭄바이의 조로아스터교도들 사이에서 여전히 행해지고 있다.) 화장 반대: 같은 책, 321f., 화장은 나무가 별로 없는 스텝 지대에서는 거의 불가능하다. 매장 반대에 관해서는 같은 책, 363f. Gheiby 2014, 83: 동물 희생 제물의 폐지.

47. Nyberg 1938, 196f., Cohn 2001, 113; Widengren 1965, 67. 인도-이란의 신들에

대한 반대: Hinte 2015, 33. 연구자: Cohn 2001, 92-95. 가축 사육자-전사의 충돌: Nyberg 1938과 Boyce 1996, 3-13.

48. 하오마에 대해서는 Nyberg 1938, 286f. 그리고 265: '직업적인 엑스터시 실행자'이자 그러한 실행자 집단의 지도자로서 자라투스트라. Lincoln 1991, 149-151의 목부-전사에 대한 논의.

49. Skjarvo 2015, 59; Oberlies 2012, 62; Widengren 1965, 18, 66f.(소마와 소 도살 반대). 바루나: 같은 책, 81, 그리고 Lommel 1930/1971, 14, 249. 소를 희생하는 자는 '희생물을 먹는 자'다. 가축 절도자에 대한 증오: 같은 책, 249; Nyberg 1939, 71 참조. 인용: Y 122:2f.=Oberlies 2012, 64. Weindl 1935, 7. Vendidad 3:31 참조. 도살 대신 초원의 유지와 관리를 우선한다: Y 44:20; 49:4; Lommel 1930/1971, 129. 광란의 소마 음용 길들이기: Nyberg 1938, 189f.

50. Widengren 1965, 98. 적대적 부족들에 대한 싸움: Nyberg 1938, 69.

51. Cohn 2001, 78; Nyberg 1938, 248f. Stausberg 2018, 30-35는 회의적이다. 동행: Widengren 1965, 65, 88, Y 31:18. 심판의 다리를 건너는 '자기 무리의 영혼 안내자'로서 자라투스트라: Nyberg 1938, 183. 여인숙 주인 등등: Klimkeit 1978, 68f. 시신: Widengren 1965, 35f., 113.

52. Kee 1988, 99f. 아마도 아카드의 오래된 기술과 관련이 있을 것이다.

53. Sorensen 2002, 37-43.

54. Frahm 2023, 173.

55. Boyce 1996, 296-299; Williams 2015, 349, 352.

56. Rose 2015, 281; Cantera 2015, 325; Williams 2015, 346. Hdt. 1:138, 1-2; Schulz 2020, 259.

57. 이 부분과 뒤이은 내용은 주로 Bremmer 1998, 111f.와 11-20에 따른다; Hdt. 1: 131, 2.

58. Cohn 2001, 23; Bruit Zaidman/Schmitt Pantel 1994, 33f., 47-54.

59. Sassi 2018, 4, 69; Burkert 2003, 55ff.

60. Rohde 1921, 139-154; Burkert 2003, 122; Sassi 2018; West 1971, 39f., 55ff., 79.

61. Sassi 2018, 88; 탈레스와 솔론: 같은 책, 27-29.

62. Nestle 1944, 52.

63. 더럽혀짐은 윤리적-도덕적 의미를 함축했다: Potter 2005, 409 참조.

64. Hdt. 4,178; Burkert 2003, 86f. 정화와 치유: Rohde 1921, 51f. 에피메니데스: 같은 책, 96ff.

65. Burkert 2003, 126-129; Sassi 2018, 123. 마술사: Burkert 2003, 116-120.

66. 트라키아인: Rohde 1921, 16-35의 자료와 해석. 아리스테아스: 같은 책, 91ff.

67. Sassi 2018, 109ff.와 함께 트라키아인에 대한 Xen. An. 7,5 참조. 이집트: De Salvia 1991. Hdt. 3,4 참조. 엠페도클레스: Rohde 1921, 171-175; Burkert 2003, 125f.; Sassi 2018, 129, 166. 죽은 자의 소생과 엠페도클레스: Kollmann 1996, 93ff., 이는 Diogenes Laertios 8,59에 대해 다룬다. 폭풍우 가라앉히기: 같은 책, 94.

68. McEvilley 2002, 98-156 참조.

69. Halkias 2014, 66f.; McEvilley 2002, 100, 197f.(오르페우스교도); Puett 2002, 84-86. 의사로서 오르페우스 등등: Rohde 1921, 110f. 윤회: 같은 책, 134ff.

70. McEvilley 2002, 100f. 오르페우스교도-샤머니즘: 104f. 영혼의 암호: Rohde 1921, 122; 《사자의 서》: Burkert 2003, 83, 95; Sassi 2018, 126; 금판: Parker 1995, 484-495.

71. Ion von Chios 36 B 4 DK; Sassi 2018, 49, 120-122; 오르페우스교도와 피타고라스: Rohde 1921, 125ff., 윤회: 같은 책, 162f. 음악 치료: Kollmann 1996, 91. (불교도에게서는 수행의 맥락에서만 적용되는) 콩 식용 금지는 그들이 콩을 감각을 지니는 식물로 생각했다는 사실 때문일 수 있다.

72. Pind. Frg. 129-131; Empedokles Frg. 136-137; Rohde 1921, 215f.; McEvilley 2002, 99f.; Obeyesekere 2002, 227; Sassi 2018, 125. 고귀한 자들: Donlan 1980, 77-99; Parker 1995, 501.

73. Rohde 1921, 189-194, 264: 무로 사라지는 영혼: Platon, Phaidon 70A, 77B, 80D. 죽은 자의 소생과 엠페도클레스: Kollmann 1996, 93ff.는 Diog.Lart. 8:59를 다룬다.

74. Pind. Frg. 131.a; Burkert 2003, 88. 고타마: Oberlies 2000, 8. Sassi 2018, 163은 엠페도클레스를 다룬다; Obeyesekere 2002, 202는 피타고라스파를 다룬다.

75. 플라톤의 영혼론: Rohde 1921, 265-287. 의사 같은 참된 정치가: 같은 책, 291쪽은 《고르기아스》 518 C, 521 A도 다룬다. 붓다에게서 세계의 고통스러움: Wagner 2020, 88f.

76. Meister 2010, 133.

77. 개인화한 윤리: A. Dihle, Ethik, RAC 6 (1966), 648f. Plat. Rep. 365a. Burkert 2003, 1994, 27. 소피스트: Meister 2010, 132f. Platon: Gorg. 509; 소크라테스: Sassi 2018, 140f.; Stettner 1930, 31-41. 신적인 고향: Obeyesekere 2002, 250-253, 270-277.

78. Oberlies 2000, 8.

79. Gombrich 1996, 51 참조: "나는 붓다가 세계를 윤리화한 것의 중요성을 아무리 과장해도 지나치지 않다고 생각한다." 형이상학의 중요성이 제한적인 이유는 붓다가 영혼의 본성에 대해 언급하거나 그것의 불멸성을 부정하지 않고 우주론적 문제를 다루었다는 사실과 관련이 있다: Bailey/Mabbatt 2003, 154-56, 그리고 이와 함께 Magie: 156f.

80. Halkias 2012, 67. 아이하눔에 대해서는 같은 책, 67f.

81. Beckwith 2015, 16-18, 34-39, 41-47; Halkias 2020, 84-86.

82. Yasna 28:7; 인용 Yasna 48:5는 Lommel 1930/1971, 53, 238에서 인용했다; Nyberg 1938, 201; Oberlies 2012, 62. 파라오에 대한 윤리적 요구: Groß 2022, 56f.

83. Maul 1998, 77; Cohn 2001, 26; 중국에 대해서는 Poo 1998, 118. 페르시아 왕들은 아마도 스키타이 왕들과 마찬가지로 자신이 육체적으로 부활할 거라고 생각했을 것이다; Widengren 1965, 140-154. 왕의 이데올로기: Albertz 1992, 175. '야훼의 양자'로서 히브리 왕은 축제일에 희생 제사를 지낼 수 있었지만, 대관식에서는 상징적인 '내세로의 여행'만 허용되었다.

84. Potter 2005, 420f. 다리우스에 대해서는 Frei/Koch 1996, 142 참조.

85. Koch 1988; Beckwith 2015, 126-137; Halkias 2014, 84-89. 아소카의 개념은 동물 희생에 반대하는 스라마나(sramana) 고행자, 불교도, 자이나교도의 반브라만적 반응을 반영했으며, 이는 《바그바드기타》에 나타난 아르주나의 태도에도 영향을 미쳤다. Selvanayagam 1992, 61-65.

86. Ballah 2023, 721; McGrath 2013; 희생 제물로서 전쟁: Bhag, 2:31-37; 싸움터에서의 죽음: 같은 책, 2:37; 재탄생: 같은 책, 2:17-30; Selvanayagam 1992, 67, 70, 72. 연도: 같은 책, 69. Minor 1982. 신 관념과 더 오랜 힌두교에서의 변화: Gonda 1960, 214-254.

87. 공자에 대해서는 Wagner 2020, 71f. 참조. 전사의 천국 입성, "최고의 정의 원리"

로서 담마: Meisig 2010, 37-40.

88. Wheatley 1971, 225. 종교와 종교적 장소들의 의미: Vogelsang 2023, 1-8.

89. Loewe 1982, 68f.; Puett 2002, 111f., 161ff.; Roetz 1984, 50-78; Wagner 2020, 40, 55. 힌두교와 지옥: Gonda 1960, 181, 208. 체류지는 카르마에 의해 결정된다.

90. Wagner 2020, 42f.; Poo 1998, 46, 87f., 105, 자기에 대한 호의를 확보하기 위한 희생 제물. 음과 양에 관해서는 같은 책, 44-47. Weber 1959, 130은 '한계 없는 낙관주의'에 대해 언급한다.

91. Seidel 1987, 225; Roetz 1984, 68, 88; Robinet 1979, 38; Puett 2002, 39. 점성술 등등: Loewe 1982, 104-113. 샤머니즘: Poo 1998, 21-24(샤먼을 상징하는 용을 탄 인물도 다룬다), 50f.; Vogelsang 2023, 9. 더 적은 대립: Elvin 1987, 135.

92. Vogelsang 2023, 31-37. Von Falkenhausen 2004, 6 참조.

93. Von Falkenhausen 1994, 1f. 조상의 역할: Puett 2002, 48f., 52, 65ff. 주나라 사람들은 조상의 신전을 세웠다. '민중 종교'와 샤머니즘: Vogelsang 2023, 39ff.

94. Von Falkenhausen 1994, 4 참조. 그리고 또 다른 문헌을 제시하는 Vogelsang 2023, 38 참조.

95. Bauer 1974, 44f., Lewis 1979, 51f., Keindorf 1999, 6f., 24, 32, 47-53의 자료와 인용 및 해석. 같은 책, 22f.: '샤먼과 사제를 위한 의례 교리 문답서'로서 〈구가(九歌)〉. 지상 외부 낙원으로의 여행에 대해서는 같은 책, 41. Harper 1994. 영혼들: Pirazzoli-T'Serstevens 2009, 975, Thote 2009, 133-136, Robinet 1997, 13f. 무덤에서 죽은 자의 삶: 같은 책, 141.

96. Seidel 1987, 225; Harper 1994; Waley 1957, 16f. 2개(또는 3개)의 영혼은 마찬가지로 샤머니즘 전통에서 유래했을 수 있다: Lewis 2003, 41.

97. Roetz 1992, 62f.; 1984, 111, 117, 118, 125f., 131, 244, 388. 129f. 참조: "하늘은 물질적 고난에 대한 쓰라린 한탄의 대상이다." 하늘은 상나라의 하늘보다 인간에게서 더 멀리 떨어져 있었는데, 상나라는 하늘을 시조와 동일시했다. Wagner 2020, 46도 참조.

98. 민중: Roetz 1992, 123; Roetz 1984, 224f. 희생 제물: 같은 책, 189f. "마치 누군가가 위에서 지켜보고 있는 것처럼 진지하고 경건해야 한다." Guenshe Fu, Roetz 1984, 190에 따라 인용. '도덕의 세속화'에 대해서는 같은 책, 191 참조. 같은 책: "민중은 신들의 자리다", 민중에 대한 이 이야기는 《좌전(左傳)》 '환공(桓公) 6년

조'에서 인용한 것이다. 《시경(詩經)》 127편에서 인용한 같은 책, 133; 같은 책, 124쪽 참조: "하늘에 대한 확신이 적을수록, 그만큼 더 절실해지는 것은 자신의 인간적인 힘에 대한 자각이다." '결정적인 사회적 주체'로서 민중에 대해서는 같은 책, 287과 308쪽 참조. 192f.: "행복과 불행은 인간에게서 나온다." 132쪽: "혼돈과 공포만을 퍼뜨리는 하늘을 대신해 여기서는 새로운 질서의 요소로서 인간 자신이 등장한다. ……이는 하늘의 예측 불가능성과 자의성에 대한 경험이 인간에게 자신의 책임 영역을 확장하지 않을 수 없게 만들었기 때문이다." 통치자와 덕, 같은 책, 125f. 주나라 왕조에서도 이미 조상과의 관계는 정당성을 뒷받침하는 데서 덜 중요한 역할을 했다. Poo 2009, 284.

99. Roetz 1984, 126, 214. 비판: 같은 책, 248(도교 신자). 자율성: Roetz 1992, 62. 귀신과 신들로부터의 주변화와 거리 두기: 같은 책, 197ff., 205. 민중: 같은 책, 123, 그리고 1984, 224f. 희생 제물: 같은 책, 189f. '도덕의 세속화'에 대해서는 같은 책, 191. 제후들의 '나'-의식: Roetz 1992, 64, 68. 도덕은 하늘의 창조물이 아니다: Roetz 1984, 217.

100. 《사기(史記)》 6:245; Vogelsang 2020, 11에서 인용.

101. Poo 1998, 127f.

102. Pirazzoli-T'Serstevens 2009, 966; Keindorf 1999, 162ff. 불로초: Akahori 1989, 75f., 89f. 그런 까닭에 죽은 이의 영혼은 낙원으로 올라가기 전에 무덤 건축물 위나 그 안에서 선물과 예우를 받는다: Pirazzoli-T'Serstevens 2009, 953과 951f. 옥 덮개는 시신을 보존하거나 악령으로부터 보호하는 역할을 한다. 거울도 마찬가지다. 새로운 칭호: Puett 2002, 238-241, 257. 불멸성 주장: 같은 책, 241-245. 조상 숭배의 더 적은 중요성: Cook 2009, 237-246.

103. Roetz 1992, 62f. 아르드비 수라 아나히타(Ardvī Sūrā Anāhitā) 여신에 대해서는 Nyberg 1938, 260ff. 참조. '축축하고 강하며 흠 없는 자'로 불린 그녀는 페르가나 분지로 흘러드는 강('하늘의' 이악사르테스?)의 여신으로 숭배받았다.

104. Yü 1964/65, 97f.; Keindorf 1999, 42f.

105. 일본: Vogelsang 2020, 5-13. 그 밖의 내용은 Loewe 1986, 719-725; Lewis 2009, 579f., Pirazzoli-T'Serstevens 2009, 983ff.에 따른다. 신화적인 영혼 동반자는 스텝 지대의 영향을 드러낸다: 같은 책, 993. 하오마는 '삶의 비약'으로서 죽음을 멀리한다: Cohn 2001, 69, 그리고 Nyberg 1938, 83f.

106. 영혼의 하늘 여행에 대해서는 Puett 2002, 201ff.; 같은 책, 213-224. Lin 2009, 456.

107. Pirazzoli-T'Serstevens 2009, 953, 960; Cook 2009, 247-278.

108. Pirazzoli-T'Serstevens 2009, 953, 951ff., 966, 975-978; Blofeld 1985, 26; Cook 2009, 247-278.

109. Yü 1964/65, 99; Rawson 1999, 31-33; Puett 2002, 226, 275(초나라 제후들), 278.

110. Robinson 2023, 83-86, 95-97, 114, 117. 무제와 불멸성: Poo 1998, 111f., 119.

111. 출처는 Puett 2002, 308-313에 있다〔광형(匡衡), 장탕(張湯), 유향(劉向)〕. 무제의 죽음 이후 '금문학파'와 '고문학파'의 투쟁: Robinson 2023, 118-120. 최고 제사장: Poo 1998, 118.

112. Vogelsang 2013, 186. Lattimore 1951, 378; Ch'I-Yün 1986, 795 참조.

113. Wagner 2020, 56f.; Robinet 1997, 16f., 27f.; Loewe 1982, 148f.; Keindorf 1999, 156. Blofeld 1985, 3, 9; Vogelsang 2013, 118-119. 한나라 유학의 '우주론적 이론'에 대해서는 Ch'I-Yün 1986, 809.

114. Keindorf 1999, 6f., 22-24, 39, 148, 151. 마찬가지로 《구가》는 시인의 영혼 상태를 아리스테아스처럼 엑스터시로 해석한다. 하늘을 나는 비상: Robinet 1997, 31-37. 남방: Cho-Yun 2005, 459; Robinet 1997, 35f.; Keindorf 1999, 3f.

115. Robinet 1997, 17, 36(무와의 접촉). Blofeld 1985, 91; Waley 1957, 10. '대중적 도교'/방사: Lewis 1979, 97; Keindorf 1999, 163. 치유자로서 무당: Poo 1998, 138f.

116. Robinet 1997, 20; Yü 1964/65, 104-106. 한나라와 도교도: 같은 책, 115-119.

117. Yü 1964/65, 112f.; Robinet 1979, 22, 46-53; Seidel 1987, 230ff.; Blofeld 1985, 13, 120f.

118. Lewis 1979, 99f.; Loewe 1979, 97-100. 선인(仙人) 숭배와 '약물'의 대중화: Yü 1964/65, 107-110. Dürre: Lewis 2009, 579. Nöte: Hendrichke 2000, 135.

119. Hendrichke 2000, 137-140; Zürcher 2007, 43; Robinet 1979, 45-49는 '치료적 엑소시스트, 마술사, 불멸자'의 결합에 대해 논의한다. 도술의 대가 장도릉의 성공은 병자를 치료하는 데 기반했다. 샤머니즘 수련자: 같은 책, 151ff.

120. Robinet 1997, 51; Wagner 2020, 66. 보고: Hendrichke 2000, 154f. 약물 등등:

Akahori 1989, 74.

121. Wagner 2020, 157; Bumbacher 2007, 206-229. 노자와 붓다: 212ff.; Robinet 1979, 50; Beckwith 2015, 111-123. 번역: Demiéville 1986, 817f., Zürcher 2007, 12-27. 피타고라스: Rohde 1921, 160. 중국과의 이전 접촉: Wagner 2020, 143-157.

122. Seidel 1987, 225-227; 233; Robinet 1997, 129; Zürcher 2007, 37f., 59; Ch'I-Yün 1986, 820-826; Zürcher 2007, 11 (환생), Hendrichke 2000, 154 (질병). Wagner 2020, 48f. 도교 치료사는 병자들에게 자신의 실수와 악행에 관해 질문한다: Poo 1998, 201.

123. Seidel 1987, 228f., 232와 Robinet 1979, 57-67. 불교의 화장은 죽은 자를 위해 부적 및 거울을 사용하는 것과 모순된다. Lewis 1979, 123f.

124. 변형과 정체성 보존의 관계에 대해서는 Koch 1993, 89; Assmann 1884, 178f.

125. Koch 1993, 109, 263.

126. Koch 1993, 52, 73. 왕의 제식 독점에 대해서는 Assmann 1984 참조.

127. Assmann 1984, 151, 217; Assmann 2006, 특히 118f, 128, 160ff.; Koch 1993, 209-221; 226-230; 인간의 목자: 같은 책, 257. 마아트: 같은 책, 274, 282-284, 322f. 《사자의 서》에서 '도덕적 반성의 높은 지위'에 대해; 지하 세계로의 하강과 책임 의식: 같은 책, 371f. 지하 세계: 같은 책, 413; 인용: 408.

128. Koch 1993, 467f.

129. Cohn 2001, 9ff., 154. 소우주-대우주, 창조와 희생: Hutter 1996, 59f.; Lincoln 1991, 168-173, 180f. 이는 아마도 인간 희생이라는 고대의 의무에 기반했을 것이다. 같은 책, 170ff.

130. 〈시편〉 89편과 110편은 왕을 하나님의 지상 대리자로 묘사한다. Smith 2001, 157f., Tilly/Zwickel 2011, 84 참조; Groß 2022, 214는 일반적으로 근동에 대해 다룬다.

131. Lang 2002, 107f., 129f.; Tilly/Zwickel 2011, 30, 79f., 88. 야훼-아세라: Day 1994, 184-186. '전쟁의 군주': 같은 책, 65-99. '오랜' 창조신 엘과 젊은 전쟁의 신 바알의 조합 참조. 지혜와 힘: 같은 책, 52ff., 92, 170f. 천둥의 신: 같은 책, 181ff.

132. Tilly/Zwickel 2011, 78f.; Lommel 1930/1971, 91. 신적 권한의 통합: Lang 2002,

107-130; Tilly/Zwickel 2011, 79-88. 전쟁과 천둥의 신인 야훼는 다산의 신이자 동물의 주인이기도 했다. Hiob 41,26과 Ps 50,10-11.

133. Albertz 1992, 414; Kratz 2023 177f.; 같은 책, 382f. 참조; Cohn 2001, 140. 왕: Lang 2002, 35-37; Albertz 1992, 183; 〈사무엘상〉 6:17f., 〈열왕기상〉 8:62f. 〈열왕기하〉 10:18ff. 페르시아 왕들의 하늘나라 체류: Koch 1991, 198. 일반 대중에게는 내세에 대한 희망이 없다: Reitzenstein 1956, 6.

134. Smith 2001, 155f. 그리고 Uffenheimer 1987, 205. 〈사사기〉 27:1에 대해서는 같은 책, 227; 51:9-11; 〈시편〉 74:12-23. 엘들의 왕권과 엘 혼합주의: Albertz 1992, 203, 211. 사마리아의 바알 숭배: 같은 책, 231. 아스타르테: 같은 책, 228. 유일신교: Schäfer 2017, 특히 7-10, 151-156. 〈호세아〉(13:4)에서 유일한 예배에 대한 요구를 찾을 수 있는데, 이는 아마도 전쟁이 일어났을 때 히브리인이 다른 신들을 제거했던 의식적인 전쟁 관습의 결과일 것이다. Lang 2002, 229f.; Cohn 2001, 142f. 이것이 '야훼 유일신 사상/운동'의 모델이 되었다. 교리가 아니다: Kratz 220, 167.

135. 〈다니엘서〉 2:44-45; Kratz 1996, 215; Koch 1991.

136. Koch 1993, 471.

137. Assmann 2015, 112-119는 이를 특정 민족과 관련된 특유의 '신실함의 일신교'로 설명했으며, 여기에 보편적인 '진리와 통찰의 일신교'가 더해졌다고 설명한다. 〈시편〉 43:3 참조. 여기서 야훼는 성전에 빛과 진리를 사자로 보낸다. 봉신 계약: Uffenheimer 1987, 212; Albertz 1992, 357. 땅의 소유주로서 야훼: Lang 2002, 198, 199.

138. Stolz 1994, 44f.; Albertz 1994, 93; Tilly/Zwickel 2011, 105; Dietrich 1994, 19.

139. 〈신명기〉 18;9-14; 23;1-9; Kee 1988, 18. 다윗: Dietrich 2006, 176.

140. B. Ego, Reinheit/Unreinheit/Reinigung, WiBiLex 2007, 1-2. 신전의 희생 제사: Albertz 1992, 90, 327, 412. 죄: Tilly/Zwickel 2011, 106. 외국은 종교적으로 불결하다(〈사무엘상〉 26:19; 〈열왕기하〉 5:17); 〈예레미야〉5:19; 〈시편〉 137:4: 예언자들은 국가의 제식을 우상 숭배라고 비판했다.

141. 〈신명기〉 14:3-21.

142. Lommel 1930/1971, 115f. Albertz 1992, 423은 〈신명기〉 14장과 〈레위기〉 11장을 다룬다. 제사장과 정결 계명: Houston 1993, 114-117. 우가리트족도 돼지를

피했다.

143. Albertz 1992, 423. 외국의 불결함: 〈아모스〉 7:17; 〈호세아〉 9:3; 〈에즈라〉 4:13. 속죄 등등: Stolz 1994, 43; Houston 1993, 175ff., 210f. Albertz 1992, 523. 돼지: Lattimore 1951, 379; Albertz 1992, 422f.; Birkhan 1997, 776f., 962; Houston 1993, 82-85.

144. Baltrusch 2012, 198f. 긴장, 도시와 시골: Tiwald 2002, 44-54.

145. Borg 1999, 84f.; Strotmann 2012, 75-77; Theißen/Merz 1996, 164f.

146. Borg 1999, 88; Kratz 2022.

147. Kratz 2022, 270, '예언자적-카리스마적 운동': Strotmann 2012, 80. 위기에 대한 대응으로 '거룩함'을 추구하는 추세: Borg 1999, 87. 제사장 가문: Strotmann 2012, 84f.

148. Shiraishi 1996, 특히 182-188, 195-209 참조.

149. 건축일(테크톤): Strotmann 2012, 55, Theißen/Merz 1996, 159. 조수: Ebner 2016, 84f.

150. Ebner 2016, 99f., Heinz Schürmann에 따른 인용 포함.

151. Ebner 2016, 37f., 41쪽에서는 갈릴리 주민들이 혜택을 본 교역망에 대해 설명한다. 또한 같은 책 55쪽에서는 다음과 같이 언급한다: "경제적 관점에서 볼 때, 갈릴리에서는 특정 상품에 대한 전문화와 이윤 극대화라는 특징을 지닌 시장 경제가 확산하고 있었다."

152. Ebner 2016, 88 참조. 이는 아마도 유성을 관찰하면서 촉발된 것일 수 있다.

153. Borg 1993, 40-53 참조. 샤먼 유형: Craffert 1999; ASC와 환상: Pilch 1995.

154. Pilch 1995, 54, 그리고 〈마가복음〉 6('제자 권한 부여')과 〈사도행전〉 10:10, 11:5에 대해 다루는 Kollmann 1996 참조.

155. 〈창세기〉 50:1-3; Kee 1988, 16. 엘리야: Crossan 1994, 200. 헤시오도스, 필립피데스, 핀다로스도—대개 높은 산에서—고독 속에서 영적 경험을 했다. Pilch 1995, 60 참조.

156. 마라는 고타마 붓다가 깨달음을 얻지 못하도록 막으려 한다. 자라투스트라에 대해서는 이 장의 3절 참조.

157. 엘리야: 〈열왕기하〉 4; 〈열왕기상〉 17, 〈열왕기하〉 13. 사마리아에는 많은 '마술사'가 있었다: 〈사도행전〉 8:9ff. 중국에서의 '부활': Poo 1998, 66. 마법 파피

루스에서 퇴마적 부활 의식: Kollmann 1996, 87. 고대에 많이 논의된 현상으로서 가사 상태: 같은 책, 265. 엠페도클레스와 아스클레피아데스에 대해 다루는 같은 책, 270쪽 참조. 쿰란: Kollmann 1996, 131ff.; Craffert 1999, 337. 〈마가복음〉 9:38-39; 6:7-13; 9-18; 〈누가복음〉 9:1-6; 11:19; 〈마태복음〉 12:27. 퇴마 기법: Ebner 2016, 105-112. 대상으로서 정신적 질환(간질): Kollmann 1996, 205-215.; 열병: 같은 책, 222쪽은 〈마가복음〉 1:29-31에 대해 다룬다. 피부병: 같은 책, 223ff., 병적인 월경: 같은 책, 230f.

158. Dion Chrysostomos 3,30; Theißen/Merz 2011, 262-268, 그리고 Kollmann 1996, 112. 붓다: Jak 190과 〈마태복음〉 14:25f., 더 나아가 《마즈히마-니카야 (Majjhima-nikāya)》 제6경은 모두 Garbe 1914, 57-59에서 논의한다.

159. Kratz 2022, 48f. 유대교 전통에 따르면 바람은 천사와 악마의 조종을 받는다. 악마의 힘으로서 바다 및 일반적으로 바람과 물을 추방하는 샤머니즘적·마법적 능력: Kollmann 1996, 272f. 빵의 증가, 기적적인 어획, 가나안의 포도주 기적도 여기에 속한다: 같은 책, 274ff. 그리고 275쪽은 〈마가복음〉 6:45-52에 따른 바다의 변화를 다룬다.

160. Kollmann 1996, 137ff.는 호니에 대해 다룬다. 그는 호니를 '마술사 또는 샤먼'으로 본다(같은 책, 140, 169).

161. Craffert 1999, 331f.; Smith 1978, 16, 104f.; Strotmann 2013, 124-127. 카리스마적 인물, 기적적 치유자, 엑소시스트: Theißen/Merz 1996, 175, 268, 275-282. 도교인/불교도: Hendrichke 2000, 154.

162. Drewermann 1992, 246-309 참조. 그리고 전통과 해석에 대해서는 Zimmermann 2021.

163. Ebner 2021의 해석과 또 다른 문헌 참조.

164. Rohde 1921, 76f. 예수의 말씀: Remus 1997, 10f., 16, Smith 1978, 14(말씀의 힘). 만지는 것의 힘: 같은 책, 20ff. 붓다의 비유: Wagner 2020, 101. 샤먼에 의해 수행된 중국의 엑소시즘: Poo 1998, 53, 그리고 75, 79, 83쪽 참조. 치료 수단으로서 침: Kollmann 1996, 232-236, 310.

165. Albertz 1992, 235, 255f. 참조. 선지자들은 부유한 계층에 속했지만, 국가의 하층 계급에서 모집해 성전에 대해 예언하는 빈곤한 집단도 있었다. Theißen/Merz 1996, 170. 수드라 같은 추방자와 주변부 집단: Borg 1999, 92. 〈누가복음〉 19:1-

10(세리들의 식사); Gnilka 1995, 109-117.

166. "너희 아버지의 자비로우심같이 너희도 자비로운 자가 돼라!"(〈누가복음〉 6:6). 가난하고 약한 자를 돌보는 것은 고대 동양 왕실의 이상에서 비롯된 것이다: 〈시편〉 72. 여성: Lang 2010, 43은 〈누가복음〉 8:3-4; 〈마가복음〉 15:41에 대해 다룬다.

167. Bultmann 1977, 8, 1983, 38; Sanders 1993, 254-281. 마기(Magi)에게도 윤리적 호소가 있었다: Smith 1978, 73.

168. Ebner 2016, 88f.는 〈누가복음〉 10:18에 대해 다룬다. Kollmann 1996, 191 참조.

169. Strotmann 2012, 95는 〈누가복음〉 10:18을 따른다. Theißen/Merz 1996, 167.

170. 〈마가복음〉. 되살림: Bultmann 1977, 10-17. 집행 유예와 회개: Theißen/Merz 1996, 143, 195f.; 322-332. 사탄의 몰락과 구원의 공간: 196f., 236: Strotmann 2012, 96f.

171. 인용: "부활이 공중에 놓여 있다.": Wright 2014, 175. 같은 책, 187쪽은 '인자'에 대해 다룬다. 이란의 모범: 예를 들어 Bultmann 1998, 46. 하늘의 여행: Bousset 1971, 7-37. 신과 함께함: 〈시편〉 16:10f.; 73:23ff. 오직 신실한 순교자만이 빛나는 빛의 옷을 입고 하늘에 계신 하나님의 거처에 들어간다(〈다니엘서〉 12:2). '의로운 자'도 마찬가지다. Lang 2002, 93. Vetter 1985, 85-98은 〈마카베오하〉와 〈지혜서〉 3:1-9에 대해 다룬다. 〈이사야〉 25:8은 '죽음의 죽음'에 대해 말한다. 하나님은 의로운 자를 깨워 일으킬 것이다(〈이사야〉 26:19; 〈에스라〉 37:1ff.; 〈시편〉 22:28ff.; 〈욥기〉 19:25). 쿰란 공동체는 죽음으로부터의 구원을 약속한다. Kratz 2023, 186.

172. Vetter 1985, 85-98. '지역 또는 가족 종교'에서는 죽은 자 및 조상 숭배가 유지되었다. Kratz 2023, 173. 불안정: Strotmann 2013, 110ff.

173. 〈마가복음〉 10:31; 9:35; 〈마태복음〉 19:30; 20:16; 〈누가복음〉 13:30. Sanders 1993, 291은 '가치의 재평가'와 '상황의 전복'에 대해 언급한다.

174. 〈누가복음〉 6:20; Bultmann 1977, 5; Sanders 1993, 259: 천국에서의 서열. 사회적 규범의 전복: Gnilka 1995, 91-101; Borg 1999, 132-139. 추방자와의 식사: 같은 책, 101. 연출: 같은 책, 128-132.

175. Gnilka 1995, 157-163. 가난한 사람들의 영성: 같은 책, 180-183. 죄의 관리, 같은 책, 209. 가난에 대한 이상(理想)은 없다: Bultmann 1988, 71. 신의 통치

의 상징으로서 엑소시즘적 능력: Strotmann 2013, 97은 〈누가복음〉 11:20/〈마태복음〉 12:27f.에 대해 다룬다. '공격적 정결함'과 '포용적 거룩함'에 대해서는 Theißen/Merz 1996, 380 참조.

176. 〈마가복음〉 15:34-35. 〈마가복음〉 14:36을 다루는 Theißen 2003, 202 참조. 하늘 여행: Haufe 1961, 112f. 에녹이 들어간 '하늘의 집'은 예루살렘 성전의 본당에 해당한다. 이는 '세계의 형상'으로 설계되었다. 같은 책, 115f.; Bousset 1971, 7-37; Haufe 1961. 예수의 속죄 죽음에 반대하지만, 그걸 받아들임: Theißen 2003, 200f. 대속 제물로서 성찬식: Theißen/Merz 1996, 382ff.

177. 이 표현은 〈이사야〉 63f.에서 볼 수 있다: 아브라함이 아니라 당신, 즉 하나님이 우리의 아버지다.

178. Theißen 2003, 95-98. 유대교 전통은 고통받는 메시아를 알지 못했다. Wagner 2020, 78은 불교에서 '우연히' 일어난 부활 이야기를 다룬다. 이집트: Assmann 2008, 365.

179. Theißen 2003, 71; Theißen 2004, 54. 다지역성: Kollmann 1996, 90.

180. Theißen 2003, 200. 신은 세상을 치유하는 능력을 지녔다: Ego 2007, 120은 〈요한1서〉 6-11을 다룬다. 〈누가복음〉 50-51에 나오는 베타니아에서 이뤄진 승천에 대한 또 다른 이야기.

181. Widengren 1965, 106f.; 비판적으로는 König 1964, 154f. 논쟁이 많은 상호 의존 관계는 가타 자체가 부활에 대해 거의 언급하지 않고, 후대 문서들도 명확한 연대가 정해져 있지 않아 그리스도교적 해석이 초기 조로아스터교에 영향을 미쳤는지, 아니면 그 반대인지 알 수 없어 규명하기 매우 어렵다. 아마도 상호 교류가 있었던 것으로 추정된다. 조로아스터교 부활 교리가 기원전 2세기의 유배 후반 기간 유대교에 미친 영향에 대해서는 예를 들어 West 1971, 192 각주 2와 관련 문헌 참조. 세상의 마지막 때에 죽은 자들은 그 영혼과 다시 합쳐질 것이다.

182. Hengel 1980, 22f. 패배와 굴욕이 높임과 신격화로 바뀐다: Theißen 2003, 75. 성전 제식을 위한 대리 희생 제물로서 속죄: Theißen/Merz 2011, 384, 410.

183. 〈사도행전〉 41; 5:17. 죄의 형벌 또는 결과로서 죽음: Bultmann 1977, 252는 〈로마서〉 6:23을 다룬다: "왜냐하면 죄의 대가는 죽음이기 때문이다." 희생의 죽음은 신전을 필요 없게 만든다: Hengel 1980, 18f.

184. 〈누가복음〉 22:28-30; Witherington 1999, 261 참조.

185. '떠도는 급진주의자들' 사이의 여성, 윤리 등등: Tiwald 2002, 212-220, 248, 261.

186. Tiwald 2002, 262, 203도 참조. 예수와 추종자들이 도시에서 얼마나 멀리 떨어져 있었는지에 대해서는 같은 책, 58-63, 144. 〈마가복음〉에서 우리는 예수 운동이 도시에 어떻게 접근했는지 알 수 있다. 같은 책, 180. 떠돌이 생활의 과제: 같은 책, 240. 가장 좋은 증거는 《디다케(Didache: 작자 미상의 가장 오래된 그리스도교 교리서—옮긴이)》다.

187. Tiwald 2002, 30 참조.

188. 병 치유와 엑소시즘: Tiwald 2002, 119, 166; Kollmann 1996, 42ff., 376f. 제자들에게 예수가 전한 복음: 같은 책, 307쪽은 〈마가복음〉 6:6-13을 다룬다. 좀더 상세한 토론: 같은 책, 316-362. 〈사도행전〉 8:11-12:19, "부활하신 그리스도는 베드로와 다른 제자들에게 향유 상자를 든 의사의 모습으로 나타나신다."(Kollmann 1996, 339).

189. 여기서도 샤머니즘적인 엑스터시 기술: Bultmann 1977, 212; Lewis 2003, XVii.

190. Sanders 1995, 30f.

191. Mitchell/Van Nuffelen 2010의 기고문들 참조.

192. Theißen/Merz 1996, 410 참조: "구원은 더는 '분노한 신을 달래는 것'으로 이루어지는 것이 아니라, 인간 사이의 적대감을 극복함으로써 이루어지며(〈로마서〉 5:6-11 참조), 부활을 통해 이루어진다(〈로마서〉 4:25). 구원은 인간이 화해를 청하는 것으로 시작되는 것이 아니라, 신이 청하는 것으로 시작된다(〈고린도후서〉 5:20)."

193. Sanders 1995, 50-59. 방언을 말하는 자: 〈고린도전서〉 14, 14f., 〈사도행전〉 2:4; 10:46; 19:6과 Berger 1994, 367f.도 참조. 속죄: 〈고린도전서〉 15:3: "그리스도는 우리의 죄를 위하여 죽으셨다."

194. 〈고린도전서〉 15, 17, 19. Theißen/Merz 1996, 415ff.

195. Berger 1994, 460-462; Sanders 1995, 38-48. 코린토스 교인들은 죽은 자를 위해 세례를 베풀었다.

196. Theißen/Merz 1996, 536. 《도덕경》에도 율법 거부 사상이 담겨 있다: Wagner 2020, 60.

197. 〈로마서〉 8:11. Sanders 1995, 41-44. 변화와 영적인 몸: 〈고린도전서〉 15:35-53;

부활에 대한 비판과 부정: 같은 책, 15:12. 〈데살로니카전서〉 4:13-18 참조.

198. Berger 1994, 493: '사회적 관계의 사상가'로서 바울.

199. 〈로마서〉 13:1-7.

200. 〈데살로니카전서〉 5:23. Sanders 1995, 33, 97과 〈로마서〉 8:4도 참조.

201. 나는 Bultmann 1977, 264-266에 의거해 〈로마서〉 7:8-9의 어려운 구절을 이렇게 해석한다.

202. Berger 1994, 288은 세례와 성찬식을 다룬다; Dahlheim 2013, 99-103, 113.

203. 아바타 사상에 대해서는 Gonda 1960, 249 참조.

204. 상업, 항구 도시, 유대인 디아스포라: Meeks 1993, 38-110; 여성: 같은 책, 135, 151f., 172는 리디아에 대해 다룬다. 이동 전문가로서 상인과 군인: Markschies 1997, 25-31.

205. Seldeslachts 2007, 151-155는 출처 등을 제시한다. 종교화: Markschies 1997, 37.

206. 켈수스(Celsus)는 2세기에 그리스도교인이 전통적 신앙 의식을 거부했기 때문에 제국이 위험에 처했다고 보았다.

결론: 무엇이 고대 세계를 결속하고 추동했을까

1. Golden 1998, 8 참조: "이 가난한 유목민은 역동적이고 카리스마 넘치는 지도자들이 결성한 전쟁 집단에 기꺼이 지원했다."

2. Campbell 2022의 풍부한 자료 참조.

3. Golden 1998, 8.

4. Graeber/Wengrow 2022, 356.

5. López-Ruiz 2021, 159f., 169.

6. López-Ruiz 2021, 298.

7. Elvin 1987, 142에서 인용. 키케로: Cic. Tusc. 5:10. 붓다의 윤리('윤리적 행동')와 도시: Thapar 2002, 168: "이러한 접근 방식은 도시 생활에서 통용되는 사회적 관습에 대한 어느 정도의 민감함을 시사한다." 공자: Vogelsang 2010, 90-93; Hsu 1987, 115:2 참조. 공자는 "도덕적 요구를 보편화해 일반적인 좋은 사람을 위한 기본적 덕으로 삼음으로써 좋은 귀족을 위한 행동 규범을 새롭게 해석했다". 유가의 스승들이 "타고난 좋음을 촉진함으로써"(같은 책, 118) 내적 평화를 이루려 노력한 것은 소크

라테스의 생각과 닮았다. 소크라테스에 대해서는 특히 Ottmann 2001, 246f. 참조.

8. Puett 2002, 56, 135.

9. Kippenberg 1991; 201 참조: "도시 공동체 설립은 외부에 대한 자율성을 창출했지만, 내부적으로는 주민들이 공동의 도시 기관과 제식에 복종하라는 압력을 증가시켰다."

10. Meeks 1993, 38 참조.

11. Nagel-Angermann 2007, 25.

12. 이러한 숙고는 대체로 Assmann 2008에 따른 것이다.

13. Deng 1999, 100f.는 이를 앞선 부족 조직의 유산으로 본다.

14. Philo Alex., de agricultura 23, de somnis II,180 참조.

15. Shepherd 2019, 29-40; Sharma 1980, 52-147.

16. North 1988, 66f. 참조. 전문화와 분업화는 부족 사회의 공통된 경험 및 세계관과는 대조적으로 현실에 대한 서로 다른 경험과 해석을 낳는다.

17. Poo 1998, 2는 '도교'가 등장한 한나라 말기의 고난과 투쟁을 다룬다.

18. Weber 1959, 16은 이 시기를 "모든 것에 의문을 제기하고, 틈과 균열을 꿰뚫어볼 수 있다고 믿으며, 그러한 기초로부터 새로운 토대를 모색하는 분열과 위험의 시기"라고 설명한다. 그러나 Poo 1998, 3에 따르면 새로운 종교는 "안정적이고 번영하는 사회의 일상적 삶에서" 생겨난다.

19. Solon F 13(West)은 도시의 인구와 활동에 대한 놀라운 설명을 제공한다.

20. 《묵자》 2016, 26('하늘의 뜻'), 2: "아랫사람이 윗사람을 바로잡는 것이 아니라, 윗사람이 아랫사람을 바로잡아야만 한다. 그러므로 백성은 자기 일에 전념하되 무엇이 옳은지 스스로 결정해서는 안 된다. 군자들이 옳은 것의 기준을 제시해주어야 한다." 27,1 참조: "어리석고 비천한 자는 고귀하고 현명한 자를 다스릴 수 없다. 오직 고귀하고 현명한 사람만이 어리석고 비천한 사람을 다스릴 수 있다. 이로써 우리는 정의가 어리석고 비천한 사람에게서 생겨나는 것이 아니라, 고귀하고 현명한 사람에게서 비롯된다는 것을 알 수 있다." 28,1: "그러므로 백성이 스스로 옳은 것을 결정해서는 안 되고, 정부에 있는 군자들이 그들을 위해 결정해야 한다." Poo 1998, 28ff. 참조. 하위 신들의 세계와 종교적 행위는 도덕적 함축을 지니지 않는다.

21. Poo 1998, 82; 악령과 영혼들: 같은 책, 84.

22. Gombrich 1996, 37.

23. 〈출애굽기〉 19:6; Assmann 2008, 367.

24. Theißen/Merz 2011, 126 참조. 야훼는 지상에서의 정의를 하나로 묶는다: Assmann 2008, 366.

25. Poo 1998, 204; Vogelsang 2013, 186-189. Ch'I-Yün 1986, 820-826; Blofeld 1985, 103, 141. 조로아스터교: Gheiby 2014, 104-109. 동시에 유교가 정통 정치 교리로 자리 잡았다.

참고문헌

K. Abdullaev, Nomad Migration in Central Asia, in: J. Cribb/G. Herrmann (Hg.), After Alexander. Central Asia before Islam, Repr. Oxford 2008, 73-98.

B.-U. Abels, Die Ehrenbürg bei Forchheim. Die frühlatènezeitliche Zentralsiedlung Nordostbayerns, in: D. Krausse (Hg.), "Fürstensitze" und Zentralorte der frühen Kelten. Abschlusskolloquium des DFG-Schwerpunktprogramms 1171 in Stuttgart 12.-15. Oktober 2009, I, Stuttgart 2010, 101-128.

R. R. Abrecht, My Neighbor the Barbarian: Immigrant Neighborhoods in Classical Athens, Imperial Rome, and Tang Chang'an. PhD. Diss. University of California, Santa Barbara 2014.

S. F. Adali, Cimmerians and the Scythians. The Impact of nomadic Powers on the Assyrian Empire and the Ancient near East, in: H. J. Kim/F. J. Vervaet. F. Adali (Hg.), Eurasian Empires in Antiquity and the Early Middle Ages. Contact and Exchange between the Greco-Roman World, Inner Asia and China, Cambridge 2017, 60-81.

G. L. Adhya, Early Indian Economics. Studies in the Economic Life of Northern and Western India c. 200 B. C.-300 A. D., Bombay u. a. 1966.

A. Akahori, Drug Taking and Immortality, in: L. Kohn (Hg.), Taoist meditation and longevity techniques, Ann Arbor 1989, 73-98.

R. Albertz, Religionsgeschichte Israels in alttestamentlicher Zeit, Bd. 1: Von den

Anfängen bis zum Ende der Königszeit, Göttingen 1992.

R. Albertz, Monotheismus in der israelitischen Religionsgeschichte, in: W. Dietrich/M. A. Klopfenstein (Hg.), Ein Gott allein? JAHW-Verehrung und biblischer Monotheismus im Kontext der israelitischen und altorientalischen Religionsgeschichte (Orbis Biblicus et Orientalis 139), Freiburg (Schweiz)/ Göttingen 1994, 77-96.

A. Anke, Die Steppe als Kultur- und Naturraum der Antike, in: Dies. (Hg.), Attila und die Hunnen, Stuttgart 2007, 26-37.

D. M. Anthony, The Horse, the Wheel, and Language. How Bronze-Age Riders from the Eurasian Steppes shaped the Modern World, Princeton/Oxford 2007, ND 2010.

D. M. Anthony, The Sintashta Genesis. The Roles of Climate Change, Warfare, and Long-Distance Trade, in: B. K. Hanks/K. M. Linduff (Hg.), Social Complexity in Prehistoric Eurasia. Monuments, Metals, and Mobility, Cambridge 2009, 47-73.

G. G. Aperghis, The Seleucid Royal Economy. The Finance and the Financial Administration of the Seleucid Economy, London 2004.

G. G. Aperghis, City Building and the Seleukid Royal Economy, in: Z. H. Archibald/J. K. Davies/V. Gabrielsen (Hg.), Making, Moving, and Managing. The New World of Ancient Economies, 323-31 BC, Oxford 2005, 27-43.

G. G. Aperghis, Jewish Subjects and Seleucid Kings: A Case Study of Economic Interaction, in: Z. H. Archibald/J. K. Davies/V. Gabrielsen (Hg.), The Economies of Hellenistic Societies, Third to First Centuries BC, Oxford 2011, 19-41.

Z. A. Archibald, Markets and Exchange: The Structure and Scale of Economic Behavior in the Hellenistic Age, in: Z. H. Archibald/J. K. Davies/V. Gabrielsen (Hg.), Making, Moving, and Managing. The New World of Ancient Economies, 323-31 BC, Oxford 2005, 1-26.

J. P. Arnason, The Axial Age and its Interpreters, in: P. Arnason/N. Eisenstadt/ B. Wittrock (Hg.), Axial Civilizations and World History, Leiden/Boston 2005, 19-49.

J. P. Arnason. N. Eisenstadt/B. Wittrock (Hg.), Axial Civilizations and World History (Jerusalem Studies in Religion and Culture 4), Leiden/Boston 2005.

D. Asheri u. a., A Commentary on Herototus, ed. by O. Murray/A. Moreno, Oxford 2007.

J. Assmann, Ägypten. Theologie und Frömmigkeit einer frühen Hochkultur, Stuttgart u. a. 1984.

J. Assmann, Ma'at. Gerechtigkeit und Unsterblichkeit im Alten Ägypten, 2. Aufl. München 2006.

J. Assmann, Sakralkönigtum und Gemeinschaftskunst. Der Alte Orient und das Politische, in: K. Junge/D. Šuber, G. Gerber (Hg.), Erleben, Erleiden, Erfahren. Bielefeld 2008, 357-371.

J. Assmann, Exodus. Die Revolution der Alten Welt, München 2015.

M. E. Aubet, The Phoenicians and the West. Politics, Colonies, and Trade, 2. Aufl. Cambridge 2001.

S. Y. Auyang, The Dragon and the Eagle. The Rise and Fall of the Chinese and Roman Empires, London/New York 2015.

G. Baily/I. Mabbett, The Sociology of Early Buddhism, Cambridge 2003.

S. Balatti, Mountain Peoples in the Ancient Near East. The Case of Zagros in the First Millenium BCE (Classica et Orientalia 18), Wiesbaden 2017.

R. Ballah, Der Ursprung der Religionen. Vom Paläolithikum bis zur Achsenzeit, Freiburg i. Br. 2021.

E. Baltrusch, "Kriege für die Freiheit der Andern": Roms imperial Mission im 2. Jahrhundert v. Chr., in: Gymnasium 118 (2011), 43-56.

E. Baltrusch, Herodes. König im Heiligen Land. Eine Biographie, München 2012.

D. Baly, The Geography of Monotheism, in: H. T. Frank/W. L. Reed (Hg.), Translating and Understanding the Old Testament. Essays in Honor of Herbert Gordon May, Nashville/New York 1970, 253-278.

P. F. Bang, Commanding and Consuming the World: Empire, Tribute, and Trade in Roman and Chinese History, in: W. Scheidel (Hg.), Rome and China. Comparative Perspectives on Ancient World Empires, Oxford 2009, 100-120.

P. F. Bang, Predation, in: W. Scheidel (Hg.), The Cambridge Companion to Roman Economy, Cambridge 2012, 197-217.

P. F. Bang, The Roman Empire, in: P. F. Bang/C. A. Bayly/W. Scheidel (Hg.), The Oxford World History of Empire, Vol. 2: The History of Empires, Oxford 2021, 240-289.

Th. Barfield, The Hsiung-nu Imperial Confederacy: Organization and Foreign Policy, in: Journal of Asian Studies 41,1 (1981), 45-61.

Th. Barfield, The Perilous Frontier: Nomadic Empires and China, 221 BC to AD 1757, Cambridge/Oxford 1992.

T. J. Barfield, The Shadow Empires: Imperial State Formation along the Chinese-Nomadic Frontier, in: S. E. Alcock u. a. (Hg.), Empires. Perspectives from Archaeology and History, Cambridge 2001, 10-41.

G. Barjamovic, Civic Institutions and Self-Government in Southern Mesopotamia, in the Mid-First Millenium BC, in: J. G. Dercksen (Hg.), Assyria and beyond. Studies Presented to M. T. Larsen, Leiden 2004, 47-98.

G. Barjamovic, The Empires of Western Asia and the Assyrian World-Empire, in: P. F. Bang/C. A. Bayly, W. Scheidel (Hg.), The Oxford World History of Empire, Vol. 2: The History of Empires, Oxford 2021, 73-110.

G. Barker/C. Goucher (Hg.), The Cambridge World History, Vol. 2: A World with Agriculture, 12,000 BCE-500 CE, Cambridge 2015.

L. Barnard, Oppida in Südfrankreich? Zur Entwicklung urbaner keltischer Zentren des 3. und 2. Jahrhundertts v. Chr. in der Provence, in: J. Bofinger/G. Stegmaier (Hg.), Städte der Kelten. Urbane Zentren der späten Eisenzeit, Esslingen 2023, 168-179.

R. M. Barnhart, Alexander in China? Questions for Chinese Archaeology, in: Y. Xiaoneng (Hg.), New Perspectives on China's Past. Chinese Archaeology in the Twentieth Century, New Haven/London 2004, 239-243.

Z. Batsaikhan, The Xiongnu—Progenitors of the Classical Nomad Civilization, in: U. Brosseder/B. K. Miller (Hg.), Xiongnu Archaeology. Multidisciplinary Perspectives of the First Steppe Empire in Inner Asia, Bonn 2011, 121-128.

W. Bauer, China und die Hoffnung auf Glück. Paradiese, Utopien, Ideal-vorstellungen in der Geistesgeschichte Chinas, München 1974.

C. Baumer, The History of Central Asia. The Age of the Steppe Warriors, London/New York 2012, Repr. 2016.

H. Beck/G. Vankeerberghen (Hg.), Rulers and Ruled in Ancient Greece, Rome, and China, Cambridge 2021.

H. Becker, Political Systems and Law, in: J. Macintosh Turfa (Hg.), The Etruscan World, London/New York 2013, 351-372.

C. I. Beckwith, Empires of the Silk Road. A History of Central Eurasia from the Bronze Age to the Present, Princeton/Oxford 2009.

C. I. Beckwith, Greek Buddha. Pyrrho's Encounter with Early Buddhism in Central Asia, Princeton 2015.

P. R. Bedford, The Neo-Assyrian Empire, in: I. Morris/W. Scheidel (Hg.), The Dynamics of Ancient Empires. State Power from Assyria to Byzantium, Oxford 2009, ND 2010, 30-65.

P. N. Bellah/H. Joas (Hg.), The Axial Ages and Its Consequences, Cambridge (Mass.)/London 2012.

R. Bellah, Der Ursprung der Religion. Vom Paläolithikum bis zur Achsenzeit, Freiburg/Basel/Wien 2020, ND 2021.

F. Beltrán-Loris, An irrigation decree from Roman Spain: the Lex Rivi Hiberiensis, in: JRS 96 (2006), 147-196.

J. Bemmann, Was the center of the Xiongnu Empire in the Orkhan Valley, in: U. Brosseder/B. K. Miller (Hg.), Xiongnu Archaeology. Multidisciplinary Per-spectives of the First Steppe Empire in Inner Asia (Bonn Contributions to Asian Archaeology 5), Bonn 2011, 441-461.

J. Bemmann/M. Schmauder (Hg.), Complexity of Interaction along the Eurasian Steppe Zone in the First Millenium CE, Bonn 2015.

C. Benjamin (Hg.), The Cambridge World History, Vol. IV: A world with States, Empires, and Networks, 1200 BE-900 CE, Cambridge 2015.

C. Benjamin, The Kushan Empire, in: P. F. Bang/C. A. Bayly/W. Scheidel (Hg.),

The Oxford World History of Empire, Vol. 2: The History of Empires, Oxford 2021, 325-345.

A. Benkert u. a., Zentralisierungsprozess und Siedlungsdynamik in der Schweiz (8.-4. Jh. v. Chr.), in: D. Krausse (Hg.), "Fürstensitze" und Zentralorte der frühen Kelten. Abschlusskolloquium des DFG-Schwerpunktprogramms 1171 in Stuttgart 12.-15. Oktober 2009, Teil II, Stuttgart 2010, 79-118.

J. H. Bentley, Cross-Cultural Interaction and Periodization in World History, in: The American Historical Review 10,3 (1996), 749-770.

K. Berger, Theologiegeschichte des Urchristentums, Tübingen/Basel 1994.

H. Bernhard u. a., Das frühkeltische Machtzentrum von Bad Dürkheim, in: D. Krausse (Hg.), "Fürstensitze" und Zentralorte der frühen Kelten. Abschluss-kolloquium des DFG-Schwerpunktprogramms 1171 in Stuttgart 12.-15. Oktober 2009, Teil II, Stuttgart 2010, 319-364.

F. Bernstein, Apoikie und Metropolis. Voraussetzungen und Bedingungen ihrer Beziehungen, in: GWU 71,3/4 (2020), 153-173.

H. Birkhan, Kelten. Versuch einer Gesamtinterpretation ihrer Kultur, Wien 1997.

E. M. A. Bissa, Governmental Intervention in Foreign Trade in Archaic and Classical Greece, Leiden 2009.

E. Bloch-Smith, Judahite Burial Practices and Beliefs about the Dead, Sheffield 1992.

J. Blofeld, Taoism. The Road to Immortality, Boston 1985.

D. Bodde, Festivals in Classical China. New Year and other Annual Observances during the Han Dynasty 206 B. C.-A. D. 220, Princeton 1975.

D. Bodde, The State and empire of Ch'n, in: D. Twitchett/M. Loewe (Hg.), The Cambridge History of China, Vol. I: The Ch'in and Han Empires, 221 B. C.-A. D. 220, Cambridge 1986, 20-102.

R. Boehm, City and Empire in the Age of the Successors. Urbanization and Social Response in the Making of the Hellenistic Kingdoms, Oakland 2018.

J. Bofinger/G. Stegmaier, Die spätkeltische Siedlungslandschaft und die Bedeutung der Oppida in Südwestdeutschland, in: Dies. (Hg.), Städte der Kelten. Urbane

Zentren der späten Eisenzeit, Esslingen 2023, 10-43.

G. L. Bonara, The Oxus Civilization and the Northern Steppe, in: B. Lyonett/N. A. Dubowa (Hg.), The World of the Oxus Civilization, London 2001, 734-778.

M. J. Borg, Jesus. Der neue Mensch, Freiburg i. Br. 1993.

E. N. Borza, In the Shadow of Olympus. The Emergence of Macedonia, Princeton/New Jersey 1990.

L. Boulnois, Silk Road. Monks, Warriors and Merchants, Hong Kong 2012.

W. Bousset, Die Himmelsreise der Seele, 1901, Repr. Darmstadt 1971.

M. Boyce, A History of Zoroastrianism. Vol. 1: The Early Period. Third impr. Leiden, New York/Köln 1996.

J. Bremmer, The Suodales of Poplios Valesios, in: *ZPE* 47 (1982), 133-147.

J. Bremmer, Götter, Mythen und Heiligtümer im antiken Griechenland, Bremen 1998.

A. Bresson, The cost of getting money in early Ptolemaic Egypt: The case of P. Cair. Zen. *159021 (258 B. C. E.)*, in: D. Kehoe/D. M. Ratzan/U. Yiftach (Hg.) Law and Transactions Costs in the Ancient Economy, Ann Arbor 2015, 118-144.

P. Briant, From Cyrus to Alexander. A History of the Persian Empire, Winona Lake 2002.

C. Bright/M. Geyer, Globalgeschichte und die Einheit der Welt im 20. Jahrhundert, in: S. Conrad/A. Eckert/U. Freitag (Hg.), Globalgeschichte. Theorien, Ansätze, Themen, Frankfurt a. M./New York 2007, 53-80.

J. Bronkhorst, Greater Magadha. Studies in the Culture of Early India (Handbook of Oriental Studies, Section Two, Vol. 19), Leiden/Boston 2007.

U. Brosseder, The Complexity of Interaction and Exchange along the Eurasian Steppe Zone in the centuries around the turn of the era, in: J. Bemmann/M. Schmauder (Hg.), The Complexity of Interaction along the Eurasian Steppe Zone in the First Millennium AD. Bonn Contributions to Asian Archaeology, Bonn 2015, 199-332.

Bruit Zaidman/P. Schmitt Pantel, Die Religion der Griechen. Kult und Mythos, München 1994.

J.-L. Bruneaux, Les Gaulois, Paris 2005.

S. Bruni, Seafaring: Ship Building, Harbours, the Issue of Piracy, in: J. Macintosh Turfa (Hg.), The Etruscan World, London, New York 2013, 759-777.

R. Bultmann, Jesus, Berlin 1926, ND Tübingen 1988.

R. Bultmann, Theologie des Neuen Testamentes, 7. Aufl. Tübingen 1977.

R. Bultmann, Das Urchristentum, 5. Aufl. Düsseldorf 1998.

S. P. Bumbacher, Early Buddhism in China: Daoist Reactions, in: A. Heirman. P. Bumbacher (Hg.), The Spread of Buddhism (Handbook of Oriental Studies/ Handbuch der Orientalistik Sect. 8, Vol. 16), Leiden/Boston 2007, 203-246.

E. C. Bunker, The People, the Land, the Economy, in: Dies./J. F. So (Hg.), Traiders and Raiders on China's Northern Frontier, Washington 1995, 17-31.

L. Burckhardt u. a. (Hg.), Gesetzgebung in antiken Gesellschaften. Israel, Griechenland, Rom (Beiträge zur Altertumskunde 247), Berlin/New York 2007.

W. Burkert, Griechische Religion der archaischen und klassischen Epoche, Stuttgart u. a. 1977.

W. Burkert, Antike Mysterien, 3. Aufl. München 1994.

W. Burkert, Homo Necans. Interpretationen altgriechischer Opferriten und Mythen, 2. Aufl. Berlin/New York 1997.

W. Burkert, Die Griechen und der Orient, München 2003.

S. Burstein, Ancient History and the challenge of World History, in: Syllecta Classica 18 (2007), 225-240.

S. Burstein, Antike global. Die Welt von 1000 v. bis 300 n. Chr., Darmstadt 2022.

J. Campbell, Der Heros in tausend Gestalten, Berlin 2022.

M. P. Canepa, The Parthian and Sasanian Empires, in: P. F. Bang/C. A. Bayly/ W. Scheidel (Hg.), The Oxford World History of Empire, Vol. 2: The History of Empires, Oxford 2021, 291-324.

A. Cantera, Ethics, in: M. Stausberg/Y. Sohrab-Dinshaw Vevaina (Hg.), The Wiley Blackwell Companion to Zoroastrianism, Malden/Oxford 2015, 317-332.

A. Caubet, Myth and Gods in the Oxus Civilization, in: B. Lyonett/N. Dubova (Hg.), The World of the Oxus Civilization, Abingdon 2020, 195-214.

L. Cerchiai, Urban Civilization, in: A. Naso (Hg.), Etruscology, Vol. II, Boston/ Berlin 2017, 617-644.

R. Chakravarti, The Mauryas, in: D. K. Chakrabarti/M. Lal (Hg.), History of India III. The Texts, political History and Administration till c. 200 BC, New Dehli 2014, 231-275.

K. C. Chang, Shang Shamans, in: W. J. Peterson/A. H. Plaks/Y. Yu (Hg.), The Power of culture. Studies in Chinese Cultural History presented in honour of T. T. Ch'en and F. W. Mote, Hong Kong 1994, 10-36.

C.-S. Chang, The Rise of the Chinese Empire, 2 Vol., Michigan 2007.

A. Chaniotis, The Impact of War on the Economy of Hellenic Poleis: Deamd Creation, Short-Term Influences, Long-Term Impacts, in: Z. H. Archibald/J. K. Davies/V. Gabrielsen (Hg.), The Economies of Hellenistic Societies, Third to First Centuries BC, Oxford 2011, 122-141.

V. Chankowski, Divine Financiers: Cults as Consumers and Generators of Value, in: Z. H. Archibald/J. K. Davies/V. Gabrielsen (Hg.), The Economies of Hellenistic Societies, Third to First Centuries BC, Oxford 2011, 142-165.

C. Ch'I-Yün, Confucian, Legalist, and Taoist thought in Later Han, D. Twitchett/ M. Loewe (Hg.), The Cambridge History of China, Vol. 1: The Ch'in and Han Empires, 221 B. C.-A. D. 220, Cambridge 1986, 766-807.

H. Cho-Yun, Rethinking the Axial Age—The Case of the Chinese Culture, in: J. P. Arnason. N. Eisenstadt/B. Wittrock (Hg.), Axial Civilizations and World History (Jerusalem Studies in Religion and Culture 4), Leiden/Boston 2005, 451-467.

D. Christian, A History of Russia, Central Asia and Mongolia, Vol. 1: Inner Asia from Prehistory to the Mongol Empire, Hoboken 1998.

M. Chytráček u. a., Zentralisierungsprozesse und Siedlungsdynamik in Böhmen (8.-4. Jh. v. Chr.), in: D. Krausse (Hg.), "Fürstensitze" und Zentralorte der frühen Kelten. Abschlusskolloquium des DFG-Schwerpunktprogramms 1171 in Stuttgart 12.-15. Oktober 2009, Teil II, Stuttgart 2010, 155-173.

H. J. M. Claessen/P. van de Velde (Hg.), Early State Dynamics, Leiden 1987.

H. J. M. Claessen/P. van de Velde (Hg.), Early State Economics, New Brunswick 1991.

N. Cohn, Cosmos, Chaos, and the World to come. The Ancient Roots of Apocalyptic Faith, London 2001.

J. Collis, The European Iron Age, London/New York 1984, Repr. 1998.

J. Collis, Zentralisierung und Urbanisierung in Europa nördlich der Alpen während der Eisenzeit, in: D. Krausse (Hg.), "Fürstensitze" und Zentralorte der frühen Kelten. Abschlusskolloquium des DFG-Schwerpunktprogramms 1171 in Stuttgart 12.-15. Oktober 2009, Teil I, Stuttgart 2010, 77-91.

C. A. Cook, Ancestor Worship During the Eastern Zhou, in: J. Lagerwey/M. Kalinowski (Hg.), Early Chinese Religion. Part One: Shang through Han (1250 BC-220 AD), Vol. I (Handbook of Oriental Studies. Section Four: China, Vol. 21-1), hg. von S. E. Teiser/M. Kern/T. Brook, Leiden/Boston 2009, 237-279.

P. F. Craffert, Jesus and the shamanic complex: First steps in utilizing a social model, Neutestamentica 33 (2), 321-342.

H. G. Creel, La naissance de la Chine: la période formative de la civilization chinoise environ 1400-600 av. J-C., Paris 1937.

J. Cribb/G. Herrmann, After Alexander: Central Asia Before Islam, Oxford 2007.

L. Criscuolo, Observations on the Economy in Kind in Ptolemaic Egypt, in: Z. H. Archibald/J. K. Davies/V. Gabrielsen (Hg.), The Economies of Hellenistic Societies, Third to First Centuries BC, Oxford 2011, 166-176.

J. D. Crossan, Der historische Jesus, München 1994.

B. Cunliffe, The Ancient Celts, Oxford 1997.

B. Cunliffe, Europe between the Oceans 9000 BC-AD 1000, New Haven/London 2011.

B. Cunliffe, By Steppe, Desert, and Ocean. The Birth of Eurasia, Oxford 2015.

B. Cunliffe, The Scythians. Nomad warriors of the Steppe, Oxford 2019.

W. Dahlheim, Die Welt zur Zeit Jesu, München 2013.

S. V. Danilov/N. V. Tsydenova, Ceramic Roof tiles from Terelzhin Dörvölzhin, in: U. Brosseder/B. K. Miller (Hg.), Xiongnu Archaeology. Multidisciplinary Perspectives of the First Steppe Empire in Inner Asia (Bonn Contributions to Asian Archaeology 5), Bonn 2011, 341-347.

S. L. Davies, Jesus the Healer. Possession, Trance, and the Origins of Christianity, London 1995.

J. Day, Yahweh and the gods and goddesses of Canaan, in: W. Dietrich/M. A. Klopfenstein (Hg.), Ein Gott allein? JAHW-Verehrung und biblischer Mono-theismus im Kontext der israelitischen und altorientalischen Religionsgeschichte (Orbis Biblicus et Orientalis 139), Freiburg (Schweiz)/Göttingen 1994, 181-196.

P. Demiéville, Philosophy and religion from Han to Sui, in: D. Twitchett/M. Loewe (Hg.), The Cambridge History of China, Vol. I: The Ch'in and Han Empires, 221 B. C.-A. D. 220, Cambridge 1986, 808-878.

D. Deng, The Premodern Chinese Economy. Structural equilibrium and capitalist sterility, London/New York 1999.

R. Descat, Der Historiker, die griechische Polis und Webers "Stadt", in: H. Bruhns/ W. Nippel (Hg.), Max Weber und die Stadt im Kulturvergleich, Göttingen 2000, 77-91.

J. P. Desroches, Die Welt der Steppe—Das Reich der Xiongnu, in: J. Frings (Hg.), Dschingis Khan und seine Erben. Das Weltreich der Mongolen, München 2005, 39-62.

N. Di Cosmo, Ancient Inner Asian Nomads: their Economic Basis and its Signifi-cance in Chinese History, in: The journal of Asian studies 53,4 (1994), 1092-1126.

N. Di Cosmo, Ancient China and its Enemies. The Rise of Nomadic Power in East Asian History, Cambridge 2002.

N. Di Cosmo, China-Steppe Relations in Historical Perspective, in: J. Bemmann/ M. Schmauder (Hg.), Complexity of Interaction along the Eurasian Steppe Zone in the first Millennium CE (BCAA 7), Bonn 2015, 49-72.

W. Dietrich, David. Der Herrscher mit der Harfe, Leipzig 2006.

A. Dihle, Ethik, in: RAC 6 (1966), Sp. 646-796.

W. Donlan, The Aristocratic Ideal in Ancient Greece. Attitudes of Superiority from Homer to the End of the Fifth Century B. C., Lawrence/Kansas 1980.

E. Drewermann, Tiefenpsychologie und Exegese, Bd. II: Wunder, Vision, Weissagung. Apokalypse, Geschichte, Gleichnis, 3. Aufl. Freiburg im Breisgau 1992.

J. P. Durand, La foundation d'une ligneé royale syrienne. La geste d'Idrimi d'Alalah, in: Ders./Th. Römer/M. Langlois (Hg.), Le jeune héros. Recherches sur la formation d'une theme littéraire au Proche-Orient ancien, Fribourg/Göttingen 2011, 94-150.

T. Earle (Hg.), Chiefdoms: power, economy and ideology, Cambridge 1991.

M. Ebner, Jesus von Nazareth. Was wir von ihm wissen können, Stuttgart 2016.

P. Ebrey, The Economic and social history of Later Han, in: D. Twitchett/M. Loewe (Hg.), The Cambridge History of China, Vol. I: The Ch'in and Han Empires, 221 B. C.-A. D. 220, Cambridge/Taipei 1986, 608-648.

M. Egg, Zentralisierungsprozesse und Siedlungsdynamik im Südostalpengebiet (9.-6. Jh. v. Chr.), in: D. Krausse (Hg.), "Fürstensitze" und Zentralorte der frühen Kelten. Abschlusskolloquium des DFG-Schwerpunktprogramms 1171 in Stuttgart 12.-15. Oktober 2009, Teil II, Stuttgart 2010, 61-78.

M. Egg/D. Kramer, Krieger—Feste—Totenopfer. Der letzte Hallstattfürst von Kleinklein in der Steiermark, Mainz 2005.

M. K. H. Eggert, Zu kulturwissenschaftlichen Theorien und Konzepten im DFG-Schwerpunktprogramm 1171, in: D. Krausse (Hg.), "Fürstensitze" und Zentralorte der frühen Kelten. Abschlusskolloquium des DFG-Schwerpunktprogramms 1171 in Stuttgart 12.-15. Oktober 2009, Teil II, Stuttgart 2010, 19-75.

B. Ego, Henochs Reise vor den Thron Gottes (1 Hen 14,8-16,4). Zur Funktion des Motivs der Himmelsreise im Wächterbuch (1 Hen 1-36), in: M. Becker/J. Frey (Hg.), Apokalyptik und Qumran, Paderborn 2007, 105-121.

V. Einheuser, Studien zur Lex rivi Hiberiensis, Wiesbaden 2017.

S. N. Eisenstadt (Hg.), The Origins and Diversity of Axial Age Civilizations, New York 1986 (=Kulturen der Achsenzeit. Ihre Ursprünge und ihre Vielfalt), Bd. 1:

Griechenland, Israel, Mesopotamien, Bd. 2: Spätantike, Indien, China. Islam, Frankfurt a. M. 1987.

M. Eliade, Schamanismus und archaische Ekstasetechnik, 6. Aufl. Frankfurt a. M. 1975.

M. Elvin, The Pattern of the Chinese Past. A Social and Economic Interpretation, Stanford 1973.

M. Elvin, Hat es in China einen transzendentalen Durchbruch gegeben?, in: S. N. Eisenstadt, Kulturen der Achsenzeit. Ihre Ursprünge und ihre Vielfalt, Teil 2, Frankfurt am Main 1987, 134-182.

R. Eno, Shang State Religion and the Pantheon of the Oracle Texts, in: J. Lagerwey/ M. Kalinowski (Hg.), Early Chinese Religion. Part One: Shang through Han (1250 BC-220 AD), Vol. I (Handbook of Oriental Studies. Section Four: China, Vol. 21-1), hg. von S. E. Teiser/M. Kern/T. Brook, Leiden/Boston 2009, 41-102.

I. Eph'al, The Ancient Arabs. Nomads on the Borders of the Fertile Crescent 9th-5th Centuries B. C., Jerusalem 1984.

G. Eregzen, A comparative Analysis of Xiongnu Noble Tombs and Burials in Adjacent Regions, in: U. Brosseder/B. K. Miller (Hg.), Xiongnu Archaeology. Multidisciplinary Perspectives of the First Steppe Empire in Inner Asia (Bonn Contributions to Asian Archaeology 5), Bonn 2011, 275-284.

L. von Falkenhausen, Sources of Taoism: Reflections on Archaeological Indicators of Religious Change in Eastern Chou China, in: Taoist Resources 5,2 (1994), 1-12.

L. von Falkenhausen, Review of M. J. Puett, To Become a God: Cosmology, Sacrifice, and Self-Divinization in Early China, in: Harvard Journal of Asiatic Studies 64,2 (2004), 465-479.

L. von Falkenhausen, Chinese Society in the Age of Confucius (1000-250 BC). The Archaeological Evidence, Los Angeles 2006.

M. Fernández-Götzer/I. Ralston, Rural residential places? Rethinking the Fürsten-sitze-elites correlation, in: D. C. Cowlea u. a. (Hg.), Rural Settlement. Relating

Buildings, Landscape, and People in the European Iron Age, Leiden 2019, 209-218.

S. Fichtl, Middle and Late La Tène rural aristocratic establishments in Gaul, in: D. C. Cowlea u. a. (Hg.), Rural Settlement. Relating Buildings, Landscape, and People in the European Iron Age, Leiden 2019, 219-231.

H. Filser, Deutschlands Vorgeschichte. Die Keltenmetropole jenseits der Alpen, Spectrum der Wissenschaft 2000: https://www.spektrum.de/news/die-keltenmetropole-jenseits-der-alpen/1729292.

S. E. Finer, The history of government from the earliest times, Vol. 1: Ancient Monarchies and Empires, Oxford/New York 1977.

I. Finkelstein, The Iron Age "Fortresses" of the Negev Highlands: Sedentarization of the Nomads, in: Tel Aviv 11 (1984), 189-209.

I. Finkelstein/A. Perevolotsky, Processes of Sedentarization and Nomadization in the History of Sinai and the Negev, in: Bulletin of the American School of Oriental Research 279 (1990), 67-88.

I. Finkelstein/N. A. Silberman, David und Salomo. Archäologen entschlüsseln einen Mythos, München 2006.

E. Fischer u. a., Landnutzung im Umkreis der Zentralorte Hohenasperg, Heuneburg und Ipf. Archäobotanische und archäozoologische Untersuchungen und Modellberechnungen zum Ertragspotential von Ackerbau und Viehhaltung, in: D. Krausse (Hg.), "Fürstensitze" und Zentralorte der frühen Kelten. Abschlusskolloquium des DFG-Schwerpunktprogramms 1171 in Stuttgart 12.-15. Oktober 2009, Teil II, Stuttgart 2010, 195-265.

A. Fischer-Bovet, Hellenistic Empires. The Dynasties of the Prolemies and the Seleucids, in: P. F. Bang/C. A. Bayly/W. Scheidel (Hg.), The Oxford World History of Empire, Vol. 2: The History of Empires, Oxford 2021, 167-197.

H.-W. Fischer-Elfert, Sedentarism and nomadism as criteria of ancient Egyptian cultural identity, in: S. Leder/B. Streck (Hg.), Shifts and drifts in nomad-sedentary relations (Nomaden und Sesshafte 2), Wiesbaden 2005, 327-349.

D. E. Fleming, Democracy's Ancient Ancestors—Mari and Early Collective

Governance, New York 2004.

E. Frahm, Assyria. The Rise and Fall of the World's First Empire, London u. a. 2023.

E. Frauwallner, Geschichte der indischen Philosophie, Bd. 1: Die Philosophie des Veda und des Epos. Der Buddha und der Jina. Das Samkhya und das klassische Yoga-System, hg. A. Pohlus, Aachen 2003.

P. Frei/K. Koch, Reichsidee und Reichsorganisation im Perserreich, OBO 55, 2. Aufl. Freiburg (Schweiz)/Göttingen 1996.

C. Frevel, Geschichte Israels, 2. Aufl. Stuttgart 2018.

G. Fussman, Pouvoir central et regions dans l'Inde ancienne: le problème de l'empire maurya, in: Annales 37,4 (1982), 621-647.

V. Gabrielsen, Banking and Credit Operations in Hellenistic Times, in: Z. H. Archibald/J. K. Davies/V. Gabrielsen (Hg.), Making, Moving and Managing: the New World of Ancient Economies, 323-31 BC, Oxford 2005, 136-164.

R. Garbe, Indien und das Christentum. Eine Untersuchung der religionsgeschichtlichen Zusammenhänge, Tübingen 1914.

S. J. Garfinkle, Ancient Near Eastern City-States, in: P. F. Bang/W. Scheidel (Hg.), The Oxford Handbook of the State in the Ancient Near East and Mediterranean, Oxford 2013, 94-119.

M. Gehler/R. Rollinger (Hg.), Imperien und Reiche in der Weltgeschichte. Epochenübergreifende und globalhistorische Vergleiche, Wiesbaden 2014.

H.-J. Gehrke (Hg.), Geschichte der Welt. Vor 600. Frühe Zivilisationen, in: A. Iriye/J. Osterhammel (Hg.), C. H. Beck/Harvard UP Geschichte der Welt, München 2017.

A. Gellner, Tribalism and the State in the Middle East, in: P. S. Khoury/J. Kostiner (Hg.), Tribes and State Formation in the Middle East, Berkeley 1991, 109-126.

R. M. Geraghty, The impact of globalization in the Roman Empire, 200 BC-AD 100, in: Journal of Economic History 67 (2007), 1036-1061.

M. Gerhards, Kulturkontakte, Israel—Nordsyrien, WiBiLex 2015, 1-16.

B. Gheiby, Zarathustras Feuer. Eine Kulturgeschichte des Zoroastrismus, Darmstadt 2014.

J. Gießauf, Barbaren—Monster—Gottesgeißeln. Steppennomaden im europäischen Spiegel der Spätantike und des Mittelalters, Graz 2006.

R. von Glahn, The Economic History of China. From Antiquity to the Nineteenth Century, Cambridge 2016.

J. Gnilka, Jesus von Nazareth, Botschaft und Geschichte, Freiburg/Basel/Wien, 1995.

P. B. Golden, Nomads and Sedentary Societies in Medieval Eurasia, American Historical Association, Washington DC 1998.

P. B. Golden, Central Asia in World History, Oxford 2011.

R. J. Gombrich, How Buddhism Began. The Conditioned Genesis of the Early Teachings, New Dehli/London 1997, Repr. 2007.

J. Gonda, Die Religionen Indiens I: Veda und älterer Hinduismus, Stuttgart 1960.

J. Goody, The Eurasian Miracle, Cambridge/Malden 2010.

D. Graeber/D. Wengrow, Anfänge. Eine neue Geschichte der Menschheit, 3. Aufl. Stuttgart 2022.

F. Grenet, Zarathustra's Time and Homeland. Geographical Perspectives, in: M. Stausberg/Y. Sohrab-Dinshaw Vevaina (Hg.), The Wiley Blackwell Companion to Zoroastrianism, Malden/Oxford 2015, 21-29.

S. Grof, Kosmos und Psyche. An den Grenzen menschlichen Bewusstseins, 3. Aufl. Frankfurt a. M. 2001.

T. Groß, Verwaltung und Recht in antiken Herrschaftsordnungen, Tübingen 2022.

S. Günther, Xenophon's Poroi, in: K. Droß-Krüpe/K. Ruffing (Hg.), Markt, Märkte und Marktgebäude in der antiken Welt (Philippika 100), Wiesbaden 2022, 315-326.

S. Günther, "Vectigalia nervos esse rei publicae". Die indirekten Steuern in der römischen Kaiserzeit von Augustus bis Diokletian, Wiesbaden 2008.

S. Günther, Imperium und Provinzen, in: S. von Reden/K. Ruffing (Hg.), Handbuch antike Wirtschaft, Berlin/Boston 2023, 531-557.

H. Haarmann, Die Indoeuropäer. Herkunft, Sprachen, Kulturen, 2. Aufl. München 2012.

H. Haarmann, Sprache—Schrift—Kultur—Religion—Geschichte—Philosophie, Hildesheim u. a. 2021.

H. Haarmann, Die Erfindung des Rades. Als die Weltgeschichte ins Rollen kam, München 2023.

W. Halbfass, Zum Verhältnis von Karma und Tod im indischen Denken, in: G. Oberhammer (Hg.), Im Tod gewinnt der Mensch sein Selbst. Das Phänomen des Todes in asiatischer und abendländischer Religionstradition. Arbeitsdokumente eines Symposions, Wien 1995, 75-95.

G. Halkias, When the Greeks Converted the Buddha: Asymmetrical Transfers of Knowledge in Indo-Greek Cultures, in: P. Wick/V. Rabens (Hg.), Religions and Trade. Religious Formation, Transformation and Cross Cultural Exchange between East and West (Dynamics in the History of Religions 5), Leiden 2014, 65-115.

C. Halloran, Shopping in ancient Rome. The Retail Trade in the Late Republic and the Principate, Oxford 2012.

N. G. L. Hammond, A History of Macedonia, Vol. II: *550-336 BC*, Oxford 1979.

L. Hannestad, The Economy of Koile-Syria after the Seleukid Conquest: An Archaeological Contribution, in: Z. H. Archibald/J. K. Davies/V. Gabrielsen (Hg.), The Economies of Hellenistic Societies, Third to First Centuries BC, Oxford 2011, 251-279.

L. Hansen/J. Abele/R. Tarpini/D. Krausse, Die Heuneburg und ihr Umland. Ein urbanes Machtzentrum in frühkeltischer Zeit, in: J. Bofinger/G. Stegmaier (Hg.), Städte der Kelten. Urbane Zentren der späten Eisenzeit, Esslingen 2023, 46-71.

C. Harbsmeier, The Axial Millenium in China: A brief Survey, in: J. P. Arnason/N. Eisenstadt/B. Wittrock (Hg.), Axial Civilizations and World History (Jerusalem Studies in Religion and Culture 4), Leiden/Boston 2005, 469-507.

K. Harper, Fatum. Das Klima und der Untergang des Römischen Reiches, München

2020.

W. V. Harris, The Late Republic, in: W. Scheidel/I. Morris/R. P. Saller (Hg.), The Cambridge Economic History of the Greco-Roman World, Cambridge 2007, 511-539.

W. V. Harris, Roman Power. A thousand Years of Empire, Cambridge 2016.

G. Haufe, Entrückung und eschatologische Funktion im Spätjudentum, in: Zeitschrift für Religions- und Geistesgeschichte 13,2 (1961), 105-113.

G. Haynes/M. Witzel, Of Dice and Divination, in: Comparative Mythology 2,1 (2017), 1-26.

J. C. Heesterman, Ritual, Offenbarung und Achsenzeit, in: S. N. Eisenstadt (Hg.), Kulturen der Achsenzeit. Ihre Ursprünge und Vielfalt. Teil 2: Spätantike, Indien, China, Islam, Frankfurt a. M. 1987, 234-282.

B. Hendrichke, Early Daoist Movements, in: L. Kohn (Hg.), Daoism Handbook, Leiden 2000, 134-164.

G. Hentschel, Saul. Schuld, Reue und Tragik eines "Gesalbten", Leipzig 2003.

M. Helm, Kampf um Mittelitalien. Roms ungerader Weg zur Großmacht (Hermes Einzelschrift 122), Stuttgart 2022.

M. Hengel, Der stellvertretene Sühnetod Jesu, in: Communio 9,1 (1980), 1-25.

A. Hiltebeitel, Dharma. Its early History in Law, Religion, and Narrative, New York 2011.

G. Hinge, Scythian and Spartan Analogies in Herodotos' Representation: Rites of Initiation and Kinship Groups, in: P. Guldager Bilde/J. Munk Hoyte/V. F. Stolba (Hg.), The Cauldron of Ariantas. Studies presented to A. N. Sceglov on the occasion of his 70th birthday, Aarhus 2006, 55-74.

A. Hintze, Zarathustra's Time and Homeland. Linguistic Perspectives, in: M. Stausberg/Y. Sohrab-Dinshaw Vevaina (Hg.), The Wiley Blackwell Companion to Zoroastrianism, Malden/Oxford 2015, 31-38.

K. Hirth, The Organization of Ancient Economies. A Global Perspective, Cambridge 2020.

B. Hjerrild, The Survival and Modification of Zoroastrianism in Seleucid Times, in:

P. Bilde u. a. (Hg.), Religion and religious practice in the Seleucid Kingdom (Studies in Hellenistic Civilization I), Aarhus 1990, 140-150.

T. Hodos, The Mediterranean Iron Age. A Globalising World, c.1100-600 BCE, Cambridge 2020.

J. S. Holliday Jr. Klassen, From Bandit to King: David's Time in the Negev and the Transformation of a Tribal Entity into a Nation State, in: J. M. Tebes (Hg.), Unearthing the Wilderness. Studies on the History and Archaeology of the Negev and Edom in the Iron Age (Ancient Near Eastern Studies Suppl. 45), Leuven u. a. 2014, 31-46.

J. Holotová-Szinek, Preliminary Researches on the Spatial Organization of the Xiongnu Territories in Mongolia, in: U. Brosseder/B. K. Miller (Hg.), Xiongnu Archaeology. Multidisciplinary Perspectives of the First Steppe Empire in Inner Asia (Bonn Contributions to Asian Archaeology 5), Bonn 2011, 425-440.

K. Hopkins, The Political Economy of the Roman Empire, in: I. Morris/W. Scheidel (Hg.), The Dynamics of Ancient Empires. State Power from Assyria to Byzantium, Oxford 2009, 178-205.

J.-L. Houle/L. G. Broderick, Settlement Patterns and Domestic Economy of the Xiongnu in Kanui Valley, Mongolia, in: U. Brosseder/B. K. Miller (Hg.), Xiongnu Archaeology—Multidisciplinary Perspectives on the First Steppe Empire in Central Asia, Bonn 2011, 137-152.

W. Houston, Purity and Monotheism. Clean and Unclean Animals in Biblical Laws (Journal for the Study of Old Testament. Supplement Series 140), Sheffield 1992.

R. G. Hoyland, Arabia and the Arabs: From the Bronze Age to the Coming of Islam, Abingdon 2001.

C.-Y. Hsu, Ancient China in Transition. An Analysis of Social Mobility, 722-222 B. C., Stanford 1965.

C.-Y. Hsu, Han Agriculture. The Formation of early Chinese Agrarian Economy (206 B. C.-A. D. 220), Seattle/London 1980.

C.-Y. Hsu, Historische Bedingungen für die Entstehung und Herauskristallisierung des konfuzianischen Systems, in: S. N. Eisenstadt (Hg.), Kulturen der Achsenzeit. Ihre Ursprünge und Vielfalt. Teil 2, Frankfurt am Main 1987, 108-133.

C.-Y. Hsu, The Spring and Autumns Period, in: M. Loewe/E. L. Shaughnessy (Hg.), The Cambridge History of Ancient China. From the Origins of Civilization to 221 B. C., Cambridge 1999, 545-586.

A. Hulsewé, Remnants of Ch'in Law: An Annotated Translation of the Ch'in Legal and Administrative Rules of the 3rd Century B. C. Discovered in Yün-meng Prefecture, Hu-pei Province, in 1975, Leiden 1985.

A. Hulsewé, The Influence of the 'Legalist' Government of Qin on the Economy as reflected in the texts discovered in Yunmeng County, in: S. R. Schram (Hg.), The Scope of State Power in China, London (School of Oriental and African Studies), 1985, 211-235.

H. Hutter, Religionen in der Umwelt des Alten Testaments I. Babylonier, Syrer, Perser, Stuttgart/Berlin/Köln 1996.

G. Ito, Iranological Contributions of Asokan Aramaic Inscriptions, in: Acta Iranica 21 (1981), 308-315.

A. I. Ivantchik, Une légende 'grecque' sur l'origine des Scythes (Hérodote IV, 5-7) et le problème des sources de scythicos logos d'Hérodote, in: Revue des Études Grecques 112 (1999), 141-192.

A. I. Ivantchik, Early Eurasian Nomads and the Civilizations of the Ancient Near East (Eighth-Seventh Centuries BCE), in: R. Amitai/M. Biran (Hg,), Mongols, Turks, and Others. Eurasian Nomads and the Sedentary World, Leiden/Boston 2005, 103-126.

S. Jansari, South Asia, in: R. Mairs (Hg.), The Greco-Bactrian and Indian world, London 2021, 38-51.

K. Jansen-Winkeln, Psametik I., die Skythen und der Untergang des Assyrerreiches, in: Orientalia Nova Series 88 (2019), 238-266.

D. N. Jha, Early India. A Concise History, New Dehli 2004.

W. M. Jongman, The Early Roman Empire: Consumption, in: W. Scheidel/I.

Morris/R. P. Saller (Hg.), The Cambridge Economic History of the Greco-Roman World, Cambridge 2007, 592-618.

M. Jursa, On aspects of taxation in Achaemenid Babylonia: new evidence from Borsippe, in: P. Briant/M. Chauveau (Hg.), Organisation des pouvoirs et contacts culturels dans les pays de l'empire achéménide. Actes du colloque organisé au Collège de France, 2007 (Persika 14), Paris 2009, 237-269.

S. Kaul, Imagining the Urban. Sanskrit and the City in Early India, New Dehli 2010.

P. Kay, Rome's Economic Revolution, Oxford 2014.

S. Kay, Imagining the Urban. Sanskrit and the City in Early India, Ranikhet/New Dehli 2010.

H. C. Kee, Medicine, Miracle and Magic in New Testament Times, Cambridge 1988.

D. P. Kehoe, The Early Roman Empire: Production, in: W. Scheidel/I. Morris/R. P. Saller (Hg.), The Cambridge Economic History of the Greco-Roman World, Cambridge 2007, 543-569.

D. N. Keightley, Shamanism, Death, and the Ancestors: Religious Meditation in Neolithic and Shang China (ca. 5000-1000 B. C.), in: Asiatische Studien 52,3 (1998), 763-831.

D. N. Keightley, The Shang: China's First Historical Dynasty, in: M. Loewe/E. L. Shaughnessy (Hg.), The Cambridge History of Ancient China, From the Origins of Civilization to 221 B. C., Cambridge 1999, 232-291.

D. N. Keightley, The Making of the Ancestors: Late Shang Religion and its Legacy, in: J. Lagerwey (Hg.), Religion and Chinese Society: Ancient and medieval China, Hong Kong 2004.

R. Keindorf, Die mystische Reise im Chuci. Qu Yuans (ca. 340-278 v. Chr.) Yuan-you vor dem Hintergrund der zeitgenössischen Philosophie und Dichtung, Aachen 1999.

M. Kern, Announcements from the Mountains. The Stele Inscriptions of the Qin First Emperor, in: F.-H. Mutschler/A. Mittag (Hg.), Conceiving the Empire:

China and Rome compared, Oxford 2009, 217-240.

A. M. Khazanov, The Early State among the Scythians, in: H. J. M. Claessen/P. Skalnik (Hg.), The Early State, The Hague u. a. 1978, 425-439.

A. M. Khazanov, The early State among the Eurasian Nomads, in: H. J. M. Claessen/P. Skalnik (Hg.), The Study of the State, The Hague 1981, 155-176.

A. M. Khazanov, Nomads and the Outside World, Madison 1983.

N. N. Kher, Agrarian and Fiscal Economy in the Mauryan and Post-Mauryan Age, New Dehli 1973.

E. J. Kidd/A. V. G. Betts, Entre le Fleuve et la steppe: Nouvelle perspectives sur le Khorezm ancien, in: Comptes rendues de l'Académie des Inscriptions II (2010), 637-686.

H. J. Kim, Herodotus' Scythians viewed from a Central Asian Perspective: Its Historicity and Significance, in: AWE 9 (2010), 115-135.

H. J. Kim, The Political Organization of Steppe Empires and their Contribution to Eurasian Interconnectivity: The Case of the Huns and their Impact on the Frankish West, in: H. J. Kim/F. J. Vervaet/F. Adali (Hg.), Eurasian Empires in Antiquity and the Early Middle Ages: Contact and Exchange between the Greco-Roman World, Inner Asia and China, Cambridge 2017, 15-33.

H. G. Kippenberg, Die vorderasiatischen Erlösungsreligionen in ihrem Zusammenhang mit der antiken Stadtherrschaft, Frankfurt a. Main 1991.

E. Kirsten, Gebirgshirtentum und Sesshaftigkeit—Die Bedeutung der Dark Ages für die griechische Staatenwelt: Doris und Sparta, in: S. Deger-Jalkotzy (Hg.), Griechenland, die Ägäis und die Levante während der "Dark Ages" vom 12. Bis 9. Jh. v. Chr. (SAWW 418), Wien 1983, 356-443.

H. Klengel, Zwischen Zelt und Palast. Die Begegnung von Nomaden und Seßhaften im alten Vorderasien, Leipzig 1972.

H.-J. Klimkeit, Der iranische Auferstehungsglaube, in: H. J. Klimkeit (Hg.), Tod und Jenseits im Glauben der Völker, Wiesbaden 1978, 62-76.

H. Koch, Zur Religion der Achämeniden, in: ZAW 100 (1988), 393-405.

K. Koch, Weltgeschichte und Gottesreich im Danielbuch, in: Ders. (Hg.). Prophetie und gesellschaftliche Wirklichkeit im Alten Israel. Festschrift für Siegfried Herrmann, Stuttgart 1981, 189-205.

K. Koch, Geschichte der ägyptischen Religion. Von den Pyramiden bis zu den Mysterien der Isis, Stuttgart/Berlin/Köln 1993.

F. König, Zarathustras Jenseitsvorstellungen und das Alte Testament, Wien 1964.

F. Kolb, Die Stadt im Altertum, München 1984.

R. T. Kolb, Die Infanterie im Alten China. Ein Beitrag zur Militärgeschichte der Vor-Zhan-Guo Zeit, Mainz 1991.

B. Kollmann, Jesus und die Christen als Wundertäter. Studien zu Magie, Medizin und Schamanismus in Antike und Christentum, Göttingen 1996.

N. N. Kradin, Stateless Empire: The Structure of the Xiongnu Nomadic Super-Complex Chiefdom, in: U. Brosseder/B. K. Miller (Hg.), Xiongnu Archaeology. Multidisciplinary Perspectives of the First Steppe Empire in Inner Asia (Bonn Contributions to Asian Archaeology 5), Bonn 2011, 77-96.

R. Kratz, Perserreich und Israel, in: TRE 26 (1996), 211-217.

R. Kratz, Isaia and the Persians, in: Ders./J. Schaper (Hg.), Imperial Visions. The Prophet and the Book of Isaiah in an Age of Empires, Göttingen 2020, 155-168.

R. Kratz, Die Propheten der Bibel. Geschichte und Wirkung, München 2022.

R. Kratz, Media vita in morte sumus. Kanaanäische Mythologie und die biblischen Vorstellungen vom Tod, in: ZThk 120 (2023), 155-191.

D. Krausse/I. Kretschmer/L. Hansen/M. Fernández-Götz, Die Heuneburg—keltischer Fürstensitz an der oberen Donau, 2. Aufl. Stuttgart 2016.

K. Kromer, Das östliche Mitteleuropa in der Frühen Eisenzeit (7.-5. Jh. v. Chr.). Seine Beziehungen zu Steppenvölkern und antiken Hochkulturen, in: Jahrbuch des Römisch-Germanischen Zentralmuseums 33,1 (1986), 3-93.

E. Kürsat-Ahlers, Zur frühen Staatenbildung von Steppenvölkern: Über die Sozio- und Psychogenese der eurasischen Nomadenreiche am Beispiel der Hsing-Nu und Göktürken mit einem Exkurs über die Skythen, Berlin 1994.

A. Kuhrt, The Ancient Near East c. 3000-330 BC, Vol. I-II, London/New York

1995.

H. Kulke, Die historischen Ursprünge der indischen Achsenzeit, in: S. N. Eisenstadt
(Hg.), Kulturen der Achsenzeit. Ihre Ursprünge und Vielfalt, Teil 2: Spätantike,
Indien, China, Islam, Frankfurt a. M. 1987, 204-233.

H. Kulke, Indische Geschichte bis 1750 (Oldenbourg Grundriss der Geschichte
34), München 2005.

S. Kurz, Zur Genese und Entwicklung der Heuneburg in der späteren Hallstattzeit,
in: D. Krausse (Hg.), "Fürstensitze" und Zentralorte der frühen Kelten. Ab-
schlusskolloquium des DFG-Schwerpunktprogramms 1171 in Stuttgart 12.-15.
Oktober 2009, Teil II, Stuttgart 2010, 239-256.

E. Lamotte, History of Indian Buddhism. From the Origins to the Saka Era,
Louvain-la-Neuve 1988.

G. B. Lanfranchi/R. Rollinger, Some General Considerations on Assyria and North-
Western Iran from a Historical Perspective, in: S. Heinsch/W. Kuntner/
R. Rollinger (Hg.), Befund und Historisierung. Dokumentation und ihre
Interpretationsspielräume, Turnhout 2021, 57-72.

B. Lang, Jahwe, der biblische Gott. Ein Portrait, München 2002.

B. Lang, Himmel und Hölle. Jenseitsglaube von der Antike bis heute, 2. Aufl.
München 2009.

B. Lang, Jesus der Hund. Leben und Lehre eines jüdischen Kynikers, München
2010.

O. Lattimore, Inner Asian Frontiers of China, Boston 1951.

G. A. Lehmann/H. Schmidt-Glintzer (Hg.), WBG Weltgeschichte (Eine Globale
Geschichte von den Anfängen bis ins 21. Jahrhundert), Bd. II: Antike Welten
und neue Reiche 1200 v. Chr. bis 600 n. Chr., Darmstadt 2009.

R. Leighton, Urbanization in Southern Etruria from the tenth to the sixth Century
B.C: The Origins and Growth of Major Centers, in: J. Macintosh Turfa (Hg.),
The Etruscan World, London, New York 2013, 134-150.

C. Lemardelé, Du jeune héros aux jeunes guerriers. De Samson aux bahûrun, in:
J. P. Durand/Th. Römer/M. Langlois (Hg.), Le jeune héros. Recherches sur la

formation d'une thème littéraire au Proche-Orient ancien, Fribourg/Göttingen 2011, 205-224.

H. Leppin, Die frühen Christen. Von den Anfängen bis Konstantin, München 2018.

P. Leriche, Bactria, Land of a tousand Cities, in: J. Cribb/G. Herrmann (Hg.), After Alexander. Central Asia before Islam (Proceedings of the British Academy 133), Oxford 2007, Repr. 2008, 121-153.

D. Leslie/D. Kenneth/H. J. Gardiner, The Roman Empire in Chinese Sources, Rom 1996.

I. M. Lewis, Ecstatic religion: a study of shamanism and spirit possession, 3. Aufl. London 2003.

M. E. Lewis, Sanctioned Violence in Early China, New York 1990.

M. E. Lewis, Warring States Political History, in: M. Loewe/E. L. Shaughnessy (Hg.), The Cambridge History of Ancient China. From the Origins of Civilization to 221 B. C., Cambridge 1999, 587-650.

M. E. Lewis, The City-State in Spring-and-Autumn China, in: M. H. Hansen (Hg.), A comparative study of thirty city state cultures, Kopenhagen 2000, 359-373.

M. E. Lewis, The Early Chinese Empires: Qin and Han, Cambridge Mass. 2007, Pb 2010.

M. E. Lewis, The Mythology of Early China, in: J. Lagerwey/M. Kalinowski (Hg.), Early Chinese Religion. Part One: Shang through Han (1250 BC-220 AD), Vol. I (Handbook of Oriental Studies. Section Four: China, Vol. 21-1), hg. von S. E. Teiser/M. Kern/T. Brook, Leiden/Boston 2009, 543-594.

M. E. Lewis, Das Alte China, in: H.-J. Gehrke (Hg.), Vor 600. Frühe Zivilisationen. Geschichte der Welt, München 2017, 597-762.

M. E. Lewis, The First East Asian Empires, in: P. F. Bang/C. A. Bayly/W. Scheidel (Hg.), The Oxford World History of Empire, Vol. 2: The History of Empires, Oxford 2021, 218-239.

Y. Lien-Sheng, Numbers and units in Chinese economic history, in: Studies in Chinese institutional history, Cambridge/Mass. 1961, 75-84.

F.-S. Lin, The Image and Status of Shamans in Ancient China, in: J. Lagerwey/

M. Kalinowski (Hg.), Early Chinese Religion. Part One: Shang through Han (1250 BC-220 AD), Vol. I (Handbook of Oriental Studies. Section Four: China, Vol. 21-1), hg. von S. E. Teiser/M. Kern/T. Brook, Leiden/Boston 2009, 397-458.

B. Lincoln, Death, War, and Sacrifice, Chicago 1991.

K. M. Linduff, A walk on the Wild Side: Late Shang Appropriation of Horses in China, in: M. Levine/C. Renfrew/K. Boyle (Hg.), Prehistoric steppe adaption and the horse, Cambridge/Oxford 2003, 139-162.

T. Ling, Die Universalität der Religion. Geschichte und vergleichende Deutung, München 1971.

M. Liverani, The Fall of the Assyrian Empire: ancient and modern interpretations, in: S. E. Alcock u. a. (Hg.), Empires. Perspectives from Archaeology and History, Cambridge 2001, 374-391.

M. Liverani, Israel's History and the History of Israel, London/Oakville 2005.

M. Liverani, Uruk. The first city, London 2006.

M. Liverani, The Ancient Near East. History, Society and Economy, Malden/Oxford 2013.

M. Loewe, Ways to paradise: the Chinese quest for immortality, London 1979.

M. Loewe, Chinese Ideas of Life and Death. Faith, Myth and Reason in the Han Period (202 BC-AD 220), London/Sidney/Boston 1982.

M. Loewe, The imperial way of death in Han China, in: J. P. McDermott (Hg.), State and court ritual in China, Cambridge 1999, 81-111.

E. Lo Cascio, The Early Roman Empire: The State and the Economy, in: W. Scheidel/I. Morris/R. P. Saller (Hg.), The Cambridge Economic History of the Greco-Roman World, Cambridge 2007, 619-647.

H. Lommel, Die Religion Zarathustras, nach dem Avesta dargestellt, Tübingen 1930.

H. Lommel, Der arische Kriegsgott, Frankfurt a. M. 1939.

J. L. López Castro, Colonials, Merchants, and Alabaster Vases: The Western Phoenician Aristocracy, in: Antiquity 80 (2006), 74-88.

C. López-Ruiz, Phoenicians and the Making of the Mediterranean, Cambridge (Mass.)/London 2021.

N. Luhmann, Die Gesellschaft der Gesellschaft, 2 Bände, Frankfurt am Main 1998.

J. Ma, Polis. A new History of the Ancient Greek City-State from the Early Iron Age to the End of Antiquity, Oxford 2024.

P. B. Machinist, Über die Selbstbewusstheit in Mesopotamien, in: S. N. Eisenstadt (Hg.), Kulturen der Achsenzeit. Ihre Ursprünge und ihre Vielfalt, Teil 1: Griechenland, Israel, Mesopotamien, Frankfurt am Main 1987, 258-291.

A. Maier, Die Kelten. Ihre Geschichte von den Anfängen bis zur Gegenwart, 3. Aufl. München 2016.

B. Maier, Globalgeschichte der frühen Hochkulturen, München 2024.

V. H. Mair, The Horse in Late Prehistoric China: Wrestling Culture and Control from the 'Barbarians', in: M. Levine/C. Renfrew/K. Boyle (Hg.), Prehistoric steppe adaption and the horse, Cambridge/Oxford 2003, 163-187.

V. H. Mair, Religious Formations and Intercultural Contacts in early China, in: V. Krech/M. Steinicke (Hg.), Dynamics in the History of Religions between Asia and Europe. Encounters, Notions, and Comparative Perspectives (Dynamics in the History of Religions 1), Leiden/Boston 2012, 85-110.

J. G. Manning, The Relationship of Evidence to Models in the Ptolemaic Economy (332-30 BC), in: Ders./I. Morris (Hg.), The Ancient Economy. Evidence and Models, Stanford 2005, 187-204.

J. G. Manning, Networks, Hierarchies, and Markets in the Ptolemaic Economy, in: Z. H. Archibald/J. K. Davies/V. Gabrielsen (Hg.), The Economies of Hellenistic Societies, Third to First Centuries BC, Oxford 2011, 296-323.

J. G. Manning, The Open Sea. The Economic Life of the Mediterranean World from the Iron Age to the Rise of Rome, Princeton 2018.

J. G. Manning, Agriculture in the Hellenistic Kingdoms, in: D. Hollander/T. Howe (Hg.), A Companion to Ancient Agriculture, Hoboken 2021, 343-361.

U. Manthe, Soldaten der Crassus-Armee in China? in: Gymnasium 121 (2014),

477-492.

G. E. Markoe, Phoenicians, Berkeley/Los Angeles 2000.

C. Markschies, Zwischen den Welten wandern. Strukturen des antiken Christentums, Frankfurt a. M. 1997.

S. M. Maul, Der assyrische König—Hüter der Weltordnung, in: J. Assmann/B. Janowslki/M. Welker (Hg.), Gerechtigkeit, München 1998, 65-77.

K. R. McCone, Hund, Wolf und Krieger bei den Indogermanen, in: W. Meid (Hg.), Studien zum Indogermanischen Wortschatz, Innsbruck 1987, 101-154.

T. McEvilley, The Shape of Ancient Thought. Comparative Studies in Greek and Indian Philosophies, New York 2002.

K. McGrath, Heroic Krsna. Friendship in the Epic Mahabharata, Cambridge/London 2013.

R. McLaughlin, Rome and the Distant East. Trade Routes to the Ancient Lands of Arabia, India and China, London/New York 2010.

A. Mecking, The changing patterns of La Tène farmsteads in Central and Continental Western Europe, in: D. C. Cowley u. a. (Hg.), Rural Settlement. Relating Buildings, Landscape, and People in the European Iron Age, Leiden 2019, 191-199.

A. Medvedev, Avestan Yima's Town in Historical and Archaeological Perspective, in: K. Jones-Blay/D. G. Zdanovich (Hg.), Complex Societies of Central Asia from the 3rd to the 1st Millenium BC, Vol. 1, Washington 2002, 53-67.

W. A. Meeks, Urchristentum und Stadtkultur. Die soziale Welt der paulinischen Gemeinden, Gütersloh 1993.

K. Meisig, Hinduistische Vorstellungen vom Leben nach dem Tode, in: A. T. Khoury/P. Hünemann (Hg.), Weiterleben—nach dem Tode? Die Antwort der Weltreligionen, Freiburg 1985, 10-60.

K. Meisig, Ruhm und Unsterblichkeit im Mahābhārata, in: Ders. (Hg.), Ruhm und Unsterblichkeit. Heldenepik im Kulturvergleich, Wiesbaden 2020, 33-46.

K. Meister, "Aller Dinge Maß ist der Mensch". Die Lehren der Sophisten, München 2010.

R. Meyer-Orlac, Einige Erwägungen zu den Stangensetzungen im Magdalenenberg, in: Archäologische Nachrichten aus Baden 31 (1983), 12-21.

A. Michaels, Südasien und Südostasien, in: H. J. Gehrke (Hg.), Geschichte der Welt. Vor 600. Frühe Zivilisationen, München 2017, 763-908.

M. Van De Mieroop, The ancient Mesopotamian City, Oxford 1997.

M. Van De Mieroop, A History of the ancient Near East, ca. 3000-323 BC, 2. Aufl. Malden 2007.

B. K. Miller, Permutations of Peripheries in the Xiongnu Empire, in: U. Brosseder/ B. K. Miller (Hg.), Xiongnu Archaeology. Multidisciplinary Perspectives of the First Steppe Empire in Inner Asia (Bonn Contributions to Asian Archaeology 5), Bonn 2011, 559-578.

R. T. Miller, Chieftains of the Highland Clans. A History of Israel in the 12th and 11th Centuries B. C., Cambridge 2005.

P. D. Miller, The Divine Warrior in Early Israel, Cambridge/Mass. 2006.

R. Minor, Bhagavad Gita: An exegetical Commentary, New Dehli 1982.

S. Mitchell/P. Van Nuffelen (Hg.), One God: Pagan Monotheism in the Roman Empire, Cambridge 2010.

A. Möller, Naukratis. Trade in Archaic Greece, Oxford 2000.

A. Mötsch/T. Grübel, Ausgrabungen des Kieler Instituts für Ur- und Frühgeschichte am Mont Lassois in den Jahren 2002-2006, in: D. Krausse (Hg.), "Fürstensitze" und Zentralorte der frühen Kelten. Abschlusskolloquium des DFG-Schwerpunkt-programms 1171 in Stuttgart 12.-15. Oktober 2009, Teil II, Stuttgart 2010, 377-402.

A. Monson/W. Scheidel (Hg.), Fiscal Regimes and the Political Economy of Premodern States, Cambridge 2015.

J.-P. Morel, Early Rome and Italy, in: W. Scheidel/I. Morris/R. P. Saller (Hg.), The Cambridge Economic History of the Greco-Roman World, Cambridge 2007, 487-510.

K. Morell, Pompey, Cato, and the Governance of the Roman Empire, Oxford 2015.

J. C. Moreno García, Egypt, Old to New Kingdom (2686-1069 BCE), in: P. F. Bang/C. A. Bayly/W. Scheidel (Hg.), The Oxford World History of Empire, Vol. 2: The History of Empires, Oxford 2021, 13-42.

N. Morley, The Early Roman Empire: Distribution, in: W. Scheidel/I. Morris/ R. P. Saller (Hg.), The Cambridge Economic History of the Greco-Roman World, Cambridge 2007, 570-591.

I. Morris, Wer regiert die Welt? Warum Zivilisationen herrschen oder beherrscht werden, Frankfurt a. M./New York 2010.

I. Morris/W. Scheidel (Hg.), The Dynamics of Ancient Empires. State Power from Assyria to Byzantium, Oxford 2009.

Mozi, A Study and Translation of the Ethical and Political Writings, hg. von J. Knobloch/J. Riegel (China Research Monograph 68), Berkeley 2016.

A. Murray, Constructions of Authority through Ritual: Considering Transformations in Ritual Space as reflecting society in Iron Age Etruria, in: N. Terrenato/ D. C. Haggis (Hg.), State Formation in Italy and Greece. Questioning the Neoevolutionistic Paradigm, Oxford 2011, 199-216.

M. Nagel-Angermann, Das alte China, Stuttgart 2007.

D. Nash, Celtic territorial expansion and the Mediterranean world, in: T. C. Champion/J. V. S. Megaw (Hg.), Settlement and Society: Aspects of West European prehistory in the first millennium B. C., Cambridge 1985, 45-67.

M. Negus Cleary, Enclosure Sites, Non-Nucleated Settlement Strategies and Political Capitals in Ancient Eurasia, in: H. J. Kim/F. J. Vervaet/S. F. Adali (Hg.), Eurasian Empires in Antiquity and the Early Middle Ages. Contact and Exchange between the Greco-Roman World, Inner Asia and China, Cambridge 2017, 275-312.

W. Nestle, Griechische Geistesgeschichte von Homer bis Lukian. In ihrer Entfaltung vom mythischen zum rationalen Denken dargestellt, Stuttgart 1944.

A. Neville, Mountains of Silver and Rivers of Gold. The Phoenicians in Iberia, Oxford 2007.

L. Nickel, The First Emperor and sculpture in China, in: Bulletin of SOAS 76,3 (2013), 413-447 (=Tonkrieger auf der Seidenstraße? Die Plastiken des Ersten Kaisers von China und die Hellenistische Skulptur Zentralasiens, in: Georges-Bloch-Jahrbuch 13-14 (2006/2007), 3-26).

H. G. Niemeyer, The Phoenicians in the Mediterranean, in: G. R. Tsetskhladze (Hg.), Greek Colonisation. An Account of Greek Colonies and Other Settlements Overseas, Bd. 1, Boston/Leiden 2006, 143-68.

V. Nikiprowetzky, Ethical Monotheism, in: Daedalus 104,2 (1975): Wisdom, Revelation, and Doubt: Perspectives on the First Millenium B. C., 68-89.

H. J. Nissen, Geschichte Alt-Vorderasiens (Oldenbourg Grundriss der Geschichte 25), 2. Aufl. München 2012.

C. F. Noreña, Private Associations and Urban Experience in the Han and Roman Empires, in: H. Beck/G. Vankeerberghen (Hg.), Rulers and Ruled in Ancient Greece, Rome, and China, Cambridge 2021, 102-130.

D. C. North, Theorie des institutionellen Wandels. Eine neue Sicht der Wirtschaftsgeschichte, Tübingen 1988.

H. S. Nyberg, Die Religionen des alten Iran, Leipzig 1938.

M. Nylan/G. Vankeerberghen (Hg.), Chang'an 26 BCE. An Augustan Age in China, Seattle/London 2015.

T. Oberlies, Die Asketenbewegung spät-vedischer Zeit und der frühe Buddhismus. Vortrag Hamburg 19. April 2000. Veröffentlicht https://www.buddhismus kunde.uni-hamburg.dedf/4-publikationen/buddhismus-in-geschichte-und-gegenwart/bd4-k03oberlies.pdf.

T. Oberlies, Der Rigveda und seine Religion, Berlin 2012.

G. Obeyesekere, Imaging Karma. Ethical Transformation in Amerindian, Buddhist, and Greek Rebirth, Berkeley/Los Angeles/London 2002.

A. O'Connor, Ancient Nubia: Egypt's rival in Africa, Philadelphia 1993.

B. Oded, Mass Deportations and Deportees in the Neo-Assyrian Empire, Wiesbaden 1979.

M. J. Olbrycht, Die Beziehungen der Steppennomaden Mittelasiens zu den hellenistischen Staaten (bis zum Ende des 3. Jahrhunderts v. Chr.), in: B. Funck (Hg.), Hellenismus. Beiträge zur Erforschung von Akkulturation und politischer Ordnung in den Staaten des hellenistischen Zeitalters, Tübingen 1996, 147-169.

M. J. Olbrycht, Parthia et Ulteriores Gentes. Die politischen Beziehungen zwischen dem arsakidischen Iran und den Nomaden der eurasischen Steppen (Quellen und Forschungen zur antiken Welt 30), München 1997.

H. Oldenberg, Die Religionen des Veda, Berlin 1894, ND Stuttgart 1983.

P. Olivelle, Kings, Ascetics, and Brahmins: The Socio-political Context of Ancient Indian Religions, in: V. Krech/M. Steinicke (Hg.), Dynamics in the History of Religions between Asia and Europe. Encounters, Notions, and Comparative Perspectives (Dynamics in the History of Religions 1), Leiden/ Boston 2012, 117-135.

R. Osborne, Pots, trade and the archaic Greek economy, in: Antiquity 70, 1996, 31-44.

J. Osterhammel, Alte und neue Zugänge zur Weltgeschichte, in: Ders., Weltgeschichte (Basistexte Geschichte 4), Stuttgart 2008, 9-32.

W. Oswald, Das Gesetz, das Volk und der König. Zum gesellschaftlichen Status und zur Funktion der Gesetze im Pentateuch, in: Die Welt des Orients 44,1 (2014), 76-108.

W. Oswald/M. Tilly, Geschichte Israels. Von den Anfängen bis zum 3. Jahrhundert n. Chr., Darmstadt 2016.

H. Ottmann, Geschichte des politischen Denkens. Die Griechen. Von Homer bis Sokrates, Stuttgart/Weimar 2001.

J. Ozols, Über die Jenseitsvorstellungen des vorgeschichtlichen Menschen, in: H. J. Klimkeit (Hg.), Tod und Jenseits im Glauben der Völker, Wiesbaden 1978, 14-39.

M. Pacciarelli, The transition from village communities to protourban societies, in: A. Naso (Hg.), Etruscology, Vol. II, Boston/Berlin 2017, 561-580.

E. Pappa, Early Iron Age Exchanges in the West: Phoenicians in the Mediterranean and the Atlantic, Leuven 2013.

A. Parpola, The Formation of the Aryan Branch of Indo-Europeans, in: R. Blench/ M. Spiggs (Hg.), Archaeology and Language II, London 1999, 180-207.

R. Parker, Early Orphism, in: A. Powell (Hg.), The Greek World, London/New York 1995, 483-510.

G. R. Parker, The Making of Roman India, Cambridge/New York 2008.

H. Parzinger, Die Skythen, München 2004.

H. Parzinger, Die frühen Völker Eurasiens, München 2020.

H. Parzinger, Die frühen Reiternomaden der eurasischen Steppe. Neue Lebens- und Gesellschaftsformen zwischen Jenissei und unterer Donau, in: W. Seipel (Hg.), Das Gold der Steppe. Fürstenschätze jenseits des Alexanderreiches, Mannheim 2009, 17-29.

H. Parzinger/A. Nagler, Die ersten Reiternomaden: der Beginn einer neuen Epoche, in: Im Zeichen des Goldenen Greifen. Königsgräber der Skythen, München u. a. 2007, 60-68.

I. Paulson, Zur Phänomenologie des Schamanismus, in: Zeitschrift für Religion und Geistesgeschichte 16,2 (1964), 121-141.

J. T. Peña, State Formation in Southern Coastal Etruria: An application of the Kipp-Schorman model, in: N. Terrenato/D. C. Haggis (Hg.), State Formation in Italy and Greece. Questioning the neoevolutionistic Paradigm, Oxford 2011, 179-198.

J. F. Pilch, The Transfiguration of Jesus. An experience of alternative reality, in: P. Esler (Hg.), Modelling Early Christianity. Social-scientific studies of the New Testament in its context, London 1995, 47-64.

J. M. Pilche, Ergebnisse eines veränderten Bewusstseinszustandes bei den Synoptikern, in: E. W. Stegemann/B. J. Malina/G. Theißen (Hg.), Jesus in neuen Kontexten, Stuttgart 2002, 33-42.

Y. Pines, Qin: Vom Fürstentum zum Königreich und Kaiserreich, in: M. Khayutina (Hg.), Qin. Der Unsterbliche Kaiser und seine Terrakottakrieger. Bernisches Historisches Museum, Zürich 2013, 28-35.

Y. Pines/L. von Falkenhausen/G. Shelach/R. D. S. Yates, General Introduction. Qin History Revisited, in: Dies. (Hg.), Birth of an empire. The State of Qin Revisited, Berkeley/Los Angeles/London 2014, 1-35.

M. Pirazzoli-T'Serstevens, Death and the Dead: Practices and Images in the Qin and Han, in: J. Lagerwey/M. Kalinowski (Hg.), Early Chinese Religion. Part One: Shang through Han (1250 BC-220 AD), Vol. II (Handbook of Oriental Studies. Section Four: China, Vol. 21-1), hg. von S. E. Teiser/M. Kern/T. Brook, Leiden/Boston 2009, 949-1026.

M. Pitts/M. John Versluys (Hg.), Globalisation and the Roman World. World History, Connectivity and Material Culture, Cambridge 2014.

E. Pitt Raves, The fate of Shechem or the Politics of Sex, Cambridge 1977.

R. Pleiner, The Problem of the Beginning Iron Age in India, in: Acta praehistorica et archaeologica 2 (1971), 5-36.

M.-C. Poo, In Search of Personal Warfare. A View of Ancient Chinese Religion, New York 1998.

M.-C. Poo, Ritual and ritual texts in early China, in: J. Lagerwey/M. Kalinowski (Hg.), Early Chinese Religion. Part One: Shang through Han (1250 BC-220 AD), Vol. I (Handbook of Oriental Studies. Section Four: China, Vol. 21-1), hg. von S. E. Teiser/M. Kern/T. Brook, Leiden/Boston 2009, 281-313.

M.-C. Poo, Daily Life in Ancient China, Cambridge 2018.

M.-C. Poo u. a. (Hg.), Old Society, New Beliefs: Religious transformation of China and Rome, ca. 1st-6th Centuries, Oxford 2017.

A. Posluschny, "Fürstensitze", Zentralität und Hinterland. Erste Aspekte einer Synthese aus Sicht des Projektes "Fürstensitze" & Umland, in: D. Krausse (Hg.), "Fürstensitze" und Zentralorte der frühen Kelten. Abschlusskolloquium des DFG-Schwerpunktprogramms 1171 in Stuttgart 12.-15. Oktober 2009, Teil II, Stuttgart 2010, 359-374.

D. Potter, Hellenistic Religion, in: A. Erskine (Hg.), A Companion to the Hellenistic World, Hoboken 2005, 407-430.

K. Prasad, Cities, Crafts and Commerce under the Kushanas, Dehli 1984.

F. Prayon, Die Etrusker. Geschichte, Religion, Kunst, München 1996.

M. J. Puett, To become a god. Cosmology, Sacrifice, and Self-Divinization in Early China, Cambridge (Mass.)/London 2002.

F. Qu, Anthropology and Historiography: A Deconstructive Analysis of K. C. Chang's Shamanic Approach in Chinese Archaeology, in: Numen 64 (2014), 497-544.

K. Raaflaub, Zwischen Ost und West: Phönizische Einflüsse auf die griechische Polisbildung?, in: R. Rollinger/C. Ulf (Hg.), Griechische Archaik. Interne Entwicklungen—Externe Impulse, Berlin 2004, 271-289.

K. Raaflaub, Learning from the Enemy: Athenian and Persian "Instruments of Empire", in: J. Ma/N. Papazarkadas/R. Parker (Hg.), Interpreting the Athenian Empire, London 2009, 89-124.

K. Radner, An Asssyrian View on the Medes, in: G. Lanfranchi/M. Roaf/R. Rollinger (Hg.), Continuity of Empire (?). Assyria, Media, Persia (History of the Ancient Near East Monograph V), Padua 2003, 37-64.

K. Radner, The Neo-Assyrian Empire, in: M. Gehler/R. Rollinger (Hg.), Imperien und Reiche in der Weltgeschichte. Epochenübergreifende und globalhistorische Vergleiche, Teil 1: Imperien des Altertums, Mittelalterliche und frühneuzeitliche Imperien, Wiesbaden 2014, 101-119.

K. Radner, Die frühen Hochkulturen Ägyptens und Vorderasiens, in: H.-J. Gehrke (Hg.), Die Welt vor 600. Frühe Zivilisationen. C. H. Beck-Harvard UP Geschichte der Welt, München 2017, 264-416.

C. Rapin, Nomads and the Shaping of Central Asia: from the Early Iron Age to the Kushan Period, in: J. Cribb/G. Herrmann (Hg.), After Alexander. Central Asia before Islam (Proceedings of the British Academy 133), Oxford 2007, Repr. 2008, 29-72.

D. Rathbone, Ptolemaic to Roman Egypt: the Death of the Dirigiste State?, in: E. Lo Cascio/D. W. Rathbone (Hg.), Production and Public Powers in Classical Antiquity (Cambridge Philological Society Suppl. Vol. 26), Cambridge 2000, 44-54.

J. Rawson, Ancient Chinese ritual as seen in the material record, in: J. P. McDermott (Hg.), State and court ritual in China, Cambridge 1999, 20-49.

H. P. Ray, The Winds of Change: Buddhism and the Maritime Links of Early South Asia, Dehli/Oxford 1994.

H. P. Ray, The Archaeology of Seafaring in Ancient South Asia, Cambridge 2003.

H. P. Ray, Interpreting the Mauryan Empire: Centralized State or Multiple Centers of Control, in: G. Parker/C. M. Sinopoli (Hg.), Ancient India in Its Wider World, Ann Arbor 2011, 13-51.

H. P. Ray, The Mauryan Empire, in: P. F. Bang/C. A. Bayly/W. Scheidel (Hg.), The Oxford World History of Empire, Vol. 2: The History of Empires, Oxford 2021, 198-217.

S. von Reden, Demand Creation, Consumption, and Power in Ptolemaic Egypt, in: Z. H. Archibald/J. K. Davies/V. Gabrielsen (Hg.), The Economies of Hellenistic Societies, Third to First Centuries BC, Oxford 2011, 421-440.

S. von Reden, Money and Finance, in: W. Scheidel (Hg.), The Cambridge Companion to Roman Economy, Cambridge 2012, 266-286.

S. von Reden (Hg.), Handbook of Ancient Afro-Eurasian Economies, Vol. 1: Contexts, Berlin/Boston 2020.

R. Reitzenstein, Die hellenistischen Mysterienreligionen. Nach ihren Grundgedanken und Wirkungen, ND der 3. Aufl. Darmstadt 1956.

H. Remus, Jesus as Healer, Cambridge 1997.

J. Retsö, The Arabs in Antiquity. Their history from the Assyrians to the Umayyads, London/New York 2003.

K. Rezakhami, The Kushan Empire, in: M. Gehler/R. Rollinger (Hg.), Empires to be remembered. Ancient Worlds through Modern Times, Wiesbaden 2022, 299-331.

C. A. F. Rhys Davids, Economic conditions according to early Buddhist Literature, in: E. J. Rawson (Hg.), The Cambridge History of India, Vol. 1: Ancient India, New Dehli 1987, 176-198.

R. Ritner, Egypt and the Vanishing Libyan: Institutional Responses to nomadic people, in: J. Szuchman (Hg.), Nomads, tribes, and the State in the Ancient Near East. Cross-Disciplinary Perspectives, Chicago 2009, 43-56.

I. Robinet, Metamorphosis and Deliverance from the Corpse in Taoism, in: History of Religions 19,1 (1979), 37-70.

R. Robinson, Imperial Cults. Religion and Politics in the Early Han and Roman Empires, Oxford 2023.

H. Roetz, Mensch und Natur im alten China, Frankfurt a. M. u. a. 1984.

H. Roetz, Die chinesische Ethik der Achsenzeit. Eine Rekonstruktion unter dem Aspekt des Durchbruchs zu postkonventionellem Denken, Frankfurt a. M. 1992.

A. Rogers/E. Ulambayar/M. Gallon, Urban centres and the emergence of empires in Eastern Inner Asia, in: Antiquity 79 (2005), 801-818.

E. Rohde, Psyche. Seelencult und Unsterblichkeitsglaube der Griechen, 7. und 8. Aufl. Bd. 1 und 2, Tübingen 1921.

R. Rolle, Die Welt der Skythen. Stutenmelker und Pferdebogner: Ein antikes Reitervolk in neuer Sicht, Luzern/Frankfurt a. M. 1980.

R. Rolle, Skythen in Griechenland—Griechen im Skythenland, in: Dies./M. Müller-Wille/K. Schietzel (Hg.), Gold der Steppe. Archäologie der Ukraine, Schleswig 1991, 204-205.

R. Rolle, The Scythians: Between Mobility, Tomb Architecture, and Early Urban Structures, in: L. Bonfante (Hg.), The Barbarians of Ancient Europe. Realities and Interactions, Cambridge 2011, 107-131.

R. Rollinger, The Median empire, the End of Urartu and Cyrus' the Great Campaign in 547 BC (Narbonidus Chronicle II 16), in: Ancient West & East 7 (2009), 49-63.

R. Rollinger, Das medische Königtum und die medische Suprematie im 6. Jahrhundert v. Chr., in: G. Lanfranchi/R. Rollinger (Hg.), Concepts of Kingship in Antiquity. Proceedings of the European Science Foundation Preparing Workshop held in Padua Nov. 28th-Dec. 1st 2007, Padua 2010, 63-85.

R. Rollinger, Das teispidisch-achaimenidische Großreich. Ein 'Imperium' avant la lettre? In: M. Gehler/Ders. (Hg.), Imperien und Reiche in der Weltgeschichte. Epochenübergreifende und globalhistorische Vergleiche, Teil 1: Imperien des Altertums, Mittelalterliche und frühneuzeitliche Imperien, Wiesbaden 2014, 149-192.

J. Rose, Gender, in: M. Stausberg/Y. Sohrab-Dinshaw Vevaina (Hg.), The Wiley Blackwell Companion to Zoroastrianism, Malden/Oxford 2015, 274-287.

N. Rosenstein, War, State Formation, and the Evolution of Military Institutions in Ancient China and Rome, in: W. Scheidel (Hg.), Rome and China. Comparative Perspectives on Ancient World Empires, Oxford 2016, 24-51.

M. B. Rowton, Urban Autonomy in a Nomadic Environment, in: Journal of New Eastern Studies 32, 1/2 (1973), 201-215.

M. B. Rowton, Dimorphic Structure and the Parasocial Element, in: Journal of New Eastern Studies 36, 3 (1977), 181-198.

A. Rüstow, Ursprung der Herrschaft. Ortsbestimmung der Gegenwart. Eine universalgeschichtliche Kulturkritik in drei Bänden, 1. Band, Zürich/Stuttgart 1950.

N. Sadao, The economic and social history of Former Han, in: The Economic and social history of Later Han, in: D. Twitchett/M. Loewe (Hg.), The Cambridge History of China, Vol. I: The Ch'in and Han Empires, 221 B. C.-A. D. 220, Cambridge/Taipei 1986, 545-607.

H. W. F. Saggs, The Might that was Assyria, London 1984.

V. Salač, Keltische Zentren, Oppida und Städte in Böhmen und umliegenden Landschaften, in: J. Bofinger/G. Stegmaier (Hg.), Städte der Kelten. Urbane Zentren der späten Eisenzeit, Esslingen 2023, 182-203.

R. N. Saletore, Early Indian Economic History, London 1975.

F. De Salvia, Stages and Aspects of Egyptian Religious and Magic Influences on Archaic Greece, in: S. Schoske (Hg.): Akten des 4. Internationalen Ägyptologischen Kongresses München 1985, Bd. 4, Hamburg 1991, 335-343.

P. C. Salzmann, Pastoral Nomads: Some General Observations based on Research in Iran, in: Journal of Anthropological Research 58,2 (2002), 245-264.

E. P. Sanders, Paulus. Eine Einführung, Stuttgart 1995.

M. M. Sassi, The Beginnings of Philosophy in Greece, Princeton/Oxford 2009.

P. Schäfer, Zwei Götter im Himmel. Gottesvorstellungen in der jüdischen Antike, München 2017.

H. Scharfe, Nomadisches Erbgut in der indischen Tradition, in: H. Falk (Hg.), Hinduismus und Buddhismus. Festschrift für U. Schneider, Freiburg 1987, 300-308.

H. Scharfe, The State in Indian Tradition, Leiden u. a. 1989.

U. Scharrer, Nomaden und Seßhafte in Tadmor im 2. Jahrtausend, in: M. Schuol u. a. (Hg.), Grenzüberschreitungen. Formen des Kontaktes zwischen Orient und Okzident im Altertum (Oriens et Occidens 3), Stuttgart 2002, 279-362.

W. Scheidel (Hg.), Rome and China. Comparative Perspectives on Ancient World Empires, Oxford 2009.

W. Scheidel, The Xiongnu and the Comparative Study of Empire, in: U. Brosseder/ B. K. Miller (Hg.), Xiongnu Archaeology. Multidisciplinary Perspectives of the First Steppe Empire in Inner Asia (Bonn Contributions to Asian Archaeology 5), Bonn 2011, 111-120.

W. Scheidel, Ancient Mediterranean City-State Empires. Athens, Carthage, Early Rome, in: P. F. Bang/C. A. Bayly/W. Scheidel (Hg.), The Oxford World History of Empire, Vol. 2: The History of Empires, Oxford 2021, 137-157.

W. Schier, Fürsten, Herren, Händler? Bemerkungen zu Wirtschaft und Gesellschaft der westlichen Hallstattkultur, in: H. Küster (Hg.), Archäologische Forschungen in urgeschichtlichen Siedlungslandschaften. Festschrift für Georg Kossack, Regensburg 1998, 493-514.

W. Schier, Soziale und politische Strukturen der Hallstattzeit, in: D. Krausse (Hg.), "Fürstensitze" und Zentralorte der frühen Kelten. Abschlusskolloquium des DFG-Schwerpunktprogramms 1171 in Stuttgart 12.-15. Oktober 2009, Teil II, Stuttgart 2010, 375-405.

A. Schinz, The Magic Square. Cities in Ancient China, Stuttgart/London 1996.

B. E. Schipper, Die Erzählung des Wenamun. Ein Literaturwerk im Spannungsfeld von Politik, Geschichte und Religion, Göttingen 2005.

J. Schlieter, Did the Buddha emerge from a Brahmanic Environment? The Early Buddhist Evaluation of "Noble Brahmins" and the "Ideological System" of Brahmanism, in: V. Krech/M. Steinicke (Hg.), Dynamics in the History of Religions between Asia and Europe. Encounters, Notions, and Comparative Perspectives (Dynamics in the History of Religions 1), Leiden/Boston 2012, 137-148.

J. D. Schloen, The House of the Father as Fact and Symbol. Patrimonialism in Ugarit and the Ancient Near East, Leiden/Boston 2001.

L. Schmithausen, Mensch, Tier und Pflanze und der Tod in den älteren Upanisaden, in: G. Oberhammer (Hg.), Im Tod gewinnt der Mensch sein Selbst. Das Phänomen des Todes in asiatischer und abendländischer Religionstradition. Arbeitsdokumente eines Symposions, Wien 1995, 43-74.

W. M. Schniedewind, How the Gospels Became a Book. The Textualization of Ancient Israel, Cambridge 2004.

G. Schopen, Burial ad Sanctos and the Physical Presence of the Buddha in Early Indian Buddhism. A Study in the Archeology of Religions, in: Religion 17 (1987), 193-225.

S. Schroer, Die Samuelbücher (Neuer Stuttgarter Kommentar Altes Testament), Stuttgart 1992.

R. Schulz, Abenteurer der Ferne. Die großen Entdeckungsfahrten und das Weltwissen der Antike, 2. Aufl. Stuttgart 2016.

R. Schulz, Innovationsraum, Impulsgeber und imperiale Vorreiter. Der Einfluss der "kolonialen" Randgebiete auf die gesamtgriechische Entwicklung, in: GWU 71,3/4 (2020), 117-133.

R. Schulz/U. Walter, Griechische Geschichte, ca. 800-322 v. Chr., 2 Bde., Berlin/Boston 2022.

M. Schussmann, Zentralisierungsprozesse in Bayern? Aspekte der Späturnenfelder- und früheisenzeitlichen Gesellschaftsstruktur im Spiegel der Siedlungszeugnisse und Bestattungsplätze, in: D. Krausse (Hg.), "Fürstensitze" und Zentralorte der frühen Kelten. Abschlusskolloquium des DFG-Schwerpunktprogramms 1171 in Stuttgart 12.-15. Oktober 2009, Teil II, Stuttgart 2010, 119-153 (=2010a).

M. Schussmann, Siedlungshierarchien und Zentralisierungsprozesse in der Südlichen Frankenalb zwischen dem 9. und 4. Jh. v. Chr., in: D. Krausse (Hg.), "Fürstensitze" und Zentralorte der frühen Kelten. Abschlusskolloquium des DFG-Schwerpunktprogramms 1171 in Stuttgart 12.-15. Oktober 2009, Teil II, Stuttgart 2010, Teil I, 333-357 (=2010b).

B. I. Schwartz, Transcendence in Ancient China, in: Daedalus 104,2 (1975): Wisdom, Revelation, and Doubt: Perspectives on the First Millenium B. C., 57-68.

R. Seaford, Money and the Early Greek Mind: Homer, Philosophy, Tragedy, Cambridge 2004.

R. Seaford, The Origins of Philosophy in Ancient Greece and Ancient India. A Historical Comparison, Cambridge 2019.

G. Seaman (Hg.), Nomads: Masters of the Eurasian Steppe, Vol. 2: Rulers from the steppe: State Formation on the Eurasian Periphery, Los Angeles 1991.

G. Seaman (Hg.), Nomads: Masters of the Eurasian Steppe, Vol. 3: Foundations of Empire. Archaeology and Art of the Eurasian Steppes, Los Angeles 1992.

G. Seaman, The Dark Emperor: Central Asian Origins in Chinese Shamanism, in: G. Seaman/J. S. Day (Hg.), Ancient Traditions. Shamanism in Central Asia and the Americas, 1994, 227-243.

A. Seidel, Post-Mortem Immortality or: The Taoist Resurrection of the Body, in: S. Shaked/D. D. Shulman/G. G. Stroumsa (Hg.), Gigul. Essays on Transformation, Revolution and Permanence in the History of Religion, dedicated to R. J. Zwi Werblowsky, Leiden/New York 1987, 222-237.

E. Seldeslachts, Greece, the Final Frontier? —The Westward Spread of Buddhism, in: A. Heirman/P. Bumbacher (Hg.), The Spread of Buddhism (Handbook of Oriental Studies/Handbuch der Orientalistik Sect. 8, Vol. 16), Leiden/Boston, 131-166.

H. E. Seland, A Global History of the Ancient World. Asia, Europe and Africa before Islam, Abingdon 2022.

I. Selvanayagam, Aśoka and Arjuna as Counterfigures standing on the field of Dharma: A Historical-Hermeneutical Perspective, in: History of Religions 32 (1992), 59-75.

O. Sergi, Rethinking Israel and the Kingdom of Saul, in: O. Lipschits u. a. (Hg.), Rethinking Israel. Studies in the History and Archaeology of Ancient Israel in Honour of Israel Finkelstein, Winona Lake/Indiana 2017, 371-388.

S. Shaked, Zoroastrian Origins: Indian and Iranian Connections, in: J. P. Arnason/ N. Eisenstadt/B. Wittrock (Hg.), Axial Civilizations and World History, Leiden 2005, 181-200.

Shangjun shu, Schriften des Fürsten von Shang. Übers. und komm. von Kai Vogelsang, Stuttgart 2017.

R. S. Sharma, Sūdras in Ancient India. A social history of the lower order down to circa A. D. 600, 2. Aufl. Dehli u. a. 1980.

R. S. Sharma, India's Ancient Past, Oxford 2005 (=2005a).

R. S. Sharma, Aspects of Political Ideas and Institutions in Ancient China, 5. Aufl. Dehli 2005 (=2005b).

B. B. Shefton, Greeks and Greek Imports in the South of the Iberian Peninsula. The Archaeological Evidence, in: H. G. Niemeyer (Hg.), Phönizier im Westen (Madrider Beiträge 8), Mainz 1982, 337-370.

G. Shelach-Levi, The Archaeology of Early China from Prehistory to the Han Dynasty, Cambridge 2015.

K. I. Shepherd, God as Political Philosopher. Buddha's Challenge to Brahmanism, Los Angeles u. a. 2019.

R. Shiraishi, Asceticism in Buddhism and Brahmanism. A comparative Study, London 1996.

G. Shipley, The Greek World after Alexander 323-30 BC, London/New York 2000.

M. Silver, Economic Structures of the Ancient Near East, London/Sydney 1985.

M. Silver (Hg.), Economic Structures of Antiquity, Westport/London 1995.

U. Singh, A History of Ancient and Early Medieval India. From the Stone Age to the 12th Century, 8. Aufl. London u. a. 2016.

D. Sinor (Hg.), The Cambridge History of Early Inner Asia, Cambridge 1990.

P. O. Skjærvø, The Gathas as Myth and Ritual, in: M. Stausberg/Y. Sohrab-Dinshaw Vevaina (Hg.), The Wiley Blackwell Companion to Zoroastrianism, Malden/Oxford 2015, 59-67.

W. Slaje, Várja. Zur Schleuderwaffe im Rigveda (Studia Indologica Universitatis Halensis 221), Halle-Wittenberg 2022.

M. Smith, Jesus the Magician, New York 1987.

M. S. Smith, The Origins of Biblical Monotheism. Israel's Polytheistic Background and the Ugaritic Texts, Oxford 2001.

D. Sneath, The Headless State: Aristocratic Orders, Kinship Society, and Misrepresentation of Nomadic Inner Asia, New York 2007.

M. Sommer, Europas Ahnen, Ursprünge des Politischen bei den Phönikern, Darmstadt 2000.

M. Sommer, Die Phönizier, Handelsherren zwischen Orient und Okzident, Stuttgart 2005 (=2005a).

M. Sommer, Roms orientalische Steppengrenze. Palmyra—Edessa—Dura Europos—Hatra. Eine Kulturgeschichte von Pompeius bis Diocletian (Oriens und Occidens 9), Stuttgart 2005 (=2005b).

M. Sommer, Römische Geschichte I. Rom und die antike Welt bis zum Ende der Republik, Stuttgart 2013.

E. Sorensen, Possession and Exorcism in the New Testament and early Christianity, Tübingen 2002.

R. J. Van der Spek, Landownership in Babylon cuniform documents, in: M. J. Geller/A. D. E. Lewis (Hg.), Legal Documents of the Hellenistic World, London 1995, 173-245.

R. J. Van der Spek, The Seleucid State and the Economy, in: E. Lo Cascio/D. W. Rathbone (Hg.), Production and Public Powers in Classical Antiquity (Cambridge Philological Society Suppl. Vol. 26), Cambridge 2000, 27-36.

R. J. Van der Spek, The Hellenistic Near East, in: W. Scheidel/I. Morris/R. P. Saller (Hg.), The Cambridge Economic History of the Greco-Roman World, Cambridge 2007, 409-433.

R. J. Van der Spek, The 'Silverization' of the Economy of the Achaemenid and Seleukid Empires and Early Modern China, in: Z. H. Archibald/J. K. Davies/ V. Gabrielsen (Hg.), The Economies of Hellenistic Societies, Third to First Centuries BC, Oxford 2011, 402-420.

C. F. Stahl, Kriegswesen und Kultur der eurasischen Steppennomaden der Eisenzeit. Eine multidisziplinäre Studie, Darmstadt 2023.

T. Staubli, Das Image der Nomaden im Alten Israel und in der Ikonographie seiner sesshaften Nachbarn (Orbis Biblicus et Orientalis 107), Freiburg (Schweiz)/ Göttingen 1991.

M. Stausberg, Zarathustra. Post-Gathic Trajectories, in: M. Stausberg/Y. Sohrab-Dinshaw Vevaina (Hg.), The Wiley Blackwell Companion to Zoroastrianism, Malden/Oxford 2015, 69-81.

M. Stausberg, Zarathustra und seine Religion, 3. Aufl. München 2018.

M. Steffen/C. Steffen, Siedlungssysteme der Späthallstattzeit in Baden-Württemberg. Modellierung des sozio-ökonomischen Potentials ältereisenzeitlicher Siedlungskammern auf Basis siedlungs- und sozialarchäologischer Kennzahlen, in: D. Krause (Hg.), "Fürstensitze" und Zentralorte der frühen Kelten. Abschlusskolloquium des DFG-Schwerpunktprogramms 1171 in Stuttgart 12.-15. Oktober 2009, Teil II, Stuttgart 2010, 333-357.

N. S. Steinhard, Chinese Imperial City Planning, Honolulu 1990.

P. Steinkeller, The Sargonic and Ur III Empires, in: P. F. Bang/C. A. Bayly/W. Scheidel (Hg.), The Oxford World History of Empire, Vol. 2: The History of Empires, Oxford 2021, 43-72.

W. Stettner, Die Seelenwanderung bei Griechen und Römern, Stuttgart 1930.

F. Stolz, Der Monotheismus Israels im Kontext der altorientalischen Religionsgeschichte—Tendenzen neuerer Forschung, in: W. Dietrich/M. A. Klopfenstein (Hg.), Ein Gott allein? JAHW-Verehrung und biblischer Monotheismus im

Kontext der israelitischen und altorientalischen Religionsgeschichte (Orbis Biblicus et Orientalis 139), Freiburg (Schweiz)/Göttingen 1994, 34-50.

I. Strauch, Urbanisierung, Antiurbanismus und Deurbanisierung. Die Wege zur Stadt im alten Indien, in: H. Falk (Hg.), Wege zur Stadt. Entwicklung und Formen urbanen Lebens in der alten Welt, Bremen 2005, 121-157.

S. Stride, Regions and Territories in Southern Central Asia: What the Surkhan Darya Province tells us about Bactria, in: J. Cribb/G. Herrmann (Hg.), After Alexander. Central Asia before Islam (Proceedings of the British Academy 133), Oxford 2007, Repr. 2008, 99-117.

S. Stride/B. Rondelli/S. Mantellini, Canals versus horses: political power in the oasis of Samarkand, in: World Archaeology 41,1 (2009), 73-87.

A. Strotmann, Der historische Jesus: eine Einführung, Paderborn 2012.

L. Stuhrmann, Ṛgvedische Lichtaufnahmen: Soma botanisch, pharmakologisch, in den Augen der Kavis, in: Ders. Rigvedische Studien, Halle 2019, 39-151 (=2019a).

L. Stuhrmann, Die Zehnkönigsschlacht am Ravifluss, in: Ders., Rigvedische Studien, Halle 2019, 294-352 (=2019b).

H. Stumpfeldt, Staatsverfassung und Territorium im antiken China. Über die Ausbildung einer territorialen Staatsverfassung (Freiburger Studien zu Politik und Gesellschaft überseeischer Länder 8), Düsseldorf 1970.

J. Taylor, Petra and the Lost Kingdom of the Nabataeans, London 2001.

P. Temin, A market economy in the Early Roman Empire, in: JRS 91 (2001), 169-181.

P. Temin, The Economy of the Early Roman Empire, in: Journal of Economic Perspectives, 20 (1) 2006, 133-151.

P. Temin, The Roman Market Economy, Princeton 2013.

R. Thapar, Ethics, Religion, and Social Protest in the First Millenium B. C. in Northern India, in: Daedalus 104,2 (1975): Wisdom, Revelation, and Doubt: Perspectives on the First Millenium B. C., 119-132.

R. Thapar, The Mauryas Revisited, Kalkutta 1987.

R. Thapar, A History of Early India, London 1990.

R. Thapar, Aśoka and the Decline of the Mauryas. With a New Afterword, Bibliography, and Index, Delhi 1997.

R. Thapar, The Penguin History of Early India. From the Origins to AD 1300, New Dehli 2002.

R. Thapar, Towards the Definition of an Empire: The Mauryan State, in: B. Prasad Sahn/H. Kulke (Hg.), Interrogating Political Systems, Manohar 2015, 141-171.

K. K. Thaplyal, Guilds in Ancient India (Antiquity and Various Stages in the Development of Guilds up to AD 300), in: G. C. Pande (Hg.), Life Thoughts and Culture in India, Neu Dehli 2001, 995-1006.

J. M. Thebes, Socio-Economic Fluctuations and Chiefdom Formation in Edom, the Negev and the Hejaz during the First Millenium BCE, in: J. M. Tebes (Hg.), Unearthing the Wilderness. Studies on the History and Archaeology of the Negev and Edom in the Iron Age (Ancient Near Eastern Studies Suppl. 45), Leuven u. a. 2014, 1-29.

G. Theißen, Die Religion der ersten Christen. Eine Theorie des Urchristentums, 3. Aufl. Gütersloh 2003.

G. Theißen, Die Jesusbewegung. Sozialgeschichte einer Revolution der Werte, Gütersloh 2004.

G. Theißen/A. Merz, Der historische Jesus. Ein Lehrbuch, 4. Aufl. Göttingen 2011.

J. F. Thiel, Tod und Jenseitsglaube in Bantu-Afrika, in: H. J. Klimkeit (Hg.), Tod und Jenseits im Glauben der Völker, Wiesbaden 1978, 40-47.

P. Thieme, Der Fremdling im Ṛgveda. Eine Studie über die Bedeutung der Worte ari, arya, aryaman und ārya, Leipzig 1938.

D. J. Thompson, Economic reforms in the mid-reign of Ptolemy Philadelphus II, in: P. McKechnie/P. Guillaume (Hg.), Ptolemy Philadelphus and His World, Leiden 2008, 27-38.

D. J. Thompson, Animal Husbandry in Ptolemaic Egypt, in: Z. H. Archibald/J. K. Davies/V. Gabrielsen (Hg.), The Economies of Hellenistic Societies, Third to First Centuries BC, Oxford 2011, 390-401.

P. Thonemann, The Hellenistic Age, Oxford 2016.

A. Thote, Shang and Zhou Funeral Practices: Interpretation of Material Vestiges, in: J. Lagerwey/M. Kalinowski (Hg.), Early Chinese Religion. Part One: Shang through Han (1250 BC-220 AD), Vol. I (Handbook of Oriental Studies. Section Four: China, Vol. 21-1), hg. von S. E. Teiser/M. Kern/T. Brook, Leiden/Boston 2009, 103-142.

M. Tilly/W. Zwickel, Religionsgeschichte Israels. Von der Vorzeit bis zu den Anfängen des Christentums, Darmstadt 2011.

M. Tiwald, Wanderradikalismus. Jesu erste Jünger—Ein Anfang und was davon bleibt, Frankfurt a. M. u. a. 2002.

G. R. Tsetskhladze, Revisiting Ancient Greek Colonisation, in: Ders. (Hg.), Greek Colonisation. An Account of Greek Colonies and Other Settlements Overseas I (Mnemosyne Suppl. 193), Leiden 2006.

G. R. Tsetskhladze, An Achaemenid Insrciption from Phanegoria. Extending the Boundaries of Empire, in: Ancient East and West 18 (2019), 113-151.

P. Turchin, A theory for formation of larger empires, in: Journal of Global History 4,2 (2009), 191-217.

B. Uffenheimer, Mythos und Realität im antiken Israel, in: S. N. Eisenstadt (Hg.), Kulturen der Achsenzeit. Ihre Ursprünge und ihre Vielfalt, Teil 1, Frankfurt a. M. 1987, 192-240.

F. Verse, Zur Siedlungsgenese im nordmainischen Mittelgebirgsraum während der älteren Eisenzeit, in: D. Krausse (Hg.), "Fürstensitze" und Zentralorte der frühen Kelten. Abschlusskolloquium des DFG-Schwerpunktprogramms 1171 in Stuttgart 12.-15. Oktober 2009, Teil II, Stuttgart 2010, 175-192.

P. Vasunia, The Comparative Study of Empires, in: JRS 101 (2011), 222-237.

K. R. Veenhof, Geschichte des Alten Orients bis zur Zeit Alexanders des Großen (Grundrisse zum Alten Testament 11), Göttingen 2001.

D. Vetter, Leben nach dem Tod im Judentum, in: A. Th. Khoury. Hünermann (Hg.), Weiterleben—nach dem Tode? Die Antwort der Weltreligionen, Freiburg i. Br. 1985, 85-102.

K. Vogelsang, Beyond Confucius: A Socio-historical Reading of the Lunyu, in: Oriens Extremus 49 (2010), 29-61.

K. Vogelsang, Geschichte Chinas, 4. Aufl. Stuttgart 2013.

K. Vogelsang, China und Japan. Zwei Reiche unter einem Himmel. Eine Geschichte der sino-japanischen Kulturbeziehungen, Stuttgart 2020.

K. Vogelsang, The Parting of the Gods. Emerging Religion in Ancient China, Hamburg 2023, 1-57.

W. J. Vogelsang, The Rise and Organisation of the Achaemenid Empire. The eastern Iranian Evidence, Leiden u. a. 1992.

D. B. Wagner, The state and the iron industry in Han China (NIAS Report Series 44), Kopenhagen 2001.

H. G. Wagner, Buddhismus in China. Von den Anfängen bis in die Gegenwart, Berlin 2020.

P. Walcot, Cattle Raiding, Heroic Tradition, and Ritual: The Greek Evidence, in: History of Religions 18,1 (1979), 326-351.

A. Waley, Die Neun Gesänge. Eine Studie über Schamanismus im alten China, Hamburg 1957.

U. Walter, An der Stasis teilhaben. Assoziation und Dissoziation als Handlungsmuster im griechischen Bürgerstaat, in: F. Buddensiek/S. Odzuck (Hg.), Praxis—Handeln und Handelnde in antiker Philosophie, Berlin 2022, 307-328.

U. Walter (unter Mitwirkung von M. Herjürgen und R. Knaak), Hellas und das große Ganze. Die alten Griechen in "Weltgeschichten" zwischen Geschichtswissenschaft, Buchverlagen und historischer Bildung (Studien zur Alten Geschichte), Göttingen 2023.

Z. Wang, Silk Forms and Silk Trade between China and India, in: MBAHW 40 (2022), 155-188.

A. Weber, Das Tragische und die Geschichte, Hamburg 1943, ND München 1959.

M. Weber, Die Wirtschaftsethik der Weltreligionen, in: Gesammelte Aufsätze zur

Religionssoziologie I, 9. Aufl. Tübingen 1988, 237-573.

T. Weindl, Monotheismus und Dualismus in Indien, Iran und Palästina als Religion junger, kriegerisch nomadistischer Völker im Gravitationsbereich von Völkern alter Kultur, Wien 1935.

P. S. Wells, Farms, Villages, and Cities. Commerce and Urban Origins in Late Prehistoric Europe, Ithaca/London 1984.

P. S. Wells, Mediterranean trade and cultural change in Early Iron Age central Europe, in: T. C. Champion/J. V. S. Megaw (Hg.), Settlement and Society: Aspects of West European prehistory in the first millennium B. C., Cambridge 1985, 69-89.

M. L. West, Early Greek Philosophy and the Orient, Oxford 1971.

P. A. Wheatley, The Pivot of the Four Quarters: A Preliminary Enquiry into the Origins and Character of the Ancient Chinese City, Chicago 1971.

G. Widengren, Die Religionen Irans (Die Religionen der Menschheit 14), Stuttgart 1965.

G. Widengren, Der Feudalismus im alten Iran. Männerbund—Gefolgswesen—Feudalismus in der iranischen Gesellschaft im Hinblick auf die indogermanischen Verhältnisse, Köln und Opladen 1969.

J. Wiesehöfer, Das antike Persien. Von 550 v. Chr. bis 650 n. Chr., Neuaufl. Düsseldorf/Zürich 1998.

J. Wiesehöfer, Das frühe Persien. Geschichte eines antiken Weltreiches, 3. Aufl. München 2006.

J. Wiesehöfer, Die altorientalische Stadt—Vorbild für die griechische Bürgergemeinde? In: G. Fouquet/G. Zeilinger (Hg.), Die Urbanisierung Europas von der Antike bis in die Moderne, Frankfurt a. M. 2009, 43-61.

S. Wikander, Der arische Männerbund, 1938.

G. Widengren, Der Feudalismus im alten Iran. Männerbund—Gefolgswesen—Feudalismus in der iranischen Gesellschaft im Hinblick auf die indogermanischen Verhältnisse, Köln/Opladen 1969.

A. V. Williams, Purity and Pollution/The Body, in: M. Stausberg/Y. Sohrab-

Dinshaw-Vevaina (Hg.), The Wiley-Blackwell Companion to Zoroastrianism, Hoboken 2015, 345-361.

B. Witherington III, Jesus the Seer. The Progress of Prophecy, Peabody/Massachusetts 1999.

B. Witrock, The Axial Age in world History, in C. Benjamin (Hg.), The Cambridge World History IV: A world with States, Empires, and Networks, 1200 BCE-900 CE, Cambridge 2015, 101-119.

M. Witzel, The Earliest Form of the Idea of Rebirth in India, in: Proceedings of the Thirty-First International Congress of Human Sciences in Asia and North Africa (Tokyo-Kyoto, 31st August-7th September 1983). Edited by Y. Tatsuro, Vol. I, Tokio 1983, 145-146

M. Witzel, Early Sanskritization. Origins and Development of the Kuru State, in: Electronic Journal of Vedic Studies 1-4 (1995), 1-26.

M. Witzel, Das alte Indien, München 2003.

M. Witzel, Iranian Migration, in: D. T. Potts (Hg.), The Oxford Handbook of Ancient Iran, Oxford 2013, Pb 2017, 423-441.

N. T. Wright, Die Auferstehung des Sohnes Gottes, Bd. 3, Marburg an der Lahn 2014.

G. Woolfe, Metropolis. Aufstieg und Niedergang antiker Städte, Stuttgart 2022.

M. Woolner, The Evolution of Citizen Councils and Assemblies, in: Ancient Phoenicia, in: J. Filonik/C. Plastow/R. Zellnick-Abramovitz (Hg.), Citizenship in Antiquity. Civic communities in the Ancient Mediterranean, London/New York 2023, 111-124.

Y.-S. Yü, Life and Immortality in the Mind of Han China, in: Harvard Journal of Asiatic Studies 25 (1964-1965), 80-122.

Y.-S. Yü, Trade and Expansion in Han-China. A Study in the Structure of Sino-Barbarian Economic Relations, Berkeley/Los Angeles 1967.

Y.-S. Yü, The Hisiung-nu, in: D. Sinor (Hg.), The Cambridge History of Early Inner Asia, Cambridge 1990, 118-150.

D. Zhao, The Confucian-Legalist State: A new Theory of Chinese History,

Oxford 2015.

W. Zhongshu, Han Civilization, New Haven/London 1982.

R. Zimmermann (Hg.), Kompendium der frühchristlichen Wundererzählungen, Bd. 1: Die Wunder Jesu, 2. Aufl. Gütersloh 2021.

E. Zürcher, The Buddhist Conquest of China. The Spread and Adaption of Buddhism in Early Medieval China, 2. Aufl. Leiden/New York 2007.

지도 출처

화보 출처

1. Jochen Stuhrmann
2. mauritius images/Kim GORDON-BATES/Alamy/Alamy Stock Photos
3. IMAGO/Avalon.red
4. mauritius images/Melvyn Longhurst China/Alamy/Alamy Stock Photos
5. mauritius images/Alamy Stock Photos
6. mauritius images/YongXin Zhang/Alamy/Alamy Stock Photos
7. mauritius images/WHPics/Alamy/Alamy Stock Photos
8. © Landesamt für Denkmalpflege im Regierungspräsidium Stuttgart/Faber Courtial
9. akg-images/De Agostini Picture Lib./G. Dagli Orti
10. mauritius images/Lanmas/Alamy/Alamy Stock Photos
11. akg-images/Pirozzi
12. IMAGO/ANE Edition
13. IMAGO/Pond5 Images
14. mauritius images/Ephotocorp/Alamy/Alamy Stock Photos
15. mauritius images/Leopold von Ungern/Alamy/Alamy Stock Photos
16. IMAGO/Xinhua
17. mauritius images/Zoonar GmbH/Alamy/Alamy Stock Photos
18. mauritius images/Chester Voyage/Alamy/Alamy Stock Photos
19. mauritius images/CMA/BOT/Alamy/Alamy Stock Photos

찾아보기

인명

지명

주제어